KB012375

주영편

주영편

종횡무진
지식인 정동유,

심심풀이로
조선 최고의
백과사전을
만들다

정동유 지음 · 안대회 서한석 외 옮김

Humanist

차례

바다 건너 세계와의 만남

고려의 흔적을 찾아서

일상의 소소한 기원들

자연의 이치를 다시 따지니

풍속의 지리 문화적 차이   79~102則

1.

정조 임금 시대에는 명성이 현대까지 전하는 대학자가 많이 배출되었다. 그 가운데 현동(玄同) 정동유(鄭東愈, 1744~1808)는 널리 인정받은 매우 뛰어난 학자로, 《주영편(晝永編)》이라는 명저를 남겼다. 학자로서의 명성과 달리 그의 저술은 전문가를 제외하고는 잘 알려지지 않았고, 특히 《주영편》은 흥미로운 내용으로 가득 차 있어 명저 가운데서도 손꼽을 만하나 지금까지 제대로 번역되어 소개된 적이 없다. 이에 《주영편》을 정밀하게 교감하고 정확하게 번역하여 세상에 내놓는다.

《주영편》 앞머리는 명문으로 손꼽힌다. "낮이 긴 여름철(晝永)의 무료함을 달래기 위해" 이 책을 쓰노라는 저자의 변명이 바로 그것이다. 그런데 그 말만 믿고 이 책을 가볍게 읽다 보면 어느덧 무료함은 사라지고 저자가 펼쳐놓은 넓은 지식과 기발한 해석에 놀라움을 금치 못하게 된다.

이 책은 모두 202개 항목으로 구성되어 있으며 필기(筆記) 또는 차기(箚記)라는 글쓰기 방법을 차용했다. 다양한 주제에 대해 생각이 떠오르는 대로 분량에 구애받지 않고, 증거를 제시해 입증하거나, 견해를 시원하게 밝히거나, 인용하고 사례를 장황하게 열거하여 분석하였다. 읽다 보면 사실을 명쾌하게 분석한 대목에서는 쾌재를 부르고, 암담한 현실을 날카롭게 파헤친 대목에서는 울분이 터지기도 하며, 참신한 정보와 지식에는 놀라게 된다.

어느 하나 묵은 사실이 없고 상식에 머무른 지식이 없으며 평범하고 무의미한 설명이나 분석이 없으니, 독자를 매혹할 만한 현동만의 독특한 해석과 사유가 펼쳐진다. 현동을 누구보다 잘 이해한 위당(爲堂) 정인보(鄭寅普) 선생이 이 책에 대해 "범연히 끌어들인 소재가 없고, 실속없이 구색만 갖춘 주제가 없다"며 찬사를 보낸 것은 그 때문이다. 200년이 지난 지금 읽어도 흥미롭고 신선하다.

정동유는 《주영편》을 첫째 권은 1805년, 둘째 권은 1806년 두 해 동안 썼다고 밝혔는데 이는 오랫동안 써놓은 노트를 이때 마지막으로 정리했다는 의미이다. 긴 시간에 걸쳐 자료를 수집하고 생각을 가다듬은 선행작업 끝에 이렇게 다양한 주제를 넘나들며 구상을 펼친 책이 탄생한 것이다.

2.

정동유의 생애와 활동을 통해 이 독특한 책의 탄생 과정을 엿볼 수 있다. 정동유의 본관은 동래(東萊), 자는 유여(愉如), 호는 현동(玄同)

이다. 현동이라는 호는 보통 현동실(玄同室)로도 사용하는데 이는 대대로 살아온 종갓집의 거실 한 채가 현동실이었기 때문이다.

현동을 이해하자면 그의 집안을 먼저 이야기하지 않을 수 없다. 현동은 서울 남산 아래에 있던, 조선시대 행정구역으로 남부(南部) 호현방(好賢坊, 고종 때 회현방으로 바뀜)에 대대로 살아온 회동 정씨(檜洞鄭氏) 집안 출신이다. 이 집안은 정광필(鄭光弼) 이래 정유길(鄭惟吉), 정창연(鄭昌衍), 정태화(鄭太和)로 이어지며 4대 정승을 배출한 경화세족(京華世族)의 혁혁한 명문가이며, 당파는 소론(少論)으로 조선 후기 정치와 학계에서 큰 비중을 차지한 핵심 가문이었다. 현동은 이 거대 문벌 집안의 종통(宗統)을 계승한 사람이었으니 가학(家學)의 깊고 먼 연원을 익히 짐작할 수 있다.

이런 배경은 현동의 학문과 교유에 깊은 영향을 미쳤다. 대대로 이어진 세교(世交)를 기초로, 현동은 어려서부터 학문과 문학으로 명성이 높은 대학자 이광려(李匡呂)에게 가르침을 받았고 조지명(趙祉命)의 사위가 되어 학문을 전수받았다. 현동이 교유한 이충익(李忠翊), 이영익(李令翊), 신작(申綽) 등도 당대에 이름 높은 학자였는데 그중 나이가 같은 이충익은 나중에 현동의 묘지명을 짓기도 하였다. 현동을 스승으로 모신 후학도 적지 않은데 대표적 인물이 이충익의 아들 이면백(李勉伯)으로, 그의 증손이 바로 구한말의 대학자 이건창(李建昌)이다. 또《문통(文通)》이란 방대한 저술을 남긴 유희(柳僖) 역시 현동의 제자이다. 현동이 배우고 가르치고 교유한 사람들 모두 소론 명문가의 학자로서 지성사에 큰 자취를 남겼다.

명문가에서 태어나 최고의 인맥을 지녔던 현동은 보기 드문 재능의 소유자이기도 해서 일찍부터 정승감이라는 기대를 받았다. 그러나 세상이 기대한 것과 달리 그는 타인의 이목을 뒤로한 채 조용한 삶을 살았다. 정조 원년(1777) 34세에 생원시에 합격한 뒤 다시는 과거에 응시하지 않았고, 집안의 명망에 기대어 음관(蔭官)이 되었다. 35세에 동몽교관이 되고 이후 의금부도사·사옹원주부·공조정랑·익위사위솔·익산군수·담양부사·홍주목사 등을 지냈으며, 장악원 정에 임명되었으나 부임하지 못하고 세상을 떠났다. 부인 조씨(趙氏)와의 사이에 4남 1녀를 두었고, 묘는 충북 진천군 이월면 장양리에 썼다.

현동이 지낸 벼슬자리 대부분은 정치적 비중보다는 실무 비중이 컸고 대체로 직책이 낮았다. 탁월한 능력을 발휘하여 임무를 충실하게 수행했으나 테크노크라트의 역할 이상을 기대할 수는 없었다. 그가 인재를 활발하게 등용하여 활용했던 정조 치하에 살았다는 점을 생각하면 아쉬운 면이 있다. 정조 역시 음관으로 전전하는 현동의 처지를 애석히 여겼다고 한다. 현동이 죽은 뒤 절친한 친구 이충익은 묘지명에 이렇게 적었다.

군은 제 몸에 재능을 모아서	君斂于躬
집안이나 다스렸네.	家事之治
어째서 나라에는 안 쓰이고	曷不邦用
겨우 군현이나 다스렸나?	郡縣之爲
조정에서 활개 치지 못하고	不翔于庭
광야의 의표(儀表)가 되었네.	曠野之儀
왜 뿔 하나인 기린으로 와서	胡來一角
천박한 사냥꾼에게 잡혔던가?	鉏商獲之

현동은 뛰어난 재능을 타고났으므로 나라에 크게 쓰여 조정에서 큰 역할을 담당해야 마땅했으나, 집안일에 골몰하고 지방 원님에 머물렀으며 그저 세상이 존경하는 본보기가 되는 것에 만족했다. 일각수(一角獸) 기린이 시대를 잘못 타고 세상에 나왔다가 사람들에게 잡힌 꼴이라, 저대로 보내기 아까운 위인이라는 한탄이 이 글에 묻어난다. 그러나 현동은 "사람이 이 세상을 살아갈 때 세상에 도움이 될 만한 한두 가지 일을 하였거나 경전의 미묘한 뜻을 밝힐 한두 마디 말을 남겼다면 헛되이 살지 않았다고 할 만하다"(이만수, 〈묘갈명〉)라고 하였다. 실무를 충실하게 수행한 것만으로도 세상에 기여했다고 말할 수 있으나 현동이 인생을 헛되게 살지 않았음을 증명한 것은 오히려 학문과 글쓰기였다. 경전의 미묘한 뜻을 밝히는 한두 마디 말을 넘어, 현동은 경전의 울타리를 벗어나 학문 전체를 향해 미묘한 뜻을 밝히는 숱한 말을 남겼다. 세상에 대한 그의 진정한 기여는 여기에 있었고, 이는 바로 《주영편》으로 남았다.

《주영편》에 축적된 지식의 분량과 질적 수준은 당대 누구에게도 뒤지지 않았고, 그 시대 지식의 한계를 넘어서 확대된 모습을 보여준다. 이는 지식을 얻고 쌓아서 펼친 저자의 남다른 환경에서 원인을 찾을 수 있다. 최상의 문벌을 유지하는 동안 집안에는 조정과 재야를 망라한 중요한 지식이 축적되어 있었고 9대째 종가를 이어온 현동은 그 지식을 고스란히 물려받았다. 책에 실려 있는 국제정세와 외교, 제도와 사회 등 다방면에 걸친 정보와 지식은 그 배경에서 얻은 것이다.

한편 현동은 자신이 소유한 지식과 정보를 사리에 맞고 공정하게 바라보는 안목과 능력이 있었다. 선입견 없이 상식과 지식을 토대로 하여 합리적 이성으로 판단하였다. 그래서 그의 저술에서는 공자나 맹자를 판단의 근거로 일절 내세우지 않았고, 주자(朱子)마저 사실과 가치를 판단하는 전제로 삼지 않았다. 이는 조선의 일반 지식인과 전혀 다른 모습인데, 양명학(陽明學)의 세례를 오래도록 받으며 훈련한 것이 영향을 미쳤을 것이다. 또한 그는 논리와 합리를 지식의 도구로 활용하면서 모든 지식을 의심하는 태도를 잃지 않았다. 유학의 경전조차 의심의 대상이 되었으므로 통용되는 지식이나 굳어진 풍속·제도 등 많은 현상과 지식에 대해 의문을 품은 것은 물론이었다. 《주영편》은 사람들이 의심 없이 받아들이는 모든 것에 의심의 시선을 던진 책이라고 할 만큼 의문을 던지고 답을 내놓는 글로 가득하다.

현동은 사망하기 몇 해 전 한평생 공부하고 경험하며 사유하고 구상한 학문적 온축을 《주영편》에 모두 쏟아 부었다. 현동은 풍부한 지식에도 불구하고 평생 《주영편》과 2책의 작은 문집 《현동실유고(玄同室遺稿)》 두 종의 저술밖에 남기지 않았다. 박지원이나 이덕무, 홍양호, 박제가 등 동시대를 살다간 많은 실학자가 특정한 주제에 관한 저서와 많은 문집을 남긴 점과 비교하면 뜻밖이다. 현동은 생각을 펼쳐 저술하는 것에 신중했는데, 이 점은 스승 이광려와도 닮았으며 또한 많은 소론 지식인이 공유하는 특징이다.

현동의 문집 《현동실유고》는 2책의 필사본으로, 미국 버클리대학교에 소장되어 있다. 이 책에 실린 시는 사대부 작품으로서는 평범한 편이고, 산문은 남과 주고받은 글보다는 주로 현상을 분석하고 사실을 고증하는 글이 많다. 현동의 생각과 정서를 보여주기는 하지만 그의 학문세계를 표현하기에는 지나치게 소략하여 오히려 그의 학문적 위상을 충분히 보여주지 못한다. 반면에 《주영편》은 충실하고 깊이 있게 그의 지식세계를 드러내 보이고 있다.

상하권으로 된 《주영편》의 앞머리에 현동은 "을축년(1805) 동짓날에 쓰다"라는 서문을 통해 1805년 여름에 쓰기 시작하여 겨울에 완성했다고 밝혔다. 그러나 이 서문은 상권을 완성한 뒤 쓴 것으로 하권은 그다음 해에 완성하였다. 현재 전하는 사본 절반에는 하권의 저작명 하단에 '병인록(丙寅錄)'이라 기재되어 있는데, 이는 병인년(1806)에 하권을 썼다는 의미이다. 그의 나이 62세에서 63세 되던 해에 이 책을 저술하고 3년 뒤에 사망하였다. 홍주목사에서 물러난 뒤 선혜청 등에서 실무를 맡아보며 짬짬이 자신의 생각을 이 저술에 펼쳐놓은 셈이다.

한편, 현동의 저술이라 할 수는 없으나 그의 손때가 묻은 《한고동(閒古董)》과 《주영록(晝永錄)》의 필사본 자료가 있다. 《한고동》(미국 버클리대학교 소장)은 중국의 필기인 《철경록(輟耕錄)》 등 3종의 책을 초록한 필사본인데, '철경록초'가 시작하는 부분에 '정동유(鄭東愈)'라 새긴 주인(朱印)이 찍힌 것으로 보아 현동이 초록한 수택본(手澤本)임을 알 수 있다. 제목이 《주영편》과 유사한 《주영록》(일본 교토대학교 가와이 문고 소장) 역시 필사본으로, 이 책의 일부분은 《주영편》의 초고이며 많은 부분은 《지봉유설》, 《해동제국기》, 《순자》, 《단연록(丹鉛錄)》, 《설령(說鈴)》 등 조선과 중국의 저서에서 관심 있는 글을 초록하였다. 필사자가 밝혀져 있지 않으나 《한고동》의 난외에 쓰인 글씨와 《주영록》의 글씨가 유사한 것으로 보아 현동의 친필로 추정된다.

남의 저작을 초록한 자료집이지만 두 필사본은 《주영편》이란 저작을 쓰기 위한 기초작업이 어떻게 전개되었는지를 잘 보여준다. 두

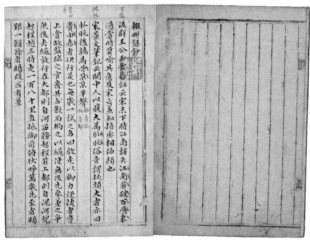

《한고동》의 표지와 첫째 장. '정동유(鄭東愈)'라고 새겨진 도장이 보인다. 이 도장은 그의 수택본임을 말해준다. 세 번째 항목에 뽑혀있는 '귀유치(貴由赤)'의 내용은 《주영편》 상권 77칙에서 활용되고 있다. 미국 버클리대학교 소장.

저서에는 이수광의《지봉유설》, 도종의의《철경록》, 왕사정의《지북우담(池北偶談)》 등에서 뽑은 많은 기사가 실려 있는데 상당수가《주영편》에서 인용 또는 참고하여 깊은 관련을 맺고 있다.[1]

현재는 이 2종만이 알려져 있으나 더 많은 초록이 만들어져《주영편》을 쓰기 위한 자료로 활용한 것으로 추정된다. 현동은 그와 같은 문헌자료를 기초로 하여 깊이 있는 분석을 전개하였다.

3.

《주영편》은 상하권 2책으로 필사본이며, 사본 가운데 4권 4책으로 된 것이 하나 있으나 변종이다. 상권은 100칙(則), 하권은 102칙(則)으로 모두 202개 항목의 길고 짧은 글로 구성되었다. 잡다한 사실을 무질서하게 나열한 듯하나 사실은 비슷한 주제를 모은 일정한 체계를 갖추고 있으며 군더더기 사설 없이 간결하고 원숙한 문체로 생각을 전개하였다.

주제를 크게 살펴보면, 먼저 상권은 지리·건축·역법·세시풍속·민속·외국·표류·청나라·고려·사물의 기원·제도·역사·문헌·금석문 등을, 하권은 훈민정음·어휘·저술·문물·일본 유학·붕당·학술·지역·선조·명현·문학·사물·노비 등을 다루고 있다. 이처럼 다채로운 주제를 다룬 것에 대해 정인보 선생은 "소재로 다룬 내용은 지리

---

1 《주영록》에는 정극인(丁克仁)의《불우헌집(不憂軒集)》에서 〈자손계(子孫誡)〉를 비롯한 3개 조항의 기사를 초록했는데《주영편》하권 36칙의 방립(方笠)을 논한 항목에 반영되어 있다. 또《한고동》에는 왕사정의《지북우담》에서 '유구세찬도(琉球世纘圖)'란 항목을 초록하고 있는데 유규와의 국교를 논한《주영편》상권 45칙에서 이 내용이 거론되고 있다.

와 천문, 역법과 풍속, 언어와 문자, 금석(金石)과 토양(土壤), 명물(名物)과 호칭에서부터 과거와 현재의 일화나 먼 나라의 외국어에까지 이른다. 어떤 것은 한두 개의 항목으로 그치기도 하지만 어떤 것은 그 항목이 일고여덟 개까지 늘어나기도 한다"라고 요령 있게 정리하였다.

박물학적 지식을 바탕으로 한 이 책에는 정치와 성리학, 성현과 조선 인물, 야담과 우스갯소리가 빠져 있다. 현동이 서문에서 조정의 정치와 인물평, 저속한 세상사는 다루지 않겠다고 밝힌 대로 의도적으로 다루지 않은 것이다. 현실정치나 성리학과 관련한 주제는 일절 배제하고 공자·맹자·주자를 비롯해 조선의 역대 명현이나 정치가, 학자에 대한 언급이나 인물평 역시 거의 보이지 않는다. 이는 당시 사대부의 주류 담론을 철저히 배제했음을 의미한다.

《주영편》에서 다룬 지식은 현대 분과 학문의 관점으로는 인문학과 사회과학, 자연과학의 각 부문에 폭넓게 걸쳐 있다. 첫째로 손꼽을 수 있는 주제는 국어학이다. 국어학자로서 현동의 위상은 오래전부터 정평이 나 있었다. 그는 하권 1칙에서 "훈민정음은 천하의 위대한 문헌이다"라고 선언하고 "오호라! 우리 세종대왕께서는《주역》에서 이른 것과 같이 총명하고 지혜로우시며, 사람을 죽이지 않는 신령한 무력을 지닌 성인이시다"라며 한글 창제자로서 세종의 위대함을 찬탄하였다. 현동은 구체적으로 훈민정음의 특징과 가치를 분석한 다음에 신숙주와 최세진이 훈민정음을 개정하고 오류를 일으킨 점을 지적하였다. 그 밖에 '치다'나 '늣다'를 비롯한 많은 어휘를 분석하였고, 한국 고유 한자와 영어 알파벳, 표류인으로부터 수집한 포르투갈 어휘 등 언어 현상을 깊이 있게 다루었다. 조선 후기 어학자로서 가장 높은 수준에 도달한 현동은 문집에 〈자음왕복서(字音往復書)〉를 수록해 30개 항목에 이르는 차기로 토론을 전개하기도 했다. 편지를 주고받은 상대는 윤광수(尹光垂)로 그 역시 어학에 대한 관심이 컸다. 훈민정음에 대한 학문적 열정은 이 책의 다섯 번째 부록에 실린 현동의 막내아들 정우용(鄭友容)의 글에 잘 나타나 있는데,《훈민정음》원본을 찾기 위한 고심과 열정이 돋보인다.《주영편》을 한창 저술하던 시기에 지어졌으므로 실제로는 아버지 정동유의 부탁으로《훈민정음》원본을 구했을 것이라 추정된다.

현동의 어학 연구는 스승 이광려를 비롯한 여러 소론 선배의 장구한 연구를 이어받았고, 다시 아들 정우용과《자류주석(字類註釋)》의 저자 정윤용(鄭允容),《언문지(諺文志)》를 지은 유희를 통해 근대 국어학으로 계승되었다. 이처럼 국어학의 역사에서 현동은 학맥의 고리 역할을 하였고, 학술적 성과를 집약한《주영편》은 국어학사에서도 매우 중요한 저술이라고 할 수 있다.

어학 다음으로《주영편》에서 크게 주목할 만한 주제는 조선의 사회와 민속, 제도와 문물, 역사와 지리 등이다. 결혼, 양반, 노비, 환갑, 명절, 화장, 음식, 족보, 지맥, 한양, 매향비 등 다양한 주제를 다각도로 제시하고 그 역사적 연원과 현상의 배후를 치밀하게 밝혀내고 있다. 예컨대 다른 나라에 비해 규모가 작은 조선 건축의 특징을 거론하고 그 이유를 분석한다든지(상권 5칙 '조선의 건축 규모'),《읍지》나 집안 기록에 허위와 조작이 많고(상권 96칙 《읍지》의 허위'·상권 97칙 '집안 기록의 신뢰성'), 소로 경작하는 우경법이 농사와 함께 시작되었으며(하권 30칙 '우경의 기원'), 조선이 왜 노비제도를 없애지 못하는지(하권 87칙 '우리나라 노비제도')를 문헌이나 역사적 기록을 추론하여 밝히고 있다. 현상이나 사실을 소박하게 제시하는 차원에 머물지 않고 반드시 그것에 대한 깊이 있는 견해와 치밀한 분석을 제시했는데, 일상생활에서 부딪히는 상식적인 문제부터 자국학(自國學)의 범주에서 주목할 만한 주제까지 깊이 있는 식견을 제시하고 있다.

한편 현동은 자국의 문제를 넘어 대외관계에 대해서도 깊은 관심을 보였다. 송·금·원·명·청과 맺은 복잡한 대외관계나 외국 사정을 분석하고, 일본과 유구, 서양의 함선과 표류 및 과학과 종교, 선교사를 다루기도 하였다. 30여 칙의 글 가운데 어느 하나 평범하거나 상식적인 것이 없다. 흥미로운 소재와 엄청난 정보력은 물론 분석과 시각이 매우 정밀하고 참신하다. 국제 정세나 외국과의 교류 문제를 보는 뛰어난 안목은 이 저술의 우수한 가치를 돋보이게 한다.

위에서 살펴본 세 가지 측면 이외에도 흥미로운 기사가 많다. 기녀와 약속을 지키지 못한 영의정 운곡(雲谷) 이광좌(李光佐)(하권 71칙 '기녀와의 약속을 저버린 이광좌')의 사연이나 정태화와 최명길이 명나라에 사신을 보내는 비밀공작(하권 61칙 '정태화와 최명길의 비밀공작'), 정태화가 만난 명나라 유민 위제서와의 사연(하권 62칙 '정태화와 위제서의 만남'), 1717년 고상영의 표류기(상권 46칙 '고상영의 안남 표류기') 등 흥미롭고 가치 있는 기사가 넘친다.

4.

어떤 주제를 다루었는지도 중요하지만 주제를 어떻게 서술하고 어떤 생각을 펼쳤는가는 그보다 더 중요하다. 현동의 제자 유희는 《언문지》 서문에서 "정동유 선생은 격물(格物)에 조예가 깊으신 분"이라는 총평을 내렸다. 여기서 격물은 사물이나 사실, 현상을 진단하고 분석하여 추론하는 학문 방법을 가리킨다. 자국학이나 조선학(朝鮮學)의 범주에 속하는 분야를 중심으로 실증적으로 분석하고 역사주의적이고 상대주의적인 인식 태도를 지니고 가치를 판단하는 현동의 학문 방법을 유희는 격물이라는 한 가지 개념으로 요약하였다. 이를 보편적인 개념으로 다시 표현한다면 '실증주의'라 말할 수 있다.

현동은 공자, 맹자, 주자 등 오랫동안 지식과 윤리의 원천이자 판단근거였던 선험적 진리를 인정하지 않았다. 오히려 '배치선유(背馳先儒)', 즉 선배 학자에게 배치된다는 뜻의 이 네 글자를 동원하여 새로운 주장과 해석을 막고 사람들의 머리와 입을 고정시키려는 학자의 행태를 혐오했다(하권 29칙 '경서의 주석'). 경서를 비롯하여 모든 문헌은 오류가 있을 수 있다고 보고 통념과 상식으로 굳어진 지식을 철저히 의심했으며, 권위를 내세우는 선배들의 주장에 의문을 제기하였다. 그 결과 새로운 발상과 엉뚱한 주장을 내놓기도 하였는데 그 주장에는 반드시 그에 걸맞은 근거를 제시하였다. 예를 들면 대략 다음과 같다.

현동은 부처의 탄신일이 4월 8일이라는 상식에 의문을 제기하고 2월 8일이 옳을 수 있다고 주장한다. 문제는 주장의 근거인데 그는 《요사(遼史)》와 《금사(金史)》, 그리고 《고려사》에서 2월 8일에 불탄절 행사를 거행한 사실을 들어 입증하고 있다(상권 24칙 '사월 초파일'). 또 개성 선죽교에 있는 정몽주 혈흔에 얽힌 의혹을 해부하면서 우선 혈흔 모양 자체가 사물의 이치상 맞지 않으며 17세기 이전 문헌에 그 사실이 전혀 보이지 않는다는 역사적 물증을 제시하면서 최근에 만들어진 전설이 와전된 것이라고 분석한다(하권 54칙 '선죽교의 핏자국').
두 경우는 역사적 문헌을 통해 증명한 사례다.

다음으로 납일 전에 눈이 세 번 오면 풍년이 든다(臘前三白)는 속
설이 오류임을 입증하였다. 그 속설은 눈이 세 번 오는 현상을 의미
하는 것이 아니라 눈이 녹았다 쌓이기를 세 번 반복하는 것을 의미
한다고 보았다. 녹은 눈이 토양을 적셔 기름지게 하고 메뚜기 유충
을 없애주는 효과 때문이라는 분석이다(상권 28칙 '납전삼백'). 이 사례
는 속설로 전해지는 풍속을 과학적으로 해석하고자 하였던 그의 학
문적 태도를 잘 보여준다.

또 강원도 고성 삼일포에 있는 매향비(埋香碑)를 탁본해 살펴본 뒤
권위 있는 지리지나 《유지》의 오류를 밝히는가 하면(상권 100칙 '고성
삼일포 매향비'), 조수 간만의 차이를 충청도 바닷가의 섬에 직접 들어
가서 확인한 뒤 합당한 분석을 제시하기도 하였다.(상권 87칙 '조석 간
만의 차이') 이처럼 직접 구한 구체적 물증을 가지고 실증한 사례 가
운데에는 현재도 통념으로 굳어진 것들이 많다. 이 밖에도 현동은
언어학과 역사학의 방법론으로 조선 왕실 전속 요리사 섭리(薛里)의
연원과 발음을 추정하였다(상권 77칙 '귀유치와 섭리'). 현재 대부분의
《조선왕조실록》 번역에서 설리로 잘못 발음하는 것이 그의 주장으
로 명쾌하게 밝혀지고 있다.

한편, 현동은 오랫동안 무시되어온 가치를 재평가하기도 하였다.
예를 들어 일본 유학자나 화담 서경덕에 대한 재평가를 꼽을 수 있
다. 그는 겐 마사유키(源正之)와 이토 진사이(伊藤仁齋)를 매우 상세
히 소개하였다. 그들을 천년에 한 번 나올까 말까 한 호걸이라 평가
하면서 일본에 유학이 없다고 폄하하는 조선 학술계의 좁은 소견을

비판하였다(하권 41칙 '일본 유학자 겐 마사유키'·42칙 '일본 유학자 이토 진 사이'). 또한 서경덕을 남의 학설을 모방해 변죽만 울리는 학자와 달리 독자적 학문과 주장을 소유한 학자라는 파격적인 평가를 내리기도 하였다(상권 60칙 《사고전서》에 유일하게 포함된 《화담집》').

현동의 저술은 이처럼 지식을 비판적으로 이해하는 과정을 구체적으로 보여준다. 그의 글은 당시 학계 수준에서는 매우 낯설고 새로운 의의를 지닌다. 이수광의 《지봉유설》 이후 변화하고 발전하던 실학적 연구의 차원을 여러 단계 높였다고 평가할 만하다. 지성사에서 차지한 그의 위치가 지금까지 평가절하된 것은 아닌지 반성할 여지가 있다.

현동은 실증주의 방법을 채택해 올바른 지식을 알리는 데 힘쓰면서도 지식의 범주에서 사회적 가치와 보편적 윤리를 배제하지 않았다. 냉정하고 차분하게 지식을 전달하면서도 가치와 윤리 문제에 대해서는 분노를 표출하기까지 한다. 대표적 사례로 노비제도와 붕당에 대한 비판적 견해가 눈에 띈다.

그는 도망자의 친척들에게 세금을 전가하는 부조리를 다루고 노비제도의 비인간적·비합리적 실정을 네 개 항목에 걸쳐 다루었다. 제도의 시원과 전개과정, 폐지를 논하며 이를 통해 조선의 노비제도가 가장 악질적이라고 주장하였다. 심지어는 금나라도 고려의 제도에서 유래한 노비제도를 채택하였음을 고증하면서, 노비제도가 "양반들이 자신만 이롭게 하려는"(하권 87칙 '우리나라 노비제도') 의도에서 형성·유지되었다고 통렬히 비판하기도 하였다. 노비제도의 실상을 분석하고 제도의 혁파를 제안하는(하권 87~90칙) 일련의 글을 읽다 보면 그의 분노가 실감나게 전해지며 어느덧 설득당해 고개를 끄덕이게 된다.

하권 41~50칙에서는 일본 유학의 현황, 붕당의 폐해, 조선 학계의 실정을 다루고 있다. 현동은 조선 양반들이 붕당에 깊이 뿌리를 내려 "오늘날 태어난 사람은 오성(五性) 이외에 별도로 붕당이라는 성정을 하나 더 갖추었고, 오륜(五倫) 외에 별도로 붕당이라는 윤리를 하나 더 가지고 있어서 …… 붕당을 없애고자 한다면 하늘이 온 세상 사람들의 속을 꺼내어 창자를 바꾸고 위장을 교체해야" 된다(하권 44칙 '붕당의 폐해')고 극단적인 비유를 들었다. 붕당 때문에 인간의 도리가 무너지고 국가가 망해간다고 진단한 뒤 "나는 통곡하고 싶다" (하권 45칙 '위숙자의 붕당론')고 개탄하였고, 붕당이 학술과 긴밀히 연관되어 학술이 천하와 후세를 죽이는 시대라고 가슴아파하였다(하권 46칙 '붕당과 학술'). 올바른 학술로 세상을 이끌어야 한다는 지식인의 자각과 윤리가 오늘날의 지식인에게도 큰 울림을 준다.

이처럼 현동의 현실 비판은 통렬하고, 그 비판은 부강하고 건강한 사회를 지향하고 있다. 현실정치를 구체적으로 언급하지 않으면서도 세상을 경륜하려는 의욕이 곳곳에 배어 있다. 다양한 분야에 대한 비판은 피상적이지 않고 학문적 깊이와 진정성이 담겨 있다.

5.

《주영편》은 현동이 사망한 뒤 100여 년 동안 필사되어 읽혔다. 현재 전하는 필사본은 대략 10종에 이르는데, 이본을 치밀하게 추적해 국내외에서 대략 8종을 찾아냈다. 위당 선생이 언급한 종갓집에 전해오던 사본이 아직 발견되지 않았으므로 개인이 소장한 이본이 몇 종

더 있을 수 있다. 당시 저작으로서 상당히 많은 이본이 전해지는 것으로 보아 독자의 반향이 꽤 컸음을 짐작할 수 있다. 조사한 이본의 간명한 서지사항은 다음과 같다.

(1) 가람본, 서울대학교 중앙도서관 가람문고 소장, 2권 2책(1권 2권). 표지 안에 "대정칠년삼월육월사조선시……(大正七年三月六月辭朝鮮時……)"라는 글귀가 적혀 있다. 서울대학교 고전간행회에 의해 '서울대학교 고전총서'로 1971년에 영인 간행되어 학계에 가장 널리 알려졌다.

(2) 일사본, 서울대학교 규장각 소장, 2권 2책.

(3) 한창수본, 연세대학교 중앙도서관 소장, 2권 2책. 표지에는 상하(上下)로, 내제(內題)에는 1권 2권으로 표시하였다. 첫 장 하단에 위에서부터 "해(海)", "한창수경문씨(韓昌洙景文氏)"라는 장서인이 찍혀 있다. 구한말 친일파 관료인 한창수(1862~1933) 소장본이다. 경문(景文)은 그의 자이다.

(4) 연세대본, 연세대학교 중앙도서관 소장. 2권 2책으로 표지와 내제 모두 1권 2권으로 표시하였다.

(5) 고려대본, 고려대학교 중앙도서관 소장. 서울대본, 연세대본과 매우 비슷하다.

(6) 아천본, 일본 도쿄대학교 아가와 문고(阿川文庫) 소장. 2권 2책으로 표지에는 건곤(乾坤)으로 표시하였고, 내제에는 1권 2권으로 표시하였다. 다른 이본과 차이가 적지 않고 오자가 많은 편이다.

(7) 서울대본, 서울대학교 규장각 소장. 4권 4책으로 오류가 많은 사본이다.

(8) 국립본, 국립중앙도서관 소장. 4권 4책. 이 사본은 책 맨 뒷장

에 "저본은 국립서울대학교 중앙도서관 장"이라고 표시하였다. 필사한 시기를 "단기 4283년(1950) 1월 일 등사(謄寫)함"이라고 밝혔다. 1950년 전쟁이 일어나기 전에 4권 4책의 서울대본(앞의 7번)을 저본으로 필사하였다. 현대에 들어와 필사한 책인 데다 필사의 오류가 매우 심하다.

이상 8종의 이본에서 어느 것이 원본에 가깝다는 판단을 내리기가 쉽지 않다. 대부분이 서지형태상 유사하지만 이본마다 서로 다른 오자가 발견되므로 어느 것도 무시하거나 어느 한 본만을 신뢰하기 어렵다. 이본에 나타난 두드러지고 의미 있는 특징을 살펴보면 대략 다음과 같다.

(1)~(5)의 시본은 상권 84장, 하권 84장 전체 168장의 장수, 각 1면의 10개 행과 1행의 21개 자수가 거의 완벽하게 일치한다. 동일한 형식을 갖추었으므로 모두 같은 계열의 사본이다. 어느 것이 선행본인지는 분명하지 않다. 글자의 오류는 상이하게 나타난다. (6)~(8)은 (1)~(5)와는 형식이 다르다. (8)은 (7)을 필사했으되 오류가 더 많다. (2)~(6)의 사본에는 하권 저작명 하단에 '병인록(丙寅錄)'이라 기재되어 있고, 나머지 사본에는 보이지 않는다. 이 기록은 1805년 여름에 상권을 써서 겨울에 서문을 작성했고, 하권은 그다음 해인 병인년(1806)에 써서 완성했다는 사실을 밝힌 것이다. (4)와 (5), (7)은 하권 61칙과 62칙의 순서가 바뀌어 있다. 이 점을 통해 세 이본은 같은 계통이라고 할 수 있으며, 이 세 이본의 유사점은 상권 100칙의 내용을 통해서도 나타난다. 100칙은 이본 간 차이가 매우 많이 나타나는 항목인데, 이 3종은 서로 공통점이 많고 다른 이본과 차이를 보인다. 자세한 차이는 원문 교감에 밝혀놓았다.

이 책에서는 이본으로서 가치가 떨어지는 국립본의 경우 일부 내용만을 교감에 반영하였고, (4)와 (7)과 매우 유사한 고려대본을 제외하고 전체 내용을 꼼꼼하게 교감해 그 사실을 주석에 밝혀놓았다. 학문적 엄밀성과 정확성을 기해 신뢰할 만한 정본 텍스트를 만들고 그 정본을 기초로 번역하였다.

6.

《주영편》은 20세기 들어와 새롭게 조명되었다. 위당 정인보 선생은 1931년 1월 〈동아일보〉의 '조선고서해제'의 하나로 이 책의 의의를 밝힌 글을 쓰기도 하였다. 그 뒤 자신이 소장한 《주영편》에 글을 써서 이 책을 조선의 문학과 지리, 역사에 대해 홀로 터득한 혜안을 찾아볼 수 있는 대저술로 자리매김시켰다. 가학의 연원과 양명학에 기반을 둔 시각, 국고(國故)에 대한 전문적 연구, 훈민정음과 민생(民生)에 집중한 사유, 방만하지 않고 간결한 서술 태도, 모방을 꺼리고 자기본원(自己本原)에서 우러나온 학문 등으로 요약해 조선학의 핵심 저술로 평가하였다. 《주영편》이 지닌 의의를 정확하고도 흥미롭게 밝힌 이는 바로 위당 선생이다.

오늘날 《주영편》을 주목하여 읽게 만든 계기는 일본인이 먼저 만들었다. 일본인 시미즈 겐키치(淸水鍵吉)는 1923년에 '선만총서(鮮滿叢書)' 제8권으로 《숙향전》과 함께 자유토구사(自由討究社)에서 상권 일부를 초역해 간행하였고, 이후 1936년에 '조선총서(朝鮮叢書)' 제1권으로 《목민심서》, 《아언각비》, 《해유록》과 함께 《주영편》의 상하권에서 94칙을 뽑아 번역해 일본 도쿄 조선문제연구소에서 간행하였다. 번역자는 이 책이 조선의 미신을 타파하고 탁월한 식견을 보여준다고 번역 동기를 밝히며 미신이나 허위의식, 청나라와 일본의 국제문제를 다룬 글을 뽑아 번역하였다. 그중 상권 36칙 '조선의 졸렬한 풍속과 하기 힘든 풍속'에서 바늘과 양과 수레가 없다는 내용은 일본 극우 세력이 조선 문명이 열등하다고 비꼬는 구실로 현대까지 악용하고 있다.

1971년 서울대학교 고전간행회에서 고병익 선생의 해제를 달아 '서울대학교 고전총서'의 하나로 영인 간행하였고, 이를 저본으로 남만성 선생이 우리말로 번역해 같은 해 을유문고의 2책으로 출간하였다. 남만성 선생의 책은 첫 번역으로서는 의의가 있으나 이본을 교감하지 않았고, 난해한 부분은 제외한 채 번역하는 등 오역이 적지 않으며 참고할 만한 주석도 많지 않다. 그마저도 절판된 지 40년 가까이 되었다. 그사이 많은 연구가 이루어졌고 참고할 서적도 많아졌다. 고(故) 홍이섭 선생 이후 최근 몇 년 사이에 10여 명의 학자가 역사학, 국어학, 민속학, 과학사, 한문학 분야에서 연구논문을 발표하였다. 그동안의 연구를 반영하고 새롭고도 충실한 번역이 필요해졌고 이 같은 요구에 부응하고자 새 번역에 착수하였다.

이 책은 8년 전 성균관대학교 한문학과 대학원생들이 함께 모여 강독하면서 몇 가지 목표를 세우고 번역을 진행하였다. 첫째, 현재 전하고 있는 이본을 모두 수집하고 조사한다. 원본을 교감해 주석을 달고 표점을 더해 정본을 만든다. 둘째, 정본을 저본으로 삼아 충실하게 번역한다. 셋째, 교양을 갖춘 사람이면 누구나 읽을 수 있는 쉬운 문체로 번역한다. 넷째, 사전에서 찾을 수 있는 일반적인 용어나 번역에 필요한 어휘 설명의 주석은 지양하되 내용을 정확하고 충실하게 이해하는 데 도움을 주는 주석을 단다.

　이 계획에 따라 비평판 텍스트를 만들어 신뢰할 만한 번역을 하기 위해 노력하였다. 조선 후기 지성사에서 매우 중요한 위치를 차지하고 있는 정동유의《주영편》을 많은 독자가 읽고 이해하는 데 불편함이 없도록 하였다. 이 책을 통해 탁월한 한 지성인의 지적 세계를 경험하고, 우리 역사와 문화를 깊이 이해할 수 있기를 기대한다.

2016년 2월
안대회

주영편

상권

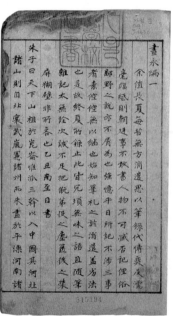

정동유 《주영편》. 서울대학교 규장각 소장.

나는 낮이 긴 여름철의 무료함을 달래기 위한 일거리를 찾지 못해 바둑이나 장기를 두는 대신 무엇인가를 글로 적어보기로 마음먹었다. 막상 붓에 먹을 적셔 종이를 마주하니 조정의 일은 감히 쓸 엄두가 나지 않았고, 세간 사람의 좋고 나쁨은 함부로 논평할 수 없었다. 그렇다고 민간에서 일어나는 상스럽고 속된 천박한 이야기를 쓰자니 그것도 내키지 않았다. 그래서 평소 기억하고 있던 이야기 가운데 앞의 세 가지와는 관계 없는 것을 억지로 생각해내려고 하였다. 하지만 본디 어리석어 계속 이어나갈 능력이 없었다. 비로소 글을 써서 시간을 때우려는 짓이 졸렬한 방법임을 알게 되었다.

그런 까닭에 여름이 끝날 때까지 쓴 것이 겨우 이 정도에 지나지 않고, 그마저도 모두 잗다랗고 재미없는 이야기뿐이다. 게다가 붓 가는 대로 뒤죽박죽 썼기 때문에 짜임새나 순서가 전혀 없어 심심풀이로 보기에도 한참 부족하다. 그저 먼지 긴 상자 속에 던져두었다가 뒷날 병풍을 꾸미거나 벽을 발라도 아까울 것이 없겠다.

을축년(1805) 동짓날에 쓰다.

우리 사는 곳의
모습은 어떠한가?

주자가 말한 천하 지리

주자(朱子)가 다음과 같이 말하였다.

"천하의 산은 곤륜산(崑崙山)에서 시작되고, 그중 세 줄기만이 중국으로 들어온다. 하북(河北)지역의 여러 산은 대(代)나라 북쪽의 환주(寰州)와 무주(武州), 남주(嵐州)와 헌주(憲州) 등 여러 주를 거치며 뻗어가 평란(平灤)에서 그친다. 하남(河南)지역의 여러 산은 모두 촉한(蜀漢)에서 뻗어가 동쪽의 태산(泰山)에서 그치고, 강남의 여러 산은 모두 민산(岷山)에서 시작해 절강(浙江) 땅에서 끝난다. 이것이 이른바 세 줄기 큰 산맥이다."[1]

나의 어리석은 생각으로 강의 근원은 대설산(大雪山)[2]에서 나와 약수(若水)·금수(禁水)·노강(瀘江)·난창강(蘭倉江) 등과 합쳐져 동쪽과 북쪽으로 흘러가다 중국으로 들어와 민강(岷江)[3]에서 합쳐져 바다로 흘러들어간다. 그렇다면 민산에서 뻗은 산맥이 어떻게 절강 땅까지 이르겠는가? 주자의 말은 매우 의심스럽다.

또한 주자는 "두 강물이 양쪽에서 흘러가다 보면 중간에 반드시 산이 있고, 두 산이 양쪽으로 뻗어가다 보면 그 중간에 반드시 강물

---

1 명나라 유서 《도서편(圖書編)》 권30과 풍수지리서 《인자수지(人子須知)》에 천하 지리에 대한 주자(朱子)의 주장이 실려 있다.

2 인도와 중국 티베트 사이에 있는 산으로, 히말라야 산맥을 가리킨다.

3 중국 사천성(四川省) 중부에 있는 양자강 상류.

이 있다"라고 하였고, 또 "옛글에 '천하에는 세 개의 큰 강이 있다'고 하였는데, 황하(黃河)·장강(長江)·압록강(鴨綠江)이다"[4]라고 하였다. 이는 아마도 앞에서 말한 세 줄기 큰 산맥을 끼고 흐르는 강줄기를 가리켜 한 말일 것이다.

장강 이남의 여러 산은 장강과 바다 사이에서 뻗어가고, 하남지방의 여러 산은 황하와 장강 사이에서 뻗어가며, 하북지방의 여러 산은 황하와 오랑캐 지역의 강물 사이에서 뻗어간다. 그래서 압록강을 그 구도에 맞추려고 하였다. 그러나 지금 이른바 압록강은 백두산에서 나와 서쪽으로 흐르다가 의주(義州)에 이르러 바다로 들어가면서 조선과의 경계를 긋는 데 불과하다. 이 강이 세 줄기 큰 산맥과 무슨 관계가 있는가? 게다가 그 수심이 매우 얕은데 어떻게 장강·황하와 더불어 큰 강이라 일컫겠는가?

살펴보건대 송(宋)나라 인종(仁宗) 2년(1042)에 거란이 압자하(鴨子河)의 이름을 고쳐 혼동강(混同江)이라고 하였다. 그 압자하가 바로 주자가 말한 압록강일 것이다. 황하와 함께 하북지방을 끼고 흐르는 강줄기로서, 본래 장강·황하와 더불어 큰 강이라 일컬어졌다. 이름을 혼동강이라고 고친 뒤 압자하라는 옛 이름은 지도에서 사라졌다. 그 때문에 압록강이라는 이름을 듣고 압자하로 여긴 것이다. 주자는 한 번도 장강 이북에 직접 가본 적이 없다. 장강 이북 산수에 대해 말한 것은 모두 지도와 전적을 통해서 얻은 지식이다.

---

4 이상 주자의 말은 각각 《주자어류(朱子語類)》 권79와 권86에 나온다.

한반도와 일본의 지맥

세상에는 "백두산 줄기는 지리산에 이르러 끝나는 것이 결코 아니다. 바닷속으로 잠겼다가 일본의 여러 섬이 된다"라는 남사고(南師古)[1]의 말이 전해온다. 나는 이 말이 결코 남사고에게서 나온 말이 아니라고 본다. 남사고 정도 되는 분이 이처럼 사리를 깨닫지 못했을 리가 있겠는가? 산맥은 반드시 끝나는 곳이 있게 마련인데, 지금 지리산에 이르러 끝나지 못한다고 말한 것은 도대체 무슨 이치인가?

도선(道詵)은 《옥룡기(玉龍記)》[2]에서 "우리나라 산맥은 백두산에서 시작해 지리산에서 끝난다"라고 하였다. 또 일본은 본래 우리나라 남쪽에 있지 않고 동북쪽 두 도(道)와 바다를 사이에 두고 있으며, 그 북쪽 끝에는 하이도(蝦夷島, 홋카이도)라는 곳이 있다. 그러므로 신숙주(申叔舟)는 《해동제국기(海東諸國記)》에서 "일본 땅은 흑룡강 북쪽에서 시작해 우리나라 제주의 남쪽에 이르러 유구(琉球, 오키나와)와 서로 접해 있으니 그 지세가 매우 길다"라고 하였다.

또 일본 사람은 육오주(陸奧州)[3]에서 곧장 조선으로 가면 바닷길

---

1 남사고(南師古, 1509~1571)는 본관은 영양(英陽), 호는 격암(格庵)이다. 역학(曆學)·풍수·천문·복서(卜筮)·관상에 조예가 깊었다. 문집에 《격암일고(格庵逸稿)》가 있다.

2 도선(道詵)의 《도선비기(道詵秘記)》를 가리킨다.

3 무쓰(陸奧) 등 일본 동북쪽에 위치한 옛 지명.

이 매우 가깝다고 말한다. 도요토미 히데요시(豊臣秀吉)가 우리나라를 침략했을 때 육오주에서 출병하려 하였고, 무릎까지 빠지는 우리 해안가의 늪지 300리에 대나무 발을 깔아서 병마(兵馬)를 건너게 하려고 하였으나 끝내 계획을 이루지 못했다고 한다[신유한의《해유록(海游錄)》에 나온다―원주]. 이것으로 본다면 이른바 육오주라는 곳은 우리의 육진(六鎭)과 마주한 땅이다. 그렇다면 지리산 산줄기가 어떻게 일본까지 이르겠는가?

3

도읍지 한양

세상에는 다음과 같은 말이 전한다.

"건국 초기에 도읍을 정할 때 무학대사(無學大師)가 삼각산(三角山)에 올라가서 산줄기를 따라 내려오다가 양철평(梁徹坪, 서대문구 녹번동과 불광동 사이의 고갯길) 뒷산에 이르렀다. 그곳에 도선의 돌비석이 있었는데, '무학오심도차(無學誤尋到此, 무학이 잘못 찾아 이곳에 이르리라)'라는 여섯 글자가 새겨져 있어서 그곳을 포기하였다. 다시 다른 산줄기를 따라 내려와서 목멱산(木覓山, 남산) 동쪽 기슭에 이르니 또 '왕심리(枉尋里, 잘못 찾아온 마을)'라고 도선이 써놓은 글이 있어서 허탕치고 돌아왔다. 그리하여 인왕산 발치 끝에 터를 정했더니 바로 정도전(鄭道傳)이 경복궁으로 점쳐둔 곳이었다. 결국 정도전의 설을 따른 셈이 되었다."[1]

이것은 시골 서당 훈장이 제멋대로 지어낸 근거 없는 이야기이다. 하지만 터무니없는 말이 유행한 지 오래되어서 사실인 양 믿고 전하

---

1 정동유가 언급한 내용은 이중환의 《택리지(擇里志)》 '경기도' 조에서 조선의 도읍을 정한 과정을 설명한 글과 비슷하다. "우리 조선조가 왕조를 이어받은 뒤 승려 무학에게 도읍지를 정하도록 하였다. 무학이 백운대에서 맥을 찾아 만경대에 이르고, 서남쪽으로 비봉(碑峯)에 갔다가 한 개의 비석을 보니 '무학오심도차'라는 여섯 글자가 크게 새겨져 있었는데, 곧 도선이 세운 것이었다. 무학은 마침내 길을 바꿔 만경대 정남쪽 산줄기를 따라 곧장 백악산 밑에 당도하였다. 세 개의 산줄기가 합쳐져 하나의 들을 이룬 것을 보고 드디어 궁궐터로 정했는데, 바로 고려 때 오얏을 심었던 곳이다."

는 이들이 곧잘 나타난다. 차천로(車天輅)처럼 평소 근거 없는 말을 잘하는 자[2]야 본디 입에 올릴 가치도 없지만, 상촌(象村) 신흠(申欽)마저 이 이야기를 글로 썼으니[3] 참으로 괴이한 일이다.

고려 때에도 한양은 본래 이름 없는 고을이 아니라 남경(南京)이라 일컫던 곳이다. 숙종 원년(1096)에 위위승동정(衛尉丞同正) 김위제(金謂磾)[4]가 도선의 《밀기(密記)》에 근거해 "양주(楊州)에는 목멱이라는 땅이 있는데 도성을 세울 만합니다"라고 요청했고, 점술가 문상(文象)이 그 말에 호응하였다. 4년(1099) 가을에 왕이 친히 한양에 거둥해 살펴보고 평장사(平章事) 최사추(崔思諏)[5], 지주사(知奏事) 윤관(尹瓘)[6]에게 그 공사를 감독하라고 명하였다. 6년(1101)에 최사추 등이 돌아와 "노원역(蘆原驛), 해촌(海村, 도봉산 아래에 위치), 용산(龍山) 등지를 자세히 살펴보니 산수의 형세가 도읍지를 세우기에 합당하지 않습니다. 오직 삼각산 면악(面嶽)의 남쪽은 산 모양이나 물의

---

2 차천로(車天輅)의 《오산설림초고(五山說林草藁)》에 무학대사(無學大師)와 정도전(鄭道傳)이 도읍터를 두고 논쟁한 글이 보인다. "무학이 도읍터로 한양을 지목하며 '인왕산이 진산이고 백악과 남산이 좌청룡과 우백호입니다'라고 하자, 정도전이 '예로부터 제왕들은 모두 남면하여 다스렸지, 동향을 했다고는 듣지 못하였습니다'라며 꺼리는 기색을 보였다."

3 《삼봉집(三峰集)》 권14 〈사실(事實)〉에 정도전이 무학대사와 경복궁 자리를 두고 논쟁한 일을 싣고, 그 전거를 《오산설림》과 〈상촌휘언(象村彙言)〉이라고 밝혔다. 그러나 현존하는 〈상촌휘언〉에는 그 내용이 보이지 않는다.

4 김위제(金謂磾, ?~?)는 고려시대의 풍수지리가로, 도선의 비기(秘記)를 인용해 고려 숙종에게 도읍지를 옮기는 것이 사직의 흥망성쇠와 직결된다고 주장하면서 천도를 주청하였다.

5 최사추(崔思諏, 1036~1115)는 본관은 해주(海州), 자는 가언(嘉言)이다. 숙종의 묘정에 배향되었다. 시호는 충경(忠景)이다.

6 윤관(尹瓘, ?~1111)은 본관은 파평(坡平)이고 자는 동현(同玄)이다. 고려의 영토를 개척한 무신이자 문신으로, 1101년 추밀원지주사가 되어 남경(南京)의 지세를 살폈다. 1110년 수태보 문하시중 판병부사 상주국 감수국사(守太保門下侍中判兵部事上柱國監修國史)에 올랐다. 예종의 묘정에 배향되었다.

형세가 옛글에 부합합니다. 주간(主幹)이 되는 중심대맥(中心大脈)에 북쪽을 등지고 남쪽을 향해 지형을 따라 도성을 세우소서"라고 아뢰니 임금이 윤허하였다. 그들이 말한 면악은 바로 백악(白嶽, 북악산)이고, 그들이 말한 옛글은 바로 도선의 《밀기》이며, 그들이 말한 북쪽을 등지고 남쪽을 향한 곳은 바로 경복궁 근정전 터를 가리킨다.

또 숙종 7년(1102)에 중서문하성(中書門下省)에서 "새로 만드는 남경은 산수의 형세에 따라 동쪽은 대봉(大峰)까지, 남쪽은 사리(沙里)까지, 서쪽은 기봉(岐峰)까지, 북쪽은 면악까지를 경계로 삼으소서"라고 아뢰니 임금이 윤허하였다. 9년(1104)에 궁궐이 완성되었다. 그가 말한 대봉이란 바로 목멱산으로, 근정전에서 보면 목멱산은 동남쪽에 있다. 동남쪽 산의 형세상 목멱산이 가장 높기 때문에 대봉이라고 한 것이다. 그가 말한 사리란 바로 사평(沙坪, 녹사평 일대)의 다른 이름이다. 근정전이 관악산을 안산(案山, 집터나 묏자리의 맞은편 산)으로 삼았으니 그 사이의 모래밭은 다 사평이다. 그가 말한 기봉이란 바로 무악재이다. 이들 지형은 또렷하게 가리킬 수 있어서 본래 의심할 여지가 없다.

공민왕(恭愍王) 6년(1357)에 이르러 한양으로 도읍을 옮기는 일로 점을 쳤다. 왕이 점괘를 뽑아 '정(靜, 움직이지 말라)' 자를 얻었다. 다시 이제현(李齊賢)에게 점을 치게 하였더니 '동(動, 움직이라)' 자를 얻었으므로 한양에 궁궐터를 잡아서 대궐을 축조하게 하였다. 또 신우(辛禑, 禑王)[7] 8년(1382)에 도읍을 한양으로 옮기기로 의론이 결정되

---

7 정동유는 고려의 우왕(禑王)과 창왕(昌王)을 표기할 때 반드시 신우(辛禑)·신창(辛昌)으로 썼다. 이후 번역에서는 일일이 밝히지 않고 우왕과 창왕으로 옮긴다.

었는데, 홍순(洪順)[8]이 상서(上書)해 "남경의 진산(鎭山)인 삼각산은 불[火]을 상징하는 산이므로 물[水]에 해당하는 성(姓)[9]인 고려에서 그곳에 도읍을 정하는 것은 좋지 않습니다"라고 하였다.

이런 사실이 모두 역사서에 보인다. 이로써 본다면 고려가 한양을 남경이라고 부른 지는 300년이나 되고, 도읍을 옮기려고 논의한 것도 여러 번이었다. 우리 조선이 개국 초기에 무학대사로 하여금 가야 할 방향도 까마득히 모른 채 동분서주하도록 했을 리가 있겠는가? 풍수가(風水家)들은 황당한 말을 정말 잘한다. 그렇기에 그들의 말은 믿을 수 없다.

---

8 홍순(洪順, ?~?)은 고려 후기의 문신으로 본관은 남양(南陽)이다. 봉익대부(奉翊大夫), 충정공(忠正公) 홍자번(洪子藩)의 아들이다.

9 고려의 건국설화에서는 당나라 선종(宣宗)과 보육(寶育)의 딸 사이에서 태어난 작제건(作帝建)이 용녀(龍女)를 아내로 삼아 융(隆)을 낳았고, 그 융이 바로 왕건(王建)의 아버지라는 설화가 전한다. 고려의 왕가는 용의 자손이라 여겨 수성(水姓)이라 보았다.

한양 성곽 축조

나라가 처음 세워질 때에는 하늘이 반드시 비상한 조짐을 나타낸다. 마치 사람들을 자분자분 친절히 깨우치게 하여 천명(天命)이 다가온 다는 소식을 알려주는 듯하다. 이치가 본래 그러하므로 그 진실성을 의심할 수 없다. 세상에 다음과 같은 말이 전한다.

"우리 조선이 도읍을 처음 정할 때 성곽의 길이와 폭에 대해 중론이 정해지지 못하였다. 어느 날 밤에 눈이 내려 도성을 둘러싼 사방의 산을 에워싸고 그 경계 밖으로는 내리지 않았다. 이에 그 경계선을 따라 성곽을 정해 태조 5년에 성을 쌓기 시작하고, 세종 4년에 고쳐 쌓아서 비로소 완전하고 튼튼하게 되었다."[1]

이것이 하늘이 사람을 깨우쳐준 비상한 조짐이 아니겠는가? 과장된 전설이라고 의심하는 사람도 있으나 옛날에도 이와 유사한 신기한 일이 있었다.

《수경주(水經註)》[2](권3)에 "조무후(趙武侯, 전국시대 조나라 군주)가 하서(河西)에 성을 쌓았으나 완성하지 못하고, 다시 음산(陰山) 하곡(河曲)에 바꿔 쌓기로 하고 기도하였다. 낮에 고니 떼가 구름 사이에서

---

1 정동유가 언급한 내용은 《택리지》 '경기도' 조에 비슷하게 나온다. 그 글에서는 도성의 허술함을 부각시켰다.

2 중국 북위(北魏) 때의 학자 역도원(酈道元)이 작자를 알 수 없는 《수경(水經)》에 지식과 견문을 종합해 주석을 달았다. 중국의 하천에 관한 권위 있는 저작이다.

노닐다가 배회하며 해를 지나가기에 바라보니 큰 빛이 그 아래쪽을 비추고 있었다. 무후가 마침내 그곳에 성을 쌓았으니 지금의 운중성 (雲中城)이다"라는 글이 실려 있다. 성의 이름을 운중이라고 한 것은 구름 사이로 비치는 빛을 따라 얻었음을 말한 것이다. 하늘과 사람 이 뜻이 잘 맞으면 이처럼 가깝다.

5

조선의 건축 규모

우리나라 건축은 대체로 높이가 낮고 규모가 작다. 궁궐·관아·성가퀴·문루(門樓)조차도 크고 넓은 구조를 갖춘 건물이 전혀 없다. 국상(國喪)이 나서 장례를 치를 때마다 흥인문(興仁門)을 통해 드나드는데, 대여(大輿)의 지붕이 걸려 나갈 수가 없다. 따라서 반드시 문 밑의 땅을 파서 조금 움푹하게 만들었다가 장례가 끝난 뒤에 다시 메웠는데, 일치리가 구차해 늘 유감스럽게 여겼다.

《고려사(高麗史)》를 보면 강종(康宗) 원년(1212)[1]에 금(金)나라 책봉사(册封使)가 와서 상로(象輅, 상아로 꾸민 임금의 수레)를 선물하였다. 수레의 높이가 19척이었던 반면 광화문(廣化門, 개경 황성의 북문)의 높이는 겨우 15척이었다. 그래서 성문 문지방 아래의 땅을 파고, 또 수레 지붕의 삼륜(三輪)을 떼어낸 뒤에야 끌고 들어갈 수 있었다. 옛날에도 똑같은 일이 있었던 것이다.

도선은 《밀기》에서 "산이 드문 곳에는 높은 누각을 짓고, 산이 많은 곳에는 평평한 집을 짓는다. 산이 많은 것은 양(陽)이고 산이 드문 것은 음(陰)인데, 높은 누각은 양이 되고 평평한 집은 음이 된다"라고 하였다. 우리나라는 산이 많아서 만약 높은 집을 짓는다면 반

---

1 모든 사본에 강종(康宗) 9년으로 되어 있으나 《고려사》 권21 세가에는 원년 7월의 기사로 나오므로 고쳐서 번역하였다.

드시 손해보고 쇠퇴하는 화를 당할 것이다. 따라서 태조(太祖)께서 갑령(甲令, 제1의 법령)으로 정해 궁궐 안에서 집을 높이 짓지 못하게 하고 민가에도 모두 금지시키셨다. 그 법이 마침내 나라의 풍속이 되어 지금까지 잘 지켜지고 있다. 그런데 크고 높은 집으로는 사찰보다 더한 것이 없고, 사찰은 꼭 산이 많은 곳에 자리 잡고 있다. 승려들이 세상 사람들보다 도선을 제대로 따르지 않으니 도대체 무슨 까닭일까?

6

궁궐과 태묘의 재건

고려 현종(顯宗) 2년(1011) 정월에 거란이 개경을 함락시키고 태묘(太廟, 종묘)와 궁궐을 불태웠다. 국왕은 나주(羅州)로 달아났다가 2월에야 돌아왔다. 10월에 상서 장연제(張延祚)에게 궁궐을 수리하라고 명하였다. 3년(1012) 12월에는 "태묘가 화재를 당해 슬픔이 매우 깊으나 새로 지을 겨를이 없다. 먼저 신주를 만들어 재방(齋坊)에 모시고자 하니 예관(禮官)들이 의논해 아뢰도록 하라!"라는 하교를 내렸다. 5년(1014) 봄에 궁궐이 완공되었다. 18년에 태묘를 수리하고 다시 신주를 안치하였다. 아마도 당시에는 시제(時祭)를 각기 본릉(本陵)에서 지냈을 것이다.

거란이 개경을 함락시켜 비록 한때는 참혹했으나 국왕이 달아났다가 돌아온 기간이 고작 2개월이다. 궁궐 수리를 2년 반을 넘기지 않고 완공하였으니 재력이 넉넉했음을 알 수 있다. 그런데 난리가 끝난 다음 해가 되어서야 신주를 만들려고 하였고, 17년에 이르러서야 비로소 태묘를 수리하였다. 어찌 그리 더디었을까?

조선에서는 선조(宣祖) 25년(1592) 임진년에 왜구가 침략하였다. 임금이 관서 땅으로 피란을 가면서 세자에게 태묘와 사직의 신주를 받들고 관동 길로 나누어 떠나라고 명하였다. 다음 해 임금이 서울로 돌아와 태묘의 신주를 정릉동에 사는 척신 심연원(沈連源)[1]의 집에 임시로 모셔두었다. 정유년(1597)에 왜구가 다시 쳐들어오자 태묘의 신주를 또 관서로 옮기는 고역을 겪었다. 그때 8년 동안 왜구의 잔당을 소탕하느라 백성의 힘이 고갈되어 수리한다거나 새로 짓는다는 것은 옳은 이치라 할 수 없었다. 그 때문에 경복궁은 끝내 재건하자는 논의를 할 수 없었고, 계묘년(1603)에 이르러 비로소 태묘를 중건하도록 명하였다. 이는 재력이 부족했기 때문이다. 고려가 궁궐을 먼저 수리하고 태묘를 나중에 수리한 것과는 다르다.

---

1 심연원(沈連源, 1491~1558)은 본관은 청송(靑松)이고 자는 맹용(孟容), 호는 보암(保庵)이다. 관직은 영의정에 이르렀다. 맏아들 심강(沈鋼)의 맏딸이 명종의 왕비가 되어 외척이 되었다. 임진왜란 당시 임시로 계림군(桂林君)의 저택을 궁궐로, 심의겸(沈義謙)의 저택을 동궁으로, 심연원의 저택을 태묘로 사용하였다.

7

태묘의 제도

태묘는 옛날 한 묘당(廟堂) 안에 묘실(廟室)만 따로 쓰는 동당이실 (同堂異室)의 제도를 운용하였다. 묘당은 남쪽을 향하고 신주는 동쪽 을 향하며, 묘실마다 벽을 만들어 사이를 막았다. 그러므로 당시 홍 문관에서 차자(箚子)를 올려 "비록 묘실을 따로 쓰지만 같은 묘당 안 에서 벽 하나를 사이에 두고 존위(尊位)를 등지고 있습니다"라고 한 것이다.

선조 2년(1569)에 이르러 태묘의 신주를 남쪽을 향하도록 예를 바로잡고, 묘당을 터서 하나의 묘실로 만들었다. 정전에 두지 않는 신주를 모셔두는 영녕전(永寧殿)[1]은 태묘와는 제도가 다르다. 중앙 에 있는 전각에는 목조(穆祖)·익조(翼祖)·도조(度祖)·환조(桓祖)[2] 등 4대조의 묘실을 만들고, 태묘처럼 남쪽을 향하며 서쪽을 상석으로 하는 제도를 채택하였다.

동서 양쪽에는 용마루를 나란히 쓰고 기둥을 연이어서 각각 네 개 의 전각을 만들고, 4대조를 모신 묘실과는 벽을 막아 구별하였다. 서 쪽 네 묘실에는 정종(定宗)·문종(文宗)·단종(端宗)·덕종(德宗)을 봉

---

1 태묘의 일부로 정전(正殿)의 서북쪽에 있다. 태조의 선대 4대조 및 태묘의 정전에 봉안하지 않은 역대 왕과 왕비의 신위를 모셨다.

2 태조 이성계의 고조부부터 아버지까지의 선대 조상.

안해 남쪽을 향하고 서쪽을 상석으로 하였고, 동쪽 네 묘실에는 예종(睿宗)·인종(仁宗)·명종(明宗)·원종(元宗)을 봉안해 남쪽을 향하고 마찬가지로 서쪽을 상석으로 하였다. 이는 한 묘당 안에 묘실만 따로 쓰는 제도를 운용한 것뿐만 아니라 동서(東西)로 소목(昭穆)[3]을 나누어 배치하는 제도도 아니다. 고금의 역사에서 확인할 수 없는 이 제도를 어떤 근거로 채택했는지 알 수 없다.

어떤 이는 명나라 태묘의 제도를 취했다고 말하나 명나라 제도는 본래 이와는 다르다. 명나라 태묘는 한 묘당 안에 묘실만 따로 쓰는 제도로서 중앙 묘실에 태조를 모시고, 동쪽 첫째 묘실에는 성조(成祖), 서쪽 첫째 묘실에는 예종, 동쪽 둘째 묘실에는 무종(武宗), 서쪽 둘째 묘실에는 세종(世宗), 동쪽 셋째 묘실에는 목종(穆宗), 서쪽 셋째 묘실에는 신종(神宗), 동쪽 넷째 묘실에는 광종(光宗), 서쪽 넷째 묘실에는 희종(熹宗)을 모셨다. 이것이 바로 명나라 말엽 구묘(九廟)의 순서52이다.

태조가 가운데 있고 성조 이하로는 각각 소목에 따라 동서로 머리를 향해 차례로 배치하였다. 비록 나란히 봉안했으나 실제로는 소목의 뜻이 담긴 것이다. 영녕전은 4대조의 묘실이 한 묘당 안에서 서쪽을 상석으로 하는 제도를 운용해 명나라 태조의 신위 하나만 중앙 묘실에 안치한 제도와는 다를 뿐만 아니라 동서 양쪽에 붙은 묘실이 모두 서쪽을 상석으로 쓰는데다 안치한 신위의 차례도 소목에 맞추지 않고 있다. 이는 명나라의 제도와는 매우 다르다.

---

3 조상의 신주를 사당에 모시는 차례. 왼쪽 줄을 소, 오른쪽 줄을 목이라고 하는데, 시조의 신주는 한 복판에 모시고 2·4·6대를 소에, 3·5·7대를 목에 모셨다.

또 명나라 때에는 정전에 두지 않는 신주를 모신 전각에 덕조(德祖)·의조(懿祖)·희조(熙祖)·인조(仁祖)·인종(仁宗)·선종(宣宗)·영종(英宗)·헌종(憲宗)·효종(孝宗)의 신주를 안치하고 태묘의 제도를 쓰지 않았다. 왜냐하면 정전에 두지 않는 묘당에서는 원래 소목을 말하면 안 되기 때문이다.

8

태묘에 천신하는 제물

태묘에 천신(薦新, 제철 과일과 농산물을 신위에 올림)하는 제물 가운데 천아(天鵝, 고니)라는 한 종류가 있다. 세상 사람들이 "주(周)나라 문왕(文王)이 창포김치를 즐겼던 것처럼 태조대왕께서 남달리 즐기신 음식이라 마침내 천신하는 제물로 삼았다"라고 한다. 하지만 이것은 잘못된 말이다. 옛날 사람들이 항상 먹었던 오리나 기러기를 지금 사람들은 거의 먹지 않는다. 지금 사람들이 늘 먹는 음식이 아니라서 천아를 보고 이렇게 말한 것이다. 하지만 옛날 사람들은 천아를 닭이나 꿩과 똑같이 보았다.

지금 종묘에 천신하는 물품은,

1월, 제철 전에 말린 미역

2월, 빙송어(氷松魚)·생전복·작설차·반건치(半乾雉, 반만 말린 꿩)· 생합·낙지·미나리

3월, 고사리·당귀싹·청귤·참조기·생조기·누치·웅어

4월, 죽순·준치·오징어

5월, 살구·앵두·오이·보리·밀

6월, 굄쌀·기장쌀·좁쌀·입쌀·능금·가지·수박·참외·동아·자두 ·은구어

7월, 연어·햇배·연밥·개암·잣·호두·청포도

8월, 홍시·신청주(辛淸酒)·대추·햇밤·송이·붕어·게

9월, 기러기·석류·머루·다래

10월, 감자·금귤·유자·마·문어·대구·은어·은행·곶감

11월, 뱅어·빙어·청어·천아·당유자

12월, 유감(乳柑, 감귤과 열매)·동정귤·날생선·토끼

등 모두 72품이다.

시험 삼아 명나라 제도를 찾아보았더니 봉선전(奉先殿)의 천신 제물은,

1월, 부추·생채·냉이·닭·오리

2월, 겨자·유채·쑥·거위·막 언 얼음

3월, 차·죽순·잉어·메추리

4월, 돼지·산돼지·꿩·닭·청매실·쥐참외·살구·앵두·백주

5월, 소맥·밀·사탕·홍두(紅豆)·영계·복숭아·보리·가지·자두·능금·마늘·유채·데운 술

6월, 동아·참외·수박·연밥

7월, 포도·대추·마름·설리(배)·가시연밥

8월, 교백·생강·쏘가리·연근·멥쌀·좁쌀·검은기장·토란

9월, 병어·붉은팥·사탕·밤·등자·석류·감·생주

10월, 마·꿀·토끼·감자·귤·떡·두부·여뀌꽃·쌀엿·세당·은어·웅어[鱭魚]·얼린 생선

11월, 메밀국수·붉은팥·사탕·사탕수수·노루·천아·사슴·기러기

12월, 시금치·붕어·뱅어·풍즉어(風鯽魚)

등 모두 84품이다. 11월 품목에 천아가 들어 있는데 우리나라와 같다. 우리나라에서 시행하는 제도가 본래 명나라에서 나온 것이며 임시방편으로 만들어지지 않았음을 잘 알 수 있다.

9

제사의 의미

사(祠)란 제사(祭祀)이다. 《시경(詩經)》에서 "약(禴)·사(祠)·증(烝)·상(嘗)"[1]이라 하였고, 《공양전(公羊傳)》에서는 "봄에 지내는 제사를 사(祠)라고 한다"고 하였으니, 모두 제사의 이름이다. 《사기(史記)》〈난포전(欒布傳)〉에서 "사를 지내며 곡하였다"[2]라 하였고, 〈만석군전(萬石君傳)〉에서는 "제(齊)나라에서 석상사(石相祠)를 세웠다"[3]라고 하였다. 이는 모두 제사 지내는 대상을 위해 신위를 설치한 것을 그대로 사라고 부른 것이다. 《후한서(後漢書)》〈마원전(馬援傳)〉에 "묘지를 꾸미고 사당(祠堂)을 세웠다"[4]라는 대목이 있는데, 사당이라는 이름이 여기에서 처음 보인다.

따라서 〈문로공가묘비(文潞公家廟碑)〉[5]에서는 "선왕의 제도는 천

---

1 종묘 제사를 봄에는 사(祠), 여름에는 약(禴), 가을에는 상(嘗), 겨울에는 증(烝)이라고 한다. 《시경(詩經)》〈소아(小雅)·녹명지십(鹿鳴之什)〉, 〈천보(天保)〉 참조.

2 난포(欒布)가 친구인 양나라 왕 팽월(彭越)의 잘린 머리 앞에서 제사를 지내며 소리 내어 운 일이 있다. 《사기(史記)》〈계포·난포열전(季布欒布列傳)〉 참조.

3 만석군의 작은아들 석경은 여러 형제 가운데 성품이 가장 무난했고, 제(齊)나라 재상이 되었다. 제나라 사람 모두 그 집안의 가풍을 사모하였다. 말하지 않아도 제나라가 잘 다스려져 석경을 위해 석상사(石相祠)를 세웠다. 《사기》〈만석·장숙열전(萬石張叔列傳)〉 참조.

4 《후한서(後漢書)》〈마원전(馬援傳)〉에 나온다. 후한의 명장 마원(馬援)은 부인이 죽었을 때 무덤가에 나무를 심고 사당(祠堂)을 세웠다.

5 문로공(文潞公)은 중국 북송 때의 재상인 문언박(文彦博, 1006~1097)으로, 이 비문은 사마광이 지었다.

자로부터 관사(官師)에 이르기까지 모두 묘가 있었다. 진(秦)나라 때 임금을 높이고 신하를 낮추어서 신하가 감히 종묘를 만들지 못하였다. 한(漢)나라 때에 이르러 묘소에 사당을 세우는 자가 많아졌다"라고 하였다. 이는 곧 마원 집안에서 한 일과 같은 경우를 가리킨 것으로서 사당이 묘가 아님을 알 수 있다. 그렇다면 사당은 제사 지내는 장소를 말한 것이므로 묘제(廟制)라고 볼 수는 없다. 명나라 이래로 《자휘(字彙)》⁶와 같은 책들에서 사(祠) 자 아래에 새롭게 하나의 뜻을 덧붙여 묘(廟)라고 한 것은 잘못이다.

---

6 명나라 매응조(梅膺祚)가 지은 자전(字典)으로 14권이다.《설문해자(說文解字)》및《옥편(玉篇)》의 부수(部首)를 바꾸고 해서체에 따라 부(部)를 나누었으며, 모두 3만 3,079자를 수록하였다. 조선 중기 이래 조선에서 가장 널리 읽힌 자전이다.

10

공자의 소상

고려 충숙왕(忠肅王) 7년(1320) 문선왕(文宣王) 공자의 소상(塑像)을 만들 때 왕이 은병 30개를 내주어 비용에 보태도록 하였고, 재상들도 모두 예물을 내어 보태었다. 이는 남만(南蠻) 사람인 왕삼석(王三錫)[1]의 요청에 따른 것이다. 그 때문에 개성부와 평양부의 향교에는 다른 곳과는 달리 소상이 있다. 두 고을의 소상이 원(元)나라 때 중국에서 왔다는 이지봉(李芝峰, 李睟光)의 말은 옳지 않다.

조선에 들어와 선조 7년(1574)에 이르러 비로소 명나라 가정(嘉靖, 1522~1566) 연간 제도에 따라 소상을 철거하고 신주로 대신하였다. 그 당시 대사헌 박계현(朴啓賢)[2]이 소상을 묻어버리자고 청하자 송도의 유생들이 항의하는 상소를 올렸으나 뜻을 이루지 못하였다. 공자의 소상이 가장 커서 전문(殿門)으로 나갈 수 없었으므로 북쪽 벽을 헐고 내가서 담 뒤에 묻어 안치하였다. 그런 까닭에 동월(董越)[3]은 《조선부(朝鮮賦)》에서 평양에 이르러 "공자의 묘정에 소상을 설치

---

1 왕삼석(王三錫, ?~?)은 고려 후기의 간신이다. 본래 남만(南蠻) 사람으로 상선(商船)을 따라 원나라 연경(燕京)에 와서 살았다. 연경에 있던 충숙왕과 친하게 되어 왕이 귀국할 때 따라왔다. 의술에 능해 왕의 지극한 총애를 받아 사부(師傅)로 불렸다.

2 박계현(朴啓賢, 1524~1580)은 본관은 밀양(密陽), 자는 군옥(君沃), 호는 관원(灌園)이다. 대사헌, 병조판서 등을 지냈다.

3 동월(董越, 1430~1502)은 명나라 관료로 한림원시강(翰林院侍講)을 지냈다. 성종(成宗) 19년 (1488)에 조선에 사신으로 왔다가 중국으로 돌아가 《조선부(朝鮮賦)》를 지었다.

했는데 모두 면류관을 쓴 의상 차림이었다"라 하고, 개성에 이르러 서는 "묘학(廟學, 문묘에 설치한 대학)에도 엄숙하게 성현들의 소상을 설치하였다"라고 하였다.

스스로 단 주석에서 "군학(郡學)에서도 평양처럼 성현의 소상을 만들었다"라고 하였다. 한양에 이르러서는 "서경(西京)이 한양과 견줄 수 없고, 개성이 한양과 같을 수 없는 것은 제사 때 소상을 설치해 예를 더럽히고 문란하지 않기 때문이다"라고 하였다. 동월이 사신으로 왔을 때는 가정 연간보다 40년이나 앞선 성종 19년(1488)으로, 중국에서 문묘의 소상을 폐지하지 않은 때였다. 그때 우리나라의 예가 더럽혀지지 않았음을 감탄한 사실을 알 수 있다. 당시 사대부들의 의견이 대체로 그러하였다.

가정 연간의 (소상을 폐지하자는) 건의는 장총(張璁)[4] 한 사람의 의견에서 나온 것은 아니다. 위희(魏禧)[5]는 "가정 때 신주로 대체하고 각종 소상을 모두 창고 속에 보관해둔 지 150여 년이 지났다. 그런데 올 신해년에 다시 신주를 소상으로 바꾸도록 천하에 명하였다. 창고를 열어보니 소상은 단청이 벗겨지고 손발이 떨어져 온전한 사람의 형상이 아니어서 차마 똑바로 볼 수 없었다"라고 하였다.

신해년은 바로 우리나라 현종 13년(1672)이다. 이 사실로 보면 명나라 때 소상을 폐지하고 신주를 세우기는 하였으나 우리나라처럼

---

4 장총(張璁, 1475~1539)의 자는 병용(秉用), 호는 나봉(羅峰)이다. 명나라 때의 대신으로 내각(內閣) 수보(首輔)를 지냈다. 장총이 경인년 11월에 공자묘의 예법을 다시 정하면서 진언한 내용으로 《자치통감강목》 3편 21권에 실려 있다.

5 위희(魏禧, 1624~1680)의 자는 빙숙(冰叔)·숙자(叔子), 호는 유재(裕齋)이다. 명말청초(明末淸初)의 저명한 문인으로, 그의 문집 《위숙자문집(魏叔子文集)》이 조선에 들어와 문장가들 사이에 널리 읽혔다.

땅에 묻지 않고 창고에 보관하였다. 그러니 다시 봉안하는 일이 어찌 생기지 않았겠는가?

11

성주 향교의 공자 소상

경상도 성주(星州)의 향교에서도 처음에는 소상을 봉안했다가 뒤에 나무 신주로 바꾸었는데, 그 사실이 《동국여지승람(東國輿地勝覽)》에 실려 있다. 그 내용은 다음과 같다.

"당초 향교의 노비가 개성의 대성전(大成殿)에 가서 소상을 한 번 보고 돌아와서 마침내 성인(聖人) 다섯 명¹과 철인(哲人) 열 명²의 소상을 만들었다. 그 모양이 매우 닮아서 허종항(許從恒)이 다음 시를 지었다.

전묘가 우뚝 솟아 학당을 압도하는데	殿廟崢嶸壓學樓
남향한 저 소상은 몇 해나 지냈던가?	正南肖像幾經秋
뜰에 선 은행나무에게 슬며시 묻노라!	慇懃爲問庭前杏
누가 안자와 증자이고 누가 자공과 자로더냐?	孰是回參孰賜由

그 뒤 대목에는 "목사(牧使) 강중진(康仲珍)³이 신주로 바꾸어 설치

---

1 공자(孔子)·안자(顔子)·증자(曾子)·자사(子思)·맹자(孟子).

2 안회(顔回)·민자건(閔子騫)·염백우(冉伯牛)·중궁(仲弓)·재아(宰我)·자공(子貢)·염유(冉有)·자로(子路)·자유(子游)·자하(子夏).

3 강중진(康仲珍, 1459~1520)은 본관은 신천(信川)이고 자는 자도(子韜), 호는 죽은(竹隱)이다. 외삼촌인 김종직(金宗直)에게 학문을 배웠다. 1495년 증광문과에 급제해 홍문관저작 등 청환직(淸宦職)을 두루 거쳤다. 수찬이 되어 판교(判校)로 재직 중이던 1519년 기묘사화로 유배되었다.

하였다"라는 내용이 보인다.

이 내용으로 본다면 향교의 노비 가운데 솜씨 좋은 어떤 장인이 제 마음대로 진흙 소상을 만들어 봉안했고, 어떤 목사는 제 뜻대로 소상을 철거하고 신주로 대체하였다. 일의 진행 과정에서 처음부터 조정의 보고를 거치지 않았으니 그런 법이 어디에 있을까? 기록된 문장이 사실을 크게 은폐하고 있어서 사건의 전말을 알 길이 없어 안타깝다.

또 《해주지(海州誌)》를 보니 고을 사람들이 문헌공(文憲公) 최충(崔冲)을 문묘에 합사(合祀)했는데, 목사 정성근(鄭誠謹)[4]이 제사 규범에 근거가 없다고 하여 폐지하였다. 고려 때에는 제사 규범이 이처럼 엄격하지 않았다. 이것으로 보자면 성주의 일도 괴이할 것이 별로 없다.

---

4 정성근(鄭誠謹, ?~1504)은 본관은 진주(晉州)이며 자는 이신(而信), 시호는 충절(忠節)이다. 1474
   년 식년문과에 급제해 관직에 나아가 홍문관전한, 직제학 등을 지냈다. 1494년 성종이 죽자 홀로
   3년 동안 복(服)을 입었다.

세시풍속의 유래들

12

갑자로 해와 날을 기록하는 방식

승암(升庵) 양신(楊愼)[1]이 "천간(天干)[2]의 명칭이 《이아(爾雅)》에서 처음 보이는데, 섭제격(攝提格) 이하 22가지가 이것이다. 후세에 전해져 고갑자(古甲子)[3]라고 부르지만 《사기》〈역서(歷書)〉에만 보인다. 한(漢)나라 역술가가 이 명칭을 만들었고 후대 사람이 《이아》에 몰래 집어넣은 것이 아닌가 의심된다"라고 하였다. 승암의 이 주장을 나는 그릇된 것이라고 본다.

육십갑자는 본래 날[日]을 기록하려고 만든 것이지 해를 기록하기 위해 만든 것이 아니다. 《일주서(逸周書)》[4] 〈소개무(少開武)〉에 "진(辰)으로 하루를 기록하고, 수(宿)로 열흘을 기록한다"라고 한 것이 이것이다. 그 때문에 《서경(書經)》의 〈우서(虞書)〉에 기록된 신(辛)·

---

1   양신(楊愼, 1488~1559)은 자는 용수(用修)이며 호는 승암(升菴)이다. 1511년 과거에 장원으로 급제해 한림원수찬(翰林院修撰)이 되었다. 박학한 학자로 유명하다. 문집에 《승암전집(升庵全集)》과 필기(筆記)인 《단연총록(丹鉛總錄)》이 있다. 정동유는 특히 《단연총록》을 널리 활용하고 있다. 인용된 내용은 《승암전집》 권75에 나온다.

2   십간(十干)으로 갑(甲)·을(乙)·병(丙)·정(丁)·무(戊)·기(己)·경(庚)·신(辛)·임(壬)·계(癸)를 가리킨다.

3   육십갑자(六十甲子)의 옛 이름이다. 천간(天干)과 지지(地支)에 해당하는 각각의 고갑자(古甲子)는 다음과 같다. 甲-閼逢, 乙-旃蒙, 丙-柔兆, 丁-疆圉, 戊-著雍, 己-屠維, 庚-上章, 辛-重光, 壬-玄黓, 癸-昭陽 子-困敦, 丑-赤奮若, 寅-攝提格, 卯-單閼, 辰-執徐, 巳-大荒落, 午-敦牂, 未-協洽, 申-涒灘, 酉-作噩, 戌-閹茂, 亥-大淵獻.

4   본래 이름은 《주서(周書)》로, 《급총주서(汲冢周書)》라고도 한다. 진(晉)나라 태강의 책이다. 주(周)나라 여러 왕의 정벌에 관한 언행이 적혀 있다.

임(壬)·계(癸)·갑(甲)에서부터 《주역(周易)》, 《시경(詩經)》, 《예기(禮記)》, 《춘추(春秋)》에 이르기까지 모든 갑자는 모두 날을 말한 것이지 해를 말한 것이 아니다. 그러므로 강현노인(絳縣老人)은 '칠백갑자'라 하였고,[5] 굴원(屈原)은 "경인(庚寅)일에 내가 태어났다"라고 하였으며, 반고(班固)는 "은(殷)나라에서는 태어난 날짜로 자식의 이름을 지었으니, 태갑(太甲)·제을(帝乙)·무정(武丁)이 그렇다"라고 하였다.

만약 상고시대에 날과 해를 후세처럼 모두 갑자로 기록했다면, 강현노인이 칠백갑자라고 한 것과 굴원이 경인에 태어났다고 한 것, 은나라 왕의 이름을 태갑·제을·무정이라 한 것은 해를 말했는지 날을 말했는지 누가 알 수 있겠는가? 그러므로 《춘추》에는 해를 가리키는 이름이 없다. 옛사람들은 해를 말할 때는 반드시 해가 어디어디에 있다고 하였다. 현효(玄枵)·성기(星紀) 등 십이궁(十二宮)의 명칭이 바로 그 예이며, 《사기》〈화식전(貨殖傳)〉에 "태음(太陰)은 묘(卯)에 있고 오(午)에 있다"라고 한 말도 그 예이다.

그렇다면 해를 가리키는 명칭이 끝까지 없었던 것인가? 아니다. 언봉곤돈(焉逢困敦)[6]과 같은 기호가 바로 해를 기록한 명칭이다. 따라서 사마천이 〈역서〉에서 그 기호로 해를 기록한 것은 기이함을 좋아해서가 아니라 본래 그처럼 써야 했던 것이다. 《사기》에도 쓰여

---

5 《춘추좌전(春秋左傳)》 양공(襄公) 30년에 강현노인(絳縣老人)과 관련한 내용이 보인다. 진(晉)나라 도공부인(悼公夫人)이 기성(杞城)을 쌓고 있는 인부들에게 밥을 먹였는데, 그 자리에 나이가 아주 많아 보이는 강현 사람이 있었다. 부인이 나이를 묻자 그는 "신의 생일은 정월 초하루 갑자일로, 이미 445번째의 갑자일이 지났으며, 그 끝 갑자일에서 오늘까지는 3분의 1 갑자에 해당됩니다"라고 답하였다. 사광(師曠)이 날짜를 따져보니 73세이었다. 이에 강현을 다스리는 조무(趙武)가 노인을 부역에 동원한 잘못을 사죄하였다.

6 육십갑자의 첫 번째인 '갑자(甲子)'와 상통하는 고갑자. '알봉곤돈(閼逢困敦)'과 같다.

있고 《이아》에도 실려 있으므로 이는 믿을 수 있는 기록이다. 그런데 후세의 소견으로 억지로 한 가지 주장을 내세워 마침내 경사(經史)의 글을 모두 후세 사람이 날조해 넣었다고 하면서 기어이 자신의 주장에 끼워 맞추려고 하였다. 옛글을 이렇게 해석한다면 어려운일이 무엇이 있겠는가?

《사기》〈십이제후연표(十二諸侯年表)〉를 공화(共和) 원년부터 시작하면서 경신(庚申)이라고 해를 기록하였는데, 이것은 한나라가 해의이름을 나중에 바꾸었기 때문이다. 이는 〈고조본기(高祖本紀)〉 가운데 정월은 태초(太初, 기원전 104~101) 연간 이후에 바로잡은 것으로서 당시의 원래 이름이 아닌 것과 같다. 따라서 후세에 당요(唐堯) 원년을 갑진(甲辰)이라 하고, 공자가 태어난 해를 경술(庚戌)이라고 한것은 모두 장력(長曆, 천세력의 일종)에 의거해 나중에 이름을 붙인 것이다.

십이진을 세는 순서

옛사람들이 십이진(十二辰)을 셀 때 모두 자(子)에서부터 셈을 시작하지는 않았다. 그러므로 역순으로 셈한 예를 보면《예기》〈월령(月令)〉의 공소(孔疏)[1]에서는 축(丑)에서부터 시작해 자·해(亥)를 지나서 인(寅)에서 끝난다. 순서대로 셈한 예를 보면 역술가인 서자평(徐子平, 徐升)의《천기대요(天機大要)》등 서적에는 모두 정인시(定寅時)의 법만 있다. 정자시(定子時)의 법이라 하지 않고 정인시의 법이라고 한 것은 인에서 시작한다는 뜻으로 옛날부터 전해 내려온 법이다. 그렇다면 인으로 정월을 삼거나 초하루를 삼는 일은 참으로 폐지할 수 없는 이치가 있는 것이다.

내가 예전에 변증한 글을 지었는데, 중국 사대부와 서로 확인해 천고의 잘못을 바로잡지 못한 것이 안타깝다.[2] 그 변증은 다음과 같다. "한 해는 일도(日道, 태양이 운행하는 길)가 머무는 곳을 월건(月建, 음력 달의 간지)으로 삼고, 하루는 해시계가 가리킨 곳을 시각으로 삼는다. 월건은 하늘의 전도(躔度, 운행하는 도수)로 관찰하고, 시각은 땅

---

1 당나라 공영달(孔穎達)의 주소를 말한다. 공영달은 당 태종의 명을 받아《오경정의(五經正義)》편찬에 참여하였다.《예기정의(禮記正義)》편찬에서는 정현의 주를 바탕으로 웅안생(熊安生)·황간(皇侃)의 의소(義疏)를 참작해 독자적으로 정리하였다. 이후《예기》는 '정주공소(鄭注孔疏)'라고 하여서 정현의 주와 공영달의 소가 원전 못지않게 존중되었다.
2 정동유가 지었다는 글은《현동실유고》에 수록된〈정삭변(正朔辨)〉을 가리킨다. 본문의 내용은 문집에 실린 것을 수정해 제시하고 있다.

의 방위에 따라 정한다. 전도니 방위니 하는 말들은 모두 옛날 성인이 태양이 머무는 곳을 기록해 이름 붙였을 뿐이다."

살펴보건대 하늘과 땅은 어떤 관계일까? 이는 한 가지에서 나오되 이름만 다를 뿐이다. 그러므로 하루에 12시간을 두어 한 해에 12달을 둔 것과 짝을 이루게 하였다. 이렇듯이 이치가 나뉘지 않는다. 이 때문에 하(夏)·은·주(周) 삼대(三代) 때에는 정월을 바꾸면 반드시 초하루도 같이 바꾸었다. 정월을 바꾸면 초하루를 바꾸지 않으려고 해도 바꾸지 않을 수 없었기 때문이다.

《춘추》의 '춘왕정월(春王正月)'에 대해 하휴(何休, 후한의 사상가로 《춘추공양전》에 주석을 닮)는 주에서 "하나라는 북두자루가 인(寅, 음력 정월)을 가리키는 달을 정월로 삼고 새벽을 초하루로 삼았다. 은나라는 북두자루가 축(丑, 음력 섣달)을 가리키는 달을 정월로 삼고 닭이 울 때를 초하루로 삼았다. 주나라는 북두자루가 자(子, 음력 11월)를 가리키는 달을 정월로 삼고 한밤중을 초하루로 삼았다"라고 하였다.

반면 《사기》〈역서〉에서는 "12시간이 한 바퀴 돌아서 축시(丑時, 오전 1시~오전 3시)에서 끝난다"라고 하였다. 이에 대해 《사기정의(史記正義)》주에서 "새벽 인시(寅時, 오전 3시~오전 4시)에서 시작해 닭이 울 때인 축시에서 끝난다. 대체로 12시간이 축시에서 끝난다면 또 다음 날 아침 인시에 이르러 하루 낮과 하루 밤이 되는 것이다. 그래서 '유명(幽明, 어둠과 밝음)'이라고 한다"라고 하였다.

또 〈역서〉에서 "한밤중을 초하루로 삼는 것은 동짓달이다"라고 하였는데, 이에 대해 《사기색은(史記索隱)》주에서는 "자월(子月)을 정월로 삼았기에 한밤중을 초하루로 삼았다. 만약 인월(寅月)을 정월로 삼았다면 새벽을 초하루로 삼았을 것이다"라고 하였다.

《사기》와 한(漢)나라 이후 여러 학자의 주장에 따르면, 각기 정월과 초하루를 같은 이치로 여겨 결코 하나를 고치면서 다른 하나를 그대로 두지 않는다고 말하였다. 두 가지로 나누는 원리는 없다고 본 탓이 아니겠는가?

또 예로부터 책력을 만들 때 반드시 인월을 정월로 삼는 것이 상례였다. 은나라와 주나라 때도 하나라의 책력을 완전히 폐지한 적은 없었다. 공자께서 나라를 다스리는 방도에 대해 말할 때 "하나라의 책력을 시행한다"라고 한 것은 무엇 때문이겠는가? 천체가 운행해 한 번 낮이 들고 한 번 밤이 드는 것을 하루라고 한다. 막 밝아질 때 낮이 시작되고, 막 어두워질 때 밤이 시작된다. 《사기정의》의 이른바 '유명'은 여기에서 나누어진다.

인시를 하루의 시작점으로 삼은 것은 참으로 당연한 이치이다. 그러므로 한 해가 인월을 시작점으로 삼은 것이 상례라는 말은 인시를 하루의 시작점으로 삼은 원리를 확대한 것이다. 그렇다면 초하루는 정월과 같으니 정월의 뜻은 본래 초하루에서 나온 것이다. 하·은·주 삼대가 정월을 고칠 때 초하루를 고치지 않으려 해도 이치상 그럴 수 없었다. 인시를 초하루로 삼은 일은 참으로 〈역서〉를 만든 이래 상례로 여겼음이 확실하다.

이 때문에 《주역》에서 "간(艮)은 동북쪽을 나타내는 괘이다. 만물이 시작되어 끝을 맺는 곳이다"라고 하였다. 무릇 동북쪽은 인방(寅方)과 축방(丑方)이 만나는 곳이니 인방과 축방으로 만물의 시작과 끝을 삼은 것은 《주역》의 뜻이다. 그렇다면 지금 인월을 정월로 삼는 제도를 채택하면서 여전히 한밤중을 초하루로 삼는다고 한 것은 무슨 이치인가?

한나라에서 책력을 바꾸는 일은 태초(太初, 기원전 104~101) 연간에 시작되어 원봉(元鳳, 기원전 80~75) 연간에 확정되었다. 《한서(漢書)》 〈율력지(律曆志)〉에서 "조서를 내려 정월과 초하루의 개정을 논의하도록 하였다"라고 하였으며, 또 "천통(天統)은 자정에 처음 시행되어 해가 붉고, 지통(地統)은 축시 초에 그것을 받아서 축반(丑半, 오전 2시경)에 이르면 해가 희며, 인통(人統)은 인시 초에 그것을 받아서 인반(寅半, 새벽 4시경)에 이르면 해가 푸르다"라고 하였다. 이것으로 보면 한나라는 인통을 사용했으며, 정월과 함께 초하루를 개정했음이 분명하다. 이 때문에 사면령을 반포할 때 반드시 '아무 날 이른 새벽 전에'라고 이야기하였다. 이른 새벽[昧爽]은 즉, 인시라는 말이므로 인시 이후에야 다음 날로 본 것이다.

원시(元始) 원년(기원후 1) 11월 왕망(王莽)이 한나라를 빼앗고, 이어 12월 초하루를 건국 원년의 정월로 삼았으며, 닭이 울 때를 초하루 시간으로 삼았다. 축월(丑月)을 정월로 사용하면서 초하루도 따라서 바꾸었으니, 왕망도 정월과 초하루를 두 가지로 다르게 사용하지 못함을 알았던 것이다.

동한(東漢)에서 정월을 고친 일은 틀림없이 광무제(光武帝) 때에 일어났을 테지만 역사 기록에 빠져 있어 확인할 수 있는 문헌이 없다. 다만, 장제(章帝) 때 사분력(四分曆)[3] 역수(曆數)를 채택해 자시(子時)를 사용하였다. 그 이후부터 역대 군주들은 책력을 바꾸는 데만

---

3 중국 후한(後漢)의 장원제(章元帝) 때부터 시작해 위(魏)나라의 명종(明宗) 때까지 150년 동안 삼통력(三統曆)에 이어 사용된 태음·태양력법이다. 1년을 365.25일로 하고, 19년에 일곱 번의 윤달을 두었으며, 400년에 3일의 오차가 생긴다.

마음을 쏟고, 정월과 초하루에 대해서는 지금까지 어떤 논의도 용납하지 않았다. 그러나 한밤중을 초하루의 시작으로 삼은 사실은 어느 시대에 제정했다는 문헌이 끝내 나타나지 않아서 언제 처음 시행되었는지 알 수 없으니 또한 괴이한 일이다.

오행의 덕을 서로 잇고 천통·인통·지통을 서로 받드는 것은 왕도 정치의 큰 절목이다. 그래서 하·은·주 삼대가 이를 개정하는 문제를 놓고 그토록 전전긍긍하였다. 지금 하나라의 정월에 주나라의 초하루를 사용하고 있으니 오행을 몹시 어지럽힌 것이 아니겠는가? 오호라! 책력을 밝히고 역법을 시행하는 일을 어찌 이토록 모호하게 했단 말인가? 그런데도 바로잡자는 논의를 들어본 적이 없으니 무슨 까닭인가? 그 이유를 한 번 살펴봤더니 역법이 어지럽힌 탓이었다. 왜 그런가?

역술가들은 자방(子方, 북쪽)과 오방(午方, 남쪽)의 중앙을 가지고 남과 북의 위치를 정한다. 1년 중 해가 오방의 중앙에 있는 때를 동지(冬至)라고 하는데 해가 가장 짧으며, 자방의 중앙에 있을 때를 하지(夏至)라고 하는데 해가 가장 길다. 하루 중에서 자정과 정오도 자방과 오방의 중앙에 있다. 해시계의 그림자는 오방의 중앙에 이르면 가장 짧다. 그러므로 자방과 오방만이 태양이 일주하는 경로의 시작점이자 종점인 것이다.

이 때문에 천체의 운행을 관측하는 방법은 하루가 모여 한 해가 되고 하루는 한 해와 아울러 자시의 한가운데에서 시작해야 한다. 이것이 바로 앞에서 말한 이른바 전도와 방위로서 그 이치가 달라짐을 허용하지 않는다. 그런 이유로 옛날의 역법에서는 반드시 자정과 동지를 역원(曆元, 역수의 시초)으로 삼았던 것이다. 역원은 운행을 관측할 때 계산을 시작하는 출발점이지만, 여기서부터 날이 나뉘는 것은 아니다. 동지가 정월이 아닌 것을 알면서도 지금 동지에서 계산을 시작하는데 어찌 유독 자정이 초하루일 것이라 생각하는가?

이를 토대로 말하면, 하루와 한 해에 다른 기준을 적용할 수 없다는 사실이 더욱 분명해지므로 정월과 초하루의 이치가 하나임을 충분히 입증해준다. 그런데 어째서 이 사실을 근거로 도리어 저 원리를 해치는 것일까?《당서(唐書)》〈역지(曆志)〉에서 이순풍(李淳風, 천문학자이자 산술가)은 "옛날의 역법은 날을 나눌 때 자정을 기준으로 하였다"라고 하였다. 계산을 시작하는 기점과 날을 나누는 기점이 다르다는 사실을 전혀 모르고 동일시해 말하고 있다. 또 자정을 기점으로 날을 나누는 방법이 동한 이후에 비롯되었음을 모르고 옛날 역법이라고 뭉뚱그려 말하고 있다. 정월과 초하루의 원리가 이처럼 왜곡된 지가 오래되었다.

정월과 초하루는 각 왕조의 제도에 따른 것인데, 추보(推步)나 역법의 방법에 왜 구애를 받겠는가? 이 때문에 삼대 때 정월과 초하루를 바꾸더라도 그 역법은 본디 하나였다. 진(秦)나라가 해월(亥月)을 한 해의 시작으로 삼았으니, 초하루를 바꾼 일은 문헌에 없더라도 그 뜻을 추론해보면 틀림없이 자정이 되지 않은 때를 초하루로 삼았을 것이다. 진나라의 잘못은 정월을 바꾼 데에 있을 뿐이다.

초하루는 정월의 경우에서만 본다면 비록 자정이 되지 않은 때라도 불가하지 않다. 그렇다면 사마천(司馬遷)과 하휴,《사기》에 주석을 단 사마정(司馬貞,《사기색은》의 저자)과 장수절(張守節,《사기정의》의 저자) 등 여러 학자의 학설은 모두 분명하게 근거가 있으므로 이순풍 무리가 어지럽히도록 내버려두어서는 안 된다. 그리고 지금 새벽을 초하루로 삼는 것은 단연코 시행할 만한 것임에 의심할 여지가 없다. 지금 밤 자시를 초하루로 삼자는 주장은 더욱 심하게 이치에 어긋나 논할 필요조차 없다.

14

역서에 실린 삿된 술법, 택일

역서(曆書)는 무엇하는 것인가? 천하의 백성들이 사계절 질서에 어둡지 않도록 성인께서 만드신 것이다. 따라서 《서경》〈요전(堯典)〉에서 "밝은 하늘에 순종해 공경히 백성에게 농사철을 알려준다"라고 하였으니, 때를 알려주는 것이 그 중요한 기능이다. 그믐과 초하루, 초승달과 보름달, 춘분(春分)과 추분(秋分), 동지와 하지, 경칩(驚蟄)은 각 시기마다 할 일을 알려준다. 갑자로 하루하루를 기록하고 별이름으로 열흘의 시간을 기록하는 것은 시간의 도수(度數)를 알려준다.

건(建)이니 제(除)니 하는 12가지 이름[1]은 역술가의 말이기는 하지만 한나라 초기에 생겨서 후세의 잡스러운 방술서에 견줄 바가 아니므로 갑자나 별이름 아래에 써도 무방하다. 그러나 음양오행에 따른 금기나, 길하면 행하고 흉하면 피하는 주장이 때를 알려주는 중대사에 낄 수 있으랴?

그런데 지금 역서를 보면 전체가 이런 술법을 늘어놓아 택일(擇日)하는 책이라 싸잡아서 말해도 틀리지 않다. 역서를 반포해 백성에게 알려주는 일이 얼마나 중요한 정사인데, 좀스럽고 자질구레하

---

1 북두칠성이 가리키는 방향을 월별로 표시한 12가지 이름. 건(建)·제(除)·만(滿)·평(平)·정(定)·집(執)·파(破)·위(危)·성(成)·수(收)·개(開)·폐(閉)이다.

고 법도에 어긋남이 이처럼 심할까? 언제부터 시작되었는지는 모르 겠으나 〈공작동남비(孔雀東南飛)〉라는 시를 보니 "역서를 보고 다시 책을 펴보니, 이달 안이 좋겠네"라는 구절이 있었다. 역서를 보고 나서 다시 책을 펴보았다는 말은 택일하는 책을 따로 살펴보았다 는 뜻이다. 이 시는 건안(建安, 196~220) 연간 때의 작품이므로 동한 말엽에는 아직 역서가 택일하는 법을 겸하지 않았다는 사실을 알 수 있다.

택일하는 법에는 살리느니 죽이느니[2] 하는 난잡한 명목이 매우 많 다. 내가 전에 《주후방(肘後方)》[3]이란 책을 본 적이 있는데, 그 안에 사람이 죽은 뒤에 흙이나 나무로 허수아비를 만들어 남을 해코지하 는 저주 방법이 실려 있었다. 이것이 어찌 선비들이 입에 올려도 좋 을 말인가? 지금 역서에서 날짜 아래 기록한 내용은 모두 이런 책들 에서 나온 것들이다. 삼대에 행해진 곡삭(告朔) 예식[4]이 그처럼 엄숙 했던 점을 생각한다면 해괴하고 사특한 말로 역서를 더럽힐 수 있을 까? 늘 한바탕 쓸어내어 천고의 나쁜 관습을 씻어내고 싶다.

---

2 원문은 '신살(神殺)'로 길신(吉神)과 흉살(凶殺)을 가리킨다. 길신에는 천을귀인(天乙貴人)·천덕 귀인(天德貴人)·건록(健祿) 등이 있고, 흉살에는 역마살(驛馬殺)·도화살(桃花殺)·망신살(亡身 殺) 등이 있다.

3 갈홍(葛洪)의 《주후비급방(肘後備急方)》을 말한다. 각종 긴급 처방을 기록한 의학 서적으로, 책의 이름은 팔꿈치 뒤의 옷깃에 달아두고 급할 때 참고하라는 의미이다. 갈홍은 포박자(抱朴子)로 알 려진 인물로, 이름난 도교 연금술사였다.

4 곡삭제(告朔祭)를 일컫는다. 매년 12월에 천자(天子)가 역서를 제후들에게 나누어주면, 제후들은 사당에 보관했다가 매월 초하루에 양을 바치고 그 달의 역서를 백성에게 나누어주었다.

15

역법과 술가의 야합

〈소문(素問)〉[1]에서는 "5일을 '후(候)'라 하고, 3후를 '기(氣)'라 하며, 6 기를 '철[時]'이라 하고, 사철을 '세(歲)'라고 한다"고 하였다. 예로부 터 '72후'라는 말이 있으나 경전에는 보이지 않고, 《한서》〈율력지 (律曆志)〉를 찾아보아도 역시 없었다. 역서를 만들고 날짜를 계산하 는 방법과는 아무 관련이 없으므로 〈율력지〉에 실리지 않은 것이 당 연하다. 후대에 〈월령〉에 기록된 여러 조목을 가져다 '후(5일)'의 이 름으로 삼고 역서의 월건 아래에 실었다. 이는 탁발위(拓跋魏, 탁발규 (拓跋珪)가 세운 북위(北魏))에서부터 시작되었다.

　그러나 〈월령〉에서 "이달은 아래에 후를 기록한다"라고 말한 것 은 본래 그저 지나가는 말로 한 것뿐인데, 지금은 억지로 앞뒤에 후 를 만들었다. 그것 자체가 벌써 〈월령〉의 본뜻이 아니다. 또 한 달 안에 후를 기록한 것이 많으면 몇 개를 없애고 6후만 취하였다. 10 월의 경우에는 〈월령〉에 기록된 것이 몇 가지 항목에 지나지 않으므 로 어쩔 수 없이 '물이 처음으로 얼음이 된다', '땅이 처음으로 언다', '하늘의 기운은 위로 올라가고 땅의 기운은 아래로 내려온다', '닫히

1　황제(黃帝)와 기백(岐伯)의 문답을 기록한 《황제내경(黃帝內經)》의 한 편명이다. 전반 9권의 〈소 문〉과 후반 9권의 〈영추(靈樞)〉로 구분되는 《황제내경》은 인간의 육체를 소우주로 보고 그에 대 해 논한 자연철학적 의학서로서, 의학서인 동시에 천문·역법·지리·음률 등 각 분야의 지식을 두 루 섭렵하고 있으며, 그 이론과 정신은 모두 《주역》에 근원을 두고 있다.

고 막혀서 겨울을 이룬다'를 취해 4후의 이름으로 삼았다. 물이 얼음이 되고 땅이 어는 현상은 본래 같은 시기의 일이다. 또한 하늘 기운이 위로 오르고 땅 기운이 아래로 내려오는 현상과 닫히고 막혀서 겨울을 이루는 현상은 한 단락인데, 어떻게 두 가지로 나누어 본단 말인가? 너무 구차하다.

구궁(九宮)·칠색(七色) 등의 이야기[2]는 《건착도(乾鑿度)》[3]에서 나왔다고 한다. 복희씨(伏羲氏) 때 용마(龍馬)가 황하에서 나왔다. 위쪽이 9, 아래쪽이 1, 왼쪽이 3, 오른쪽이 7이며, 2와 4가 어깨가 되고, 6과 8이 무릎이 되며, 5는 중앙이 되는데, 이것을 '구궁'이라고 한다. 색으로는 1·6·8은 흰색, 2는 검은색, 3은 푸른색, 4는 녹색, 5는 황색, 7은 적색, 9는 자색이다.

대통력(大統曆)에서 매월 아래쪽에 그 내용을 배열해놓고 '비구궁(飛九宮)'이라 일렀다. 이는 거짓된 글에 지나지 않으니 귀중하게 여길 필요가 있겠는가?

---

2 구궁(九宮)은 《낙서(洛書)》에서 나온 아홉 방위이고, 칠색(七色)은 구궁에 대응하는 일곱 가지 색이다.

2黑	9紫	4綠
7赤	5黃	3碧
6白	1白	8白

3 《역위건착도(易緯乾鑿度)》의 줄임말이다. 중국 전한 말기에 나온 위서(緯書)로서, 우주생성론에 관한 저술이다.

16

운명 예측과 칠정

운명을 이야기하는 방술 가운데 사람이 처음 태어날 때 칠정(七政, 해, 달, 화성, 수성, 목성, 금성, 토성)이 자리한 곳을 가지고 운수를 점치는 방법은 근거가 없지는 않다. 다만, 나후(羅睺)·계도(計都)·월패(月孛)·자기(紫氣)는 옛날 역서에서 사여(四餘)라고 하였다. 나후는 백도(白道, 달의 궤도)가 딱 만나는 점(달의 승교점)으로, 곧 월도(月道)가 남쪽에서 북쪽으로 거슬러 올라가 황도(黃道)의 한 점과 교차한다. 바로 나후와 마주하는 점이 계도(달의 강교점)이다. 월패는 달의 운행 권에서 가장 높고 가장 먼 점(달의 원지점)이다. 모두 사람이 만들어 낸 이름이다.

여기서 자기는 윤달에 생기는데, 천체 운행의 관측과는 전혀 관계가 없으므로 현재는 삼여(三餘)만 취하고 자기는 관측에 쓰이지 않는다. 천체 현상과 사실상 아무 관련이 없기는 사여도 마찬가지이다. 따라서 명확하게 길흉을 점치는 방법이 될 수 없다. 옛날부터 운수를 점치는 자들이 칠정과 함께 배치했는데 이는 너무 터무니없는 일이다. 옛사람은 《성요서(星曜書)》는 야율초재(耶律楚材)[1]가 고려국

---

1 야율초재(耶律楚材, 1190~1244)는 자는 진경(晉卿)이고 호는 담연거사(湛然居士), 시호는 문정(文正)이다. 요(遼)나라 왕족 출신으로 대대로 금(金)나라를 섬겼으며, 천문·지리·수학 등 여러 학문에 통달하였다. 1219년 몽고군이 연경을 점령하자 칭기즈 칸에 항복, 정치 고문이 되어 서역 원정에 종군하였다. 오고타이의 즉위를 도와 중서령(中書令)으로 중용되었다. 저서에 《담연거사집(湛然居士集)》(14권)과 서역에 종군했을 때의 견문기인 《서유록(西遊錄)》 등이 있다.

사(高麗國師)에게서 얻은 것인데, 국사가 누구인지는 모른다"[2]라고
하였다. 지금 그 책을 장과(張果)[3]의 저서라고 하는 것은 근거 없는
말이 분명하다.

2 이수광(李睟光)의 《지봉유설(芝峯類說)》 권18 〈기예부(技藝部)·방술(方術)〉에 그 내용이 나오므
   로, 여기서 '옛사람'은 이수광을 가리킨다.
3 '팔선(八仙)' 가운데 한 명인 장과로(張果老)를 가리킨다. 당나라 사람으로 항주(恒州) 중조산(中條
   山)에서 오랫동안 은거하며 분진(汾晉) 사이를 자주 왕래하였다. 장생불사하고 도술이 깊은 도사
   였다고 한다.

삼파일

풍속에 매월 5일, 14일, 23일을 '삼파일(三破日)'이라 이름하고, 이날은 외지로 가거나 일을 시작하는 것을 반드시 피하였다. 내가 명나라 사람의 소설을 본 적이 있는데 다음과 같았다.

"이 세 날은 《낙서(洛書)》에서 중궁(中宮)에 들어가는 날이라고 말한다. 대체로 초하루부터 하루를 헤아리기 시작해 초닷새에 이르러 중궁에 들어가고 9일에 마친다. 또 10일부터 하루를 헤아리기 시작해 14일에 이르러 중궁에 들어가고 18일에 마친다. 또 19일부터 하루를 헤아리기 시작해 23일에 이르러 중궁에 들어가고 27일에 마친다. 나머지 날은 계산하지 않는다."

중궁은 5의 수로 임금의 위치를 상징하는 것이라 서민들이 감히 쓰지 못한 것이지 기피한 것은 아니다. 그렇다면 파일(破日)이라는 말은 본래부터 근거가 없는 말이다.

염이라는 글자의 유래

세속에서 20일을 염(念)이라고 한다. 승암 양신은 "입(廿) 자는 운서 (韻書)에서 모두 음을 '입'이라고 하였다. 오직 시정 장사치들만이 음을 '염'이라고 하였으나 학사(學士)와 대부(大夫)들이 모두 그 잘못을 따라했다"라고 하였다. 고염무(顧炎武)는 "송나라 사람이 표제를 붙인 문서 가운데 '원우(元祐) 신미년 양월(陽月) 염오일(念五日)에 쓰다'라는 글이 있다. 입을 염이라고 한 사례는 여기에서 처음 보인다"[1]라고 하였다.

두 분은 모두 의문을 표시하였으나 그 시초를 상세히 밝히지는 않았다. 일찍이 《홍서(鴻書)》[2]를 보니 "오나라 왕의 딸 이름이 이십 (二十)이어서 강남(江南) 사람들은 '이십'을 '염'이라고 불렀는데, 북쪽 사람들은 기피하지 않았다"는 《겸명서(兼明書)》의 글을 인용하였다. 이른바 오나라 왕은 어느 시대 사람인지 알 수 없으나, 《겸명서》는 당나라 국자박사(國子博士) 구광정(丘光庭)이 지은 책이므로 당나라 이전에 벌써 이런 일이 있었다는 것이다.

또한 투패(骰牌, 골패)는 당나라 태종 때 만든 놀이인데, 패 이름에

---

1 고염무(顧炎武)의 《금석문자기(金石文字記)》 권3에 나오는 글로, 개업사비(開業寺碑)에 송나라 사람이 쓴 명칭을 다루었다. 양신의 주장은 본래 그의 저서 《전주고음략(轉注古音略)》에서 입(廿) 자를 설명한 것인데, 고염무의 글에도 전재되어 있다.
2 명나라 때 유중달(劉仲達)이 편찬한 백과사전으로 총 108권이다.

흑염삼(黑念三)·흑염이(黑念二) 등의 명칭이 있다. 그렇다면 당나라 때부터 입삼점(卄三點)·입이점(卄二點)을 염삼(念三)·염이(念二)라 불렀다는 사실이 더욱 분명해진다.

소만과 망종

이십사절기 가운데 소만(小滿)과 망종(芒種) 두 절기는 옛날부터 그
의미를 알지 못하였다.《주례(周禮)》〈지관(地官)·도인(稻人)〉을 보니
"못에 풀이 나올 때 망종을 심는다"라 하였고, 주에서 이르기를 "망
종은 벼와 보리이다"라고 하였다. 그렇다면 망종의 의미는 이해하겠
는데, 소만의 의미는 끝내 모르겠다.

도소주

섣달 그믐날 마시는 술을 도소(屠蘇)¹라고 한다. 그 뜻을 "귀신의 기운을 무찔러 끊어버리고, 사람의 혼을 되살려 깨운다"²라고 풀이한 사람이 있으나, 이는 글자를 보고 갖다 붙인 말이다. 옛사람의 시문에도 도소라는 말이 많이 쓰였다.

소자운(蕭子雲)³은 〈설부(雪賦)〉에서 "바깥 담장의 높은 용마루가 감춰지고, 도소의 높은 형체가 사라졌다"라 하였고, 두보(杜甫)는 〈괴엽냉도(槐葉冷淘)〉에서 "원컨대 금요뇨(金騕褭, 준마)를 기대어, 달려가 금도소(錦屠蘇)에 머물리라"라고 하였다. 《광아(廣雅)》⁴에서는 도소를 평옥(平屋, 단층집)이라 하였고, 《통속문(通俗文)》에서는 집이 평가(平家, 도리를 셋이나 넷을 얹어서 지은 집)이면 도소라고 하였으며, 《위략(魏略)》에서는 이승(李勝)이 하남태수(河南太守)가 되자 군청사(郡廳事) 앞의 도소가 무너졌다고 하였다. 양신은 이런 글을 두루 인

---

1 약술의 이름으로, 도수(屠酥)라고도 한다. 도라지, 방풍, 산초, 육계를 넣어서 빚은 술이다. 고대에는 음력 정월 초에 도소주(屠蘇酒)를 마시는 풍속이 있었는데, 아침에 차례를 지내고 세찬(歲饌)과 함께 마시면 나쁜 기운을 물리친다고 믿었다. 이 항목은 정동유가 《현동실유고》 〈차기(箚記)〉 4에서 간략하게 논한 것을 보완해 서술하였다.

2 《사시찬요(四時纂要)》에서는 저명한 의사인 손사막(孫思邈)이 한 말로 밝히고 있다.

3 소자운(蕭子雲, 486~548)의 자는 경교(景喬)이다. 진(晉)나라 능군(陵郡) 사람으로, 관직이 시중(侍中)에 이르렀다. 서법에 뛰어나 소전·행서·초서·비백(飛白) 등 여러 서체를 모두 갖추었다.

4 중국 위나라의 장읍(張揖)이 펴낸 총 10권의 자전(字典). 《삼창(三蒼)》, 《설문(說文)》 등을 참고해 증보하였고, 나중에 청나라의 왕염손(王念孫)이 《광아소증(廣雅疏證)》을 지어 증보하였다.

용해 도소가 집 이름임을 입증하였다. 이어서 손사막(孫思邈)이 말한 도소주 방문(方文)에서는 암자 이름을 따다가 술 이름으로 삼았다고 하였다.[5] 이 주장에는 근거가 있다고 할 수 있으나 여전히 설득력이 부족하다.

노조린(盧照隣)은 〈장안고의(長安古意)〉에서 "비취 도소와 앵무 술 잔"이라고 하였는데, 여기에서 비취를 집이라고 할 수 있겠는가? 비취는 옥의 일종으로 옛날에 이른바 '비취가 금가루를 뿌린다(翡翠屑金)'[6]는 것이고, 앵무는 곧 앵무라(鸚鵡螺)[7]이다. 그렇다면 도소도 술잔의 일종인 것이다.

또 덮개가 달린 갓을 도소라고 한다. 《진서(晉書)》〈오행지(五行志)〉에는 "원강(元康, 291~299) 연간에 상인들이 모두 큰 가리개[大鄣]을 착용하였다. 동요에 '도소로 눈 가리고 두 귀 덮고서, 눈 먼 아이가 천자인 체하는 꼴을 본다'고 하였다"라는 기록이 보인다. 〈고악부(古樂府)〉[8]에는 "구리로 만든 비수를 허리에 차고, 비단 도소로 눈을 가린다"라는 글귀가 있다.

평옥을 도소라 하고 술그릇을 도소라 하며 덮개가 달린 갓도 도소라 한다. 당시의 방언으로 보이나 무슨 뜻인지는 알 수 없다. 도소는 평옥의 뜻을 가지고 있으나 집 이름은 아니다. 양신의 고증이 여기까지는 미치지 못하였다. 갓이 덮개가 달려서 도소라는 명칭을 얻

---

5 이상 인용은 모두 양신의 《단연총록》 권6 '궁실류(宮室類)'에서 설명한 글에 나온다. 이후에도 《단연총록》을 인용한 곳이 많으나 일일이 출처를 밝히지 않는다.

6 구양수(歐陽脩)의 《귀전록(歸田錄)》 권하에 나온다.

7 앵무새 모양에 껍데기가 나선형인 바다 연체동물이다. 여기서는 앵무라의 껍데기로 만든 술그릇을 말한다.

8 양(梁)나라 유효위(劉孝威)가 지은 〈결객소년장행(結客少年場行)〉을 가리킨다.

었으니, 술그릇의 이름도 분명 덮개의 모양을 갖춘 것에서 유래했을 것이다. 아무래도 작변(綽邊)⁹이라는 모자와 같지 않을까? 그렇다면 섣달 그믐날 마시는 술의 이름이 반드시 거처한 암자나 착용한 갓에서 나왔다기보다는 술을 담는 그릇에서 나왔을 가능성이 더 많다.

---

9 고대 예관(禮冠)의 일종인 작변(爵弁)을 가리킨다. 작변(雀弁)이라고도 한다.

다리밟기

명나라에서는 정월 16일에 부인들이 어울려 밤길을 다니는 풍속을 주교(走橋)라고 하는데, 다리를 건너지 않은 사람은 장수하지 못한다고 하였다. 우리나라에서는 정월 보름날 밤에 귀천의 구별 없이 모두 함께 나와서 반드시 다리를 찾아 건넜는데, 다리를 많이 지나갈수록 좋다고 하였다. 그래서 어떤 이는 성안에 있는 모든 다리를 두루 밟고 지나가기도 했는데, 이를 다리밟기라고 한다. 아마도 주교에서 나온 풍속일 것이다. 다만 우리나라에서는 남자들의 놀이로서 부인들이 밤길을 다니는 놀이는 없다.

처용치기

정월 14일에 여염집에서 짚으로 사람 형상을 만들어 그 속에 돈을 조금 넣는데 머리·배·팔·다리 가운데 정해진 곳은 없다. 또 어떤 이는 어린아이의 바지저고리 따위를 그 인형에 입혀 처용(處容)이라고 불러서 액운을 물리치기도 한다. 황혼이 되면 거리에서 아이들이 10명, 100명씩 떼를 지어 집집마다 찾아다니면서 처용이 있는지 없는지를 묻는다. 처용이 있는 집에서 문 밖으로 던져주면 아이들이 각기 그 머리와 다리를 잡고 좌우에서 잡아당기면 조각조각 찢어진다. 제각기 잡은 인형 조각을 뒤져서 돈이 나오면 자신이 갖는데, 이것이 처용치기[打處容]이다. 비윤리적인 일인데도 오래전부터 행해져왔다. 그 시초를 알 수 없으나 원나라 때부터 내려온 풍습이 아닌가 한다.

《원사(元史)》를 살펴보니 다음과 같은 내용이 있었다. 12월 하순에 진국사(鎭國寺) 담 밑에서 짚을 묶어서 사람 형상을 만들고, 여러 가지 채색 비단을 끊어서 장과 위를 만든다. 그 뒤 벼슬이 높고 세도가 있는 집안에서 존귀한 사람을 뽑아 교대로 그 인형에 활을 쏘게 하고, 인형이 풀어져 문드러지면 양과 술을 바쳐 제사한다. 제사가 끝나면 황제와 황후, 태자와 비빈을 비롯해 활을 쏜 자가 각기 입고 있던 옷을 벗어서 몽고 무당으로 하여금 빌고 기리게 한다. 기리는 행사가 끝나면 옷가지를 무당에게 주니, 이름하여 재앙벗기[脫災]이다. 그 법이 처용치기와 비슷하다.

23

신일

우리나라 명절 가운데 오직 유두(流頭)만이 우리나라 풍속이고, 나머지는 모두 중국에서 명절이라고 부르는 날이다.¹ 지금 일반 백성 가운데 2월 초하룻날을 명절로 여겨 술과 음식을 장만해 놀거나 조상에게 제사 지내는 사람도 있으나 그 명절의 이름은 막상 알지 못한다.《고려사》〈형법지(刑法志)〉를 보면 형벌을 금하는 날이 여러 날 있는데, 정초의 자일(子日)·오일(午日)과 2월 초하룻날을 신일(愼日, 삼가는 날)이라고 하여 그 가운데 포함시켰다. 여기서 그날을 중시한 사실을 알 수 있으나 그 의미를 아는 사람은 역시 없다. 신라 역사서(《삼국유사》)에 소지왕(炤智王)이 금갑(琴匣)의 화²를 면하자 나라 사람들이 까마귀·쥐·용·말·돼지의 공로라고 여겨 정월 16일³을 까마귀를 꺼리는 날로 삼고 새해 들어서 첫 번째로 맞는 쥐의 날인 상자일(上子日)과 상진일(上辰日, 첫 번째 용의 날)·상오일(上午日, 첫 번

---

1 정동유의 판단은 오류이다. 앞에서 처용치기를 원대의 풍속에서 근원을 찾은 것처럼 조선의 풍속 하나하나를 중국에서 연원을 찾으려고 한 조선시대 학자의 고질적 병폐를 정동유도 완전히 떨쳐내지 못하고 있다.
2 《삼국유사》의 '사금갑(射琴匣)'조에 나오는 이야기로 대략 다음과 같다. 소지왕 즉위 10년(488)에 왕이 천천정(天泉亭)에 거둥했을 때 쥐가 말을 하여 까마귀가 가는 곳을 찾아보라고 하였다. 왕이 까마귀를 찾아다니가 한 노인을 만났는데, 그가 올린 글에 금갑을 쏘라고 되어 있었다. 글대로 화살을 쏘니 내전(內殿)에서 몰래 간통하던 중과 궁주(宮主, 비빈)를 죽일 수 있었다.
3 《삼국유사》에는 15일로 되어 있다.

세시풍속의 유래들

89

말의 날)·상해일(上亥日, 첫 번째 돼지의 날)에는 모든 일을 피하고 조심해서 함부로 행동하지 않으며 신일로 삼았다고 되어 있다.

보통 달도(怛忉)라고 말하는 신일은 슬프고 근심스러워 금하고 꺼린다는 말이다. 그렇다면 신일의 의미를 분명하게 풀이해놓았는데 왜 고려에서는 첫 번째 용의 날과 첫 번째 돼지의 날을 쓰지 않고 유독 첫 번째 쥐의 날과 첫 번째 말의 날만 채택한 것일까? 혹시 따로 신일의 의미를 두어 신라 제도를 따르지 않은 탓일까? 그래서 정초에 쥐날·말날과 2월 초하룻날을 명절로 삼은 사실이 《고려사》에 기록되어 있기는 하나 그 뜻은 모두 알 수 없다.

나는 이렇게 생각한다. 당나라 사람들이 정월 그믐날을 명절로 삼은 것을 덕종(德宗) 때 이필(李泌)[4]이 2월 1일로 고쳐 쓰고 중화절(中和節)로 부르자고 주청하였다. 그래서 삼짇날(첫 번째 뱀날)과 9일을 함께 삼령절(三令節)로 삼으라고 법을 정하였다. 고려에서 2월 초하루를 명절로 삼은 것은 틀림없이 당나라의 중화절을 본뜬 것이다. 또 지금 일반 백성의 풍속에서 10월 상오일을 말날이라 부르고 큰 명절로 여기는데, 신라나 고려에는 그 뜻에 들어맞는 명절이 없었다. 신라 소지왕의 사연처럼 훗날 명절을 따로 만든 사연이 있고, 말날이 이미 10월로 옮겨졌기 때문에 정초의 쥐날과 말날을 없앤 것일까? 그럴듯하게 생각되지만 역시 고증할 길은 없다.

---

4 이필(李泌, 722~789)의 자는 장원(長源), 봉호는 업후(鄴侯)이다. 당나라 대신으로, 7세 때 문장을 잘해 현종의 부름을 받고 대궐에 들어와서는 장열(張說)로부터 기동(奇童)이라는 칭찬을 받았다. 숙종·대종·덕종 세 황제를 모셨다. 아버지 이승휴(李承休)가 책 2만여 권을 물려주어 장서 수만 권을 소장한 장서가로 유명하다.

사월 초파일

우리나라 풍속에서는 4월 8일을 부처의 탄신일이라고 하여 전국에서 연등을 켜고 즐긴다. 어떤 이가 "부처가 태어난 날은 주나라 소왕(昭王) 24년(기원전 102) 4월이다. 주나라 4월은 지금의 2월이므로 지금의 4월에 시행하는 것은 옳지 않다"라고 하였다. 이전에는 그 말이 일리가 있다고 생각했으나 다만 근거로 삼을 자료가 없었다. 훗날《요사(遼史)》와《금사(金史)》 모두에 2월 8일을 부처의 탄신일이라고 하여 서울과 여러 고을에서 모두 갖가지 놀이를 즐겼다는 것을 보고서야 옛날 풍속에서는 본래 2월에 시행했음을 알게 되었다. 고려 태조 때 2월 보름에 연등을 켠 것도 이런 관례를 채택한 듯하다.

단오와 창포

우리나라 풍속에 단오에는 반드시 창포를 꺾어 넣은 물에 얼굴을 씻고, 부인과 아이들이 창포 뿌리로 비녀를 만들어 쪽머리에 꽂는다. 그 풍속을 매년 꼬박 지켜 그냥 넘기지 않는다. 명나라 사람의 기록[1]을 보면 명나라 때 북경에서는 단오에 귀천의 구별 없이 모두 반드시 창포 신발을 사서 신었는데, 해마다 으레 하는 풍습으로 여겼다고 하였다.

《제동신어(齊東新語)》[2]에서는 "5월 초하루부터 초닷새까지 창포와 웅황(雄黃)으로 빚은 술을 마셔 상서롭지 못한 기운을 없앴다"라고 하였고, 또 《본초강목(本草綱目)》에서는 《구선신은서(臞仙神隱書)》[3]를 인용해 "석창포(石菖蒲)는 눈을 밝게 하는데 단옷날 술로 빚어 복용하면 더욱 좋다"라고 하였다. 창포를 단오의 제철 산물로 삼은 풍속은 도가(道家)에서 행해온 일이다.

---

1 주이존(朱彝尊)의 《일하구문(日下舊聞)》에 나온다. 주이존은 청대의 학자이다.
2 《제동야어(齊東野語)》를 가리키는 듯하다. 《제동야어》는 주밀(周密, 1232~1308)의 필기로, 남송대의 역사와 전고, 문예, 일사 등 277조를 수록하고 있다.
3 명나라 태조의 17번째 아들인 주권(朱權, 1378~1448)의 저서이다. 신선, 은둔, 섭생, 농사 등의 주제를 다루고 있다. 주권은 함허자(涵虛子) 또는 단구선생(丹丘先生)이라고도 하는데, 구선은 그의 호이다.

26

납일

우리나라는 미일(未日)을 납일(臘日, 동지 뒤 세 번째 미일)로 삼는다. 이수광(李睟光)은 "동방은 목(木)에 속하므로 미일을 쓴다"라고 하였는데, 이는 잘못된 말이다. 살펴보니 고려 문종 35년(1081)에 지태사국사(知太史局事) 양관공(梁冠公)이 다음과 같이 주청하였다.

"납일은 기미년 이래 송나라 역법을 따라 술일(戌日)을 사용하였습니다. 신이 음양서(陰陽書)를 살펴보니 '대한(大寒) 전후로 가장 가까운 진일(辰日)을 납일로 삼는다'라고 하였습니다. 우리나라는 이날을 사용한 지 오래이므로 그 법을 멋대로 바꾸어서는 안 됩니다."[1]

이 기록을 근거로 보면 고려는 본래 진일을 납일로 채택했으나 나중에 송나라 역법에 따라 술일로 고쳐 시행하였다. 동방이란 근거로 미일을 납일로 쓴 적이 언제 있었던가? 고려에서는 진일을 썼고 조선에서 미일을 쓰는 것은 오행(五行)이 상생(相生)하는 이치[2]를 따른 듯하다. 다만, 우리 조선이 언제부터 미일을 쓰기 시작했는지는 알 수 없다. 처음 시행한 시기에는 반드시 어떤 의미가 있었을 텐데, 그 사연을 기록한 어떤 책도 본 적이 없다. 지금 청나라 역법에만 납일이 없는데, 이는 진·한 이래로 없던 일이다.

---

1 《고려사절요》 제5권, 문종 35년(1081) 기사에 이 내용이 보인다.
2 원문은 '오덕상생(五德相生)'으로, 수(水)·화(火)·금(金)·목(木)·토(土)의 오행(五行)이 서로 낳는 관계를 상생이라고 한다. 즉, 목은 화를, 화는 토를, 토는 금을, 금은 수를, 수는 목을 낳는 관계이다.

역서 반포일

명나라에서 역서를 반포하는 날을 태조가 9월 초하루로 정하였다. 그 뒤 11월 초하루로 고쳐 관리들에게 나누어주고 천하에 반포하게 하였다가 이어 또 10월 초하루로 고쳤다. 청나라에서는 명나라 제도를 그대로 따라서 10월 초하루에 역서를 반포하였다. 우리나라가 동지에 역서를 반포하는 것은 명나라 초기 제도를 채택한 것이다.

납전 삼백

눈이 세 번 오는 현상을 세상 사람들은 삼백(三白)이라고 한다. 납일 전에 눈이 세 번 오면 풍년이 든다(臘前三白)는 이야기는 당나라 사람에게서 나왔는데, 나는 그렇지 않다고 본다. 납일 전에 눈이 세 차례 내리는 현상은 어느 해인들 일어나지 않겠는가? 본래 농사에서 눈이 내리는 것을 중시하는 이유는 토양을 적셔 기름지게 하고 메뚜기 유충을 없애주는 데 있다. 그래서 오늘날 농부들도 겨울눈이 녹았다 쌓이는 현상을 다음 해에 풍년이 들 징조라고 여긴다. 따라서 눈이 세 번 오는 현상에서도 겨울눈이 쌓여서 막히고 얼어붙어 추운 것은 좋지 않고 눈 녹은 물이 땅으로 흘러드는 것을 반드시 귀하다고 여겼다.

싸라기눈

《설문해자(說文解字)》에서 "산(霰, 싸라기눈)은 직설(稷雪)이다"라고 하
였고, 《모시소(毛詩疏)》[1]에서 "직설은 모양이 쌀알 같은데 기와를 뚫
고 창문을 뚫을 수 있다"라고 하였다. 직설이란 글자는 매우 신기하
다. 우리나라 사람들은 산을 싸라기눈[粞雪]이라고 하니 그 말이 한
층 신기하다.

---

[1] 삼국시대 오나라 사람인 육기(陸璣)의 《모시초목조수충어소(毛詩草木鳥獸蟲魚疏)》를 가리킨다.

우레라는 글자

이수광은 장거정(張居正)¹의 글을 인용해 "우레라는 뜻의 뇌(雷) 글자는 옛 글자로는 회(回) 자인데 용이나 뱀이 몸을 구불구불 감고 있는 형상이다.《주역》에서 '우레가 땅속에 있다'거나 '우레가 땅에서 나와 떨친다'²라고 하였는데, '있다', '나온다'라고 한 것은 어떤 물체가 있음을 밝힌 것이다. 또한 순수한 양기의 지극한 정수를 움켜쥔 이무기 따위가 양기의 출입에 따라 일어나거나 숨는 현상인 듯하다"라고 하였다.

나는 이렇게 생각한다. 일찍이 소설을 보니 "남쪽지방에 한 짐승이 있는데 이름이 우레이다. 형상이 돼지와 같으며 겨울에는 땅속에 숨어 있다가 2월에야 나온다. 우레 소리는 이 짐승이 내는 소리이다.

---

1 장거정(張居正, 1525~1582)의 자는 숙대(叔大)이고 호는 태악(太嶽)이다. 융경제(隆慶帝, 재위 1567~1572) 재위 말년과 만력제(萬曆帝, 재위 1572~1620) 재위 첫 10년 동안 권세를 휘둘렀다. 그는 황제의 스승이라는 지위를 이용해 권력을 장악해 정부를 중앙집권화하고 특권을 제한했으며, 황실과 관료가 소유한 면세 토지에 다시 세금을 부과하는 정책을 폈다. 저서에《서경직해(書經直解)》,《태악집(太岳集)》등이 있다.

2 《주역》 64괘 대상도(大象圖)를 보면 지뢰복(地雷復, ☷☳)괘에 "뇌가 땅속에 있는 형국이 복괘이니, 선왕이 보고서 동짓날에 관문을 닫아 장사꾼과 여행자가 다니지 않게 하고 임금이 방소를 살피지 않는다(雷在地中, 復, 先王以至日閉關, 商旅不行, 后不省方)"라고 되어 있고, 뇌지예(雷地豫, ☳☷)괘에서 "뇌가 땅에서 나와 떨치는 형국이 예괘이니, 선왕이 이를 보고 음악을 만들고 덕을 숭상하여 상제께 성대하게 제물을 올리며 조상께 제사한다(雷出地奮豫, 先王以作樂崇德, 殷薦之上帝, 以配祖考)"라고 하였다.

사람들이 잡아먹기도 하는데 맛이 좋다. 뇌주(雷州)에 이 짐승이 많아서 그 이름을 얻었다"라고 하였다. 또 "이 짐승을 먹은 뇌주 사람 가운데 벼락 맞아 죽은 이가 많다고 한다"라고 하였다. 참으로 괴이하다.

그러나 이 짐승이 진짜 '우레'일까? 그 소리가 대단히 크고, 또 일어나거나 숨는 시기가 우레가 치는 철과 같기 때문에 사람들이 우레라고 이름 붙였을 뿐이다. 장거정이 이무기 따위라고 말한 것은 이를 가리킨 것이 아닐까? 왕충(王充)은 《논형(論衡)》³에서 "화공(畫工)이 우레의 형상을 그렸는데 북을 연결해놓은 것처럼 겹겹이 포개져 있다. 또 역사(力士) 한 명을 그리고서 뇌공(雷公)이라고 하였는데, 왼손으로 연결된 북을 끌어당기고 오른손으로 북을 치고 있었다. 세상 사람들은 다들 그럴 듯하다고 여겼으나 깊이 헤아려보면 허황된 그림이다"라고 하였다. 나는 장거정이 말한 이야기도 정말 허황되다고 생각한다.

---

3 후한(後漢)의 사상가 왕충(王充)이 지은 명저로, 총 30권 85편이다.

각종 제도의 시비를 가려보다

31

《지봉유설》의 숱한 오류

우연히 《지봉유설(芝峰類說)》¹의 첫째 권을 들춰보니 잘못된 부분이 매우 많았다. 이수광 선생이 훌륭한 문장으로 여러 해에 걸쳐 쓴 저술이므로 이렇게까지 오류가 많을 리가 있겠는가? 틀림없이 후세 사람이 초고를 간행할 때 제대로 수정하지 않은 탓이다. 이제 몇 가지 사항을 들어서 그 오류를 바로잡고자 하는데, 감히 옛사람의 잘못을 지적해 능력을 과시하려는 것이 아니라 아이들을 바로 가르치려는 의도일 뿐이다.

《지봉유설》에 다음과 같은 내용이 실려 있다.

"《사기》 주석에서 소옹(邵雍)이 말하기를 '일원(一元)은 십이회(十二會)인데, 일회(一會)는 1만 800년이다. 자회(子會)에 하늘이 생겼고, 축회(丑會)에 땅이 생겼으며, 인회(寅會)에 사람이 생겼다. 술회(戌會)에 이르면 만물이 없어지고 하늘이 사라진다. 해회(亥會)에 이르면 하늘이 사라지고 땅이 사라진다'라고 하였다."

나는 이렇게 생각한다. 본래 《황극경세서(皇極經世書)》라는 책이 있는데 왜 원본을 놓아두고 따로 《사기》에 실린 주석을 인용하였을

---

1 31칙은 이수광의 명저 《지봉유설》에서 오류를 찾아내 정확하게 바로잡은 내용이다. 그 내용은 우주의 주기, 하늘과 땅의 거리, 해의 고도, 왕과(王瓜), 흑오(黑烏), 여정(荔挺), 낮과 밤의 길이, 중국 문헌에 나타난 부처 탄생의 조짐 등 주로 천문, 지리, 만물 등이다. 대체로 고증을 잘못하거나 문헌을 서툴게 인용한 것을 바로잡으려고 하였다.

까? 또《사기》에는 송나라 사람의 주석이 없는데, 어떻게 소옹의 말이《사기》주석에 실릴 수 있을까? 소옹은《황극경세서》〈소장도(消長圖)〉에서 인(寅)에 '만물이 생긴다'고 주석을 달았고, 술(戌)에 '만물이 없어진다'고 주석을 달았다. 주자를 비롯한 여러 학자가 그것을 다음과 같이 풀이하였다.

"인회에 이르면 하늘과 땅이 교감해 만물을 처음으로 낳고, 술회 중간에 이르면 하늘과 땅 사이의 사람과 사물이 모두 없어진다. 이렇게 1만 800년이 지나면 해회의 중간이 되는데 무겁고 탁하고 엉기고 맺혔던 땅이 모두 녹고 풀려 가볍고 산뜻한 하늘과 어우러져 하나가 된다. 그래서 혼돈(渾沌)이라고 한다. 또 5,400년이 지나면 해회가 끝나서 더할 수 없이 어두컴컴해진다. 이것이 천지의 한 주기가 끝나는 때이다."

더할 수 없이 어두컴컴해진 때란 주자가 한 번의 모호한[一場鶻突]² 때라고 말한 것이다. 어떻게 만물이 없어진 다음에 하늘이 사라지고, 하늘이 사라진 다음에 땅이 사라진다는 말이 있을 수 있단 말인가? 언뜻 생각해보아도 하늘이 땅보다 먼저 사라지는 이치는 분명히 없다. 인용한 말이 무엇에 근거했는지 모르겠지만 대체로 잘못되었다.

또 다음과 같은 내용이 실려 있다.

"《속박물지(續博物志)》에서 '사표(四表)³'의 안쪽은 총 38만 7,000리이다. 그렇다면 하늘의 중앙과 위아래로서 각기 절반에 해당되는 곳

---

2 천지의 소멸을 다룬《주자어류》권45에 나오는 말이다.
3 28수(宿) 밖에 상·하·동·서가 각각 1만 5,000리로서 사유(四維)의 끝이 되는 곳.

은 19만 3,500리이다. 땅은 중앙에 있으므로 이것이 땅과 하늘의 거리이다'라고 하였다."

　내가 살펴보니 하늘과 땅의 거리를 말한 옛날의 여러 학설은 똑같지 않다. 어떤 사람은 "하늘과 땅의 거리는 2억⁴ 1만 6,781리이다"라고 하였고, 어떤 사람은 "하늘의 둘레는 9,981만 리이다"라고 하였으며, 어떤 사람은 "28수(宿)의 밖은 각기 1만 5,000리이다"라고 하였다[세 가지 설은 《위서(緯書)》에 나온다－원주]. 어떤 사람은 "해가 그 아래의 땅과 떨어진 거리는 8만 리이다"라고 하였고[《진서》〈천문지(天文志)〉－원주], 어떤 사람은 "땅에서 하늘까지는 1억 1만 6,350리이다"라고 하였으며[장형(張衡)의 설－원주], 어떤 사람은 "하늘과 땅의 거리는 9만 리이다"라고 하였고[서정(徐整)의 역서(歷書)－원주], 어떤 사람은 "하늘의 운행은 365도(度)로서 무릇 13만 리의 거리이다"라고 하였으며[왕충의 《논형》], 어떤 사람은 "하늘이 땅의 거리는 9만 1,000여 리이다"라고 하였다[양형(楊炯)의 《혼천부(渾天賦)》－원주]. 근래에 서양의 역술가는 "지구의 둘레는 9만 리이고, 태양과 지구와의 거리는 1,600만여 리이다. 그 나머지 달과 항성(恒星), 오위(五緯, 금성·목성·수성·화성·토성)를 비롯한 여러 천체와 지구와의 거리는 각기 차이가 있다"라고 하였다.

　이상의 여러 설 모두 근거가 없거나 멋대로 속이는 말은 아니다. 각기 추측하고 측량한 방법이 있는데, 그 방법에 소략함과 정밀함의 차이가 있어서 그 말들이 이처럼 다른 것이다. 지금 하늘의 도수를 말하면서 《속박물지》 하나만 인용해 증거로 삼았는데 그 말에는 조

──────────

4　여기서 억(億)은 10만인데, 이하 모두 같다.

리가 없다.

또 다음과 같은 내용이 실려 있다.

《열자(列子)》에는 '공자가 어린아이가 해의 멀고 가까움을 따지는 것을 보았다'는 내용이 실려 있다. 송나라 주일용(周日用)은 '해가 중천에 있을 때 더운 것은 뜨거운 기운이 곧장 내려오기 때문이다. 비유하자면 불기운이 곧장 위로 올라올 때 양쪽 가장자리에 있는 사람이 더운지 서늘한지 잘 알 수 있는 것과 같다. 이것으로 해가 막 나왔을 때는 가까운 곳에 있고, 해가 중천에 뜨면 멀어짐을 충분히 밝힐 수 있다'라고 말하였다."[5]

나는 이렇게 생각한다. 《열자》의 말은 성인을 업신여기려는 의도에서 한 말이므로 본래 이치에 합당한지 그 여부를 따질 필요가 없다. 그러나 그 의중을 파헤쳐본다면 이 일은 알기 어려운 것이므로 지혜로운 성인을 곤경에 처하도록 만들기에 충분하다고 여겨서 그랬을 것이니, 매우 가소롭다. 그렇다고 해도 실제 이치로 실상을 밝혀본다면 다음과 같다.

지구는 하늘 가운데 위치하므로 지구의 중심은 곧 하늘의 중심이다. 사람은 지구 위에 있으므로 그 머리 위에 이고 있는 하늘은 수평으로 바라본 사방의 하늘과 비교했을 때 조금 더 가깝다. 이 이치가 매우 명백하다. 그런데 지금 "해가 막 나왔을 때는 가까운 곳에 있고, 해가 중천에 뜨면 멀어진다"라고 한 이유는 무엇 때문인가? 해가 뜨겁고 서늘하며 크고 작은 이치는 역학(曆學)하는 이들이 변론한

---

5 진(晉)나라 장화(張華)의 《박물지(博物志)》 권8에서 인용하였다. 주일용(周日用)의 말은 주석에 해당한다.

것이 있다.

또 다음과 같은 내용이 실려 있다.

"《예기》〈월령〉에서 '왕과(王瓜)가 난다'고 한 것에 대해《운회(韻會)》에서는 '왕과는 뿌리를 날것으로 먹을 수 있어서 과(瓜)라는 이름을 얻었다'고 하였다. 그런데 왕과는 열매가 작은데 왕(王)이라고 일컫는 것은 왜일까? 어떤 이는 '왕과는 지금 세상에서 말하는 적전과(籍田瓜)이다. 종자는 본래 작지만 어떤 과(瓜)보다 먼저 나와 임금에게 진상하기 때문에 왕과라고 이름 붙였다'고 말하였다."

나는 이렇게 생각한다. 〈월령〉에서 '왕과가 난다'고 한 것에 대해 정현(鄭玄)의 주석에서 "왕과는 며래[萆薭]이다. 지금 〈월령〉에서 '쥐참외[王薂]가 난다'고 하였고, 《하소정(夏小正)》[6]에서는 왕부수(王薂秀)라고 하였다"라고 하였는데, 어느 것이 옳은지는 듣지 못하였다. 정현이 며래라 하고, 또 왕부라고 하였으니 과(瓜)가 아님은 분명하다. 그런데 지금 열매는 작은데 왕이라 일컬었다고 한 것은 대체 어떤 문헌에 근거한 것인가? 또 옛날에 과라고 일컫은 것은 다 지금의 참외[甘瓜]이고, 지금 보통 과라고 부르는 것은 바로 오이[黃瓜]이다. 지금의 적전과는 예전에 과라고 말하던 과일이 아니고, 그것을 종묘에 진상하는 것은 우리나라 풍속이다. 이 과일을 왕과의 이름과 결부시킨 것은 이치에 전혀 맞지 않는다.

또 다음과 같은 내용이 실려 있다.

"《격치총서(格致叢書)》에서 《하소정》에서 10월에 검은 새가 목욕

6　종식(種植)·잠상(蠶桑)·목축(牧畜)·어렵(漁獵) 활동에 대해 기록하고, 종식과 채집의 종류, 사용 도구에 대해 서술한 책이다. 전한(前漢) 때 대덕(戴德)이 지었다고 전한다.

한다고 하였다. 검은 새는 까마귀이다. 목욕한다는 것은 위로 날아올랐다가 아래로 내려갔다가 하는 것이다'라고 하였다."

내가 살펴보니《하소정》에는 "검은 까마귀가 목욕한다(黑鳥浴)는 것은 무엇인가? 까마귀가 목욕한다는 것은 높이 날아올랐다가 아래로 내려갔다가 하는 것이다"라고 되어 있었다. 본문에서는 단지 검은 까마귀라고 말했을 뿐, 검은 새라 칭하면서 까마귀를 가리킨다고 말한 적이 없다. 검은 까마귀라고 말한 이유는 까마귀에 대취오(大嘴鳥)와 자오(慈鳥) 두 종류가 있기 때문에 검다고 말한 것이다. 검은 것은 대취오를 가리킨다.

또 다음과 같은 내용이 실려 있다.

"〈월령〉에서 '중동(仲冬)에 여정(荔挺, 백합과의 다년초)이 난다'고 하였는데, 정현은 '여정은 마해(馬薤)다'라고 주를 달았다. 지금 11월을 여월(荔月)이라고 하는 이유가 여기에 있다.《주역》의 '현육쾌쾌(莧陸夬夬)' 주에서 '지금의 쇠비름[馬齒莧]이니 음기에 많이 반응한다'라고 한 것이 이것이다. 양신은 '채옹(蔡邕)[7]과 고유(高誘)[8] 모두 여는 줄기가 우쭐우쭐 자라는 것이라고 말했는데, 정현이 여정을 이름으로 여긴 것은 잘못이다'라고 하였다."

나는 이렇게 생각한다.《안씨가훈(顔氏家訓)》[9]에서 "〈월령〉에서 '여

---

7 채옹(蔡邕, 132~192)은 자는 백개(伯喈)로, 후한 개봉(開封) 기현(杞縣) 사람이며 시부(詩賦)에 뛰어났다. 저서에《채중랑전집(蔡中郞全集)》이 있다.

8 고유(高誘, ?~?), 후한 탁군(涿郡) 사람으로, 노식(盧植)의 제자이다. 관직은 동군복양령(東郡濮陽令), 감하동(監河東)에 이르렀다. 저서에《효경해(孝經解)》,《전국책주(戰國策註)》,《여씨춘추주(呂氏春秋註)》,《회남자주(淮南子註)》 등이 있는데, 인용한 내용은《여씨춘추주》에 나온다.

9 안지추(顔之推, 531~591)가 펴낸 책으로 2권이다. 자손에게 입신(立身)하고 집안을 다스리는 법을 교육한 저술로 자획·자훈·전고·문예 등의 내용이 있다.

정이 자라난다'라고 하였는데, 정현은 '여정은 마해다'라고 주를 달았고, 채옹은 '여는 정과 같다'라고 하였으며, 고유는 '여는 풀이 줄기가 우쭐우쭐 자라는 것이다'라고 하였다. 그러므로 여정을 풀이름으로 본 것은 잘못이다'라고 하였다. 이는 본래 안씨의 주장인데 양신이 그대로 가져다 쓴 것이다. 한편《역통괘험(易通卦驗)》[10]에서 "여정이 자라나지 않으면 나라에 화재가 많다"라고 하였는데, 안씨도 그것을 인용하였다. 또《일주서》〈시훈(時訓)〉을 보니 "여정이 나지 않으면 경사(卿士)가 권력을 마음대로 휘두른다"라고 하였다.

두 가지 설을 보면 여정은 한 가지 사물의 이름을 가리키는 것 같다. 또 채옹은 여와 정이라는 두 가지 식물로 보았다. 고유는 여를 풀이름이라 하고 정을 자라나는 정황으로 보았으니, 두 가지 주장은 본래부터 다르다. 안씨는 또 "사람들이 마해를 알지 못해서 마현(馬莧)이라 여긴다"라고 하였다. 마현은 우리나라에서 소현(小莧)이라고 부르는 것으로 마해와는 전혀 다른 식물이다. 그래서 안씨가 잘못된 풀이라고 비꼰 것이다. 지금《주역》주에서 마현으로 여정을 증명한 것은 이 글을 보지 못해서인가?

또 다음과 같은 내용이 실려 있다.

"하루는 12시인데, 1시는 8각(刻)으로 나뉜다. 자시와 오시(午時)에는 각각 2각을 보태니, 하루 밤낮은 모두 100각이다. 한유(韓愈)의 시 〈기몽(記夢)〉에서 '120각이 순식간일세(百二十刻須臾間)'라고 하였으니, 당나라 때의 물시계는 현재의 물시계와 다르지 않았을까?"

---

10 후한의 유학자 정현(鄭玄, 127~200)이 주해한 위서(緯書)로 역학 관련 도서이다.《설부(說郛)》 등의 총서에 실려 전한다.

나는 이렇게 생각한다. 물시계는 황제 때부터 사용되기 시작하였다.《주례》에는 설호씨(挈壺氏)라는 것이 있는데 바로 물시계를 담당하던 관직이다. 그 법에는 100각을 가지고 밤낮을 나누는데, 동지는 낮이 40각이고 밤이 60각이며, 하지는 낮이 60각이고 밤이 40각이다. 춘분과 추분은 밤낮이 각각 50각이다. 한나라가 세워진 뒤에도 여전히 엉성한 부분이 많았다. 유향(劉向)이 무제(武帝) 때 사용하던 법을 기록해 "동지와 하지에는 밤낮의 차이가 20각이다. 대체로 동지와 하지가 지난 뒤 9일이면 1각을 보태거나 뺀다"라고 하였다. 애제(哀帝) 때에는 밤낮을 120각으로 고쳐 쓰다가 얼마 되지 않아 곧바로 폐지하였는데, 왕망이 제위를 빼앗은 뒤 다시 그 법을 채택하였다. 광무(光武) 초엽에 또 밤낮을 100각으로 하고 9일마다 보태거나 빼는 법을 법령에 기재하였다. 위(魏)나라와 진(晉)나라가 서로 전해 그 법을 고치지 않고 계속 사용하였다.

송나라 하승천(何承天)[11]이 만든 물시계 법에는 춘분과 추분에 밤낮을 둘로 나누어 낮과 밤의 시각을 각각 55각으로 하였다. 제나라와 양(梁)나라 초기에는 그것을 고치지 않고 그대로 시행하다가, 천감(天監) 6년(507)에 무제가 낮과 밤을 96각으로 하고 1신(辰)에 전부 여덟 개의 각을 두었다. 대동(大同) 10년(544)에 또 108각으로 고쳐 사용하였다.

---

11 하승천(何承天, 370~447)은 중국 남북조시대 송나라의 동해담(東海郯, 지금의 산동성) 출신으로, 수학자이자 천문학자이다. 산학(算學)과 역학에 뛰어나서 원가력(元嘉曆)을 만들었다.《달성론(達性論)》을 지어 인간은 죽으면 신체와 영혼이 함께 멸하여 내세의 응보는 없다는 무신론을 주장해 종병(宗炳)·안연지(顏延之)와 논쟁을 벌였다. 박학한 학자로서 당대와 후세에 큰 영향을 끼쳤다.

수나라 개황(開皇, 581~600) 연간에는 해시계의 막대표를 세우고 해 그림자에 따라 물시계 시각을 맞춰보니 12신(辰)의 각마다 조금씩 차이가 나고 정시(正時) 전후의 각도 달랐다. 당나라와 오대(五代)는 모두 100각의 제도를 사용하였고, 송나라 희녕(熙寧, 1068~1077) 연간에 심괄(沈括)[12]이 《희녕구루(熙寧晷漏)》 4책을 올렸는데 역시 100각을 한계로 삼았다. 지금 시헌법(時憲法)은 다시 96각을 사용하고 있다.

대체로 하루는 100각인데 그것을 12시로 나누면 1시는 8각씩이다. 그 나머지 4각은 또 96각 안에 고르게 나누어 붙여서 자시와 오시에만 각각 2각씩 더해준 일은 없었다. 당나라 때 120각으로 물시계를 만드는 법이 없었으므로 한유의 시는 한나라 사람의 말을 인용한 것에 지나지 않는다.

또 다음과 같은 내용이 실려 있다.

"《논형》에서 '주나라 소왕 26년 갑인(甲寅) 4월 8일에 우물물이 넘치고 궁전이 진동했으며 밤에 항성이 보이지 않았다. 태사(太史) 소유(蘇由)가 점을 친 뒤 서쪽지방에서 성인이 태어났다고 하였다'라고 하였다. 《열자》에서도 '서쪽지방에 성인이 나타났다'라고 하였다. 그렇다면 주나라 때 벌써 부처가 나타났음을 알았던 것이다."

나는 이렇게 생각한다. 불가의 서적 가운데 이른바 《불도논형(佛

---

12 심괄(沈括, 1031~1095)의 자는 존중(存中)이며 호는 몽계옹(夢溪翁)이다. 사천감(司天監)이 되어 천체관측법과 역법 등을 창안하였다. 천문·수학·지리·본초(本草) 등 과학에 밝았다. 저서 대부분은 없어졌으나 현재 전하는 《몽계필담(夢溪筆談)》(26권), 《보필담(補筆談)》(3권)에는 과학과 기술 관련 기사가 풍부하게 실려 있다.

道論衡)》[13]이라는 책이 있다. 방자하고 허탄하며 함부로 거짓 사실을 말하면서 꺼리는 것이 없으니 불경스러운 책이다. 승려들은 글을 쓸 때 이 책을 인용하면서 《논형》이라고만 일컫는다. 자기 분야의 전적이기 때문이다. 지금 이수광 선생이 이 책을 왕충이 지은 《논형》으로 알고 있으니 어찌 잘못이 아니겠는가? 게다가 《불도논형》을 인용하면서도 오류가 발생하였다. 《불도논형》에서는 다음과 같이 기록하고 있다.

"주나라 소왕 24년 갑인 4월 8일에 우물물이 넘치고 산천이 진동하자 태사 소유가 '큰 성인이 서쪽지방에서 태어났습니다'라고 아뢰었다. 소왕은 칙명을 내려 돌에 새겨 기록하고 하늘에 제사하는 남쪽 교외의 사당 앞에 묻게 하였다. 이 시기는 부처가 처음 태어난 때이다. 주나라 목왕(穆王) 53년 임신 2월 15일에 폭풍이 갑자기 일며 땅이 진동하고 하늘이 흐려지자 태사 호다(扈多)가 '서쪽지방의 성인이 돌아가셨습니다'라고 아뢰었다. 이 시기는 부처가 열반한 때이다. 《춘추》에 노(魯)나라 장공(莊公) 7년 여름 4월에 항성이 나타나지 않고 밤이 대낮처럼 밝았다는 내용이 있는데, 이는 문수보살(文殊菩薩)이 설산(雪山)에서 500명의 선인(仙人)으로 화신(化身)해 큰 광명을 쏘아댄 때이다."

《춘추》에 항성이 나타나지 않았다는 구절이 있으므로 그것을 인용해 문수보살이 광명을 쏘아댄 일에 갖다 붙이고자 하였다. 이는

---

13 당나라 도선(道宣, 596~667)이 지은 불교 서적으로, 《집고금불도논형(集古今佛道論衡)》 또는 《고금불도논형(古今佛道論衡)》이라고 한다. 모두 4권으로, 후한에서 당나라에 이르는 동안 벌어진 불교와 도교 간의 논쟁을 서술하였다.

석가모니가 이미 죽은 뒤에 일어난 일이지, 살아 있을 때의 일이 아니다. 석가모니가 살아 있을 때는 항성이 나타나지 않았다는 글이 없다. 그런데도 지금 혼동해 기록했으니 잘못이다.

《열자》라는 책은 후대 사람들이 모아 만든 것이라서 《도덕경(道德經)》이나 《남화경(南華經, 莊子)》처럼 저자 당대에 만들어진 책과는 다르다. 그래서 난잡하게 뒤섞인 부분이 가장 많다. 이것이 바로 그 사례 가운데 하나이다. 그러므로 어찌 믿을 만한 책이라고 여겨 주 나라 때 부처가 나타났음을 알았다고 인정하겠는가?

32

먹을 수 있는 흙

《지봉유설》에서 "신라 태종(太宗) 때 경주 토함산에 불이 나서 3년 동안 타다가 꺼졌다. 북암(北巖)이 무너지고 부서져서 쌀이 되었는데 먹어보니 묵은쌀과 같았다"라고 하였다.

나는 이렇게 생각한다. 흙에는 본래 먹을 수 있는 종류가 한 가지 있는데, 모두 땅이 타서 생기는 것만은 아니다. 태종 때 흉년이 들었는데, 함경도 화주[和州, 지금의 영흥─원주]에 황랍(黃蠟, 밀랍)과 같은 흙이 있어서 그것으로 떡과 죽을 만들어 먹고 사람들이 굶주림을 면하였다. 만력(萬曆) 갑오년(1594) 관서 일대에 흉년이 들었을 때 평양의 잡약산(雜藥山) 아래에 부드러운 흙이 있어서 떡을 만들어 먹었다. 그 흙은 빛깔이 연한 녹색과 연한 황색을 띠었고, 맛은 달지도 않고 쓰지도 않았다. 굶주려서 걷기도 힘들던 역졸이 두어 조각 먹으면 달릴 수 있을 정도였다. 이해에 봉산(鳳山)에서도 밀가루 같은 흙이 생산되어서 흙 7, 8푼과 쌀가루 2, 3푼을 섞어 떡을 만들어 먹고는 굶주린 백성이 기력을 회복해 살아났다. 훗날 그 장소가 어디인지 모두 잊어버렸다.

근래의 일을 말해보더라도 영조(英祖) 을해년(1755)과 임오년(1762)에 모두 큰 흉년이 들었는데 영남에서 밀가루 같은 흙이 나왔다. 쌀가루처럼 흰 빛깔이었는데, 지방 사람들이 쪄서 떡을 만들어 먹고 주린 배를 채웠다. 가을에 곡식이 여물 무렵 그 흙이 마침내 다

떨어져서 조물주가 이 흙을 만들어 흉년을 구제한 듯하였다. 내가 이 사연을 영남 사람에게서 들은 적이 있으니 또한 신기하다.

그런데 《석씨원류(釋氏源流)》[1]에서 이르기를 "당나라 승려 지장(地藏)[2]은 성이 김씨로, 신라 국왕의 둘째 아들이다. 바다를 건너가 구화산(九華山)에서 살았는데, 도가 높고 많은 기이한 행적으로 사부대중(四部大衆)이 우러러 떠받들었다. 신라에서 이 소문을 듣고 바다를 건너 찾아왔는데 그 무리의 수가 많아져서 한 해를 보낼 양식이 없었다. 이에 지장이 돌을 헤치고 흙을 찾아내니, 그 빛깔이 맑고 희며 모래가 섞이지 않아[참(磣)은 초(楚)와 금(錦)의 반절이다. 음식에 모래가 있는 것이다－원주] 밀가루와 같아서 여러 사람이 함께 먹었다"라고 하였다.

이것으로 보면 구화산에서도 이 흙이 나왔으나 신라 사람들만이 알아차렸던 것이다. 그렇다면 이 흙은 거의 곳곳에 있었고, 신라 사람들의 흉년을 구제하는 양식이었음을 잘 알 수 있다. 《남사(南史)》[3]에서 제(齊)나라 명제(明帝) 영태(永泰) 원년(498)에 신야태수(新野太守) 유기(劉忌)가 식량이 떨어지자 흙을 끓여 죽을 만들었다고 하였다. 어떻게 보통 흙으로 주린 배를 채울 수 있겠는가? 이것도 반드시 먹을 수 있는 흙이었을 것이다.

---

1 1425년에 명나라의 승려 보성(寶成)이 인도와 중국에서 불교가 전개된 과정을 400여 편의 일화로 구성한 불교 역사서이다. 이해를 돕기 위한 그림이 실려 있는 이 책은 조선시대에 널리 읽혔다.
2 김교각(金喬覺, 696~794)을 가리킨다. 696년 신라 성덕왕의 왕자로 태어나 스물네 살에 출가해 중국에 유학하고 구화산에서 지장 신앙을 일으켰다.
3 중국 남북조시대 남조(南朝)의 네 왕조 송(宋), 남제(南齊), 양(梁), 진(陳)의 역사를 기술한 정사로서 25사(史) 가운데 하나이다. 당의 이연수(李延壽)가 편찬한 기전체 사서이다.

영암의 흔들바위

《수경(水經)》에서 "남방에 부악산(浮嶽山)이 있는데, 산의 한 곳을 밟으면 100여 보 정도가 흔들려 물에 떠 있는 것 같다. 그래서 부악(浮嶽)이라고 이름 붙였다"라고 하였다. 이것은 우리나라 영암(靈巖)의 흔들바위[動石]와 같다.

영암의 월출산(月出山)에 세 개의 돌이 있는데 층층이 쌓인 바위 위에 우뚝 서 있다. 높이는 얼추 한 길 남짓이고, 둘레는 열 아름쯤이다. 천백(千百)의 사람이 흔들어도 꿈쩍도 하지 않을 것 같으나, 한 사람이 흔들어도 떨어질 듯 흔들리며 떨어지지 않는다. 그래서 신령스러운 바위[靈石]라고도 일컫는다. 그 고을이 영암이라는 이름을 얻은 것은 이 때문이다.

영해의 우물

경상도 영해(寧海)의 용두산(龍頭山) 꼭대기에 우물이 있는데 홍수가
나거나 가물어도 물이 불거나 줄어드는 일이 없다. 예로부터 전해오
는 말에 따르면, 산꼭대기에 갈대 한 줄기가 있었는데 하늘에 닿을
듯 자라서 그곳에 우물을 팠더니 물이 매우 맑고 깨끗하였다. 그런
데 사악한 사람이 얼굴을 비춰보면 진흙빛으로 변했다고 한다. 우물
옆에 절을 세우고 위장사(葦長寺)라고 이름을 붙였다. 이 사실이《세
종실록지리지(世宗實錄地理志)》에 나온다. 그 우물과 절이 여전히 남
아 있는지 지금은 알 수 없으나《지리지》에서 말한 내용과 정말 같
다면 역시 기이한 일이다. 비친 얼굴을 보고서 그 사람의 마음이 맑
고 깨끗한지 알 수 있는 사람이 고금에 몇이나 될까?

　일찍이《삼재도회(三才圖會)》[1]를 보니 "삼모산(三茅山)[2]에 있는 샘
물은 맑고 깨끗한데 사람의 목소리가 들리면 샘 바닥에서 물거품이
뽀글뽀글 물 위로 솟아올라 구슬을 꿰어놓은 것 같고, 무공산(武功

1　중국 명나라 왕기(王圻)가 지은 방대한 백과사전으로, 여러 책의 도감(圖鑑)을 모아 항목에 따라
　나누고 설명을 덧붙였다. 모두 106권이며, 천문·지리·인물·시령(時令, 절기)·궁실(宮室)·기용
　(器用)·신체·의복·인사(人事)·의제(儀制)·진보(珍寶)·문사(文史)·조수(鳥獸)·초목(草木) 등
　14부문으로 나뉘어 있다.

2　중국 강소성(江蘇省) 구용현(句容縣)에 있는 구곡산(句曲山)을 가리킨다. 한나라 경제(景帝) 때 모
　영(茅盈)과 그의 아우 모고(茅固)·모충(茅衷)이 이곳에 들어가 도를 닦아 신선이 되었다고 전하는
　데, 이 때문에 구곡산을 삼모산(三茅山) 또는 모산(茅山)이라고 한다.

山)³의 발원지에서는 물거품을 뿜어내는 모양이 연꽃과 같은데 사람의 말소리가 들리면 더욱 넘쳐난다"라고 하였다. 이 또한 기이한 일이다. 그래도 목소리의 기운에 감응하는 것은 그럴 법한 이치가 있다. 반면 위장사의 우물은 아무런 감응도 없이 곧바로 사람 마음속의 사악함과 올곧음을 변별하였다. 간담(肝膽)을 비추는 거울⁴이나 아첨하고 간사한 사람을 가리키는 풀⁵이라도 어찌 이보다 더하겠는가? 천하에 대적할 물건이 없다고 말할 만하다.

---

3 중국 강서성(江西省)에 있는 산으로, 성안에서 가장 높은 산이다.
4 진시황 때 함양궁(咸陽宮)에 있던 거울로, 사람의 오장(五臟)을 비추어 보였다고 한다.
5 요(堯) 임금 때 조정의 뜰에 굴일초(屈軼草)라는 풀이 났는데, 아첨하는 자가 들어오면 반드시 잎을 구부려서 그 사람을 가리켰다고 한다. 지녕초(指侫草)라고 불렸다.

사당 제물을 공용으로 쓰다

《동국여지승람》에서 "경상도 현풍(玄風)에 사당이 있어 정성대왕(靜聖大王)이란 산신(山神)에게 기도하면 바로 응답이 있었다. 그래서 제사를 지내러 오는 자들이 몰려드는데 그들로부터 얻은 종이와 베를 활인서(活人署)[1]로 보낸다"라고 하였다. 어리석은 백성이 사특한 귀신의 제사에 현혹되어 종이와 베를 낭비하는 일은 법으로 금지해야 마땅하다. 그런데 막지는 못하더라도 어떻게 정당한 세금으로 여겨 공적인 비용으로 삼을 수 있단 말인가? 건국 초기 잘 다스려지던 세상에서는 아마 이런 일이 없었을 것이며, 설령 있었더라도 분명히 관원 한둘이 가혹하게 거두어들인 잘못에서 나왔을 것이다.

지금 경기도 풍덕(豊德)의 덕물산(德物山) 최영(崔瑩) 장군 사당[2]에서 기도하려고 내놓은 제물을 가져다가 관아의 용도에 보태고 있는데, 이런 일은 법령에 실릴 일이 아님을 분명히 알 수 있다. 이는 틀림없이 법령을 편찬할 때 미처 깊이 생각하지 못하고 잘못 기록한 것이다.

---

1 도성 내의 병자와 오갈 데 없는 사람을 치료하고 의식을 지급하던 관서이다.
2 덕물산(德物山)은 황해북도 개성시 판문군 삼봉리(三鳳里)와 동창리(東倉里) 사이에 있는 산이다. 이곳에는 최영 장군을 모신 장군당이라는 신당이 있어 속칭 최영사(崔瑩祠)로 불렸다. 중부지방 무당들의 최고 성지로서 최영 장군의 신령을 모시는 전속 무녀가 배치되어 있었고, 국가에서는 이곳에 세금을 부과해 국가 재정의 일부를 충당하기도 하였다.

조선의 졸렬한 풍습과 하기 힘든 풍속

일찍이 이르기를 조선 풍속에는 매우 졸렬한 일이 세 가지, 매우 하기 힘든 일이 두 가지 있다고 하였다. 졸렬한 일은 천하만국(天下萬國)에는 없는 것이고, 하기 힘든 일도 천하만국에는 있을 수 없는 것이다.

우리나라에는 바늘이 없어서 반드시 중국 연경(燕京) 시장에서 사와야 한다. 만약 중국과 무역이 통하지 않는다면 베와 명주가 있더라도 옷을 꿰맬 길이 없으니 첫 번째 졸렬한 일이다. 여섯 가지 가축¹에서 소와 양이 으뜸인데, 우리나라에서는 소는 길러도 양은 칠 줄 모르니 두 번째 졸렬한 일이다. 중국은 황제 이래로 육로에서는 수레를 사용하고, 수로에서는 배를 사용한다. 어디인들 그렇지 않겠는가마는 우리나라에는 배는 있으나 수레는 없으니 세 번째 졸렬한 일이다. 이것이 어찌 천하만국에 없는 일이 아니겠는가?

사대부가에서는 부인이 재혼하는 풍속이 없다. 지금까지 400여 년 동안 나라 전체가 다 그렇게 하고 있으니 첫 번째 하기 힘든 일이다. 사대부들은 족보의 계통이 명백하다. 친가와 외가의 10대조까지 512명이 되어도 거슬러 올라가 헤아려보면 모두 알 수 있으니 두 번째 하기 힘든 일이다. 어찌 이것이 천하만국에 있을 수 없는 일이 아니겠는가?

---

1 집에서 기르는 대표적인 가축으로 소, 말, 양, 돼지, 개, 닭을 말한다.

고려 왕실의 동성 혼인

고려 태조 이래 왕가에서는 같은 성씨끼리 혼인하는 법이 있었다. 이는 참으로 짐승과 같은 행위로서 오랑캐 나라에서도 이러한 일은 없었다. 그래서 충렬왕(忠烈王) 때 원나라 세조(世祖)가 조서(詔書)를 내려 "너희 나라에서 같은 왕씨(王氏)들끼리 혼인하고 있으니 이 무슨 이치란 말인가?"라며 책망하였다. 충선왕(忠宣王) 때 또 면전에서 꾸짖어 "동성(同姓)끼리 혼인하지 않는 것은 천하의 공통된 윤리이다. 더구나 너희 나라는 문자를 알고 있고, 공자의 도를 행하고 있으니 마땅히 동성을 아내로 삼아서는 안 될 것이다"라고 하였으니, 참으로 천하의 크나큰 수치이다.

우리 조선에 들어와서는 예교(禮敎)가 아름답고 밝아졌다. 헌릉(獻陵, 태종의 능)의 비문(碑文)은 춘정(春亭) 변계량(卞季良)[1]이 지은 것인데, 그 내용 가운데에서 "정순공주(貞順公主)가 청평부원군(淸平府院君) 이백강(李伯剛)[2]에게 시집갔으나 같은 이씨(李氏)가 아니다"라고

---

[1] 변계량(卞季良, 1369~1430)은 본관은 밀양이고 자는 거경(巨卿), 호는 춘정(春亭)이다. 대제학으로 있을 때 외교문서를 도맡아 작성하였다. 《태조실록》 편찬 및 《고려사》 개편작업에 참여했으며, 시문에도 뛰어나 문묘·기자묘 비문과 헌릉지문(獻陵誌文) 등을 지었다.

[2] 이백강(李伯剛, 1381~1451)의 본관은 청주(淸州)로, 1399년 태종의 맏딸 정순공주와 혼인해 청평위(淸平尉)가 되었다. 1400년 제2차 왕자의 난(이방간의 난) 때 태종을 도와 대장군에 올랐으며, 태종이 즉위하자 청평군(淸平君)에 봉해졌으나 1404년 아버지가 불충하다는 이유로 서인으로 폐해져 유배되었다가 이듬해 풀려났다. 1418년 청평부원군에 봉해졌다.

하였다. 성이 같은 이씨라서 본관이 같지 않음을 굳이 밝힌 것이다. 이는 고려의 수치스러운 행위를 경계로 삼았기 때문일 것이다.

38

조선의 혼인 풍속

동성끼리 혼인하지 않는 풍속은 주나라 때부터 시작된 것으로, 성인
이 만든 우수하고도 우수한 예법이다. 그러나 여기서 동성은 희씨
(姬氏) 성을 쓰는 이들이 직(稷)을 같은 조상으로 여기고, 자씨(子氏)
성을 쓰는 이들이 설(契)을 같은 조상으로 여기는 풍속이다. 만약
직의 후예가 아니면서 희씨 성을 쓰거나 설의 후예가 아니면서 자
씨 성을 쓰는 자가 있다면, 희씨 성을 쓰는 노나라나 자씨 성을 쓰는
송나라[1] 임금이라도 틀림없이 동성끼리 혼인하는 것을 꺼리지 않았
으리라. 따라서 우리나라 사대부가에서도 성은 같으나 본관이 각기
다른 씨족끼리는 혼인을 꺼리지 않았다.

　근래 한 선비가 다음과 같은 주장을 내세웠다.[2]

　"성이 다른 남녀는 외사촌이라도 혼인해도 무방하다. 주자의 내외
손(內外孫)이 서로 혼인한 경우가 여기에 해당한다. 그런데도 우리나
라에서 성이 다른 친족과는 서로 혼인하지 않는데 비루한 풍속이다.
한시바삐 중국의 풍속을 따라야 한다. 그러나 성씨의 글자가 서로
같을 경우에는 연안 이씨나 남양 홍씨처럼 명백히 중국인의 후예라

1　노나라는 직(稷)을 선조로 하는 희(姬)씨 성의 주나라와 혈연관계이고, 송나라는 설(契)을 시조로
　하는 은(殷)나라의 후신이므로 이렇게 말한 것이다.
2　여기서 근래의 한 선비는 우암 송시열을 가리킨다. 《송자대전》 권13 〈의소(擬疏)〉를 비롯해 제자
　들이 쓴 어록에 그 주장이 보인다.

도 우리나라를 본계(本系)로 하는 여러 이씨·홍씨와 절대 서로 혼인
해서는 안 된다."

　힘써 이 두 가지 설을 주장해 한 세상을 이끈 지가 지금까지 100여
년이 되었다. 이 가운데 성씨가 다르면 친족끼리도 혼인할 수 있다
는 논의는 끝내 시행되지 못했지만, 성씨가 같으면 혼인해선 안 된
다는 설은 그 당시부터 세상의 절반은 따르다가 지금은 풍속으로 굳
어졌다. 이것은 예의 본뜻은 아니더라도 크게 해될 일도 없다.

　성씨가 다른 가까운 촌수끼리 서로 혼인하지 않는 것은 우리나라
의 아름다운 풍속이다. 인정이 두텁고 충실하며 순박한 뜻을 여기에
서 볼 수 있다. 그런데 기어코 이 미풍양속을 해치면서 중국 풍속을
따르자고 자신의 주장을 내세우니 옳은 일인지 정말 모르겠다. 안동
김씨와 안동 권씨는 명백히 조상이 같은데 김씨가 권씨로 바뀌었다
는 이유를 들어 근래에는 두 집안이 혼인을 피하지 않고 있다. 더욱
가소로운 일이 아니겠는가?

39

후장의 기준

송나라 영종(英宗)의 장례 때 범촉공(范蜀公)[1]이 상소를 올렸는데 대략 다음과 같았다.

"건덕(乾德) 초에 선조(宣祖)의 안릉(安陵)[2]을 개장(改葬)할 때 황릉의 깊이를 57척, 높이를 39척으로 하고, 부속 건물과 묘역의 원근은 모두 그에 어울리게 만들었습니다. 이는 먼 후대까지 내다보신 태조께서 후장(厚葬)이 효도에 보탬이 없다 여기시고 알맞은 제도를 만들어 후세에 본보기를 보이신 것입니다. 폐하께서는 태조께서 만드신 알맞은 제도를 받들어 한결같이 안릉을 본보기로 삼으시기 바라나이다."

송나라 효종(孝宗)의 장례 때 조여우(趙如愚)[3]가 상소를 올렸는데 대략 다음과 같았다.

"능침(陵寢)의 제도는 모두 서책에 실려 있습니다. 황제의 묘실은

---

1 범진(范鎭, 1008~1089)을 말하며 자는 경인(景仁)이고 시호는 충문(忠文)이다. 송나라의 학자로 지간원(知諫院), 한림학사(翰林學士) 등을 지냈다. 왕안석(王安石)의 신법에 반대해 물러났다가 뒤에 철종(哲宗)이 단명전학사(端明殿學士)로 불렀으나 사양하였다. 죽은 뒤 촉군공(蜀郡公)에 봉해졌다.

2 선조(宣祖)는 송나라 태조 조광윤(趙匡胤)의 부친인 무소황제(武昭皇帝) 조홍은(趙弘殷)의 묘호이며, 선조의 능호는 영안릉(永安陵)이다.

3 조여우(趙如愚, 1140~1196)의 자는 자직(子直)이다. 보통 '조여우(趙汝愚)'로 많이 쓴다. 송나라 효종에서 영종 때의 재상이다. 효종이 죽고 광종(光宗)이 즉위해 정신질환을 앓자 폐위시키고 영종을 즉위시켰다. 한탁주(韓侂胄)의 무고로 귀양 가서 죽었다.

밑으로 깊이가 57척, 높이가 39척이고, 능대(陵臺)는 3층으로 정사각형이며, 각 면의 길이는 90척입니다. 높고도 넓어 지극히 엄중하게 지키니 후대 사람들이 보고 본받아야 할 바입니다. 장강 이남으로 우리 조정이 옮겨온 초기에는 능침을 회계산(會稽山)에 잠시 봉안하였습니다. 하지만 이는 영구한 제도가 아니었기 때문에 안치할 때 사실 흙을 얇게 덮었습니다. 옛 서울 개봉(開封)을 되찾은 뒤 묘에 알리고 옮겨갈 것을 기약했기 때문입니다. 그 뜻이 매우 아름답다고는 하여도 어느덧 세월이 흘러 지금 벌써 60여 년이 지났습니다. 소자황후(昭慈皇后)[4]의 황릉 서쪽으로 다섯 능침을 사용했는데, 그 깊이가 채 9척도 되지 못해 겨우 관을 가릴 정도였으므로 그 실상을 듣고는 사람들이 한심하게 생각하였습니다. 바라건대 폐하께서는 장구한 계책을 강구하시어 대행황제(大行皇帝, 효종)의 깊고도 견고한 황릉을 모두 옛 제도에 따라 만드소서."

범촉공의 상소는 57척의 깊이와 39척의 높이를 검소한 제도라고 하여 그 기준을 넘는 일이 없기를 청하였는데, 조여우는 이를 높고도 넓다고 하였으니 다시는 이 기준을 넘어서는 안 된다는 의미이다. 그 규모의 크기가 시대에 따라 줄어들었음을 충분히 알 수 있다. 채 9척도 못 되어 겨우 관을 가릴 정도라면 백성의 장례와 무엇이 다르단 말인가? 아무리 뒤에 이장할 것이라고는 하지만 어찌 이 정도로 심하게 얕게 한단 말인가?

진·한 이래로 장사 지내는 법에 풍수설을 개입시킨 적은 없었다.

4　소자황후(昭慈皇后, 1073~1131)는 철종의 황후로, 흠종과 고종 때 수렴청정을 하여 남송(南宋)의 기반을 잡는 데 큰 역할을 하였다.

그래서 지맥을 끊는 것도 두려워하지 않고 사치스럽고 화려하게 치르는 데에만 힘썼다. 이른바 알맞은 제도라는 것도 오히려 저와 같이 깊고 넓은 것이다. 남송(南宋) 이후 임시로 얕게 매장한 것은 풍수설이 점차 유행한 탓이지 이장하려는 계획 탓만은 아니다.

40

왕릉 조성의 관습

우리나라는 고려 이래로 장사 지내는 법을 전적으로 풍수설에 따라
행하였다. 고려의 장례만 하여도 명기(明器)[1]를 사용했기 때문에 구
덩이를 매우 넓게 만들었다. 게다가 석회를 사용하지 않고 돌로 담
을 쌓아 넓은 바위로 구덩이를 덮었다. 지금 간혹 무너진 무덤이 발
견되어 그 속을 들여다보면 옛 그릇과 동전이 많이 보이는데, 동전
은 모두 송나라에서 만든 화폐이다. 화장(火葬)을 한 경우에는 태운
유골 한 병뿐인데도 그 구덩이의 넓이는 모두 똑같다.

그래서 고려 현종 1년(1010)에 변란[2]이 일어나 태조의 재궁(梓
宮, 임금의 관)을 삼각산 향림사(香林寺)로 옮겨 봉안했다가 현종 7년
(1016)에 다시 현릉(顯陵)[3]에 안장하고, 9년에 거란의 소손녕(蕭遜寧)
이 침입했을 때[4] 또 향림사로 옮겨 봉안했다가 10년에 다시 현릉에
안장하였다. 이처럼 재궁을 창고 속의 물품처럼 옮겼다 돌려놓았다
하였다. 풍수설을 채택했다고는 하지만 그 제도가 엉성하였다.

---

1 죽은 사람이 내세에서 생활할 것을 가상해 무덤에 함께 넣는 기물(器物). 주로 사발·접시·합·병·
   항아리·대야·인형·마형(馬形) 등 각종 형태의 명기가 조그맣게 만들어져 부장되었다.
2 고려 현종 1년(1010)에 거란의 성종(聖宗)이 40만 대군을 거느리고 고려에 침입하였다.
3 고려 태조와 신혜왕후(神惠王后) 유씨(柳氏)의 능으로, 경기도 개풍군 중서면 곡령리 송악산 기슭
   에 있다.
4 고려 현종 9년(1018)에 거란은 다시 10만 대군을 이끌고 쳐들어왔는데, 이때 강감찬 장군이 귀주
   에서 적을 물리치고 큰 공을 세웠다.

조선에 들어와서는 화장하는 일이 없어졌고, 또 장례에 반드시 석회를 사용하였으며, 무덤에 명기를 넣지 않았다. 명기를 넣고 싶어도 관을 넣는 공간 외에는 예법에 따라 다른 공간을 허용하지 않았다. 이것이 바로 풍수의 이치이다. 따라서 국가의 산릉(山陵, 임금과 왕비의 무덤)이라도 수도(隧道)를 통해 재궁을 현궁(玄宮, 임금의 관을 묻는 광중)에 내려놓은 뒤에 부장품은 퇴광(退壙, 현궁 안에 재궁을 모시고 남은 앞쪽 빈 곳)에 안치하고 석회로 그 위를 견고하게 다져서 사이에 틈이 생기지 않도록 하였다. 옛날 제왕의 장례와는 같지 않으나, 시체와 혼백을 편안히 모시는 도리로 보자면 구덩이를 견고하고 조밀하게 만드는 것이 텅 비고 넓게 만드는 것보다 틀림없이 낫다.

41

화장제도

성종 임진년(1472)에 남원군(南原君) 양성지(梁誠之)[1] 공이 편의소(便宜疏, 국사에 좋은 정책을 내놓는 상소)를 올렸는데, 상소 가운데에 "서인(庶人)들이 부모의 시신을 화염 속에 넣고서도 가여워하지 않습니다"라는 내용이 있다. 그렇다면 당시에도 여전히 고려의 풍속을 따라 화장하는 자가 있었단 말인가? 그 후로 이 풍속이 없어졌으니 양성지 공이 화장을 금지한 공로가 아닐까?

천하 사람들은 늘 화장을 오랑캐 풍속이라고 하며 그 잘못을 원나라에게 돌린다. 그러나 원나라 세조가 화장을 엄금한 명령이 법령에 드러나 있다. 명나라는 망할 때까지 사실상 화장을 폐지하지 않아 궁인들이 죽으면 모두 이른바 정락당(靜樂堂) 화장탑의 아궁이로 보냈으니, 진실로 차마 해서는 안 될 짓이었다. 가정 말년에 한 귀빈(貴嬪)이 재물을 내놓아 백성의 땅을 사서 화장을 원하지 않는 이가 있으면 땅에 묻게 하였다.[2] 명나라의 예교가 도리어 오랑캐인 원나라만 못하다고 누가 생각이나 했겠는가? 그런 까닭에 세상일을 논하

---

1 양성지(梁誠之, 1415~1482)의 본관은 남원(南原)이고 자는 순부(純夫), 호는 눌재(訥齋)이다. 집현전 직제학, 홍문관 대제학 등을 지내면서 《해동성씨록(海東姓氏錄)》, 《동국여지승람》 등을 편찬했으며, 공조판서를 거쳐 1471년(성종 2) 남원군(南原君)에 봉해졌다. 양성지가 올린 편의소는 교화를 밝히고 풍속을 바로잡으며, 학교를 일으키고 과거를 논의하는 네 가지 사항이었다. 화장을 논한 내용은 풍속을 바로잡는 문제의 하나로 제기하였다.
2 주이존의 《일하구문》 권96에 실린 내용을 인용하였다.

는 자들은 반드시 사실을 자세히 살펴본 뒤에 말해야 하는 것이다.

바다 건너 세계와의 만남

불교의 전래

고구려 소수림왕 5년(375)에 처음으로 초문사(肖門寺)[1]를 세우고 진왕(秦王) 부견(符堅)[2]이 보낸 승려 순도(順道)를 머무르게 하였다. 또 이불란사(伊佛蘭寺)를 세워 아도(阿道)[3]를 머무르게 하였다. 이것이 고구려 불법의 시초이다.

신라 눌지왕 때 묵호자(墨胡子)[4]라는 사람이 고구려로부터 들어와서 모례(毛禮)[5]의 집에 머물렀다. 그가 떠난 뒤에 아도라는 자가 모례의 집에 왔는데 그 모습이 묵호자와 비슷하였다. 이따금 신봉하는 자가 나타났으니 이것이 신라 불법의 시초이다.

---

1 고구려 최초의 사찰인 성문사(省門寺)를 가리킨다.

2 부견(符堅, 338~385)은 전진(前秦)의 제3대 임금인 세조(世祖)이다. 왕맹(王猛)을 등용해 부국강병을 이루었으나 왕맹의 충언을 듣지 않고 100만 군사를 동원하다가 8,000의 군사에 불과한 진(晉)나라의 사현(謝玄)에게 패해 몰락하였다. 지나치게 패도(覇道)를 추구하다가 실패한 군주로 언급되는 대표적인 인물이다.

3 아도(阿道, ?~?)는 아도(我道) 혹은 아두(阿頭)라고도 한다. 신라에 불교를 처음 전한 고구려의 승려로, 신통력이 있어 성국공주(成國公主)의 병을 치료했으며, 강(講)을 할 때마다 하늘에서 묘화(妙花)가 비 오듯 하였다고 한다.

4 묵호자(墨胡子, ?~?)는 고구려의 승려이다. 신라 눌지왕 또는 미추왕 때 신라로 불교를 전파하기 위해 들어와 모례의 집 굴방(窟房)에 숨어 살다가 신라 공주의 병을 고쳐주어 왕으로부터 불법을 펼치도록 허락받았다. 아도와 동일인이라는 설이 있다.

5 모례(毛禮, ?~?)는 신라 최초의 불교 신자로 모록(毛祿)이라고도 한다. 눌지왕 때 고구려의 승려 묵호자가 불교를 전파하기 위해 신라에 왔으나 탄압이 심해 집 안에 굴을 파고 그를 숨겨주었다. 그 후 소지왕 때 승려 아도와 시자(侍者) 세 명을 집에 머물게 하고 불교 신자가 되었다. 누이 사씨(史氏)도 아도의 전교로 승려가 되어 영흥사(永興寺)를 세웠다고 한다.

일본에 들어온 서양세력

인조 16년 무인년(1638)에 대마도(對馬島)의 왜인이 와서 말하기를 "남만 사람 길이시단(吉伊施端, 천주교도)[1]이 비전(肥前, 히젠)과 비후(肥後, 히고)[2] 지역에 와 있으면서 하늘에 빌고 백성을 현혹시켜 그 무리가 30여만 명에 이를 정도로 세력이 매우 커졌습니다. 금년 정월에 강호(江戸, 에도)에서 군사 총 80여만 명이 진격해 크게 승리해 그들을 섬멸하였습니다"라고 하였다.

22년 갑신년(1644)에 대마도 왜인이 보낸 서계(書契)에서 이르기를 "남만에 야소종문(耶蘇宗文)이라는 자들이 있는데 중국과 조선 사이에 출몰하고 있습니다. 야소종문은 길이시단의 잔당입니다. 혹시라도 표류해오거든 남김없이 체포해주시기 바랍니다"라고 하였다.

그 다음 해인 을유년(1645)에 대마도 왜인이 보낸 서계에서 또 "야소종문이 당선(唐船)을 만들어 조선에서 바닷길을 통해 일본으로 들어오려고 하니 각 진(鎭)에 명을 내려 확실히 체포해주시기 바랍니다"라고 하였다. 27년 기축년(1649)에 이르러 왜관(倭館)에 머물던

---

1 '크리스천(christian)'을 음역한 말로, 야소종문(耶蘇宗門, 耶蘇宗文)으로 표기하기도 한다. 우리나라 최초의 천주교 기록은 《인조실록》 인조 16년(1638) 3월 13일 기사에 실린 '길리시단(吉利施端)'이다.
2 비전(肥前, 히젠)은 규슈(九州)지방의 서북쪽, 지금의 나가사키[長崎] 현과 사가[佐賀] 현을 합친 곳이며, 비후(肥後, 히고)는 규슈 중부지방의 옛 지명이다.

왜인들이 또 밀서를 가지고 와서 역관(譯官)에게 보이며 "이른바 야소종문이라는 자들은 왜국의 역적입니다. 중국인들 사이에 섞여 연해에 출몰하므로 우리가 매우 근심하고 있습니다"라고 하였다.[3]

이것이 바로 서양 사람들이 처음 일본에 와서 너무 많은 무리를 모았다가 일본 사람들에게 몰살당한 사연이다. 서양이 중국과 왕래한 것은 만력 중반부터이니 이때부터 겨우 50여 년이 지났을 뿐이다. 당시 다른 나라에서는 서양이 어떤 나라인지, 야소가 무슨 명칭인지도 몰랐는데 그 사람들이 이처럼 다른 나라에서 무리를 모아 난을 일으킨 것을 이미 보았으니 어찌 두렵지 않겠는가? 처음 왔을 때에는 틀림없이 사람이 많지 않았을 텐데 하늘에 빌고 백성을 현혹하여 얻은 무리가 30여만 명에 이르렀다면, 이는 모두 일본인들을 꾀어 자기네 무리로 만든 것이다. 사람을 현혹함이 이렇듯 귀신같이 빠르니 어찌 더욱 두렵지 않겠는가?

서양 사람들이 매번 "해외를 두루 다니며 여러 나라에서 귀한 대우를 받지 못한 적이 없었는데, 유독 일본에서 낭패를 당하였다"라고 말한다고 들었다. 대마도 왜인이 그동안 보낸 서계를 통해서 보면 그 말이 사실인 것 같다. 그러나 이는 다른 이유가 있어서가 아니다. 일본 사람들은 이해타산에 밝기 때문에 그들에게 현혹되지 않은 까닭이다. 처음에 현혹된 자들은 무지몽매한 비천한 백성일 뿐이다.

---

3 야소종문에 관한 여러 기록은 1708년 이탈리아인 천주교 선교사 바티스타 시로테(Giovanni Battista Sidotti)가 일본에 밀입국한 사건과 연계되어 있다. 그는 바로 체포되어 에도에 이송, 감금되었다가 1714년에 병사하였다. 그는 일본에서 천주교 포교를 시도한 에도시대 최후의 선교사였다. 아라이 하쿠세키(新井白石)는 시로테를 직접 심문한 지식을 바탕으로 《채람이언(采覽異言)》과 《서양기문(西洋紀聞)》을 저술하였다. 제8차 통신사(1711)가 일본에 갔을 때 아라이 하쿠세키가 그 사실을 밝혔기 때문에 야소종문에 관한 정보가 통신사 수행원을 통해 조선에 전해졌다.

44

네덜란드 표류선

정조(正祖) 정사년(1797)에 표류선이 동래(東萊)에 이르렀는데, 배의 크기가 우리나라의 2,000~3,000석을 싣는 배와 거의 같았다. 배 안에는 약 50여 명의 사람들이 있었는데, 모두 몸집이 월등히 커서 우리나라 사람과 비교하면 두어 척 정도 더 클 뿐만 아니라 생김새도 매우 달랐다. 콧대가 높고 곧아서 위로 이마까지 이어졌으며, 뺨에는 광대뼈가 없어 코에서 평평하게 귀로 이어진 것이 마치 살구씨의 모서리를 깎아놓은 모양 같았다.

배 전체는 얇은 구리 판자로 둘러놓았다. 배 안쪽은 순동(純銅)이었고 바깥쪽은 뱃전에서부터 한 길 남짓은 구리로 싸고 물에 잠긴 부분 아래는 나무판자였다. 배 위에 크고 작은 돛대가 여덟아홉 개 세워져 있고, 배의 앞뒤에는 판자로 벽을 세워 만든 선실이 매우 많았는데 좌우의 환한 창문은 모두 유리로 되어 있었다. 배 뒷부분에는 우리나라의 대포와 같은 큰 대포 3문을 두었다.

물을 길어오는 작은 배가 있었는데 물을 길어오면 반드시 큰 배에 실어두었다. 입고 있는 의복은 저고리와 바지가 있었으나 모두 품이 매우 작아서 겨우 팔다리가 들어갈 정도였으며 무릎을 굽힐 수 없었다. 궤짝들이 있어서 앉을 때에는 반드시 걸터앉았다. 말이 통하지 않아 글자를 써서 보여주어도 이해하지 못하였다. 저 사람들도 글자를 써서 보였는데 글자의 모양이 산 같기도 하고 구름 같기도 하여 역관이 이해하지 못하였다. 끝내 의사소통할 방법이 없어 어느 나라 사람인지 알 수 없었다.

동래부사(東萊府使), 부산첨사(釜山僉使), 비장(裨將), 역관 등 모두가 실정을 탐문하기 위해 배에 올라가보았다. 배 안에 늘어놓은 큰 궤짝이 매우 많았는데, 높은 것과 낮은 것이 있었다. 저들이 먼저 부사를 맞이해 높은 궤짝을 가리키며 앉으라 권하고, 다음은 첨사, 다음은 비장에게 권하였다. 모두 궤짝의 높낮이에 따라 차례대로 앉게 하였는데, 이는 따르고 호위하는 행동거지를 보고서 귀천을 파악한 것이었다. 우리를 대우할 때 높고 낮은 서열을 둔 듯하였으니 그 나라에도 분명히 관리와 백성의 구분이 있기 때문에 귀천을 미루어 알았을 것이다.

우리나라 사람들이 손으로 의사를 표시해 그들의 물건을 보자고 청하였다. 쌀과 콩을 가져와 보여주었는데 우리나라 것과 같았으며, 구멍 없는 은전은 그 나라에서 사용하는 화폐로 보였다. 또 책 한 권을 보여주었는데 바로 앞서 보았던 그 나라의 문자라 이해할 수 없었으나 책 모양은 우리나라의 것과 다르지 않았다. 또 조총 한 자루가 있었는데 길이가 겨우 7, 8촌이었지만 매우 정밀하게 만들어졌으며 화승법(火繩法, 노끈에 불을 붙이는 방식)을 사용하지 않았다. 총의 등 부분에 있는 가늠쇠 앞에 콩알만한 작은 돌이 끼어 있었는데 공이치기도 총의 등 부분에 있어서 방아쇠를 당겨 떨어뜨리면 돌과 부딪혀 불이 붙었다.

우리나라 사람들이 배에 보관되어 있는 것을 수색하려고 하자 그 사람들이 성을 내며 일제히 고함을 지르는 바람에 우리나라 사람들이 움찔해 감히 가까이 가지 못하였다. 다음 날 바람이 불자 그 사람들이 팔을 벌리고 휘파람을 불었는데 순풍을 만나 출항할 수 있다는 뜻으로 보였다. 서둘러 닻을 거두고 배 뒷부분에 있는 큰 대포 세 개를 쏘자 배가 그 힘에 의해 밀렸는데 나는 듯이 나아가 잠깐 사이에 보이지 않았다. 왜관 사람이 천리경(千里鏡)을 가지고 높은 곳에 올라 멀리 바라보며 "그 배가 벌써 대마도 가까이에 갔습니다"라고 하였으나, 우리나라 사람들은 알 길이 없었다. 왜관 왜인이 또 "이들은 아란타(阿蘭陀, 네덜란드) 사람들이고, 그 배에 실린 것은 모두 보물입니다"라고 하였다.

아란(阿蘭)은 하란(荷蘭)이라고도 한다. 옛날 효종 계사년(1653)에 표류선 한 척이 진도(珍島)에서 난파한 적이 있는데, 승선자의 거의 반은 물에 빠져 죽고 살아남은 사람은 36명이었다. 생김새가 이상하고 말이 통하지 않았으며, 문자를 알지 못해 어느 나라 사람인지 알 수 없어 바닷가에 살게 하였다. 현종 병오년(1666)에 대마도 추장이 예조에 다음과 같은 문서를 보내왔다. "아란국은 남쪽 끝 바다 가운데에 있는 나라로 항상 일본에 장사하러 왔습니다. 지금 8명이 장기(長岐, 나가사키)에 도착해 스스로 말하기를 '전라도에 표착한 지 14년 만에 작은 배를 훔쳐 도망쳐서 여기에 이르렀다'라고 하였습니다." 36명이 진도에 14년간 살고 있었는데 방비가 소홀한 틈을 타 8명이 도망친 것이었다. 대마도의 통보를 받고서야 비로소 그들이 도망친 사실을 알았고, 또 아란인이라는 사실도 알게 되었다.[1]

또 인조 경오년(1630)[2]에 진위사(陳慰使) 정두원(鄭斗源)[3]이 북경에서 돌아와 아뢴 말을 보니 "서양인 육약한(陸若漢, Johannes Rodriguez)

---

1 이 표류사건은 네덜란드 동인도회사 소속 하멜의 표류와 탈출에 관한 기록이다.

을 만나 《홍이포제본(紅夷炮題本)》을 얻었는데, 그들의 조총을 보니 화승을 쓰지 않아도 부싯돌이 저절로 불을 일으키는 것이 특히 신기하였습니다"라고 하였다. 지금 아란인의 조총도 이 방법을 사용하고 있으니 틀림없이 서양과 왕래해 화기(火器) 제작법을 얻었을 것이다. 왕사진(王士禛)⁴의 《향조필기(香祖筆記)》를 보니 "아란은 대만(臺灣)의 남쪽에 있는데, 유구·섬라(暹羅, 태국)·여송(呂宋, 필리핀) 등 여러 나라와 근접해 있다. 명나라 천계(天啓, 1621~1627) 연간에 정지룡(鄭芝龍)⁵이 왜국의 추장과 대만에 있을 때 아란인이 태풍을 만나 이곳에 이르러 잠시 살았다. 하란인은 본래 화기를 잘 다루어 순치(順治, 1644~1661)·강희(康熙, 1661~1722) 연간에 모두 난을 일으켰다"라고 하였다. 이를 보면 표류선이 진도에 도착한 때는 한창 중국을 약탈하던 시기였다. 요즘 들어보니 하란인이 오늘날까지 일

---

2 원문은 '경자(庚子)'로 되어 있으나, 정두원이 진위사가 된 1630년은 경오년이므로 고쳐서 번역하였다.

3 정두원(鄭斗源, 1581~?)의 본관은 광주(光州)이고 자는 정숙(丁叔), 호는 호정(壺亭)이다. 1630년 진위사(陳慰使)로 명나라에 가서 화포·천리경·자명종 등과 함께 이마두(利瑪竇, Matteo Ricci, 1552~1610)의 천문서와 《직방외기(職方外記)》, 《서양국풍속기(西洋國風俗記)》, 《천문도(天文圖)》, 《홍이포제본(紅夷砲題本)》 등의 서적을 신부 육약한(陸若漢, 1561~1633)으로부터 얻어 이듬해 돌아왔다.

4 왕사진(王士禛, 1634~1711)은 청나라 초의 관리이자 시인으로, 자는 이상(貽上)이고 호는 완정(阮亭)·어양산인(漁洋山人)이다. 1658년 진사가 된 뒤 관직이 형부상서(刑部尚書)에 이르렀다. 저서에 《대경당집(帶經堂集)》, 《어양정화록(漁洋精華錄)》, 《어양시화(漁洋詩話)》, 《지북우담(池北偶談)》, 《고부우잡록(古夫于雜錄)》, 《향조필기(香祖筆記)》 등이 있다.

5 정지룡(鄭芝龍, 1604~1661)은 명말청초의 무역상이며 자는 비황(飛黃, 飛皇)·비홍(飛虹)이다. 마카오의 포르투갈 조계(租界)에서 유럽인들에게 고용되어 세례를 받고 니콜라스라는 세례명을 받았다. 명나라 조정의 부름을 받아 해상권을 장악하고 중국·대만·일본을 무대로 무역을 하여 거부가 되었다. 명나라가 멸망하자 명나라 부흥운동을 하다가 1646년 청나라에 항복하였고, 그 뒤 아들 정성공(鄭成功)이 대만을 근거지로 청군에게 항복하기를 거절해 함께 모반죄로 처형되었다.

본과의 왕래가 끊이지 않는데 왜인들이 몹시 두려워하고 꺼린다고
한다.

45

유구국과의 국교

유구국(琉球國, 류큐국)은 우리나라에서 매우 가깝다. 어떤 사람은 "한라산에 올라 맑은 날이면 유구의 산빛을 볼 수 있다"라고 하였다. 그렇게까지 가깝지는 않겠지만 우리나라 정남쪽 바다 한가운데에 있고, 달리 가로막고 있는 장애물이 없는 땅이다. 그러나 옛날부터 왕래하는 일이 없다가 고려 말 창왕(昌王) 원년 기사년(1389)에 이르러 경상도원수 박위(朴葳)로 하여금 대마도를 공격하게 하자, 유구의 중산왕(中山王) 찰도(察度)가 소식을 듣고서 신하 옥시(玉之)를 보내어 표문을 올리고 신하를 자칭하였다. 왜구의 노략질로 붙잡혀갔던 우리나라 사람들을 돌려보내고, 유황·소목(蘇木)·후추·갑옷 등의 방물(方物)을 바쳤다. 아마도 우리나라가 대마도를 친다는 소식을 듣고 두려웠기 때문일 것이다. 전라도에 와서 정박하자 그때 도당(都堂, 都評議使司)에서는 전대(前代)에 오지 않은 나라라고 하여 사신 접대를 곤란해하였다. 창왕은 "멀리서 온 사신을 박대할 수 없다"고 하며 도성으로 들어오게 하여 위로해 보냈다.

그리고 전객령(典客令) 김윤후(金允厚)와 부령(副令) 김인용(金仁用)이 답례로 왕의 친서 및 예물을 가지고 유구를 방문하였다. 친서에 "고려권서국사(高麗權署國事) 왕창(王昌)은 삼가 유구 중산왕 전하에게 회답의 편지를 드립니다. 우리나라와 귀국은 만 리 바다에 가로막혀 있어 일찍이 왕래가 없었지만 훌륭한 명성을 전해 듣고 경모한

지 오래입니다. 이번에 특사를 보내어 친서를 주시고, 더불어 좋은 선물까지 주셨습니다. 또한 포로가 된 본국 사람들을 돌려보내주신다고 하니 감사하고 기쁜 마음을 말로 다 할 수 없습니다. 다만, 사신 접대를 예(禮)대로 하지 못해 진실로 마음에 걸립니다. 지금 전객령 김윤후 등을 보내어 약소한 예물을 드리니 살펴주십시오. 보내주신 편지에 포로가 된 사람들을 내년에는 모두 고향으로 돌려보내주겠다고 하셨으니 더욱 감사하고 기쁩니다. 바라건대 김윤후 등이 돌아올 때 송환하시어 그들의 부모·처자 일족이 모이게 해주시면 더욱 다행이겠습니다"라고 하였다. 공양왕(恭讓王) 2년(1390)에 김윤후 등이 돌아왔는데, 유구왕이 또 옥지를 보내어 포로가 되었던 우리나라 사람들을 돌려보내면서 방물을 바쳤다. 이때부터 해마다 사신을 보냈고, 그 세자 무녕(武寧) 또한 방물을 바쳤다.

그 뒤 우리나라 태종 9년 기축년(1409)에 찰도의 손자 사소(思紹)가 사신을 보냈는데, 그 서신에 대략 "선조왕(先祖王) 찰도와 선부왕(先父王) 무녕이 연이어 돌아가시니 각 부족 사이에 불화가 생겨 해마다 전쟁을 치르느라 줄곧 연락이 뜸하였습니다. 이제 대명황제(大明皇帝)의 은총을 입어 왕위에 봉해졌습니다"라고 하였다. 18년 무술년(1418)에는 사신을 보내어 유구국 중산왕 둘째 아들 하통연우진(賀通連寓鎭)이라 일컬었는데, 그 서신에 대략 "저의 형이 금년에 서거해 제가 비로소 사신을 보냅니다"라고 하였다.

세종 12년 경술년(1430)에는 우리나라에 사신을 보내 조회하고 유구국 장사(長史) 양회(梁回)라고 일컬었으며, 13년 신해년(1431)에는 중산왕 상파지(尙巴志)라고 일컬으며 사신을 보냈다. 문종 3년 계유년(1453)[1]에는 유구국 중산왕 상금복견(尙金福見)이라 일컬으며 사신을 보냈고, 세조 원년 을해년(1455)에는 유구국왕 상태구(尙泰久)라고 일컬으며 사신을 보냈으며, 4년 무인년(1458)에는 유구국왕 견(見)이라고 일컬으며 사신을 보냈고, 5년 기묘년(1459)에는 또다시 상태구(尙泰久)라고 일컬으며 사신을 보냈다. 6년 경진년(1460)에는 박다신중(博多信重)이라는 유구 사신이 왔다. 7년 신사년(1461)과 12년 병술년(1466)에는 모두 유구국왕 상덕(尙德)이라 일컬으며 사신을 보냈다. 14년 무자년(1468)에는 사신을 보내 조회하고 유구국 총수장(摠守將) 이금옥(李金玉)이라고 일컬었다. 예종 원년 기축년(1469)에는 사신을 보내 조회하고 유구국 중평전대도(中平田大島) 평주수(平州守) 등민의(等閔意)라고 일컬었다. 성종 2년 신묘년(1471)에 유구국왕이 자단서당(自端書堂)을 보내 조회했는데, 자단서당은 국왕의 세계(世系)·성명·칭호 등을 자세히 말해주었다.

8년 정유년(1477)에 사신이 또 왔다. 그때 남원군 양성지가 상소해 "유구 사람들이 세조조에 최상의 은혜를 분에 넘치게 입었는데, 이제 또 우리나라에 와서 뜻밖의 하사품을 바라고 있습니다. 저 사신이 사신인지 아닌지도 알 수 없거니와 왜인들이 보내어 우리나라가 어떻게 대응하는지 시험해보려고 하는지도 모릅니다"라고 아뢰었다. 양성지의 말은 멀리 내다보는 식견이 있는 듯하지만 또한 쇠약한 시대에나 할 법한 말이다. 신숙주는 《해동제국기》에서 "찰도가 사신을 보낸 이래로 왕래가 끊임없이 이어졌고 방물을 매우 정성스럽게 바쳤다. 그 나라 사람을 직접 보내기도 하고, 그 나라에서 장사하는 일본인을 사신으로 보내기도 하였다. 전문(箋文)이나 자문(咨

---

1 계유년(1453)은 단종(端宗) 1년이다.

文) 혹은 서계(書契)로 보내온 서신의 격식이 일정하지 않았다"라고만 말하였다. 그들의 성의가 변하지 않은 점을 기뻐했을 뿐 일본인이 속였으리라고는 한 번도 의심하지 않았다. 양성지 때에는 접대를 어떻게 했는지 모르겠으나 그 뒤로는 드디어 왕래가 끊겨버렸다.

세상에는 "어떤 사람이 제주목사가 되었을 때 표류해온 유구의 태자를 죽이고 그의 진기한 보물을 빼앗았다. 그 때문에 유구에서 우리나라를 원수로 여기고 다시는 사신을 왕래하지 않는다"라고 말하며 진위가 불분명한 말을 공공연히 세상에 퍼뜨렸다.[2] 근래 북경에 간 사신이 유구의 사신을 만나 서로 친근하게 지냈는데 환담을 나누던 차에 "귀국에서는 우리나라를 원수로 여긴다고 하던데 그렇습니까?"라고 물었더니 그 사람이 크게 놀라면서 "그런 일 없습니다, 그런 일 없습니다"라고 하였다고 한다.

유구는 조그만 섬인데 남송 때부터 비로소 왕이라 칭했으며, 홍무(洪武) 5년(1372)에 이르러 처음 중국과 왕래하고 사신을 보내 조공을 바쳤는데 그가 바로 중산왕 찰도이다. 고려 창왕 때 우리나라에 온 것은 그로부터 17년 뒤의 일이다. 생각하건대 예악제도가 이때야 비로소 갖추어졌기에 중국 및 이웃나라와 우호를 맺게 된 것이니, 찰도는 틀림없이 그 나라를 중흥시킨 임금일 것이다.

왕사진이 언급한 《유구세찬도(琉球世纘圖)》[3]라는 저작을 살펴보니 "상덕(尚德) 이후로 상원(尚圓)·상선위(尚宣威)·상진(尚眞)·상청

---

2 이중환의 《택리지(擇里志)》〈복거총론〉 '산수' 조항에 자세한 사연이 실려 전한다.

3 이 저작은 왕사진의 《지북우담(池北偶談)》에 실려 있다. 정동유가 《철경록(輟耕錄)》, 《인수옥서영(因樹屋書影)》, 《지북우담》의 3종 저술에서 뽑아 필사한 《한고동(閒古董)》(미국 버클리대학교 소장)에도 이 저작의 내용을 초록하였다.

(尚清)·상원(尙元)·상영(尙永)·상녕(尙寧)·상풍(尙豊)·상현(尙賢)·상질(尙質)·상정(尙貞)이 있다. 상정은 강희제와 동시대이니 그 뒤에도 마땅히 두세 명의 군주가 더 있었을 것이다. 중산왕이라고 일컬은 것은 원나라 연우(延祐, 1314~1320) 연간에 나라가 중산·산남(山南)·산북(山北)의 셋으로 나뉘었다가 명나라 선덕(宣德) 때에 이르러 비로소 하나로 통일해 중산에 병합시키고 대유구국(大琉球國)이라고 일컬었기 때문이다"라고 하였다.

46

고상영의 안남 표류기

영조 정미년(1727)에 역관 이제담(李齊聃)이 제주도에 있을 때 그곳
사람인 고상영(高商英)을 만났다. 그는 바다에 표류했다가 살아 돌아
온 사람이었다. 바다에 표류한 전말을 자세히 물어서 표류기 한 편
을 지었는데, 그 내용은 대략 다음과 같다.[1]

"숙종 정묘년(1687)에 제주도 아전과 백성 24명이 배를 타고 추자
도 근해에 이르렀을 때 태풍을 만나 표류하게 되었다. 12일 동안 떠
다니다 바람이 비로소 조금 잦아들었으나 배 안에 마실 물이 없었
으므로 생쌀을 씹어먹으면서 굶주림을 견뎠다. 이렇게 바다 한가운
데에서 지낸 지 6일 만에 또 동북풍을 만나 17일 동안을 떠다니다가
어떤 섬에 도착하였다. 배가 여러 척 다가와서 사방을 포위하고 칼
과 창을 든 사람들이 빽빽이 늘어섰는데 그 섬의 순라선(巡邏船)인
것 같았다.

목이 말라 손으로 물을 따라 마시는 시늉을 해보이니 그 사람들이
뜻을 알아차리고 배 한 척을 보내어 물 한 병을 주었다. 배 안의 세

---

1 김대황(金大璜)과 고상영(高商英) 일행이 안남(安南, 베트남의 다른 이름)에 표류한 사건에 관한
　기록은 많다. 그들은 1687년 9월 초사흘에 표류해 31일 만에 안남 회안부에 도착하였다. 이후
　복건성 배를 타고 광서, 광동, 복건, 절강 4개 성의 연해를 지나 영파를 거쳐 12월 17일 서귀포로
　돌아왔다. 그에 관한 단행본 저작이 〈김대황표해일록(金大璜漂海日錄)〉으로 남아 있으며, 《실
　록》을 비롯한 국가 기록과 《지영록(知瀛錄)》, 《해외문견록(海外聞見錄)》, 《탐라문견록(耽羅聞見
　錄)》 등에도 관련된 기록이 실려 있다.

사람이 뱃전에 있다가 물을 받아 다 마시고는 즉시 모두 혼절해 인사불성이 되었다. 그 사람들이 다시 물을 길어 보내주어 다른 사람들은 물을 뜨겁게 데워서 천천히 마시니 그제야 정신을 차렸다. 종이와 붓을 꺼내어 '여기가 어디냐?'라고 써서 물으니, 그 사람들이 글을 써서 대답하기를 '이곳은 안남국(安南國)이라고 한다. 너희는 어느 나라 사람이냐? 무슨 연유로 여기까지 왔느냐?'라고 하였다. 마침내 조선인으로 표류해 이곳에 이르렀다고 답하고, 이어서 구해주기를 청하였다. 또 큰 바람을 만나 겨우 바닷가에 내렸으나 타고 온 배는 이미 산산조각 부서져버렸다.

그 사람들을 따라 고을로 들어가니 회안군(會安郡) 명덕부(明德府)라는 곳이었다. 어떤 관원을 만났는데 검은 적삼 차림에 말총모자를 쓰고 의자에 걸터앉아 있었다. 배에서처럼 글로 써서 묻고 답하였다. 그가 다시 글을 써 보여 "우리나라 태자가 일찍이 조선 사람에게 살해당했으니 우리도 너희를 모두 죽여 원수를 갚겠다"고 하였다. 우리는 글을 보고 목놓아 통곡하였다. 갑자기 비단옷을 입고 패물을 한 어떤 부인이 안에서 나왔는데 행동이 단아했으며 특이한 향기가 풍겨왔다. 부인도 글을 써서 보여주며 '너희는 울지 마라. 우리나라는 본래 사람을 죽이는 일이 없으니 머물고 싶으면 머물고 떠나고 싶으면 떠나라' 하고는 군졸을 시켜 어느 한 섬에 데려다주었다. 날마다 민가에 가서 쌀을 구걸했는데 요구하는 대로 주면서 싫어하는 기색이 없었다. 가는 곳마다 이와 똑같았는데 그 나라 풍속이 본디 그러하였다.

뱃머리에서 먼저 냉수를 들이킨 세 사람은 잇달아 죽어버렸다. 남아 있는 21명은 마음대로 돌아다녀도 막지 않아서 그 나라 풍속과 언어를 대략 이해하게 되었다. 그곳은 토지가 비옥하고 논이 많았다. 백성은 보통 아들 셋에 딸 다섯을 두었다. 기후가 항상 따뜻해 사계절이 늘 봄이었으며, 항상 소매가 넓은 홑적삼을 입고 큰 키에 바지를 입지 않은 채 한 자 정도의 비단으로 겨우 앞뒤만 가렸다. 머리는 풀어헤쳤고 발은 맨발이었다. 남자는 천하고 여자는 귀하였다. 한 해에 누에는 다섯 번 치고, 벼는 세 번 경작해 의식이 넉넉하고 굶주림과 추위 걱정이 아예 없었다.

경치가 좋은 곳에는 반드시 단청을 칠한 누각이 있었는데 건물 양식이 화려하였다. 진기한 새와 동물들을 집집마다 길렀고, 기이한 재화와 보물이 곳곳에 있었다. 나무로는 단목(丹木)·오목(烏木)·백단(白檀)이, 과실로는 용려(龍荔)·두초(杜椒)·강우(薑芋)·자용(蔗茸)·빈랑(檳榔)·종려·파초 등 이루 다 기록할 수 없었다.

소는 늘 물속에 있어 주인이 밭을 갈거나 짐을 실을 일이 있으면 물가에 가서 소리를 질러 불렀다. 소가 머리를 들어 쳐다보고는 제 주인이면 곧바로 일어나 따라가고, 제 주인이 아니면 누워서 일어나지 않았다. 해마다 한 번씩 뿔갈이를 하는데 묵은 뿔은 물가의 모래에 묻었다. 사람들이 모두 캐가면 그 뒤로는 다른 곳에 묻었다. 흑각(黑角)이라는 뿔이 바로 이곳에서 난다.

원숭이는 크기가 고양이만하며 털은 회색이고 말귀를 알아들어서 심부름시키기에 편리하나 사람 말을 하지는 못하였다. 쇠사슬을 목에 묶어서 인가에서 길렀다.

코끼리는 어금니 길이가 한 길 남짓이고 몸집은 집채만해 사람이 코끼리를 솔질할 때는 반드시 사다리를 놓고 올라갔다. 털은 청회색이고 매우 짧으며 머리에는 갈기가 없고 꼬리에도 털이 없었다. 코는 길이가 10여 장(丈)이나 되어 손처럼 쓰며, 파초를 잘 먹고 천아성(天鵝聲, 나팔 소리)을 잘 냈다. 조련할 때 늘어서서 대오를 짓게 하고 사람이 채찍을 들고 올라가 호령하였다. 때로는 소리 내는 법을 가르쳤는데, 코를 낮추면 소리가 낮아지고 코를 들면 소리가 높아져서 그 울림이 하늘을 진동케 하였다.

관(官)에서 따로 주는 급료는 없었다. 다만 기르는 사람이 추수할 시기에 밭 어귀로 몰고 가는데, 벼 대여섯 묶음을 주면 코끼리 귀에 걸고 다른 곳으로 가고, 주지 않으면 코로 볏단을 마구 집어던져 논밭에 흩어버린 다음에야 그만두었다. 그래도 아무도 감히 꾸짖어 막지 못하고 관에서도 금하지 않았다. 그 나라의 법률이 느슨하고 어설프다 할 만하다.

공작은 학에 비해 몸집이 매우 크고 온몸의 깃털이 오색찬란하였다. 수컷은 해오라기처럼 정수리에 두 개의 깃이 있었다. 꼬리 깃은 두어 자 남짓이고 끝에는 엽전처럼 생긴 무늬가 있었는데, 붉고 푸른빛이 비단보다 훨씬 고왔다. 우단(羽段, 거죽에 고운 털이 돋게 짠 비단)이 이곳에서 많이 생산되는데 그 깃털로 짜서 만든 것이다.

톱밥으로 심지 없는 등불을 만들고 빈랑 잎으로 겉을 싼다. 길이는 한 자인데 불을 켜면 겨울철 하룻밤은 충분히 지낼 수 있으며 밝은 빛은 비길 데가 없다.

파초는 매우 크다. 잎의 길이는 10여 장이나 되고 (밑동의) 크기는 기둥과 같은데 곳곳에 매우 많다. 코끼리가 잘 먹는데 마치 말이 마른 풀을 먹는 것 같다.

종려는 잎집에 종려털이 있어서 그것으로 비옷을 짠다. 열매는 크기가 사발만한데 과육은 밖에 있고 가운데에 씨가 있으며 겉껍질은 매우 단단하다. 속에 물이 한 되쯤 들어 있는데 단맛이 비길 데가 없다. 또 그 씨 속에 씨알[核仁]이 있다. 물가에서 많이 자라는데 열매가 다 익은 뒤에는 바람에 떨어져서 물에 떠내려간다. 우리나라에서 주워서 표자배(瓢子杯)를 만들어 노실(蘆實)이라고 부르는 물건이 바로 이것이다.

빈랑의 열매는 대복자(大腹子)와 같으나 그보다는 작다. 토착인들이 정신과 기운이 피곤할 때 그 열매를 먹으며 이따금 차고 다니기도 한다.

하루는 그 나라에서 다섯 사람을 불렀다. 6일이 걸려서야 그 나라의 도읍에 도착했는데 한 진산(鎭山) 아래에 민가가 즐비하게 늘어선 모습이 보였다. 궁궐은 높디높았다. 국왕은 전상(殿上) 위에 앉아 있었고, 좌우에서 모신 자들은 검과 패옥을 차고 있었는데 매우 엄숙하였다. 궁전의 뜰로 불려가 글을 써서 문답을 한 뒤에 각각 술과 음식 및 쌀 한 섬과 돈 300냥씩을 받고 나왔다.

우리는 국왕이 친히 군사를 훈련시키는 틈을 타, 울면서 글을 올려 살아 돌아갈 수 있게 해달라고 빌었더니 왕이 이를 보고는 불쌍하게 여겼다. 그때 중국 상인인 주한원(朱漢源)과 선호(船戶) 진건(陳乾) 등이 와서 우리에게 말하기를 '내가 이 배로 너희를 모두 싣고 무사히 돌아가게 해준다면, 너희는 나에게 무엇을 주겠느냐?'라고 물었다. 우리는 그 말을 듣고 모두 기뻐하며 '한 사람당 쌀 30섬으로 당신이 우리를 태워준 은혜에 보답하겠다'고 하였다. 드디어 계약서를 작성하였다.

그 나라에서 이런 사유를 자세히 적어 왕에게 보고하였다. 그러자 나라에서 돈 600냥을 내주고 안남국에서 우리나라로 송환하는 표류인들을 상선 편에 돌려보낸다는 내용의 국서를 쓰고, 돌아올 때 조선의 문서를 꼭 받아오면 다시 너희에게 후한 상을 내릴 것이라고 하였다. 그리하여 주한원과 진건 두 사람은 무진년(1688) 8월 7일에 출항하였다. 북쪽으로 향한 지 5개월 만에 영파부(寧波府)에 도착하였다. 다시 보타산(普陀山)으로 갔다가 12월 13일에 서남풍이 불자 우리나라 제주도로 출발해 3일 만에 제주도 대정현에 도착하였다.

그 이문(移文, 관아 사이에 주고받는 공문서)은 다음과 같았다.

'안남국 명덕후(明德侯) 오(吳)는 국왕의 명령을 받들어 표류민을 배에 태워 고향으로 돌려보내는 일로 아룁니다. 정묘년(1687) 10월 사이에 풍랑에 표류한 작은 배 한 척이 우리 안남국에 도착했는데 모두 24명이었습니다. 물어보니 조선에서 바다로 나와 무역을 하려다가 뜻밖에 풍랑이 크게 일어 배가 부서지고 화물이 유실되었다는 등의 말을 하였습니다. 조사해보니 귀국의 장사꾼들이었습니다. 한 형제처럼 가엾게 여겼는데 본국 국왕께서 체득하신 호생지덕(好生之德)과 베풀어주신 특별한 은혜를 삼가 받들어 회안지방에 안착시키고 돈과 쌀을 제공하였습니다. 생각지도 않게 3명이 이미 병으로 죽었고, 살아남은 21명은 남풍이 불기를 기다렸다가 배에 태워 돌려보내려고 하였습니다. 다만, 돌아가는 배들이 모두 광동(廣東)·복건(福建) 등지에 소속된 것이었습니다. 마침 일본으로 가는 서양배가 있어 그 배편에 귀국으로 돌려보내려고 하였습니다. 그러나 바다가 드넓고 바닷길이 고르지 않아 반드시 도착하기를 기약하기 어려워서 표류한 사람들이 마침내 고향에 돌아가려는 소원을 이루지 못할까 염려되었습니다.

계획이 온전하지 못해 여러 차례 궁리하던 차에 청나라 영파부의 상선이 올해 3월에 화물을 싣고 안남으로 왔는데 본래 자기 나라의 재물을 팔고 외지의 재화를 사들이는 무역선이었습니다. 지금 표착한 21명이 너무나 간절히 고향으로 돌아가기를 바라자 다행히 선주(船主)인 진유리(陳有履)와 재부(財副)인 주한원 등이 외로이 타향을 떠도는 많은 사람을 불쌍히 여기고 강개한 마음에 의로운 일을 하기로 하였습니다. 특별히 배의 객상(客商)들을 다른 배로 보내고 생업을 포기한 채 그 배에 표류한 사람들을 태우고 조선에 가서 고향으로 돌려보내 표류한 사람들의 소원을 들어주고자 하니 윤허해달라는 말을 전해왔습니다.

이제 떠날 때가 되어 이처럼 자계(咨啓)를 보냅니다. 안남국왕의 명령을 공손히 받들어 영파부의 상선을 관리하는 관청의 허락을 받아 선주 등이 고향으로 돌려보내는 일을 처리하도록 합니다. 선주인 진유리 등에게 명해 물자를 덜어내고 배를 정리하게 하고, 아울러 길을 잘 아는 조타수를 부르고, 배를 부리는 선장을 초빙하는 등 일체를 알아서 처리하게 하였습니다. 그 외에 본국이 양곡과 채소 등 먹을 음식을 보조해 조난당한 사람들이 날마다 먹도록 제공해주었습니다.

선주 등은 이 사람들을 데리고 이번 달 22일에 돛을 올려 출발합니다. 다만, 관진(關津)의 조례(條例)가 삼엄한 것이 염려됩니다. 이 문서에 따라 조선으로 이송하고자 하오니 귀국에서 사실을 조사해 명확히 알아보시기 바랍니다. 감히 바라건대 회답 문서를 곧바로 교부해 선주가 가지고 본국으로 오게 하여 염려하는 마음을 덜어주시기 바랍니다. 바라건대 이 배가 조속히 일을 마치고 청나라로 돌아가게 되면 매우 다행이겠습니다. 이 문서를 해당 부서에 꼭 보낼 것.

정화(正和) 9년 7월 22일.'

  정화는 아마도 안남왕이 스스로 정해 쓰는 연호인 것 같다."

47

포르투갈 표류선

당저(當宁, 순조) 원년 신유년(1801) 8월, 제주도 당포(唐浦, 서귀포시 일부)에 큰 배가 들어와 해안에 정박하였다. 다섯 사람을 내려놓고 배를 돌려 대포를 쏘자 배가 쏜살같이 나아갔다. 그 다섯 사람을 보니 그중 네 사람은 머리털을 다 깎았고, 한 사람은 이마 앞부분은 깎고 뒤의 반쪽은 땋아 늘어뜨렸다. 땋은 머리는 검은 비단 조각으로 그 끝을 묶고 모두 붉은 무늬 베로 싸매었다. 머리 위에는 등으로 만든 검은 갓을 썼는데 그 모습이 고기 굽는 벙거짓골 같았다.

몸에는 짧은 저고리를 입거나 반비(半臂, 배자의 일종)를 입었다. 그 천은 모직이거나 거친 삼승포(三升布)였다. 아래에는 바지를 입었는데 허리께에 주름을 잡아 색실로 꿰어서 묶었다. 옷 색깔은 푸른색·붉은색·황색·흰색으로 달랐고, 품새가 매우 좁아서 겨우 팔다리가 들어갈 정도였다. 목에는 모두 염주를 걸었으며 발에는 버선이나 신발을 신지 않고 바로 진땅을 밟고 다녀서 짐승의 발과 다름이 없었다. 귓바퀴에는 구멍 뚫은 흔적도 있었고, 깎은 곳에 다시 나는 머리털은 양털같이 꼬불꼬불 말려 있었다. 그중 두 사람은 온몸이 옻칠한 듯 새까맸다.

글자를 써서 보여주었더니 그들은 알아보지 못하였다. 붓을 주어 글을 쓰게 하자 오른손으로 붓을 잡고 썼는데 전자(篆字)도 아니고 그림도 아닌 것이 엉킨 실 모양이었다. 왼쪽에서 오른쪽으로 가지런하게 써나가는 것이 서양의 필법과 같았다. 가지고 있는 물건 가운데 구멍 없는 은전 50닢이 있었는데 크고 작은 두 종류였다. 앞뒷면에는 엉킨 실 같은 글을 가늘게 새겨놓았는데 그들 나라의 문자인 듯하였다. 역관이 아침부터 낮까지 묻고 따지어 유사한 것을 인용하고 비교하며 풀이해 겨우 숫자와 방향, 그리고 형체가 있는 사물의 이름을 분별하게 되었고 의사소통할 수 있는 것도 있었다.

그들의 말에 따르면, 그들은 본래 남방 백성으로 30명이 함께 배를 타고 여러 가지 화물을 싣고 장사하러 가던 길이었는데, 작은 배를 타고 물을 길러 육지에 내려온 사이 큰 배가 사나운 풍랑 때문에 머무를 수 없게 되자 그들을 버리고 떠난 것이라고 하였다. 그들이 남방 사람인지 아닌지를 알아보기 위해 빈랑을 주었더니 그들 지방에도 심는다고 하였고, 상아와 무소뿔을 보여주니 두 손으로 어리와 입을 가리키며 어금니와 뿔 시늉을 하면서 모두 그들 지방에서 생산된다고 하였다. 또 밥·국·물고기·채소·떡·국수·술·장·금·은·구리·주석·명주·비단·삼베·비단을 보여주니 모두 그들 지방에 있는 물건이라고 하였다. 흑인 둘은 옻칠해 검은 것이 아니라 태생이 그러하고, 그들 지방에 많이 있다고 하였다. 그러나 그들이 어느 나라 사람인지 알 길이 없었다.

종전에는 표류해온 이국 사람은 중국 연경을 통해 본국으로 보내주는 것이 관례였다. 이번에도 뇌자관(賫咨官)[1]을 뽑아 정하고 다섯 사람을 인솔해 들여보내게 하였다. 북경에서 어느 나라 사람인지 알 수 없어서 보내줄 방법이 없다는 핑계로 다시 돌려보내서 어쩔 수

---

1 조선시대 때 중국 예부(禮部)에 자문(咨文)을 가지고 가던 임시 관원.

없이 처음 도착한 제주도 해안 마을로 보냈다. 근래 들으니 두 사람은 죽고 세 사람은 아직 살아 있다고 한다.

청나라는 가경제(嘉慶帝, 1796~1820)가 즉위한 이래 국정을 보좌하는 신하들이 건륭제 시대의 시책을 완전히 바꾸었다. 오로지 비용을 덜고 사무를 간소하게 하는 방향으로만 노력하므로 먼 나라를 회유하는 정책이 전보다 크게 소홀해졌다. 만약 건륭제 때였다면 조선으로 돌려보낼 리가 절대 없었을 것이다. 앞에서 안남국왕이 제주 사람들을 가엾게 여겨 돈 600냥을 내어주고 중국 상선을 세내어 실어 보내려고 최선을 다한 점과 또 우리나라에 이문(移文)을 지어 보내어 회답문서를 반드시 받아오라고 한 점을 보면, 안남의 풍속이 어질고 도타움을 넉넉히 알 수 있다. 지금 청나라와 우리나라가 한 일로 말한다면 안남에게 많이 부끄럽다.

그들의 말을 언문으로 바꾸어 기록하면 다음과 같다.

다섯 사람의 성명은 분안시고 22세, 열리난두 25세, 안드러수 24세, 마리안누 32세, 쩌이단우 33세이고, 뒤의 두 사람은 흑인이다. 그들의 말로는 하늘을 '실우', 땅을 '쩨라', 사람을 '현쩨', 아버지를 '쌔', 어머니를 '매', 임금을 '러이', 남자를 '오물네', 여자를 '몰열', 아들을 '비긴이누', 임신을 '벌니우', 젖을 '마마', 동쪽을 '솔', 서쪽을 '수마솔', 남쪽을 '괴로', 북쪽을 '수', 해 지는 곳을 '수미솔', 추운 것을 '버레유', 뜨거운 것을 '걸인쩨', 바람을 '민쭈', 물을 '아고', 불을 '보고', 하나를 '운안', 둘을 '너수', 셋을 '드레시', 넷을 '과들우', 다섯을 '싱쿠', 여섯을 '서이시', 일곱을 '세쩨', 여덟을 '오츄', 아홉을 '노베', 열을 '네세', 스물을 '민인쩨', 서른을 '둘언짜', 마흔을 '궐인짜', 쉰을 '싱고인짜', 예순을 '시세짜', 일흔을 '신쩨짜', 여든을 '오쳔짜', 아흔을 '로변사', 백을 '운신사', 한 달을 '우날누', 두 달을 '누싀리', 열 달을 '네', 있는 것을 '쎙', 없는 것을 '솟쎙', 나를 '영야', 저 사람을 '문싀', 보는 것을 '아별두', 많은 것을 '짠두현셰', 작은 것을 '비긴외누', 가는 것을 '매버라', 오는 것을 '영쌰', 서는 것을 '쌔나', 자는 것을 '눌믜', 잡는 것을 '쎄라', 밥을 '어러수구셰두', 먹는 것을 '구뮈', 숟가락을 '괄닐', 젓가락을 '바치', 배부른 것을 '인시버리거', 배고픈 것을 '쎙쌱뮈', 바닷물을 '셜가두', 민물을 '이고눌싀', 우리의 갓을 '두룽', 자기네의 갓을 '셤셰', 자기네 땅의 이름은 '막가오', 호모(胡帽)를 '거리쌰스', 하인을 '술다두', 산을 '몬졔', 성(城)을 '불쌀네셔', 배를 '쇼믜', 노를 '일이우', 배에 싣는 것을 '갈가', 집을 '발나시우', 은화를 '놋벼아', 저울을 '빗샤둘', 사고 파는 것을 '곰부라', 버선을 '밀이아시', 거울을 '예시볘후', 붓을 '불누마', 종이를 '범볜', 부채를 '어반아', 화살을 '불네쳐', 부시[火鐵]를 '부실', 부싯돌을 '볘들어', 도장을 '말가', 문을 '쌜다', 깃발을 '만데라', 수레를 '불눈', 말을 '거반류', 새를 '쌤드루', 상아를 '말우쌘', 물소를 '괴누리바거', 빈랑을 '어레가', 죽음을 '여물에', 매장하는 것을 '묄두', 칼을 '쌔거', 가운데를 '빌눌이', 금을 '외로', 주석을 '괴부레', 보지 않는 것을 '비챠두', 양물(陽物)을 '볘샤', 음물(陰物)을 '보긔'라고 한다.

그들 가운데 지금까지 생존한 자가 만약 여러 해 동안 더 살아 있게 된다면 반드시 우리나라 사람과 말이 통하게 될 것이다. 언어가 통하기만 하면 아마도 이 말이 어느 나라 말인지 알 수 있을 것이다. 우선 아쉬운 대로 기록해두어 나중에 다른 일을 고증하는 데 대비해 둔다.

포르투갈어와 유사한 단어들

본문에 언문으로 기록해놓은 말을 정동유는 안남어로 알았으나 실제로는 포르투갈어와 비슷하다. 표기의 오류나 작은 개념 차이 탓에 완전히 일치하지는 않으나 현대 포르투갈어와 유사한 단어들을 다음과 같이 정리해둔다.

한자	한국어	언문표기	포르투갈어	한자	한국어	언문표기	포르투갈어
天	하늘	실우	céu	四十	마흔	궐인짜	quarenta
地	땅	쩨라	terra	五十	쉰	싱고인짜	cinquenta
父	아버지	빼	pai	六十	예순	시세짜	sessenta
母	어머니	매	mãe	七十	일흔	신쩨짜	setenta
君	임금	러이	rei	八十	여든	오쳔짜	oitenta
男	남자	오물네	homem	九十	아흔	로변짜	noventa
女	여자	몰열	mulher	百	백	운신짜	um cento
寒	추운 것	버레유	frio	食	밥	어러수구세두	arroz cozido
熱	뜨거운 것	걸인쩨	caliente	食之	먹다	구뭐	comer
水	물	아고	água	山	산	몬쩨	monte
火	불	보고	fogo	紙	종이	범뻴	papel
一	하나	운안	uma	扇	부채	어반아	abano
三	셋	드레시	três	矢	화살	불네쳐	flecha
四	넷	과들우	quatro	火石	부싯돌	뼤들어	pedernal
五	다섯	싱쿠	cinco	門	문	뽈다	porta
六	여섯	서이시	seis	旗	깃발	만데라	bandeira
七	일곱	세쩨	sete	馬	말	거반류	cavalo
八	여덟	오츄	oito	象牙	상아	말우쌘	marfim
九	아홉	노베	nove	刀	칼	짜꺼	faca
二十	스물	민인쩨	vinte	金	금	외로	oiro
三十	서른	둘언짜	trinta				

48

빙해 밖의 나라 흑진

강희제 때의 일이다. 영고탑(寧古塔) 동북쪽 수천 리 되는 곳에 빙해(氷海)가 있어 5년에 한 번씩 얼어붙는다. 그곳에 흑진(黑眞)이라는 나라가 있어 육지와는 왕래가 없었는데 한 사람이 홀연히 빙해를 건너 서쪽 해안에 이르렀다. 처음에는 무슨 동물인지 분간하지 못하다가 자세히 살펴보니 사람이었다. 온몸에 짐승 가죽을 쓴 채 머리와 얼굴만 내놓고 머리털을 장대처럼 길게 땋았다. 변방 사람들이 사로잡아 북경으로 보내자 강희제가 불러보고 밥을 주었으나 먹을 줄 모르고 날생선과 고기만 먹었다. 앞에 온갖 물건을 늘어놓고 무엇을 원하는지 살펴보았지만 끝내 거들떠보지도 않다가 여인을 데리고 와 보여주었더니 바로 기뻐하며 껴안았다.

강희제가 총명하고 지혜로운 여자를 골라 짝을 지어주도록 명하고, 또 영리한 호위관 다섯 명을 여인과 함께 본국으로 돌려보내되 오곡 종자와 농기구를 주어 농사를 가르치게 하였다. 5년 뒤에 그 여인과 함께 다시 빙해를 건너와서 감사 인사를 하였는데, 주먹만한 큰 구슬 몇 개와 한 길이나 되는 담비 가죽을 가져와 바쳤다. 여인이 말하기를 "나라가 큰 바다 가운데 있는데 군장(君長)이 없고 키가 큰 사람은 3장이나 되고 작아도 1장 남짓은 되며, 오직 짐승을 사냥하고 날생선과 자라를 먹습니다. 진주가 바닷속에 가득하고, 상상하지 못할 만큼 오묘한 빛이 납니다"라고 하였다.

이 일은 강희제 갑오년(1714)과 을미년(1715)에 있었는데, 그때 우리나라 사신 가운데 그를 본 자가 있었다. 내 생각으로는 이는 사람이 아니다. 또 군장이 없으니 어떻게 나라가 있어 흑진이라고 부를 수 있겠는가? 예로부터 관흉(貫胸)[1]·장비(長臂)[2]·장각(長脚)[3] 등의 나라가 있으나 이는 결코 그 나라 사람이 스스로 부르는 이름이 아니다. 중국 사람들이 그 형상이 매우 특이한 것을 보고 그 특징을 따서 이름 붙였을 뿐이다. 흑진의 경우는 무슨 뜻으로 그렇게 이름 지었는지 모르겠다.

중국은 천하의 동북쪽 구석에 있기 때문에 연경으로부터 북쪽으로 불과 4,000리에서 5,000리 떨어진 곳에 이렇게 사람도 아니고 짐승도 아닌 족속이 사는 나라가 있다. 서쪽이나 남쪽 변방이라면 이 4,000리에서 5,000리를 제외하고 다시 몇만 리를 더 가야 비로소 사람과 닮지 않은 모습의 인류가 나타날 것이다. 일본 북쪽 변방에 하이도(蝦夷島, 에조가시마)가 있는데 역시 사람과 비슷하기는 하지만 사람은 아닌 족속의 나라이다. 그 분야(分野)[4]를 헤아려본다면 틀림없이 흑진과 멀지 않을 것이다.

---

1 남만 종족으로 이 나라 사람들은 가슴에 구멍이 있어 구멍을 막대로 꿰어 양쪽에서 두 사람이 떠메고 다닌다고 한다. 그러므로 천흉(穿胸) 또는 관흉(貫胸)이라고 한다(《삼재도회》).
2 장비국은 팔이 긴 사람들이 사는 나라로, 물속에서 고기를 잡으면 두 손에 각각 고기 한 마리씩 잡는다고 한다. 《산해경(山海經)》〈해외남경(海外南經)〉 참조.
3 《산해경》〈해외남경〉에 나오는 장고(長股)를 가리키는 듯하다. 장고국은 다리가 긴 사람들이 사는 나라로, 사람들의 다리가 세 길이나 되었다고 한다. 장비국 사람이 깊은 바다에서 고기를 잡고 싶을 때면 장고국 사람에게 업혀서 고기를 잡은 뒤 사이좋게 나눠가졌다고 한다.
4 중국을 중심으로 한 지상의 영역을 하늘의 이십팔수(二十八宿)에 입각해 나눈 것.

평안 감영의 문을 두드린 노승

인조 정묘년(1627) 정월 13일에 청나라 군대가 의주를 함락시켰다. 이보다 대엿새 전 80세쯤 된 노승이 나타나 아침에 평안도 감영의 대문을 두드리면서 "내 말을 들으면 무사하겠지만, 그러지 않으면 상상하지 못할 화를 입을 것이다"라고 하였다. 문지기가 미친 사람이라 여기고 쫓아버렸다. 이 노승은 필시 비범한 사람으로서 화를 막을 방책을 알려주려고 한 것일 텐데 기회를 얻지 못했으니 애석하다. 이 일은 《평양지(平壤誌)》[1]에 실려 있으니 터무니없는 이야기는 아닐 것이다.

1　이 책은 1590년 평안도관찰사 윤두수(尹斗壽)가 편찬한 평양부(平壤府) 《읍지(邑誌)》이다. 이후 윤유(尹游) 등에 의해 계속 보완되었는데, 여기서 인용한 것은 《평양속지(平壤續誌)》로 보인다.

조선과 청의 강화를 이해한 명나라

인조 정축년(1637) 봄에 우리나라 사신이 북경에 있을 때 명나라 병부상서(兵部尙書)인 양사창(楊嗣昌)¹이 "듣자하니 조선이 오랑캐에게 항복했다고 하는데 소식이 없어 대체 어떤 상황인지 알 수 없습니다. 지금 조선 사신이 귀국길에 오른다고 하니 탐문하기에 매우 좋은 기회입니다. 상을 배로 내려주고 칙사를 경내까지 함께 보내도록 하소서"라고 아뢰었다. 황제가 조서를 내려 "조선은 대대로 충의를 지킨다고 칭찬해왔으나 힘이 다해 오랑캐에게 항복했다고 하니 그 정상(情狀)이 매우 가엾다" 하고는 상주한 대로 상을 내리고 군사 1,000명에게 국경을 나가는 사신을 호송하게 하였다. 5월에 장산도(長山島)²에 이르러 조선과 청이 강화를 맺었다는 소식을 듣고 결국 호송을 거두고 돌아갔다. 이 일은 우리를 매우 부끄럽게 만든다. 명나라 조정은 우리나라가 오랑캐에게 항복한 것을 알면서도 매번 이해한다는 입장을 밝혔다. 진실로 전날에 믿음을 쌓아두지 않았다면 어떻게 이럴 수 있겠는가? 모두 역대 임금께서 충근를 쌓은 효과이다.

---

1 양사창(楊嗣昌, 1588~1641)은 명나라의 관원으로, 자는 문약(文弱)이고 호는 자미(字微)이다. 만력 연간에 진사가 되어 농민 반란군을 진압하는 데 참여하였다. 뒤에 농민군이 낙양(洛陽)과 양양(襄陽)을 공격해 쳐들어오자 두려워 자살하였다.

2 발해해협에 위치한 섬으로, 요동(遼東)에서 도망쳐온 난민과 명나라 군대가 머물러 있었다. 섬에는 양 언덕이 빙 둘러쳐져 정박이 쉬워 조선 사신이 왕래할 때 정박해 머물기도 하였다.

청나라가 조선을 후대한 까닭

청나라는 병자년(1636)에 우리나라를 평정한 일을 나라를 세울 때의 위대한 사업으로 여겼다. 그래서 그들이 지은 《개국방략(開國方略)》[1]을 뽑아 베껴온 책자를 보면 병자년 일에 대해 심혈을 기울여 서술하고 거듭 반복해 적어놓았다. 또 강희제의 문집을 보니 태학사(太學士) 마제(馬齊) 등에게 다음과 같이 유시하였다.

"태종황제(太宗皇帝)께서 조선을 평정한 뒤에 우리의 군사가 이르지 못한 곳이 없다. 이미 무너뜨린 조선을 우리 조정이 재건해주어 옛날처럼 안정되게 하였다. 그런 까닭에 조선 사람들이 태종황제가 군대를 주둔했던 곳에 비석을 세워 다시 살려준 은덕을 자세히 기록해[2] 오늘에 이르기까지 대대로 감사하며 받들고 있다. 또한 저들에게는 배울 만한 점이 있으니, 명나라가 망해갈 때에도 저들은 시종일관 배반하지 않았다. 여전히 예의를 중시하는 나라이다."[3]

이는 청나라가 명나라를 배반하지 않은 우리나라를 의롭게 여긴

---

1 청나라 태조의 건국부터 세조가 중국에 들어가 평정하기까지의 사실을 편년체로 기술한 역사서이다. 1773년에 편찬하였고, 총 32권이다. 《황청개국방략(皇淸開國方略)》이라고도 한다. 외국에 반출을 금지하였는데, 조선에서는 1790년 진하사은사(進賀謝恩使) 수행원으로 연경에 간 박제가(朴齊家)가 유리창 서사(書肆)에 갔다가 장정하지 않은 한 질이 책공(冊工)에게 있는 것을 보고 일부를 베껴 와서 처음 알려졌다.

2 병자호란 때 인조가 청나라 태종에게 항복하고 그들의 요구에 의해 공덕을 기리는 뜻으로 이경석(李景奭)에게 비문을 짓게 하여 삼전도(三田渡)에 세운 비석을 말한다.

것이다. 그래서 병자년 이래로 달래고 은혜를 베푸는 데에만 힘썼으니, 우리나라가 명나라를 섬기던 뜻으로 청나라를 섬기게 하려는 의도였다. 이러한 이유로 그동안 진상하는 폐백의 수량을 반이 넘게 줄여주었다. 강희 연간에 존호(尊號)를 주청(奏請)한 표문에 "조선의 공물이 많은 것을 염려해 여러 번 금폐(金幣)를 감면하고 사신들을 후대하시니 먼 나라를 회유하는 뜻에 안팎을 구분하지 않았다"라고 하였다. 이러함으로 덕망을 찬송하는 거리로 삼았으니 그들이 특별히 베푼 혜택임을 잘 알 수 있다.

이로 인해 청나라 사신이 조선에 올 때 아무리 성낼 일이 있어도 성내지 않고, 힐책할 일이 있어도 힐책하지 않았다. 사행의 속도와 음식, 기거(起居)를 모두 우리나라 사람의 말대로 따르며 혹시라도 폐를 끼쳐 황제의 귀에 들어갈까 두려워하였다. 전후(前後) 황제의 경계와 단속이 매우 엄했기 때문이다.

---

3 이는 《성조인황제어제문(聖祖仁皇帝御製文)》 권11에 실린 〈대학사 마제·장옥서·진정경·이광지 등에게 내린 유시(諭大學士馬齊張玉書陳廷敬李光地等)〉의 일부로, 강희 45년(1706) 10월에 내린 유시이다.

52

함양 출토 황금을 청나라에 바친 이유

인조 19년 신사년(1641)에 함양 백성인 표년(表年)[1]이 밤중에 신계서원(新溪書院)[2]에 상서로운 광채가 감도는 것을 보았다. 그곳에 가서 땅을 파 '일천년(一千年)'이라는 세 글자가 위에 새겨진 질항아리를 얻었다. 뚜껑을 열어보니 황금 14조각이 있었고, 위에는 '의춘대길(宜春大吉)'이라는 네 글자가 새겨져 있었다. 관찰사가 이를 바치자 조정에서는 사재정(司宰正) 이혼(李俒)[3]을 보내어 상서로운 금을 청나라 황제에게 바쳤다. 그때 올린 자문은 대략 다음과 같다.

"신계서원은 신라 때 절터였던 곳입니다. 생각건대 옛적 신인(神人)이 길조(吉兆)를 새겨서 남겨두시어 아름다운 조짐으로 삼은 것이니, 하늘과 땅이 갈무리해두고 귀신이 보호한 것이 아니라면 지금에서야 출토될 이치가 있겠습니까? 가만히 옛 역사를 살펴보니 옥술잔과 은항아리는 아름다운 천명에 대한 상서로운 응답이었습니다. 엎드려 생각하건대 황제께서 천명을 찬란히 받으셔서 대업을 개

---

1 청나라 기록에는 모두 '원년(袁年)'으로 되어 있다. '원(袁)'은 글자 모양이 '표(表)'와 비슷해 《주영편》을 필사한 이가 혼동한 듯하다. 《조선왕조실록》에는 '원련(元連)'으로 되어 있어 한글 이름의 음차로 보인다.

2 현재 경남 산청군 신안면 문태리에 있는 서원으로, 고려 공민왕에서 조선 태조 때의 문신이자 학자인 박익(朴翊)을 제향하고 있다. 흥선대원군 때 헐었다가 최근에 다시 세웠다.

3 《연려실기술(燃藜室記述)》에서는 이 기사를 요약해 설명하면서 이혼(李俒, ?~?)을 역관으로 소개하고 있다. 나머지 사항은 미상이다.

창하시고, 위엄과 힘은 온 천하를 진동시키고 어짊과 은혜는 변방에 까지 미쳤습니다. 신명과 사람이 소통해 상서로운 징조가 성대하게 모여서 이제 천년 묵은 옛 황금이 홀연히 큰 조정에서 비호하는 우리나라에 나타났습니다. 이 물건이 태평성대의 상서로운 징조라는 사실은 너무도 자명해 의심할 여지가 없습니다. 삼가 황금을 가져다 바쳐서 받들어 섬기는 정성을 표하고자 합니다."

이에 태종황제 숭덕(崇德, 홍타이지)이 조서를 내려 답하였다.

"신라가 숨겨놓은 황금을 조선이 얻었습니다. 조선 국왕이 바로 바쳤으니 성실함과 공손함을 충분히 알 수 있습니다. 새겨진 글귀는 참으로 아름다운 조짐이니 짐은 조선 국왕과 더불어 상서를 같이 누리고자 합니다. 조선 국왕이 스스로 받는 것이 바로 짐이 받는 것과 다름없습니다. 황금을 이흔 편에 돌려보냅니다."

이 일이 《개국방략》에 실려 있는데 우리나라 《비변사등록(備邊司 謄錄)》을 찾아보니 과연 그 일이 있었다.[4] 이때는 바로 병자호란을 겪은 지 5년 뒤로 당시에는 온 나라가 한창 두려워하며 사대(事大)하느라 지쳐 있을 때이다. 금과 비단과 가죽과 폐백을 공납하느라 온 힘을 다해 준비해서 그들의 무리한 요구를 들어주고자 하였으니 참으로 형편상 벗어날 수 없는 일이었다. 하지만 이처럼 관례 외에 선물을 더 바치는 짓은 하지 않아도 될 일을 괜히 한 것이었을까?

나는 이렇게 생각한다. 당시에는 청나라 황제에게 아첨해 환심을 사려고 했던 것은 아니다. 청나라는 우리나라를 막 굴복시킨 터라

---

4 《비변사등록(備邊司謄錄)》에 인조 19년 5월 12일 이흔을 재자관으로 보냈다는 기록이 나와 있고, 같은 내용이 《인조실록》 42권에도 보인다.

주로 위협하고 옥박지르는 정책을 펼쳤다. 게다가 정명수(鄭命壽)[5]의 무리가 간사한 백성과 내통했으므로 우리나라의 세세한 일까지도 저들의 정탐 범위에 들어가서 위협과 겁박 등 못하는 짓이 없었다. 만일 우리나라가 상서로운 황금을 얻었다는 소식을 먼저 듣고 바로 바치지 않았다고 트집을 잡았다면 반드시 의심하고 사이가 나빠지는 실마리가 되었을 것이다. 그래서 당시 조정에서 논의해 여기까지 생각이 미쳤기에 이런 조치를 취했던 것이다.

---

5 정명수(鄭命壽, ?~1653)는 본래 평안도 천인으로 광해군 때 강홍립(姜弘立)의 군대를 따라 청나라에 갔다가 포로가 되었다. 여진 말을 배워 그곳에 살면서 우리나라 사정을 자세히 밀고했으며, 그 뒤 병자호란 때에는 청나라 장수 용골대(龍骨大)의 역관으로 들어와 청을 등에 업고 우리 조정에 압력을 가해 영중추부사에까지 올랐다.

《봉사도(奉使圖)》

청나라 사신 아극돈(阿克敦, 1685~1756)이 영조 원년(1725)에 조선으로 네 번째 사행을 다녀온 뒤 화공 정여에게 그 장면을 그리게 했다. 위 그림은 《봉사도》 중 한 장면으로, 사신 일행이 중국 사신을 접대했던 모화관(慕華館) 앞의 영은문(迎恩門)을 통해 들어오고 있다. 중국 베이징 중앙민족대학교 소장.

53

청나라 사신을 접대한 방식

얼마 전까지 청나라 사신이 왔을 때 머무는 관사 밖으로 돌아다니는 것을 허락하지 않았으나 길거리에서 구경하는 백성을 막지는 않았다. 다만 여인들이 몸을 드러내지 못하도록 했을 뿐이다. 수십 년 전부터는 칙사를 맞이할 때 압록강을 건넌 이후부터 구경꾼을 엄금해 의주에서 서울에 이르는 천리 사이에 관가의 노비나 잡역부·말몰이꾼 같은 하인들 외에는 우리나라 사람을 볼 수 없었다. 또 머무는 관사와 길가의 좁은 골목 어귀에 모두 장막을 높게 쳐서 멀리 내다보지 못하도록 하였다. 저들을 구속하는 것이 죄인을 가두는 것과 흡사해 큰 손님을 대우하는 도리에 대단히 어긋난다. 그런데도 칙사무리는 선물로 받을 은의 양만 따질 뿐 이런 예절에는 도무지 생각이 없으니 참으로 괴이한 일이다.

《수서(隋書)》를 보니 문제(文帝)가 고구려를 질책하며 내린 조서에 다음과 같은 내용이 있었다.

"이따금씩 사신을 보내어 대왕의 나라에 위문하러 가는 목적은 본디 나라 백성의 실정을 묻고 그 나라에 정치를 펼치는 법을 가르쳐주기 위함입니다. 그런데 대왕께서는 사신을 빈 객관에 앉혀두고 엄중하게 감시해 그들의 눈과 귀를 막아서 아무것도 보고 듣지 못하게 합니다. 무슨 숨기고 싶은 잘못이 있기에 관청을 걸어잠그고 찾아다니며 살피는 것을 두려워합니까?"

이는 고구려 평원왕(平原王) 때의 일이다. 이 사실로 미루어보면, 고구려가 수나라 사신을 접대한 방식도 지금과 마찬가지였다. 청나라 황제가 수나라 문제처럼 밝은 통찰력을 갖추었다면 힐책하는 조서를 어찌 보내지 않았겠는가? 이 처사는 원래 이해와 관계된 일이 아닌데도 공연히 먼 나라 사람들로부터 의심을 사기 쉽다. 실제로는 담당자가 지나치게 아무것도 하지 못하도록 막으려는 잘못에서 나온 것이다.

54

중국 사신들의 탐욕

근래 우리나라에 오는 청나라 사신들은 가렴주구를 자행해 일말의 염치도 없다. 가경(嘉慶) 계해년(1803)에는 중궁전(中宮殿) 책봉칙사 (冊封勅使)로 후성덕(侯成德)·명지(明志) 등이 왔는데 탐욕이 유독 심하였다. 사신이 지나는 길에 대접하는 음식 대신 그 값을 은(銀)으로 받아가기까지 하였으니, 그동안 어떤 칙사도 하지 않은 짓이다. 실정을 자세히 들어보니 그럴 만한 까닭이 있었다. 청나라 사람들이 외국으로 사신을 나갔다가 돌아올 때 주머니가 두툼하기로는 조선이 으뜸이며, 근래 청나라 관작(官爵)은 다 뇌물로 얻는데다가 매년 값이 올라서 사신으로 나온 자가 이처럼 하지 않으면 이미 상납한 비용을 메울 수 없다는 것이다. 그래서 이렇게 할 수밖에 없다고 하니 더욱 놀랄 만한 일이다.

옛날 만력 임인년(1602)에 중국 사신 고천준(顧天埈)[1]이 왔을 때 대접하는 음식을 줄이고 그 식대를 은으로 환산해 받아가니, 우리나라 사람들이 처음 보는 짓이라 그의 탐욕을 해괴하게 생각하였다. 이때부터 예물로 백금을 주었다가 마침내 전례가 되었다.

---

1 고천준(顧天埈, ?~?)은 명나라의 대문장가로, 자는 승백(升伯)이고 호는 담암(湛庵)이다. 1592년 진사가 되어 한림원 편수관(編修官)이 되어 정사(正史) 찬수에 참여하였다. 시부(詩賦)에 뛰어나 문명이 조선에까지 전해질 정도였으며, 박학하여 권점(圈點)한 책이 1만여 권에 이르렀다.

천계 을축년(1625)에 환관 왕민정(王敏政)[2]이 사신으로 왔을 때 궁중에서 사용한 은이 10만 7,000여 냥이며, 인삼이 2,100근, 표범 가죽이 204장, 큰사슴 가죽이 200여 장, 흰 종이가 1만 600여 권이었다. 그 밖에 호랑이 가죽, 부채, 기름 먹인 종이, 설화지(雪花紙, 강원도 평강에서 생산되는 종이), 기름 먹인 베 등의 물품은 미루어 짐작할 수 있다. 숭정(崇禎) 갑술년(1634)에 환관 노유녕(盧維寧)[3]이 사신으로 왔을 때 사용한 은이 4만 9,800냥이고, 연회마다 비용을 은으로 환산해 받아간 것이 5만 냥에서 6만 냥은 된다. 두목(頭目, 중국 사신을 따라온 북경 상인)들이 장사로 챙긴 은은 6만 1,800여 냥이었다. 나라가 망하려면 염치가 먼저 없어지는 법이다. 그래서 명나라 말년에 탐욕스러운 풍조가 이 지경에 이르렀던 것이다. 지금 청나라 칙사들의 소행을 보니 그 나라의 성쇠를 충분히 알 만하다.

그러나 명나라 말년의 환관쯤이야 언급할 가치가 있겠는가? 고려 때 송나라 여단(呂端)[4]은 시랑(侍郎)의 신분으로 사신이 되어 왔는데 그 청렴한 지조는 지금까지 전해 내려온다. 그러다가 고려 문종 31년(1077) 송나라 사신으로 좌간의대부(左諫議大夫) 안도(安燾)[5]와 기거사인(起居舍人) 진목(陳睦)[6] 등이 예성강에 도착하였다. 그때는

---

2 왕민정(王敏政, ?~?)은 명나라 말기의 환관이다. 간신 위충현(魏忠賢) 휘하의 인사였으나, 행적은 자세하지 않다.

3 노유녕(盧維寧, ?~?)은 명나라 말기의 환관이나, 자세한 사항은 알 수 없다.

4 여단(呂端, 935~1000)은 송나라 태종 때의 정승으로 자는 이직(易直)이다. 환관 가문에서 태어나 음서로 벼슬에 나아갔고, 국자주부(國子主簿), 비서랑(秘書郎) 등을 지냈다.

5 안도(安燾, ?~?)는 자는 후경(厚卿)이며 하남(河南) 사람으로, 1059년 진사가 되었고 비각교리(秘閣校理), 형호북로전운판관(荊湖北路轉運判官) 등을 지냈다.

6 진목(陳睦, ?~?)은 자는 화숙(和叔)이며 보전(莆田) 사람으로, 1061년 진사가 되었고 비서승(秘書丞), 감찰어사 등을 지냈다.

고려가 송나라와 왕래가 끊어진 지 오래였다. 안도 등이 처음 도착하자 왕과 나라 사람들이 기뻐해 으레 주는 의상과 안마(鞍馬) 외에도 증정한 금은보화와 미곡, 잡물 등이 셀 수 없었다. 돌아갈 때 배에 다 싣지 못하자 받은 물건들을 은으로 바꿔가기를 청하였다. 왕이 담당 관원에게 명하여 원하는 대로 해주었다. 안도와 진목은 성질이 탐욕스럽고 인색해 날마다 대접하는 음식을 줄이게 하고 그 값을 따져 은으로 바꿔간 것이 매우 많았다. 그래서 당시 사람들이 "시랑 여단이 사신으로 왔다가 돌아간 뒤로 중국 사신을 오랫동안 보지 못하였다. 이제 사신이 왔다는 말을 듣고 높은 풍모를 보나 했더니 이런 작태를 벌일 줄은 생각지도 못하였다"고 하였다.

조사해보니 고려 문종 31년은 곧 송나라 신종(神宗) 원풍(元豊) 원년이다. 당시 사대부의 기풍은 명나라 말엽의 환관들이나 시금의 만주족과는 같지 않았으리라. 그런데 안도 등이 간의대부나 기거사인 쯤 되는 직책으로 외국에 사신으로 와서 이처럼 군주의 명령을 욕되게 하였다. 아! 어느 시대인들 현명한 사람이 없겠는가?

청나라의 태자 책봉

청나라 황제는 태자를 책봉하지 않고 건청궁(乾淸宮)에 그 이름을 숨겨두는데, 그 법은 옹정제(雍正帝, 재위 1722~1735) 때부터 시작되었다. 강희 47년 무자년(1708)에 황태자가 잘못이 매우 많다는 이유를 들어 종묘에 제사를 지내고 사실을 고한 뒤 폐출하고 천하에 조서를 내렸다. 이듬해 기축년(1709)에 다시 태자로 복위시키고 사면한다는 조서를 내렸다. 그러나 임진년(1712)에 이르러 끝내 폐출하였다. 그 조서는 대략 다음과 같다.

"윤잉(胤礽)[1]은 전부터 광증이 심해 왕업을 감당하기 어려워 강희 47년에 특별히 폐출하였다. 후에 부자간의 은정을 무겁게 생각해 잘못을 뉘우치고 행실을 고치기를 바랐다. 윤잉도 여러 사람 앞에서 예전의 잘못을 철저히 고치겠노라고 맹세하였다. 그리하여 구속을 풀어주고 다시 책봉했으나 해마다 광증이 더욱 심해져 뉘우칠 마음이 없어질 줄 누가 알았으랴? 이에 폐출하고 금고(禁錮)의 처분을 더한다."

그해에 우리나라 사신이 연경에 들어갔다가 통역관에게 태자가

---

1 윤잉(胤礽, 1674~1725)은 강희제의 아들로, 태어난 다음 해인 1675년 황태자로 봉해졌다. 강희제는 윤잉의 친모인 첫째 황후에 대한 애정이 각별해 윤잉이 두 살이 되자마자 황태자로 봉하였다. 이 같은 빠른 황태자 책봉은 태자를 세우지 않아 일어나는 형제간의 권력다툼을 미리 막으려는 의도에서 나왔다. 윤잉은 황태자에서 폐위된 뒤 이밀친왕에 봉해졌다.

폐출된 까닭을 물었더니 태자가 황제를 활로 쏘려 했다고 하는 이도 있었고, 음식에 독약을 넣으려다 발각되었다고 하는 이도 있었다. 또 태자 유모의 아들에게 들으니 강희제의 큰아들(皇長子, 胤禔)에게 모함을 받았다고 하였다. 그때는 큰아들도 갇혀 있다고 하였다.

근래 건륭제가 가경제에게 황위를 물려준다는 조서를 보니 "어진 황제께서 이밀친왕(理密親王, 윤잉)을 적통으로 세워 태자로 삼았으나 끝내는 소인배의 꾀임 탓에 황위를 잇지 못하였다"라고 하였다. 여러 설을 보면 불화의 단초는 틀림없이 자리다툼에서 생겨났을 것이다. 강희제 같은 밝은 임금도 여러 아들과 소인배들이 질투하고 무고하는 변란을 모면하지 못하였다. 어찌 두렵지 않은가?

옹정제가 이 법을 새로 정한 것은 자신이 직접 겪은 일을 교훈 삼았기 때문일 것이다. 그러므로 영조 14년(1738)²에 건륭제는 "영련(永璉, 건륭제의 둘째 아들)은 짐의 적자로, 선왕이 만든 법에 따라 친히 밀지(密紙)를 써서 건청궁에 보관해두었다. 그러나 한질(寒疾)에 걸려 마침내 일어나지 못하게 되었으니, 일체의 전례를 황태자에 걸맞은 의례 절차에 따라 시행하라"라고 유시하였다. 태자의 이름을 적은 밀지를 감출 때 다른 사람이 엿보고 알게 될까 염려했을 뿐, 황제의 마음에는 이미 태자가 내정되어 있었던 것이다. 그러므로 불행하게도 요절하면 태자의 예법에 따라 장례를 거행하는 것이 마땅하다. 대체로 이 법은 한두 세대에는 폐단이 없을 수 있다. 그러나 후대의 황제가 옹정제나 건륭제처럼 현명하지 못하다면 시기하고 모함하

---

2 원문에는 영조 14년 기미년(1739)으로 되어 있으나 건륭제의 유시는 건륭 3년(1738) 11월의 일이므로 무오년(1738)의 오류로 보아야 한다.

는 폐단이 미리 태자를 내정하는 것보다 심할 것이 분명하므로 좋은 계책이라고 볼 수 없다.

원나라 세조가 태자를 책봉할 때 "태조께서 '적자 가운데 왕통을 잘 계승할 만한 자가 있으면 미리 정해둔다'고 말씀하시고 이에 따라 태종을 세우셨다. 그 뒤부터는 공개적으로 적장자를 세우지 않아서 마침내 제위 쟁탈의 단서가 되었다"라고 하였다. 이 또한 세조가 스스로 겪은 일을 교훈 삼아 한 말이다. 이 두 가지 일을 통해 논한다면 옹정제의 계책이 원나라 세조에게 한참 미치지 못한다.

청나라 관인의 만주 글자

청나라 관인(官印)은 절반은 전자(篆字)로 새기고, 절반은 만주 글자로 새긴다. 그 관례가 건륭 무진년(1748)부터 시작되었으니 우리 영조 24년이다. 그때 예부(禮部)의 자문에 "내외아문(內外衙門)의 관인을 만주 글자와 한자로 다시 만들거니와 조선 국왕의 금인(金印)은 다음 책봉할 때를 기다려 따로 만들어 바꾸어줄 것이다"라고 하였다. 병신년(1776) 정조께서 등극하신 뒤 새로 만든 만주 글자와 한자로 된 금인 한 개를 보내오자 원래 쓰던 관인을 사신에게 돌려보냈다. 북경 태학(太學)의 위패는 지금 모두 만주 글자와 한자를 병기한다고 한다. 강희 연간 사람의 일기[1]를 보면 그렇지 않았으니 분명히 건륭 무진년부터 시작되었을 것이다. 성인께서 큰 횡액을 당했다고 할 만하다.

---

1 《흠정대청회전칙례(欽定大淸會典則例)》 권63에 관련한 사실이 기록되어 있다.

북경의 비밀 제단, 당자

청나라 황제가 제사를 지내는 장소에 당자(堂子)¹라는 곳이 있다. 숭
배하고 공경하는 예법이 태묘에 앞서지만 한인(漢人)에게는 철저하
게 숨기고 있어 지금까지 무슨 신을 섬기는지 알지 못한다. 지금 연
경 사람이 기록한 글을 보니 다음과 같았다.²

 "당자는 장안좌문(長安左門, 천안문 동쪽에 있는 문) 밖 옥하교(玉河橋)
동쪽에 있는데, 순치 원년(1644) 9월에 세웠다. 가문(街門)은 북향이
고 내문(內門)은 서향이다. 정중앙은 제신전(祭神殿)으로 남향이고,
그 앞은 배천환전(拜天圜殿)이다. 배천환전의 남쪽 한가운데에 황제
가 제사드리는 곳을 설치해 좌차(座次)를 표시한 간석(杆石)을 세웠
다. 조금 뒤쪽에 양 갈래로 여섯 줄씩 나누어 설치해 줄마다 각기 여
섯 겹이었다. 제1열은 황자(皇子)가 제사드리는 곳으로 좌차를 표시
한 간석을 세우고 친왕(親王)·군왕(郡王)·패륵(貝勒)³·패자(貝子)·공

---

1 청나라에서 만주족 고유의 샤머니즘에 따라 제사를 올리는 곳으로 북경에 설치되었다. 정월 초하
   루에 황제가 직접 하늘에 제사를 드릴 뿐만 아니라 전쟁 등이 있을 때 중요한 제의가 행해졌다. 여
   자 무당이 제사를 주관하였고, 한족은 참가를 허락하지 않았다. 이 책에서 다룬 내용은 그 성격을
   이해하는 데 매우 중요한 기록이다. 김경선의 《연원직지(燕轅直指)》와 이규경의 《오주연문장전
   산고》〈당자변증설(堂子辨證說)〉에서도 관심을 보였다.
2 오장원(吳長元)의 《신원지략(宸垣識略)》에 나온다. 《황조문헌통고(皇朝文獻通考)》 권99 〈교사고
   (郊社考)〉와 《대청회전(大淸會典)》 권88 장의사(掌儀司) 등에도 실려 있다. 《신원지략》에 대해서
   는 260쪽 주 1에서 설명하였다.

(公)이 서열 순으로 북향하였다. 동남쪽은 상신전(上神殿)으로 남향이다. 매년 설날과 매달 초하룻날, 나라에 큰일이 있을 때면 기도를 드리고 보고를 하는데 모두 당자에 나아가 경건히 제례를 행하였다. 그리고 큰일이 있어 출입할 때는 반드시 고하고, 개선할 때는 깃대를 벌여놓고 고했는데 예식이 매우 엄중하였다.

설날에는 돈을 걸어두는 예를 행했는데 패륵 이하는 걸지 않았다. 매월 초하루에는 친왕 이하 패자 이상은 각기 한 사람씩 보내어 제물을 바쳤다. 봄과 가을 두 계절에는 간석을 세워 제사하되 황제가 제사드린 이후에 각기 차례대로 하루씩 제사를 드렸으나 장군급은 참여할 수 없었다. 그 의례제도를 보면 황제가 예복 차림으로 예식용 가마를 타면 의장대가 앞에서 인도한다. 제사 때는 세 번 꿇어앉고 아홉 번 절하는 예를 거행하는데, 한인(漢人) 대신(大臣)은 따라가지 못한다."

이 기록으로 정황을 추정할 수 있다. 문을 북향으로 내고 신전을 남향으로 낸 것은 오로지 외부 사람에게 내부를 엿볼 수 없게 하려는 목적이다. 만주인과 한인이 뒤섞여 같은 조정에 있은 지 지금 거의 200년이 된다. 만약 이 일이 숨겨도 그만, 숨기지 않아도 그만이었다면 처음에야 숨기려고 했더라도 그동안 얼굴빛과 언어에 조금의 빈틈을 드러내지 않았겠는가? 그렇건만 이 일의 경우는 오래될수록 한층 철저히 숨기며 혹시 누설될까 두려워하니, 틀림없이 한인

---

3 청나라 때 만주족 종실(宗室)과 몽고 외번(外藩)들을 봉한 작위 가운데 하나이다. 청나라에서는 만주족 종실과 몽고 외번들에게 여섯 등급의 작위를 나누어 봉했는데, 그 여섯 가지는 친왕·군왕·패륵·패자·진국공(鎭國公)·보국공(輔國公) 등이었다. 이 가운데 패륵은 만주어로 부장(部長)이라는 뜻이다.

이 절대로 들어서는 안 되는 연고가 있기 때문일 것이다.

이러한 까닭에 제사를 지내는 사람은 황제에서 패륵에 이르는 사람들뿐이다. 만주인 대신조차 가마를 수행하는 것만 허락하고 제사에 참여하는 것은 허용하지 않으니, 청나라가 망해 숨길 수 없게 된 뒤에라야 그 내막을 알 수 있을 것이다.

강희 연간에 역관이 등장군(鄧將軍, 鄧禹)의 사당이라고 잘못 들어 통역관에게 등장군은 어떤 신이냐고 물었다. 그러자 통역관이 "등장군이라 이르는 것은 와전된 것이다. 누르하치(청 태조) 아버지가 쓰던 모자를 이 사당에 보관해 황제가 설날에 먼저 가서 향을 올리지만, 그 모자 또한 어찌 희귀한 물건이겠는가? 담비 가죽에 불과한 것으로 그나마도 좀이 다 슬었다고 한다"라고 말하며 웃었다. 이 역시 통역관들의 근거 없는 말로서 실제로는 속사정을 알지 못한다.

근래 전하는 말에 청나라가 처음 산해관(山海關)으로 들어올 때 유정(劉綎)[4]의 혼령이 나타나 청 황제가 하마터면 목숨을 잃을 뻔했는데 제사를 지내주겠다고 맹세해 요행히 죽음을 면할 수 있었다. 그러므로 봉안한 것은 바로 유정의 투구이며, 태묘보다 더 공경하는 것은 그 맹세한 내용 때문이라고 한다. 이 말이 과연 맞는 것일까?

---

4 유정(劉綎, 1558~1619)은 명나라 말엽의 명장으로, 임진왜란에도 참전하였고 후금과의 부차(富車)전투에서 패해 전사하였다. 당자에서 제사하는 대상이 등장군과 유정 귀신이라는 소문은 《연원직지》와 《계산기정》에 나온다. 《계산기정》 권3 '태화전(太和殿)'에서는 "명나라 유정이 전사하더니 매일 청 태종의 꿈에 나타나 병기로 협박하므로 황제가 그의 사당을 세우도록 하였다"고 기록하였다.

고려의 흔적을 찾아서

중국에 들어간 《고려사》

원나라가 멸망한 뒤 순제(順帝)[1]가 밤중에 북쪽으로 달아나 응창부 (應昌府)에 머물다가 한 해 만에 죽으니 원나라 사람들이 시호를 혜종(惠宗)이라고 하였다. 태자[2]가 제위를 이어받아 연호를 선광(宣光)이라 고친 뒤 11년 만에[3] 죽으니 시호를 소종(昭宗)이라고 하였다. 중국에서 알고 있는 내용은 여기까지이다. 그러므로 강희 연간 사람의 기록[4]을 보면 정인지(鄭麟趾)의 《고려사》를 인용해 처음으로 선광 이외에 천원(天元)이라는 연호가 있었음을 알게 되었다고 하면서 새로운 지식으로 여기고 있다. 이는 당연한 일이다.[5]

원명(元明) 교체기에 고려가 상국(上國)을 섬기는 태도에는 성의와

---

1 순제(順帝, 1320~1370)는 원나라 명종(明宗)의 맏아들로, 이름은 '토곤테무르'이다. 순제는 명나라의 시호이고, 북원(北元)의 묘호(廟號)는 혜종(惠宗)이다. 1332년 권신(權臣) 엔터무르에 의해 옹립된 친아우인 영종(寧宗)이 재위 43일 만에 죽자, 그 이듬해 상도(上都)에서 제위에 올랐다. 주원장(朱元璋)이 차례로 강남(江南)을 통일하고 1367년 북벌을 단행하자, 순제는 이듬해 태자(太子, 북원의 소종)와 함께 피신하다가 사망하였다.

2 원나라 소종(昭宗, 1338~1378)이며, 이름은 아유시리다라(愛猷識里達臘)이다. 재위 기간은 1370년부터 1378년까지이다.

3 실제로는 원나라 순제가 죽은 1370년이 선광(宣光) 원년인 셈이지만, 저자인 정동유는 원나라가 망하고 명나라 조정이 세워진 1368년을 선광 원년으로 계산한 것으로 보인다.

4 주이존의 《일하구문》을 가리킨다. 이 책 권153에 관련된 내용이 나온다.

5 《고려사》 권134 〈열전〉 제47 신우2 기미 5년(1379)조에 "북원에서 첨원 보비(甫非)를 파견해 교사(郊祀)를 지내고 연호를 천원(天元)으로 바꾸었다고 알려왔다(北元遣僉院甫非, 告郊祀, 改元天元)"라는 기록이 보인다.

신뢰가 없었다. 명나라는 무신년(1368)에 개국하고 기유년(1369)에 명 태조가 사신을 파견해 공민왕에게 옥새와 조서를 내렸다. 공민왕은 즉시 사신을 보내 등극을 하례하고 마침내 홍무(洪武) 연호를 받들었으며, 그 다음 해에는 원나라 때 하사받은 인장을 명나라에 바쳤다. 계축년(1373)에 북원(北元)에서 보낸 사신이 고려에 들어오자 공민왕이 죽이려고 하였으나 여러 신하가 안 된다고 만류하였다. 공민왕이 결국 밤을 틈타 그 사신을 만나보았으니 명나라에서 알게 될까 두려워했기 때문이다.

갑인년(1374)에 공민왕이 세상을 떠나자 우왕이 명나라와 북원에 사신을 보내어 왕위 계승의 승인을 청하였다. 당시 호송사(護送使) 김의(金義)[6]가 명나라 사신을 죽이고 북원으로 달아난 일이 있어 명 태조는 고려 사신이 들어오는 것을 허락하지 않았고, 북원 홀로 우왕을 봉해 국왕으로 인정하였다. 비로소 우왕이 선광이란 연호를 받들었다. 무오년(1378)에 북원이 사신을 보내어 그 군주 두질구첩목아(豆叱仇帖木兒)가 즉위하고 연호를 천원으로 고쳤음을 통보하였다. 그러나 그 무렵 태조가 조서를 보내 매우 엄하게 책망했기 때문에 이해에는 다시 잠깐 홍무 연호를 사용하였다. 그러나 북원과의 사신 왕래는 이전과 다름이 없었고, 무진년(1388)에는 홍무 연호를 중단하고 나라 사람들에게 다시 호복(원나라 복장)을 입게 하였다. 이 무렵 북원 사정을 명나라 사람들은 들어서 알 길이 없었으나 고려는

---

6 김의(金義, ?~?)는 고려 말 조선 초의 무신이며 본명은 야열가(也列哥)이다. 공민왕 때 좌우위중랑장(左右衛中郎將)을 지낸 국보공(國寶公)의 아들이다. 이성계가 조선을 세운 뒤 개국공신으로 평안도관찰사가 되었으나, 고려조 때 명나라 사신을 살해한 일이 문제가 되어 정평(定平)으로 유배되었다. 뒤에 영흥(永興)으로 옮겨졌다.

계속 왕래하고 있었다. 천원이라는 연호를 고려만 알고 있었던 이유가 여기에 있다.

그런데 그 무진년은 우리 태조께서 위화도에서 회군한 해이다. 《고려사》〈최영전(崔瑩傳)〉에서 "멸망한 원나라 잔당이 사막으로 도망쳐 허울뿐인 국호만 겨우 유지하고 있을 뿐인데, 최영은 그들을 도와 요동을 협공하자고 약속했으니, 그 대처가 이처럼 허술하였다"라고 하였다. 그렇다면 이른바 북원은 허울뿐인 국호가 있기는 하여도 새로 기틀을 잡은 나라라고 하기에는 부족하였다. 중국 사람의 여러 저술에서 《고려사》를 많이 인용하거나 정인지를 일컫는데, 어떤 경로로 중국에 들어갔는지 알 수 없다. 늘 의아하게 생각하는 사실이다.

고려가 중국에 보낸 책

고려는 광종 10년(959) 후주(後周)에 사신을 보내 《별서효경(別序孝經)》 1권, 《월왕효경신의(越王孝經新義)》 8권, 《황령효경(皇靈孝經)》 1권, 《효경자웅도(孝經雌雄圖)》 3권을 바쳤다.[1] 양신은 "고려가 바친 《별서효경》은 공자의 출생과 제자들이 공자를 섬기며 배운 일들을 적은 책이고, 《효경자웅도》는 햇무리와 혜성을 설명한 책이다"라고 하였다. 나는 이 책들이 고려의 저술이 아니라고 본다. 《수서》〈경적지(經籍志)〉를 보니 유실된 목록 가운데 《효경자웅도》 3권이 있었다. 그렇다면 여기에서 바친 여러 서적은 분명히 모두 중국에서 사라진 서적으로 요행히 우리나라에 남아 있었기에 바쳤을 따름이다. 고려 사람이 어떻게 위서(緯書)를 만들 수 있었겠는가?

---

1 《구오대사(舊五代史)》와 《문헌통고(文獻通考)》를 비롯한 중국의 사서와 유서에 관련된 사실이 설명되어 있다.

60

《사고전서》에 유일하게 포함된 《화담집》

중국으로 들어간 우리나라 사람의 글이 적지 않은데,《사고전서(四庫全書)》의 목록을 보면 여기에 수록된 우리나라 사람의 저서는 오로지 《서화담집(徐花潭集)》 1종뿐이다. 이 사실로 논하자면, 요즘 세상에도 중국 사람의 안목은 우리나라 사람과 비교할 바가 아니다. 화담(花潭) 서경덕(徐敬德) 선생은 독자적인 도학을 바탕으로 독창적인 의론을 세웠다. 남의 것을 모방한 학설로 변죽만 울리는 학설을 주장한 분이 아니다. 스스로 터득한 오묘한 이치를 따진다면 선생만 한 분이 없는데, 비방과 배척이 선생에게 집중되었기에 늘 마음이 편하지 않았다. 이제 중국 사람들이 많은 서적 가운데에서 이 소략한 한 권만을 채택한 것을 보고 나니 기분이 후련하다.

중국에 보내진 공녀

원나라 때 해마다 고려에게 미녀를 바치도록 요구한 만큼 원나라로 보내진 사람이 분명히 많았을 것이다. 그런데 내가 기억하는 바로는 기씨(奇氏)가 들어가서 황후가 되어 태자 아유시리다라(愛猷識里達臘, 소종)를 낳은 일이 《원사》에 실려 있다는 정도만 알려져 있다.

명나라 초에도 여전히 원나라 제도를 그대로 따랐다. 따라서 명나라 사람들의 기록[1]을 보면 명 태조에게는 공비(碩妃)[2]가 있었고, 태종(太宗, 후에 成祖)에게는 현비(賢妃) 권씨(權氏), 순비(順妃) 임씨(任氏), 소의(昭儀) 이씨(李氏), 첩여(婕妤) 여씨(呂氏), 미인(美人) 최씨(崔氏)[3]가 있었는데 모두 조선 사람이다. 권씨가 특히 아름답고 재주가 있어 시도 잘 짓고 퉁소도 잘 불었다. 시에서 이르기를 "홀연히 하늘 밖에서 피리 소리 들리매, 천천히 꽃 아래를 거닐며 홀로 듣네. 삼십

---

1   《역대시화(歷代詩話)》 권74 〈악부시화(樂府詩話)〉의 '옥소(玉簫)'칙에 이 내용이 나온다.

2   공비(碩妃)는 원나라 원비(元妃)로, 그 사실이 《태상지(太常志)》에 나온다고 청대의 학자 박명(博明)은 고증하였다. 경신군(庚申君, 원나라가 멸망한 뒤 순제를 이른 말)이 기씨와 함께 명나라로 들어갔으므로, 원나라가 망한 뒤에 기씨가 태조의 비가 된 것을 명나라 사신이 꺼린 것인지, 아니면 본래 공(貢) 자의 성을 석(石) 자 옆에 붙인 것인지 확실하지 않다.

3   권씨는 공조전서(工曹典書) 권집중(權執中)의 딸이고, 임씨는 인녕부좌사윤(仁寧府左司尹) 임첨년(任添年)의 딸이며, 이씨는 공안부판관(恭安府判官) 이문명(李文命)의 딸이다. 여씨는 시위사 중령호군(侍衛司中領護軍) 여귀진(呂貴眞)의 딸이고, 최씨는 중군부사정(中軍副司正) 최득비(崔得霏)의 딸이다. 한치윤(韓致奫)의 《해동역사(海東繹史)》 〈인물고(人物考)〉에 자세히 보인다.

육궁(三十六宮)⁴이 가을빛 일색이라, 어느 곳에 달 더욱 밝은가 알 길 없어라"⁵라고 하였다. 영락(永樂) 8년(1410)에 황제를 모시고 오랑캐 정벌에 나갔다가 돌아오는 길에 산동(山東) 임성(臨城)에서 죽자 시호를 공헌(恭獻)이라고 하였다. 이 사실은 《태평청화(太平淸話)》⁶에 나온다.

또 고려 말의 기록을 보니 함안(咸安) 사람인 주영찬(周英贊)의 딸이 공녀로 가서 총애를 받았는데, 이는 명나라 태조 때 있었던 일이다. 영락 경인년(1410)에 조서를 내려 공녀를 금지하기는 하였지만, 그 뒤에도 양절공(襄節公) 한확(韓確)⁷의 누이 두 사람이 공녀로 가서 총애를 받았다. 성종(成宗) 때에도 공조전서(工曹典書) 권극화(權克和)의 딸이 공녀로 갔는데 아름답고 옥피리를 잘 불어 후궁 가운데 가장 총애를 받았다. 명나라 사람이 그 사연을 읊은 궁사(宮詞)가 있다. 이들은 모두 총애를 받아 알려졌지만, 공녀로 보내져 이름이 전해지지 않은 사람은 그 수를 헤아릴 수 없을 것이다.

---

4 중국 전한(前漢)의 궁정에 있었다고 전하는 36개의 궁전. 여기에서는 궁궐 전체를 이른다.

5 일설에는 명나라 태종의 명으로 영헌왕(寧獻王) 주권이 지은 궁사(宮詞)라고 한다. 참고로 주권이 현비 권씨를 노래한 또 다른 궁사는 다음과 같다. "궁궐의 창 싸늘하여 밤은 길고 긴데, 산 위에는 구름 날고 달빛은 아득하네. 궁중의 물시계는 이미 멎고 별빛도 스러지건만, 미인들은 여전히 통소 불기 배우누나(魷魚窓冷夜迢迢, 海嶠雲飛月色遙. 宮漏已沈參影倒, 美人猶自學吹籟)."

6 진계유(陳繼儒)가 편찬한 필기로, 역대의 다양한 일화를 기록하였다. 4권.

7 한확(韓確, 1403~1456)은 본관은 청주(淸州)이고 자는 자유(子柔), 호는 간이재(簡易齋)이며 시호는 양절(襄節)이다. 누이가 명나라 후궁으로 뽑혀 여비(麗妃)가 되자 이를 배경으로 조선에 막강한 영향력을 행사하였다. 경기도관찰사·이조판서·병조판서 등을 지냈으며, 계유정난(癸酉靖難) 때 수양대군을 도운 공으로 우의정이 되었다. 태종은 한확을 특별히 우대해 광록소경(光祿少卿)을 제수하였다.

62

중국 사행길의 변경

우리나라 사신이 중국에 갈 때 예로부터 바닷길로 다녔으므로 정사 (正使)와 부사(副使)가 따로 배를 타고 각각 표문과 자문을 한 통씩 갖추고 가서 뜻밖의 사태에 대비하였다. 항해하는 노선이 반드시 백 해(白海)·적해(赤海)·흑해(黑海)[1] 수천 리를 거쳐야 하였다. 그런 까 닭에 고려 말에 상사(上使) 홍사범(洪師範)[2]은 익사하고 서장관(書狀 官)인 정몽주(鄭夢周)만이 가까스로 목숨을 보전해 도달했으니, 항로 가 이처럼 위험하였다.

조선에 들어와 영락 기축년(1409)에 이르러서는 광록경(光祿卿) 권 영균(權永均)[3]이 북경에 갔다가 돌아올 때 영락제가 "다시 올 때에 는 해로로 오지 말고 육로로 오라. 너희 나라에서 오는 다른 사신들 도 육로로 올라오게 하라"라고 유시했는데, 이때부터 사신이 육로로 통행하게 되었다. 권영균은 현비 권씨의 오라비이다. 황제가 사행로

---

1 발해해협의 바다를 지칭하는 것으로 보이나 확인되는 곳은 흑해뿐이다. 흑해는 발해해협의 황성 도(皇城島) 인근 바다를 가리킨다.
2 홍사범(洪師範, ?~1373)은 고려 말의 문신으로 본관은 남양(南陽)이고 시호는 충민(忠愍)이다. 1354년 좌부대언(左副代言)이 되었고, 여러 번 원나라와 명나라에 사신으로 다녀왔다. 1373년 명나라에 사신으로 파견되었다가 귀국길에 풍랑을 만나 익사하였다.
3 권영균(權永均, ?~1424)이 1408년(태종 8) 명나라에서 황엄(黃儼) 등을 파견해 조선 미인을 선발 해 공녀로 데려간 일이 있었는데, 권영균의 누이도 포함되었다. 그 누이가 현비로 간택됨에 따라 그도 광록경(光祿卿)이라는 작위를 받았다.

를 바꾸라고 특명을 내린 것은 권영균이 황제와 사돈 관계를 맺었기 때문에 주선할 힘이 있었을 것이다. 그렇다면 영락 기축년부터 천계 신사년[4]까지 사신들이 물고기 밥이 되는 일을 면한 것은 사실상 권씨의 공로이다.

---

4   신유년(1621)의 오류로 보인다.

63

조선 출신 중국 환관

중국에 환관을 보내는 것도 원나라 때 시작되었다. 명나라 초에도 그 제도를 그대로 따랐다. 원나라 때의 환관 가운데 명나라 초에 그대로 급사중(給事中)이 되어 총애를 받은 자가 많았다. 내가 알기로 원나라 때에는 박불화(朴不花)·황석량(黃石良)·이대연(李大淵)·이대순(李大順)·강금강(姜金剛)·김여연(金麗淵)·나수야(那壽也)·선불화(先不花)[나수야와 선불화는 본래 이씨(李氏)이다—원주]가 있었고, 명나라 때에는 연달마실리(延達麻實里)·진막룡(陳漠龍)·주윤복(朱允福)·김인보(金仁甫)·한첩목아(韓帖木兒)·윤봉지(尹鳳之)·최안(崔安)·희산(喜山)·대경(大卿)·김려(金麗)·보화(普化)·정동(鄭同)이 있었다. 내가 기억하는 것이 이 정도일 뿐, 전해오는 기록에 몇이나 더 있는지 알 수 없다.

명나라 말엽의 기록[1]을 보니 《헌종실록(憲宗實錄)》을 인용해 "성화(成化) 4년(1468) 12월에 황제가 태감(太監) 정동(鄭同)과 최안(崔安)을 보내 조선의 세자[예종(睿宗)의 이름은 피해 쓰지 않는다—원주]를 국왕으로 책봉하였다. 이들이 떠난 뒤 순안요동감찰어사(巡按遼東監察御使) 후영(侯英)이 아뢰기를 '정동과 최안은 모두 조선 사람입니다. 조상의 묘소와 친족이 모두 그 땅에 있으므로 그 나라 임금에게

---

1 주이존의 《일하구문》에 이 내용이 보인다.

무릎을 꿇고 절하는 예를 행하며 부탁하는 말을 아뢸 것이므로 매우 중국의 체통을 매우 가볍게 만들 것입니다. 바라옵건대 결정된 어명을 중지시키시고 한림원급사중과 행인(行人)을 사신으로 보내시는 것이 좋겠습니다'라고 하자 황제가 그 말을 옳다 여겼다. 그리하여 상을 내릴 때에는 환관을 보내고, 책봉할 때에는 조정 신하로서 학식과 행실이 뛰어난 자를 보내게 되었다²"라고 하였다.

《역옹패설(櫟翁稗說)》을 살펴보니 다음과 같은 내용이 있었다.

"환관 이대순³은 우리나라 교동(喬桐) 사람인데, 원나라 세조에게 총애를 받았다. 충렬왕께서 황제를 만나러 들어가셨을 때 대순이 충렬왕에게 조서를 내려 자기 형인 교위(校尉)를 별장(別將)으로 삼게 해달라고 세조에게 청탁하였다. 세조가 '관리 임용에는 법제(法制)가 있고 나라에는 임금이 있는데, 짐이 어떻게 산여하겠느냐?' 하고는 양주(羊酒)를 하사하고 그 자리에서 직접 충렬왕에게 아뢰게 하였다. 대순의 청탁에 충렬왕은 '너의 형은 교위인데 산원(散員)을 거치지 않고 별장으로 삼는 것은 관례가 아니다'라고 말씀하시자 대순이 감히 다시 말하지 못하였다."

또 《고려사》를 살펴보니 "창왕 때 명나라 태조가 원나라 원사(院

---

2 이때 이후로 이 원칙이 꼭 지켜지지는 않은 것으로 보인다. 후영의 진언 뒤에도 신축년(1481)에 정동을 파견해 계비(繼妃)를 책봉하는 고명(誥命)을 보내주었고, 계묘년(1483)에도 정동을 파견해 세자를 책봉하였다.

3 이대순(李大順, ?~?)은 고려 후기의 환관이다. 소태현(지금의 충남 태안) 출신으로, 고려 충렬왕 때 환관이 되어 원나라 세조(世祖)의 최측근으로 있으면서 총애를 받았다. 그러자 황제의 명령을 청탁해 행패를 부리며 재산을 모았고, 형 공세(公世)와 동생 공보(公甫)를 고위관직에 등용하는 등의 만행을 저질렀다. 1310년(충선왕 2) 국왕이 환관 15명을 한꺼번에 군(君)으로 봉할 때 태안부원군(泰安府院君)에 봉해졌으며, 그의 고향 소태현은 태안군으로 승격되었다.

使)였던 희산·대경·김려·보화 등을 보내어 말과 내시를 요구했는데, 희산 등은 모두 우리나라 사람이었다. 예를 마친 뒤 뜰로 내려가 머리를 조아리며 네 번 절하자 신창이 서서 절을 받았다"라고 하였다.

이상 두 가지 사례를 보면 후영이 '절하고 꿇어앉아 부탁하였다'고 말한 것은 실제로 있었던 일이다. 그러나 최안과 정동은 실제로는 동시대 사람이 아니다.

우왕 6년(1380) 주의(周誼)⁴를 명나라에 사신으로 보냈을 때 태조가 주의를 포박해 천계사(天界寺)에 가두고 우리나라 사람인 환관 최안에게 심문하게 하였다. 그렇다면 최안이 어떻게 성화 연간에 이르도록 정동과 같이 태감의 자리에 있을 수 있겠는가? 《헌종실록》에서 말한 것은 분명히 시대를 따져보지 않고 뒤섞어 기록했을 것이다.

---

4 주의(周誼, ?~?)는 고려 말기의 환관이다. 1374년(공민왕 23) 상호군으로 밀직부사 정비(鄭庇)와 함께 명나라에 사신으로 다녀왔으며, 1378년(우왕 4) 예의판서(禮儀判書)로 공민왕의 시호와 우왕의 즉위를 청하기 위해 명나라에 다녀왔다. 1380년에는 김의가 1374년(우왕 즉위년)에 명나라 사신을 살해한 사건을 해명하기 위해 숭경윤(崇敬尹)으로 계품사(啓稟使)가 되어 요동에 가서 이를 해명하였다. 그러나 체포되어 북경에 압송되어 천계사(天界寺)에 갇혔다가 그해에 풀려나 돌아왔다.

64

조선 출신 환관 정동

또 다른 기록[1]을 보니 다음과 같은 내용이 있었다.

"거물 환관 정동은 조선에서 태어났다. 그 나라 임금[세종의 이름은 피해 쓰지 않는다 – 원주]이 환관으로 중국에 보냈더니 선종(宣宗)을 모시게 되었다. 훗날 다시 조선에 사신으로 와서 금강산에 이르렀다 가 천 개의 불상이 비로봉을 둘러싼 듯한 형세를 보았다. 돌아와 원 전(圓殿, 중국 향산의 홍광사 불전)을 지어 비로자나불을 모시고 안팎의 천불이 얼굴과 등을 서로 향하게 하였는데, 모두 몹시 공교로웠다. 정동이 직접 비문을 지어 거기에 썼다."

또 《악학궤범(樂學軌範)》에서 "경자년(1480)에 중국의 사신 정동이 악공(樂工)을 데리고 왔는데, 그들이 가지고 온 태평소의 소리가 우 리나라 음악 소리와 잘 어울렸다"라고 하였다. 경자년은 성화 16년 이므로 이것으로 보면 정동이 사신으로 온 것은 한두 번에 그치지 않았을 것이다.

또 《국조보감(國朝寶鑑)》을 보니 "성종 시절에 덕종을 추존할 때 처음에는 명나라에 주청하지 않았다. 왕위 계승을 요청한 사신이 돌 아와서 '태감 정동이 덕종을 추존하는 일도 주청해야 한다고 하였

---

1 《일하구문》을 비롯해 《어정패문재서화보(御定佩文齋書畫譜)》, 《육예지일록(六藝之一錄)》 등에 보인다.

다'고 하자 임금이 사신을 보냈다"라고 하였다. 그 무렵 우리나라가
중국에 교섭하고 자문을 구할 때 대부분 정동에게 의지하였다. 정동
은 우리나라와 사전에 주선해 일을 매끄럽게 처리하고자 최선을 다
했음을 헤아릴 수 있다.

65

고려 태조 삼대의 이름

고려 김관의(金寬毅)는 의종 때 사람이다. 개국한 지 300년 가까이 지나서 《편년통록(編年通錄)》을 저술했는데, 고려의 세계(世系)를 이야기하면서 허무맹랑한 말만 멋대로 늘어놓았다. 익재(益齋) 이제현이 조목조목 반박했는데,[1] 그 말이 논리정연하고 명백해 이론의 여지가 없다.

그중에 의조(懿祖)의 이름이 작제건(作帝建), 세조(世祖)의 이름이 용건(龍建), 태조(太祖)의 휘(諱) 또한 건(建) 자인 것을 두고 세상에서는 "도선(道詵)이 태조의 이름자를 미리 정해놓고 삼대가 한 이름을 쓰면 반드시 삼한의 왕이 될 것이라 하였다"고 전한다. 익재가 이를 반박해 다음과 같이 주장하였다.

"신라 때 임금은 마립간(麻立干), 신하는 아간(阿干)이나 대아간(大阿干)이라 불렀고, 향리 백성까지도 으레 그 이름에 간(干)을 붙여 불렀으니 아마도 존칭이었을 것이다. 아간은 더러 아찬(阿粲)이나 알찬(閼餐)이라 쓰기도 하는데, 간·찬(粲)·찬(餐)은 발음이 서로 비슷하기 때문이다. 의조와 세조의 휘 뒷글자도 간·찬·찬의 발음과 서로 비슷하므로 존칭을 이름에 붙여서 불렀다가 바뀐 것이지 이름은 아니다. 태조가 마침 이 글자를 이름으로 삼자 호사가들이 억지로

---

1 《역옹패설(櫟翁稗說)》 전집(前集)에 보인다.

갖다 붙여서 한 말이다. 태조는 모든 일에 선왕을 법도로 삼으셨는데, 부득이하다고 예의에 어긋나는 이름을 태연히 쓰는 일을 하셨겠는가?"

나의 어리석은 생각으로 익재의 이 주장만은 옳지 않은 것 같다. 대체로 오랑캐 풍속에는 휘법(諱法)이 없기 때문에 아버지와 아들의 이름이 같은 경우가 종종 있다. 우리나라의 경우만 가지고 말하더라도 신라 심나(沈那)의 아들 이름은 소나(素那)였고, 고려 공직(龔直)의 아들 이름은 직달(直達)이었으며, 견훤(甄萱)의 사위는 곧 지훤(池萱)이었으니, 그런 법이 없었음을 잘 알 수 있다.

옛날 오랑캐 지방에서 순금을 양매금(陽邁金)이라고 일컬었다. 그래서 그 나라 임금이 스스로를 양매(陽邁)라고 하였다. 양매가 죽어 그 아들 돌(咄)이 임금이 되자 선친의 덕을 사모해 다시 이름을 양매로 고쳤다. 그러므로《수경주》에서 "소목(昭穆)을 이루는 두 세대 부자간의 이름이 같다"고 하였다. 이와 같은 풍속을 어찌 다 선왕의 예법으로 적용할 수 있겠는가?

도선이 태조의 휘를 미리 정해놓았다든가, 반드시 삼한의 임금이 되리라고 예언했다는 등의 말은 망령된 것임을 충분히 알 수 있지만 삼대가 이름이 같았던 것은 아마도 당시 풍속이 그러했을 것이다. 익재의 주장은 속으로는 그른 줄 알면서도 애써 오류를 덮어준 말에 가까운 듯하다.

66

도선 국사의 행적

도선(道詵)은 도(道)를 갖춘데다가 예지(豫知) 능력이 있는 고승으로, 신이한 행적이 많은 분이다. 그러나 전해오는 신이한 사적은 대부분 고려 중엽 이후에 억지로 갖다 붙인 이야기들이다. 고려의 승려 굉연(宏演)[1]이 지은 《도선전(道詵傳)》에 다음과 같이 쓰여 있다.

"도선이 당나라에 들어가 일행(一行)[2]에게 불법을 배웠는데, 일행이 삼한(三韓)의 산수도(山水圖)를 보고 '사람에게 병이 있을 때 침을 놓고 뜸을 뜨면 낫는다. 산천도 마찬가지라서 절을 짓거나 불상을 세우고 탑을 쌓으면 사람에게 침을 놓고 뜸을 뜨는 것과 같나니 이것을 비보(裨補, 도와서 보충함)라 한다'라고 하였다."

또 은산비(隱山碑)[3]에는 "일행이 침을 놓고 뜸을 뜨는 방법을 도선에게 전수하며 '부도(浮圖)를 세우거나 탑을 쌓고 절을 짓는 것이 3,800여 곳에 이르게 되면 너희 나라 산천은 병과 허물이 가라앉을

---

1 굉연(宏演)의 자는 무설(無說)이고 호는 죽간(竹磵)이다. 고려 공민왕의 왕사(王師)였던 나옹(懶翁)의 제자였으며, 선원보은선사(禪源報恩禪寺)의 주지였다. 저서에 《고려국사도선전(高麗國師道詵傳)》 등이 있다.

2 일행(一行, 683~727)은 당나라 때의 승려이다. 본명은 장수(張遂), 시호는 대혜선사(大慧禪師)이다. 역수(曆數)와 천문에 능통하였다. 저서에 《개원대연력(開元大衍曆)》 등이 있다.

3 〈도선국사은산비문(道詵國師隱山碑文)〉을 말한다. 이 비문은 조선 중기의 문신 조국빈(趙國賓)이 지었다. 본관은 풍양(豊壤), 자는 경관(景觀), 호는 설죽(雪竹)이다. 1606년 진사시에 합격하고 예문관 검열에 임용되었으나 1618년 거제도에 유배되었다. 그 뒤 인조반정으로 다시 관직에 나아갔으나 반대파의 박해로 벼슬에서 물러나 충주에서 은거하였다.

것이다'라고 하였다"고 되어 있다. 민지(閔漬)⁴는 《편년강목(編年綱目)》에서 "태조가 17세 때 도선이 다시 와서 뵙기를 청하고 군사를 일으켜 진을 치는 법과 산천에 제사 지내는 이치를 가르쳐주었다"라고 하였다.

이 여러 가지 설은 완전히 허황된 말이다. 일행은 바로 당나라 초기의 신하 장공근(張公謹)⁵의 손자로서, 개원(開元) 15년(727)에 대연력(大衍曆)을 만들다가 완성하지 못하고 죽었다. 도선이 태어난 해는 신라 흥덕왕(興德王) 2년(827)으로 당나라 문종(文宗) 태화(太和) 원년이므로 그 사이 기간이 딱 100여 년이다. 두 사람이 만날 수 있다고 말한다면 그야말로 장자가 말한 '오늘 월나라로 출발했는데 어제 도착하였다'⁶는 격이다. 말하는 자가 거짓말하기에 급급해서 그 일의 선후관계를 다시 따져보지 않은 것이 모두 이런 식이다. 그러니 '일행이 삼한의 산수도를 보았다'는 등의 말은 원래부터 전혀 근거 없는 거짓말인 셈이다.⁷

그러나 이 무리가 아무런 의도 없이 근거 없는 망발을 했겠는가?

---

4 민지(閔漬, 1248~1326)는 고려 후기의 문신으로 자는 용연(龍涎)이고 호는 묵헌(默軒), 시호는 문인(文仁)이다. 1266년 문과에 급제해 지후(祗候)가 되었다. 그 뒤 집현전대학사첨광정원사(集賢殿大學士僉光政院事)가 되었으며, 충선왕 초 첨의정승(僉議政丞)에 이르러 사직하였다. 《본국편년강목(本國編年綱目)》 42권을 편찬했으나 전하지 않는다.

5 장공근(張公謹, 594~632)은 자는 홍신(弘愼)으로, 왕세충(王世充)의 유주장사(洧州長史)가 되어 우무후장사(右武候長史)로 승진하였다. 당나라 태종에게 건성(建成)과 원길(元吉)을 정벌해도 좋은 이유를 조목조목 이야기하였다. 이에 태종은 그를 추국공(鄒國公)에 봉하고 양주도독(襄州都督)으로 임명하였다.

6 말은 성립하지만 앞뒤가 맞지 않는다는 뜻이다. 《장자(莊子)》 〈천하(天下)〉 편에 나오는 말이다.

7 도선과 일행이 만난 일이 없으므로 그들 사이에 있었다고 전해지는 일화도 있을 수 없다는 뜻이다. 《춘추좌씨전(春秋左氏傳)》 〈노희공(魯僖公)〉 '14년' 조에 나오는 말이다.

도선·일행의 이야기를 빙자해 그들이 실행하고자 하는 계략을 믿게 하려는 속셈이었을 것이다. 어떻게 알 수 있는가? 고려 태조는 훈요 십조(訓要十條)를 남겼는데 제2조에 다음과 같이 되어 있다.

"모든 사원은 다 도선이 산수의 순역(順逆)을 살펴서 세웠다. 도선이 '내가 점쳐서 정한 곳 이외에 함부로 사원을 세우면 지덕(地德)을 손상시켜 왕업이 영원하지 못할 것이다'라고 하였고, 또 '신라 말엽에 다투어 부도(浮屠)를 만들어 지덕을 손상시켰기 때문에 멸망에 이르렀다'라고 하였다."

이것을 보면 도선이 어찌 불상을 세우고 탑 쌓기를 중시한 사람이 겠는가? 《지리지》를 한 번 살펴보았더니 국초에 사찰이 1,600여 곳이나 되었다. 그중 십중팔구는 고려 태조 이후에 세워진 것인데 어찌 도선이 인정한 사원이겠는가? 그렇다면 지금 팔도 안 곳곳에 서로 바라보일 정도로 많이 있는 사찰과 불탑은 모두 도선에 가탁한 이야기로 인심을 속여 만든 것이다. 민지의 《편년강목》은 전적으로 김관의의 《편년통록》의 글을 따르고 있는데, 태조가 17세 때 도선이 다시 왔다고 한 것도 《편년통록》의 설인 듯하다.

지금 최유청(崔惟淸)[8]이 지은 옥룡사(玉龍寺) 비문[9]을 살펴보니 다

---

8 최유청(崔惟淸, 1095~1174)의 본관은 창원(昌原)이고 자는 직재(直哉), 시호는 문숙(文淑)이다. 예종 때 문과에 급제해 직한림원(直翰林院)이 되었으나 인종 초 이자겸(李資謙)의 간계로 파직되었다가 이자겸이 몰락한 뒤 다시 출사하였다. 좌사간(左司諫), 시어사(侍御使) 등을 지냈다. 저서 및 문집에 《남도집(南都集)》, 《유문사실(柳文事實)》, 《최문숙공집(崔文淑公集)》, 《이한림집주(李翰林集註)》 등이 있으나 전하지 않는다.

9 옥룡사(玉龍寺)는 864년 도선이 세운 사찰로, 현재 전라남도 광양시 옥룡면 백계산에 있다. 비문은 옥룡사에 세워진 비석에 새겨져 있던 〈백계산 옥룡사 증시선각국사 비명(白鷄山玉龍寺贈諡先覺國師碑銘)〉을 말한다. 비석은 훼손되어 파편만 조금 남아 있으나 《동문선(東文選)》에 그 전문이 실려 있다.

음과 같다.

"도선대사가 옥룡사 터를 잡기 전에 송악군에 갔다가 세조(世祖, 왕건의 아버지인 왕륭)가 집을 짓는 것을 보았다. 대사가 다시 지으라고 가르쳐주며 "2년 뒤에 반드시 귀한 아들을 낳을 것이다"라고 하였다. 그러고는 책 한 권을 지어 단단히 봉해 세조에게 바치며 "이글은 아직 태어나지 않은 군자에게 드리는 것입니다. 그러나 모름지기 장성한 뒤에 주어야만 합니다"라고 하였다. 이해는 바로 당나라 건부(乾符) 2년 을미년(875)이다. 4년 정유년(877)에 과연 태조가 태어났고, 장년이 되어 그 책을 보고서 천명이 자신에게 있다는 것을 알았다."

또 이르기를 "대사가 태조에게 한 일은 매우 위대하다. 탄생하기도 전에 왕이 될 운명임을 먼저 알고, 자신이 죽은 뒤에 그 효력이 나타나게 했으니 신기하고도 정확한 예언이 불가사의하다."라고 하였다.

또 그 비명(碑銘)은 다음과 같았다.

오래된 나라가 막 흔들리고	舊邦俶擾
새로운 천명은 채 드러나지 않았건만	新命猶闃
옛 나라 멸망할 줄 먼저 알았고	先終知終
새 나라가 올 줄 먼저 알았도다.	未至知至
책을 지어 미리 올리니	譔書五獻
나라의 운수 이때부터 시작되었네.	國祚攸始
주나라와 한나라처럼 일어날 것을	作周興漢
손바닥 가리키듯 훤히 알았으니	如掌斯指

그분은 세상을 달리했지만   人雖隔世
일은 부절처럼 들어맞았네.   事若合符

이것은 태조가 태어난 뒤 도선이 다시 온 일이 없다는 사실을 밝혀준다. 태조가 17세 때라면 곧 당나라 소종(昭宗) 경복(景福) 2년 계축년(893)인데, 이때 도선의 나이는 67세로서 바로 비문에서 말한 '대사가 옥룡사에서 좌선하며 말을 잊고 있던 때'[10]이다. 그 즈음 신라의 왕이 사자를 보내 데려갔는데, 현묘한 말과 오묘한 도로 임금의 마음을 깨우치기도 하였으나 얼마 안 되어 도성에 머물기를 원치 않아 간청해 돌아갔다. 5년 뒤 무오년(898)에 세상을 떠났다.

그렇다면 한편으로는 현묘한 말로 신라 왕의 마음을 깨우치고 한편으로는 고려 태조를 몰래 찾아가 군사를 일으킬 계책을 가르쳐준 것이니, 이는 간사한 소인배들이 임금을 속이고 나라를 팔아먹는 짓이다. 도선처럼 도를 얻은 분이 정말 이런 짓을 하였겠는가? 도선이 단단히 봉한 책 한 권을 아직 태어나지 않은 군자에게 바친 것은 삼한을 통합하는 세상이 올 것을 미리 알았기 때문에 개국창업의 방도를 알려 백성을 편안하게 하고 치세를 이루도록 도운 것이다. 그 안에 음양으로 점치는 내용이 많았을 뿐이지, 어찌 고려와 내통하면서 신라를 배반하려고 하였겠는가? 만약 계축년에 다시 와서 고려 태

---

10 최유청의 비문에 "희양현(曦陽縣) 백계산에 옥룡사란 오래된 절이 있었다. 대사가 돌아다니다가 이곳에 와서 그 그윽한 경치를 좋아해 집을 고치고, 깨끗하게 평생을 마칠 뜻으로 혼자 앉아 있으면서 말을 잊은 지가 35년이나 되었다(曦陽縣白鷄山, 有古寺曰玉龍. 師遊歷至止, 愛其幽勝, 改葺堂宇, 灑然有終焉之志, 宴坐忘言三十五載)"라는 기술이 있다. 도선은 37세 때부터 35년간 옥룡사에서 제자들을 가르치며 지냈다고 한다.

조를 만나보고 몰래 군사 일으키는 방법을 일러주었다면 이는 진정 겉으로는 신라 왕을 섬기고 뒤로는 고려 태조와 결탁한 처신인데, 그럴 리 없음을 확실히 알 수 있다.

고려시대 내내 도선을 숭배하고 신봉해 칭호와 작위를 더한 것[11]은 헛되이 사모하는 마음에서 나온 것이 많고, 도선의 속내를 진정으로 이해해서 그런 것만은 아니다. 어째서인가? 그 당시 믿고 따르던 것은 태반이 앞에서 말한 속임수와 황당한 설들이었다. 이를테면 평양에 대화궁(大和宮)[12]을 지을 때 요승(妖僧) 묘청(妙淸)이 옥룡보법(玉龍步法)을 만들고 "도선의 비결(秘訣)입니다"라고 하자 인종(仁宗)이 믿었으며, 창왕이 요동을 치고자 할 때 어떤 중이 도선의 예언이라면서 "문수회(文殊會)를 열면 적군이 저절로 굴복할 것입니다"라고 하자 최영(崔瑩)이 그 말을 믿었다. 이런 것이 모두 도선의 말이겠는가? 분명히 도선의 말을 빙자해 꾸며낸 말일 텐데 조정에서 공공연히 행해졌다. 고려 때 간사하고 망령된 무리가 도선에 가탁해 사욕을 자행한 일이 적지 않았을 것이다.

그러므로 도선의 사적과 처신은 최유청의 옥룡사 비문을 기준으로 삼는 것이 마땅하다. 어째서 그런가? 익재는 "문숙(文淑) 최유청의 옥룡사 비문은 행적을 꾸미지 않아 저절로 일가를 이루었다"라고 평가하였다. 고려 때 도선의 행적에 대한 기괴한 설이 세상에 널리 퍼졌으나 최유청의 비문만은 사실에 의거해 허위 없이 기록하였다.

---

11 도선이 72세의 나이로 죽자 효공왕은 요공선사(了空禪師)라는 시호를 내렸다. 고려 숙종은 그를 대선사(大禪師)로 추증하고 왕사를 더했으며, 인종은 선각국사(先覺國師)로 추봉하였다.
12 묘청이 서경 천도를 주장해 인종이 1129년에 서경의 임원역(林原驛) 근처에 세운 궁궐.

그렇기 때문에 익재가 김관의와 민지의 허망한 글을 논박하는 데 힘을 아끼지 않으면서 최유청의 글만은 꾸밈이 없다고 감탄한 이유가 여기에 있다. 익재의 말이 믿을 만하지 않은가?

강감찬의 이름

고려 태사인 강감찬(姜邯贊) 공의 이름이 《고려사》와 여러 서적에 '감찬(邯贊)'으로 되어 있다. 지금 개성부에 있는 탑을 보니 그 위에 "보살계(菩薩戒)[1]를 받은 제자 평장사(平章事) 강감찬(姜邯瓚)이 나라가 영원히 태평하고 강역이 언제나 편안하기를 기원하며 삼가 이 탑을 만들어 영원히 공양하고자 한다. 때는 천희 5년(1021) 5월이다(菩薩戒弟子 平章事姜邯瓚 奉爲邦家永泰邊邇常安 敬造此塔 永充供養 時天禧五年五月日也)"라는 서른여덟 글자를 새겨놓았다. 이것으로 볼 때 강감찬 공의 이름은 본래 '찬(瓚)'이지 '찬(贊)'이 아니다. 그렇다면 그간의 역사서는 왜 구슬 옥(玉) 변을 떼고 '찬(贊)'으로 썼을까? 이상한 일이다.

---

1 불교의 계(戒)에는 비구계(比丘戒)와 보살계(菩薩戒)가 있다. 비구계는 승려가 지켜야 하는 계이며, 보살계는 처자를 가진 신도가 지켜야 하는 계이다.

김홍술과 이예의 충직함

고려의 김홍술(金洪術)[1]은 외모가 고려 태조와 비슷하였다. 태조가 견훤과 싸우다 패해 하마터면 죽을 뻔했는데, 김홍술이 태조 대신 죽어 태조가 목숨을 보전할 수 있었다. 조선의 이은(李殷)이 울산군 (蔚山郡)을 맡아 다스리다가 그 고을의 아전 이예(李藝)와 함께 왜적 에게 일본으로 붙잡혀 갔다.[2] 이예는 울산군에 있을 때처럼 이은을 한결같이 섬겼으며 오래되어도 변함이 없었다. 이에 왜인들이 예의 를 지킨 그의 행동에 감복해 모두 돌려보냈다.

  나는 이렇게 생각한다. 김홍술의 충렬은 한나라 고조(高祖)에 대한 기신(紀信)의 충렬[3]과 다르지 않고, 이예의 신의는 조양자(趙襄子)에 대한 고혁(高赫)의 신의[4]보다 못하지 않다.

---

1 김홍술(金洪術, ?~929)은 고려의 장군이다. 922년 신라 진보성(眞寶城)의 장군으로 고려에 투항 하였다. 태조가 그를 의성부(義城府) 성주(城主)로 임명했으나 후백제 견훤의 갑병(甲兵) 5,000명 과 싸우다 전사하였다.

2 《조선왕조실록》 세종 27년 을축년(1445) 2월 23일에 실린 동지중추원사 이예(李藝)의 졸기에 관련된 사실이 실려 있다.

3 기신(紀信)은 한나라 고조의 충신으로, 형양(滎陽)에서 포위되었을 때 고조로 위장해 초나라 군사 에게 투항함으로써 고조를 빠져나가게 하고 자신은 항우(項羽)에게 소살(燒殺)되었다.

4 고혁(高赫)은 전국시대 조(趙)나라 임금인 조양자(趙襄子)의 가신(家臣)이다. 조양자가 진양(晉 陽)에서 포위되었을 때 그에 대한 예의를 철저하게 지켰다.

김부식의 잔혹한 법 적용

고려 인종 때 묘청 등이 서경에서 반란을 일으키자 김부식(金富軾)이 무찔렀다. 이윽고 반란에 동조한 자들의 죄를 다스릴 때 사납게 항거한 자는 '서경역적(西京逆賊)'이란 네 글자를 이마에 새겨 섬으로 귀양을 보내고, 죄목이 가벼운 자들은 '서경' 두 글자를 이마에 새겨 향(鄕)과 부곡(部曲)에 나누어 배속시켰다.

김부식이 그들을 몹시 미워했으나 죽이려고 하니 모두 다 죽일 수도 없는 노릇이고, 사형에서 감형하자니 다른 죄와 경중을 구별할 수 없었다. 그래서 법에도 없는 이런 형벌을 시행해 역적이라고 새겨 죽을 때까지 씻어내지 못하도록 하였다. 이러니 아무리 새사람이 되고자 한들 될 수 있었겠는가? 이는 '남에게 협박을 당해 부득이하게 동참한 자는 죄를 묻지 않는다'[1]고 한 옛사람의 의리에 어긋나는 처사이다. 게다가 형법을 때에 따라 가볍게 하거나 무겁게 한다면 법률이 어떻게 신뢰를 얻겠으며, 민심이 어떻게 안정되겠는가? 두원개(杜元凱)[2]가 "법이 제대로 시행되면 사람들이 그 법을 따르고, 법

---

1 《서경(書經)》〈윤정(胤征)〉에서 "괴수는 섬멸하되 협박에 못 이겨 따른 자들은 죄를 묻지 말라(殲厥渠魁 脅從罔治)"라고 하였다.

2 두예(杜預, 222~284)를 말한다. 서진(西晉)의 정치가로 자는 원개(元凱)이다. 문제(文帝)의 누이동생인 고륙공주(高陸公主)에게 장가들어 벼슬길에 나아간 뒤 병략(兵略)을 발휘해 오나라를 평정하였다.

이 제대로 시행되지 않으면 그 법이 사람에게 함부로 적용된다"고 하였으니, 김부식의 처사는 법이 사람에게 함부로 적용된 경우라고 하겠다.

70

고려와 송의 관계

묘청의 난은 인종 을묘년(1135)에 일어났다. 송나라에서 적공랑(迪功郎) 오돈례(吳敦禮)를 보내 "근래 서경에서 반란이 일어났다고 들었는데, 혹시 진압하기 어렵다면 병사 10만 명을 보내 돕고자 한다"고 하였다. 이 말은 송나라 사람들이 허풍을 친 것이다. 고려에서는 어떤 때는 송나라 연호를 사용하고 어떤 때는 요나라나 금나라 연호를 사용했는데, 요나라나 금나라의 연호를 사용한 적이 더 많았다. 그래서 선종(宣宗) 때 어떤 재상이 송나라에 보낼 표문을 교열 감독했는데 요나라 연호로 잘못 적은 일이 있었다. 송나라에서 그 표문을 받아들이지 않자 그 재상은 견책을 받아 파직당하였다.[1] 송나라와 고려는 교류의 실정이 본래 이와 같았다.

인종 때에는 병오년(1126)에 금나라에게 신(臣)이라 칭하였다.[2] 곧이어 무신년(1128)에 송나라에서 사신을 보내 포로가 된 두 황제[3]에 관한 소식을 알려주기를 청했으나 고려에서는 따를 수가 없었다. 경

---

1 《고려사절요》 권6에 관련된 사건이 실려 있다. 선종 9년 8월에 이자위(李子威)가 그 책임을 지고 파직당했는데, 뇌물을 써서 몇 개월 만에 다시 상서우복야(尙書右僕射)로 복직하였다.

2 《고려사》 권15 〈세가〉 제15에 상세한 내용이 보인다.

3 송나라 휘종(徽宗)과 흠종(欽宗)을 말한다. 1126년 금나라 군대가 송나라의 수도인 개봉을 함락시킨 뒤 태상황(太上皇) 휘종과 황제 흠종을 붙잡아갔다. 이 정강(靖康)의 변(變)으로 인해 휘종은 금나라의 오지인 만주로 끌려가 눈이 먼 상태에서 객사하였고, 흠종 역시 끝내 돌아오지 못하였다. 이에 대한 내용은 《고려사》 권15 〈세가〉 제15에 상세히 실려 있다.

술년(1130)에는 고려가 송나라에 조공을 바치기를 청했으나 이제는 송나라가 받아들이지 않았다.[4] 을묘년에 설령 고려에서 위급한 상황을 알리고 구원을 요청했더라도 중국에서는 외국에서 벌어진 난리라 그리 다급한 일로 여기지 않았을 것이다. 더군다나 중국 측에서 소식을 듣고 자진해 구원병을 보냈겠는가? 게다가 이때는 송나라 고종(高宗) 소흥(紹興) 5년으로, 그 당시 고종은 배를 타고 금나라의 침략을 피해 임안(臨安)으로 간 지 몇 해가 되지 않았을 때이다. 도적의 난을 피하기에도 급급한 상황에서 무슨 여력이 있어 10만의 병사를 보내 바다를 건너 타국의 다급한 상황을 구제해줄 수 있겠는가? 이치에 맞지 않을 뿐만 아니라 하고 싶어도 절대 할 수 없는 일이다.

이것으로 볼 때 송나라에서 사신을 보낸 의도는 틀림없이 금나라에 대한 고려의 태도를 엿보려는 데 있었다. 다만, 사신을 보낼 명분이 없었기 때문에 난을 구원해주겠다는 명분을 내세운 것이다. 그렇지 않다면 공연히 우호의 글귀나 보여서 조공 물품을 바치게 하려는 수에 지나지 않을 것이다.

---

4 《고려사》 권16 〈세가〉 제16에 상세한 내용이 보인다.

71

원나라 황제가 알려준 야간 전투법

고려 충렬왕 때 합단(哈丹)[1]이 북방 경계지역의 여러 성을 함락시키자 이 사실을 원나라 황제에게 아뢰었다. 원나라 황제가 "너희 나라는 당나라 태종이 직접 정벌했어도 이기지 못했고, 또 원나라 초기에도 굴복하지 않아서 정벌했으나 쉽게 이기지 못했거늘, 지금 이 작은 도적떼를 그리도 두려워하느냐?"라고 하였다. 그래서 "고금의 성쇠가 같지 않아서입니다"라고 답하였다. 그러자 원나라 황제가 야간에 전투하는 법을 가르쳐주었다.

이 일로 생각해보면 병가(兵家)에서는 적이 미처 예상하지 못할 때 덮치는 것을 상책으로 여기고, 또 적군이 아군의 수를 가늠하지 못하도록 하여야 한다. 전단(田單)이 소의 꼬리에 불을 붙여 공격한 일[2]이나 손빈(孫臏)이 방연(龐涓)을 죽인 일,[3] 항우(項羽)가 해하(垓下)에서

---

1 합단(哈丹)은 원나라 태조의 아우 합적온(合赤溫)의 5세손으로, 1290년(충렬왕 16) 고려에 침입했다가 북쪽으로 도망친 일이 있었다.

2 제나라의 명장 전단(田單)의 계책으로 밤을 틈타 여러 마리의 황소 뿔에 칼을 매고 꼬리에는 기름 뭉치나 갈대 다발을 매단 뒤 불을 놓아 적진으로 쫓아 연나라 군대를 크게 물리쳤다. 《사기》 권82 〈전단열전(田單列傳)〉에 나온다.

3 《사기》 권56 〈손자오기열전(孫子吳起列傳)〉에 실려 있는 고사이다. 제나라의 군사(軍師) 손빈(孫臏)이 위(魏)나라로 쳐들어가면서 마릉(馬陵)에 이르러 나무를 깎아 희게 한 다음 그 나무에 "방연(龐涓)이 여기 나무 밑에서 죽을 것이다"라는 글을 써놓고 궁노수(弓弩手)를 매복시켰다. 방연이 날이 저물어 마릉에 당도해 나무에 글이 쓰여 있는 것을 보고 불을 비추어 읽으려고 할 때 적군의 화살을 맞고 죽었다.

포위되어 궤멸한 일,[4] 이소(李愬)가 채주(蔡州)를 습격한 일[5] 모두 야간을 틈타 감행한 것이다. 이것은 실로 병가에서 은밀히 전해지는 비책이다. 원나라 황제가 천하 끝까지 병력을 동원해 가는 곳마다 승리할 수 있었던 것은 틀림없이 이 방법을 사용했기 때문이다. 이때 충선왕이 원나라 황제 곁에 있었는데, 황제의 외손이라서 은밀히 가르쳐준 것이다.

---

4 항우(項羽)는 유방(劉邦)의 군대에게 연전연패해 해하(垓下)에서 한신이 지휘하는 한나라 대군에 겹겹이 포위되었는데, 한밤중에 사방에서 초나라 노래가 들려오자 그나마 남아 있던 초나라 병사들 상당수가 도망가고 결국에는 궤멸하였다. 《사기》 권7 〈항우본기(項羽本紀)〉에 나온다.

5 당나라 헌종(憲宗) 때 오원제(吳元濟)가 반란을 일으키자 당나라 장수 이소(李愬)가 눈 오는 밤에 감시가 소홀한 틈을 타 반군의 근거지인 채주(蔡州)를 불시에 습격해 오원제를 사로잡았다. 《구당서(舊唐書)》 권133 〈이소전(李愬傳)〉에 나온다.

72

고려와 원의 도량형

후세의 도량형제도에는 부(釜)·유(庾)·병(秉)·종(鍾)[1]이라는 명칭은 없고, 다만 말[斗]이 차곡차곡 쌓여 섬[石]이 되는 방식이다. 우리나라에서는 열다섯 말을 '섬'이라 하고 사가(私家)에서는 스무 말을 '섬'이라고 하는데, 중국에는 이런 제도가 없다. 그래서 우리나라의 한 섬은 중국의 한 섬보다 많다고 생각하였다. 지금《고려사》를 보니 〈고종세가(高宗世家)〉에 다음과 같은 말이 있다.

"말 11만 8,000필(匹)에 마리당 매일 다섯 되씩 먹이자면 10월부터 다음 해 2월까지 원나라 계산으로는 13만 5,000섬[碩]이 들고, 우리나라 계산으로는 27만 섬이 된다."[2]

이 기록에 의하면 우리나라의 한 섬은 중국 한 섬의 절반 정도이다. 원나라 법에 분명히 열 말을 한 섬으로 쳤으니 고려 때 한 섬은 다섯 말이라는 것일까? 아니면 원나라와 고려가 똑같이 열 말로 했으나 원나라 말이 고려보다 곱절이 큰 것일까? 알 수가 없다.

---

1 부(釜)는 엿 말 넉 되, 유(庾)는 열여섯 말, 병(秉)은 열여섯 섬, 종(鍾)은 육 곡 사 두(六斛四斗)인데, 일설에는 팔 곡(八斛) 또는 십 곡(十斛)이란 설이 있다.

2 본문은《고려사》권27 〈세가〉 제27 원종(元宗) 3년 8월조에 실린 기사이므로 〈고종세가〉라고 한 것은 착오이며,《고려사》에는 말이 11만 8,000필이 아닌 1만 8,000필로 나오므로 이 또한 착오이다.

일상의 소소한 기원들

환갑의 기원

지금 사람들은 태어난 해의 갑자가 다시 돌아오는 해를 환갑(還甲)이라 하고 측성(仄聲)으로 읽는다. 비록 풍속에 따라 나도 그렇게 읽기는 하지만 속으로는 타당하지 않다고 여겼다. 그 뒤 《고려사》〈충렬왕기(忠烈王紀)〉를 보니 "환갑(換甲)에 은혜를 베풀었다"[1]라는 글이 있었다. 그제야 측성으로 읽는 것은 본래 환갑(換甲)이기 때문이며 환갑(還甲)이 아니라는 사실을 알게 되었다. 60년으로 한 갑자가 다 지났다고 하고, 금년부터 새로운 갑자를 헤아리기 시작하기 때문에 환갑(換甲)이라고 말한 것이며, 글로 봐도 더욱 고아하다.

---

1 《고려사》 권31 〈충렬왕세가(忠烈王世家)〉 병신 22년(1296)에 "그때 왕의 나이가 61세였는데 환갑은 액이 있는 해라는 주장을 하는 술수가가 있어서 은혜를 베풀어 사면령을 내렸다(時王年六十一, 術者有換甲厄年之說, 故推恩肆宥)"라는 대목이 있다.

고순년이란 말

어리석은 백성들이 장수(長壽)를 축하하는 말에 고순년(高舜年)이라
는 말을 많이 쓰면서도 무슨 뜻인지 모르고 있다. 고려 때 요순(堯舜)
을 고순(高舜)이라고 쓴 것을 보았는데, 아마도 정종(定宗)[1]의 이름이
요(堯)라서 '요'를 피해서 '고'라고 일컬었을 것이다. 이는 분명 임금
에게 헌수(獻壽)할 때 요순처럼 장수하기를 기원하던 말이었는데 지
금까지 장수를 축하하는 통칭이 되어버렸다.

---

[1] 정종(定宗, 923~949, 재위 945~949)은 고려 제3대 왕이며 자는 천의(天義)이고 이름은 요(堯)이
다. 태조의 둘째 아들이다. 정종의 이름이 요라서 고려시대 문헌에는 요(堯)가 고(高) 등의 글자로
대체되어 있다.

민며느리와 데릴사위

비천한 시골 백성 풍속에 사내아이가 다 자라기 전에 미리 연상의 여자를 중매해 그 집에 맞아들여 농사나 누에치는 일을 돕게 하면서 그 사내아이가 제법 자라기를 기다렸다가 부부가 되게 한다. 이를 민며느리라고 한다. 그런 까닭에 가끔 아내의 나이가 남편보다 열두어 살 더 많은 경우가 있는데, 이는 무지한 아랫것들이 하는 일이다.

고려 고종(高宗) 때[1] 원나라의 탈타아(脫朶兒)가 아들을 위해 고려에서 며느리를 구할 때 반드시 재상가를 고집해 김련(金鍊)[2]의 딸을 맞아들이고자 하였다. 그 집에는 이미 데릴사위가 있었는데 그 사위가 두려워해 달아나버렸다. 당시 나라 풍속에 나이 어린 사람을 집에 데려다 키우면서 나이가 차기를 기다렸으니, 바로 데릴사위이다. 지금은 비천한 백성이 민며느리를 두는 것조차 비루한 풍속이라고 비웃는데 재상가야 말할 필요도 없다. 민며느리도 우스운 일인데 데릴사위는 어떻겠는가? 고려 때의 이런 일들은 오랑캐 풍속에서 벗어나지 못한 것이다. 우리 왕조에 이르러 없애버렸으니 또한 아름답지 않은가?

---

1 《고려사》에는 고려 원종(元宗) 12년(1271) 3월의 일로 기록되어 있다.

2 김련(金鍊, ?~1278)은 본관은 화평(化平)으로, 1269년(원종 10) 추밀원부사(樞密院副使)가 되었고 지문하성사(知門下省事)를 거쳐 1274년(충렬왕 즉위) 참지정사(參知政事)를 지냈다.

의대의 어원

임금이 입는 의복을 의대(衣襨)라고 하는데, 대(襨)라는 글자는 자전
(字典)에 실려 있지 않아서 무슨 뜻인지 알 수 없다. 예전에《고려사》
를 찾아보니 요나라 군주가 국왕에게 의복을 내려주거나 왕이 사람
들에게 의복을 내려줄 때 의대(衣對)라고 일컬은 것이 많았다. 또한
옷가지 수량을 말할 때 습(襲)이니 투(套)니 하는 글자를 쓰지 않고
번번이 옷 몇 대(對)라고 하였다. 아마도 옷가지를 헤아릴 때 대라고
하는 것은 당시에 통용되던 말인 듯하다. 혹시 대(對) 자 옆에 의(衣)
자를 붙여서 임금이 입는 의복의 명칭으로 삼은 것이 아닐까? 의대
라는 말은 이미 고려 때부터 있었다.

귀유치와 섭리

조선에서 가례(嘉禮) 때 봉(棒)을 들고 앞에 늘어서는 자를 귀유치(貴由赤)[1]라 하고, 적(赤)을 치(致)로 읽는데 이는 원나라 풍속이다. 귀유치는 원나라 말로 빨리 간다는 말이다. 매년 한 번씩 다리 힘을 시험해 빨리 달리는 자에게 우등상을 주었다. 3시간에 걸쳐 대략 180리를 달리는 것을 기준으로 삼는데, 대개 막하(幕下)에서 근무하는 걸음 빠른 자들이다. 이 풍속은 분명히 고려 때 원나라 공주와 혼례를 치를 때 행했던 의식인데 답습해 지금까지 폐지하지 않은 듯하다.

  내시부(內侍府)에 섭리(薛里)[2]라는 직책이 있는데, 섭(薛)을 '섭절(攝切)'로 발음한다. 무슨 뜻인지 모르겠으나 이것도 원나라 말일 것이다. 원나라 때 내시부에서 일을 맡아하는 사람 가운데 겁섭(怯薛)이라는 명칭이 있었는데,[3] 섭리도 분명 겁섭의 부류일 것이다. 그런

---

1 성해응(成海應)도 〈소화풍속고(少華風俗攷)〉에서 귀유치(貴由赤)의 연원을 몽고 풍속에 있다고 분석하였다. 보통 사서에서는 귀유치(歸遊赤) 내시로 표기한다.
2 조선시대 내시부의 종4품에서 정7품까지의 관직을 말한다. 원래 몽고 궁중에서 쓰던 말로 도와준다는 뜻이 있어 각 궁(宮)·전(殿)에 배속되어 시중드는 일을 맡았는데, 주로 궁궐의 음식 조리를 담당하였다. 현재 설리로 발음하고 있으나 정동유는 '섭'으로 읽어야 한다고 하였으며, 황윤석(黃胤錫)은 〈화음방언자의(華音方言字義)〉에서 "또 지금 서울 사람은 수라상을 맡은 내인을 섭리(薛里)라고 하는데, 섭(薛)은 소리가 '섭'으로 섭(涉)의 소리와 같다"라고 하였다. 황윤석도 그 발음을 '섭리'로 본 것이니 앞으로 발음을 섭리로 수정해야 한다. 몽골 발음도 'sicli'이므로 섭리가 옳다.

데 섭을 '섭절'로 읽는 것은 몽고 글자의 음이 그런 것일까? 아니면 '겁' 자를 아울러 일컬은 것일까?

3   이와 관련해 《해동역사》 권24 〈형지(刑志)·부 상국금령(附上國禁令)〉을 참조할 수 있다. "연우 (延祐) 원년(1314, 충숙왕 1)에 칙령을 내려 고려인들이 겁섭(怯薛)에 투속(投屬)하는 것을 모두 금지시켰다. 삼가 《철경록(輟耕錄)》을 살펴보니 겁섭은 바로 내부(內府)에서 집역(執役)하는 자 의 역어(譯語)라고 하였다."

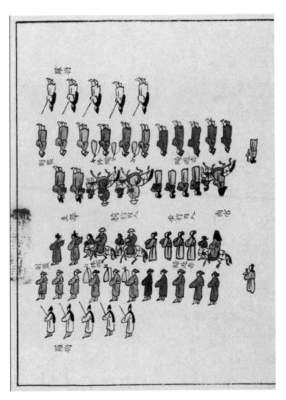

《경종선의후 가례도감의궤(景宗宣懿后嘉禮都監儀軌)》의 〈반차도(班次圖)〉
가례도감의궤에 나타난 귀유치로, 붉은 옷을 입고 양쪽에 늘어서 있다. '귀유
치(歸遊赤)'라고 표기되어 있다. 서울대학교 규장각 소장.

78

종묘 앞 일영대의 헛소문

태묘 앞쪽 길가에 예전부터 세 겹으로 쌓인 마름돌이 있다. 돌의 길
이는 각각 6척쯤 되고, 넓이와 두께는 점차 줄어들어 각각 4, 5촌이
된다. 그 앞쪽에 또 조금 작은 돌 하나가 놓여 있어 그 전체를 일영
대(日影臺)라고 불렀는데, 사람들은 그것이 어디에 쓰는 물건인지 대
부분 알지 못하였다. 최근 몇 년 사이에 갑자기 근거 없이 떠도는 말
이 생겨났는데, 그것은 개국 초에 설치한 것으로서 왕조가 유지되는
햇수를 정해놓은 물건이라고 하여 마치 참위(讖緯)인 것처럼 말하는
자가 있다. 와전을 거듭해 마침내 유언비어를 일으키는 뿌리가 되어
중앙과 지방이 떠들썩하였고, 소문이 사실로 굳어져 걷잡을 수가 없
었다. 우리나라 사람들은 본디 근거 없는 말을 잘 지어내므로 함부
로 말하여 잘못 전해지는 일이 한두 가지가 아니다. 그러나 어이없
고 허황되기가 이보다 더한 경우는 없다.

세종 때 앙부일구(仰釜日晷)[1] 두 개를 만들어 안쪽에 십이지신[時
神]을 그려놓고 백성이 들여다보고 시간을 알게 하였다. 그중 하나
는 혜정교(惠政橋)[2] 옆에 두고, 하나는 태묘 남쪽 길가에 두었다. 쌓

---

1 조선시대 사용했던 솥 모양의 해시계로 앙부일영(仰釜日影)이라고도 한다. 네 발 달린 반구형(半
   球形) 솥처럼 생겼기 때문에 앙부라는 이름이 붙었다. 《원사(元史)》〈천문지(天文志)·앙의(仰儀)〉
   에 있는 '곽수경법(郭守敬法)'에 의해 만들었다고 하나 앙의와는 다르다.

아울린 바위 세 개는 앙부일구를 두던 받침돌이고, 그 곁에 있는 작은 돌은 사람이 밟고 올라가서 들여다보도록 한 발판이다. 이것은 흔적을 살펴보면 충분히 알 수 있다. 그 뒤 여러 차례 병화(兵火)를 겪는 동안 혜정교 옆에 있던 돌은 어느 사이엔가 없어졌고, 태묘 앞쪽 길에 있는 돌만 다행히 지금까지 남아서 여전히 일영대라고 불리고 있다. 이 일은 《동국여지승람》에도 실려 있어[3] 새삼스러운 일도 아닌데 근거 없는 헛소문이 의혹을 부추겨 이 지경에까지 이르렀으니, 다른 일은 더 말해 무엇하겠는가? 내가 매번 사람들에게 이 이야기를 꺼내면 다들 품었던 의혹을 말끔히 씻어버렸다.

근래 《송도지속편(松都誌續編)》[4]을 보았는데 바로 판서(判書) 서유방(徐有防)[5]이 송도유수(松都留守)로 있을 때 펴낸 책이다. 그 책에는 "남대문 밖 길가에 4층으로 쌓은 돌이 있다. 세상에 전하기를 고려 때 100년이 지날 때마다 돌을 한 개씩 갖다놓았고 왕조가 400년을

---

2 서린방 우포도청(지금의 동아일보사 부근) 앞에 있던 다리. 지금의 광화문 우체국 동쪽에 있던 다리로, 오늘날 종로 1가 89번지 부근이다.

3 《신증동국여지승람》 제1권 〈경도상(京都上)〉에 다음과 같은 내용이 보인다. "무지한 사람들은 시각에 어둡기 때문에 앙부일구 두 개를 만들고 그 안에 시신(時神)을 그렸다. 이는 무지한 사람들도 그것을 굽어보고 때를 알도록 하기 위해서이다. 하나는 혜정교(惠政橋) 곁에 두고, 하나는 종묘(宗廟) 남쪽 거리에 두었으니 낮 시간에 대한 측후기가 갖추어졌다."

4 《송도지(松都誌)》는 1648년(인조 26) 개성유수 김육(金堉)이 조신준(曺臣俊)의 《송도잡기(松都雜記)》를 증보해 펴낸 책이다. 1700년(숙종 26) 이돈이 일사(逸事)를 증보하였다. 1757년(영조 33) 오수채(吳遂采)가 1705년 이후의 사실을 보완해 《송도속지(松都續誌)》를 펴냈으며, 1782년(정조 6) 정창순(鄭昌順)이 증보하고, 1783년 서유방이 빠진 부분을 보충해 《송경지보유(松京誌補遺)》를 간행하였다. 이 글에서 말한 《송도지속편(松都誌續編)》은 《송경지보유》를 말한다.

5 서유방(徐有防, 1741~1798)의 본관은 달성(達城)이고 자는 원례(元禮), 호는 봉헌(奉軒)이다. 1768년(영조 44) 진사가 되어 음서로 교관을 지내다가 1772년 별시 탕평과에 을과로 급제하였다. 정조 치세에 중용되어 삼사의 장(長)을 여러 차례 지냈고, 이조와 병조의 판서를 지내는 등 권력의 중심에서 활약하였다. 그가 개성유수로 재직한 시기는 1783년으로 1년 못 미쳐 재임하였다.

일영대

앙부일구(仰釜日晷)를 올려놓은 받침대를 말하며, 혜정교(惠政橋)와 종묘 남쪽 거리에 설치하였던 앙부일구 중 종묘의 것만 남아 현재 탑골공원에 보존되어 있다.

이어왔기 때문에 돌이 쌓여 4층이 되었다"라고 실려 있다.

어허! 이 무슨 터무니없는 말인가!《고려사》에도 언급된 곳이 없고,《동국여지승람》이나 《읍지》 등에도 실려 있지 않으며, 옛사람이나 지금 사람이 송도를 다룬 기사에도 전혀 보이지 않는데, 세상에 전하는 말이라고 하니 과연 어느 시대부터 전해오는 말인가?

옛날에 과연 이런 이야기가 있었다면 어째서 그동안《송도지(松都誌)》를 편집한 사람들은 듣지 못하고 이제 와서 서군(徐君)이 처음으로 들었단 말인가? 국운의 길고 짧음은 절로 역사서에 기록되므로 누가 모르겠는가? 그런데도 기어코 돌을 가지고 그것을 표시하였다고 하니 도대체 무슨 말인지 가늠하지 못하겠다. 상서롭지 못한 일이니 옛사람들이 만에 하나라도 그런 일을 하였겠는가? 이것은 예전에 유언비어가 퍼질 때 어떤 사람이 또 그럴듯한 말을 지어내어 지금 일에 억지로 갖다 붙인 것에 불과하다. 서군이《송도지속편》을 펴낼 때 항간에 떠도는 이야기를 언뜻 듣고는 신기하게 여겨 사리에 맞는지 따지지 않은 채 함께 실었을 것이다.

참으로 책을 펴내는 일은 어려우니 조심하지 않을 수 있겠는가? 지금은 헛소문이 잠잠해졌으나 이런 종류의 근거 없는 헛소문과 오류가 있는 책이 뒷사람들을 그르치는 일이 적지 않다. 후세에《송도지》를 보는 사람들이 고려 때 진짜로 있었던 일이라고 여겨 도리어 이 책을 근거로 마침내 일영대 사연처럼 근거 없는 헛소문을 사실로 입증하려는 시도를 하지 않으리라 장담할 수 있겠는가? 참으로 걱정스러운 일이다. 그런 까닭에 하는 수 없이 자세하게 변론한다.

석전 풍속

우리나라 풍속에 매년 정월 보름 전후 며칠 동안 아이들이 떼로 모여 좌우로 편을 가른 뒤 기와 조각이나 돌덩이를 던지면서 싸운다. 종종 머리가 깨지고 팔다리가 부러지기도 하지만 전혀 개의치 않는다. 지금 아이들의 놀이가 된 이것은 옛 풍속의 잔재일 뿐이다. 옛날에는 아이들뿐만 아니라 온 고을 안의 장정들이 모두 나와 싸워 싸움의 형세는 한층 거셌고 부상자는 더욱 속출하였다. 소위 이것을 석전(石戰)이라고 하는데, 옛날에는 사실 단옷날에 행해졌다. 《고려사》에는 우왕 6년 5월에 왕이 석전놀이를 보려고 하였더니 이존성(李存性)이 말리자 우왕이 돌멩이를 가져다 그를 맞혔다고 기록되어 있다. 그 석전놀이가 바로 이 풍속이다.[1] 이 놀이는 엄히 금지하는 것이 마땅하지만 예전에는 나라에 도움을 준 적도 있다. 연산군(燕山君) 경오년에 왜구의 침입을 막을 때[2] 안동(安東)과 김해(金海) 등지에서 석전을 잘하는 사람들을 모집해 선봉에 세우자 적병이 감히 전진하지 못했고, 마침내 이로 인해 승리를 거둔 일이 있다.

---

1 《고려사절요》 권31, 신우 2, 경오(庚午)에 상세한 내용이 보인다.
2 이 글에서 말하는 경오년은 1510년 중종 때 일어난 삼포왜변(三浦倭變)을 말하는 것으로, 연산군 때라고 말한 것은 오류로 보인다. 삼포왜변은 삼포에서 일어난 일본 거류민들의 폭동사건을 말하며, 경오년에 일어났으므로 경오왜변이라고도 한다.

성의 이름과 공략법

고려 태조가 동쪽을 정벌하다가 청도(淸道)에 이르렀다. 적군이 모여서 산성을 점거하고 있었는데 성(城)의 이름이 폐성(吠城)[1]이었다. 공격했으나 함락시키지 못해 태조가 근심하자 승려 보양(寶壤)이 "개라는 짐승은 밤에는 지키지만 낮에는 지키지 않으며, 앞은 지키지만 그 뒤는 잊어버리니 낮에 성 북쪽을 공격해야 합니다"라고 조언하였다. 태조가 그 말대로 하자 과연 적이 패배하였다.

이것이 바로 《수경》에 나오는 오자서(伍子胥)가 맥성(麥城)을 공격한 방법이다. 오자서가 맥성을 공격할 때 먼저 여성(驢城)과 마성(磨城)을 만들어 맥성을 무너뜨렸다. 그러므로 동쪽에는 나귀가 있고 서쪽에는 맷돌이 있어 보리라는 이름의 맥성이 저절로 무너졌다는 속담이 생겨났다. 이를 통해서 이름과 뜻이 서로 견제해 상생(相生)·상극(相克)의 법칙이 저절로 만들어진다고 말할 수 있다. 이것은 운수에 따른 것일까? 아니면 이치가 그런 것일까? 참으로 알 수 없는 일이지만 효과가 전혀 없지도 않다. 이것이 바로 후대에 비밀스런 처방과 기도로 재앙을 물리치는 삿된 도술이 나타난 근본이다.

---

1 《신증동국여지승람》에 폐성(吠城)은 청도군 동쪽 7리에 있으며 모두 벽으로 둘러싸여 있다. 고려 태조가 이곳에 이르렀을 때 산적들이 이곳에 웅거해 불복하므로 봉성사(奉聖寺) 승려 보양에게 계책을 물었다는 기록이 있다. 《오산지(鰲山誌)》에도 폐성이 이서산성이며, 그 형상이 달리는 개의 모양과 흡사하다고 하였다.

방아를 놓는 방향

방아는 인가에서 날마다 쓰는 도구인데, 근래 풍속에서 갑자기 금기의 말들이 나돈다. 방아의 머리가 향하는 곳을 사람들이 모두 싫어해, 새로 집을 지어 방아를 놓을 때에는 방아머리가 향해 있는 집에서 기어코 이를 막고, 지방에서는 묏자리를 쓸 때 방아머리와 마주보는 곳을 절대 금한다. 이것은 도대체 무슨 이치일까?

《고려사》를 보면 신종(神宗) 원년(1198)에 중방(重房)¹에서 '대궐 서쪽의 땅은 무관의 자리이니 인가에서 방아를 놓아두는 것을 금지하소서'라고 아뢰었다. 이는 무인(武人)들이 제멋대로 권력을 휘둘러 못 하는 짓이 없을 시기의 말이기는 하지만, 그들이 방아를 꺼린 이유는 과연 무엇일까?

---

1   고려 때 이군(二軍)·육위(六衛)의 상장군(上將軍)과 대장군(大將軍) 도합 16명이 한 자리에 모여 군사에 대한 일을 의논하던 기관이다.

인장 씻기

지금 관리들은 중앙과 지방을 막론하고 인장(印章)을 씻는 것을 몹시 꺼린다. 세간에서 인장을 씻으면 파직된다고 하여 인장의 글자가 흐릿해질 정도로 인주가 가득 메워져 있어도 긁어내지 못하게 하니 정말 우스운 일이다. 명나라 때는 매년 3월 29일과 9월 29일을 황제의 모든 옥새를 사용하는 날로 정했는데, 정해진 날이 되기 전에 옥새를 꺼내 씻기를 요청하고 상보경(尙寶卿, 임금의 옥새를 관리하는 관원)이 황금 물동이에 물을 담아 인장을 씻은 뒤 다음 날 비로소 사용하였다. 이를 통해 본다면 세간에서 금기로 삼는 일은 모두가 이처럼 이치에 맞지 않는다.

곰의 출현과 화재

선조 때 명나라 사신 웅화(熊化)가 올 때 화재가 날까 염려하는 사람들이 있었다. 그의 행차가 지나가자 관아와 민가에 화재가 많이 일어나 당시에는 징험이 나타났다고 여겼다. 정조 임인년(1782)에 경기도 시골 고을에서 갑자기 곰들이 나타나 곳곳에 무리를 지어 다니자 백성들에게 큰 걱정거리가 되었다.[1] 군문(軍門)에서 포수(砲手)를 많이 뽑아 곰을 사냥하도록 하여 잡은 곰이 수백 마리였다. 당시에는 화재가 날 징조라고 하여 사람들이 매우 걱정했으나 끝내 징험이 없었고 다른 재앙도 없었다.

　문헌을 살펴보니 명나라 때 북경의 서직문(西直文)으로 곰이 들어왔는데 하맹춘(何孟春)[2]이 "불을 조심해야 한다"라고 하였다. 얼마 되지 않아 성안에 화재가 잦아지자 어떤 이가 이 점괘가 어디서 나왔는지를 물었다. 하맹춘이 말하기를 "송나라 소흥(紹興, 1131~1162) 연간에 영가성(永嘉城)에 화재가 일어나기 며칠 전에 곰이 성 아래에 나타나자 고세칙(高世則)[3]이 '고을 안에서는 불을 조심해야 한다'라

1　《정조실록》 정조 7년(1783) 11월 1일자 기사에 정조는 경기감사 심이지(沈頤之)에게 "웅환(熊患)이 근래에는 없어졌는가"라고 물었고, 심이지는 "근래 조금 잠잠해졌습니다"라고 대답하였다.
2　하맹춘(何孟春, 1474~1536)은 명나라의 학자로 자는 자원(子元)이고 호는 연천(燕泉), 시호는 문간(文簡)이다. 침주(郴州) 사람으로 예부시랑 등을 두루 지냈다. 저서에 《하문간소의(何文簡疏議)》, 《여동서록(餘冬序錄)》 등이 있다.

고 하였다. 과연 불이 나서 관민의 가옥 중 열에 일고여덟 채가 타버렸다. 우연히 이 일이 생각나서 말한 것인데 뜻밖에 들어맞았다"라고 하였다.[4]

'웅(熊)'은 능(能) 자와 화(火) 자로 이루어진 글자라서 송나라 때부터 이미 이런 설이 있었고 자주 들어맞았다. 사람의 성(姓)을 가지고 점치는 일은 더욱 이치에 맞지 않는 듯하지만 그 징험이 실제 곰이 나타났을 때와 다르지 않았으니 더욱 괴이하다. 임인년 곰의 출몰은 대단히 범상치 않은 일인데도 유독 아무 징험이 없었던 것은 무엇 때문일까? 혹시라도 사냥해 거의 다 잡아버린 것이 재앙을 이겨낸 묘수가 된 것이었을까?

---

3 고세직(高世則, ?~?)의 자는 중태(仲胎)이고 시호는 충절(忠節)이다. 송나라 몽성(蒙城) 사람으로, 절도사(節度使)와 온주판관(溫州判官) 등을 지냈다.

4 이 내용은 《흠정일하구문고(欽定日下舊聞考)》 권52에 나온다.

84

기자정에서 출토된 거울

만력 경신년(1620)에 평양의 기자정(箕子井) 동쪽에서 땅을 파다가 오래된 거울을 얻었는데, 뒷면에 관지(款識, 그릇에 새긴 표나 글자)가 있었다.[1] 글자는 모두 볼록하게 튀어나와 있었고, 스무 개의 글자가 원을 그리며 이어져 있어서 시작과 끝을 알 수 없었다. 그 문장은 '동왕공 서주회년 익수민 의자손 오양음 진자유도(東王公西周會年益壽民宜子孫吾陽陰眞自有道)'로 되어 있었는데, 월사(月沙) 이정귀(李廷龜) 공은 '오음양경 자유도동왕공서국 증년익수 민의자손(吾陽陰竟自有道東王公西國曾年益壽民宜子孫)'으로 읽었다.[2]

그의 설명에 따르면 "마땅히 오(吾) 자 위에 점을 찍어 표시한 듯하므로 '오(吾)'를 첫머리로 하여야 한다. '진(眞)'은 마땅히 '경(竟)'이어야 하므로 '경(鏡)'의 옛 글자이다. '주(周)'는 흙에 부식되었으나 마땅히 '국(国)'이어야 하므로 '국(國)'의 옛 글자이다. '회(會)'는 마땅히 '증(曾)'이어야 하므로 '증(增)'의 옛 글자이다. 모두《한서》에 실려 있는 통용되는 옛 글자이다. 또한 그 서체는 예서(隸書)로서 기자(箕子) 때의 서체가 아니며, 동왕(東王)은 곧 동명왕(東明王)을 가리킨

---

1 이 거울은 평안도관찰사 박엽(朴燁)이 얻은 골동품으로, 출토 과정과 내용에 관해서는 이정귀의 《월사집(月沙集)》 권33 〈기성고경설(箕城古鏡說)〉에 자세히 실려 있다.

2 그 의미는 대강 "나의 음양 거울은 도를 갖춘 동왕공(동명왕)의 비류국부터 있었다. 국왕께서는 해마다 수를 더하시고, 백성은 자손을 많이 두기 바라노라"로 옮길 수 있다.

다"라고 하였다. 이 공의 풀이가 정확해 보인다.

85

개벽 이전의 기와와 불상

《지봉유설》에서 말하였다. "이 아무개가 통제사로 있을 때[1] 우물을 팠는데 열 길 가량 파고들어가도 물이 나오지 않았다. 아래에 너럭 바위가 있어 도끼로 뚫어 깨뜨리자 그 속에 기와 대여섯 장이 들어 있었다. 또 황주(黃州)에 성을 쌓을 때 산에서 돌을 캤는데 돌 속에서 작은 불상 하나를 얻었다. 개벽 이전 물건일 수도 있다고 보는 이가 있다."

나는 이렇게 생각한다. 기와를 처음 만든 사람은 걸(桀) 임금이고, 불교가 우리나라에 들어온 시기는 부견이 전해준 때이다. 지금 개벽 이전의 기와와 불상이 남아 있다고 한다면 개벽 이전 세상에도 걸 임금이나 부견 같은 이가 있었다는 말이 된다. 이 어찌 사람을 포복 절도하게 만드는 일이 아니겠는가? 높은 지대가 낮아지고 낮은 지 대가 높아지는 것은 수백 수천 년 사이에 천천히 벌어지는 변화에도 일어날 수 있지만 그것을 두고 개벽 전후의 물건이라고 추정한다면 너무 까마득한 시대의 고적으로 본 것이 아닐는지.

---

1 《지봉유설》 권2 〈지리부(地理部)·정(井)〉에 나오는 내용으로, 이 아무개를 이경심(李慶深)으로 밝히고 있다.

자연의 이치를 다시 따지니

86

별자리 분야

분야(分野)에 관한 학설은 실제로는 아무 근거가 없어 보이는데 춘
추시대 이래 길흉화복을 분야로 추정하면 그때마다 징험이 나타났
다. 우리나라에 이르러서 우리 국토에 별자리를 배정하여 팔도(八
道)의 분야를 만든 사람이 있었는데, 이따금 재앙과 복이 각기 그 방
위에 따라 징험이 있었다고 한다.

또 일본 사람 말에 따르면 별자리로 분야를 표시하는 방법이 있
었다. 일본의 여러 주(州)에 별을 배치해 각각 별자리에 해당하는
일정한 방위가 있었다. 그 사실이 일본의 역사책에 보이며, 예로부
터 지금까지 그 지역의 길흉화복이 별자리와 비슷하게 상응했다[1]
고 한다.

내가 처음 이 말을 듣고는 상당히 미심쩍었지만 다시 생각해보니
애초에 의심할 필요조차 없는 것이었다. 하늘의 입장에서 보면 중국
은 탄환만한 땅덩이에 지나지 않는다. 지금 조선과 일본이 중국에
비해 더 작지만 하늘의 입장에서 보면 오십보백보의 차이일 뿐이다.
온 하늘의 별자리를 가지고 중국에 배열할 수 있다면, 조선과 일본
에도 그렇게 하지 못할 이치가 있겠는가? 그렇다면 한 도(道) 안에

---

1   신유한(申維翰)이 《해유록(海遊錄)》 권하 〈문견잡록(聞見雜錄)〉에서 언급한 내용이다. 그의 기록
    에 따르면, '일본 사람'은 아메노모리 호슈(雨森芳洲, 1668~1755)이다.

서도 분야를 배정할 수 있고, 한 고을 안에서도 분야를 배정할 수 있는 것이다.

조석 간만의 차이

조석(潮汐)에 관해서는 해[日]로 인해 생긴다는 설이 있고, 달로 인해 생긴다는 설이 있으며, 지구의 운행으로 인해 생긴다는 설이 있고, 사람의 호흡에 비유한 설이 있다. 요약하면 모두 아침에 밀물이 되었다가 저녁에 썰물이 되는 현상을 증거로 내세운다. 중국은 바다가 있어도 조석이 없다는 주장을 한 적이 없다. 중국을 에워싼 동해와 남해 두 바다에 조석이 없는 곳을 보지 못했기 때문이다. 우리나라 함경도·강원도·경상도에 있는 동해는 조석이 없지만 중국에는 그런 곳이 존재하지 않으므로 옛사람들이 언급하지 않았다.

내가 예전에 호서(湖西, 충청남북도)의 섬에 들어간 적이 있었다. 육지와의 거리는 약 60리에서 70리에 지나지 않았지만 조석 간만의 차이는 육지의 바닷가에 비해 매우 작았다. 이 사실로 보면 바다에서 일어나는 조석 현상은 육지에 가까울수록 더욱 높으며, 깊은 곳일수록 대부분 잔잔하고 조금 일렁인다는 사실을 알 수 있다. 그렇다면 중국에서 말하는 동해는 바로 우리나라의 서해로 큰 포구나 항구에 지나지 않으므로 조석이 있는 것이 당연하다. 반면 우리나라 동해는 바다에서 가장 깊은 곳이라서 조석이 없는 것이 본래 그 특성이다. 그렇다고 바다가 깊으면 조석이 없다는 이치를 억지로 주장해서도 안 된다.

상여의 도성 출입

명나라 제도에 "정양문(正陽門)[1]으로는 상여(喪輿)가 나갈 수 없고 나머지는 출입이 가능하다. 대명문(大明門)[2]으로는 비록 빈 관이라도 지나갈 수 없고, 각 문으로는 빈 관을 끌고 들어올 수 없다"고 하였다. 우리나라에서는 한성의 여덟 개 문[3] 가운데 오직 서소문(西小門)과 수구문(水口門) 두 문으로만 상여가 나갈 수 있고, 나머지 문은 금령이 내려져 상여가 나가지 못한다. 여러 문은 모두 임금이 타는 수레가 출입하는 통로인 반면, 서소문과 수구문 두 문만은 임금이 통행하는 길이 아니기 때문이다. 만약 빈 관이라면 숭례문과 흥인문이라도 모두 출입을 막지 않는다.

---

1 북경 천안문 광장 남쪽 끝에 위치한 성문으로, 전문(前門)이라고도 한다. 이 문은 황제가 천단으로 제사하러 가기 위해 통과하던 문으로, 명청시대에는 황제의 마차만 드나들 수 있었다.

2 북경성 제1관문으로, 자금성에서 정양문으로 나가는 중간문 역할을 하였다. 청나라 때는 대청문(大淸門)으로 불렸다.

3 한성(漢城)에는 4대문과 4소문이 있었다. 4대문은 동쪽의 흥인문(興仁門), 서쪽의 돈의문(敦義門), 남쪽의 숭례문(崇禮門), 북쪽의 숙청문(肅淸門)이고, 4소문은 동북쪽의 동소문(東小門, 혜화문), 남동쪽의 수구문(水口門, 광희문), 남서쪽의 서소문(西小門, 소의문), 북서쪽의 북소문(北小門, 창의문)이다.

승례문 현판 글씨

판서(判書) 유진동(柳辰同)[1]은 중종 때의 명신(名臣)으로, 호는 죽당(竹堂)이며 글씨로 세상에 이름을 떨쳤다. 그 집안에 유 판서가 '숭례문(崇禮門)'이라는 세 글자를 쓴 수백 장의 종이가 전해져 내려온다. 남대문에 편액을 걸 때 연습한 것이라고 하는데 증거가 없었다.[2] 숙종 때의 대장(大將) 유혁연(柳赫然)[3]은 그의 후손으로, 문루(門樓)를 수리하려고 편액을 떼어냈더니 편액 뒷면에 "가정 모년(某年) 죽당이 쓰다"라고 쓰여 있어 비로소 유 판서의 필적임을 확인하였다. 세상에서 그것을 양녕대군(讓寧大君)이 썼다는 말은 잘못 알려진 사실일 것이다. 하지만 문루는 개국 초기에 세웠는데 가정 연간에 이르러서야 편액을 썼다니 그 이유가 무엇인지 알 수 없다.

---

1 유진동(柳辰同, 1497~1561)의 본관은 진주(晉州)이고 자는 숙춘(叔春), 호는 죽당(竹堂)이다. 1531년 식년문과에 합격해 검열이 되었다. 1544년 성절사(聖節使)로 명나라에 다녀왔으며, 1548년《인종실록》편찬에 참여하였다. 그 뒤 한성판윤, 함경도관찰사, 공조판서, 지중추부사 등을 지냈다. 문장에 뛰어났고 대나무 그림을 잘 그렸다.

2 숭례문의 현판 글씨를 쓴 인물은 신장(申檣, 1382~1433)·양녕대군·안평대군·정난종(鄭蘭宗)·유진동 다섯 사람이 언급된다. 정동유는 유진동으로 확정하면서도 의문을 남겨두었다.

3 유혁연(柳赫然, 1616~1680)의 본관은 진주이고 자는 회이(晦爾), 호는 야당(野堂)이다. 1644년 무과에 급제하였다. 효종이 북벌계획을 추진할 때 신임을 얻어 무신인데도 승지에 발탁되었고, 나중에 훈련대장 및 포도대장을 지냈다. 1680년 남인이 정치적으로 대거 실각한 경신대출척에 연루되어 영해에 유배된 뒤 대정으로 위리안치되어 사사되었다.

풍수설의 학문적 연구

장지(葬地)의 길흉이 그 자손의 화복(禍福)을 좌우한다는 설은 옛날에는 없었고, 오직 《후한서(後漢書)》 〈원안전(袁安傳)〉에만 있었다. 진나라 이후로 역사책에 이루 헤아릴 수 없을 만큼 많이 보이더니 마침내 천하의 바뀌지 않는 풍속으로 정착되었다. 그러나 중국 이외의 나라에서는 신라 이래로 우리나라만 숭상했을 뿐 그 나머지 사방 오랑캐에는 지금까지 이 풍속이 없다. 그렇다면 장지의 길흉이 그 자손의 화복을 좌우한다는 설은 중국과 우리나라에서만 통용되고, 다른 오랑캐들에게는 통용되지 않는 이치인가?

풍수설은 징험이 있는 듯 없는 듯, 믿을 만한 듯 믿지 못할 듯해 참으로 알기 어렵다. 그런 까닭에 그 설은 진나라 곽박(郭璞)[1]을 시조로 삼았으나 그를 계승해 풍수설을 행한 자들은 대개 승려나 도사 등 세상을 피해 은둔해 사는 사람들이 많았다. 오대에 이르러 균송(筠松) 양익(楊益)[2]이 풍수설의 비조(鼻祖)가 되었으나 역시 이름난 사람은 아니었다. 주자 때에 이르러 산릉(山陵)을 논하면서 전적으

---

1 곽박(郭璞, 276~324)은 중국 동진(東晉) 초의 학자이자 시인이며 자는 경순(景純)이다. 박학하고 시문과 점술에 뛰어나 상서랑(尙書郞)이 되었다. 322년 왕돈(王敦)이 반란을 일으켜 관군이 패하자 살해되었다. 《초사(楚辭)》, 《산해경(山海經)》 등의 주석이 유명하다. 풍수설의 고전인 《장서(葬書)》 (《금낭경(錦囊經)》이라고도 함)의 저자로 알려졌다.

2 양익(楊益, 834~906)은 당나라의 국사(國師)이자 풍수대가이며 자는 균송(筠松), 호는 구빈(救貧)이다. 《청낭경(靑囊經)》을 지어 풍수지리설을 학문으로 정립하였다.

로 풍수에 대해 이야기했으므로[3] 후대의 사대부들이 이 풍수설을 학
문으로 연구하는 것을 부끄럽게 여기지 않게 되었다.

---

3 《주자대전(朱子大全)》권15에 실린 〈산릉의장(山陵議狀)〉을 말한다. 주희(朱熹)가 송나라 효종
(孝宗)의 산릉을 조성하는 일에 대해 광종에게 올린 상주문이다. 주희는 이 글에서 풍수의 대강을
밝히고 있는데, 조선 유자에게 큰 영향을 끼쳤다.

91

나침반과 나경

나침반은 자방(子方, 북쪽)과 오방(午方, 남쪽)을 정하는 기구로서 지금 실제로는 자방·임방(壬方, 북서북)과 오방·병방(丙方, 남동남)의 사이를 가리킨다. 이는 언뜻 보면 이치에 맞지 않는 것 같다. 그러나 옛날부터 나침반은 이 한 가지 원리만을 준수해 사용하였고, 그 원리는 나침반 기기를 통해 전해져 세상의 항구적인 법칙이 되었다. 바늘이 오방과 병방 사이를 가리키므로 '봉침(縫針)'이라고도 한다. 후대의 유명한 지관(地官)들은 전수받은 법을 한결같이 지켜 봉침을 사용해오기는 하였으나 그 본래 의미는 분명히 알지 못하였다. 그래서 쇠바늘이 불의 기운을 꺼려서 오방을 가리키지 못한다는 말까지 나온 반면, 아직까지도 봉침과 정침(正針)이 같은지 다른지 논의한 적이 없었다.

그 뒤 나경(羅經)이라는 것이 나왔는데, 24방위를 나침반 주위에 세 겹으로 표시해놓아 세 겹의 자방과 오방이 자연히 1궁(宮)씩 차이 나게 되었다. 그래서 하나는 '정침', 하나는 '봉침', 하나는 '중침(中針)'이라고 하였다. 그리하여 동서남북의 방위를 사람의 지혜로 옮기고 바꿀 여지가 생겼다. 나경 가운데에는 잘못되고 근거 없는 말이 이루 다 헤아릴 수 없으며, 일에 조리가 없는 것으로 보자면 이보다 더 심한 경우는 없다.

예를 들어 논의해보면 천지사방을 12차(次)로 나누어 12진(辰)을 배정하는 것은 자연스러운 이치인데, 그 위차를 정하는 것은 반드시 해시계 그림자를 표준으로 해야 한다. 그림자로 경계를 나눌 때에는 털끝만큼이라도 좌우를 침범해서는 안 되며, 옛날부터 서한(西漢, 전한)시대까지는 다른 주장이 없었다. 그 뒤에 십간(十干)과 사유(四維)를 더해 24궁으로 만들었는데, 어느 시대부터 시작되었는지 알 수 없지만 서한 말부터인 듯하다. 그래서 《후한서》에 처음으로 갑(甲)·병(丙)·정(丁)·경(庚) 등의 방위 명칭이 보인다. 그 근원을 따져보면 틀림없이 참위(讖緯)에서 나왔을 것이며, 12방위를 24방위로 나눈 것은 방위의 구획을 좁혀서 관측에 편리하도록 한 데 불과하다.

하나의 자궁(子宮)을 자궁과 임궁(壬宮)으로 나눈 것은 북두자루가 자(子, 음력 11월)를 가리키는 달을 대설(大雪)과 동지의 두 절기로 나눈 것과 같다. 대설은 15일에 끝나고 동지는 16일에 시작되니, 15일과 16일 두 날이 교차하는 날이 11월의 중간이다. 이것은 자방과 임방의 사이가 자궁의 중앙이 되는 것과 같다. 절기가 비록 24개이지만 1년이 12개월인 것은 그대로이다. 지금 방위가 24개가 있어도 사방이 12궁인 것은 그대로이다.

12방위를 가지고 말하자면 바늘 끝이 자궁과 오궁(午宮)을 정확히 가리키기 때문에 정침이라 한 것이고, 24방위를 가지고 말하자면 바늘 끝이 오방과 병방(丙宮)의 봉선(縫線)을 가리키기 때문에 봉침이라고 한 것이다.

12방위를 그어놓은 나침반에는 봉침이라는 명칭이 있을 수 없고, 24방위를 그어놓은 나침반에는 정침이라는 명칭이 있을 수 없다. 봉침이 가리키는 것은 또한 정침이 가리키는 것이니, 어찌 자오(子午)를 가리키는 두 가지 이치가 있을 수 있겠는가?

나경을 만든 자는 나침반이 24방위로 나누어진 것만 익숙히 보았을 뿐, 그것이 애초에 12궁의 중간을 나눈 것이라는 뜻을 이해하지 못하고 함부로 정침이니 봉침이니 일컬었다. 두 가지 이름을 갖게 되자 반드시 그 방위가 다를 것이라 하고 이에 24방위를 24방위에 중첩시켜 그 중간에서 차이가 나도록 하였다. 그래서 반드시 1궁씩 차이가 나게 되었다. 그리하여 이것은 정침, 저것은 봉침이라고 함부로 단정했으니 어찌 대단히 잘못 본 것이 아니겠는가? 그 원인을 생각해보면 전적으로 나침반을 잘못 이해한 데서 비롯된 것이다.

 《청낭경(靑囊經)》에서 "선천경반(先天經盤, 선천역(先天易)을 따르는 나침반)은 12지(支)로 나누어져 있고, 후천경반(後天經盤)에서는 10간과 사유(四維)를 더 사용하였다"라고 하였다. 또 "24산(山)이 쌍쌍이 일어난다"라고 하였는데, 이른바 쌍쌍으로 일어난다는 것은 한 궁을 두 궁으로 나누었으므로 그렇게 말한 것이다. 이를테면 신(申)·자(子)·진(辰)은 오행법에 있어서 수국(水局)에 해당되므로 곤(坤)·을(乙)·임(壬)도 수국에 해당된다. 동일한 자궁에서 나왔기 때문에 수국이 되는 것도 똑같다. 역술가가 말하는 '쌍산(雙山)'과 '오행'이 이것이다.

 그렇다면 《청낭경》의 글을 가지고 말하더라도 이처럼 명백한데 "땅의 형세를 살필 때 어떤 곳에는 정침을 써야 하고 어떤 곳에는 봉침을 써야 하며, 어떤 곳에는 중침을 써야 한다"라고 말한다. 정해진 방위가 있는데 쓸 때마다 옮기는 이치가 세상 어디에 있단 말인가?

 언젠가 한 지관에게 "그렇다면 자궁과 오궁은 일정한 방위가 없는가?"라고 물었더니, "사람이 정하면 되지요. 그러면 이치도 따라서 생깁니다"라고 대답하였다. 이처럼 조리 없는 말을 하는데도 그 말이 세상에 유행한 지가 몇백 년이 되었는지 알 수 없다. 아! 세상의 온갖 법도를 참되고 올바르게 알고 이해하는 사람이 사라진 지 이미 오래이다. 풍수야 입에 올릴 거리가 되겠는가?

92

오행 치료에 대한 의문

〈소문〉에서는 사람의 오장을 오행에 배속해 심장은 화(火), 폐는 금(金), 비장(脾臟)은 토(土), 간은 목(木), 신장은 수(水)에 소속시켰다. 이것은 고금의 의학에서 변하지 않는 원리이다. 따라서 병을 진찰할 때 오행의 상생상극(相生相克)을 살펴 증상을 파악하고, 약의 성질을 논할 때도 오행 가운데 어떤 기운을 보(補)하고 사(瀉)해야 할지 살펴서 약을 쓴다. 만약 이 원리를 버릴 수 있다면 예로부터 내려오는 의술을 완전히 포기해야 할 것이다.

그런데 양웅(楊雄)의 《태현경(太玄經)》[1] 〈현수(玄數)〉 편에서 오행의 상생상극의 원리를 적극적으로 설명했는데, 오장을 논하면서 "목은 비장에, 금은 간에, 화는 폐에, 수는 신장에, 토는 심장에 속한다"라고 하였다. 그의 주장을 근거로 상생상극의 이치를 적용한다면 〈소문〉에서 마땅히 보할 것을 여기에서는 사하고, 〈소문〉에서 마땅히 왼쪽으로 할 것을 여기에서는 오른쪽으로 하니, 틀림없이 치료를 잘못해 사람을 상하게 할 것이다.

양웅은 본래 망령된 말을 하는 사람이 아니고, 또 당시 의학계에

---

1 《주역》의 형식과 문체를 모방해 천지인(天地人) 우주의 원리를 설명하였다. 그는 현(玄)을 우주의 규율로 이해하고 그에 순응해 생존하는 처세 방법을 제시하였다. 모두 10권으로 현수(玄數)는 오행의 문제를 다루었다.

서 흔히 하는 말을 몰랐을 리도 없다. 그런데 이렇게 말한 이유는 무엇이었을까? 그렇다면 〈소문〉과 《태현경》 가운데 반드시 한쪽은 잘 못된 것일 테니 어느 쪽을 취하고 어느 쪽을 버려야 할까? 《한서》 〈예문지(藝文志)〉에 〈소문〉은 실려 있지 않으니 〈소문〉이 양웅보다 뒷시대에 나온 것이 아닐까? 서양 사람들이 번번이 "중국 의술은 오로지 오행의 설만 따르기 때문에 병을 고치지 못한다"라고 한다. 그렇다면 〈소문〉이나 《태현경》에 나오는 두 설을 모두 버려야만 하는가? 도무지 알 수 없다.

93

야간 시각

패사(稗史)¹에서 "야루(夜漏, 밤 시각을 알려주는 것)는 5점(點)씩 다섯 번 25점이었는데, 송나라 때부터 오경(五更, 새벽 3~5시) 뒤에 있는 2점을 없애고, 또 초경(初更, 저녁 7시~9시)의 2점도 없애 모두 21점이 되었다"라는 말을 하였다.

내가 당나라 이영(李郢)의 시 〈허백당(虛白堂)에서 자며〉를 살펴보니 "25번 울리는 야루 소리에 가을밤이 길다"라고 하였다. 이것으로 보면 당나라 때에는 25점이 있었음이 분명하다. 그런데 송나라 태조가 건륭 경신년(960)에 제위를 이어받은 뒤 진희이(陳希夷)²가 "오경이 지날까 두렵다"는 말을 한 것을 듣고 경(庚)과 경(更)의 음이 같은 줄 모르고서 궁중에 명령해 육경(六更)으로 고쳐 그 참언을 피하려고 하였다.³ 그래서 송나라가 망할 때까지 궁궐 안의 물시계는 오경이 끝난 뒤에 목탁과 북을 교대로 쳐서 하마경(蝦蟆更)이라 하였고,

---

1 여기서 말하는 패사(稗史)는 양신의 《단연총록》으로, 권3 '시서류(時序類)'에 나온다.

2 진단(陳搏, 871~989)을 말하며 북송 때의 도인(道人)이다. 자는 도남(圖南), 호는 부요자(扶搖子)·희이선생(希夷先生). 희이선생이라는 호는 송나라 태종이 내렸다. 후당(後唐) 때 과거를 보았으나 떨어지고 무당산(武當山)과 화산(華山)에 은거하였다. 《주역》에 정통해 사람의 뜻을 미리 알았고, 생사를 예견했다고 한다.

3 경(庚)과 경(更)의 발음이 같아서 진희이는 경신년이 다섯 번 지날 때까지 송나라가 유지될 수 있을까를 의심한다는 의도로 썼다. 태조는 동음어로 은유한 사실을 모르고 곧이곧대로 이해해 오경(五更)을 없애고자 하였다. 이 참언과 관련해 《송패유초(宋稗類抄)》 등에 기록이 전한다.

지방에서는 찬점(攢點)이라고 하였다. 양만리(楊萬里) 시의 "하늘 위에서 돌아오니 육경을 치고 있네"라는 구절이 그렇다.

　이것으로 말한다면, 송나라 사람들은 오경 외에 일경을 더 두었다. 지금 오경에 2점을 없앴다고 한 것은 과연 송나라 때부터일까? 또 양만리가 "하늘 위에서 돌아오니 육경을 치고 있네"라고 한 말로 본다면, 육경은 궁중에서만 있었을 뿐 궁궐 밖에서는 육경으로 변경한 일이 없었던 듯하다.

94

타종 횟수와 과거 정원

나는 어릴 때부터 여염집 사람들이 "문과와 무과에서 사람을 뽑는 수와 새벽과 밤중에 종을 치는 수는 모두 삼십삼천(三十三天)[1]과 이십팔수(二十八宿)에 맞추었다"라고 하는 말을 많이 들었다. 나는 근거 없는 말이라고 비웃었는데, 지금 《동국문헌비고(東國文獻備考)》[2]를 보니 "인정(人定)에 종을 치는 수는 이십팔수의 수와 맞추었고, 파루(罷漏)의 종소리는 삼십삼천의 수와 맞추었다"[3]라고 기록되어 있었다. 과연 명백한 증거가 되는 글이 있어서 권위 있는 서적에 버젓이 실어놓은 것일까? 참으로 이상한 일이다.

살펴보건대 고려시대에는 문과만 있고 무과는 없었으며, 선발 인원에도 정원이 없었으나 매번 선발 인원은 30명보다는 많고 40명에는 미치지 못하였다. 중엽 이후로는 대부분 33명을 뽑았으나 한두 사람이 늘거나 줄 때도 있었다. 공양왕 때 이르러서야 무과를 설치

---

1 불가에서 말하는 욕계(欲界), 6천(六天)의 제2천인 도리천(忉利天)을 말한다. 도리(忉利)는 중국 말로 삼십삼(三十三)인데, 바로 제석천왕(帝釋天王) 등의 삼십삼천왕(三十三天王)이 거처하는 곳이다.

2 영조 46년(1770) 왕명에 따라 홍봉한(洪鳳漢) 등이 우리나라 고금의 문물제도를 집성한 책이다. 중국의 《문헌통고》를 참고하여 편찬하였다.

3 인정(人定)은 야간 통행금지를 알리기 위해 종을 치던 일을 말한다. 조선시대에 매일 저녁 이경(二更)에 28번 큰 종을 쳐서 통행을 금지하였다. 새벽 오경(五更) 삼점(三點)이 되면 33번 쇠북을 쳐서 통행금지를 풀었는데, 이것을 파루(罷漏)라고 하였다.

했고, 조선에서는 태조 2년(1393)에야 28명을 뽑기로 확정하였다. 그렇다면 고려 때 문과에서 뽑은 33명은 애초부터 규정된 수는 아니었고, 조선에서 그대로 따라 한 것은 가까운 예를 따른 것일 뿐이다.

무과의 정원 28명은 문과에 비해 5명을 줄인 것에 지나지 않을 뿐, 본래부터 어떤 수와 맞추려는 의도도 없었다. 더군다나 삼십삼천의 설은 본래 불교 서적에서 나온 것으로서 옛사람의 시문에 더러 보이거나 그 밖의 패설(稗說)이나 연의(演義) 소설 등에서 많이 언급하였다. 그래서 여항 사람들이 그 수를 알게 되어 견강부회해 말을 만든 것이다. 그런데《동국문헌비고》를 편찬할 때 경솔하게 집어넣었으니, 어찌 잘못된 일이 아니겠는가?

종과 물시계로 시각을 알려주는 일이 얼마나 엄정한 일인데 경전에도 없는 수를 가져다 썼겠는가? 그 숫자를 가져다 썼을 때에는 분명히 음양의 뜻이 담겨 있을 터인데 지금은 알 수가 없다. 그러나 이십팔수나 삼십삼천에서 나왔다는 말만큼은 절대로 그럴 리 없다. 어떻게 아느냐고 묻는다면, 터무니없기 때문이라고 답하겠다.

95

곤룡포와 면류관의 유래

명씨(明氏)는 본관을 서촉(西蜀)으로 쓰는데 매우 희귀한 일이다. 그 집안에서 전해오는 말에 의하면 우리나라가 처음에는 곤룡포와 면류관을 만들 줄 몰라서 그 집안에 보관하고 있던 것을 가져다 본떠 만들었다고 한다. 사람들은 모두 그 말을 비웃는다. 그런데 명나라 태조가 한촉(漢蜀)을 평정한 뒤에 진리(陳理)[1]와 명승(明昇)[2] 두 집안의 남녀 27명을 우리나라로 보내면서 "군사가 되지 말며, 백성이 되지도 말고, 한가롭게 생활하도록 하여라"라고 하였다. 그때 명승의 나이는 열여덟이었고, 진리의 나이는 스물 둘이었다. 고려 조정에서는 명승을 총랑(摠郎) 윤희종(尹熙宗)의 사위로 삼았고, 공민왕이 쌀 40석과 베 1,000필을 내려주었다. 명옥진(明玉珍)[3]의 곤룡포와 면류

---

1 진리(陳理, ?~1408)는 중국 양산(梁山) 사람으로, 진왕(陳王)이라 불리었다. 아버지는 안남국 국왕 진우량(陳友諒)으로, 원나라 말기에 주원장(朱元璋)과 파양호(鄱陽湖)에서 싸우다 전사하였다. 진리는 무창(武昌)으로 도망갔다가 항복하였다. 뒤에 주원장이 고려로 보냈다.

2 명승(明昇, 1355~1393)은 고려 후기의 귀화인이다. 본관은 서촉(西蜀). 하왕(夏王) 명옥진(明玉珍)의 아들로, 주원장에 항복해 귀의후(歸義侯)에 봉해졌다. 1372년(공민왕 21) 고려에 귀화했다. 총랑 윤희종의 딸과 결혼해 개경에서 살았으며, 조선이 개국하자 왕족으로 예우받았다. 태종 때 화촉군(華蜀君)에 봉해지고 충훈세록(忠勳世錄)을 하사받았다. 죽은 뒤 연안(延安)에 사당이 세워졌다.

3 명옥진(明玉珍, 1331~1366)은 중국 원나라 말기의 군웅(群雄) 가운데 한 사람이다. 처음에 서수휘(徐壽輝)의 무장이 되어 관군과 싸웠고 1360년 서수휘가 부하에게 살해되자 1362년 자립해 촉왕(蜀王)이라 칭하고 대하(大夏)를 세웠다. 명승과 진리의 사적은 이덕무(李德懋)의 《청장관전서(靑莊館全書)》〈한죽당섭필(寒竹堂涉筆)〉 하에 실려 있는 '명씨사적(明氏事蹟)'에 자세히 밝혔다.

관, 화상(畵像)이 그 집안에 보관되어 있었는데 임진왜란 때 불타버렸다. 이 사실로 본다면 조선 초에 곤룡포와 면류관을 명씨 집안의 것에서 본떴다는 이야기가 이상할 것이 없을 듯하다.

96

《읍지》의 허위

각 고을마다 반드시 각각의 《읍지(邑誌)》가 있는데, 처음에는 모두 옛사람이 사실대로 쓴 기록이었다. 근래에는 수령들이 이따금 조정의 명령에 따라 수정하고 증보하는데, 증보하는 내용은 인물, 효자, 열녀 등 몇 개 항목에 불과하다. 고을 인사라면 자신의 부모나 조상을 드러내 알리려는 욕심을 모두 가지고 있어서 연줄을 대어 《읍지》에 기록하니 자격 없는 사람이 대다수이다. 조금이라도 그 서술을 고치고자 하면 바로 원수지간이 되니, 이야말로 정말 문헌의 큰 고질병이다.

송나라 사람의 기록[1]을 보았다. 범성대(范成大)가 《오군지(吳郡志)》를 편찬해 책이 완성되었으나 간행되기 전에 죽었다. 어떤 일을 더 써달라고 요구했다가 거절당한 사람이 "이것은 범성대가 쓴 책이 아니다"라고 떠벌리니, 태수가 시비를 가리지 못하였다. 나중에 이수붕(李壽朋)이 태수가 되어서 가져다 간행하였다. 아! 사심을 품고 비방하는 말을 만들어내는 수작은 예나 지금이나 똑같다.

《인수옥서영(因樹屋書影)》[2]을 보니 동한(東漢) 사람 장하(張遐)의

---

1 송나라의 학자 마단림(馬端臨)의 명저 《문헌통고》 권204에서 《오군지(吳郡志)》를 설명한 글에 나온다.

2 청나라의 문인 주량공(周亮工, 1612~1672)의 저서로, 1635년(순치 12)에 탄핵을 받아 수감된 감옥에서 평생 배우고 보고 들은 사실을 광범위하게 기록한 저술이다.

일화가 실려 있었다. 장하의 자는 자원(子遠)으로 여한(餘汗) 사람이다. 일찍이 그의 스승 서치(徐穉)를 모시고 진번(陳蕃)을 방문한 적이 있는데, 그때 곽태(郭泰)와 오병(吳炳)이 한자리에 있었다. 서치가 "이 사람이 장하인데, 주역의 뜻을 잘 압니다"라고 하였다. 진번이 장하에게 주역의 뜻을 묻자 장하가 대답하였다. "역은 일정한 실체가 없으므로 억지로 이름을 붙여 태극(太極)이라고 하였습니다. '태(太)'는 아주 크다는 말이고, '극(極)'은 아주 중요하다는 말이니 그 이치가 아주 크고 아주 중요하다는 의미입니다. 혼돈 속에서 한 번 움직여 음양을 낳는데, 음양이란 기(氣)입니다. 이른바 이(理)가 기를 낳고, 기가 이(理)에 붙어 있다는 말이 이것입니다." 진번이 오병에게 "어떻습니까?"라고 묻자, 오병이 한참 있다가 "맞습니다"라고 하였다.

장하의 성과 자는 《후한서》〈서치전(徐穉傳)〉을 뒤져보아도 끝까지 언급되지 않고, 《요주부지(饒州府志)》[3]에만 나온다고 한다. 내 생각에는 틀림없이 후대 사람들이 거짓말을 지어서 《읍지》에 수록했을 것이다. 그 이치와 문세(文勢)를 살펴보면 분명히 송나라 이후의 말이다. "한 번 움직여 음양을 낳는다"라고만 하여 주염계(周濂溪)와 말을 조금 달리함으로써 눈을 속이려고 들었다. 장씨 집안의 후손들이 이런 짓을 하지 않았다고 어떻게 장담하겠는가? 또 이른바 왕개조(王開祖)[4]의 《유지편(儒志編)》을 본 적 있는데 이와 비슷한 것 같다.

---

3 《강서통지(江西通志)》 권87의 인물조에서 요주부(饒州府)의 인물로 장한이 실려 있다. 그 내용은 예장서(豫章書)에서 초록한 것으로 되어 있다. 《요주부지(饒州府志)》는 명대 이후 여러 차례 편찬되었다.

4 왕개조(王開祖)의 자는 경산(景山)이다. 영가(永嘉, 지금의 절강성 온주) 사람으로 1053년에 진사가 되었다. 이후 비서성교서랑(秘書省校書郎)에 임명되었으며 퇴직한 뒤에는 후학 양성에 힘쓰다가 32세 때 요절하였다. 그의 저서 《유지편(儒志編)》이 《사고전서》 자부(子部)에 수록되어 있다.

이런 것으로 볼 때 지지(地誌)에 기록된 인물들의 행적은 다 믿을 수는 없을 듯하다.

97

집안 기록의 신뢰성

송나라 사람의 기록[1]에 다음과 같은 말이 있다.

"한충언(韓忠彦)[2]이 그의 아버지 한기(韓琦)의 평생 사적을 기록한 것과 같이 이번(李繁)[3]이 그의 아버지 이필의 일을 기록하고, 최윤(崔胤)[4]이 그의 아버지 최신유(崔愼由)의 일을 기록하듯이 모두 근거 없고 허황된 말을 꾸며서 《한위공가전(韓魏公家傳)》을 지었다. 진관(陳瓘)[5]이 화가 나서 글을 써 '한위공(韓魏公, 한기)의 훌륭한 덕망이 사람들의 이목에 이처럼 남아 있거늘, 어찌 문생과 자손들 사이에 흩어진 행적을 빌려다가 구구하게 늘어놓았단 말인가?'라고 하였으니 사필을 잡는 것은 신중해야 하리라!"

한위공처럼 훌륭한 덕망과 행적을 남긴 인물조차도 집안사람이

---

1 조공무(晁公武)의 《군재독서지(郡齋讀書志)》 권2와 이 책을 인용한 마단림의 《문헌통고》에 보이는 기록이다. 《한위공가전(韓魏公家傳)》을 평가한 내용이다.

2 한충언(韓忠彦, 1038~1109)은 한기(韓琦)의 맏아들로 《한위공가전》을 지었다. 한기는 북송 때의 명재상으로 위국공(魏國公)에 봉해졌다.

3 이번(李繁, ?~?)은 당나라 재상 이필의 아들이다. 아버지가 정원(貞元, 785~805) 연간에 업후(鄴侯)에 봉해졌으며, 후에 《업후가전(鄴侯家傳)》을 저술하였다.

4 최윤(崔胤, 854~904)은 당나라 무성(武城) 사람이다. 《신당서(新唐書)》 권223 〈간신전(姦臣傳)〉에 따르면, 최윤의 자는 수휴(垂休)이고, 이부랑(吏部郎)을 지냈으며 천복(天復) 4년에 주전충(朱全忠)에 의해 피살되었다고 하였다.

5 진관(陳瓘, 1057~1124)은 자는 형중(瑩中)이고 호는 요옹(了翁), 시호는 충숙(忠肅)이다. 1089년 (원우 4) 채변(蔡卞)의 당인(黨人)이 사마광(司馬光)의 《자치통감(資治通鑑)》을 없애려고 할 때 반대해 이를 막아냈다.

지은 행장을 믿기 어려운데 하물며 다른 사람은 어떻겠는가? 한충언은 본래 집안 기록으로 아버지의 훌륭한 업적을 드러내고 칭송하고자 하였다. 그러나 어떤 사람이 근거 없고 허황된 말이라고 한 번 비난하자 그 속에 들어 있는 실제 사적까지 싸잡아서 허황된 말로 치부되었다. 도리어 한위공의 덕망을 손상시킨 꼴이 아니겠는가? 요즘 사람들이 집안에서 지은 행장을 가지고 비문과 묘지(墓誌)를 써달라고 하는데 십중팔구 지나치게 칭송하는 말들이 대부분이다. 마땅히 저들을 경계해야 할 일이다.

98

조선 문인의 평가를 이용하는 중국 문인

요즘 청나라 사람이 지은 《신원지략(宸垣識略)》[1]을 보니 다음과 같은 내용이 보였다. "서구(徐釚)[2]가 젊어서 《국장악부(菊莊樂府)》를 새겼는데 조선의 사신 구원길(仇元吉)이 그 책을 보고 금병(金餠)을 주고 사가면서,

중국에 와 국장의 사를 얻어가니	中朝携得菊莊詞
읽고 나면 안개와 노을이 해동에 어리겠네.	讀罷煙霞照海湄
북송의 풍류를 어디에서 찾을 건가	北宋風流何處所
태평소 한 곡조에 그리움 일어나네.	一聲鐵笛起相思

라는 시를 지어주었다. 나는 이렇게 생각한다. 우리나라 사행단에는 비록 역관 집안이라도 구(仇)씨 성을 가진 이가 없거늘 하물며 사신이야 말해 무엇하랴? 우리나라는 외국과의 무역에서 은만 사용하는

---

1 청나라의 오장원이 지은 책으로 총 16권이다. 강희제 때 주이존이 편집한 《일하구문》과 건륭황제가 칙서를 내려 편집한 《흠정일하구문고》 두 저술을 근거로 북경의 연혁과 명승고적을 기록하였다. 서전발(徐電發)의 사연은 《폭서정집(曝書亭集)》, 《어양집(漁洋集)》, 《서당여집(西堂餘集)》, 《서하집(西河集)》에도 보인다.

2 서구(徐釚, 1636~1708)의 자는 전발(電發)이고 호는 홍정(虹亭)이다. 사관(史館)에 들어가 《명사(明史)》를 편찬하였다. 권신과 귀척(貴戚)을 싫어해 강희제 25년(1686)에 낙향한 뒤 여러 인사와 노닐며 시를 주고받았다.

데 어떻게 금병이 있을 수 있겠는가? 틀림없이 근거 없는 말이다.[3]

대체로 중국 사람들이 외국 사람의 의례적인 칭찬에 기대어 이름값을 올리는데, 대부분 자작극에서 나온 것이다. 예로부터 이런 종류의 기록은 모두 믿을 수 없다. 이 사실을 미루어보아도 잘 알 수 있다. 우리나라에는 옛날에 구(仇)씨가 있었으나 가장 드문 성씨였고, 벼슬한 사람도 없었다. 정조 때 성을 구(具)씨로 고치라고 명하여 지금은 나라 안에 구씨 성은 없어졌다.

---

3 정동유의 견해와 유사한 주장을 김매순(金邁淳)도 《대산집(臺山集)》 권20 〈궐여산필(闕餘散筆)〉 '용비(龍飛)' 조에서 펼치고 있다.

웅천거벽

문장을 잘한다는 명성은 있으나 실제 지은 작품은 형편없는 유생을 웅천거벽(熊川巨擘)이라고 놀린다. 이는 예로부터 전해오는 말이지만 그 연유를 모르고 있다. 내가 다음과 같이 살펴본 적이 있다.

고려 현종 이후 전쟁이 끝나자 문헌공(文憲公) 최충(崔冲)이 후진을 불러모아 문학을 가르쳤다. 최충이 죽은 뒤 세상에서는 그들을 문헌공도(文憲公徒)라고 하였다. 당시에 자기 학당[徒]을 세운 명신이 그 말고도 11명이 더 있어서 충헌공도(忠憲公徒)·남산도(南山徒)·서원도(西園徒)·문충공도(文忠公徒)·양신공도(良愼公徒)·정경공도(貞敬公徒)·충평공도(忠平公徒)·정헌공도(貞憲公徒)·서시랑도(徐侍郞徒)·귀산도(龜山徒)·홍문공도(弘文公徒)라고 불렀다. 그 가운데 홍문공도는 웅천도(熊川徒)라고도 하였다. 세상에서 이들을 12도(徒)[1]라고 하였는데 최충의 문헌공도가 가장 번성하였다. 그때 12도 가운데 웅천도가 가장 수준이 낮았기 때문에 이처럼 놀리는 말이 생겼고, 결국 후세에 널리 퍼진 말이 되었을 것이다.

---

1 고려의 12개 사학(私學)을 말한다. 12도(徒)의 시초는 1055년(문종 9) 문하시중으로 있다가 물러난 최충(崔冲)이 세운 구재학당(九齋學堂, 후에 문헌공도)에서 비롯되었다. 사숙의 이름은 설립자의 시호나 호(號), 벼슬 이름을 땄다.

고성 삼일포 매향비

고성(高城) 삼일포(三日浦)¹ 옆에 있는 작은 비석을 매향비(埋香碑)²라고 부른다. 내가 예전에 사람을 시켜 탑본해오게 하였더니 비석의 앞면과 좌우에 모두 글이 있었는데, 글은 아래와 같이 닳아 없어진 부분이 많았다.

개수(開數)

앞면은 7행임.

평해군(平海郡) 해안사(海岸寺) 어귀에 100개를 묻다.

삼척현(三陟縣) 맹방촌(孟方村) 물가에 150개를 묻다.

울진현(蔚珍縣) 땅 두□(豆□)에 200개를 묻다.

양주(襄州) 땅 덕산망(德山望)에 100개를 묻다.

강릉(江陵) 땅 정동촌(正東村) 물가에 310개를 묻다.

동산현(洞山縣) 문사(文泗) 물가에 200개를 묻다.

---

1 강원도 고성군에 있는 호수로 관동팔경의 하나로, 석호(潟湖)로 북서쪽에 거암이 솟아 있고 남쪽 호안에는 기암이 많은 구릉이 있다. 신라시대에 네 명의 국선(國仙)이 뱃놀이를 하다가 절경에 매료되어 3일 동안 돌아가는 것을 잊었기 때문에 삼일포(三日浦)라는 이름을 얻었다고 한다.

2 내세에 미륵불의 세계에 태어날 것을 염원하면서 향을 묻고 세우는 비이다. 현재까지 발견된 매향비(埋香碑)는 모두 5종으로, 여기에서 살펴본 고성 삼일포 매향비가 1309년(충선왕 원년)의 것으로 가장 이르다. 고려 말에서 조선 초에 주로 해안에 묻었다. 삼일포 매향비는 호수의 남쪽에 있으며, 조선 전기부터 지식인들에게 관심의 대상이 되었다.

간성현(杆城縣) 땅 공□□(公□□)에 110개를 묻다.

흡곡현(歙谷縣) 단말을(短末乙)에 110개를 묻다.

압융현(押戎縣) 학포□(鶴浦□)에 120개를 묻다.

주자사(州刺史) 유(柳)

글자가 작고 각이 얕아서 어슴푸레 알아볼 수 있다.

뒷면은 7행임.

고려국 강릉도 존무사(江陵道存撫使) □□호(□□皓), 지강릉부사
(知江陵府使) □홍수(洪秀), 판관(判官)

김광보(金光寶), 양주부사(襄州副使) 박전(朴琠), □주부사(□州副
使) 정연(鄭椽), 통주부사(通州副使) 김용경(金用卿),

흡곡현령(歙谷縣令) □□신(□□臣), 간성현령(杆城縣令) □유(□
裕), 삼척현위(三陟縣尉) 조신주(趙臣柱), 울진(蔚珍)

현령(縣令) □□, 감무(監務) 박□(朴□) 등 □ 여러 선행(善行)을
즐기는 높고 낮은 분들이 함께 신심(信心)과 축원을 드러내 삼가
향나무 1,500여 개를 각 포구에 묻고, 뒷면에 수를 기록해 용화
회주(龍華會主) 미륵이 하생(下生)하기를 기다리며 회주와 함께
태어나 삼보(三寶)[3]를 공양(供養)하기를 기원하는 바이다.

　　　때는 원나라 지대(至大) 2년 기유(己酉) 8월 일에 조성한다.

왼쪽 면은 3행임.

황제의 임(稔)과 국왕(國王) 궁주(宮主)의 복수(福壽)가 멀고 길

---

3 불교도의 세 가지 근본 귀의처가 되는 불보(佛寶)·법보(法寶)·승보(僧寶)를 말한다.

기를 축원합니다.

미륵 앞 장등보□(長燈寶□)는 은(銀) 1근, 수관(收管) 고성두목
(高城頭目)

때는 기유(己酉) 8월 일

오른쪽 면은 3행임.

미륵(彌勒)□□, 통주부사(通州副使) 김용경(金用卿) 시납(施納).
양주(襄州)□부□(□副□) 전(琠) 시납(施納). 양원대하평원(壤原
代下坪員) 답(畓) 2결진(結陳). 동북은 진답(陳畓) 대동음(大多音).
남(南)은 도(道)로, 서(西)는 백정(白丁) 천달(千達)의 기답(起畓).
북반이원답(北反伊員畓) 2결진. 동북은 주군(州軍)의 진답(陳畓).
남(南)은 군(軍). 서는 미륵사답(彌勒寺畓). 동원전(同員田) 2결진
(二結陳). 동남은 토(吐), 서는 진지(陳地), 북은 종이천(種伊川).

살펴보건대 원나라 무종(武宗)의 지대 연간은 곧 고려 충선왕
(1309~1313) 때이다. 《동국여지승람》에서 "강릉존무사(江陵存撫使)
김천호(金天晧) 등이 산승(山僧) 지여(志如)와 함께 향나무를 연해에
묻고, 그 지역과 향나무 개수를 기록한 비석을 단서(丹書)[4] 옆에 세
웠다"라고 하였다. 어떤 나무를 묻었고, 기다린다고 한 것은 어느 때
를 말하는 것인지 알 수 없다.

왼쪽에 새긴 글을 보면 요컨대 부처를 받들고 복을 기원하는 일일

---

4 고성 삼일포 옆에 있는 북쪽 암벽 위에 '영랑도남석행(永郎徒南石行)'이라고 새긴 붉은 글씨 여섯
   자를 말한다.

텐데, 일찍이 향나무를 묻으며 복을 빈다는 말은 들어본 적이 없으니 지금으로서는 알 수 없다. 왼쪽의 '왕(王)'이란 글자 아래에 '궁주(宮主)'라는 글자가 있다. 이는 고려에서는 동성(同姓)을 왕비로 삼고 그 왕비를 궁주라고 일컬었기 때문에 왕과 함께 이어 쓰고 그 아래에 복을 구하는 말을 적은 것이다. 이것으로 미루어본다면 '황제'라고 쓴 아래의 각자 병서 가운데 닳아 없어진 한 글자는 필시 원나라 황후의 칭호를 일컫는 말일 텐데 미처 찾아보지 못하였다.

동산현(洞山縣)이 양양(襄陽)에 속하고 학포현(鶴浦縣)이 안변(安邊)에 속한 것은 모두 현종(1009~1130) 때의 일인데, 충선왕 때 오히려 옛 이름으로 일컬은 것은 미심쩍다. 더구나 《동국여지승람》을 찾아보면 학포는 고을 이름이고, 압융(壓戎)은 압융수(壓戎戍)라고 하였다. 본래 고을 이름이 아닌데도 여기에서 압융현 학포라고 한 것은 더욱 이상하다. 이 비는 그 당시에 새긴 것이고 《읍지》는 후대 사람이 편찬한 것이다. 이것을 근거로 말한다면 비문이 옳고 《동국여지승람》의 기록이 잘못된 것이리라.

《금강산도권金剛山圖卷》에 수록된 〈삼일포〉

《금강산도권金剛山圖卷》은 금강산 주변의 아름다운 경치와 절 75곳을 그린 것으로, 그 가운데 외금강변에 있는 삼일포의 풍경을 다뤘다. 이 그림은 신익성(申翊聖 1588~1644)이 그린 것으로 전해지고 있으나 19세기 이후에 활동한 작가의 작품으로 추정된다. 국립중앙박물관 소장.

주영편

하권

훈민정음으로
말의 쓰임을 바로잡다

1

천하의 위대한 문헌 훈민정음

훈민정음(訓民正音)은 천하의 위대한 문헌이다. 어찌 조선이라는 한 나라의 언어를 표기하는 도구로만 그치고 말겠는가? 음운(音韻)에 관한 학문은 심약(沈約)[1]과 주옹(周顒)[2]이 활발히 전개했고, 번절(翻切)[3]에 관한 학설은 서역(西域)의 승려 요의(了義)가 처음 제기하였다. 또 이들 이외에도 셀 수 없이 많은 학자들이 그에 관한 저술을 남겼다. 그들이 꺼낸 천 글자 만 마디 말은 어느 하나 간절한 정성이 깃들지 않은 것이 없으나, 결국 '동(東)'의 음은 도홍번(徒紅翻)[4]이요", '강(江)'의 음은 고쌍번(古雙翻)[5]이다"라고 하여 글자로 글자를 설명하고 음으로 음을 설명한다. 그래서 끝내 온전히 알아차리지 못하게

---

1 심약(沈約, 441~513)은 남조 양(梁)나라의 문인으로, 자는 휴문(休文)이다. 궁체시(宮體詩)를 잘 지었고, 음운에도 밝아서 사성(四聲)을 명백히 구별하고, 시의 팔병설(八病說)을 제창하였다. 《사성보(四聲譜)》,《진서(晉書)》,《송서(宋書)》 등을 저술했으나《송서》만 전해진다.

2 주옹(周顒, ?~?)은 남조 제(齊)나라 사람으로, 자는 언륜(彦倫)이다. 성운학(聲韻學)에 조예가 있어《사성절운(四聲切韻)》과 《사성절요(四聲節要)》를 저술하였다. 심약이 그를 계승해 《사성보》를 남겼다.

3 한자의 음을 표기하기 위해 두 글자를 합해 한 글자의 음을 나타내는 방법으로, 반음(反音)·반절(半切)·반절(反切)이라고도 한다. X라는 글자의 독음(讀音)을 표시하기 위해 X와 성모(聲母)가 같은 Y와 운모(韻母)가 같은 Z를 취해 'X, YZ反' 또는 'X, YZ切'과 같이 표시한다.

4 번절(翻切)의 방법으로 '동(東)'의 음을 표시한 부호이다. '도(徒)'의 음은 '도', '홍(紅)'의 음은 '홍'이므로, '도'에서 초성 'ㄷ'을 취하고 '홍'에서 중성과 종성 'ㅗㅇ'을 취해 '동'이 됨을 표시한다.

5 번절의 방법으로 '강(江)'의 음을 표시한 부호이다. '고(古)'의 음은 '고', '쌍(雙)'의 음은 '쌍'이므로, '고'에서 'ㄱ'을 취하고, '쌍'에서 'ㅏㅇ'을 취해 '강'이 됨을 표시한다.

만든다. 이는 다른 글자를 빌려서 글자를 설명하는 길밖에 없기 때문이다.

지금 훈민정음에서는 동(東)의 음은 바로 '동'이라 하고, 강(江)의 음은 바로 '강'이라고 한다. 만약 창힐(倉頡)이 글자를 만들 때 훈민정음이 있어 함께 전해졌다면 그 당시 글자의 음이 천년만년이 지나도록 달라지거나 잘못될 리 없었을 것이다. 그러면 저 심약·주옹·요의 같은 무리들이 한 마디라도 입을 놀리도록 놓아두지 않았을 것이다. 모를 일이지만 우주 안에서 다시 이런 문헌이 나올 수 있을까?

오호라! 우리 세종대왕께서는 《주역(周易)》에서 이른 것과 같이 총명하고 지혜로우시며, 사람을 죽이지 않는 신령한 무력을 지닌 성인이시다.[6]

---

6 《주역(周易)》〈계사전(繫辭傳)〉에 다음과 같은 대목이 있다. "성인이 이것으로 마음을 닦고, 물러나서는 주도면밀한 태도에 감춘다. 백성과 함께 길흉을 염려해 닥쳐올 미래를 정신으로 알아차리고, 알아차리되 감추고 나아가니 그 누가 이런 경지에 끼일 수 있으리오? 옛날의 총명하고 지혜로우시며, 사람을 죽이지 않는 신령한 무력을 지닌 사람이리라(聖人以此洗心, 退藏於密, 吉凶, 與民同患, 神以知來, 知以藏往, 其孰能與於此哉? 古之聰明叡智神武而不殺者夫)." 세종대왕에 대한 극찬의 말이다.

훈민정음의 몰이해

훈민정음을 세간에서는 언문(諺文)이라 불렀고, 부인이나 하층민들이 많이 사용했는데 잘못 사용하기 일쑤였다. 박식하고 교양 있다고 하는 선비라도 훈민정음 자모(字母)의 의의를 아는 이는 드물다. 따라서 불경언해(佛經諺解)나 《노걸대(老乞大)》[1], 《박통사(朴通事)》[2] 등의 책에 나오는 'ㅅ'·'ㅆ'·'ㅈ'·'ㅊ'·'ㅉ' 다섯 음의 좌장(左長)·우장(右長)[3]과 '뭉'·'병' 두 음을 종성(終聲)으로 취한 것을 보고 훈민정음 옛판본이 본디 그렇다고 여긴다. 하지만 나는 그렇지 않다고 생각한다. 이것은 신숙주(申叔舟)가 저술한 《사성통고(四聲通攷)》에 있는 글자이지 실제로는 훈민정음의 옛 글자가 아니다. 음운학에 뜻을 둔 사람이라면 반드시 먼저 《사성통고》가 세종 때의 옛 판본이 아니라는 점을 분명히 이해해야 오류를 면할 수 있을 것이다.

---

1 조선시대에 역관들에게 중국어를 가르치기 위해 사역원(司譯院)에서 발행한 교재이다.

2 중국어 학습서로, 숙종 때 권대련(權大連)과 변섬(邊暹) 등이 지었다.

3 신숙주의 《사성통고》에 나오는 치두음(齒頭音)과 정치음(整齒音)을 말한다. 치두음은 왼쪽을 길게 써서 ㅈ·ㅊ·ㅉ으로 하고, 정치음은 오른쪽을 길게 써서 ㅈ·ㅊ·ㅉ으로 한다.

3

신숙주의 《사성통고》

근세에는 《사성통고》가 전해지지 않는다. 서울과 지방을 모두 찾아보았지만 끝내 찾지 못하였다. 비부(秘府, 궁중 도서관)의 장서 속에는 혹시라도 있지 않을까? 그러므로 후세인이 자음(字音)에 대해서 믿고 참고할 만한 사람은 최세진(崔世珍)[1] 한 명뿐이다. 최세진은 중종 때 사람으로, 《사성통고》를 바탕으로 글자의 뜻을 풀이해 《사성통해(四聲通解)》를 지었다. 그는 자신이 쓴 서문에서 "세종대왕께서 고령부원군(高靈府院君) 신숙주에게 책을 만들라 명하시고 《사성통고》라는 책의 이름을 내려주셨다"라고 하였다. 그런데 세종 때 신숙주가 어떻게 고령부원군이라는 칭호를 가질 수 있었겠는가?[2] 여기서부터 벌써 자신도 모르게 잘못을 저질렀다.

대개 세종께서 훈민정음을 창제하신 뒤에 훈민정음의 자모를 기준으로 비슷한 글자끼리 모으고 사성(四聲)의 차례대로 나열한 뒤 《사성통고》라고 이름을 붙였으니, 이 책은 운서(韻書)에 불과하다. 이것은 세종께서 창제하신 것이기는 하나 그 글은 훈민정음으로 쓰

---

1 최세진(崔世珍, 1473~1542)은 자는 공서(公瑞)이다. 역과에 합격하고 1503년(연산군 9) 별시문과에 급제하였다. 중국어와 운서, 이문(吏文)에 능통하였다. 《훈몽자회(訓蒙字會)》 범례에서 한글 자모음의 이름을 처음으로 정하고 순서와 받침 등을 정리했으며, 《사성통해(四聲通解)》, 《노걸대 언해(老乞大諺解)》 등을 저술하였다.
2 신숙주가 고령부원군(高靈府院君)에 봉해진 것은 세조 때의 일이다.

여 있다. 최세진이 본《사성통고》는 신숙주가 저술한 것이고 훈민정음으로 쓰여 있지 않았다. 그 사실을 알게 된 이유는 신숙주의《사성통고》서문을 보았더니 다음과 같이 쓰여 있었기 때문이다.

"《홍무정운(洪武正韻)》³을 그대로 따라 자모를 여러 운(韻)에 나누어 넣고, 각 글자의 머리에 훈민정음을 써서 반절(反切)을 대체하였다. 또한 세종께서 제정하신《사성통고》를 책머리에 별도로 첨부하고, 다시 범례를 써서 길잡이로 삼았다."

또 이르기를 "7음⁴이 36자모⁵가 되는데, 설상음(舌上音) 네 개의 성모(聲母, 우리말의 초성)[지(知)·철(徹)·징(澄)·양(孃)—원주]와 순경음(脣輕音) 차청(次淸) 한 개의 성모[부(敷)—원주]는 세상에서 쓰지 않은지가 이미 너무 오래되었다. 또한 앞선 세대들이 벌써 바꿔놓은 것이 있으니 억지로 남겨두어 옛것에 집착할 필요는 없다"라고 하였다.

이 기록으로 본다면 신숙주의 이 책은 세종께서 재위할 때의 것이 아님을 잘 알 수 있다. 세종께서 제정하신《사성통고》를 책머리에 첨부했다고 하였으니《사성통고》가 본디 거질이 아니었다는 사실도 잘 알 수 있다. 다시 범례를 썼다고 말한 것은 그 책이 세종께서 제

---

3 1375년(홍무 8) 명나라 태조 때 악소봉(樂韶鳳)·송염(宋濂) 등이 펴낸 15권의 운서. 심약이 제정한 이래 800여 년 동안 통용된 사성의 체계를 북경 음운을 표준으로 삼아 개정하였다.《훈민정음》과《동국정운(東國正韻)》을 제정하는 데 참고한 운서이다.

4 중국 수나라 육법언(陸法言)의《광운(廣韻)》〈삼십육자모지도(三十六字母之圖)〉와《홍무정운(洪武正韻)》〈삼십일자모지도(三十一字母之圖)〉에 나타난 성음(聲音)을 분류한 것이다. 음의 발성 위치에 따라 분류한 '아음(牙音)', '설음(舌音)', '순음(脣音)', '치음(齒音)', '후음(喉音)', '반설음(半舌音)', '반치음(半齒音)'의 일곱 가지를 말한다.

5 중국 음운학에서 중국어 중고음(수당의 발음)의 성모를 나타내기 위해 쓰인 36가지의 한자이다. 당나라 말기의 승려 수온(守溫)이 만든 30개 자모에 송나라 학자들이 비모(非母), 부모(敷母), 봉모(奉母), 미모(微母), 상모(牀母), 낭모(娘母)의 여섯 개 자모를 추가해 성립한 것으로 추정한다.

정하신 원본과 다른 부분이 있어서 반드시 별도로 범례를 써야만 했다는 의미이다.

다음으로 아래에 설상음 네 개의 성모와 순경음 한 개의 성모는 억지로 남겨두어 옛것에 집착할 필요가 없다고 말한 것이 바로 원본과 달라진 조목으로, 범례 가운데 들어 있는 내용이다. 그렇다면 신숙주의 책은 비록《사성통고》라는 이름을 그대로 쓰기는 하였으나 실제로는 자신이 증보한 부분이 많은 것이다. 최세진이 수정하고 보완해《사성통해》를 지을 때 참고한 책은 신숙주가 증보한 책이지 세종께서 제정하신 원본이 아님은 명백하다.

4

신숙주의 오류

최세진은 《사성통고》를 바탕으로 《사성통해》를 지었고, 또 스스로 《사성통해》의 서문을 지었다. 따라서 신숙주의 《사성통고》 서문이 지금은 그 책에 실려 있지 않고 《사성통고》의 범례만 책의 말미에 실려 있다. 지금 《사성통고》의 범례를 보니 다음과 같이 이야기하였다.

"설상음(舌上音)은 혓바닥을 입천장에 살짝 붙였다 떼는 것이라서 발음하기 어려워 자연히 정치음(正齒音, 整齒音)으로 귀착되었다. 그래서 《운회(韻會)》에서 '지(知)'·'철(徹)'·'징(澄)'을 '조(照)'·'천(穿)'·'상(牀)'에 포함시켰다."

또 이르기를 "대체로 치음 가운데 치두음(齒頭音)은 혀를 들어 이에 붙였다 떼기 때문에 소리가 얕고, 정치음은 혀를 말아서 입천장에 붙였다 떼기 때문에 소리가 깊다. 하지만 훈민정음에는 치두음과 정치음의 구별이 없다. 이제 치두음을 'ㅈ'·'ㅊ'·'ㅉ'으로 표기하고, 정치음을 'ㅈ'·'ㅊ'·'ㅉ'으로 표기해 구별한다"라고 하였다.

이것으로 볼 때 'ㅈ'·'ㅊ'·'ㅉ'에서 왼쪽 획을 길게 하거나[左長] 오른쪽 획을 길게 하는[右長] 표기는 신숙주가 만든 것이다.

신숙주가 오류에 빠진 까닭을 시험 삼아 한 번 논해보겠다. 훈민정음은 중국의 36자모를 포괄하니 'ㄷ'은 '단(端)'·'지(知)' 두 자모(字母)에 해당하고, 'ㅌ'은 '투(透)'·'철' 두 자모에 해당하며, 'ㄸ'은 '정

최세진(崔世珍)《사성통해(四聲通解)》, 서울대학교 규장각 소장.

(定)'·'징(澄)' 두 자모에 해당한다. 옛날부터 단 자모 외에도 지 자모가 있고, 투 자모 외에도 철 자모가 있으며, 정 자모 외에도 징 자모가 있는데 그것은 무엇 때문인가? 설음(舌音)인 단 자모와 치음(齒音)인 정 자모인 다와 자, 더와 저, 도와 조, 두와 주, 드와 즈는 본래 혼동할 가능성이 없다. 그러나 쌍성(雙聲)[1]인 댜·뎌·됴·듀·디와 쟈·져·죠·쥬·지는 혼동하기 쉽고, 투·정 두 자모에 대한 청(淸)·종(從) 두 자모도 마찬가지이다. 그래서 옛사람들은 설음인 단·투·정 외에 따로 지·철·징을 만들고, 또 치음인 정·청·종 외에 따로 조(照)·천(穿)·상(牀) 등을 만들어서 중성 자모는 이중모음만을 맡게 하여 의심스러운 부분을 가려냈다.

그러나 중국인들은 '댜'·'탸'·'따'를 발음하기 매우 어려워해 결국 '쟈'·'챠'·'쨔'와 발음이 같아진다. 그래서 《운회》와 《홍무정운》에서는 모두 지·철·징을 조·천·상에 혼합시켰다. 입에서 소리를 낼 때 분별해낼 능력이 없었기 때문에 두 자모가 본래 같은 음이라고 과감히 단정해버린 것이다. 이것이 범례에서 "설상음은 발음하기 어려워 자연히 정치음으로 귀착되었다"라고 말한 이유이다. 그렇다면 이것은 《운회》와 《홍무정운》의 오류이므로 애초부터 본받을 만한 것이 못된다.

우리나라 사람들은 실제로 혓바닥을 입천장에 붙였다 떼어 설상음인 댜를 발음할 수 있고, 혀를 들어 이에 붙였다 떼어 치두음인

---

1 본래 두 자로 된 한자어에서 각 글자의 첫 자음이 서로 같은 것, 이를테면 발본(拔本), 작정(作定), 청춘(靑春), 춘추(春秋) 등을 가리키는 개념이다. 이 책에서는 이중모음을 가리키는 말로 쓰였다. 이후 이중모음으로 번역한다.

쟈를 발음할 수 있다. 분명하게 발음을 구별할 수 있어서 의심하거나 헷갈릴 여지가 없다. 다만,《운회》와《홍무정운》에서 지·철·징을 조·천·상에 혼합시켰기 때문에 그것을 따르지 않을 수 없었던 것이다. 하지만 우리의 치음과 설음에 적용해보면 분명히 구별된다. 그 때문에 신숙주가 책에서는 발음을 혼합시킨 것을 따르면서도 입으로는 따로 구별하지 않을 수 없었기에 치음을 'ㅈ'·'ㅊ'·'ㅉ'과 'ㅈ'·'ㅊ'·'ㅉ'으로 구분하였다.

그런데 사실 정치음이란 것은 예전의 설상음이다. 왜 그러한가? 혀를 말아 입천장에 붙였다 뗀다고 한다면 위의 '설상음은 혓바닥을 입천장에 붙였다 뗀다'는 말과 같으므로 어떻게 정치음이라고 할 수 있겠는가? 여기서 이미 자기도 모르는 사이 모순을 낳고 있다.《운회》이하 운서(韻書)가 오류에 빠진 과정을 이미 밝혔으므로 'ㅈ'·'ㅊ'·'ㅉ'에서 왼쪽 획을 길게 하거나 오른쪽 획을 길게 하는 표기의 잘못은 더 이상 논할 바가 아니다.

또 신숙주는 지·철·징이 조·천·상에 혼합되거나 혼합되지 않는 점만을 언급했는데, 심(心)·심(審)·사(邪)·선(禪)의 네 자모는 원래 이 범주에 들지 않았다. 그런데 지금 심·심·사·선도 아울러 'ㅅ'·'ㅅ'·'ㅆ'·'ㅆ'으로 구별하였다. 이는 무슨 이치인가? 같은 치음이라 뭉뚱그려 말한 것에 불과하니 오류가 또 오류를 낳은 것이 아니겠는가?

5

답습되는 《사성통고》의 오류

‘소(蕭)’·‘효(爻)’·‘우(尤)’·‘약(藥)’ 등의 운(韻)은 중국 음에서는 두 소리를 합해 읽어 음을 이룬다.[1] 예를 들어 ‘소’는 ‘샾’로 읽고, ‘효’는 ‘햫’로 읽는 따위이다. 이것은 사실상 중국인이 잘못 발음한 소리로, 글자 본래 음은 결코 이와 같지 않다. 그렇더라도 훗날 자서(字書)를 만드는 사람이 잘못된 것이라고 하여 대뜸 폐지할 수는 없으므로 신숙주가 두 소리를 합해 읽은 것도 이상한 일은 아니다. 그러나 ‘소’를 ‘샾’로 읽고, ‘효’를 ‘햫’로 읽으며 ‘약(藥)’의 운에 속한 글자를 모두 ‘ㅸ’[2]로 종성을 삼아 읽는 것은 ‘샾햫야’의 변한 모습이다.

　대개 훈민정음에는 ‘ㅱ’·‘ㅸ’의 두 음이 있어 두 글자를 연이어 읽을 때 느린 소리로 굴러 꺾이는 음으로 사용하기는 하였으나 글자의 종성에 쓴 적은 없었다. 그런 까닭에 《불경언해》는 세조 이후에 나온 책이므로 당연히 신숙주의 《사성통고》음을 사용하였고, 최세진이 전적으로 신숙주의 의견을 따라 지은 《노걸대》와 《박통사》는 모두 《사성통고》의 음을 사용하였다. 그렇다면 지금 훈민정음의 본래 체제를 고찰해 알아낼 수 있는 저술은 《용비어천가(龍飛御天歌)》한 책뿐이다.

1　소(蕭)·효(爻)·우(尤)·약(藥)의 중국어 음은 蕭(xiāo)·爻(yáo)·尤(yóu)·藥(yào)이다.

2　첫소리 글자 둘을 세로로 이어 쓰는 것으로 연서(連書)라고 한다. 연서에는 입술소리의 ㅂ·ㅃ·ㆄ·ㅁ와 혓소리 ㅭ가 있다.

칠음(七音)·청탁(淸濁) 계열 일람표

칠음 \ 청탁	전청(全淸)	차청(次淸)	전탁(全濁)	불청(不淸) 불탁(不濁)	전청(全淸)	전탁(全濁)
아음(牙音)	見	溪	群	疑		
설두음(舌頭音)	端	透	定	泥		
설상음(舌上音)	知	徹	澄	娘		
순음중(脣音重)	幫	滂	並	明		
순음경(脣音輕)	非	敷	奉	微		
치두음(齒頭音)	精	淸	從		心	邪
정치음(正齒音)	照	穿	牀		審	禪
후음(喉音)	影	曉	匣	喩		
반설(反舌)				來		
반치(半齒)				日		

설음(舌音)과 치음(齒音) 계열음 중국어 병기

▶ 설음: 설두음(舌頭音), 설상음(舌上音)

설두음: 端(duān), 透(tòu), 定(dìng), 泥(ní, nì)

설상음: 知(zhī), 徹(chè), 澄(chéng), 娘(孃)(niáng)

▶ 치음: 치두음(齒頭音), 정치음(正齒音)

치두음: 精(jīng), 淸(qīng), 從(cóng), 心(xīn), 邪(xié)

정치음: 照(zhào), 穿(chuān), 牀(chuáng), 審(shěn), 禪(chán, shàn)

6

《훈민정음》과 《광운》의 자모

이상의 논의에서 'ㅈ'·'ㅊ'·'ㅉ'·'ㅅ'·'ㅆ'의 왼쪽 획을 길게 하거나 오른쪽 획을 길게 하는 신숙주 표기의 오류를 따져 밝혔다. 그래서 '지'·'철'·'징'과 '조'·'천'·'상'이 서로 꺼린다는 논리만을 거론하였다. 자모에 대한 견해를 종합해 말하면, 다른 음과 서로 섞여 혼동할 여지가 없는 것이라도 같은 자모 안에서는 또 반드시 간략하게 구별할 필요가 있다. 따라서 대체로 설음에 '지'·'철'·'징'·'양'이 있고, 순음에 '방(幫)'·'방(滂)'·'병(並)'·'명(明)'이 있으며, 치음에 '조'·'천'·'상'·'심'·'선'이 있는 것이 모두 같은 경우이다. 그 이유는 어디에 있을까?

사람이 소리를 내는 기관은 어금니·혀·입술·앞니·목구멍 등 다섯 곳이다. 이것을 금·목·수·화·토 오행(五行)과 궁·상·각·치·우 오음(五音)에 나누어 소속시킨다. 어금니·혀·입술·앞니·목구멍을 거치지 않고 나온 소리는 말소리가 아니다.

어떤 이가 "그렇다면 어금니를 갈거나, 혀를 차거나, 휘파람을 불거나, 아랫니와 윗니를 마주 부딪치거나, 기침을 하는 등 어금니·혀·입술·앞니·목구멍으로부터 나오는 소리는 모두 말소리라고 할 수 있는가?"라고 물을 수 있다. 나는 "말소리라고 할 수 없다"고 답하겠다. 발음기관이 주체가 되지 못하고 단지 격발되어 소리가 나는 것은 단순한 '소리'일 뿐 '말소리'는 아니다. 왜냐하면 소리가 격발되어 나오기는 하지만 의식적으로 평성·상성·거성·입성의 변화를 만들지 못하기 때문이다. 그렇다면 어금니·혀·입술·앞니·목구멍으로 소리를 내어 의식적으로 평성·상성·거성·입성을 만드는 경우가 어째서 많게는 36가지나 되는가? 사람이 어금니·혀·입술·앞니·목구멍을 갖추고 있는 것은 예나 지금이나 같고, 또 중국이나 오랑캐나 같다. 산천과 풍토에 제약을 받아서 민첩하거나 둔함, 공교하거나 졸렬함, 길거나 짧음, 더디거나 빠름의 차이가 있기는 하지만 그 차이가 그다지 심하게 나기야 하겠는가? 월(越)나라의 닭 울음소리는 호(胡) 땅의 닭 울음소리와 다를 리 없으며, 호 땅의 개 짖는 소리는 월나라의 개 짖는 소리와 다를 리 없다.

하늘이 만물을 낳을 때 어찌 유독 사람만 이처럼 서로 통하지 않게 하였겠는가? 그렇다면 내가 요나라 승려 요의와 서로 다른 점이 있더라도 틀림없이 전혀 통하지 않을 만큼 현격한 차이는 나지 않을 것이다. 그러나 지금 내가 혀로 '단(端)'·'투(透)'·'정'·'니(泥)' 네 개 자모는 잘 읽어 발음할 수 있지만 따로 다른 설음은 발음하지 못할 것이다. 입술로 '비(非)'·'부(敷)'·'봉(奉)'·'미(微)' 네 개 자모는 잘 읽어 발음할 수 있지만 따로 다른 순음은 발음하지 못할 것이다. 앞니로 '정(精)'·'청'·'종'·'심(心)'·'사(邪)' 다섯 개 자모는 잘 읽어 발음할 수 있지만 따로 다른 치음은 발음하지 못할 것이다.

설음은 여덟 개인데 발음할 수 없는 것이 네 개이고, 순음은 여덟 개인데 발음할 수 없는 것이 네 개이며, 치음은 열 개인데 발음할 수 없는 것이 다섯 개이다. 자모의 음이 본디 36개인데 우리가 발음하지 못하는 것이 13개에 이른다. 나와 요의가 똑같은 사람인데 그럴 리가 있을까? 분명히 그렇지 않을 것이다.

이로써 《광운》[1]의 36개 자모 원리에 대해 세심하게 연구했더니 위치와 순서를 분배한 것이 조리가 정연해 누구나 이해하기 쉬웠다. 다만 후대 사람들이 너무 깊이 탐색하고 너무 지나치게 천착해 반드시 자기 입으로 36개 소리를 내보아 자모의 수에 맞추었다. 결국 발음할 수 없으면 더하거나 빼고 나누거나 합치다가 《홍무정운》이 나오고서야 그만두었다. 만약 훈민정음이 세상에 일찍 나와 중국에서 쓰였다면 《광운》의 자모 원리는 바로 명료하게 이해되었을 것이다. 어찌 쓸데없이 괜한 일을 만들어 거의 천 년 동안 시끌벅적하게 주장만 많고 올바른 결론을 여태 내지 못하는 상황이 벌어졌겠는가?

대체로 지·철·징·양(孃)·방·방·병·명·조·천·상·심·선 13개 자모는 모두 중성(中聲)으로 자모를 나눈 것이다. 그 이유는 아음(牙音)에서 '견(見)'이라는 자모를 읽을 때 '가'라고 읽든 '갸'라고 읽든 어금니의 모양은 동일하기 때문이다. '계(溪)'·'군(羣)'·'의(疑)' 세 자모도 마찬가지이다. 따라서 아음에는 각각 한 가지 자모가 있지만 설음·순음·치음은 아음과 조금 다르다. '단(端)'이라는 자모를 '다' 또는 '댜'로 읽을 때, '정(精)'이라는 자모를 '자' 또는 '쟈'로 읽을 때, '비(非)'라는 자모를 '바' 또는 '뱌'로 읽을 때 혀·입술·앞니의 모양이 조금 바뀐 다음에야 이중모음을 낼 수 있다. 이는 '다'가 설두음에 속하고 '댜'가 설상음에 속하며, '바'가 순경음에 속하고 '뱌'가 순중음에 속하며, '자'가 치두음에 속하고 '쟈'가 정치음에 속하기 때문

---

1 한자를 운에 따라 분류하여 배열하고 글자마다 음과 뜻을 주해한 운서로 전5권이다. 수나라 육법언(陸法言) 등이 편찬한 《절운(切韻)》을 당나라 때 증보하여 《당운(唐韻)》이라 이름을 붙이고, 이를 다시 송나라 진팽년(陳彭年) 등이 증보하여 《대송중수광운(大宋重修廣韻)》이라고 하였다. .

이다. 투·정·니·부(敷)·봉·미·청·종·심·사 등의 자모도 이와 같은 이치이다. 입 모양을 지을 때 어느 것인들 그렇지 않겠는가?

이 때문에 아음은 유독 중성으로 된 별도의 자모가 없고, 설음·순음·치음 세 가지에는 반드시 중성으로 된 자모가 하나씩 있는 것이다. 그러나 중국에는 훈민정음이 없기 때문에 어쩔 수 없이 따로 하나의 자모를 만들어 혼동될 여지를 없앴다. 만약 중국에 훈민정음이란 것이 있다면 '다'와 '댜'를 읽을 때 혀의 모양이 조금 바뀌더라도 모두 'ㄷ'에 속하고, 같은 자모에 속함을 분명히 알 수 있을 것이다. 그러면 한 자모를 두 자모로 나눌 리가 있겠는가?

애초에 36개 자모를 만든 것은 오로지 훈민정음을 보지 못한 탓이고, 나중에 설음을 치음에 합친 것도 오로지 훈민정음을 보지 못한 탓이다. 이를 근거로 말하면, 36개 자모라는 것도 실상은 23개 자모에 불과하고, 세상의 문자 가운데 훈민정음만이 그 점을 밝히고 있다. 오호라! 성인께서 만드신 문자가 아니고서야 이 경지에 이르겠는가?

훈민정음으로 말의 쓰임을 바로잡다

광운삼십육자모도(廣韻三十六字母圖)

오음 (五音)	오행 (五行)	칠음 (七音)	전청 (全淸)	차청 (次淸)	전탁 (全濁)	불청(不淸) 불탁(不濁)	전청 (全淸)	전탁 (全濁)[2]
각(角)	木	牙音	見	溪	羣	疑		
징(徵)	火	舌頭音 舌上音	端 知	透 徹	定 澄	泥 孃		
우(羽)	水	脣重音 脣輕音	幇 非	滂 敷	並 奉	明 微		
상(商)	金	齒頭音 正齒音	精 照	淸 穿	從 牀		心 審	邪 禪
궁(宮)	土	喉音	影	曉	匣	喩		
반징반상 (半徵半商)	半火半金	半舌半齒				來 日		

훈민정음이십삼자모도(訓民正音二十三字母圖)

칠음 (七音)	전청 (全淸)	차청 (次淸)	전탁 (全濁)	불청(不淸) 불탁(不濁)	전청 (全淸)	전탁 (全濁)
아음(牙音)	ㄱ	ㅋ	ㄲ	ㆁ		
설음(舌音)	ㄷ	ㅌ	ㄸ	ㄴ		
순음(脣音)	ㅂ	ㅍ	ㅃ	ㅁ		
치음(齒音)	ㅈ	ㅊ	ㅉ		ㅅ	ㅆ
후음(喉音)	ㆆ	ㅎ	ㆅ	ㅇ		
반설반치 (半舌半齒)				ㄹ ㅿ		

2　현대 음성학에서 전청(全淸)은 무기 무성음으로, 한글의 ㄱ·ㄷ·ㅂ·ㅅ·ㅈ·ㆆ이 해당된다. 차청
　(次淸)은 유기 무성음 즉 한글의 거센소리로, ㅋ·ㅌ·ㅍ·ㅎ·ㅊ이 해당된다. 전탁(全濁)은 유성음
　가운데 파열음(破裂音)·마찰음(摩擦音)·파찰음(破擦音)인데, 한글에서는 유성음 대신 된소리인
　ㄲ·ㄸ·ㅃ·ㅆ·ㅉ이 해당된다. 불청불탁(不淸不濁, 次濁)은 청음이나 전탁에 들지 않는 자모인
　ㆁ·ㄴ·ㅁ·ㅇ·ㄹ·ㅿ을 분류하였다.

서양의 자모

《묵수당집(默守堂集)》[1]에 실린 글을 보았더니 "서양의 자음은 24개 자모가 있어 그 자모를 배합해 글자를 이루고 말소리를 이루며, 글 자를 합해 구절을 이루고 뜻을 이룬다"라는 중국인의 설명이 실려 있었다. 설명에 따르면 우리나라 훈민정음과 비슷한 부류로 보인다. 그런데 자모가 24개뿐이라면 자음 하나가 우리나라보다 더 많은지 그 이유를 모르겠으나 중성으로 자모를 만들지 않은 점만은 분명하 다. 무릇 중성으로 만든 자모는 상세하면 할수록 더욱 혼란스러워진 다. 서양인들은 이런 일들을 매우 잘 알고 있으므로 틀림없이 사람 들이 쉽고 간편하게 이해하도록 했을 것이다.

---

1 지금까지 학계에서는 조선 중기의 문신 최유해(崔有海, 1587~1641)의 문집으로 추정하였으나 최유해 문집에는 이 내용이 없으므로 맞지 않다. 한편, 정동유의 이 글을 전재한 정윤용(鄭允容)은 《자류주석(字類註釋)》에서 이 저작에 관심을 보이고 근세 청나라 학자의 문집으로 보이나 저자의 이름을 미처 찾지 못했다고 하였다. 그의 말대로 청나라 학자의 문집으로 보이나 역시 누구의 문 집인지는 알 수 없다.

'근'에 대하여

우리나라는 입성인 '질(質)'·'물(物)'·'월(月)'·'갈(曷)'·'힐(黠)'·'설(屑)' 등의 운이 모두 '근'을 종성으로 삼고 있다. 그러나 '근'이 어떻게 입성이 될 수 있는가? '근'은 입성이 될 수 없을 뿐 아니라 글자는 본래 '근'을 종성으로 삼지 않는다. 원래 '근'의 음을 종성으로 삼기에 마땅치 않아서이다. 어째서인가? 아음·설음·순음·치음·후음을 막론하고 그 소리는 반드시 안에서 나온다. 만약 소리를 길게 내고자 하여 숨이 다 차도록 소리를 내도 그 말소리가 여전히 남아 평성·상성·거성이 된다.

입성의 경우 공기를 목구멍으로 들이마시면 소리가 끊겨서 곧 멈추게 된다. 그래서 '입성'이라고 하는 것이다. 지금 '동(東)'을 읽다가 소리를 들이마시면 '독'이 되어버리고, '침(侵)'을 읽다가 소리를 들이마시면 '칩'이 되어버리며, '진(眞)'을 읽다가 소리를 들이마시면 '딛'이 되지 어떻게 '딜'이 되겠는가? '딜'은 길게 말할 수도 있고 숨이 다 차도록 소리를 낼 수도 있으며, 나오는 소리 가운데 가장 순한 소리이기도 하다. 그러니 입성이란 이름을 어떻게 얻을 수 있겠는가? '근'이 입성이 아닌 것은 의심할 여지가 전혀 없다.

따라서 '진(眞)'·'문(文)'·'원(元)'·'한(寒)'·'산(刪)'·'선(先)' 등 여섯 운이 입성으로 바뀔 때 '질(質)'의 음은 '딛'이 되고, '물(物)'의 음은 '묻'이 되며, '월(月)'의 음은 '월'이 되고, '갈(曷)'의 음은 '핱'이 되며,

'힐(黠)'의 음은 '햔'이 되고, '설(屑)'의 음은 '션'이 되는 것이 분명하다. 어떤 사람이 "그렇다면 세간에 'ㄷ' 종성만 있고 결국 'ㄹ' 종성은 없어도 괜찮은가?"라고 물었다. 내 대답은 다음과 같다.

"그렇다. 이전부터 세간에는 'ㄹ' 종성만 있고 'ㄷ' 종성은 없었는데, 사람들이 의아하게 여긴 적이 있었던가? 또 뭔가 결함이 있다고 생각이나 했던가? ㄹ은 있는데 ㄷ은 없는 것과 ㄷ은 있는데 ㄹ은 없는 것은 있으나 없으나 마찬가지이다. 그런데 예전에는 개의치 않다가 지금은 큰 결함이 있다고 여겨 무언가 빠진 것처럼 서운한 것은 어째서인가? 익숙하게 여기다가 이 말을 들어 갑자기 깜짝 놀란 것에 불과하다. 그러나 사실상 하나는 있고 하나는 없는 것은 전과 마찬가지이다."

종성은 분명하고 정확한 뒤에야 비로소 글자의 음이 된다. 'ㄱ'·'ㄷ'·'ㅂ'·'ㅇ'·'ㄴ'·'ㅁ' 여섯 음은 어찌 분명하고 정확한 음이 아니겠는가? 그에 반해 'ㄹ'·'ㅅ' 두 음은 분명하고 정확한 음이 아니기 때문에 본래 연성(連聲)[1]과 전절(轉折)[2]의 경우에 사용되어 저절로 영음(影音)[3]이 되므로 스스로 한 글자의 종성이 될 수 없음은 이치상 당연하다.

먼저 'ㄷ'과 'ㅅ'의 다른 점을 판별해보자. 훈민정음에서 'ㄷ'·'ㅅ' 두 음은 사용한 곳이 본래 같지 않다. '석(席)'을 언문으로 '돗'이라 하고, '말(末)'의 훈을 '끝'이라 한 것은 법칙상 마땅히 ㄷ을 써야 한

---

1 앞 음절의 끝 자음이 모음으로 시작되는 뒤 음절과 합해 발음되는 소리.

2 문장의 가락 등이 돌다가 뚝 끊어짐을 비유적으로 이르는 말.

3 어떤 단어들을 연이어 발음할 때 새로 생겨나는 음을 말한다. 예를 들어 '귀'와 '속'을 연이어 발음하면 '귓속'이 되는데, 이때 사이시옷(ㅅ)은 영음이 된다.

다. 이는 본 글자의 종성이 원래 이와 같은 것에서 비롯되었을 뿐이다. 이것이 이른바 명백하고 확실한 음이다. 예를 들면 '이리(耳裏)'를 '귓속' 또는 '귀쏙'이라 하고, '구석(九石)'을 '아홉섬' 또는 '아홉셤'이라 하는데, 이는 '이(耳)'의 훈이 '귀'이고 '리(裏)'의 훈이 '속'이며, '구(九)'의 훈이 '아홉'이고, '석(石)'의 훈이 '섬'이기 때문에 연속해서 읽을 때 두 글자 사이에 저절로 'ㅅ'음 하나가 생겨나 '귀'가 '귓'이 되지 않으면 '속'은 반드시 '쏙'이 되고, '홉'이 '홊'이 되지 않으면 '섬'은 반드시 '셤'이 된다. 이는 바로 종성과 비슷하나 종성이 아닌 영음이어서 분명하고 정확한 것이 될 수 없다. 그래서 'ㄷ'과 'ㅅ' 두 음은 매우 비슷한 듯해 보이지만 분명하고 분명하지 않음은 현저히 다르다. 설음과 치음의 분별은 본래부터 이와 같아야 한다. 이 때문에 《용비어천가》 등을 보면 사용한 곳이 다름을 알 수 있다.

'ㄹ'음은 'ㅅ'에 비해 더욱 심하다. 종성은 옥을 끊거나 쇠를 던질 때의 소리처럼 급박한 가운데 소리의 시작과 끝이 분명해 어금니·혀·입술에서 나오는 소리는 자리가 확실하다. 이것이 바로 음을 이루는 이치이다. 지금 'ㄹ'은 혀끝으로 이와 잇몸을 붙였다 떼는 사이에 공기를 울려 우레가 진동하고 물길을 트는 소리와 같아서 하루 종일 소리를 내도 시작과 끝이 없다. 그래서 반설음과 반치음에 속한다. 이것은 언어가 전절되는 것을 도울 수 있을 뿐 분명하고 정확한 한 글자의 종성이 될 수 없다. 그 점은 사실 'ㅅ'음보다 심하다. 그래서 ㄹ은 종성이 될 수 없고, 글자 또한 본래 ㄹ을 종성으로 사용하는 일이 없다고 말한 것이다.

대체로 종성은 여섯 개인데 중국 음에서 가장 어려운 것은 'ㅁ'·'ㄷ' 두 음이고 'ㄹ'은 어렵게 여기지 않았다. 따라서 예를 들어 '아

(兒)'를 '올'이라 읽고 '이(耳)'·'이(二)' 등은 '을'로 읽는다. 이는 속음이 와전된 것이기는 하지만 ㄹ을 어렵게 여기지 않았음을 미루어 알수 있다. 이 밖에도 중국 음에서 더 이상 ㄹ 종성이 없는 것은 발음할 수 없어서가 아니라 글자에 본래 ㄹ 종성이 없기 때문이다.

이 때문에 명나라 신종(神宗) 황제가 《논어(論語)》의 '색발여야(色勃如也)'를 읽을 때 "배여야(背如也)"라고 읽자 장거정(張居正)이 냅다 "발여야"라고 소리쳤다. '발(勃)'의 음을 '발'이라고 했다면 평소 '아(兒)'·'이(耳)' 등의 음을 읽을 때 발음하는 ㄹ 종성이므로 어렵지 않았을 것이므로 '발'을 읽지 못할 리 있었겠는가? 그 음이 분명히 '받'이라서 '색받여야'를 연이어 읽을 때 그 소리를 실로 부드럽게 내기 어려웠던 것이다.

이것으로 미루어보면 '질(質)'·'물(物)' 등의 운은 ㄷ을 따르고 글자는 본래 ㄹ을 따르지 않았음을 알 수 있다. 중국 음뿐만 아니라 우리나라 사람들이 어려워하는 부분도 여기에 있다. ㄷ 종성과 다른 글자를 연이어 읽으면 더욱 껄끄러워지므로 ㄷ음이 ㄹ음으로 변하였다. 이는 잘못 발음한 것에서 비롯되었으나 그 유래 또한 오래되었다.

그러나 《사성통고》 범례 가운데 입성음을 논할 때 ㄱ·ㄷ·ㅂ 세 가지 음만을 들어 종성이라 하였을 뿐 달리 분석한 말이 없었는데, 최세진이 《사성통해》를 지을 때에 와서 갑자기 ㄹ·ㄱ·ㅂ 세 가지 음을 입성이라고 하였다. 신숙주 시대에는 ㄹ을 입성이라고 한 적이 없었으니 ㄹ이 입성이 된 것은 최세진으로부터 시작되었다.

9

자음동화

《훈민정음》에서 "종성은 초성을 다시 사용한다"라고 하였다. 초성이 종성으로 될 때 음이 나뉘어 속하는 원리에는 자연스러운 오묘한 이치가 있어서 인위가 개입될 여지가 없다. 지금 '가갸'를 읽으면 '각야', '다댜'를 읽으면 '닫야', '바뱌'를 읽으면 '밥야', '나냐'를 읽으면 '난야', '마먀'를 읽으면 '맘야', '라랴'를 읽으면 '랄야'가 되기도 한다. 뒷글자 초성을 앞글자 종성으로 삼으면 뒷글자의 초성은 저절로 후음(喉音)이 되어 연철되는 소리가 같은 음이 된다(자음동화). 그런 까닭에 'ㄱ'은 '각'의 종성이, 'ㄴ'은 '난'의 종성이, 'ㄷ'은 '닫'의 종성이, 'ㅂ'은 '밥'의 종성이, 'ㅁ'은 '맘'의 종성이, 'ㄹ'은 '랄'의 종성이 된다. 그러나 이 법칙으로 '아야'를 읽으면 '앙야'가 되지 않는데, 'ㅇ'은 '앙'의 종성이 되는 까닭은 무엇일까? 이것은 종성의 변칙 사례로 이 또한 자연스러운 오묘한 이치이다. 그 법칙에는 두 가지가 있다.

무릇 다른 음은 뒷글자 초성을 앞글자 종성으로 삼을 때 뒷글자 초성은 저절로 후음이 된다. 그런데 지금 '아야'는 본래 후음이라서 다시 후음으로 변할 수 없다. 이것이 첫 번째 법칙이다.

아음·설음·순음·치음·후음의 초성은 모두 어금니·혀·입술·앞니·목구멍 안에서만 발음된다. '유(喩)' 자모 한 소리만은 어금니에서 일어나 잇몸에서 진동하고 코에서 울려 지극히 뻗어가고 지극히 높아진다. 이것은 다른 초성에는 없는 현상이다. 또 아음·설음·순음·치음·후음의 종성 또한 모두 어금니·혀·입술·앞니·목구멍 안에서만 발음된다. '앙(昻)'의 종성만은 지극히 뻗어가고 지극히 높아져서 코에서 울린다. 이것 또한 다른 종성에는 없는 현상이다. 그런 까닭에 '유'의 자모와 '앙'의 종성이 서로 관련이 없어 보이지만 이치는 실로 부합한다. 이것이 두 번째 법칙이다.

10

태조 어제의 진위

《용재총화(慵齋叢話)》[1]에 우리 태조와 최영(崔瑩)의 연구(聯句)가 실려 있다. 태조께서 "석 자 칼끝으로 사직을 평안케 하네"라고 하자, 최영이 "한 가닥 채찍 끝으로 천하를 평정하네"라고 응답하였다. 《열성어제(列聖御製)》[2] 중간본(重刊本)에는 《용재총화》를 인용해 이 두 구절을 실어놓았다. 《동국여지승람(東國輿地勝覽)》을 살펴보니 다음과 같았다.

"정통(正統) 계해년(1443)에 정인지(鄭麟趾)가 태조 영정을 영흥 준원전(濬源殿)[3]에 봉안했는데 영정 뒷면에,

청룡과 백호를 좌우에 두르고서
산 호랑이가 바위 위에 걸터앉았네.

---

1 성현(成俔, 1439~1504)이 지은 필기잡록으로 10권으로 되어 있다. 고려 때부터 조선 성종에 이르기까지 사대부의 일화와 민속, 문화 등 풍부한 내용을 담고 있다.
2 조선시대 국왕의 시문을 모은 책. 104권 59책. 1631년(인조 9) 의창군(義昌君) 이광(李珖, 1589~1645)이 태조에서 선조까지 국왕의 시문을 모아 1책(104장)의 목판본으로 출간한 것이 시초이다. 1679년(숙종 5) 복창군(福昌君) 이정(李楨, ?~1680)이 이광의 책에서 빠진 내용을 보완하고, 인조 이후 왕들의 시문을 추가해 《열성어제보유》를 간행하였다. 1682년 낭선군(朗善君) 이우(李俁)가 민간과 《실록》의 자료를 수집·보완해 8권 4책으로 다시 간행하였다. 언급한 시는 후대의 《열성어제》에서는 수록하지 않았다.
3 함경도 영흥부(永興府) 동남쪽 13리에 있는 전각. 환조(桓祖)의 옛 저택으로, 태조 이성계가 출생한 곳이다. 1396년(태조 5)에 건립하였다.

공후의 부귀 누리며 영화로운 세상 살고
출세해 세상을 통솔한 대장군일세.
우레 같은 명성을 천하에 떨치고
사해를 뚫어서 통일을 이루었네.
석 자 칼끝으로 사직을 평안케 하고
한 가닥 채찍 끝으로 천하를 평정하였네.

라고 쓰여 있었다"고 하였다.

　지금 이 시를 보니 압운(押韻)도 하지 않아서 풍수가가 쓴 도참의 글과 비슷하고, 어제(御製)라고 언급하지도 않았다. 또 영정 뒷면에 쓴 의도를 지금으로서는 알 수 없다. 《용재총화》에서 끝 대목의 한 연을 연구라고 한 것은 어디에 근거했을까? 영정 뒤에 은밀히 써놓은 점으로 볼 때 어제는 아닌 것 같다. 만약 어제였다면 네 개의 연구 전체가 어제일 텐데 어째서 끝의 연구 하나만을 뽑았을까? 신중히 생각해보건대 《용재총화》의 기록은 본디 명확하지 않으므로 《동국여지승람》을 믿어야 할 듯하다.

11

치다

우리나라 상말의 뜻이 글자 음과는 아무 관계가 없고 오히려 중국 글자 음과 서로 통하는 것이 있는데 정말 특이하다. 잘못 바뀐 중국 말과도 서로 일치하는 것도 있어 더욱 특이하다. 구양수(歐陽脩)의 《귀전록(歸田錄)》[1]에 다음과 같이 되어 있다.

"지금 잘못 바뀐 세속의 말 가운데 온 세상의 군자든 소인이든 하나같이 잘못 쓰고 있는 것이 '타(打, 치다)' 자이다. '타'의 음은 본래 '적(謫)'과 '경(耿)'의 반절로 '정'이고 '두드리다'라는 뜻을 가지고 있다. 자전을 두루 살펴보아도 '정(丁)'과 '아(雅)'의 반절이라고 한 곳은 어디에도 없다. 그런데 지금은 배나 수레를 만드는 것을 '타선(打船)', '타거(打車)'라 하고, 그물을 쳐서 물고기 잡는 것을 '타어(打魚)', 물 긷는 것을 '타수(打水)', 인부가 밥 먹는 것을 '타반(打飯)', 병사에게 옷과 양식을 주는 것을 '타의량(打衣糧)', 시종이 일산을 잡는 것을 '타산(打傘)', 풀로 종이를 붙이는 것을 '타점(打黏)', 긴 자로 땅을 재는 것을 '타량(打量)', 손을 들어 눈을 비비는 것을 '타시(打試)'라고 한다. 이름난 선비나 박식한 학자 모두 이렇게 말하여, 무슨 일을 하든 '타(打, da)'라고 쓴다. 어째서 그 음이 '정'과 '아'의 반절로 변했는

---

1 송나라 학자 구양수가 벼슬에서 물러난 뒤 그동안 보고 듣고 생각한 일들을 기록한 필기이다. 2권 115조로 구성되어 있다. 본문에서는 권2에 있는 한 조목을 축약해 인용하였다.

지 모르겠다."

지금 구양수의 기록을 보면 '타(打)'는 본래 두드리다라는 뜻이 아니었다. 글자가 '수(手)'와 '정(丁)'으로 이루어져서 글자 모양이 두드리다라는 뜻과 우연히 맞아떨어졌을 뿐이다.

우리나라 말에서도 '타'를 많이 쓴다. '돗자리를 치다[打席]', '주머니 끈을 치다[打帶]'처럼 두드려 짜는 모든 것을 '치다[打]'라고 한다. '술을 치다[打酒]', '장을 치다[打醬]'처럼 쏟아 붓는 모든 것을 '치다'라고 한다. '우산 치다[打傘]', '그물 치다[打網]'처럼 벌려 늘어놓는 모든 것을 '치다'라고 한다. '닭치다[打鷄]', '개치다[打犬]'처럼 가축을 기르는 모든 것을 '치다'라고 한다.

좀더 범위를 넓혀보면 흩어져 진을 치는 것을 '진치다[打陣]', 객점을 여는 것을 '손님을 치다[打行旅]', 물건을 사는 것을 '값을 치다[打價]', 재물을 저축하는 것을 '돈을 치다[打貨]', 회를 치는 것을 '회를 치다[打膾]', 풀 베는 것을 '풀을 치다[打草]', 나뭇가지 베는 것을 '가지를 치다[打條]', 새나 짐승이 새끼를 낳아 기르는 것을 '새끼를 치다[打雛]', 둥근 것을 깎아서 다면형을 만드는 것을 '모서리를 치다[打稜]'라고 한다. 살짝 대는 것을 '스치다[拂打]', 부수는 것을 '부딪치다[碎打]', 거는 것을 '걸치다[掛打]', 핥는 것을 '훔치다[舐打]', 긁는 것을 '홀치다[爬打]', 버리는 것을 '내치다[捨打]'라고 한다.

이 같은 종류를 이루 다 기록할 수 없다. 우리나라 상말에서 두드리고 친다는 뜻을 가지고 있는 것은 모두 '치다'라고 말한다. 이제야 우리나라에서 쓰이는 말들이 처음에는 글의 뜻을 번역한 것에서 나온 것이 많고, '타'가 '두드리고 치다'라는 뜻이 된 경우는 그야말로 잘못된 것을 따르다가 더욱 잘못된 말임을 알 수 있다.

훈민정음으로 말의 쓰임을 바로잡다

개천과 재

한양성 안의 큰 내는 수도를 처음 정할 때 준설한 것으로, 도랑물이
한데 모여서 하나의 출구를 통해 빠져나가도록 하였다. 이것을 '개천
(開川)'이라고 이름 지은 것은 물길을 열어서 내를 이루었음을 말한
다. 지금은 '개천'이라는 말로 하천을 가리키는 한자의 훈(訓)을 총칭
한다. 예를 들면 '거(渠)'를 '개천 거', '구(溝)'를 '개천 구'라고 읽는다.

또 고려 태조 5년(922) 평양에 재성(在城)을 쌓기 시작해서 6년 만
에 마쳤다.[1] 《주관육익(周官六翼)》[2][고려 김경숙(金敬叔)의 저술이다─
원주]에서 "'재(在)'는 방언으로 골짜기이다"라고 하였다. 따라서 상
말에 고개를 '재'라고 한다. 우리나라 성곽은 언제나 산등성이를 따
라 둘러쌓는다. 그래서 평양성을 쌓고 이름을 '재성(在城)'이라고 지
었으니, 재에 성을 쌓았다는 뜻이다. 지금은 '재' 자를 '성' 자의 의미
로 알고 있으니 고금의 언어가 변천하면서 뜻이 잘못되는 것이 모두
이와 비슷하다.

---

1 《고려사(高麗史)》 권83 〈병지(兵志)〉 2에 나오는 내용이다. 글에는 '재성(在城)'에 대해 "'재'는 방
   언으로 골짜기이다(在者, 方言畎也)"라는 주석이 달려 있다.
2 《주례(周禮)》와 《통전(通典)》의 체제에 따라서 고려의 문물제도를 정리해놓은 저술로, 현재는 전
   하지 않는다. 저작자는 여러 사람이 거론되고 있으나 김지(金祉)가 유력하다. 김지의 자는 경숙
   (敬叔)이고, 영광 김씨로 고려 말에 비서감을 지냈으며 《선수집(選粹集)》을 편찬하였다. 《주관육
   익(周官六翼)》은 고려 후기와 조선 전기의 여러 책에서 인용되고 있는데, 본문에 인용된 내용은
   《신증동국여지승람》 권51의 평양부의 성곽 내성(內城)을 설명한 대목에 실려 있다.

동

당나라 때 이작(李綽)이 지은 《상서고실(尙書故實)》[1]에 다음과 같은 글이 보인다.

"황금생(黃金生)이라는 사람이 있어 진사시험에 합격하였다. 누군가 '아무개와 같은 방(房) 사람입니까?'라고 묻자 '다른 동(洞)입니다'라고 대답하였다. 황씨가 본래 계동(溪洞)[2]의 호족이어서 이렇게 대답한 것이었다. 사람들이 비웃긴 했어도 거짓 없는 대답을 높이 평가하였다."

대개 사는 곳을 '동'이라고 말하는 것은 남쪽 오랑캐의 풍속이다. 오랑캐들의 거주지가 계곡과 산골짜기 사이에 있어서 사는 곳을 '동'이라 일컬었으니 중화 사람들에게 비웃음거리가 되었다 하여도 실상에 맞는 명칭이라고 말할 수 있다.

반면 우리나라는 서울이나 큰 도(道)의 좁은 골목과 마을까지도 모두 '동'이라고 일컫는다. 왜 그런 것일까? 그 이름이 고상하지 못할 뿐만 아니라 잘못 쓴 말이기도 하다. 중국 사람이 이런 사실을 알게 된다면 크게 비웃지 않겠는가? 지금도 '동'이라고 일컫는 것은 분명 삼한(三韓)시대 오랑캐 풍속의 유습일 것이다.

---

1 당나라 이작(李綽)의 저술로, 문인의 일화, 견문과 기괴한 사실 등 서화에 관한 내용을 기록하였다.
2 지금의 묘족(苗族), 동족(侗族), 장족(壯族) 등이 모여 사는 중국 서남부지역을 가리킨다.

빙과계의 오용

《논어집주(論語集註)》에 유빙군(劉聘君)이라 칭한 곳[1]이 있는데, 그 소주(小註)에서 "이름은 면지(勉之), 자는 치중(致中), 호는 초당(草堂)으로 주자(朱子, 朱熹)의 장인이다"라고 밝혀놓았다. 대체로《논어집주》에서는 반드시 은(殷)은 상(商)으로, 신독(愼獨)은 근독(謹獨)으로, 위징(魏徵)은 위증(魏證)으로 쓰고 있는데, 이는 모두 송나라 군주의 이름을 기피한 것이다. 지금 빙군(聘君)이라 칭한 것도 징군(徵君)의 다른 말이다.

또 예로부터 임금이 예를 갖추어 초빙한 사람을 징사(徵士) 또는 빙사(聘士)라고 일컬었다. 그러므로《수경주》에서 "서유자(徐孺子)의 묘 옆에 빙군정(聘君亭)이 있다"[2]라고 한 것이나,《수서(隋書)》에서 진(晉)나라 때의《은숙헌집(殷叔獻集)》을 빙사의 문집[3]이라고 한 것도 그런 취지이다.《논어집주》소주에서 가볍게 장인이라고 쓴 것은 본디 '빙(聘)' 자를 풀이한 말이 아니다.

그런데 노수신(盧守愼)은 빙군이 장인을 지칭하는 말이라고 오인

---

1 《논어집주(論語集註)》에서 유빙군(劉聘君)의 말이 몇 차례 인용되나, 소주에 있는 내용까지 포함하고 있는 것은 〈옹야(雍也)〉편 24장 "재아가 물었다(宰我問曰)~"의 집주에 나온다.

2 《수경주》권39에 나오는 내용이다. 서유자(徐孺子)는 서치(徐穉, 97~168)로 유자는 그의 자이고, 호는 빙군(聘君)이다. 후한(後漢)의 명사로 집안이 가난해 직접 농사를 지어 먹고 살면서도 고상한 삶을 살았고, 조정의 부름에 응하지 않아 남주(南州)의 고사(高士)로 불렸다.

3 《수서(隋書)》〈경적지(經籍志)〉에 나온 말이다.

해 자신의 글에서 이 같은 뜻으로 사용하였다.[4] 마침내 후학들이 노수신을 믿고 따라 쓴 결과 지금은 처가를 빙택(聘宅), 장모를 빙모(聘母)라고 일컬어 하나같이 처가 쪽 사람을 부르는 통칭으로 굳어졌으니 잘못된 일이다.

또 우리나라 옛말에 여러 사람이 같은 일로 함께 모이는 것을 계(契)라고 하는데, 계합(契合)의 뜻을 가지고 있다. 그러므로 중앙이나 지방의 방(坊) 이름을 '아무 방계(坊契)'라 칭하는 것도 같은 취지이다. 그런데 왕희지(王羲之)의 〈난정서(蘭亭序)〉를 보면 "계사(禊事)를 닦는다"라는 말이 있는데, '수계(修禊)'[5]가 무슨 일인지 따져보지도 않고 우리나라 풍속에서 계를 맺는 일로 인식하였다. 마침내 계(契)를 계(禊)로 고치고서 계회(契會)는 계회(禊會), 계첩(契帖)은 계첩(禊帖)이라 일컬었다. 선배들 가운데 명망 있는 대학자들까지 종종 이런 잘못을 저지르곤 하였다. 심지어 크고 작은 문장에까지 잘못된 용어를 쓰면서 꺼리지 않는다. 만일 중국인들이 '빙군'과 '계사' 두 가지 그릇된 사용을 알게 된다면 크게 비웃지 않겠는가? 후학들을 경계해 그 사실을 깨우치고 다시는 잘못을 범하지 않도록 하여야 옳다.

---

4 노수신(盧守愼)은 〈아내의 소식을 전해주는 빙군의 편지를 받다(得聘君書及妻信)〉라는 시에서 장인 이연경(李延慶)을 빙군이라고 불렀다.

5 왕희지(王羲之)의 〈난정서(蘭亭序)〉에 나오는 수계(修禊)는 3월 상사일(上巳日, 첫 번째 드는 사일(巳日)에 냇가에서 몸을 씻으면서 한 해의 액운을 떨어내는 일을 뜻한다.

잘못 쓰는 어휘

우리나라 상소문에서 흔히 사용하는 말 가운데 본래의 뜻과 부합하지 않는 것이 많다. '까닭 없이 눈물을 흘리지 않는다(淚之無從)'[1]는 《예기(禮記)》〈단궁(檀弓)〉 편에 나오는 말인데, 지금은 자기도 모르게 눈물을 흘린다는 뜻으로 사용되며, '남상(濫觴)'[2]은 《공자가어(孔子家語)》에 나오는 말인데, 지금은 지나치다는 뜻으로 사용된다. 또 '명령 취소(反汗)'[3]는 《한서》〈유향전(劉向傳)〉에 나오는 말인데, 지금은 합당한 일이라는 뜻으로 사용되어 '감히 합낭한 처분을 청하옵니다'라는 식으로 쓰고 있다. 큰선비나 대학자가 지은 글에서조차 이렇듯 잘못된 뜻으로 사용되고 있다. 분명히 최초의 문인 한 사람이 잘못 이해한 것을 오랫동안 답습하다 보니 마침내 으레 인용하는 관용구가 되고 말았다.

---

1 《예기》에는 '제지무종(涕之無從)'으로 나온다.

2 《공자가어(孔子家語)》에서 술잔을 띄울 수 있을 정도의 작은 개울이라는 뜻으로 사용되었다. 사물의 근원이나 시초를 의미한다.

3 《한서》에서는 군주가 좋은 명령을 제대로 시행해보지도 않고 번복하는 것은 흘린 땀을 다시 들이는 것과 같다는 뜻으로 사용되었다. "易曰: '渙汗其大號,' 言號令如汗, 汗出而不反者也, 今出善令, 未能踰時而反, 是反汗也."

국시

요즘 사람들은 입만 열면 국시(國是)를 거론한다. 하지만 국시라는 말이 무슨 뜻이며, 어떤 책에 나왔는지를 물으면 눈만 휘둥그레 뜰 뿐 모르는 자들이 많다. 참으로 우스운 일이다. 후한 때 환담(桓譚)이 올린 상소문에 다음과 같은 대목이 있다.[1]

"초(楚)나라 장왕(莊王)이 손숙오(孫叔敖)에게 '과인은 국시로 삼을 만한 것을 얻지 못하였소'라고 말했더니, 손숙오가 '나라에 국시가 있으면 무리들이 싫어하므로 대왕께서는 국시를 정하지 못하실 것입니다'라고 답하였습니다. 장왕이 '정하지 못하는 원인이 왕에게만 있소? 아니면 신하에게도 있소?'라고 묻자 손숙오가 이렇게 답하였습니다. '임금이 선비에게 교만히 굴면서 선비는 내가 아니면 부귀해질 수 없다고 하고, 선비가 임금에게 교만히 굴면서 임금은 선비가 아니면 나라를 편안히 보존할 수 없다고 합니다. 그래서 임금은 나라를 잃는 지경이 되도록 잘못을 깨닫지 못하고, 선비는 헐벗고 굶주리는 지경이 되도록 잘못을 깨닫지 못합니다. 임금과 신하가 합심하지 않는다면 국시를 정할 방법이 없을 것입니다.' 그러자 장왕은 '좋은 말이오. 상국(相國)께서는 여러 대부들과 함께 국시를 정하길 바라오'라고 하였습니다."

---

1 《후한서》 권58 〈환담전(桓譚傳)〉에 나오는 내용이다.

환담이 인용한 사연은 틀림없이 출전이 있었을 텐데 그 책이 무엇인지 지금은 알 수 없다. 요즘 사람들은 환담의 상소문이 그 출처라는 사실만을 알고 있을 뿐이다. 국시는 의론만을 말하지 않았으므로 요즘 사람들이 사용하는 뜻과는 조금 차이가 있는 듯하다.

의문을 놓지 않는
비판적 책 읽기

17

잘못 읽는 세 가지 사례

《후청록(侯鯖錄)》[1]에 다음과 같은 글이 있다.

"근래 선비들이 대부분 시상옹(柴桑翁)을 도연명(陶淵明)으로 쓰던데 유유민(劉遺民)[2]이 시상령(柴桑令)을 지낸 사실을 몰라서 그렇다. 백낙천(白樂天, 白居易)은 〈서림사(西林寺)에서 자다〉에서 '낙엽 지자 하늘 맑고 푸른 산빛 펼쳐져, 산이 좋아 말을 타고 산속으로 들어왔네. 시상령처럼 하지 못할 줄은 잘도 알기에, 서림사에서 하루 묵고 훌쩍 돌아가노라'라고 읊고 직접 '시상령은 유유민이다'라는 주석을 달았다."

이미 당나라·송나라 때부터 이와 같이 밝혔음에도 요즘 사람들이 여전히 시상령을 도연명으로 쓰는 이유는 무엇일까?

세상에서 왕소군(王昭君)을 왕장(王嬙)이라고 쓰는 것은 잘못이다. 《한서》〈원제기(元帝紀)〉에서는 왕장(王檣)이라고 썼는데, 응소(應劭)[3]

---

1 송나라 조영치(趙令畤)가 편찬한 책으로 모두 8권이다. 선배의 유사(遺事)·시화(詩話)·문평(文評) 등을 기록했는데 인용한 글은 권6에 실려 있다.

2 유정지(劉程之)는 진(晉)나라의 이름난 선비로 자는 중사(仲思)이고 호는 유민(遺民)이다. 일찍이 시상령(柴桑令)을 지냈으며, 도연명과 함께 은거하였다. 도연명의 고향이 시상현(柴桑縣)이라 후대에는 시상하면 도연명을 가리켰다.

3 응소(應劭, ?~?)는 중국 후한 말의 정치가이다. 자는 중원(仲遠)으로, 예주(豫州) 여남군(汝南郡) 남돈현(南頓縣) 사람이다. 건안(建安) 원년(196)에 《한관의(漢官儀)》를 완성해 헌제에게 바쳤고, 《풍속통(風俗通)》 등을 지었다.

가 "성씨는 왕(王)이고 이름은 장(檣)이다"라고 주석을 달았으니 본래는 모두 나무 목(木) 변을 따랐다. 《자휘(字彙)》를 만든 사람이 장(檣)이란 글자를 설명하며 왕장(王檣)의 일을 인용한 것이 옳기는 하다. 그런데 또 "왕장(王檣)은 한나라 후궁의 명칭이다"라고 하여 '장(嬙)'이란 뜻으로 혼동함으로써 다시 오류에 빠져버렸다. 한나라 후궁제도에는 왕장(王檣)이란 호칭이 없다.

《삼국지연의(三國志演義)》에 관운장(關雲長)이 촛불을 밝히고 밤을 새웠다는 내용이 실려 있고,[4] 양절(陽節) 반씨(潘氏, 潘榮)가 《사론(史論)》에서 관운장의 큰 절개로 찬양하였다. "애초에 그런 사실이 없다"라는 양신(楊愼)의 글을 본 뒤 진수(陳壽)의 《삼국지》, 사마광(司馬光)의 《자치통감(資治通鑑)》, 주자의 《자치통감강목(資治通鑑綱目)》을 찾아보니 어디에도 그런 말은 없었다. 그 밖의 다른 전기에도 전혀 보이지 않았다. 그제야 《삼국지연의》가 근거 없이 만들어낸 이야기이고, 반씨가 또 깊이 살펴보지 않아서 마침내 후학들을 그르쳤다는 사실을 알게 되었으니 우스운 일이다.[5] 이것으로 볼 때 《삼국지연의》가 송나라 말기에 나왔다는 것도 알 수 있다.

이상 세 가지 사례는 사람들이 무엇보다 잘못 쓰고 있어 기록해둔다.

---

4 《삼국지연의(三國志演義)》 25회에 나오는 내용으로, 조조 진영에 억류된 관우가 도원결의한 형제를 그리며 새벽까지 잠을 자지 않았다는 이야기이다. 이른바 병촉달단(秉燭達旦)의 고사로 유명하다.

5 원나라 학자 반영(潘榮)이 《통감총론(通鑑總論)》에서 "촛불을 밝히고 새벽까지 잠을 자지 않은 일은 관운장의 큰 절개이다"라고 관운장의 절개를 평가하였다. 이 내용은 역사적 근거가 없고 통행본 《삼국지연의》에도 묘사되지 않은 것이나 그의 평가 이후 워낙 유명해져 모종강 소설 《삼국지(三國志)》에 첨가되었다. 이에 대해서 호응린(胡應麟)과 서위(徐渭)를 비롯한 많은 학자들이 비판하였다.

18

옛 판본의 가치

근래에 책을 찍은 판본은 교정이 완전하지 않아 비슷한 글자들이 착오를 많이 일으키곤 한다. 어떤 것은 오류를 그대로 써온 지가 오래되고 옛 판본도 모두 사라져 바로잡을 방법이 없어서 후세 사람들이 본래 어떤 글자였는지 파악할 수 없게 만든다. 몹시 걱정스러운 일이다.

예를 들어 《제논어(齊論語)》에 〈문옥(問玉)〉과 〈지도(知道)〉 두 편이 있다는 말이 지금 《사서내전(四書內全)》 첫 권에 실려 있다. 그런데 〈문옥〉의 '옥(玉)' 자가 모두 '왕(王)' 자로 되어 있다. 당판(唐板)이나 향판(鄕板, 우리나라에서 인쇄한 책) 모두 '옥' 자로 쓴 경우는 매우 적다.

구풍(颶風)은 대부분 '풍(風)' 옆에 '패(貝)'를 쓰니 사람들이 모두 '패풍'이라고 읽는다. 범저(范雎)에서 '저(雎)'의 음은 '저(沮)'라고 《사기》 주석에 실려 있으나 요즘 판본은 대부분 '수(睢)'로 쓰니 사람들이 모두 수우(睢盱, 눈을 부릅뜨다)의 수로 읽는다. 양웅(揚雄)의 '양' 자는 '손 수(手)' 변이나 요즘 책에는 '버드나무 양(楊)'으로 쓴다. '간보(干寶)', '간길(干吉)'의 '간(干)' 자는 모두 '한(寒)' 운(韻)에 속하는 '간'인데 모두 '어우(於于)'의 '우'로 쓰고 사람들도 '우보(于寶)', '우길(于吉)'로 읽는다. 조적(祖逖)의 자는 사치(士稚)인데, 대부분 '사아(士雅)'로 쓰고 '치'로 쓴 것을 보지 못하였다.

이런 현상은 오로지 옛 판본이 점점 줄어들어 새로 새긴 판본을 바로잡지 못하는 것에서 발생한다. 그러므로 오래된 판본은 흩어지고 빠진 낙질이라도 경솔히 훼손해서는 안 된다.

19

문헌의 보존

세조 때 남원군(南原君) 양성지(梁誠之)가 다음과 같이 아뢰었다.[1]

"고려 숙종 때 처음으로 서적을 소장하면서 찍은 장서인은 두 종류입니다. 하나는 '고려국 14엽 신사세 어장서,[2] 대송 건중 정국 원년,[3] 대요 건통 9년[4](高麗國十四葉辛巳歲御藏書 大宋建中靖國元年 大遼乾統九年)'이라고 새겼고, 다른 하나는 '고려국 어장서(高麗國御藏書)'라고 새겼습니다. 그로부터 지금까지 363년이 되었는데도 인장의 무늬가 마치 어제 찍은 듯이 또렷합니다. 오늘날 왕실 소장의 만 권 서적은 그때의 책들이 많습니다. 청컨대 현재 소장하고 있는 서적 뒷면에 찍을 장서인은 '조선국 제6대 계미세 어장서 대명 천순 7년(朝鮮國第六代癸未歲御藏書 大明天順七年)'으로 해서로 새기고, 앞면에는 '조선국 어장서(朝鮮國御藏書)'라고 전자(篆字)로 새기도록 하십시오."

살펴보건대 고려는 숙종 이래로 병란(兵亂)이 여러 차례 일어났

---

1 《조선왕조실록》 세조 9년(1483) 5월 30일조에 상소가 실려 있다.

2 고려 14대인 숙종 신사년(1101)에 장서인(藏書印)했다는 뜻이다.

3 송나라 휘종(徽宗)은 여러 연호를 사용했는데, 건중정국(建中靖國)은 휘종 원년의 연호로 1101년 한 해만 사용하였다.

4 이 기록은 오류이다. 고려 숙종 신사년은 대요 건통(1101~1110) 원년에 해당한다. 실제로 남아 있는 장서인에도 원년으로 되어 있다. 《실록》을 필사하는 과정에서 원(元)을 구(九)로 잘못 쓴 것으로 추정된다. 양성지의 문집 《눌재집(訥齋集)》 권2 〈주의(奏議)〉에 실린 상소문에는 원년으로 올바르게 쓰여 있다.

고 무신들의 정변은 전란보다 피해가 더 컸음에도 얼추 1만 권에 가까운 서적이 보존되어 후대까지 전해졌으니 정말 어려운 일이 아니겠는가? 우리 세조 임금 이후에 임진왜란과 병자호란이 있었다고는 하나 우연히 세상에 남을 만한 한두 권의 서적이 어찌 없겠는가? 그런데 오늘날 당시의 장서인이 종이에 찍혀 있는 것을 보지 못하였다. 병란을 겪었다고는 하나 이렇게까지 남아 있는 것이 하나도 없단 말인가?

병란 이전의 서적은 이미 지난 일이니 구태여 말할 필요가 없다. 병란 이후에 간행한 서적도 그 수가 적지 않을 텐데 100년 안팎에 간행된 서적도 남은 것이 적다. 도대체 무엇 때문인가? 책을 쌓아두는 집안은 적고 책을 훼손하는 사람은 많기 때문이다. 한쪽에서 책을 인쇄하면 한쪽에서는 책을 훼손해 모두 벽에 바르거나 병풍을 장식하는 재료로 사용하니 통탄스럽기 짝이 없다. 이 습관을 고치지 않으면 옛 서적이 세상에서 사라지는 지경에 이르고야 말 것이다. 결단코 국가에서 금령을 만들어 백성들이 감히 책 종이를 쓸데없는 용도로 사용하지 못하도록 하여야 옳다.

20

명필 김생

신라 김생(金生)[1]의 글씨는 우리나라에서 으뜸일 뿐만 아니라 천하에서 따를 자가 없는 뛰어난 수준이라 평가할 만하다. 《삼국사기(三國史記)》〈김생전(金生傳)〉에 다음과 같이 실려 있다.

"김생은 부모가 미천해 집안 내력을 알 수 없다. 경운(景雲, 당나라 예종의 연호) 2년(711)에 태어나 어려서부터 글씨를 잘 썼다. 평생 다른 기예는 닦지 않고 나이 팔십이 넘어서도 쉬지 않고 여전히 붓을 잡았다. 예서와 행서, 초서 모두 신묘한 경지에 이르렀다. 숭녕(崇寧, 북송 휘종의 연호) 연간에 고려의 학사(學士) 홍관(洪灌)[2]이 진봉사(進奉使)를 따라 송나라에 들어가 변경(汴京, 개봉)에 묵고 있었다. 이때 한림대조(翰林待詔) 양구(楊球)와 이혁(李革)이 황제의 칙서를 받들고 숙소로 왔다. 홍관이 김생이 쓴 행서와 초서 글씨 한 권을 그들에게 보이자 두 사람이 크게 놀라며 '왕희지의 친필을 오늘날 보게 될 줄

---

1 김생(金生, 711~791)은 통일신라시대 때의 서예가로 자는 지서(知瑞)이고 별명은 구(玖)이다. 충청북도 충주지역에서 활동하였다. 고려 때부터 해동 제일의 서예가로 평가받았으며, 이규보는 그를 신품제일(神品第一)이라고 하였다. 서첩으로는 《전유암산가서(田遊巖山家序)》가 유일하게 전한다.

2 홍관(洪灌, ?~1126)은 고려 중기의 문신·서예가로 본관은 남양(南陽)이고 자는 무당(無黨)이다. 김생의 필법을 본받은 명필로서 숙종 때 집상전(集祥殿) 편액을 썼으며, 회경전(會慶殿) 병풍에 《서경(書經)》의 〈무일(無逸)〉 편을 쓰기도 하였다. 보문각·청연각·보전화루(寶殿畵樓)의 편액도 그의 글씨라고 전한다.

은 꿈에도 몰랐소이다'라고 하였다. 홍관이 '아니오. 이것은 신라인 김생이 쓴 글씨요'라고 하였더니 두 사람이 웃으면서 '천하에 왕희지 말고 어찌 이렇게 신묘한 글씨를 쓸 수 있겠소?'라고 하였다. 홍관이 여러 번 말해도 그들은 끝내 믿지 않았다."

경주 창림사(昌林寺)에는 예전에 비석이 있었는데 김생이 쓴 글씨였다. 조맹부(趙孟頫)는 〈창림사비발(昌林寺碑跋)〉[3]에서 다음과 같이 말하였다.

"이상은 당나라 때 신라의 승려 김생이 쓴 그 나라 창림사 비문이다. 자획에 깊은 법도가 있어서 당나라 사람의 이름난 비문 글씨라도 이보다 더 뛰어날 수 없다. 옛말에 '어느 땅인들 인재가 나지 않겠는가?'라고 하더니 참으로 그렇다."

비석이 지금은 남아 있지 않아 나라 안에 김생의 진적(眞蹟)이 마침내 사라졌다. 백월비(白月碑)도 고려 사람들이 탁본을 떠서 다시 새겼으나 원래 모습을 많이 잃은 듯하다.[4] 이따금 검은 바탕에 금으로 쓴 금니경(金泥經)이 사찰에서 발견되어 김생의 글씨라고 말하지만 대개는 가탁한 것이라서 믿을 수 없다.

김생이 두타행(頭陀行)을 닦으며 충주의 한 절에 머문 적이 있었는데 세상에서 그 절을 김생사(金生寺)라 이르고, 그 지역을 김생면(金生面)이라고 하였다. 또 일찍이 안동의 갈나산(葛那山)에서 글씨를

---

3 조맹부(趙孟頫, 1254~1322)가 《동서당집고첩발(東書堂集古帖跋)》에서 한 말로, 이 글씨는 현재 원비는 물론 탁본조차 전하지 않는다. 조맹부의 자는 자앙(子昻), 호는 송설도인(松雪道人)으로 서화와 시문에 뛰어나서 원나라 사대가(四大家) 가운데 으뜸으로 꼽는다.

4 백월비(白月碑)는 〈태자사낭공대사백월서운탑비(太子寺朗空大師白月栖雲塔碑)〉를 말한다. 김생 서법의 진면목을 알 수 있는 글씨로, 비는 효공왕과 신덕왕의 스승인 낭공대사 행적(行寂, 832~916)의 치적을 기리기 위해 만들었다. 현재 국립중앙박물관에 보관되어 있다.

배워 사람들이 그 산의 이름을 문필산(文筆山)으로 바꾸었다. 그는 이처럼 후인들에게 흠모의 대상이 되었다. 김생의 이름이 구(玖)라고 말하는 사람도 있으나 어떤 책에서 나온 말인지는 알 수 없다.

세종 때의 명필 신장

세종 때 참판을 지낸 신장(申檣)[1]은 큰 글씨를 잘 쓰는 것으로 유명하였다. 세종께서 일찍이 설암(雪菴)이 쓴 위소주(韋蘇州, 위응물) 시첩을 얻었는데, 병(兵)·위(衛)·삼(森) 세 글자가 빠져 있어 신장에게 보충하도록 명하셨다.[2] 이 시첩의 각본(刻本)이 지금까지 세상에 전해지는데, 세 글자가 다른 사람의 솜씨라고는 생각되지 않는다. 어쩌면 훗날 진본을 얻어서 새로 새겨 넣은 것일까? 아니면 신장이 보충한 글자가 본래 글씨와 분간되지 않는 것일까? 신장은 고령부원군 신숙주의 아버지이다.

---

1 신장(申檣, 1382~1433)은 조선 전기의 문신으로 자는 제부(濟夫)이고 호는 암헌(巖軒)이다. 고려 공조참의 포시(包翅)의 아들로 남원부 호촌에서 출생했으며, 처가인 나주 금안동으로 이주하였다. 태종 2년(1402) 식년문과에 급제한 뒤 세종 때 공조참판 대제학에 이르렀다. 큰 글자를 잘 써서 세종 원년(1419)에 평양기자릉비문을 썼고, 숭례문 현판도 그의 글씨라고 전한다.

2 설암(雪菴)은 원나라 승려 이부광(李溥光, 1264~1307)으로, 독특한 대자(大字) 글씨가 현판에 널리 쓰였다. 그의 설암체는 고려 말에 유입되어 조선시대에 크게 유행하였다. 위소주(韋蘇州)의 시를 쓴 《병위삼첩(兵衛森帖)》은 세종이 간행해 1431년(세종 13) 6월 2일에 신하들에게 나누어주었다는 기사가 실록에 나와 있으며, 신장이 세 글자를 써서 보각(補刻)한 사실은 《동국여지승람》을 비롯해 신속(申洬)과 강한(姜漢) 등이 언급하고 있다.

글쓰기의 어려움

문학하는 사람은 붓으로 기록하는 글을 정말 어렵게 여기고 또 신중해야 한다. 가볍고 소소한 이야기라면 설령 이치에 맞지 않더라도 세도(世道)에 해를 끼치지는 않는다. 그러나 식견이 부족한 젊은 시절 의리와 크게 연관되는 문제에 대해 경솔하게 글을 써서 후세 사람들을 그르치는 경우가 종종 있다. 이 어찌 걱정스럽지 않겠는가? 그런 이유로 왕세정(王世貞)[1]은 만년에 다음과 같이 실토하였다.

"내가 《예원치언(藝苑巵言)》[2]을 지을 때 나이가 채 마흔이 되지 않았다. 한창 이반룡(李攀龍)[3] 등의 문인들과 옛것이 옳고 지금 것이 그르다면서 이것이 좋으니 저것이 모자라니 하며 정론(定論)을 정하지 못하였다. 장난삼아 《세설신어(世說新語)》를 흉내내어 모양은 비슷하게 만들기까지 하였다. 사리에도 맞지 않고 경박한 단점까지 있었으나 세상에 퍼진 지 오래되어 다시 숨길 수가 없었다. 우선 문제점

---

1 왕세정(王世貞, 1526~1590)은 명나라의 문학자로, 자는 원미(元美)이고 호는 엄주산인(弇州山人)이다. 가정칠재자(嘉靖七才子, 後七子)의 한 사람이다. 학식과 문장이 가장 뛰어나 명대 후기 고문사파(古文辭派)의 지도자로 인정받았다. 격조를 소중히 여기는 의고주의(擬古主義)를 주장하였다. 주요 저서에 《엄주산인사부고(弇州山人四部考)》 등이 있다.

2 왕세정이 지은 시문평론서이다. 본래 12권으로 앞쪽 8권은 시문 평론이며, 뒤에 붙인 4권은 사곡(詞曲)과 서화(書畵) 등에 관한 평론이다. 조선에서도 간행되었다.

3 이반룡(李攀龍, 1514~1570)은 명나라의 시인으로, 자는 우린(于鱗)이고 호는 창명(滄溟)이다. 왕세정과 함께 고문사(古文辭)를 창도해 문(文)은 진한(秦漢), 시(詩)는 성당(盛唐)을 내세웠다. 저서에 《당시선(唐詩選)》, 《고금시산(古今詩刪)》, 《이창명집(李滄溟集)》 등이 있다.

이 보일 때마다 고치고 바로잡아 후세 사람을 많이 오도하지 않도록 할 뿐이다."

대부분 깊이 후회하는 말이다. 일찍이 《시경(詩經)》〈패풍(邶風)·연연(燕燕)〉을 보니 정현(鄭玄)의 주석에서 "대규(戴嬀)가 영영 돌아가자 장강(莊姜)이 멀리 들에서 배웅하며 시를 지어 자기의 마음을 보였다"라고 하였다. 《예기》〈방기(坊記)〉에서 "선군을 생각하라는 말로, 과인을 격려하도다"를 인용했는데, 정현의 주석에서는 부인 정강(定姜)의 시로 간주하였다. 《정지(鄭志)》⁴를 보았더니 경모(炅模)에게 답하는 글에 다음과 같은 내용이 있었다.

"《예기》에 주석을 달 때 돌아가신 스승 노군(盧君, 盧植)을 뵈었더니 그것이 옳다고 하셨고, 그 뒤 《모공전기(毛公傳記)》와 《고서의(古書義)》를 보았더니 또 그렇게 되어 있었다. 그러나 《예기》(에 잘못 단) 주석이 벌써 세상에 퍼져서 다시 고칠 길이 없다."

정현은 경전을 해설하고 주석을 다는 분야에서는 천 년에 한 번 나올까 말까 한 인물로서, 일찍이 육경(六經)을 하나의 체제로 정리했다고 자부하였다. 그런데도 지금 보니 《시경》과 《예기》 두 곳의 주석이 이처럼 어긋난다. 다행히 그 차이가 의리와 관계되지 않는다.

정현마저 이러하니 다른 사람이야 어떻겠는가? 그러므로 주자의 여러 주석서도 초년과 만년의 구별이 있을 수밖에 없다. 《시경》〈시월지교(十月之交)〉의 "해와 달은 오른쪽으로 돈다"와 《서경(書經)》〈기삼백(朞三百)〉의 "해와 달은 왼쪽으로 돈다"라는 주석이 그 한 가지 예이다.

4　정현(鄭玄)의 손자 정소동(鄭小同)이 정현과 그 문인들의 문답을 기록한 책이다.

23

역사서 저술

요즘 사람들은 야사(野史)의 저술을 어렵게 여기지 않는데, 이는 매우 걱정스럽다. 개국한 지 이미 오래라 선배들의 글을 대강 초록해서 수십 권의 책을 손쉽게 만들어놓고는 은근히 큰 저술이라고 자부한다. 선배들의 글이란 애초에 온전히 믿기 어렵다. 게다가 떠돌아다니는 근거 없는 이야기를 주워 모은데다 당파에 치우치기까지 하였으니 어떻겠는가? 무릇 역사 저술은 식견을 갖추는 것이 첫 번째 어려움이고, 글 솜씨가 좋고 나쁨은 그 다음의 어려움이다.

그런 부류의 책을 읽다가 백사(白沙) 이항복(李恒福)에 얽힌 이야기를 보게 되었다. 백사가 북쪽으로 귀양 갈 때 승평부원군(昇平府院君) 김류(金瑬)[1]에게 말을 그린 그림 한 장을 주었다. 승평부원군은 그 뜻을 깨닫지 못하다가 뒤에 우연히 만나서야 그것이 인조가 어릴 때 그린 작품임을 알고는 드디어 반정을 결정하고 비로소 백사의 숨은 뜻을 알아차렸다는 것이다.

아아! 어쩌면 이렇게 어질지 못한 말을 할까? 백사가 과연 어떤 사람이었던가? 붉은 충정이 해와 달처럼 빛나기로는 백사만한 이가

---

1 김류(金瑬, 1571~1648)는 조선 후기의 문신으로 본관은 순천(順天)이고 자는 관옥(冠玉), 호는 북저(北渚)이다. 1623년 이귀(李貴)·신경진(愼景禛)·이괄(李适) 등과 인조반정을 일으켰다. 그 공로로 병조참판에 제수되고 곧 병조판서로 승진해 대제학을 겸하는 동시에 승평부원군에 봉해졌다.

없다. 북인들이 한창 폐모론(廢母論)을 주장해 온 세상을 물 끓는 솥
이나 함정에 몰아넣을 때 백사는 그들의 반대편에 섰다. 사실상 이
는 죽음을 각오한 일이었으므로 벽지로 귀양 가는 것은 애초에 기대
조차 하지 않았다.

그러면서도 맹자가 말했 듯 임금이 부디 마음을 고쳐먹기를 바라
는 심경[2]은 가슴속에 간절하였다. 그래서 철령(鐵嶺)을 넘으며 시를
지어 임금을 사모하는 마음을 노래한 것이다. 백사의 충정과 간절한
마음은 이처럼 천성에 뿌리를 내리고 있었다. 이것이 백사다운 행동
이고, 또한 백사다운 절의이다. 만약 백사가 귀양길에 오르면서 그
림을 슬쩍 주며 은밀히 숨은 뜻을 암시했다면, 북인들의 폐모론에
맞서 반대편에 선 것은 후일을 도모하기 위한 짓에 불과하고, 철령
에서 슬프게 노래한 것도 거짓으로 충심을 나타낸 짓에 불과하다.
어찌 백사처럼 붉은 충심을 지닌 이가 그처럼 애매하고 어질지 못한
행동을 하였겠는가?

그 말이 누구에게서 나왔는지 알 수 없으나 아마도 식견이 얕은
자의 말일 것이다. 백사에게 무거운 책임을 돌리려고 한 말이었으
나, 백사가 정녕 이런 일을 했다면 어떻게 무거운 책임을 맡을 수 있
었겠는가? 말한 사람의 의도를 지금 굳이 밝힐 것까지는 없지만 훗
날 역사를 저술하는 사람은 삼가야 마땅하다.

---

2 《맹자(孟子)》〈공손추 하(公孫丑下)〉에 "내가 사흘을 유숙한 뒤에 주 땅을 나가면서도 나는 오히
려 속으로 빠르다고 여겼다. 왕이 부디 마음을 고쳐먹기를 바랐거니와, 왕이 만일 고치셨다면 반
드시 내 발길을 돌리게 하셨을 것이다(予三宿而出畫, 於予心猶以爲速, 王庶幾改之, 王如改諸, 則
必反予)"라는 말이 있다.

24

후사를 세우는 법도

《삼국지》〈제갈량전(諸葛亮傳)〉에 다음과 같은 내용이 있다.

"제갈교(諸葛喬)는 제갈량의 형인 제갈근(諸葛瑾)의 둘째 아들이다. 제갈량이 아들을 두지 못해 제갈교를 데려다 후사로 삼았는데, 건흥 원년(223)에 죽었다. 제갈교의 아들 제갈반(諸葛攀)은 벼슬이 익무장 군(翊武將軍)에 이르렀다. 제갈각(諸葛恪, 제갈근의 장남)이 오나라에서 죽임을 당하자 제갈량에게는 따로 후손이 있었기에 제갈반이 돌아 와 다시 제갈근의 후사가 되었다."

《진서(晉書)》〈양호전(羊祜傳)〉에 다음과 같은 내용이 있다.

"양호(羊祜)가 아들이 없어서 무제가 양호 형의 아들인 양기(羊暨) 를 그의 후사로 삼으려고 하였다. 그러나 양기는 아버지가 죽은 뒤 라 남의 후사가 될 수 없다고 하였다. 무제가 양기의 아우 양이(羊伊) 를 양호의 후사로 삼으려고 하였으나 그마저도 조서를 받들지 않았 다. 무제가 노해 직첩을 회수하고 파면시켰다."

《남사(南史)》〈강효전(江斆傳)〉에 다음과 같은 내용이 있다.

"강담(江湛)의 자는 심미(深微)이고, 시호는 충간(忠簡)이다. 강담의 다섯 아들은 강임(江恁)·강서(江恕)·강경(江憼)·강손(江愻)·강법수 (江法壽)였고, 강임의 아들은 강효(江斆)였다. 송나라 명제(明帝)가 칙 명을 내려 강효를 그의 숙부인 강손의 양자로 삼아 종조부 강순(江 淳)의 후사를 잇게 하였다. 그러자 복야(僕射)로 있던 왕검(王儉)이 아뢰었다. '예법에 방계(傍系) 집안에 양자로 간다는 글은 없습니다. 근래에 인정을 못 이겨 양자로 가는 것은 모두 부친이나 조부의 명에 따른 것입니다. 아버지를 여읜 뒤에 방계 집안의 양자가 된 일은 없습니다. 신하와 아들이 도의상 같다고는 하여도 윤리로 따지면 천륜은 아닙니다. 강담의 후사는 강효 한 사람뿐이고 방계에는 기년복(期年服)[1]을 입을 가까운 친가붙이가 없으니, 강효는 본가로 돌아가야 합니다. 강손의 후사를 이으시려면 강효의 아들을 그 손자로 삼아 대를 잇게 하십시오.' 그러자 상서참의(尙書參議)가 '한 세대를 건너 후사를 세운 일은 예법을 다룬 글에 없습니다. 순의(荀顗)가 아들이 없어서 손자를 세운 일이 예를 실추시킨 시초이고, 하기(何琦)가 또 이런 주장을 내세운 것은 의리상 근거가 없습니다'라고 반론을 제기하였다. 그리하여 강효는 본가로 돌아가고, 스스로 판단해 후사를 세우도록 조칙을 내렸다."

내가 세 종류의 역사책을 읽다가 우연히 이 세 조목을 기록하게 되었다. 요즘 사람들은 이런 의리를 아는 이가 드물다. 슬픈 일이다!

---

1 거친 베로 만들어 1년 동안 입는 상복으로, 가까운 친족인 조부모·백숙부모(伯叔父母)·적손(嫡孫)·형제 등이 입는다.

25

5대조의 조천(祧遷)

《예의유집(禮疑類輯)》[1]에 5대조의 신위를 옮기는 의리에 관한 대목이
다음과 같이 나온다.

"각 집안마다 이처럼 장수하는 조상은 대단히 드물고, 내외가 함
께 생존하기는 더욱 어렵다. 부친이나 모친이 먼저 죽으면 그 신주
는 최장방(最長房, 4대 자손 가운데 항렬이 가장 높은 연장자)에게 옮겨 받
들게 하여야 한다. 그때 살아계신 조상의 경우도 마찬가지로 좀더
가까운 자손에게 옮겨 모시는 것이 인정에 어긋나지 않을 것이다."

아! 이게 무슨 말인가? 예를 들어 갑이라는 사람이 있어 4, 5대 적
자로 이어지는 종손으로서 다행히 장수해 5대손이 장성한 것을 직접
보았으나 또 불행하게도 그 아들 이하 4대의 죽음을 보았다고 하자.
그의 아들이 죽었을 때 갑은 그 신주에 망자(亡子)라고 써야 하고, 손
자·증손·현손이 죽었을 때에도 그 신주에 망손(亡孫)·망증손(亡曾
孫)·망현손(亡玄孫)이라고 써야 한다. 그렇다면 갑의 목숨이 끊어지
기 전에는 아들부터 현손까지 모두 사당에 들어가지 못하는 신주가

---

1 조선 후기의 문신 박성원(朴聖源, 1697~1767)이 조선 학자들의 예설(禮說)을 종류별로 엮어서
   만든 책이다. 저자는 노론 낙론계 학자로 도암 이재(李縡)의 성리설과 예학을 계승하였다. 그는
   김장생·송시열·박세채·이재 등 노론 예학자의 예설을 중심으로 변례(變禮)를 반영해 편찬하였
   다. 정조의 명에 따라 1783년에 28권 15책으로 간행되었다.

되고, 신주에 글을 쓰는 사람은 여전히 갑이다. 갑의 목숨이 붙어 있는 날까지 까마득히 대를 걸러 그 뒤를 이을 사람은 5대손 한 사람뿐이다. 그러니 갑이 그를 다친 사람 다루듯 자애롭게 돌보고, 목숨을 의지하기를 직접 낳은 맏아들보다 더하게 된다. 5대손 역시 갑에 대해 장수함을 기뻐하면서도 모실 날이 얼마 남지 않은 것을 안타까워하는 마음이 친아버지를 대할 때와 차이가 없어, 잠시라도 곁을 떠나 먼 곳을 여행할 엄두가 나지 않는다. 이것이 모두 당연한 도리이자 어쩔 수 없는 인정이다.

앞선 주장처럼 할 것 같으면, 5대손은 앞으로 자신의 이름을 기준으로 4대의 신주에 다시 글을 써서 제사를 받들 것이다. 제사를 주관해 스스로 집안의 어른이 되어서는 "4대 이상은 먼 조상이므로 내가 봉양해야 할 대상이 아니다"라고 하며 순서를 따져 항렬이 좀 더 가까운 친족의 집에 5대조를 옮기면서 스스로는 인정에 어긋나지 않는다고 여길 것이다. 그렇게 하면 갑의 마음은 편안할까, 편안하지 않을까? 5대조가 살아 있다고는 하나 오히려 집안과 사당에서 내쫓김을 당하니 6대부터 9대까지의 사당은 어떻겠는가? 그 신주들을 모두 꺼내다 묻는 것이 그 다음 수순일 것이다.

오호라! 갑이 장수한 것이 도대체 무슨 죄이기에 선친의 신주를 내다 묻는 것을 지켜보면서도 막지 못하고, 또 태어나고 살아온 거처를 지키지 못하고 죽을 때가 다 된 몸으로 지차(之次) 자손의 집에 몸을 맡겨야 하는가? 불행하게도 지차 자손이 죽어 더 이상 옮겨갈 자손도 없어진다면 그때는 또 어디로 가야 하는가?

또한 그의 말을 보면 반드시 내외가 모두 살아 계신지의 여부를 따져서 이런 경우에 대처하는 방안을 세우려고 하였다. 해로하는 부부는 옮길 수 없고 홀아비가 된 뒤에야 옮길 수 있다는 것은 또 무슨 이치인가? 인정에 어긋나지 않는다는 말은 한 사람인지 두 사람인지에 따라 해도 되거나 해서는 안 된다는 뜻인가? 이는 특히 의리상 전혀 말도 안 되는 일이 아니겠는가?

아! 세상에 아무리 이런 자가 있더라도 떳떳한 윤리를 가지고 태어난 사람이라면 이런 일은 절대 하지 않을 것이므로 세상 풍속을 깊이 걱정할 것까지는 본디 못 된다.

외우와 내우의 혼용

세상에서 부친상을 외우(外憂), 모친상을 내우(內憂)라고 쓰는데 서로 바꾸어 쓰기도 한다. 어째서 그렇게 쓰는지는 알 수 없다. 일찍이 야은(冶隱) 길재(吉再)의 연보를 보았더니 "홍무(洪武) 갑자년(1384)에 외우를 당하였다"라고 써 있었다. 행장을 살펴보니 부친상이었다. 또 "건문(建文) 기묘년(1399)에 내우를 당하였다"라고 써 있었다. 행장을 살펴보니 모친상이었다. 이적(李績)이 편찬한 한훤당(寒暄堂, 金宏弼) 행장에서는 "정미년(1487)에 내우를 당하였다"라 하고, 주석에서 "부친상이다"라고 하였다.

부친상과 모친상에 대해 본디 정해진 명칭이 반드시 있었을 텐데 내우나 외우라고 하는 것은 무슨 근거가 있는 것일까?《남사》〈요찰전(姚察傳)〉에서도 역시 모친상을 내우라고 하였다. 어떤 이는 "내우는 외간(外艱)이고, 외우는 내간(內艱)이다"라고 하는데, 이는 또 그렇지 않다. 육유(陸游)는 〈입촉기(入蜀記)〉에서 "유사(劉師)가 내간을 당하였다"라고 하였는데, 바로 유사의 어머니 탁씨(卓氏)의 상을 가리킨다. 육유도 모친상을 내간이라고 하였으므로 모두 옛사람을 따라 써야 옳다.

경서의 의문점

나는 어려서부터 여러 가지 경서에 대해 의문점을 한 가지씩 가지고 있었는데 지금까지도 시원스럽게 풀리지 않았다. 《주역》은 사상(四象)이 경전 전체의 근본으로 〈계사전(繫辭傳)〉과 〈설괘전(說卦傳)〉에는 노양(老陽), 노음(老陰), 소양(少陽), 소음(少陰) 여덟 글자가 거의 보이지 않다. 성인의 의중을 정말 이해할 수 없다. 《주역》에서 풀리지 않은 의문은 이것이다.

《서경》에서 금문(今文) 〈재재(梓材)〉편은 문세(文勢)가 끊어지고 두서가 없는데, 분명히 완전한 글이 아니다. 고문(古文)이 공자가 살던 집의 벽에서 나왔으므로 금문과는 달라야 마땅한데 실상은 한 글자도 더하거나 빼지 않았다. 이것이 무슨 이치인가? 《서경》에서 풀리지 않은 의문은 이것이다.

《시경》에서 시(詩)의 교육적 효과는 권선징악에 있고, 그 권선징악은 자연스럽게 일어나는 것이어야 한다. 지금은 《시경》을 읽기도 전에 먼저 제자들에게 "이 시를 읽을 때에는 반드시 착한 마음을 느끼어 분발하고, 이 시를 읽을 때에는 반드시 방종한 뜻을 경계해야 한다"라고 당부한다. 제자들은 그 말을 듣고 착한 마음을 느끼어 분발할 곳에서는 감히 느끼어 분발하지 않을 수 없고, 방종한 뜻을 경계할 곳에서는 감히 경계하지 않을 수 없다. 그런데 이것은 죽은 법이다. "시는 마음을 느끼어 분발하게 한다"[1]라고 성인이 한 말은 이러

한 취지는 아닐 것이다. 《시경》에서 풀리지 않은 의문은 바로 이것
이다.

---

1   《논어(論語)》〈양화(陽貨)〉에서 공자가 제자들에게 다음과 같이 말하였다. "너희들은 어찌하여 시
     를 배우지 않느냐? 시는 마음을 느끼어 분발하게 하고, 세태를 살필 수 있으며, 사람들과 어울리게
     하고, 남을 원망할 수 있게 하며, 가깝게는 부모를 섬기고 멀리는 임금을 섬기게 하며, 새와 짐승과
     초목의 이름을 많이 알게 한다(子曰: '小子何莫學夫詩? 詩, 可以興, 可以觀, 可以羣, 可以怨. 邇之事
     父, 遠之事君, 多識於鳥獸草木之名')."

28

《춘추》의 의문점

《춘추(春秋)》는 매해를 '춘왕정월(春王正月)'[1]로 시작한다.《호씨전(胡
氏傳)》[2]에서 "하나라의 계절을 주나라의 달 앞에 둔 것이다"라고 풀
이하였다. 무릇 11월은 하나라 때는 겨울이고, 주나라 때는 정월이
다. 만약 《춘추》에 '동정월(冬正月)'이라는 글이 있었다면 '하나라의
계절을 주나라의 달 앞에 둔 것이다'라고 하여도 되지만, 지금 명명
백백하게 '춘왕정월'이라고 하였으니 무엇으로 하나라의 계절을 삼
을 것인가?

하나라가 11월을 봄으로 삼은 적이 있었던가? 아니면 사계절의
순서로 먼저 봄을 헤아린 다음 여름, 가을, 겨울로 하나라의 계절로
본 것인가? 이것은 하·은·주 세 나라가 모두 같았는데 어떻게 하나
라만의 계절이라고 말할 수 있겠는가? 아무리 생각해도 끝내 그 이
유를 이해할 수 없다.

이것은 《춘추》를 펼치자마자 보이는 첫 번째 의리인데, 호씨(胡氏)

---

1 《춘추(春秋)》에서 매년 첫머리를 시작하는 관용구로, 주나라 천자의 정월이라는 뜻이다. 춘추시
   대는 각 나라의 제후가 주권자임을 표방해 역법(曆法)을 달리 썼는데, 공자는 주나라를 존중하는
   대의를 내세워 노나라 공작의 매해 행적이 시작될 때마다 '춘왕정월'이라는 4자를 썼다.
2 송나라 호안국(胡安國, 1074~1138)이 지은 《춘추호씨전(春秋胡氏傳)》을 가리킨다. 《좌씨전(左
   氏傳)》, 《공양전(公羊傳)》, 《곡량전(穀梁傳)》의 해석을 따르지 않고 오로지 존왕양이(尊王攘夷)의
   주장에 입각해 해설하였다. 특히 주자학자들에게 중시되어 앞의 삼전(三傳)과 함께 춘추 사전(四
   傳)으로 일컬어졌다.

가 이에 대해 이 같은 터무니없는 오류를 저질렀을까? 항상 속이 답답하지만 끝내 풀리지 않는다. 참으로 "내가 옛사람을 보지 못한 것은 한스럽지 않으나, 옛사람이 나를 보지 못하는 것은 한스럽다"[3]라는 말이 딱 맞다.

---

3 《남사(南史)》 권32 〈장융전(張融傳)〉에 나오는 말이다.

29

경서의 주석

《예기》〈단궁〉의 두궤장(杜蕢章)[1]에서 장락 진씨(長樂陳氏, 陳祥道)는 주석에서 "평공(平公)은 맹자를 어질게 여겼으나 끝내 만나지 못했고, 해당(亥唐)을 존중했으나 끝내 함께 나라를 다스리지 못하였다"[2]라고 하였다. 진평공(晉平公)이 맹자와 다른 시대 사람이라는 사실은 어린아이도 다 아는데, 진씨가 몰랐을 리 있겠는가? 그렇다면 진평공이 맹자를 만나지 않았다고 책망한 것은 어째서인가? 아마도 붓을 잡고 글을 쓰려고 할 때 진평공의 고사를 찾다가 찾지 못하고 노평공(魯平公)의 일[3]과 헷갈려서 실수로 얼버무려 섞어서 썼을 것이다.

아! 책을 이와 같이 실정에 맞지 않게 읽는다면 경서를 어떻게 사리에 딱 들어맞게 논할 수 있겠는가? 대체로 경서의 주석은 과거를

---

1 《예기》〈단궁 하(檀弓下)〉에서 '두거(杜擧)'의 유래를 설명하는 대목이다. 진나라 대부 지도자(知悼子)가 죽어 장례도 치르기 전에 평공(平公)이 술과 음악을 즐기자 두궤(杜蕢)가 그 잘못을 지적하였다. 이에 평공이 잘못을 인정하며 벌주를 청하고 자신이 죽은 뒤에도 이 술잔을 경계로 삼으라고 하였다.

2 해당(亥唐)은 춘추시대 진나라의 현인(賢人)이다. 평공이 그를 매우 존경해 그가 집에 들어오라고 하면 들어가고 앉으라고 하면 앉고, 거친 밥과 나물국이라도 배불리 먹지 않은 적이 없었다. 그러나 끝내 그와 지위를 함께 나눠 갖고서 천하를 함께 다스리지 않았다. 《맹자》〈만장 하(萬章下)〉 참조.

3 《맹자》〈양혜왕 하(梁惠王下)〉에 노나라 평공이 맹자를 만나려고 하였다가 폐인(嬖人) 장창(臧倉)이 이를 막자 만나지 않은 일이 전한다.

보는 유생(儒生)이 과거시험 문장을 짓는 것과 같아서 시험지를 앞에 두고 억지로 찾아 쓰다보면, 이처럼 마음속에 평소에 간직하던 의리와 배치되는 것이 많은 법이다. 그러나 후세 사람이 그 주석의 한 구절 한 글자에 대해 감히 맞느니 틀리느니 의견을 내면 사람들이 떼를 지어 화를 내고 소란을 피우면서 "선배 학자에 배치된다"라고 말한다. '배치선유(背馳先儒)' 이 네 글자로 천하에 함정을 만들어 놓으면 사람들이 말하지 않아도 기꺼이 마음으로 복종하겠는가?

30

우경의 기원

《주례》〈고공기(考工記)〉에 "장인(匠人)이 수로를 만든다"라는 구절
이 있다. 이에 대해 공영달(孔穎達)은 "옛날에는 사람이 밭을 갈았
다", "후한에 이르러서야 소를 이용해 경작하였다"라고 풀이하였다.
소를 이용해 밭을 갈기 시작한 것이 과연 후한 때였을까? 박식한 공
영달도 이와 같은 오류를 범하다니 매우 이상한 일이다.

《한서》〈식화지(殖貨志)〉를 살펴보면 "조과(趙過)가 대전법(代田法)[1]
을 만들었는데, 한 가구당 5경(頃)씩 쟁기와 보습을 이용해 소 두 마
리를 세 사람이 이용하게 하였다"라고 하였고, 또 "백성들이 소가 부
족해 곤란을 겪고 때맞추어 파종할 수 없자 평도령(平都令) 광(光)이
조과에게 사람이 쟁기 끄는 방법을 가르치도록 하였다. 조과가 이에
백성을 가르쳐 서로 품앗이해 쟁기를 끌게 하였다"라고 하였다. "쟁
기와 보습을 이용해 소 두 마리를 세 사람이 이용하게 하였다"라는
《한서》의 기록에 창시했다는 표현은 나오지 않는다. 백성이 소가 부
족해 곤란을 겪게 되자 조과가 새로운 방법을 전수받아 백성들에게
쟁기 끄는 법을 가르친 것이다. 이를 통해 조과가 살던 당시에는 본

---

1 기원전 90년 조과(趙過)가 수속도위(搜粟都尉)가 되어 보급한 농사법으로, 1무(畝)에 3열의 고랑
을 만들어 파종하는데 해마다 파종처를 바꾸는 농법이다. 서광계(徐光啓)는 이를 1무 안에서 해
마다 지난해에 고랑이었던 곳을 이랑으로, 이랑이었던 곳을 고랑으로 바꾸어 경작하는 방식이라
고 보았다.

디 사람이 직접 쟁기를 끄는 일이 없었고, 예로부터 소를 이용해 쟁기를 끌었음을 알 수 있다.

이뿐만이 아니다. 《산해경(山海經)》에서 "후직(后稷)의 손자 숙균(叔均)이 처음 소로 경작하였다"라고 하였으며, 또 "쟁기를 처음 만들었다"라고 하였으니 이것이 좋은 증거가 아닌가? 혹시라도 《산해경》이 믿을 만한 책이 아니라고 생각한다면 그 문제는 그대로 놔두자. 다만, 쟁기가 밭을 가는 도구라는 사실은 《산해경》에만 나오는 것이 아니다. 밭을 소로 경작하지 않는다면 '려(犂)' 자에 '우(牛)' 자가 들어간 것은 무슨 의미를 취한 것이겠는가?

《주역》에서 "소를 부리고 말을 타서 무거운 물건을 끌어오고 먼 곳에 이르게 하여 천하를 이롭게 한다"라고 하였다. 무거운 것을 끌어오는 것은 소가 하는 일이고, 멀리까지 이르게 하는 것은 말이 하는 일이다. 소가 무거운 물건을 끌어 천하를 이롭게 할 수 있다는 사실을 알았다면, 달구지를 끈다는 것만을 말하고 쟁기의 무게는 끌수 없다고 여겼겠는가? 성인은 지혜로워 이처럼 물정에 어둡지 않았을 것이다. 그렇다면 소를 부려 무거운 물건을 끌었다는 《주역》의 언급이 쟁기질을 시켰다는 말이 아니라고 장담할 수 있겠는가?

공자의 제자 염경(冉耕)의 자는 백우(伯牛)이고, 사마경(司馬耕)의 자는 자우(子牛)이다. 옛사람도 두 사람의 이름과 자를 통해 소를 이용해 경작한 역사가 오래되었음을 입증하였다. 소로 경작하는 방법은 사실상 농사와 함께 시작되었으나 옛날 어느 성인의 시대에 시작되었는지는 알 수 없다.

먹고 입는 문화에 대한 소고

31

제사떡

우리나라 사람들은 보통 제사상에 차리는 음식 가운데 떡을 가장 귀하게 여긴다. 근래 예를 논하는 학자들은 이것을 고려시대 부처를 공양하던 풍속에서 유래되었다고 말한다. 이 말은 그럴 듯하지만 꼭 그렇지는 않다. 일찍이 명나라의《광록시지(光祿寺志)》¹를 살펴보니 다음과 같은 내용이 있었다.

"봉선전(奉先殿)의 매일 공양은 초하루에는 권전(捲煎), 초2일에는 수병(髓餠), 초3일에는 사로소병(沙鑪燒餠), 조4일에는 요화(蓼花), 초5일에는 양육비면각아(羊肉肥麪角兒), 초6일에는 당사도만두(糖沙餡饅頭), 초7일에는 파다(巴茶), 초8일에는 밀수병(蜜酥餠), 초9일에는 육수유(肉酥油), 초10일에는 당증병(糖蒸餠), 11일에는 탕면소병(盪麪燒餠), 12일에는 초염병(椒塩餠), 13일에는 양육소만두(羊肉小饅餃), 14일에는 세당(細糖), 15일에는 옥교백(玉茭白), 16일에는 천층증병(千層蒸餠), 17일에는 수피각아(酥皮角兒), 18일에는 당조고(糖棗餻), 19일에는 낙(酪), 20일에는 마이면(麻膩麪), 21일에는 봉당고(蜂糖糕), 22일에는 지마소병(芝麻燒餠), 23일에는 권병(捲餠), 24일에는 녹양

---

1 서필달(徐必達, 1562~1631)의 저술로 20권이다. 저자는 원저를 직접 본 것이 아니라《흠정일하구문고(欽定日下舊聞考)》권33에 인용된 것을 본 듯하다. 이 내용은 손승택(孫承澤)의《춘명몽여록(春明夢餘錄)》에도 똑같이 나온다. 광록시(光祿寺)는 명·청 시대 궁궐에 음식을 공급하던 관청이고, 봉선전(奉先殿)은 명나라 역대 황제와 황후의 제사를 올리는 궐내의 제사 공간이다.

증권(燒羊蒸餞), 25일에는 설고(雪糕), 26일에는 협당병(夾糖餠), 27일에는 양숙어(兩熟魚), 28일에는 상안고(象眼餻), 29일에는 수유소병(酥油燒餠), 30일에는 당수병(糖酥餠)을 올린다."

30일 동안 공양하는 떡은 17종이고, 나머지 요화·만두·권전도 모두 떡의 일종이다. 생선과 고기는 겨우 몇 가지뿐이다. 이것이 승려의 풍속에서 유래하였겠는가? 후세의 제사 상차림은 대체로 이와 같았다.

고명

우리나라 풍속에 찐 떡 위에 대추나 밤 조각을 칠기의 자개 모양과 같이 펼쳐놓는데, 이것을 고명이라고 한다. 성호(星湖) 이익(李瀷)의 《성호사설(星湖僿說)》에서 "옛사람들이 대추나 밤으로 장식해 글자를 만들고 이름을 고명이라고 하였다"라고 하였는데, 이 말은 틀린 것이다. 근래 사치스러운 풍조가 성행해 음식물 위에 문양을 넣어 꾸미기도 하는데, 식자들은 그것조차도 상서롭지 못한 짓으로 여긴다. 그러니 옛사람들이 어찌 이런 일을 하고서 이름까지 붙였겠는가? 떡은 널판 모양으로 만들면 저절로 앞뒤[面背]가 생기는데, 아로새긴 쪽이 앞이다. 그래서 고면(餻面)이라고 일컬었는데, 상말에서 잘못 읽는 경우가 많아 고명으로 굳어진 것이다.

별의

우리나라 의복은 모두 앞에서 두 옷깃을 포개고 뒤에서는 옷자락을 늘어뜨린다. 단령(團領)[1]이나 직령(直領)[2]은 옷깃의 뒤쪽 옷감이 옆구리 쪽에서 밖을 오므려 겹치도록 하고 뾰족하게 등 쪽을 향한다. 이것은 명나라 태조가 설장수(偰長壽)[3]에게 하사한 의복제도에서 나온 양식인데 그렇게 만든 까닭을 모르겠다.

옷깃의 가장자리와 뒷자락이 연결되어 있지 않은 만큼 반드시 그 속에 몸을 덮는 옷을 입어서 바지나 치마가 드러나는 것을 가리는데, 이것의 이름이 바로 무존비(無尊卑)이다. 무존비 가운데에는 등줄을 트고 하반신을 꿰매지 않아서 말타기에 편리하도록 만든 것이 있는데, 속칭 별의(撤衣)라고 한다. 벼슬아치들이 이것을 입는데 군복제도에서 온 듯하다. 나는 이 제도가 우리나라에만 있고 옛날에는 없었다고 생각하였다.

지금 당나라 사람이 쓴 책(《당척언(唐摭言)》)을 보니 다음과 같은 내용이 있었다. "방간(方干)은 언청이인데 성품이 남을 잘 업신여겼

---

1   깃을 둥글게 만든 공복(公服). 색에 따라 흑단령(黑團領)·홍단령(紅團領)·백단령(白團領)·자단령(紫團領) 등으로 구별한다.
2   두루마기 깃과 같은 곧은 옷깃. 고려에서 조선 후기까지 남자들이 입은 직령으로 된 겉옷[袍]도 직령이라고 한다.
3   설장수(偰長壽, 1341~1399)의 자는 천민(天民)이고 호는 운재(芸齋)이다. 위구르족 출신으로 고려 말에 귀화해 외교관으로 활동하였다.

고, 이주부(李主簿)라는 자는 눈에 백태가 끼어 있었다. 방간이 주령(酒令)⁴을 내어 이주부의 백태 낀 눈을 조롱해 '선비는 술을 마시고 소금을 찍어 먹으며, 군장(軍將)은 술을 마시고 장을 찍어 먹는다. 단지 문밖에 있는 울타리만을 볼 뿐 눈 속의 장애물은 보지 못한다'라고 하였다. 이주부가 응수해 '선비는 술을 마시고 소금을 찍어 먹으며, 하인은 술을 마시고 초를 찍어 먹는다. 그저 반비(半臂)에 걸친 난삼(襴衫, 조선 시대 유생이나 진사의 예복)만 볼 뿐 제 입술의 벌어진 샅은 보지 못한다'라고 하였다." 벌어진 샅과 걸친 난삼으로 터진 입술을 조롱한 것을 보면 난삼은 하반신을 터서 꿰매지 않은 것이 분명하다.

4　여러 사람이 모여 함께 술을 마실 때 서로 마시는 방식을 정하는 약속으로, 술자리에서 흥을 북돋우기 위한 놀이이다.

34

입식

홍무 병인년(1386)에 설장수가 명나라 태조가 하사한 관모와 관포 (官袍)를 얻어왔다. 그때 비로소 모든 관원의 복장을 제정했는데, 한 결같이 중국제도를 채택하였다. 그래서《경국대전(經國大典)》에 조선 초에 제정한 복식을 기재하면서 사헌부·사간원 관리들과 관찰사·절도사의 입식(笠飾, 융복의 갓에 갖추는 치장)에는 옥정자(玉頂子)[1] 를 사용하고, 감찰(監察)은 수정정자(水晶頂子)를 사용한다고 규정하였다. 다만, 그 정자가 어떤 모양인지는 밝히지 않았다.

지금 감찰은 정자를 착용하지 않은 지 오래되었으나, 대사헌과 대간(臺諫)만은 해치(獬豸) 모양의 정옥(頂玉)[2]을 사용하고 있으며, 관찰사와 절도사는 백로 모양의 정옥을 사용한다. 원래 대사헌의 가슴과 등에는 해치를 수놓았는데, 정옥이 해치의 형상을 취한 것은 분명한 근거가 있다. 관찰사가 백로 형상을 쓰는 것은 도대체 무슨 의미를 취한 것일까?

북위(北魏)시대의 관제를 살펴보니 적을 정찰하는 관리를 백로로 바꾸었는데, 목을 빼어본다는 의미를 취한 것이다. 그때의 이정표에는 백로 형상을 새긴 것이 많다.[3] 지금 우리나라의 감사도 이 의미를

---

1 다음의 사이트에서 이미지를 볼 수 있다. http://blog.daum.net/nongaak/6180100
2 관원이 모자에 꾸미개로 붙이는 옥.

취한 것일까? 관찰사의 관복에 목을 빼어본다는 형상을 채택하는 것은 그리 관련성이 없다. 게다가 우리나라 관복이 양식과 장식 가운데 이것만 북위의 제도를 본뜨지는 않았을 것이다. 그렇다면 다른 의미가 있는 것일까? 알 수 없다.

---

3 양신(楊慎)의 《단연총록(丹鉛總錄)》〈궁실(宮室)〉에 나오는 내용이다.

옥패 주머니

조복(朝服)의 옥패에는 원래 비단 주머니가 없었다. 중국 명나라 가정(嘉靖, 1522~1566) 연간에 세종이 전상(殿上)에 오르다가 한 신하의 옥패가 바람에 나부끼어 황제의 옥패와 서로 얽히자 황제가 내시에게 풀도록 명하였다. 이로 인해 중앙과 지방의 관원에게 조서를 내려 모두 옥패 주머니를 만들어 서로 얽히는 것을 방지하도록 하였다. 태상시(太常寺, 제사를 주관하는 관청)의 관원만은 교묘(郊廟)에서 옥 소리를 쟁그랑 울리며 바쁘게 제사를 돕는 것이 본래 직무였으므로 주머니에 넣지 않았다. 우리나라에서 옥패를 주머니에 넣는 것은 대개 중국의 제도를 본받은 것인데, 제관(祭官)들까지 주머니를 차는 것은 그 제도를 제대로 본받지 못한 것이다.

방립

오늘날 상을 당했을 때 쓰는 방립(方笠, 방갓)¹은 세상에서 절풍변(折風弁)²의 유제(遺制)라고 하는데, 그럴지도 모른다. 금남(錦南) 최부(崔溥)³가 상주(喪主)로 표류해 중국에 이르게 되었다. 중국 사람들이 방립에 대해 묻자 그가 "우리나라 풍속에 상을 당한 사람은 죄인이라 자처하므로 하늘의 해를 보지 않으려고 그렇게 하는 것입니다"라고 대답하였다. 그 대답을 두고 이익은《성호사설》에서 다음과 같이 언급하였다.⁴

"금남의 이 답변은 가식이 섞여서 실정과는 맞지 않는다. '이것은 고대 우리나라 사람들이 착용하던 절풍변의 이어져오는 유제(遺制)

---

1 삿갓의 일종으로 대나무로 만든 모자이며, 주로 비가 올 때 우장으로 쓰거나 여름철 햇빛을 가리기 위해 썼다. 사람을 피할 때에는 이를 기울여서 얼굴과 몸을 가렸다. 신라와 백제에서 사용했다고 하여 나제립(羅濟笠)이라는 별칭으로 통한다.

2 절풍은 위로 솟아 있고 밑으로 넓게 퍼진 세모꼴 비슷한 고깔 형태의 쓰개인데, 절풍건(折風巾)·소골(蘇骨)이라고도 한다.《남제서(南齊書)》,《삼국지》,《후한서》,《양서(梁書)》,《통전》,《남사》,《북사(北史)》 등 많은 중국 사료에 고구려 사람들이 머리에 고깔과 같은 형태의 절풍을 썼다는 기록을 남겼다.

3 최부(崔溥, 1454~1504). 자는 연연(淵淵), 호는 금남(錦南). 1482년 문과에 급제해 군자감주부 등을 지냈다. 1487년 제주 3읍의 추쇄경차관(推刷敬差官)에 임명되었고, 다음 해 초 부친상의 기별을 받고 고향으로 급히 오는 도중 풍랑을 만나 14일 동안 동중국해를 표류하다가 명나라 태주부 임해현(台州府臨海縣)에 도착하였다. 북경을 거쳐 조선으로 돌아왔다. 귀국한 뒤 왕명을 받들어 표류의 견문을 기술해《표해록(漂海錄)》 3권을 완성하였다.

4 이익의 글은《성호사설(星湖僿說)》권5 〈만물문(萬物門)〉의 '절풍립(折風笠)' 항목에 나온다.

이다. 예는 근본을 잊지 않는 것이므로 상을 당한 사람은 아직도 이 제도를 따르니, 최질(衰絰)⁵과 성격이 같다'라고 대답하는 것이 옳다. 그렇게 답했다면 사실에 부합하는 행동이며, 말에 조리가 있었을 것이다."

이익의 말이 옳다. 방립은 신라·백제 이래로 평상복 차림이 되어서 모든 사람이 쓰고 다녔다. 처음부터 상을 당했을 때 쓰는 것도, 천한 사람들이 쓰는 것도 아니었다. 그래서 고려 우왕 원년(1375)에 각 관사의 서리에게 흰 방립을 착용하게 하였다. 그러나 이때 방립을 처음 착용했다는 말은 아니다. 공민왕 20년(1371)에 대언(代言, 승지) 이상은 모두 흑초방립(黑草方笠)을 쓰도록 하였는데, 뒤에 서리들이 흑초방립을 착용하므로 우왕 때에 이르러 특별히 백색 방립을 만들어 그 등급과 권위를 구별하도록 한 듯하다.

그런 까닭에 《경국대전》에 지방 향리의 복식으로 관복에는 복두(幞頭),⁶ 평상복에는 대나무로 만든 검정 방립을 쓴다고 적어놓았으니 천인의 복장이 아님을 잘 알 수 있다. 그러나 우리 조선조에 온 나라 안에서 이 갓을 착용하는 자는 향리 한 계층뿐이었다. 이 제도가 임진왜란 이후에 이르러 비로소 폐지되었으나 광해군 갑인년(1614)에 충청감사의 장계(狀啓)에 따라 각 도의 향리들에게 법전에 의거해 다시 착용하도록 하였다. 이에 앞서 평안도와 함경도 두 지역의 향리들은 본래부터 이것을 착용하지 않았다. 그 당시 경상감사는 향

---

5 상중에 입는 삼베옷으로, 상복과 수질(首絰) 및 요질(腰絰)이 있다.

6 조선시대 과거에 급제한 사람이 홍패를 받을 때 쓰던 관(冠). 사모같이 두 단으로 되어 있으며, 위가 모지고 뒤쪽 좌우에 날개가 달려 있다.

리들의 간곡한 요청을 받아들여 장계를 올려 방립을 쓰지 않도록 간청해 윤허를 받았다. 다른 도에서도 차례로 장계를 올려 간청해 모두 윤허를 받았다. 결국에는 사헌부 사간원의 시경(署經)[7]을 거친 뒤 공표해 시행하였다. 이것은 본래 향리를 천대하려고 만든 제도는 아니었으나 그들만 쓰는 탓에 부끄럽게 여겼다. 이 일은 경기감사《선생안(先生案)》[8]의 첫 권에 자세히 기록되어 있다.

근래 정극인(丁克仁)[9]의 《불우헌집(不憂軒集)》을 보니 그는 호남 사람으로 태종 때 태어나서 성종 때 죽었다. 벼슬이 삼품에 이르렀으며 남긴 글이 있었는데, 그 후손이 근래에 비로소 문집을 발간하였다. 문집 가운데 〈자손계(子孫誡)〉가 있는데 그 글에서 "본조의 제도에 직책과 임무가 고달프고 치욕스럽기로는 향리만한 것이 없다. 우리 집안은 본래 영광(靈光)의 향리 집안이다. 우리 시조[丁璿]께서 생원시에 합격해 향리에서 벗어나는 공로를 세우지 못했다면 우리는 방립을 쓰고 굽실대는 고달픔과 치욕을 당했을 것이다"라고 하였다. 정극인의 고조부는 본래 향리로 생원이 되어 아전 업무를 면제받았다. 그래서 그의 자손들은 방립 착용을 면하게 된 것을 다행으로 여겼다. 이 사실로 미루어보면 국초부터 이미 고달프고 치욕스러운 일을 하는 사람의 복식으로 여겼다.

---

7 임금이 새 관원을 임명한 뒤 성명, 문벌, 이력 등을 써서 사헌부와 사간원의 대간(臺諫)에게 그 가부를 묻던 일.

8 각 관아에서 전임 관원의 성명, 직명, 생년월일, 본적 등을 기록한 책.

9 정극인(丁克仁, 1401~1481)의 자는 가택(可宅)이고 호는 불우헌(不憂軒)이다. 1453년(단종 1) 문과에 급제해 정언(正言)에 이르렀으나, 단종이 왕위를 찬탈당하자 사직하고 태인(泰仁)에서 후진을 가르쳤다. 가사 작품 《상춘곡(賞春曲)》을 남겼다. 예조판서에 추증되고 태인의 무성서원(武城書院)에 배향되었다. 문집에 《불우헌집(不憂軒集)》이 있다.

망건

동월(董越)은 《조선부(朝鮮賦)》[1]에서 "사람들은 망건(網巾)의 관자(貫子)로 귀천을 구분한다"라 하고 스스로 주석을 달아서 "그 나라에서는 머리털을 싸매는 망건을 모두 말총으로 짜며, 관자로 품계와 계급을 정한다"라고 하였다. 동월이 우리나라에 사신으로 왔을 때가 홍치(弘治) 무신년(1488), 즉 성종 19년이다. 그때 우리나라에는 이미 말총으로 짠 망건이 있었다. 그런데 명나라 말엽 사람의 소설에는 망건을 말총으로 짜서 만드는 것이 만력(萬曆, 1573~1620) 연간부터 시작되었다고 쓰여 있다. 그렇다면 중국 사람들이 본디 우리나라에서 만드는 법을 배워간 것일까? 주량공(周亮工)[2]이 《서영(書影)》에서 "당나라 사람의 〈개원팔상도(開元八相圖)〉에 당건(唐巾)의 끝단 아래 망건 무늬가 드러난 사람이 있다. 이것으로 옛날에 망건이 있었다는 사실이 입증된다"라고 하였다. 그렇다면 망건이 홍무 때 처음 생겼다는 설은 본래 잘못된 것일까?

---

1 중국 명나라의 동월(董越)이 조선 사행 경험을 바탕으로 우리나라 풍토를 부(賦) 형식으로 기록한 책. 저자가 조선 성종 19년(1488)에 우리나라에 사신으로 왔다가 돌아간 뒤 지었고, 명종 때 활자로 간행되었다. 동월은 명나라 효종의 스승이며, 당상관 품계에 있던 문인이다.

2 주량공(周亮工, 1612~1672)의 자는 원량(元亮)이고 호는 역원(櫟園)이다. 개봉(開封) 사람으로 명나라 숭정 연간에 진사가 되었고, 감찰어사(監察御使)에 제수되었다. 명나라가 멸망하자 청나라에서는 복건좌포정사(福建左布政使), 호부우시랑(戶部右侍郞) 등의 관직을 역임하였다. 전각가로 유명하였다. 견문을 기록한 필기 《인수옥서영(因樹屋書影)》이 저명한데, 줄여서 《서영(書影)》이라고 한다.

역관의 옷

근래 역관들의 사치는 끝이 없다. 그중 매우 부유한 역관들은 중국에 갈 때 호백구(狐白裘)[1]나 담비 갖옷 등을 입지 않고 명주 비단을 수십 겹 겹쳐 갖옷을 만든다. 그 값이 털가죽 옷보다 곱절이나 비싸며 가볍고 따뜻하기가 곱절이나 더 낫다. 그러나 이는 수십 명에서 백 명의 사람이 입을 옷감으로 옷 한 벌을 만드는 것이니 매우 상서롭지 못하다.

진계유(陳繼儒)가 기록한 글을 보니 "당나라 제도에 입동이 되면 천 겹 버선을 황제에게 올린다. 그 제작법은 명주 천여 겹 사이사이에 비단을 끼워서 만든다"[2]고 하였다. 그제야 요즈음 역관 무리들이 이 글을 보고 따라한 것임을 알게 되었다. 당나라 때 황제에게 바치는 물품은 더할 수 없이 사치스럽고 화려했는데 이와 같은 버선은 그중에서도 심하였다. 천자가 아무리 부유하다고 하여도 절제 없이 함부로 낭비해서는 안 된다. 이것은 정말로 경계해 본받아서는 안 된다.

---

1 여우의 겨드랑이에 있는 흰털만을 모아서 만든 갖옷.

2 《설부(說郛)》에 수록된 《청이록(淸異錄)》 〈의복(衣服)〉에 보인다.

39

부인의 복식

옛날 우리나라 부인들은 머리를 덮는 쓰개치마를 사용하지 않았다. 세종 때 현암(眩庵) 기건(奇虔)[1]이 새로운 의복을 만들어 올렸는데, 세간에서 너울[羅兀]이라고 하는 물건이다. 후세에 마침내 사인교(四人轎)·육인교(六人轎)가 생겼다. 비단으로 지붕을 꾸미고 금으로 정수리를 치장하며 사면에 주렴을 두른 가마는 공주나 옹주가 타는 것으로, 여염집 평민도 혼인할 때 신부가 빌려 타기도 한다. 혼사에는 섭성(攝盛)[2]의 관례가 허용되었으나 지나치게 사치스럽고 분에 넘치는 일이다.

---

1 기건(奇虔, ?~1460)의 호는 현암(眩庵)·청파(靑坡)이다. 세종 때 포의(布衣)로 발탁되어 사헌부 지평을 제수받았고, 벼슬이 판중추(判中樞)에 이르렀다. 시호는 정무공(貞武公)이며, 청백리에 들었다.
2 옛날에 혼례를 올릴 때 신랑과 신부가 타는 수레와 입는 복식을 일반적인 제도보다 한 등급 올려서 성대한 예식임을 보이던 것을 말한다.

부인과 천민의 지문 날인

우리나라의 부인과 천민들은 서명에 쓸 이름이 없기 때문에 물건을 빌리거나 매매하며 계약서를 쓸 때 부인은 성을 쓰고 아래에 왼손을 찍고, 천민들은 성명을 쓰고 아래에 왼손 엄지의 중간 마디를 찍어서 계약을 맺는다. 이 법은 우리나라 풍속에서만 그러한 것이 아니고 옛날부터 그렇게 하였다.

《주례》〈사시(司市)〉에서 "질(質)과 제(劑)[1]를 신표로 삼는다"라고 하였는데, 정현은 "긴 문서를 '질'이라 하고, 짧은 문서를 '제'라고 하는데 지금의 하수서(下手書, 계약서에 지문을 찍는 것)와 같다"라고 하였다. 가공언(賈公彦)은 "한나라 때 하수서는 지금의 손가락 마디를 찍는 계약서[畫指券]와 같다"라고 하였다.

---

1 무역과 매매에 사용하던 어음의 일종으로, 대시(大市, 인민, 우마)에는 질(質)을 사용하고 소시(小市, 병기, 진귀한 물건)에는 제(劑)를 사용하였다.

나라를 다스리는
학문의 본질을 묻다

41

일본 유학자 겐 마사유키

숙종 기해년(1719)에 청천(靑泉) 신유한(申維翰)이 제술관으로 일본에 갔다. 회진후(會津侯) 원정용(源正容)이 심부름꾼을 보내 그의 할아버지 겐 마사유키(源正之)가 지은 《이정치교록(二程治敎錄)》2권, 《삼자전심록(三子傳心錄)》3권, 《옥강부록(玉講附錄)》3권을 주며 서문을 청하였다. 또 겐 마사유키의 신도비문(神道碑文)을 보여주었는데, 그 내용은 대략 다음과 같았다.

"공의 성은 겐지(源氏), 휘는 마사유키(正之)로 동조대신군(東照大神君, 도쿠가와 이에야스)의 손자이고, 태덕대군(台德大君, 도쿠가와 히데타다)의 다섯째 아들이며, 대유대군(大猷大君, 도쿠가와 이에미쓰)의 아우이다. 경장(慶長) 16년(1611)에 에도(江都)에서 태어났다. 어려서부터 명민하고 행실이 바르며 글씨를 잘 쓰고 배운 것을 잘 외웠다. 또 한 번 거쳐간 것은 늙어서까지 잊어버리지 않았다. 한평생 게으른 모습을 보이지 않았고, 가고 머무는 곳이 늘 정해져 있었다. 매우 추워도 따뜻한 곳을 찾지 않았고, 매우 더워도 서늘한 곳을 마련하지 않았다. 음식은 소박해 분수를 잃지 않았다. 식사를 마치고 나면 경서를 연구해 밝히고, 역사서와 제자서(諸子書)를 평론하였다. 방에 조용히 앉아 있거나 정원을 이리저리 둘러보았다.

남을 대할 때는 귀천을 따지지 않고 한결같이 성심껏 대하였다. 멀리서 보면 근엄했으나 다가가 보면 온화하고 너그러웠다. 남의 착한 점만을 말할 뿐 남의 악한 점은 입에 올리지 않았으며, 참과 거짓을 훤히 알면서도 좋고 싫은 기색을 드러내지 않았다. 남을 지극히 아껴서 한 사람도 버린 적이 없었다.

공부는 처음에는 사서를 읽다가 요령을 얻지 못하자 노자와 불가 사상에 마음을 두었다. 후에《소학(小學)》을 얻이 즐겨 읽으면서부터 성(誠)과 경(敬)을 주로 배웠으며, 대학의 도를 알게 된 뒤 이단의 학설을 배척하였다. 공부가 날로 깊어지고 순수해지면서 염락관민(濂洛關閩)¹의 서적을 전문적으로 공부하였다.

일찍이 호학론(好學論)²을 보다가 〈정성서(定性書)〉³의 핵심을 터득하였다. '고요히 앉아서 경(敬)을 익히지 않으면 어떻게 이 도(道)를 깨달을 수 있겠는가?', '도를 보지 못한다면 배우더라도 유익함이 없다', '마음을 한곳에 집중해 다른 곳으로 가지 않으면 발현되지 않은 기상을 보존할 수 있다. 움직여도 안정되고 고요해도 안정된다면, 사사로운 정을 두지 않고 본성에 따르는 성인에 가까울 것이다.'

'정자(程子) 문하의 정좌법(靜坐法)⁴을 양구산(楊龜山)·나예장(羅豫章)·이연평(李延平)이 서로 전수해왔는데,⁵ 겐 마사유키가 그것을 모아《삼자전심록》을 편찬하였다. 또 일찍이 주자의《옥산강의(玉山

---

1 염계(濂溪)의 주돈이(周敦頤), 낙양(洛陽)의 정자(程子), 관중(關中)의 장횡거(張橫渠), 민중(閩中)의 주자(朱子)를 통칭한 것으로, 곧 송대의 성리학을 뜻한다.
2 정자가 주돈이에게 수학할 때 안연(顔淵)이 유독 좋아한 학문은 무엇이냐는 질문을 받고 대답한 것이다.《근사록(近思錄)》권2 〈위학류(爲學類)〉에 나온다.
3 정호(程顥)가 23세 때 장횡거의 질문을 받고 인성(人性)에 대해 논한 글로, 원제목은 〈답횡거장자후선생서(答橫渠張子厚先生書)〉이다.
4 승려들이 좌선(坐禪)하는 것처럼 단정히 앉아서 마음을 닦는 수행법을 말한다. 송유(宋儒) 가운데 특히 정명도(程明道)와 이연평(李延平)이 강조하면서 유가의 수련법으로 확립되었다.

講義)》⁶를 읽다가 정밀하고 자세한 설명을 보고서 《주자어류(朱子語類)》와 《주자대전(朱子大全)》에 실려 있는 논의와 답변 가운데 그 책을 보완할 만한 글을 직접 뽑아서 체계를 삽아 편집해 《옥강부록》 3권을 만들었다. 이 책은 태극(太極)·음양(陰陽)·사덕(四德)⁷·오상(五常)⁸·이기(理氣)·사생(死生)의 설을 밝히고 있다. 《옥산강의》는 과거에는 잘 알지 못하던 내용으로 성명(性命)의 학설을 상세하게 논해 더 보탤 것이 없을 정도였다.'

평상시에 늘 가르침을 드러내 말씀하였다. '인(仁)의 생의(生意)⁹를 친절하게 음미해보면 아직 발현되지 않은 사랑이다. 한 뜻이 한 이치를 지녀 만물이 일체가 되는 것이다', '지혜를 감추고 자취를 없앤다는 의미를 안 뒤에야 도(道)의 본체를 말할 수 있으며, 귀신을 논할 수 있을 것이다', '인과 지(智)의 조화는 만 가지 변화의 중심축이니, 이것이 하늘과 사람이 합일하는 도이다.'

아! 말씀이 잘 요약되었다고 하겠다. 이 요점을 터득한 사람으로 주자 문하의 채계통(蔡季通)·채중묵(蔡仲黙)·진서산(眞西山)¹⁰ 이후

---

5 양구산(楊龜山)은 양시(楊時, 1053~1135), 나예장(羅豫章)은 나종언(羅從彦, 1072~1135), 이연
   평은 이동(李侗, 1093~1163)으로 북송 때의 성리학자이다. 정이·정호 문하의 학자들로 이정(二
   程)의 학문이 주희에게 이어지는 가교 역할을 하였다.

6 주자가 옥산(玉山)에서 그 고을 수령 사마방(司馬迈)의 요청으로 학자들의 질문에 강의한 것을 책
   으로 엮었다. 위기지학(爲己之學)을 강조하며 성명(性命)·의리(義理)의 근원을 강론해 학문의 방
   향을 제시하였다.

7 천지자연의 네 가지 덕으로 원형이정(元亨利貞)을 가리킨다.

8 사람으로서 항상 지켜야 할 다섯 가지의 도리로, 인의예지신(仁義禮智信)을 가리킨다.

9 하늘과 땅이 만물을 낳아 기르는 기상을 말한다. 정명도가 창 앞에 무성하게 우거진 잡초를 베지
   않고 그냥 놓아두고는 "만물을 살리려고 하는 조물주의 뜻을 항상 보고 싶다"라고 하였다. 《송원
   학안(宋元學案)》 권14 〈명도학안 하(明道學案下)〉 참고.

에는 이만한 사람이 없다.

임금을 섬길 때에는 대의를 항상 마음에 품고 늘 생각해 잊지 않았다. 세상을 안정시키는 데 뜻을 두어 터럭만큼도 남을 속이지 않았다. 자신이 충성을 다하지 못할까 염려했고, 남이 자기를 좋아해 주기를 바라지 않았다. 임금과 주고받은 글을 모두 불태워 남들이 모르게 하였다. 재능을 몸에 쌓아두라는 주공(周公)의 가르침[11]을 본받아 실천했고, 백이(伯夷)·숙제(叔齊)의 원망하지 않는 어짊[12]을 배우고자 하였으며, 탕왕(湯王)과 무왕(武王)이 혁명하는 의리를 듣기 싫어하였다.

항상 말하기를, '문왕(文王)의 지극한 덕은 공자 이래 한유·정자·주자가 밝혀 드날렸고, 태백(泰伯)[13]의 지극한 덕은 공자 이래로 오직 주자만이 밝혀내었으니, 이렇게 한 뒤에 천하 군신의 도리가 정해졌다'고 하였다. 또 '다친 사람을 보듯 백성을 가엾게 여긴다(視民如傷)'는 글을 보며 부끄러워한다[14]는 정명도(程明道, 정호)의 말씀을 늘 칭찬했고, '백성들보다 먼저 근심하고 백성들보다 나중에 즐거워

---

10 채계통(蔡季通)은 채원정(蔡元定), 채중묵(蔡仲黙)은 채침(蔡沈)으로 부자간이다. 진서산(眞西山)은 진덕수(眞德秀)로 모두 주자의 학맥을 이은 대제자들이다. 이들은 《서경집전(書經集傳)》과 《대학연의(大學衍義)》 등의 저술을 남겼다.

11 주공(周公)이 지었다는 《주역》 〈계사전하(繫辭傳下)〉에 "군자는 제 몸에 재능을 쌓아두었다가 때를 기다려 움직이면 무슨 이롭지 못함이 있으랴(君子藏器於身, 待時而動, 何不利之有)"라는 글이 있다.

12 《논어》 〈술이〉에 공자가 백이·숙제를 논평해 "인을 구해 인을 얻었으니 어찌 원망했겠느냐"라고 말한 내용이 있다.

13 주나라 태왕(太王)의 맏아들로, 태왕이 은나라를 정벌할 때 그 뒤를 따르지 않아 결국 막내아우의 아들인 창(昌)에게 왕위를 물려주어 문왕(文王)이 되게 하였다. 뿐만 아니라 자취를 감추어 사람들이 그의 덕을 칭송조차 하지 못하게 하여, 공자가 그를 일러 '지덕(至德)'이라 하였다.

한다(先憂後樂)'[15]는 범중엄(范仲淹)의 말을 사랑하였다.

시종군에게 역사책을 읽게 하여 역대 흥망의 역사를 거울삼고, 그 지역에 적용할 만한지를 살피고 그 시대에 알맞는가를 물어서 《이정치교록》을 편찬해 생각한 뜻을 실어놓았다.

회진을 다스릴 때는 관리들을 영내에 나누어 보내 순행하게 한 뒤 성곽과 해자(垓子)를 견고히 수축하게 하고, 산림과 천택(川澤)의 지형을 살펴본 뒤 《회경지(會境志)》를 편찬하게 하였다. 폐지했던 제사를 다시 지내게 하고, 옳지 않은 귀신을 섬기는 신사를 헐어버리고 《신사기(神祠記)》를 지었다.

사찰을 허물어 승려를 멀리했으며, 장지를 마련해 화장을 금하고 사창(社倉, 기근 때 곡물을 빌려주는 기관)을 건설해 한결같이 주자가 남긴 법에 따라 시행하였다. 또 상평창(常平倉, 쌀값 조절을 위해 설치한 기관)을 설치하고 조세를 관대하게 하였으며, 조운(漕運)제도를 마련하였다. 송사를 다스릴 때는 윤리에 근본을 두어 사건의 실상을 살폈으며, 감사를 보내 순찰해 백성들의 실정을 아뢰게 하였다. 90세 이상 된 사람들에게는 매년 구량(口糧, 사람 수대로 내어주는 양식)을 지급했고, 효자와 절부(節婦)에게는 포상했으며, 나라에 충성하지 않고 어른을 공경하지 않는 자는 처벌하였다. 곤궁한 백성과 괴로운 처지를 하소연할 곳 없는 사람은 구휼하고, 떠돌이와 병든 사람은 구제

---

14 '다친 사람을 보듯 백성을 가엾게 여긴다(視民如傷)'는 말은 《맹자》〈이루(離婁)〉에 나오는 말인데, 정명도는 지방 수령으로 재직할 때 이 말을 좌우에 써놓고 늘 그 말에 부끄럽지 않도록 노력하였다.

15 송나라 범중엄(范仲淹)의 〈악양루기(岳陽樓記)〉에 나오는 "천하의 걱정거리에 대해서는 그 누구보다도 먼저 걱정하고, 천하의 즐거운 일에 대해서는 그 누구보다도 뒤에 즐긴다(先天下之憂而憂 後天下之樂而樂)"는 말을 요약한 것이다.

해 관내에서 굶어죽은 사람을 한 사람도 볼 수 없었다."

써온 글은 여기까지로 전편을 다 쓰지는 않았다. 글의 첫머리에는 "고 호분중랑장 회진후 신도비(故虎賁中郞將會津侯神道碑)"라고만 쓰여 있었다. 내가 저서 세 권의 서문을 지어주었다. 심부름꾼이 그 세 권의 저서를 나에게 주면서 "회진후의 분부이온데 계림(鷄林, 신라의 다른 이름)의 군자들에게 정주(程朱)의 학문이 일본에도 있다는 것을 알기 바란다고 하셨습니다"라고 하였다.

그 비문만 본다면 그가 군자임을 알 수 있다. 이보다 앞서 일본에는 이런 사람이 결코 없었으므로 성리학을 처음 개척한 시조임이 분명하니 탄복할 만하다. 그가 편찬한 저서 세 권은 틀림없이 볼 만한 점이 있을 텐데 볼 길이 없어 유감스럽다.

일본 유학자 이토 진사이

일본에 고학선생(古學先生, 이토 진사이)[1]이 있는데, 그의 행장을 보니 대략 다음과 같았다.

"선친의 휘는 고레에다(維禎), 자는 겐자(源佐), 성씨는 이토(伊藤) 이다. 관영(寬永) 4년(1627) 정묘년에 호리카와(掘河) 댁에서 태어났다. 어려서부터 매우 침착하고 느긋한 태도가 보통 아이들과 달랐다. 겨우 11세 때 스승을 모시고 정주의 학문을 깊이 연구해 오로지 《성리대전(性理大全)》이나 《주자어류》 등의 시적을 읽었고, 시이사이에 불가와 노자의 가르침도 탐구하였다. 백골관법(白骨觀法)[2]을 수행한 적이 있는데, 오래되자 산천과 성곽이 모두 공상(空相)으로 보이

---

1 이토 진사이(伊藤仁齋, 1627~1705)의 자는 겐자(源佐)·겐키치(源吉)이고 호는 진사이(仁齋), 시호는 고카쿠센세이(古學先生)이며 이름은 고레에다(維禎)이다. 교토(京都) 호리카와(掘河)에서 태어났다. 고학파(古學派)의 제창자로서, 윤리와 인간상을 탐구해 제시하였다. 그는 당시까지 지배적이던 주자학적 경전 해석을 버리고 실증적으로 텍스트를 직접 검토하는 학문법을 택하였다. 주자학은 학문체제로서는 매우 정돈된 체제를 갖추었지만, 선불교와 노장(老莊)사상이라는 비(非)유교적 요소가 개입되어 경전 해석에 오류가 생겼다고 간주하였다. 저서에는 《어맹자의(語孟字意)》 등이 있다.

2 선불교의 수행방법 가운데 하나이다. 자신의 몸에 대한 집착을 버리기 위해 몸이란 피와 기름, 배설물 등 여러 가지 부정한 것들로 가득 차 있다고 관상하고, 이성(異性)에 대한 집착을 버리기 위해 인간의 몸이 사후에 썩어 백골이 되어가는 모습을 관상하는 방법이다. 이토 진사이는 젊었을 때 이 백골관법에 심취해 "자신의 몸이 백골로 보이고 남과 이야기해도 백골과 이야기하는 것처럼 느껴지며, 길가는 사람도 마치 나무인형이 걸어가는 것처럼 보인다. 만물에 공상(空相)이 나타나 천지도 없고 생사도 없으며 산천이나 궁전도 허깨비처럼 여겨진다"라고 이야기한 바 있다.

는 것을 깨달았다. 그러나 얼마 뒤 그릇된 학술임을 알고 학문에 매진하였다.

이에 앞서 송나라 유자의 성리설이 공자와 맹자의 학문과 괴리됨을 의심해 상호 비교하고 섭렵해 여러 해 동안 골몰하였다. 이즈음 명확히 스스로 깨달아 대략 조리를 갖추고 드디어 《대학》은 공자가 남긴 글이 아니고,[3] 명경지수(明鏡止水)나 충막무짐(沖漠無朕),[4] 체용(體用), 이기(理氣) 등의 성리학자들의 주장은 모두 부처나 노자의 찌꺼기이지 성인의 뜻이 아니다'라고 하였다.

비로소 문을 열고 생도를 맞아들이자 찾아오는 사람이 몰려들어 문전성시를 이루었다. 믿는 사람은 그를 세상에 드문 위인이라 하고, 의심하는 사람은 육구연(陸九淵)이나 왕수인(王守仁)의 찌꺼기 학설이라고 하였다. 선생은 그 사이에서 시시비비나 훼방과 칭찬에도 무심한 듯 따지지 않고 오로지 옛 학설을 계승해 후세를 여는 일을 자신의 일로 여길 뿐이었다.

연보(延寶) 계축년(1673) 7월에 모친이 우거(寓居)에서 세상을 떠나자 선생은 1년 동안 상복을 입었다. 이듬해 9월에 부친 요실(了室)이 세상을 떠나니 상복을 입은 기간이 전후를 통틀어 4년이었다. 선생의 학문은 오로지 《논어》 위주였고 《맹자》는 그 다음이었는데, 《논어》는 가르침을 말했지만 도가 그 속에 있고, 《맹자》는 도를 말하지만 가르침이 그 속에 있다고 하며 《어맹자의(語孟字義)》를 저술하였다.

---

3 정자가 "대학은 공자가 남긴 저서로서 초학자가 덕으로 들어가는 문이다"라고 말한 것을 반박한 말이다.

4 매우 고요해 아무 조짐이 없는 상태로, 본연의 성(性)을 표현한 말이다. 곧 사람이 사물과 감촉하기 이전의 그 본성에는 만물의 이(理)가 본래 갖추어져 있음을 뜻한다.

또《대학정본(大學定本)》을 저술해 오로지 고금의 순서에 의거해 조금 개정하고 (주자가 주장한 것과 달리) 격물장(格物章)은 본래 빠진 것이 아니라고 주장하였다. 이는 8조목의 순서대로 실천하는 것을 격물(格物)로 보았기 때문이다. '격(格)'의 뜻을 '바로잡다(正)'로 풀이하고 본문의 '성의(誠意)'라는 한 항목을 특별히 거론해 증거로 삼았다.

《중용발휘(中庸發揮)》를 저술해《중용(中庸)》본문의 희로애락 등 47개 글자[5]는 본래 옛날《악경(樂經)》에서 탈락된 부분이지《중용》의 본문이 아니라고 하였다. 귀신을 논한《중용》16장 이하도 본래《중용》의 글이 아니라고 보았으며, 따라서 그 장 이하를 잘라서 하편으로 정하였다. 변론하고 바로잡은 것이 매우 많아서 이름을《중용발휘》라고 하였다.

《시경》에 대해서는 '시의 창작은 모두 사람의 심정을 그대로 표현하는 것이라서 슬픔, 기쁨, 근심, 즐거움, 물정, 세태가 모두 다 여기에서 묘사된다. 그래서 독자는 모두 그 일부분만을 취해 받아들인다. 독자의 식견이 어떠한가에 따라서 천 가지 만 가지로 변하므로 어느 한 가지 뜻에 구애되어서는 안 된다'라고 하였다.

《서경》에 대해서는 주자와 오징(吳澄)[6]의 설을 좇아 오로지 금문(今文)《서경》만을 취하였다. 백성들을 간섭하지 말아야 한다는 노

---

5 《중용(中庸)》1장의 "희로애락이 아직 발동하기 이전의 상태를 중이라고 한다. 발하여 모두 절도에 맞는 것을 화라고 한다. 중은 천하의 큰 근본이요, 화는 천하의 공통된 도리이다. 중화의 경지에 이르게 되면 천지도 제자리를 잡고 만물도 제대로 육성될 것이다(喜怒哀樂之未發, 謂之中, 發而皆中節, 謂之和, 中也者, 天下之大本也, 和也者, 天下之達道也, 致中和, 天地位焉, 萬物育焉)"의 본문 47자를 가리킨다.

자의 무위자화(無爲自化) 주장을 배척하고, 요순(堯舜)에서부터 시초로 삼아야 한다는 공자의 뜻을 이해하는 데 중점을 두었다.

《역경(易經)》에 대해서는 오로지 정이천(程伊川)의 《역전(易傳)》을 주된 것으로 삼았다. 사마천과 양웅 등이 처음으로 십익(十翼)[7]을 공자의 저작이라고 하였는데, 구양수·육구연·조남당(趙南塘) 등은 모두 그 점을 의심하였다. 선생도 후대의 설을 좇아 단사(彖辭)와 상사(象辭)는 공자 이전에 지어진 것으로 보았다.

《춘추》에 대해서는 사실을 그대로 서술해 선악이 절로 드러난다고 하였고, 《공양전(公羊傳)》과 《곡량전(穀梁傳)》에서 천착한 내용을 지나치게 배척하고 오로지 《좌전(左傳)》의 설에 의거하였다.

《예기》는 한나라 유자가 견강부회한 학설에서 만들어진 책이나 그 사이에 정확한 말이 많다고 여겨 그것을 모아 기록하려고 하였으나 이루지 못하였다.

천도(天道)와 성명(性命)의 학설에 대해서는 모두 기(氣) 차원에서만 이야기했고, 이(理)를 이야기한 적이 없었다. 큰 요지는 하늘에 원기(元氣)가 있는 것은 사람에게 원양(元陽)[8]이 있는 것과 같다고 보았다. 그 이상은 성인이 설명하지 않았고, 따라서 《역경》에서도 건원(乾元)과 곤원(坤元)[9]만을 이야기했을 뿐 그렇게 되는 이치에 대해서

---

6 오징(吳澄, 1249~1333)은 원나라의 유학자로 자는 유청(幼淸)이고 호는 초려(草廬), 시호는 문정(文正)이다. 정주학을 깊이 신봉해 허노재(許魯齋)와 함께 당대 유학의 양대산맥으로 일컬어졌으며, 저서에 《오경찬언(五經纂言)》 등이 있다.

7 《주역》의 〈단전(彖傳)〉 상·하, 〈상전(象傳)〉 상·하, 〈계사전〉 상·하, 〈문언전(文言傳)〉, 〈설괘전(說卦傳)〉, 〈서괘전(序卦傳)〉, 〈잡괘전(雜卦傳)〉 10편을 일컫는 말이다. 전통적으로는 10편 모두 공자의 저작으로 알려져 있지만, 송나라 이래 저작자가 누구인지에 대한 논쟁이 끊이지 않았다.

8 중국 전통 의학 용어로, 인체 양기(陽氣)의 근원을 말한다.

는 이야기한 적이 없다고 하였다.

또 이르기를 '인의예지는 천하의 공통된 도리요, 측은(惻隱)·수오(羞惡)·사양(辭讓)·시비(是非)는 사람의 근본된 마음이다. 사람이 마음을 확충할 줄 안다면 인의예지의 덕을 이룰 수 있으니 이것이 맹자가 가르침을 세운 근본 취지이며, 도달하고 채워가는 것은 모두 배우는 사람이 수용해야 할 방법이다. 측은수오 네 글자는 인의의 근본이지 인의의 실마리가 아니다. 한나라 이래 송나라 주돈이(周敦頤)까지만 해도 그 설을 따랐으나 정자와 주자가 나와 비로소 인의를 성(性), 사단을 정(情)이라고 하였다. 그리하여 체용(體用)·내외(內外)·지경(持敬)·주정(主靜)의 설이 일어나고, 확충·존양(存養)의 수양 방법은 줄어들었다'라고 하였다.

일찍이 '천하에 도보다 높은 것이 없고 가르침은 그 다음이니, 성(性)은 도를 성취해 가르침을 받아들이는 바탕이다'라고 하였다. 만년에 《동자문(童子問)》3권을 저술해 그 뜻을 밝히고, 오로지 수신·제가·치국·평천하의 요체만을 기술해 학자들이 받아들여야 할 공부법을 가장 잘 갖추어놓았다.

또 일찍이 '성인은 사람에 따라 가르침을 세우지, 가르침을 세워 사람을 몰아가지 않는다'라고 하였다. 또 '인류에 해가 되고 일상생활과 동떨어져 천하와 국가의 다스림에 유익함이 없는 것은 모두 사악한 학설이며 폭력의 행동이다'라고 하였다.

---

9 《주역》〈단전〉에 "위대하다, 건원(乾元)이여! 만물이 의지해 시작하니, 이에 하늘을 통합하도다(大哉乾元, 萬物資始, 乃統天)"와 "지극하다, 곤원(坤元)이여! 만물이 의지해 생겨나니. 이에 순순히 하늘을 받들도다(至哉坤元, 萬物資生, 乃順承天)"라는 구절이 있다. 건원과 곤원은 하늘과 땅의 덕이 처음 발현되는 것을 의미한다.

옛사람 가운데 범중엄과 정명도 선생, 그리고 허형(許衡)[10] 세 사람을 가장 존경하였다. 문장을 지을 때는 오로지 당송팔대가(唐宋八大家)를 종주로 삼고, 시를 지을 때는 오로지 두보(杜甫)의 시를 조사(祖師)로 삼았다. 또 일찍이 환관(桓寬)의 《염철론(鹽鐵論)》[11]을 일컬어 그가 왕도(王道)를 논한 것이 맹자와 부합한다고 하였다. 또 '육지(陸贄)[12]의 《주의(奏議)》와 진덕수(眞德秀)[13]의 《대학연의(大學衍義)》는 모두 치도(治道)에 유익하다'라고 하였다.

성품이 너그럽고 온화해서 사람들은 선생이 말을 빨리하거나 얼굴빛을 갑자기 바꾸는 것을 보지 못하였다. 마음속에 담을 쌓지 않았고 겉치레를 일삼지 않았으며, 기괴하거나 편벽되거나 과격한 행동을 하여 해괴하다는 인상을 주지 않았다. 노소를 막론하고 정성으로 대하고 싫증내거나 무시하는 태도를 보이지 않았다.

대의에 관계되는 일은 엄청난 녹봉으로 유혹해도 그 뜻을 꺾을 수 없었다. 집안이 본래 빈한해 생계를 유지하기도 어려웠으나 태연하게 지냈다. 검소하게 자신을 다스려 넉넉함을 구하지 않았다. 벼슬

---

10 허형(許衡, 1209~1281)은 원나라의 대표적인 성리학자로 자는 중평(仲平), 호는 노재(魯齋)이다. 성리학 이념을 원나라 통치에 활용하도록 학술을 펼쳤으며, 관제(官制)·조의(朝議) 등도 제정하였다. 저서에 《허문정공유서(許文正公遺書)》 12권이 있다.

11 환관(桓寬, ?~?)의 자는 차공(次公)으로, 전한 여남(汝南) 사람이다. 그가 편찬한 《염철론(鹽鐵論)》은 무제 때부터 비롯된 소금·철·술 등의 전매와 같은 일련의 재정정책을 주제로 전국에서 모여든 학자들 간에 논쟁한 내용을 수록하였다.

12 육지(陸贄, 754~805)는 당나라의 정치가·학자로 자는 경여(敬興), 시호는 선(宣)이며 흔히 육선공(陸宣公)이라고 한다. 한림학사로 있을 때 황제에게 직언을 잘하였다. 그의 주의는 군주에게 간언하는 글의 전범이 되었다. 저서에 《육선공주의(陸宣公奏議)》가 있다.

13 진덕수(眞德秀, 1178~1235)는 송나라의 학자로 자는 경원(景元), 호는 서산(西山)이다. 주자의 문인 첨체인(詹體仁)에게 수학했으며, 주자학을 계승·발전시키는 데 힘썼다. 그의 저서 《대학연의》는 6편으로 나누어 제왕학을 설명하였다.

을 구하지 않은 것은 아니지만 벼슬을 구할 방도를 찾지는 않았으며, 화를 피하지 않은 것은 아니지만 화를 피하려는 계책을 쓰지는 않았다. 이해득실에는 조금도 마음을 두지 않았다.

일찍이 벽에 다음 시를 써놓았다.

하늘처럼 비고 바다처럼 넓은 조그만 초가집,	天空海闊小茅堂
흘러가는 사계절 속에 봄빛이 길구나.	四序悠悠春色長
우습구나! 탁견 없는 도연명이여.	笑殺淵明無卓識
북창 아래서 왜 태고 시절 흠모했던가?[14]	北窓何必慕羲皇

분수에 만족하며 자득한 모습이 대체로 이와 같았다. 일찍이 호를 진사이(仁齋)라고 하였는데, 집 앞에 해당화 한 그루가 있어 당은(棠隱)이라고도 불렀다. 저술로는 《논맹고의(論孟古義)》 17권, 《중용발휘》·《대학정본》·《주역건곤고의(周易乾坤古義)》 각 1권, 《어맹자의》 2권, 《동자문》 3권, 문집 3권, 시집 1권 등이 있다. 아들 다섯을 두었으니 장윤(長胤)·장영(長英)·장형(長衡)·장준(長準)·장견(長堅)이다.

보영(寶永) 2년(1705) 을유년에 집에서 생을 마치니 향년 79세였다. 보름이 지난 기유일에 선영 옆에 장사 지냈다. 봉분은 마렵봉(馬鬣封, 도끼 모양의 봉분)으로 높이는 4척이다. 사시(私諡)는 고학선생이다. 아들 장윤이 삼가 행장을 쓰다."

---

14 도연명의 〈여자엄등소(與子儼等疏)〉에서 "오뉴월 중에 북창 아래 누워 있으면 서늘한 바람이 이따금씩 스쳐 지나가곤 하는데, 그럴 때면 내가 태곳적 희황(羲皇)시대의 사람이 아닌가 하는 생각이 들기도 한다"라고 하였다. 희황은 태고시대의 복희(伏羲)와 황제(皇帝)를 가리키는데, 그 시대 백성들은 근심 없이 순박하고 한적하게 살았다고 한다.

나는 이렇게 본다. 맹자가 "호걸스러운 선비는 문왕(文王)을 기다리지 않고도 일어난다"[15]라고 하였는데, 바로 이런 사람을 두고 말한 것이다. 천 년에 한 번 나올까 말까 한 사람이라고 하여도 틀리지 않으니, 누가 일본에 유학이 없다고 말하는가?

15　《맹자》 〈진심 상(盡心上)〉에서 "맹자께서 말씀하셨다. '문왕을 기다린 뒤에 일어나는 자는 일반 백성이니, 호걸의 선비로 말하면 비록 문왕 같은 성군이 없더라도 일어난다'"라고 하였다.

일본 유학의 분열

겐 마사유키와 이토 고레에다(伊藤維禎)는 모두 현자이기는 하지만, 두 사람의 학문은 추구하는 길이 참으로 달라 함께 갈 수 없는 이유가 있다. 그들의 문생과 후학이 각자 자신의 스승을 높이면 당파가 나뉠 것은 자명하다. 당론이 일어나게 되면 틈이 생겨 상대를 해쳐 날마다 싸움거리를 찾지 않을 수 없다. 그렇게 되면 정신을 쏟는 일이라고는 자기와 의견이 다른 사람을 배척하는 것뿐이니 백성과 나라의 이해에 관한 일은 자연히 쓸데없는 것이 되어버린다. 그 결과 병력은 약해지기를 기다리지 않아도 절로 약해지고, 재용(財用)은 빈곤해지기를 기다리지 않아도 절로 빈곤해진다. 무릇 이런 것들은 모두 이치상 필연적으로 닥쳐올 일이다. 우리나라는 늘 남쪽 왜구를 근심하지만 지금 이후로 나는 왜인(倭人)들이 침범하지 못한다는 것을 잘 알겠다.[1]

---

1 정동유의 이런 관점은 당시 남인들 사이에 널리 퍼져 있었다. 일본이 무기를 버리고 문화와 학술에 경도하면 조선을 침략하지 않으리라 기대한 발상인데, 그런 일련의 논의에 관해서는 안대회의 〈임란 이후 해행(海行)에 대한 당대의 시각-통신사를 보내는 문집 소재 송서(送序)를 중심으로〉 (《정신문화연구》 통권 129호, 2012)에서 다루었다.

붕당의 폐해

강희제(康熙帝)가 《명사(明史)》를 편찬할 때 명나라 신하 몇 명을 논하면서 "명나라가 멸망한 것은 붕당 탓이지 환관 탓이 아니다"라고 하였다고 한다.

오호라! 현명한 군주의 말이로다. 나라를 망치는 일은 한두 가지가 아니지만 붕당같이 심한 것은 없다. 한나라의 외척과 당나라의 번진(藩鎭)이 모두 나라를 망하게 한 원인이나, 만일 그때 외척을 배척하고 번진을 축출했다면 함께 천하를 다스릴 사람이 없음을 걱정하지는 않았을 것이다.

그러나 붕당에 이르러서는 그렇지 않다. 온 천하 사대부 가운데 어느 누구도 그 세력권에 들어가지 않는 이가 없다. 자신이 속한 당을 보호하느라 나라를 망치는 폐습은 실로 어느 쪽도 나은 점이 없다. 갑을 내치고 을을 등용하더라도 을도 또 하나의 갑일 뿐이다. 하나의 당만을 등용하는 일은 정녕 나라를 망치는 길이지만, 사대부를 등용하지 않는 일도 나라를 망치는 길이다. 장차 누구와 더불어 천하를 함께 다스리겠는가?

이익을 도모할 때 써먹을 이야기로 의리보다 더 고상한 말은 없으므로 종일토록 의리를 입에 올린다. 남을 헐뜯는 계략으로 충신이냐 역적이냐를 가리는 시비보다 더 뼈에 사무치는 것은 없으므로 종일토록 충신과 역적을 따진다. 갑이 을의 죄상을 성토하는 명분은 바로 을이 갑을 토벌하는 명분과 동일하다. 붕당이 형성되어 있는데 무슨 수로 군자와 소인을 구분한단 말인가?

평소의 품행과 도의를 살펴보면 어질고 선하며 충성스럽고 온후해 다른 사람의 모범이 되기에 충분한 사람이 많다. 그러나 그가 남을 모함해 헐뜯고 배척해 함정에 빠뜨리는 짓을 할 때는 어질고 선하던 이가 간교하고 사특해지며, 충성스럽고 온후하던 이가 무섭게 잔인해진다. 그로 인해 집안은 풍비박산이 나고 나라가 망해도 전혀 돌아보지 않고, 그저 눈앞에 보이는 것이라고는 '당(黨)'이라는 한 글자뿐이다. 붕당이 도대체 무엇이기에 사람의 마음을 이렇게 극단적으로 미혹하는 것일까? 그 이치를 정말 모르겠다.

나는 일찍이 다음과 같이 생각하였다. 하늘이 생겨난 지 오래라, 조화 속 공명정대한 이치가 점차 희박해져서 인간이 하늘로부터 부여받은 품성 가운데 절반은 편벽되고 치우치고 사특하고 괴벽한 기운이다. 그래서 오늘날 태어난 사람은 오성(五性, 인의예지신) 이외에 별도로 붕당이라는 성정을 하나 더 갖추었고, 오륜(五倫) 이외에 별도로 붕당이라는 윤리를 하나 더 가지고 있다. 이 성정을 가지고 이 윤리를 실행에 옮기기에 천지신명도 나 몰라라 하고, 도검으로 찔러 죽이고 솥에 삶아 죽이는 형벌도 두려워하지 않는다. 용감하게 일어나 앞장서서 나아가 죽더라도 후회하지 않는 것은 이 때문이다.

---

1 중국 명대 말기에 학자와 관리들이 조직한 정치단체. 세도가들을 비판하다 정계에서 쫓겨난 고헌성(顧憲成)이 중심이 되어 형성한 당파이다. 1604년 강소성 무석에 동림서원(東林書院)을 세워 학술과 사상을 토론하는 장소로 삼았다. 1624년 그 지도자인 양련(楊連)이 막강한 세력을 쥐고 있던 환관 위충현(魏忠賢)을 공격하자, 위충현이 반동림파 세력을 집결시켜 대대적인 탄압을 가함으로써 정권에 비판적인 재야세력의 중심축으로 인정받았다.

주영편 하권

붕당을 없애고자 한다면 하늘이 온 세상 사람들의 속을 꺼내어 창자를 바꾸고 위장을 교체한다면 모를까, 그렇지 않고서는 주공이나 공자가 다시 태어나도 어떻게 가르쳐볼 도리가 없을 것이다. 세상에서 동림당(東林黨)[1]은 모두 군자이고, 절당(浙黨)[2]은 모두 소인이라고 하는데 너무 가소롭지 않은가?

---

2 절강성 영파(寧波) 사람인 심일관(沈一貫)이 중앙에 벼슬하고 있는 관료들을 규합해 동림당(東林黨)과 대립하였다. 사람들이 이들 일파를 '절당(浙黨)'이라고 불렀다.

45

위숙자의 붕당론

《위숙자집(魏叔子集)》에서 다음과 같이 말하였다.

"구양수가 〈붕당론(朋黨論)〉을 지어 군자와 소인을 분명히 구별한 것은 임금에게 아뢰기 위해서였고, 소식(蘇軾)이 〈속붕당론(續朋黨論)〉을 지어 군자가 소인을 제거하는 방법을 가르친 것은 신하들에게 일러주기 위해서였다.《여씨춘추(呂氏春秋)》에서는 '결점이 없는 사람만이 남을 죽일 수 있다'라고 하였다. 군자가 자기 당을 보호하기 위해 소인의 당을 제거하면서 임금이 자기를 당인(黨人)으로 지목하지 않기를 바라는데 그것이 가능하겠는가? 세상은 갈수록 변해가고 군자가 추구하는 행동도 갈수록 천박해지고, 학술은 밝아지지 않아서 천하 사람들의 심성을 혹독하게 망가뜨리니 그 재앙이 임금에게로 귀결된다. 내가 두 편의 글을 차례로 논평하다 보니 나도 모르는 사이에 한숨이 나오고 눈물이 흐른다. 이에 〈속속붕당론(續續朋黨論)〉[1]을 짓는다."

본론은 다음과 같다.

"군자의 모임을 '붕(朋)'이라 하고, 소인의 모임을 '당(黨)'이라고 한다. 소인은 세력과 이익을 얻고자 서로 모이기 때문에 당은 있어

---

1 이 글은《위숙자문집(魏叔子文集)》〈외편〉 권1에 실려 있다. 이상의 인용문은 서문에 해당하며, "본론은 다음과 같다(論曰)" 이후 문장은 본문이다.

도 붕은 없으며, 군자는 도덕과 의리로 서로를 돕기 때문에 붕은 있어도 당은 없다. 그래서 공자는 《논어》에서 '군자는 두루 사랑하되 끼리끼리 모이지 않으며, 무리와 어울리되 편당을 짓지 않는다'라고 하였고, 《서경》(〈홍범〉)에서 '치우침이 없고 당을 만듦이 없다'라고 하였으며, 《시경》(〈소명〉)에서 '네 지위를 안정시키고 공손히 하여 정직한 사람을 도와주라'라고 하였다. 아! 이래야만 군자라고 할 수 있다.

조정에 당이 생기면 나라가 곧 망하니 한나라, 당나라, 송나라가 그 사례이다. 내가 생각하기에 세 나라 말기의 군자들 가운데 한나라와 당나라의 군자는 환관을 제거하려다 그들을 이기지 못했고, 송나라 군자는 신법(新法)을 저지하려다 소인들에게 원한을 샀다. 도모한 계획 모두 물정에 어둡고 엉성하며 지나치거나 부족하다는 문제점을 드러냈다. 다만 행실에서는 흠잡을 데 없이 깨끗해 살아서는 임금에게 부끄럽지 않고 죽어서는 지하에서 선조를 뵐 면목이 있었다. 비록 몸은 죽고 나라는 망했더라도 그 뜻만은 슬피 여길 만하였다.

근세에 들어서는 그렇지 않다. 군자라 불리는 이들은 처음에는 대개 청렴하고 고결하며 굳세고 정직해 우뚝하니 천하에 큰 명성을 얻고, 남들이 감히 말하지 못하는 것을 말하고 남들이 감히 하지 못하는 행동을 하였다. 그래서 명성이 날로 높아지고 권세가 날로 모이면 자기와 뜻을 달리하는 사람을 빨리 제거하지 못할까 봐 걱정한다. 자기와 뜻을 달리하는 사람을 제거하기에 앞서 기어코 자기와 뜻이 같은 사람을 심어서 문하생과 옛 부하를 천거해 끌어들이고 칭찬하며 치켜세우는 일에 가진 힘을 모두 기울여 조정에 즐비하게 포진시킨다.

　그리하여 자기와 뜻이 같은 사람이 많아지면 자기와 뜻을 달리하는 사람을 제거하는 데 더욱 힘을 쏟는다. 자기 당 사람은 설령 그가 내쫓기거나 죽을죄를 지었더라도 기어코 무리를 이끌고 구원해 '이 사람은 올바른 무리이니 죄를 용서해야 한다'라고 하고, 자기 당이 아닌 사람은 설령 그가 쓸 만한 재능이 있거나 포상할 만한 공적이 있더라도 기어코 배척하고 억눌러서 '이자는 사특한 무리이니 뜻대로 하도록 내버려두어서는 안 된다'라고 한다.

　또 그의 부형(父兄)이나 천거한 관리가 우연히 자기가 싫어하는 사람일 경우에는 반드시 그 원류를 끝까지 파고들어 자기 당에서 완전히 발을 끊도록 만든다. 일개 선비나 하급 관리 가운데 재주와 기개가 어려운 일을 무릅쓰거나 대중을 막아내기에 충분하고, 어느 당에도 소속되지 않은 사람일 경우에는 반드시 무릎을 꿇고서라도 포섭해 끌어들인다. 완급의 시기를 잘 조절해 영욕으로 도모하며, 공명(功名)의 길로 유혹하고 자신의 입지를 굳건히 하는 기술을 가르쳐준다. 포섭에 성공하면 그는 열렬한 우익으로 뿌리를 내려 당을 위해 기꺼이 죽음도 불사한다. 천자의 위세로도 아래에서 명령이 잘 시행되고 금령이 잘 지켜지도록 할 수 없다.

　더 심한 경우는 겉으로는 명성을 높이고, 그 명성을 이용해 많은 이득을 거두어 가깝게는 자신과 집안을 부유하게 만들고, 멀게는 자손에게 물려줄 계획을 세운다. 명성을 다투고 이익을 좇고 권력을 독점하고 당을 믿는 사심을, 저들이 소인이라고 서둘러 제거하려는 자들과 비교해보면 터럭만큼의 차이도 찾을 수 없다. 그러면서도 오히려 잘난 체하면서 소인들에게 '우리는 군자의 당이다'라고 떠벌리며 날마다 소인들을 공격하니 소인들이 어찌 그 짓을 달갑게 받아들이겠는가?

이 때문에 위로는 임금에게 신임을 얻을 수 없고, 아래로는 천하의 공론을 승복시킬 수 없으니 바르고 어진 선비는 그들 틈에 섞이기를 달가워하지 않는다. 이때 그들 가운데 한 사람이 소인들이 일으킨 화를 온몸으로 막고 임금이 노하도록 충동해 죽음에 이르기까지 한다. 오호라! 나는 그가 무엇 때문에 죽는지 모르겠다.

그렇기 때문에 구양수의 〈붕당론〉은 임금이 군자의 당을 의심하지 않도록 할 수 있는데 군자가 그 논리를 빌려다가 사사로운 주장을 표방하는 데 이용하기도 한다. 소식의 〈속붕당론〉은 군자가 소인의 당을 잘 제거하도록 할 수 있으나 군자가 소인의 마음을 감복시켜 임금으로부터 신임을 얻게 할 수는 없다. 당나라 문종(文宗)이 '하북(河北)의 적을 제거하기는 쉽고 조정의 붕당을 없애기는 어렵다'라고 하였으니,[2] 내 생각에 소인의 당을 제거하기는 쉽지만 군자가 스스로 자기 당을 제거하도록 하기는 어렵다. 저 군자들이 자신의 몸을 당에 속한 사람처럼 행동하지 않는다면 당이 사라질 수도 있을 것이다."

위숙자의 논설을 읽고 나니 나는 침으로 뼈를 찌른 듯, 가려운 곳을 긁은 듯한 기분이 들었다. 우리나라 붕당의 폐습을 이 글과 비교해보면 같은 판에서 찍어낸 책보다 더 똑같으니 아마도 하늘이 시키

---

2 당나라 문종(文宗) 때 우승유(牛僧孺)의 당파와 이길보(李吉甫) 부자의 당파가 극심하게 대립하자 문종이 개탄하며 한 말이다. 그들의 당쟁은 우이당쟁(牛李黨爭)이다. 《자치통감(資治通鑑)》 권 245 참조.

고 신명이 일러준 것이 아닐는지. 말한 그 실상이 어쩌면 이렇게 비슷할까? 통탄스럽게 여기는 것은 인간의 도리가 붕당 탓에 사라지고, 국가가 붕당 탓에 망해가는 현실이다. 오호라! 위숙자는 고작 한숨을 쉬고 눈물을 흘리는 데 그쳤던가? 나는 통곡하고 싶다.

46

붕당과 학술

옛사람이 "재물로 자손을 죽이지 말고, 학술로 천하 후세를 죽이지 말라!"[1]라고 하였다. 이야말로 정론이다. 재물을 축적한 집안에 패망하는 자손들이 많은 이치는 참으로 알기 쉽다. 반면 학술은 이 시대의 군주를 보좌해 백성을 통치하는 도가 아니겠는가? 그런데도 나쁜 풍속이 천하 후세를 죽이는 지경에 이르는 것은 어째서인가?

대체로 학술이 한 번 어그러지면 결국에는 명성을 좇는 길로 들어서기 마련이다. 일단 명성을 좇는 것이 학파의 지침이 되면 사람을 죽여 명성을 얻는 일도 서슴지 않는다. 이 때문에 명성을 탐하는 것과 이익을 탐하는 것은 똑같은 악행이지만 폐해를 끼치는 정도는 명성을 탐하는 폐해가 이익을 탐하는 폐해보다 심하다.

우리나라는 중엽 이래 세도(世道)가 유독 극심하게 이런 재앙을 당하였다. 한 시대에 숭앙받는 명현으로 마음가짐이 화평하고 일을 공정하게 처리하는 사람이라도, 말류의 폐단이 생겨난 뒤에는 간사하게 거짓으로 둘러대며 하지 않는 짓이 없다. 게다가 그 명현의 학술이 다른 것에 앞서 자기 당을 비호하는 짓을 도의로 여기고, 남을 죽이는 짓을 사업으로 삼아 이것으로 자신의 마음을 다잡고 이것으로 사람을 가르친다. 그렇게 하면 그것이 돌고 돌아 해를 끼치는 폐

---

1 남송(南宋)의 문인 최여지(崔與之, 1158~1239)의 말이다.

단은 또 어떤 지경이 되겠는가?

그들은 남들의 죄를 성토할 때마다 반드시 의리라는 명분을 내세워 삼엄한 죄안을 만들어내고 있다. 아아! '의리' 두 글자가 후세에 사람을 죽이는 칼과 도끼가 될 줄 누가 알았으랴? 생각할수록 가슴이 아프다.

각박한 현인들

송나라 경력(慶曆, 1041~1048) 연간의 여러 현인 가운데 범중엄과 부필(富弼)은 재상으로서 남을 제재하고 억누르면서도 잘못을 깨닫지 못했고, 구양수와 채양(蔡襄)은 주장이 격렬하고 너무 날카로웠으며, 석개(石介)에 이르러서는 기괴하다는 평이 있는데, 이는 정말 지나친 말이 아니다. 이렇게 하고서야 어찌 패망하지 않을 수 있겠는가?

대신은 가라앉혀 안정시키는 방식을 위주로 하고, 간관(諫官)은 화평하고 너그러움을 위주로 하되 너무 지나친 것을 제거할 뿐이다. 이보다 지나치면 일을 망칠 뿐만 아니라 점점 붕당을 형성하기에 이른다. 우리나라 기묘(己卯) 연간의 현인[1]들은 태산북두(泰山北斗)와 같은 큰 인물들이기는 하나, 질시와 증오가 너무 심해 마침내 패망에 이르렀으니 식견이 여기에 이르지 못했음이 한스러울 뿐이다. 《송사(宋史)》를 읽다 느낀 바 있어 적는다.

---

1 중종 14년(1519) 남곤(南袞)·홍경주(洪景舟) 등의 훈구파(勳舊派)가 일으킨 기묘사화로, 숙청된 조광조(趙光祖) 등의 신진사류(新進士類)를 일컫는다.

이단에 빠지는 원인

사람들이 이단에 빠지는 것은 처음에는 모두 미혹됨에서 출발한다. 서역의 풍속은 환술(幻術)을 가르친다. 따라서 부처에게 기괴하고 신기한 행적이 있는 것은 도가 높아서만은 아니다. 이는 그들의 풍속이다. 이 때문에 장건(張騫)[1]이 서역의 환술을 얻어오고도 부처가 있다는 말을 하지 않았다. 그 점을 보면 불교 역시 환술의 한 가지일 뿐이다. 중국인들이 처음 환술을 보고 어찌 넋이 빠질 정도로 놀라고 신기해하며 미혹되지 않았겠는가? 여기에 갈수록 더 깊이 빠져들어 마침내 그 도까지 믿게 되었다.

　근래 서양의 풍속은 수리(數理)를 가르친다. 그러므로 일월성신의 운행과 방원(方圓)·평직(平直)·경중(輕重)의 이치를 손바닥 보듯 환하게 꿰뚫고 있다. 이것 역시 그들의 풍속이다. 이것으로 책력을 만들면 부절(符節)이 맞는 것처럼 들어맞고, 이것으로 물건을 만들면 모두 생각지도 못했던 것들이 나온다. 중국인들이 이 수리를 처음 보고 어찌 넋이 빠질 정도로 놀라고 신기해하며 미혹되지 않을 수 있었겠는가? 여기에 갈수록 더 깊이 빠져들어 마침내 그 도까지 믿게 되

1　장건(張騫, ?~기원전 114)은 한나라 때의 외교가이다. 무제(武帝)의 명을 받고 흉노 협공을 위해 중앙아시아의 대월지국(大月氏國) 및 오손(烏孫)과 동맹을 맺기 위해 파견되었다. 그의 여행으로 서역의 지리·민족·산물에 관한 정보가 중국에 유입되어 동서간 교역이 활발해졌다.

었다. 한 마디로 말하면 모든 것이 식견이 없어서 생긴 잘못이다.

《시경》〈증민(蒸民)〉에서 "백성들이 떳떳함을 지니고 있어 이 아름다운 덕을 좋아한다"라고 하였고, 또 맹자는 "형체를 지켜나간다"[2]라고 하였다. 떳떳함을 지니고 형체를 지켜나간다는 뜻의 근본으로 거슬러 올라가보면, 어떤 도가 바르고 어떤 도가 삿된지 판별하는 데 구태여 번다한 말이 필요하겠는가? 그러므로 잘못은 식견이 없는 데서 발생한다고 말한 것이다. 어떤 것이 바르고, 어떤 것이 삿된가 하는 문제는 굳이 더불어 변론할 필요도 없다. 서계(西溪) 박세당(朴世堂)은 "악취를 좇는 부류와는 함께 깊이 토론할 가치가 없다"[3]라고 말한 바 있다.

---

2 원문은 '천형(踐形)'으로, 하늘로부터 받은 본성을 지켜나감을 뜻한다. 《맹자》〈진심 상〉에서 "형체와 안색은 타고난 성질이지만, 오직 성인이라야 그 형체를 바르게 지켜나간다"라고 하였다.

3 《서계집(西溪集)》권7 〈한유와 구양수가 불교를 배척한 것에 대해 논하다(論韓歐排浮屠)〉에 보인다. "이단이 천하에 퍼져 있는 것은 저 악취와 같거니와 불교가 특히 심하다. 불교를 좋아하는 자는 또한 악취를 좇는 부류이니 함께 깊이 토론할 가치가 없음이 분명하다."

49

풍속 변화의 법칙

의적(儀狄)[1]이 술을 만들자 우(禹)나라 임금이 싫어하였다. 그러나 주공과 공자는 술을 올리거나 주고받는 예를 가장 중시하였다. 치우(蚩尤)가 무기를 만들자 황제가 그를 죽였다. 그러나 탕왕과 무왕은 나라를 일으킬 때 그 무기에 의지하였다. 걸왕(桀王)이 기와를 만들자 천하의 가옥들은 기와가 아니면 지붕을 덮지 않았고, 주왕(紂王)이 연지를 만들자 천하의 여자들은 연지가 아니면 화장을 하지 않았다. 조(趙)나라 무령왕(武靈王)이 말을 탈 때 비루한 오랑캐 복장이었으나 천하 사람들은 그 복장을 그대로 따라 입었고, 진시황이 만리장성을 쌓은 것은 패망의 원인이었으나 후세 사람들은 그 장성에 의지하였다.

처음에는 이치에 어긋나도 결국에는 익숙해져 편해지거나, 처음에는 기이하고 사악한 것에서 출발했으나 훗날에는 이롭게 쓰이는 것이 있는데 모두 이런 부류이다. 이 때문에 편리함과 불편함, 이로움과 해로움에는 본래 정해진 이치가 없다. 풍속이 편안히 여겨지면 성인은 그 풍속을 따랐다. 풍속 변화를 따르는 이유는 대체로 부득

---

1 우(禹) 임금의 신하로, 하(夏)나라 때 최초로 술을 제조했다는 전설상의 인물. 의적(儀狄)이 술을 제조해 바치자 임금이 달게 마시고는 후세에 술로 나라를 망하게 하는 사람이 있을 것이라며 의적을 멀리하였다.

이해서이다.

　풍속 변화는 물이 낮은 곳으로 흐르는 것과 같아 잠시도 멈추지 않는다. 이것은 하늘의 이치가 그런 것인데 조물주는 그런 변화를 슬프게 여긴다. 지금 신기한 것을 만들어 변화를 추구하는 사람은 도(道)를 모르는 자이다. 그래서 군자는 반드시 옛 도를 따라서 세상 변화의 움직임을 붙잡아 수십 년에서 백 년까지 속도를 늦추니 조물주에게 공을 세우고 있다고 하겠다.

50

본지를 모르는 주자학파와 양명학파의 논쟁

우리나라의 제지공(製紙工)이 일찍이 중국에 갔다가 종이 만드는 것을 보고 놀라며 "이상하네! 분당지(粉唐紙)와 모면지(毛面紙) 등도 모두 닥나무로 만드나?"라고 하니, 중국의 제지공이 "나도 당신에게 물어보겠는데, 조선의 종이는 무슨 재료로 만드오?"라고 물었다. 우리나라 제지공이 "종이야 닥나무로 만들지 어떻게 다른 재료가 있겠소?"라고 하니, 중국의 제지공이 비웃으며 "나를 속이지 마시오. 닥나무로 만들어서 어떻게 당신네 나라의 종이같이 되겠소?"라고 하였다. 두 제지공이 서로 의심하며 다투다 끝내 믿지 못하고 그만두었다.

나는 이 이야기를 듣고 말하였다. 이 이야기는 비록 작은 일이지만 큰 깨달음을 준다. 본래 《대학》은 하나인데 주자는 격물을 궁리(窮理)라 하였고, 왕수인은 치지(致知)를 치양지(致良知)라고 하였다. 주자의 학설을 따르는 사람은 궁리가 《대학》이라는 것만 알고, 치양지도 《대학》이라는 것을 믿지 않는다. 왕수인의 학설을 따르는 사람은 치양지가 《대학》이라는 것만 알고, 궁리도 《대학》이라는 것을 믿지 않는다. 그리하여 서로를 인정하지 않으니 백대(百代)에 걸쳐 다툰다 한들 논쟁이 그칠 날이 있겠는가?

《주역》에서 "어짊을 추구하는 자는 모든 것을 어짊의 관점에서 보고, 지혜를 추구하는 자는 모든 것을 지혜의 기준으로 잰다"라고 하였다. 본성의 차원에서 말하면 어짊도 지혜도 최상의 경지가 아니다. 그래서 공자는 "추구하는 도가 같지 않으면 서로 도모하지 않는다"[1]라고 하였다.

---

1 《논어》〈위령공(衛靈公)〉에 나오는 말이다.

이야기와 시로 남은
옛사람의 흔적들

51

창절사의 충신단과 별단

장릉(莊陵)[1] 가까운 곳에 옛날 육신(六臣)의 사당이 있었는데, 이름이
창절사(彰節祠)[2]이다. 정조 신해년(1791)에 임금의 행차가 노량진 육
신서원(六臣書院)과 육신묘(六臣墓)를 지나가게 되었다. 임금께서 친
히 제문을 지어 제사를 올리고, 다시 당시의 사건에 크게 느끼신 바
가 있어서 사관에게 명해 정사와 야사를 두루 조사해 충절이 가장
두드러진 김시습(金時習)·남효온(南孝溫)·엄흥도(嚴興道)를 뽑아 창
절사에 함께 배향하도록 명하셨다. 또 장릉의 홍살문 밖에 충신단
(忠臣壇)을 쌓고 매년 한식에 32명을 배향하게 하였다. 그 명단은 안
평대군(安平大君) 용(瑢)·금성대군(錦城大君) 유(瑜)·화의군(和義君)
영(瓔)·한남군(漢南君) 어(𤥶)·영풍군(永豊君) 전(瑔)·이양(李穰)·권

---

1 조선 제6대 국왕 단종(端宗, 1441~1457, 재위 1452~1455)의 왕릉이다. 세조에게 왕위를 빼앗
   기고 노산군(魯山君)으로 강봉되어 영월에서 죽임을 당한 뒤 동강에 버려진 단종의 시신은 영월
   의 호장(戶長) 엄흥도(嚴興道)가 몰래 수습해 동을지산 자락에 암장하였다. 오랫동안 묘의 위치조
   차 알 수 없다가 중종 36년(1541) 당시 영월군수 박충원(朴忠元)이 묘를 찾아내어 묘역을 정비하
   였고, 선조 13년(1580) 상석·표석·장명등·망주석 등을 세웠다. 숙종 7년(1681) 단종은 노산대
   군(魯山大君)으로 추봉되고, 숙종 24년(1698) 11월 단종으로 추봉되었으며 능호는 장릉으로 정
   해졌다.
2 강원도 영월군 영월읍 영흥리에 있는 사육신 등을 모신 사당. 원래 장릉 옆에 육신창절사(六臣彰
   節祠)가 있었는데, 숙종 11년(1685) 강원감사 홍만종(洪萬鍾)이 도내의 힘을 모아 개수해 사육
   신과 호장 엄흥도와 박심문(朴審問) 등을 모셔서 팔현사(八賢祠)가 되었다. 정조 15년(1791) 창
   절사에 단을 세우고 생육신 가운데 김시습과 남효온을 추가로 모시고 해마다 봄과 가을에 제사
   지냈다.

자신(權自愼)·정효전(鄭孝全)·정종(鄭悰)·송현수(宋玹壽)·권완(權完)·황보인(皇甫仁)·김종서(金宗瑞)·정분(鄭苯)·민신(閔伸)·조극관(趙克寬)·김문기(金文起)·성승(成勝)·성쟁(成嶸)·박중림(朴仲林)·성삼문(成三問)·박팽년(朴彭年)·이개(李塏)·하위지(河緯地)·유성원(柳誠源)·유응부(兪應孚)·하박(河珀)·허후(許詡)·허조(許造)·박계우(朴季愚)·이보흠(李甫欽)·엄흥도 등이다. 각 사람의 관함(官銜)과 시호(諡號)를 현판 하나에 썼고, 제사를 지낼 때 축문을 읊는 의식을 두었다.

충신단 옆에 따로 단을 설치해 사적이 자세하지 않은 236명을 제사 지냈는데, 그들을 세 부류로 나누었다. 조정의 벼슬아치로서 사적이 미상인 12명은 조수량(趙遂良)·안완경(安完慶)·이경유(李耕㽺)·원구(元㷆)·이현로(李賢老)·윤처공(尹處恭)·이명민(李命敏)·황의헌(黃義軒)·고경칭(高德稱)·안석동(宋石仝)·윤영손(尹鈴孫)·심신(沈愼) 등이다.

사건에 연좌되어 처벌받은 174명의 명단은 다음과 같다. 의춘군(宜春君) 우직(友直)·덕양정(德陽正) 우량(友諒)·김승규(金承珪)·김승벽(金承璧)·김목대(金木臺)·김석대(金石臺)·김조동(金祖同)·김수동(金壽同)·황보석(皇甫錫)·황보흠(皇甫欽)·황보가마(皇甫加麽)·황보경근(皇甫京斤)·이보인(李保仁)·이의산(李義山)·이영윤(李永胤)·이승로(李承老)·이해(李諧)·이심(李諶)·이모(李謨)·이사문(李沙門)·이주령(李住令)·이우경(李友敬)·이계조(李繼祖)·이소조(李紹祖)·이장군(李將軍)·민보창(閔甫昌)·민보해(閔甫諧)·민보석(閔甫釋)·민보흥(閔甫興)·민석이(閔石伊)·조번(趙藩)·조계동(趙季同)·조귀동(趙貴同)·이물금(李勿金)·이수동(李秀同)·이한산(李漢山)·이건금(李乾金)·이건옥(李乾

玉)·이건철(李乾鐵)·윤경(尹涇)·윤위(尹渭)·윤탁(尹濯)·윤식(尹湜)·윤개동(尹介同)·윤효동(尹孝同)·정효강(鄭孝康)·정원석(鄭元碩)·정백지(鄭白池)·황석동(黃石仝)·권구지(權仇之)·김현석(金玄錫)·성삼빙(成三聘)·성삼고(成三顧)·성삼성(成三省)·성맹첨(成孟詹)·성맹평(成孟平)·성맹종(成孟終)·성헌(成憲)·성택(成澤)·조숭문(趙崇文)·조철산(趙哲山)·박숭(朴崇)·문계남(文季男)·칙동(則同)·박인년(朴引年)·박기년(朴耆年)·박대년(朴大年)·박영년(朴永年)·박헌(朴憲)·박순(朴珣)·박분(朴奮)·점동(占同)·개동(丐同)·파록(波彔)·대흔산(大欣山)·봉여해(奉汝諧)·봉뉴(奉紐)·이유기(李裕基)·은산(銀山)·이공회(李公澮)·하기지(河紀地)·하소지(河紹地)·하호(河琥)·유귀련(柳貴連)·유송련(柳松連)·유사수(兪思守)·허연령(許延齡)·허구령(許九齡)·송창(宋昌)·송녕(宋寧)·송안(宋女)·송태산(宋太山)·올미(夏未)·지정(池淨)·조석강(趙石岡)·박이녕(朴以寧)·박하(朴夏)·하석(河石)·양옥(梁玉)·이차(李差)·안막동(安莫同)·최로(崔老)·김정(金晶)·김뿐동(金𭥘同)·김말생(金末生)·김산호(金珊瑚)·김상충(金尙忠)·김득천(金得千)·김복천(金卜千)·이석정(李石貞)·조완규(趙完珪)·조순생(趙順生)·불련(佛連)·조유례(趙由禮)·성문치(成文治)·이예숭(李禮崇)·김옥겸(金玉謙)·최영손(崔泳孫)·허축(許逐)·홍구성(洪九成)·홍옥봉(洪玉峯)·홍적(洪適)·이문(李聞)·진유번(陳有藩)·최자척(崔自陟)·신맹지(申孟之)·신중지(申仲之)·신근지(申謹之)·신경지(申敬之)·이정상(李禎祥)·이의영(李義永)·이말생(李末生)·이지영(李智英)·이사이(李思怡)·최득지(崔得之)·최치지(崔致地)·최윤석(崔閏石)·최계동(崔季同)·최막동(崔莫同)·최석동(崔石同)·최철동(崔哲同)·최철산(崔哲山)·조청로(趙淸老)·조영서(趙榮緖)·황선보(黃善寶)·권서(權署)·권저(權著)·최사우(崔斯

友)·이호성(李昊盛)·손무손(孫茂孫)·김감(金堪)·김한지(金漢之)·김선지(金善之)·정관(鄭冠)·장귀남(張貴男)·장충(張冲)·최면(崔沔)·최시창(崔始昌)·심상좌(沈上佐)·김구지(金仇知)·박수량(朴遂良)·이수정(李守禎)·임진성(任進誠)·이상손(李祥孫)·박양성(朴良誠)·유귀산(庾龜山)·유오산(庾鼇山)·심희괄(沈希括)·박수명(朴遂明)·김죽(金竹)·김신례(金信禮)·유세(劉世)·강막동(姜莫同) 등이다. 이들이 한 부류이다.

환관·맹인·군노(軍奴) 44명의 명단은 다음과 같다. 황귀존(黃貴存)·황경손(黃敬孫)·황장손(黃長孫)·이식배(李植培)·귀진(貴珍)·중은(仲銀)·안순손(安順孫)·김유성(金由性)·안처강(安處强)·안효우(安孝友)·중재(仲才)·호인(好仁)·김연(金衍)·한숭(韓崧)·엄자치(嚴自治)·윤기(尹奇)·김충(金忠)·이귀(李貴)·인평(印平)·유대(柳臺)·박윤(朴閏)·길유선(吉田善)·조희(曺凞)·서성대(徐盛代)·김득성(金得誠)·김득상(金得祥)·최찬(崔粲)·지화(池和)·나갈두(羅乫豆)·이오(李午)·이내근내(李乃斤乃)·이철금(李鐵金)·이소동(李小童)·돌중(乭中)·김유덕(金有德)·김대정(金大丁)·목효(睦孝)·지유재(智有才)·범삼석(凡三石)·정석(丁石)·구지(仇之)·범이(凡伊)·황치(黃緻)·신극장(辛克長) 등으로, 이들이 한 부류이다. 여인 6명은 자개(者介)·아가지(阿加之)·불덕(佛德)·용안(龍眼)·내은덕(內隱德)·덕비(德非)로, 이들이 한 부류이다.

그리고 판목 세 개를 만들어 '계유년(1453)·병자년(1456)·정축년(1457)에 사건으로 죽은 사람'이라고 쓴다. 제사 때는 지방(紙榜)에 이름을 나열해 쓰고, 제사를 지낼 때 축문을 읽는 의식은 하지 않는다. 이것은 새로 만든 의식으로 예법에 없는 예이다. 취하고 버린 예가 근거가 있고 의식과 절차가 법도에 맞는데 모두 정조 임금의 판단에서 나왔다. 300년 동안 맺혀 있던 원통함이 이때에 이르러 모두 풀려 여한이 없게 되었다.

자규루의 신비

자규루(子規樓)¹는 단종(端宗)께서 발걸음을 하신 곳이다. 만력 을사년(1605)에 큰 홍수로 무너져 지금까지 그 터를 알 길이 없었다. 판서 윤사국(尹師國)²이 강원감사로 부임해 경술년(1790)에 순시차 영월에 이르러 영월부사 이동욱(李東郁)³과 함께 옛터를 찾아 새로 누각을 짓기로 하였다. 문헌을 검토해보니 누각은 객사(客舍) 남쪽 담장 바깥에 있었던 것이 분명한데 담 밖에는 민가가 빽빽이 들어서 있어 그 터를 찾을 방법이 없었다. 하는 수 없이 조금 넓은 땅에 짓기로 하고 한창 상의를 하던 가운데 하루 종일 맑던 하늘이 갑자기 흐려지면서 우레와 비가 퍼부어 일을 중단하고 돌아갔다.

---

1 강원도 영월군 영월읍 영흥리에 위치한 누각. 1428년(세종 10) 영월군수 신숙근(申肅根)이 창건해 매죽루(梅竹樓)라고 하였다. 후에 단종이 이곳 객사에 거처했고, 이 누각에 올라 자신의 고뇌를 자규사(子規詞) 및 자규시(子規詩)로 읊은 것이 계기가 되어 누각의 이름이 자규루(子規樓)로 바뀌었다. 그 후 1605년(선조 38) 큰 홍수로 이 누각이 허물어지고 그 자리에 민가가 들어설 정도로 폐허가 되었으나 1791년(정조 15) 강원도관찰사 윤사국이 그 터를 찾아 복원하였다.

2 윤사국(尹師國, 1728~1809)은 본관은 칠원(漆原)이고 자는 빈경(賓卿), 호는 직암(直庵)이다. 1759년(영조 35) 알성문과에 급제해 검열(檢閱), 장령(掌令) 등을 거쳐 동래부사가 되었다. 1790년(정조 14) 강원도관찰사 때 영월의 자규루를 중건하였다. 그 뒤 공조판서에 오르고 좌찬성 등을 지냈다. 편서에 《육선생유묵(六先生遺墨)》, 글씨에 지지대비(遲遲臺碑), 엄흥도정려비(嚴興道旌閭碑)가 있다.

3 이동욱(李東郁, 1739~?)의 본관은 평창(平昌)이고 자는 유문(幼文), 호는 소암(蘇巖)이다. 1766년(영조 42) 문과에 급제해 지평, 영월부사, 의주부윤 등을 역임하였다. 글씨를 잘 써서 영월 자규루의 상량문을 남겼다.

다음 날 날이 밝자 갑자기 큰 바람이 불어 담장 밖 인가에 불이 났다. 불길은 온 마을로 번질 태세였으나 작은 집 다섯 채를 태우고 꺼졌다. 바람은 더욱 세차게 불어서 남은 재를 모두 휩쓸어갔다. 그 터를 파보니 문양 있는 주춧돌이 완연하고 또 무늬 벽돌이 드러났는데, 관풍헌(觀風軒)[4] 남쪽으로 구불구불 이어져 있었다. 그 시절 쌓았던 어로(御路)임이 더욱 분명해졌다. 그 터를 찾았으므로 당장 공사에 착수하려고 했지만, 그때는 10월이라 눈과 얼음이 많이 쌓여 나무와 돌을 운반할 도로가 없었다. 백성들이 근심하던 중 갑자기 비가 사흘 동안 크게 퍼부으니 온 산의 눈과 얼음이 일시에 녹아버렸다. 깊은 산에서 나무를 베어 물에 띄우자 순식간에 내려가 불과 수십 일 만에 공사를 완성하였다. 바람이 불고 불이 나고 비가 내린 것은 결코 우연한 일이 아니다.

다음 해인 신해년(1791)에는 충신단에 배향하기로 결정되었다. 3월 초사흘에 한식 제사 겸 고유제(告由祭)를 장릉에서 행하기로 하였는데 임금께서 친히 제문을 지으시고 예조판서를 보내셨다. 2월 27일에 향을 받고 향과 축문이 장릉으로 출발했는데, 그날 밤 장릉 위에 한 줄기 상서로운 기운이 정자각에서 일어나 구불구불 뻗어 제단을 에워쌌다. 붉은빛이 땅을 비추니 장릉의 관리가 불이 났다고 의심해 허둥지둥 가서 살펴보았고, 고을 사람들도 모두 놀라 달아났다. 나중에 음식을 올리고 향을 사르던 밤에 다시 전처럼 상서로운

---

4 강원도 영월 동헌의 객사(客舍). 1456년(세조 2) 6월 28일, 단종이 청령포(강원도 영월군 남면 광천리)에 유배되었다가 홍수 때문에 이곳으로 옮겨와 머물던 중 세조의 명으로 금부도사 왕방연(王邦衍)이 가지고 온 사약과 공생(貢生) 화득(禍得)의 교살에 의해 1457년(세조 3) 10월 24일 사사된 장소이다.

강원도 영월군 영월읍 영흥리에 있는 자규루의 모습. 영월 군청 제공.

기운이 퍼져 축판(祝版)의 작은 글씨도 촛불 없이 읽을 수 있었다.

이 두 경우는 직접 본 사람에게서 들었으므로 직접 본 것이나 다름없다. 아, 신기하구나! 이 일로 볼 때 귀신과 사람의 감응은 북채로 북을 치면 소리가 나는 것보다 더 빠르다. 제단을 설치하고 누각을 세운 일이 구천의 혼령을 위로하고 기쁘게 하였음을 잘 알 수 있다. 이를 생각하니 나도 모르게 송연해진다.

영릉의 팔대 숲

영릉(英陵)[1]의 능역 밖에 팔대 숲[八大藪]이 있다. 세상 사람들은 능침을 모신 뒤 팔대군(八大君)[2]이 함께 심은 나무가 큰 숲을 이루어 팔대라는 이름이 생겼다고 하며, 홀륭한 일로 전해진다. 그러나 이 것은 정말로 근거 없는 말이다. 영릉은 처음에 헌릉(獻陵)[3]의 능역 안에 있다가 예종 원년(1469)에 여주로 옮겼다. 그때는 대군 가운데 생존한 사람이 없었다. 또 팔대 숲은 일명 패다 숲[貝多藪]이라고도 한다. 패다는 부처가 출가했을 때 패다 숲으로 나아갔다는 말이 있 는데, 숲을 패다라고 이름 붙인 것은 틀림없이 여기서 뜻을 취했을 것이다. 우리나라 사람들이 견강부회하는 이야기를 잘 갖다 붙이기 가 모두 이와 같다.

---

1 세종과 소헌왕후 심씨를 합장한 왕릉이다. 당시 광주(廣州, 지금의 서초구 내곡동) 헌릉(태종과 원 경왕후 민씨의 무덤)의 서쪽 산줄기에 쌍실을 갖춘 능을 만들었는데, 세조 때 영릉의 터가 좋지 않 다고 하여 능을 옮기자는 주장이 나와 1469년(예종 1) 지금의 위치로 옮겼다. 《세종실록지리지》 여주도호부의 '청심루(淸心樓)' 조항의 명승으로 팔대 숲[八大藪]을 올리고 "여강 북쪽에 있고, 옛 날부터 패다 숲[貝多藪]라고 일컫는다"라는 설명을 덧붙였다. 당시부터 여주 팔경의 하나로 언급 되었으므로 저자의 지적처럼 전설은 허구에 가깝다.

2 세종과 소헌왕후 사이의 아들인 문종·세조·안평대군·임영대군·광평대군·금성대군·평원대 군·영웅대군을 말한다.

3 태종과 원경왕후 민씨의 왕릉이다. 1420년(세종 2) 7월 창경궁 별전에서 원경왕후가 세상을 뜨 자 같은 해 9월 대모산 기슭에 능을 조성하였다. 그로부터 2년 뒤인 1422년(세종 4) 왕후의 능 옆 에 태종의 능을 조성하였다. 두 개의 능이 같은 언덕에 조성된 쌍릉으로, 태조의 건원릉 형식을 따 랐다.

선죽교의 핏자국

개성 선죽교는 포은(圃隱) 정몽주(鄭夢周) 선생이 살신성인한 장소이다. 세상 사람들이 돌 위에 핏자국이 있다고 하여 기이한 유적으로 여긴다. 내 생각에는 바위 무늬가 우연히 핏자국과 비슷했던 것이고, 이 이야기도 오래된 것이 아니라 틀림없이 후세 사람들이 멋대로 지어냈을 것이다. 그렇게 보는 이유는 무엇인가? 국초 이래 선배들이 개성에 대해 쓴 글이 많아 물 한 굽이, 바위 한 덩이라도 옛 역사에 관련된 것이라면 드러내 밝히지 않은 것이 없다. 왕조가 바뀔 때의 사연은 종종 숨김없이 모두 썼는데, 선죽교에 핏자국이 있었다면 어째서 한 사람도 언급하지 않았겠는가?

몇 년 전(1780)에 포은의 후예인 판서 정호인(鄭好仁)이 송도 유수가 되었다. 핏자국이 행인의 발길에 밟히는 것을 보고 불경함을 꺼려해 그 옆에 다리 하나를 따로 만들어 예전의 다리는 사용하지 못하도록 하였다. 그 옆에 비석을 세웠는데 그 비문은 대략 이러하다.

"다리 위에 핏자국이 있는데, 나이든 노인들에 의하면 예로부터 기이한 일이라며 서로 전해 내려온다고 한다. 문헌에는 증거가 없지만 장홍(萇弘)의 피를 땅에 묻자 푸르게 변하였다[1]는 사적도 있으니,

---

[1] 장홍(萇弘, ?~기원전 492)은 주나라 경왕(敬王)의 대부로, 진(晉)나라 범중행(范中行)의 난 때 죽었는데 그 피를 3년 동안 보관해두니 나중에 푸른색으로 변했다고 한다.

이치상 일어날 수도 있다."

그 자손들도 문헌에서는 증거를 찾지 못했다는 것을 대략 알 수 있고, 후세 사람들이 멋대로 지어낸 말임을 의심할 여지가 없다. 예전에 홍세태(洪世泰)의 《유하집(柳下集)》에 이 사연이 실려 있는 것을 보았는데, 혹시라도 여기에서 시작된 것일까? 어떤 이는 "본래부터 멋대로 지어낸 이야기일 뿐이다. 피가 어떻게 돌에 배어들 수 있단 말인가?"라고 하였는데, 이 말은 옳지 않다. 천하의 이치는 세속에 얽매인 식견으로 모두 파악할 수 있는 것이 아니다. 그저 그런 일이 있었는지 없었는지의 여부를 따지기만 하면 될 뿐, 이치에 맞지 않는다고 단정해 믿지 않아서는 안 된다.

55

홍성 늦분도

홍주(洪州, 지금의 충청남도 홍성)에 속한 섬 가운데 늦분도[笏盆島]¹가 있다. 늦분은 슬프다는 말이다.² 그래서 오호도(嗚呼島)라고도 하며, 속설에 전횡(田橫)이 웅거해 있던 곳이라고도 한다.³ 아마 섬 안에 옛사람이 살던 궁궐터가 있기 때문에 후세 사람들이 전횡이 머물던 곳이 아닐까 추정했는데, 전횡도(田橫島)라고 부르기까지 하니 매우 우스운 일이다.

이 섬은 육지와의 거리가 물길로 거우 100여 리이고, 서쪽으로 중국 본토에 이르려면 큰 바다가 가로막고 있다. 설령 전횡이 섬을 점거하고자 하였더라도 이렇게 먼 곳까지 이르지는 않았을 것이다. 게다가 물고기를 잡거나 해산물을 채취하며 사는 주민이 있기는 하지만 원래 큰 섬이 아니므로 어찌 영웅이 머물러 살 만한 곳이겠는가? 고려 충렬왕 18년(1292)에 합단(哈丹, 카단) 밑에 있던 아르도 대왕[阿

---

1 원문을 보면 '잉(笏)' 옆에 '늣'이라고 원주를 달아놓았다.

2 정동유의 말에 따르면, 늦분도[笏盆島]는 늦분섬으로 '슬픈 섬'이다. 늦분은 '느끼다' 또는 '느껍다'의 고어 형태로 추정된다.

3 전횡도(田橫島)는 지금의 산동성(山東省) 즉묵시(卽墨市)에 속한 섬이다. 한나라 고조(高祖)가 제(齊)나라를 격파하자 제나라 장수 전횡이 부하 500여 명을 데리고 오호도로 들어갔다. 그 뒤 고조의 부름을 받았을 때 낙양(洛陽) 30리를 남겨두고 의리상 옮지 못하다며 자결했는데, 같이 갔던 부하들도 모두 자결해 그 섬을 '전횡도'라고 부르게 되었다.

里禿大王]을 이곳에 귀양 보낸 일이 있다.[4] 섬에 궁궐의 흔적이 있는
것은 아마 이 때문일 것이다.

---

4 《고려사》와 《고려사절요》의 〈충렬왕세가〉 1292년 3월 26일조에 밝혀져 있다. 합단(哈丹)은 몽
골인으로 원나라 쿠빌라이(忽必烈) 때 세력을 키워 반기를 들었다가 패배한 내안(乃顔)의 잔당 두
목으로, 1291년(충렬왕 17)에 2만의 군사를 이끌고 고려를 침략해 한때 강원도 원주에 주둔하기
도 하였다. 아르도 대왕은 구체적인 사실이 밝혀져 있지 않다.

56

헛개나무

후릉(厚陵)[1]의 능역 안에 있는 정종(定宗)의 옛 궁터에는 고목 세 그루가 있는데, 속칭 계족과(鷄足果)라고 한다. 세상에는 정종이 심은 나무로 본래 중국에서 얻어온 것인데 400년 동안 뿌리에 곁가지가 나지 않고, 그 열매를 심어도 싹이 나지 않는다고 전해온다. 나라 안에는 오로지 이 세 그루뿐이라 사람들이 무슨 나무인지, 어디에 쓰는지 알지 못한다. 내가 예전에 그 열매를 구해 가져와 맛을 보니 조금 달고 향기로우나 그다지 좋지는 않았고, 모양도 매우 이상해서 일반 초목 열매와는 전혀 비슷하지 않았다.

《본초강목(本草綱目)》(권31)을 보고서야 그것이 헛개나무라는 것을 알게 되었다. 그 설명에서 "산호수(珊瑚樹) 같다", "닭의 며느리발톱 같다", "가지가 두 갈래로 갈라진 곳마다 작은 열매 한두 개가 달리는데, 모양이 만형자(蔓荊子)[2] 같다. 속에는 납작한 씨앗이 있어 산조인(酸棗仁, 묏대추의 씨)[3]처럼 색이 붉다"라고 하였다. 책에 기록된 내용과 하나하나 맞아떨어져서 옛사람의 세밀한 사물 묘사가 그림으

---

1 정종과 정종의 비 정안왕후의 쌍릉으로, 공조판서 박자청(朴子靑)의 감독하에 조성되었다. 북한 보존급문화재 제551호로, 황해북도 개풍군 영정리 백마산 기슭에 있다.

2 마편초과의 순비기나무 열매로 만든 약재. 감기로 인한 어지럼증, 두통, 잇몸이 아픈 증상, 눈이 멍멍하고 충혈되고 눈물이 나며 붓고 아픈 증상, 고혈압, 저림증과 근육이 떨리는 증상에 쓰인다.

3 약재로 쓰이는 묏대추 씨를 말한다. 신경과민, 불면증, 건망증, 식은땀 등의 치료에 사용하고, 비위를 튼튼하게 하고 빈혈에 효과가 있다.

로 묘사한 것보다 훨씬 낫다는 것을 알았다.

이것이 헛개나무라는 것은 의심할 여지가 없다. 《예기》〈곡례(曲禮)〉에서는 부인의 예물로 삼았고, 의학에서는 술독을 푸는 명약으로 사용하므로 그 쓰임새가 적지 않다. 그럼에도 불구하고 400년 동안 한 번도 이야기한 사람이 없었고, 또 알아보는 사람도 없었으니 매우 이상한 일이다. 생각해보면 당시 선왕께서 나무를 심을 때에는 반드시 사람에게 쓸모가 있다고 여겨 먼 곳에서 구해오셨을 텐데, 그 사이에 한 번이라도 쓰였는지 그 여부를 알 수 없다. 그 씨가 매우 단단하고 껍질도 두꺼운 것을 보면 심어도 싹이 나지 않는 것이 당연하다.

용호방

당나라 육지가 시험관이 되어 〈물의 해명(明水賦)〉과 〈대궐 물도랑(御溝柳詩)〉이라는 주제로 시험을 치러 한유(韓愈)·구양첨(歐陽詹)·가릉(賈稜)·진우(陳羽)·제효약(齊孝若) 등의 인재를 얻었는데, 모두 천하의 뛰어난 선비들이었다. 그래서 당시 세상에서 용호방(龍虎榜)이라 불렀으니 용호방이라는 이름은 여기에서 시작되었다. 우리나라에서 문과와 무과의 합격자 명단을 용호방이라고 하는 것은 당나라 사람들이 쓰던 취지와 이미 어긋난다. 청나라에서는 선비를 시험하고 합격자를 발표하는 날은 반드시 용호일(龍虎日)을 택한다. 그날이 바로 범날[寅日]과 용날[辰日]이다. 더욱 우습지 않은가?

조선 고유의 한자

우리나라에는 자전(字典)에 없는 글자가 많다. 지명 가운데 간성(杆城)을 '슈성[逬城]'이라 하고, 또 읍리(邑里)를 '사승(沙淰)'이나 '점승(漸淰)'이라고 한다.[1] 영광(靈光)을 '오성(筽城)'이라 하며, 압록강 북쪽에는 '자목성(欓木城)'이라는 곳이 있다. 순창(淳昌)에 '적성(硳城)'이라는 곳이 있으며, 면천(沔川)을 '추군(榐郡)'이라고 한다.[2] 금강산의 다른 이름은 '기달(怾怛)'이며, 또 그곳에 '유점사(榆岾寺)'라는 절이 있다. 여자의 오라비를 '남(妠)'이라고 하므로 낙안(樂安)에 '남매도(妠妹島)'라는 섬이 있다. 술을 계량하는 복자(주전자와 비슷한 그릇)를 '선(鐥)'이라고 하므로 황주(黃州)에 '선도(鐥島)'라는 곳이 있다. 땔나무 묶음을 '자래[迲]'라고 하므로 음죽(陰竹)에 '자래실[迲村]'이라는 곳이 있다.[3] 성씨 가운데 소씨(军氏)·궉씨(鴌氏)·퉁씨(卵氏)가 있고, 인명 가운데 진한우거수(辰韓右渠帥)인 염사설(廉師鑡)이 있는데,[4] 모두 우리나라 역사서와 지리지에 보인다.

---

1 승(淰)은 삼국시대 이전의 지명과 금석문에서 쓰인 글자로, 최치원(崔致遠)의 금석문에서 "진한(辰韓)은 본디 연인(燕人)이 피난간 곳이기 때문에 승수(淰水)의 이름을 취해 거주하는 읍리(邑里)를 '사승(沙淰)', '점승(漸淰)'이라 칭한다"라고 하였다. 그에 대해 다산 정약용과 추사 김정희는 '탁(涿)'의 와전으로 추정하였다.

2 면천(沔川)은 본래 백제의 혜군(槥郡)으로, 신라 경덕왕(景德王)이 혜성군(槥城郡)으로 고쳤다. 《신증동국여지승람》에서 "혜(槥)는 세속에서 추(榐)로 쓰기도 하고, 유(柹)로 쓰기도 하는데 잘못이다"라고 명확히 밝히고 있다.

또한 《경국대전》에는 '거룻배[艍舠船]'라는 말이 있고, '인부를 헤아려 정한다(量定人斐)'라는 글이 있는데 그 음과 뜻은 알 수 없다. 물건의 이름 가운데 지실(枳實)을 '탱자(樘子)'라 하고, 담비가죽[貂皮]을 '돈피(獤皮)'라고 한다. 물고기 이름 가운데 '망어(鮏魚, 망둥이)'라는 것이 있고, 가물치[蠡魚]를 '정어(魟魚)'라고 한다. 짐승의 위(胃)는 '양(胖)'이라고 한다.

그 밖에 속명(俗名)으로 쓰는 잡다한 글자로는 임금이 입는 어의(御衣)를 '의대(衣襨)'라 하고, 창고를 '수(椋)'라고 하며, 논을 '답(畓)'이라 하고, 옷깃을 '선(縇)'이라고 한다. 물건이 오래되어 좀먹은 것을 '좀먹다[食蠧]'라 하고, 홈통[木桶]을 '명(楲)'이라고 한다. 조각에서 도드라지거나 뚫어지게 깊이 새기는 기술을 '섭새김[禾刻]'[5]이라 하고, 군익기(軍樂器) 가운데 '자바라[啫哱囉]'라는 것이 있으며, 경황이 없어서 물건을 잃어버리는 것을 '서실(閪失)'이라고 한다. 일에 핑계를 대고 책임을 면하는 것을 '탈(頉)'이라 하고, 곡식이 한 섬[斛]에 차지 않은 것을 '두(迖)'라고 하며, 황해도 사람들은 땅에 파놓은

---

3 《신증동국여지승람》의 경기도 음죽현(陰竹縣) 고적(古跡)조에 '자래실迲村處'로 기록되어 있고, 그 설명에 "현 서쪽 10리 되는 곳에 있다. 자래迲는 고금의 운서(韻書)에 글자가 없다. 우리나라 방언(方言)에 풀이나 섶을 묶은 것을 자래라고 하는데, 자을아(玆乙阿) 세 글자를 합하여 훈(訓)으로 삼고 음(音)과 뜻은 없다'라고 밝혀놓았다. 그러나 자래실은 현재 충청북도 진천군 이월면 동성리에 있는 자래실 마을을 가리키는 것으로 보인다. 이 지역은 과거에는 음성현(陰城縣)에 속했으므로 《신증동국여지승람》에서 음성현과 음죽현을 착각하여 경기도 음죽현으로 잘못 수록한 것으로 추정된다.

4 염사설(廉師鐺, 廉斯鑡)에 관한 설은 《삼국지》〈위서·동이전〉과 《한서》〈동이전〉에 보이는데, 안정복의 《동사강목(東史綱目)》, 한치윤의 《해동역사(海東繹史)》 등에서도 이에 관해 언급하였다.

5 조각에서 글자나 그림이 도드라지게 가장자리를 파내거나 뚫어지게 새기는 일을 섭 또는 섭새김이라 하고, 그런 일을 하는 장인을 섭장이라고 한다. '섭'을 한자로는 화(禾) 또는 화(咊)로 쓴다.

함정을 '지(迣)'라고 한다. 또 음은 있으나 뜻은 없는 글자로 '늣[芿]'·'며(旀)'·'머[亇]'가 있다.

이 밖에 서리(胥吏)들은 선(選)을 '선(𨔛)'으로, 세(歲)를 '세(岁)'로, 모(暮)·막(幕) 등의 글자를 '재(旮)'와 '막(㠯)'으로 쓰며, 호남 사람들은 풍(風)을 '풍(𠊱)'으로 쓰는데, 모두 시골 사람들이 멋대로 생략해서 쓴 글자이다. 이런 글자들은 속자(俗字)라고 할 수도 없다. 내가 마침 기억하는 글자가 이것뿐인데, 찾아보면 더 많은 글자들이 있을 것이다.

앞에서 기록한 글자 가운데 '자래[迲]'라는 글자는 《단연록(丹鉛錄)》에 보이고, '남(娚)'과 '늣[芿]' 두 글자는 자전에 실려 있으나 모두 우리나라에서 사용하는 음과 뜻이 아닌 별개의 글자이다.

59

우리나라 성명의 오인

《태평광기(太平廣記)》에서는 신라의 성(姓)인 김가(金哥)를 복성(覆姓)으로 보았다.¹ 우리나라에서 성을 말할 때 '가(哥)' 자를 여훈(餘訓)으로 사용하는데, 중국에는 이런 경우가 없으므로 그들이 김가를 복성으로 생각한 것은 이상한 일이 아니다.

또 명나라 사람이 기록한 우리나라 사람의 성명 가운데 전만길리(田萬吉里)가 있다. 우리나라 사람이 다른 사람의 성명을 말할 때 '이(里)' 자를 여음(餘音)으로 사용하는 것을 듣고 넉 자 성명으로 잘못 알았으니 이것도 이상한 일이 아니다.

인조 병자년(1636) 이후 청나라 사람이 우리 조정의 척화파 명단을 탐문해 입수한 뒤 압송을 요구하였다. 그 명단에 김사양(金斜陽)이라는 사람이 있었다. 당시 나의 5대조인 양파공(陽坡公, 鄭太和)께서 평안감사로 있었는데, 김사양이 청음공(淸陰公, 金尙憲)이라는 것을 분명히 알면서도 줄곧 이런 이름을 가진 사람은 없다고 대답하였다. 여러 번 문답이 오가자 마침내 더는 숨길 수 없었고, 청음은 결국 잡혀가는 화를 면치 못하였다. 이는 선원(仙源, 金尙容)과 청음 형제가 한 시대에 이름을 떨쳤으므로 청나라의 꾐에 넘어가 나랏일을

---

1 《태평광기(太平廣記)》권481〈신라(新羅)〉에 실려 있는데, 본래는 단성식(段成式)의 《유양잡조(酉陽雜俎)》속집 권1에 실려 있는 기록을 전재한 것이다.

몰래 알려준 어리석은 백성이 실제로는 청음이 행한 일을 말하고 서 이름은 선원 김상용으로 잘못 말하였다. 그리고 김상용이 김사양으로 와전된 것이다.[2] 이상 세 가지 일은 모두 사람을 포복절도하게 한다.

---

2 이 일은 《인조실록》에도 등장하는 실화로 이후 많은 야사에 널리 전해진다. 인조 18년(1640) 11월 8일자 기사로 청나라 장수 용골대(龍骨大, 타타라 잉굴다이)와 만나고 있는 홍서봉 등이 국왕에게 올린 치계의 내용이다.

60

선조의 뜻과 행적

나의 6대조인 제곡공(濟谷公, 鄭廣成)[1]은 선조 계묘년(1603)에 과거에 급제하고 인조 병자년(1636)에 2품에 이르렀으며, 청현직(淸顯職)만을 역임하셨다. 이 해에 수죽공(水竹公, 鄭昌衍)[2]의 상을 당했는데, 삼년상을 마치자마자 호조참판에 임명되셨다. 당시 이조판서는 백헌(白軒) 이경석(李景奭)이었고, 이조참판은 백강(白江) 이경여(李敬輿)였다. 공은 평소 두 분과 친하게 지내 영해부사(寧海府使)가 되기를 청하셨다. 두 분은 처음에는 인사 관례에 어긋난다며 몹시 난색을 표했으나 공이 품고 있는 생각을 자세히 이야기하고 간절히 요청하자 임용되기에 이르렀다. 부임한 지 얼마 되지 않아 벼슬을 버리고 수원 농장으로 돌아가셨다. 그때 공의 나이가 64세였는데, 돌아가실 때까지 벼슬에 나아가지 않으셨다.

---

1 정광성(鄭廣成, 1576~1654)을 말하며 자는 수백(壽伯)이고 호는 제곡(濟谷)이다. 1618년(광해군 10) 대비삭호문제(大妃削號問題)와 아울러 재차 폐모론이 일어났을 때 부친 정창연(鄭昌衍)의 정청불참문제(庭請不參問題)로 인해 탄핵을 받았으나 계속 등용되어 형조참의·우승지·남양부사·경기도관찰사 등을 지냈다. 병자호란 뒤 벼슬에 뜻을 버리고 향리에 물러가 있다가 1649년 효종이 즉위하자 형조판서에 오른 뒤 부호군을 거쳐 지돈녕부사가 되었다.

2 정창연(鄭昌衍, 1552~1636)을 말하며 자는 경진(景眞)이고 호는 수죽(水竹)이다. 1579년(선조 12) 식년문과에 을과로 급제해 독서당(讀書堂)에 들어갔고, 이조좌랑을 거쳐 동부승지 등의 관직을 두루 역임하였다. 1614년(광해군 6) 우의정이 되고 이어 좌의정이 되었다. 폐모론이 일어나자 벼슬에서 물러나 두문불출하며 정방(政房)에 나아가지 않았는데 인조반정이 일어난 뒤 다시 좌의정이 되었다.

갑오년(1654)에 이르러 양파공이 정승에 제수된 지 오래라, 임금께서 공의 품계를 올리라고 특명을 내려 지돈녕(知敦寧)에 제수하셨다. 임금께서 재촉하시어 잠깐 서울 집으로 돌아오기도 하였으나 공의 본뜻은 아니었으며, 그 후 몇 달 뒤 세상을 떠나셨다.

제곡공이 세상에 나아가고 물러난 의리를 남들은 알 수 없었다. 그래서 백강이 지은 공의 묘지명[3]에는 "정축년(1637) 이후에는 세상일에 뜻이 없었다"라고 하였고, 또 "영해에서 돌아온 이후에는 조정에 발걸음하지 않은 지 15년이었다"라고 하였다. 또 "공의 은둔하려는 의지는 겉으로 보아서는 알 수 없었다"라고 하였다. 백헌이 지은 공의 묘비[4]에는 "공이 영남의 수령이 되기를 청했을 때 내가 외람되게 이조판서 자리에 있었으므로 행실과 진퇴에 나타난 절조를 대충엿볼 수 있었다"라고 하였다. 두 분은 공의 뜻과 행적을 잘 아는지라 말은 완곡히 하면서도 의미는 깊다.

무릇 사람은 흔적을 남기지 않는 처신을 해야 하는데, 우리 선조께서 보인 뜻은 참으로 찾아낼 만한 흔적이 없었다고 평가할 수 있다. 사대부의 행실은 이와 같아야 하지 않을까? 이 때문에 세상에는 공을 알아주는 이가 없다. 그렇다면 세상 사람들이 과격한 행동을 일삼으며 명성과 절조가 드러나지 않을까 걱정하는 것도 전혀 이상하지 않다.

---

3 이경여, 《백강집(白江集)》 권14 〈지돈녕부사정공묘지명(知敦寧府事鄭公墓誌銘)〉.

4 이경석, 《백헌집(白軒集)》 권44 〈지돈녕부사정공신도비명(知敦寧府事鄭公神道碑銘)〉.

61

정태화와 최명길의 비밀공작[1]

정축년(1637) 청나라와 강화를 맺은 뒤 청나라 사람들은 우리나라가 명나라와 내통하지 못하도록 막았다. 그러나 조정에서는 변함없는 의리를 잊지 않고 명나라에 대한 조선의 속내와 병자호란 이후의 사정을 모두 문장으로 진술하고, 배를 준비해 명나라에 이를 전달하고자 하였으나 그 임무를 수행할 적임자를 찾지 못하였다.

임경업(林慶業)이 평안병사(平安兵使)가 되었을 때 묘향산의 승려 신헐(信歇)[2]을 찾아내 마침내 그 임무를 맡겨 파견하였다. 신헐은 중국인들이 독보(獨步)라고 부르는 인물이다. 당시 양파공은 평안감사였다. 조정에서 이 일을 한창 추진할 때 중앙에서는 오로지 최명길(崔鳴吉) 공이 일을 주관하고, 지방에서는 오로지 양파공이 일을 전담해 두 분 이외에는 아는 사람이 없었다.[3]

행장을 차려 신헐을 보낼 때 양파공이 부험(符驗)[4]을 많이 만들어

---

1 연세대본과 국립본에는 61칙과 다음 62칙의 순서가 바뀌어 있다.

2 신헐(信歇, ?~?)의 호는 여충(麗忠)이다. 인조 때의 승려로 다른 많은 기록에는 그의 이름이 중헐(中歇)로 나온다. 묘향산에 머물다가 병자호란 이후 명·청을 왕래하며 공을 세웠다. 그는 명나라 좌도독 홍승주(洪承疇) 밑에 있으면서 청나라를 정탐하였으나 압록강에서 우리 군사에게 붙들려 임경업에게 이송되었다가 최명길에게 압송되었다. 1639년(인조 17) 조선의 조정은 그를 다시 홍승주에게 보내 청나라 군대의 한양 함락을 전하였다. 그 공으로 명나라로부터 여충(麗忠)이라는 호를 받고 본국에서도 후한 상을 받았다. 홍승주가 청나라에 항복한 뒤에는 임경업 휘하에서 명나라를 왕래하였다. 명나라 멸망 후에 임경업과 함께 북경에 잡혀갔다가 돌아왔으나 간신의 모함으로 울산에 유배되었다.

건네며 그와 다음과 같이 약속을 정하고 당부하였다.

"만약 청나라 사람에게 붙잡히거든 반드시 '어느 고을에서 출발해 어느 고을로 향하던 중 어느 곳에서 풍랑을 만나 며칠 만에 어느 곳에 도착하였다. 배에 실린 것은 무슨 종류의 무슨 물품이다'라고 대답하라."

또 편지를 써서 심양관(瀋陽館)에 보내 "우리나라 사람이 어느 고을의 쌀을 싣고 한양으로 가다가 불행히도 풍랑을 만나 길을 잃었습니다. 중국의 어느 지방에 표착한 사람이 있다면 찾아서 돌려보내주십시오"라고 하였다. 소현세자가 그 사실을 청나라 장수에게 그대로 전달하였다. 과연 배 한 척이 붙잡혔는데 뱃사람이 공이 전달한 내용과 한 치의 오차도 없이 거침없이 대답해 드디어 풀려났다.

우리의 국서가 명나라 조정에 전해지자 숭정제가 크게 칭찬하고 상을 내렸다. 등주(登州)와 내주(萊州)에 위치한 군문(軍門)에서도 답례 사자를 파견해 그 배가 선천(宣川)에 정박하였다. 우리 조정에서 힘에 눌려 청나라와 강화한 사정을 명나라에 알리고자 한 것은 어쩔 수 없는 일이었으나 그 일을 맡은 신하는 참으로 생사의 기로에서 위험을 무릅썼던 것이다.

나중에 등주와 내주의 배가 선천에 정박한 사실이 청나라 사람들에게 탄로 나자 임경업은 도망해 모면했고, 전 의주부윤(義州府尹)

---

3 김석주(金錫胄)의 《식암유고(息庵遺稿)》에 실린 정태화의 〈시장(諡狀)〉에 비슷한 내용이 거의 그대로 나온다. 또한 61칙의 사연은 최명길의 손자 영의정 최석정이 1706년 숙종에게 올린 상소문에 자세하게 나오는데, 《숙종실록보궐정오》 32년 병술(1706) 3월 9일자 기사와 《명곡집(明谷集)》 권17에 실려 있다.

4 조선시대 밤에 성문으로 드나들 수 있도록 허가한 표신 혹은 중국에 가는 사신이 신표로 가지고 다니는 비단으로 짠 횡축에 말의 형상을 수놓은 물건을 말한다.

황일호(黃一皓)는 청나라 사람에게 붙잡혀 그들이 보는 앞에서 죽임을 당하였다. 양파공은 선천부사(宣川府使) 이계(李烓)와 함께 붙잡혔는데, 자신에게 죄를 돌리며 조정은 모르는 일이라고 잡아떼었다. 그 말이 굳세며 목소리가 쩌렁쩌렁해 듣는 사람 모두 속이 시원하였다. 청나라 장수도 공의 말을 의롭게 여겨 풀어주었고, 이계는 우리나라에 돌려보내 처형하도록 하였다. 당시에 그 임무를 수행하기가 얼마나 어려웠고 상황이 얼마나 위험했는지를 얼추 짐작할 수 있다.

그래서 신헐이 중국으로 떠난 뒤 최명길 공은 양파공과 늘 은밀하게 이야기를 주고받았는데, 신헐이 오래도록 돌아오지 않자 〈신선을 그리워하는 노래(懷仙詞)〉라는 율시 한 수를 보내 소식을 알아보고자 하였다.

구름 덮인 바다는 낙조 아래 아득하니	雲海微茫落照間
눈 빠지게 찾아본들 봉래산은 어디런가.	眼穿何處覓蓬山
장건의 뱃길은 막힌 데가 너무 많아	張騫槎路仍多阻
서불의 누선이 오래도록 돌아오지 않네.[5]	徐市樓船久未還
가을바람 맞아 흰 머리가 늘기는 쉬워도	易被秋風欺白髮
선약의 도움받아 젊어지기는 어렵구나.	難從仙竈借紅顔
근래 들어 가슴 아픈 일이 한도 없어	年來無限傷心事
이끼 덮인 외진 골목에서 홀로 문 닫네.[6]	窮巷蒼苔獨掩關

---

5 서불(徐市)은 진시황 때의 방사(方士)로, 동해의 삼신산(三神山)에 불사약이 있다고 진시황을 속인 뒤 동남동녀 수천 명을 배에 태우고 바다로 나간 뒤 돌아오지 않았다. 《사기(史記)》 권6 〈진시황본기(秦始皇本紀)〉 참조.

6 두 편의 시는 《지천집(遲川集)》과 《양파유고(陽坡遺稿)》에 모두 실려 있다.

주영편 하권

양파공께서도 신헐이 돌아오지 않음을 걱정하는 마음으로 답시를 보냈다.

허덕허덕 말 위에서 길과 길을 헤매노니	勞勞鞍馬道途間
그 시절에 서둘러 입산 못 한 것이 후회로다.	悔不當年早入山
얼굴이고 머리털이고 가을 지나 빛깔 변했으나	容髮已驚秋後變
꿈에서도 넋은 항상 서울 하늘로 돌아가네.	夢魂常向日邊還
시절 변한 뒤 옛일에 부질없이 분개하고	時移舊事空彈指
세상이 혼란한데 명성 높아 진땀이 절로 나네.	世亂浮名獨汗顔
온갖 시름 살그머니 한밤중에 솟아나니	百感暗從中夜起
그 누구와 힘을 합쳐 관서 땅을 다스릴꼬.	與誰同力靖西關

조심스럽고 은밀하게 추진한 당시의 국사가 대체로 이같이 펼쳐졌다. 양파공은 일기에서 이 일에 대해 "임무를 맡은 한두 신하의 노심초사하는 심경을 남들이 다 알 수 없다"라고 하셨다.

정태화와 위제서의 만남

현종 임인년(1662)에 나의 5대조이신 양파공께서 진하사(進賀使) 정사로 연경에 갈 때, 둘째 아들 의정공(議政公, 鄭載嵩)이 전 병조좌랑으로서 군관의 직함을 빌려 모시고 갔다. 귀국하는 길에 영평부(永平府)에 이르렀을 때는 10월 18일이었다. 길에서 위제서(魏際瑞)라는 사람을 만났는데, 그가 명나라의 유민이라는 것을 알고는 땅바닥에 글씨를 써서 의사를 주고받으며 심정을 토로하다가 끝내 마주 보며 눈물을 흘렸다. 이별할 때 위제서가 자신의 문집 한 권을 증정했는데, 그 책이 아직까지 우리 집에 있다.

그 책 가운데 '병과도급사중 증응린을 대신해 지은 이자성 토벌 격문(代兵科都給事中曾應遴, 討李自成檄文)'은 말이 매우 격렬하고 애통하다. 양파공은 여행 일기에서 "재숭[載嵩, 의정공의 이름─원주]이 우연히 강서 선비 위제서를 만나 필담으로 문답하며 밤이 깊도록 함께 지냈다. 그는 문장이 박식하고 고아하며 식견이 밝고 정확해 남들보다 훨씬 뛰어났다"[1]라고 하셨다.

양파공이 기록한 것은 이 몇 구절뿐이다. 자세한 내용은 의정공의 기록에 실려 있을 텐데 그 사이 화재를 겪으면서 남아 있는 옛 문헌

---

1 《양파유고》 권4 〈음빙록(飮氷錄)〉의 10월 18일 기사에 비슷한 내용이 있으므로, 양파가 썼다는 여행 일기는 곧 이 책을 가리킨다.

이 없다. 다만, 집안에 전해 내려오는 말은 지금까지 생생하다.

그때 서장관이던 이동명(李東溟)[2]의 일기를 보니 수록한 내용이 매우 상세하였다. 그 내용은 다음과 같다.

"위제서라는 사람이 찾아와서 상사(上使)를 알현하였다. 상사께서 그에게 붓과 먹을 주었더니 곧 갈포(葛布)와 은잔을 예물로 가지고 와서 사례하였다. 상사께서 한사코 사양하다 마지못해 갈포만 받고 은잔은 돌려주었다. 이어 글로 써서 문답하였다. 그가 '사는 곳은 강서인데 강서는 남경(南京)과 3,000리 떨어져 있습니다. 향공진사(鄕貢進士)[3]로 북경에 왔다가 친지가 영평부에서 관리 노릇을 하고 있어 와서 머물고 있습니다'라고 하였다. 문필은 물 흐르듯 하고 용모는 고요하고 단아하였다.

영력제(永曆帝)[4]의 생사를 물었더니 '면전(緬甸, 미얀마)에서 붙잡혀 후송되어 죽임을 당했고, 그 권속(眷屬)들은 북경에 구금되어 있다'라고 하면서 눈물을 비 오듯 흘렸다. 또 천하의 의관이 완전히 바뀌었냐고 묻자 '중국에는 사람다운 사람이 없어 지금 벌써 오랑캐 땅으로 전락하였습니다. 제 선친과 형제 예닐곱 명은 영도(寧都)의 금

---

2 이동명(李東溟, 1624~1692)은 본관은 덕수(德水)이고 자는 백종(百宗), 호는 학정(鶴汀)이다. 문과에 급제해 승지를 지냈다. 1689년(숙종 15) 기사환국 때 관작을 삭탈당하고 부령으로 유배되어 그곳에서 학생들을 모아 글을 가르치다가 1692년 유배지에서 죽었다.

3 당나라의 과거는 2단계로 분류되어 진사과의 경우, 지방의 주현(州縣)에서 향시(鄕試, 예비시험)를 보고 이것을 통과한 자를 향공진사(鄕貢進士)라고 불렀다.

4 영력제(永曆帝, 1625~1662)는 영명왕(永明王)이라고도 한다. 남명(南明)의 제4대 황제이며 명나라로는 20대 황제로, 이름은 주유랑(朱由榔)이다. 1650년 청군(淸軍)이 중국 남부 경동과 계림을 함락시키고, 1656년 절강성 주산열도를 점령해 1659년 운남까지 차지하자 미얀마로 도주하였다. 1662년 청나라에 투항한 오삼계(吳三桂)가 미얀마까지 쳐들어와 영력제를 살해한 뒤 명나라는 완전히 멸망하였다.

정산(金精山) 취미봉(翠微峯)에 은거해 옷을 바꿔 입지 않았고, 저는 집안의 명맥을 유지하고자 이곳에 왔습니다'라고 하였다.

또 청나라 형편이 어떠한지를 물었더니 이렇게 답하였다.

'이 무리들이 북쪽에 있을 때는 곤궁함을 견디지 못해 죽음을 무릅쓰고 나와 노략질을 업으로 삼았습니다. 지금은 사치스러운 옷을 입고 호사스러운 음식을 먹다보니 뜻을 이미 이룬데다 부귀에 연연하고 목숨 버리기를 꺼려합니다. 게다가 중국 풍토에 적응하지 못해 태반이 죽었고, 남쪽에 들어와서 나고 자란 만주족들은 선조들과 다르게 모두 용렬하고 잔약한 조무래기들입니다. 활 쏘고 말 달리는 재주도 갈수록 전만 못하니, 앞으로 제힘으로는 떨쳐 일어나지 못할 것입니다.

따라서 그들도 오래도록 중원에 머물 생각이 없어 새화와 보물을 수레로 나르고 장인들을 이주시켜 만주의 심양과 상양보(上陽堡),[5] 영고탑(寧古塔)[6] 등지로 대거 이주하고 있습니다. 한족 가운데 조금이라도 죄를 지은 사람들은 모두 이곳으로 이주시킵니다. 지난번 강상(江湘)이라는 자가 남쪽에서 봉기해 기세등등하게 거의 북쪽까지 이르렀습니다. 만약 중국에서 의기를 떨쳐 봉기한 사람이 있었다면 격문만 전해도 청나라를 평정할 수 있었으련만 그런 사람이 없는 것이 한스러울 뿐입니다'라고 하였다.

---

5 상양보(上陽堡)는 '상양보(尚陽堡)'라고 하기도 한다. 요녕성(遼寧省) 개원현(開原縣)에서 동쪽으로 40리 정도 떨어진 곳이다.

6 영고탑(寧古塔)은 청나라 발상지로 현재 흑룡강성(黑龍江省) 목단강시(牧丹江市) 영안(寧安)에 위치한다. 옛날 여섯 형제가 이 지역의 각기 한 곳을 차지했는데, 만주어로 여섯은 '영고(寧古)'이고 갯수는 '탑(塔)'이므로 '영고탑'(중국말로 '여섯 개')이라 하였다고 한다.

이어서 자신의 문집 한 권을 바쳤는데, 문장과 부(賦), 시 수백 편이 실려 있었다. 남(증응린)을 대신해 지은 이자성(李自成)[7]을 토벌하는 격문도 들어 있었다. 오가는 길에 만난 선비들은 하나같이 의관 제도가 바뀐 것에 대해 뼈를 깎듯이 가슴아파했는데, 이 사람은 다른 이들보다 갑절이나 더 가슴아파하였다."

근래《삼위전집(三魏全集)》[8]이 조선에 들어와서 그제야 백자(伯子) 위상(魏祥)이 위제서로 개명했음을 알게 되었다. 그의 동생 위숙자(魏叔子, 魏禧)가 그의 묘지명을 지었는데, 다음과 같은 대목이 있었다.

"일이 있어 관문을 벗어나 영평부에 이르렀을 때 북과 피리 소리가 들려왔다. 조선에서 사신이 왔다고 사람들이 말하였다. 백형(伯兄)이 객사로 가서 구경하느라 군중 틈에 섞여 있었다. 사신의 갓과 망건, 복두와 소매가 큰 도포, 허리띠가 옛 관복과 같았다. 그중 한 사람이 돌연 말에서 내려 많은 사람 가운데 백형의 옷을 잡고 객사로 들어가며 '나는 병조좌랑 정숭(鄭嵩)이오[글에서 한 글자를 꺼려 빼놓은 듯하다. 그때 통성명한 것이 이와 같았는지, 아니면 위씨가 글에서 생략한 것인지 알 수 없다─원주].[9] 그대는 이 지역 사람이 아니라 아마도 중국의 기이한 선비인가 보오'라고 하였다. 그리고 쭈그리

---

7 이자성(李自成, 1606~1645)은 중국 명나라 말기의 농민 반란 지도자이다. 1644년 대순(大順)을 세워 황제가 되고 북경을 점령해 명나라를 멸망시켰으나 오삼계와 청나라 연합군에 패하였다. 하북성(河北省)으로 도망친 뒤 그곳 주민들에게 살해되었다.

8 《영도삼위전집(寧都三魏全集)》(40책)을 말한다. '삼위(三魏)'는 위제서(魏際瑞, 1620~1677)·위희(魏禧, 1624~1680)·위례(魏禮, 1628~1693) 3형제를 가리킨다. 이들은 강서(江西) 영도(寧都) 사람으로 문명이 높아 '영도삼위(寧都三魏)'라고 불렸다. 명나라 유민으로서 지조를 지켰으며, 특히 산문이 조선에서 매우 높은 평가를 받았다. 《청사고(淸史稿)》 권484에 실려 있다.

고 앉아 숯 조각으로 땅바닥에 글씨를 써서 묻고 답하였다. 사신이 눈물까지 흘리며 내실로 데리고 들어가서 그의 아버지를 뵙게 하였다.[10]

다시 먹과 붓으로 종이에 글씨를 써가며 날이 밝을 때까지 문답을 주고받았다. 사신이 백형의 문집 한 권을 가져가며 '내가 우리나라에서 간행해 중국에 재자(才子)가 있음을 알리겠소'라고 하였다. 그 나라 토산품인 부채와 먹 등을 주고는 서로 눈물을 흘리며 헤어졌다. 그 사연은 〈조선사자문답기(朝鮮使者問答記)〉에 자세히 나온다."

《백자문집(伯子文集)》을 뒤져보았으나 〈문답기〉라는 글은 없었다. 생각해보면 그때 문답한 말들은 모두 당시에 꺼리고 하지 말아야 할 내용이었으므로 문집에 수록하지 않은 것이 당연하다.

또 백자의 아들인 위세걸(魏世傑)[11]이 지은 〈고려도기(高麗刀記)〉를 보니 대략 다음과 같았다.

---

9 성해응(成海應)의 《연경재전집(研經齋全集)》 권40의 〈황명유민전(皇明遺民傳)〉에 이와 유사한 이야기를 싣고서 정숭(鄭崇)을 아예 '정재숭(鄭載嵩)'으로 썼다. 정재숭(1632~1692)은 정태화의 아들로, 이조·병조·호조·공조판서를 지낸 뒤 1685년 우의정이 되었다. 1686년 진주사(陳奏使)로 청나라에 다녀온 뒤 노환으로 사직하였다.

10 정태화는 1662년 7월 26일 청나라가 운남(雲南)지역을 평정한 것을 축하하고, 의주부윤 이시술(李時術)의 처벌을 논의하기 위하여 진하진주사(進賀陳奏使)로서 연경에 갔다가 같은 해 10월 12일 귀국길에 올라 18일 영평부에 도착하였다. 그는 연로하고 건강이 좋지 않아 둘째 아들 정재숭이 수행 보좌하였는데, 정재숭이 영평에서 위제서를 우연히 만나 대화를 나눴다. 이는 비분강개한 조선과 중국 지식인의 기이한 만남이란 일대 사건으로 후대에 기억되었다. 이때의 기록은 《양파유고》 권14 〈음빙록〉 10월 18일 조목에 수록되어 있다. 더 자세한 사항은 박세욱, 〈객가(客家) 문인과의 만남: 양파 정태화와 위제서〉《퇴계학과 한국문화》 40, 2007; 안대회, 〈위제서의 인물됨과 《백자논문(伯子論文)》의 가치〉《한문학보》 29, 2013 참조.

11 위세걸(魏世傑, ?~?)은 자는 흥사(興士)이다. 저작으로 《위흥사집(魏興士集)》과 《재실문고(梓室文稿)》가 있어 《삼위전집(三魏全集)》에 함께 수록되어 있다. 〈고려도기(高麗刀記)〉는 《위흥사집》 권5에 실려 있다.

"임인년(1662)에 아버지께서 영평부 역에서 고려 사신을 만나고 돌아와서 나에게 편지를 보내 '사신과 밤새도록 이야기를 나누었는데, 헤어질 때 사신이 단검 한 자루를 선물하였다. 북경 사람들이 쉽게 얻을 수 있는 물건이 아니기에 너에게 보내니 잘 간직하거라'라고 하셨다. 나는 그것을 애지중지하며 몇 가지 패물을 함께 엮어서 차고 다녔다. 내가 10년 전에 들으니 외국에서 오는 자들은 용모와 머리 모양, 띠 장식, 의복, 장식품 및 기물이 기이한 것이 많으나 유독 고려 사신이 올 때에는 망건에 사모를 착용하며, 너른 소매의 붉은 도포를 입고 띠를 찬 차림으로 말을 타고 들어와서 조회하니 북경 사람들은 한나라 관리의 풍모로 여겨 감탄하였다고 한다.

나는 나이가 많지 않아도 광대들의 복장을 본 적이 있어 그런 의복 몇 가지를 알고 있다. 나는 궁벽한 시골에서 태어나 보고들은 것이 없고 마을을 벗어난 적도 없어서 마치 칼집 속에 들어 있는 칼처럼 속이 답답하다. 독서를 하다가 비좁은 방 안에 앉아 무료할 때마다 이 칼을 오랫동안 만지작거리곤 하였다.[12]

을사년(1665) 아버지께서 산중으로 돌아와 다시금 사신이 주고 간 붓과 종이, 먹을 나에게 주시며 활과 화살, 그릇, 갓과 의복이 특이했고, 사신의 키가 훤칠하며 하얀 피부에 아름다운 수염을 가졌다고 말씀해주셨다. 내가 직접 아버지를 모시고 가서 그 사람을 만나고, 두 분이 밤새 이야기한 것을 자세히 듣지 못한 것이 아쉬워 이 칼을 볼 때마다 크게 탄식하였다. 내가 생각해보니 그때 두 분의 기이하

---

12 이 글과 비슷한 내용이 《해동역사》 제57권, 〈예문지(藝文志)〉 16, 중국문(中國文) 4에 보인다. 《해동역사》에 실린 글에는 단검에 대한 구체적인 묘사가 덧붙여져 있다.

고 우연한 만남은 잠깐 얼굴을 본 것에 불과하지만, 흉금을 터놓고 의기투합해 곧바로 지기(知己)가 되었으니 천리나 떨어져 있어도 서로 잊지 못할 것이 당연하다.”

위세걸의 글을 읽고서 그가 한평생 의정공 선조를 그리워한 심경을 더 잘 알 수 있어서 감탄하게 된다. 그중에도 가슴 아픈 일은 묘지와 〈고려도기〉에서 모두 사신의 갓과 망건, 띠를 언급하며 한나라 관원의 풍모라 감탄했다는 점이다. 중원 사대부들이 뼈에 새기고 마음에 사무친 고통은 모두 여기에 있었던 것이다. 지금 내가 생각해도 분한 마음이 산처럼 북받쳐 오르거늘 하물며 몸소 그 재앙을 경험한 사람은 어떠했으랴?

백자의 말을 헤아려보면 백자가 관문 밖으로 나온 것은 아마도 모종의 거사를 일으키려는 의도가 있었던 듯하다. 당시 사대부들 가운데 필시 이와 같은 사람이 많았을 텐데 결국 뜻만 품고 뜻을 이루지는 못하였으니 슬프다! 의정공의 호는 낙남(洛南)이다.

63

서건학의 악평

숙종 병인년(1686) 낙남공(洛南公)께서 대신의 신분으로 상사(上使)
가 되고 명곡(明谷) 최석정(崔錫鼎)[1]이 부사, 판서 이돈(李墩)이 서장
관이 되어 중국에 갔는데, 그때 국왕에게 벌금을 부과한 일이 있었
다.[2] 여러 사신들이 청나라 예부(禮部)에 글을 올려 명령을 거두어달
라고 요청하였다. 이는 외국 사신이 감히 해서는 안 될 일이었으므로
예부시랑 서건학(徐乾學)[3]이 상소를 올려 탄핵하였다. 탄핵하는 것이
옳기는 하지만 그자가 올린 글이 극악무도하여 조선에 대해 귀신과
물여우 꼬락서니[4]에 도깨비 수작이라는 말까지 하기에 이르렀다.

---

1 최석정(崔錫鼎, 1646~1715)은 본관은 전주(全州)이고 자는 여화(汝和), 호는 명곡(明谷)이다. 영
의정 최명길의 손자이며, 한성좌윤 최후량(崔後亮)의 아들이다. 남구만·박세채의 문인이다. 노
론·소론의 격렬한 당쟁 속에서 소론을 영도하며 모두 8차례 영의정을 지냈다. 조부의 학문을 계
승하고, 양명학에 관심을 기울였다. 그의 저술 《예기유편(禮記類篇)》은 정주(程朱)의 학설과 다른
점이 많아 노론의 거센 공격을 받았다. 저서에 《명곡집(明谷集)》 36권이 있다.
2 《숙종실록》 12년(1686) 윤4월 29일 첫 번째 기사로 '진주사 정재숭 등이 임의로 정문을 올린 사
건에 대해 의논하다'에 관련된 사실이 나온다. 황제가 조선 국왕을 견책하자 세 사신이 명령을 거
두어달라고 요청한 사안인데, 그에 대해 황제가 발끈하고 서건학이 상소를 올려 악담을 퍼부었
다. 이 사건은 그 뒤로도 조선 정부에서 거듭 언급되었다.
3 서건학(徐乾學, 1631~1694)은 청나라 초의 학자로, 자는 원일(原一)이고 호는 건암(健庵)이다.
1670년 진사가 되어 강희제에게 문재를 인정받았다. 주로 학술을 담당해 《명사》, 《청회전(淸會
典)》, 《대청일통지(大淸一統志)》 등의 편찬사업에 관여하다가 1685년 내각학사 겸 예부시랑이
되고, 1688년 형부상서가 되었다. 저서에 《담원집(憺園集)》, 《독례통고(讀禮通考)》 등이 있는데,
《독례통고》를 조선의 예학가들이 많이 참조하였다.

'도깨비 수작'은 구체적으로 가리키는 것이 없는 말이므로 모욕을 주기 위해서라면 이보다 더한 말을 하더라도 용납할 수 있다. 그러나 귀신과 물여우 꼬락서니라는 말을 따져본다면, 서건학은 본래 명나라 사족의 자제이면서 머리털을 살갗이 훤히 보이도록 남김없이 깎고 머리에 붉은 모자를 뒤집어쓰고 몸에는 말발굽소매[5]를 걸쳤다. 그런 주제에 도리어 감히 의관을 갖춘 모습을 가리켜 귀신이니 물여우이니 주둥아리를 놀린단 말인가? 서건학이 깝죽대며 이름나기를 좋아하는 위인이라고 생각한 적이 있는데, 이 행동으로 보면 염치라는 것을 전혀 모르는 작자이다. 그러니 위씨 집안의 형제를 서건학과 같은 수준에서 말할 수 있겠는가?

---

4 물여우는 귀신과 같이 그 정체를 볼 수 없는데, 모래를 물고 있다가 물에 비치는 사람의 그림자에 뿌리면 그 사람이 병에 걸린다고 한다.
5 만주족들이 입던 두루마기식의 옷을 말한다. 좁은 소매는 끝이 손등을 향하는 쪽이 길고 손바닥을 향하는 쪽이 짧은 반달 모양, 말발굽 모양으로 되어 있었는데, 말발굽소매馬蹄袖 또는 화살소매箭袖라고 한다.

64

최규서의 운기법

간재(艮齋) 최규서(崔奎瑞)[1]는 젊었을 때 병이 많았는데, 운기법(運氣法)을 배워 장수를 누렸다. 늙어서도 근력이 여전히 왕성했고, 죽을 때도 기이한 행적이 많았다. 일찍이《강기요결(降氣要訣)》7장(章)을 지었는데, 그다지 행하기 어려운 멀고 높은 일은 아닌 듯하다.

제1장. 천 가지 생각, 만 가지 걱정을 물리치고 다만 한마음과 두 눈에 의지할 뿐이다.

자신이 단 주석에서 이르기를, 마음은 이마 위에 두어 상승하는 기(氣)를 끌어내리고, 눈은 아래로 코끝을 보아 하강하는 기를 가만히 살핀다. 천 가지 생각, 만 가지 걱정을 물리치는 것이 기를 가라앉히는 최상의 방법이다. 이것을 터득한 뒤에야 이 운기법을 시험해 볼 수 있다.

제2장. 이 기가 이마에서 내려가 콧마루에 이르면 콧구멍이 바로 트이고, 목구멍에서 내려가 흉격에 이르면 명치 사이에 막히는 것이 없어진다. 계속해서 복부에 들어가면 높은 산에서 바위를 굴러 보내듯이 반드시 꾸르륵꾸르륵 소리가 난다. 더 내려가서 두 다리에 두

---

1 최규서(崔奎瑞, 1650~1735)는 본관은 해주(海州)이고 자는 문숙(文叔), 호는 간재(艮齋)이다. 1680년 별시문과에 병과로 급제해 출사하였다. 1694년 전라도관찰사에 이어 강화유수를 역임하고, 형조·예조의 판서, 대제학 등 현직을 두루 지냈다. 1721년 우의정, 1723년 영의정에 올랐다. 소론의 영수로서 온건하게 일을 처리하였다. 문집에《간재집(艮齋集)》이 있다.

루 퍼지면 물이 땅속을 흐르듯 어렴풋이 졸졸 흐르는 느낌이 느껴진다. 두 발바닥 한가운데에 이르러 멈추면 냉기가 가시고 온기가 생기는 것을 경험할 것이다.

주석에서 이르기를, 기가 위로 올라가면 발 부위는 반드시 차가워진다. 지금 기가 내려왔기 때문에 발바닥이 따뜻해지는 것이다.

제3장. 기를 가라앉히는 방법이 마음과 눈에 달려 있기는 하여도 또 두 가지 중요한 비결이 있다. 호흡할 때 들숨을 눌러 아래로 내려 보내 오래도록 아랫배에 머물게 하거나, 소변을 볼 때 소변이 잘 나오든 말든 반드시 여러 번 나오기를 기다린다.

주석에서 이르기를, 날숨은 아랫배에서 나와 입과 코로 올라오고, 들숨은 입과 코에서 복부로 내려가는 것이다. 그래서 기세에 따라 잘 인도혜 호흡을 오래도록 가슴과 배 사이에 머물게 하면 기도 따라서 내려간다. 소변도 내려가는 것이니 잘 나올 때나 잘 나오지 않을 때가 있기는 하나 오래도록 요강을 잡고 반드시 여러 번 나오기를 기다리면 기도 따라서 내려갈 것이다.

제4장. 막힌 기가 횡경막 오른쪽에 있으면 오른팔을 들어 머리 위에 얹고, 횡경막 왼쪽에 있으면 왼팔을 들어 머리 위에 얹는다. 좌우가 모두 그러면 좌우 팔을 한꺼번에 든다. 막힌 기가 왼쪽 배에 있으면 왼쪽이 위가 되도록 모로 누워 기가 오른쪽 배로 내려가게 하고, 오른쪽 배에 있으면 오른쪽이 위가 되도록 모로 누워 기가 왼쪽 배로 내려가게 한다.

제5장. 잠잘 때는 모로 눕는 것을 반드시 피해야 하니 얼굴을 위로 향하게 하고 눕는다. 깨어 있을 때는 굳이 그럴 필요는 없다.

제6장. 온몸 가운데 가렵고 아프거나 불편한 데가 있으면 그곳에

생각을 집중하고 눈길을 모아 막힌 기를 뚫어 흩뜨리면 기가 흩어지면서 통증도 흩어진다.

제7장. 이 모든 방법은 갑자기 효과를 바랄 수는 없다. 오래도록 수련을 쌓고, 게으름피우지 않고 계속 생각하면 저절로 터득하게 될 것이다. 지금 글로는 다 표현할 수 없다.

65

《서하집》의 발굴

고려의 시인 임춘(林椿)의 자(字)는 기지(耆之)이고, 본관은 서하(西河)이다. 한 시대에 시인으로 명성을 떨쳐 당시에 거벽(巨擘)으로 추앙받았으나 과거에서 재차 낙방하였다. 무신난이 일어났을 때 온 집안이 화를 입었는데, 피신해 겨우 화를 면하기는 하였으나 숱한 곤경에 처해 고생하다가 죽었다. 시문도 전하는 것이 없고,《동문선(東文選)》등의 책에 소수의 작품이 전할 뿐이다. 그런 까닭에 세상에 운수가 기박한 문인을 꼽을 때는 지금까지도 임춘을 말한다.

효종 병신년(1656) 청도(淸道) 운문사(雲門寺)의 승려 인담(印淡)이 사찰 옆의 약야계(若邪溪) 근처에서 쉬고 있었다. 꿈에서 한 도사를 만났는데, 도사가 소나무와 바위 사이를 가리키며 "이곳을 파면 세상에 드문 보물을 얻을 것이다"라고 하였다. 인담이 도사의 말대로 그곳을 파보니 과연 청동 탑이 묻혀 있었다. 높이는 4척으로, 옆에 담인(淡印)이라는 두 글자가 새겨져 있었다. 그 속에는 청동으로 만든 동이가 하나 들어 있었는데, 높이가 탑의 절반이었다. 또 동이의 아가리는 청동 뚜껑으로 딱 맞게 덮여 단단히 밀봉되어 있었는데 열어서 보니《서하집(西河集)》한 질이 들어 있었다. 그 탑과 동이는 지금까지도 운문사에 보물로 보관되어 있으며, 그 책은 진사(進士) 이하구(李夏耉)[1]가 가져가 그 집에 보관하였다.

숙종 임진년(1712) 이하구의 벗인 청천 신유한이 임춘의 14대손

청도군 운문사 동호(銅壺)(보물 제208호)
정동유가 글로 쓴 《서하집(西河集)》이 들어 있던 기이한 사연의 청동 동이로 1656년 출토되었다.
운문사 소장.

임재무(林再茂)를 서울에서 만나 그 일을 자세히 이야기해주었다. 임재무가 급히 사람을 청도로 보내 이하구를 찾아가 그 책을 얻어왔다. 그 책은 고려의 상서(尙書) 미수(眉叟) 이인로(李仁老)가 임춘의 친구로서 서문을 써서 전한 문집이었다. 글자가 매우 고색창연하고 책의 접힌 부분은 좀먹은 데가 많았다. 임재무가 마침내 발간했는데 와전된 글자나 빠진 글자를 모두 그대로 두고 보완하지 않았으며, 글자도 옛 책 그대로 번간(翻刊)해 신이 내려준 것을 소중히 여기는 뜻을 보였다. 임재무가 직접 서문을 쓰고 신유한이 책 뒤에 발문을 붙여 그 전말을 상세히 기술했고, 당시의 많은 훌륭한 명사들이 서문을 쓰기도 하였다.

임춘이 세상을 떠난 뒤 500년이 되어서야 그 문장이 비로소 세상에 나왔고, 그 뒤 50여 년이 지나서야 비로소 중간(重刊)되었다. 이후로 영구히 전해질 테니 얼마나 많은 세월이 뒤에 펼쳐질지 모를 일이다.

오호라. 신기하도다! 발굴한 사람은 인담이고, 탑에는 담인(淡印)이라는 이름이 새겨져 있었으니 이것도 우연은 아닌 듯하다. 특히 더 신기하지 않은가? 인담이 꿈에서 만난 이는 정말 임춘의 혼령일까, 아니면 다른 수호신이 그에게 길을 가르쳐준 것일까? 그렇다면 굳이 500년을 기다린 이유는 무엇인가?[2]

보물이 감춰지고 드러나는 것은 때가 있어 신이라도 마음대로 하지 못하는 이치가 있어서일까? 그것이 아니라면 반드시 인담을 기

---

1 이하구(李夏耉, 1658~1733)는 본관은 고성(固城)이고 자는 자익(子益), 호는 양정재(養靜齋)이다. 이광정(李光鼎)의 장남으로 당시 청도에 거주하였다.

다려 나타난 것은 왕수인이 말한 "문을 연 사람이 곧 문을 닫은 사람이다"[3]라는 말과 같은 것일까? 한편으로는 임춘의 글이 아무리 전할 만큼 뛰어나다고 하여도 옛 문인 가운데 그보다 뛰어난 사람은 수도 없이 많다. 그럼에도 불구하고 한 구절, 한 글자도 후세에 전하지 못한 이가 모두 손꼽아 헤아릴 수 없을 만큼 많다. 그래도 수백 년, 수천 년을 기다렸다가 다시 나왔다는 소문은 듣지 못하였다. 《서하집》처럼 높은 바위와 두터운 흙 속에 깊이 감추어둔 책이 실제로는 많지만 모두 매몰되어 전하지 못하는 운명에 처한 것일까? 다 알 수가 없다. 요컨대 글이 전하고 전하지 못하는 운명은 하늘의 뜻이 있는 듯하니 참으로 신기하다.

2　《서하집(西河集)》의 발굴과 간행에 관한 기이한 사연은 책의 앞뒤에 실린 신유한(申維翰)의 〈임서하집발(林西河集跋)〉을 비롯한 최석정·조태억·임창택·이재무의 글과 손창래(孫昌來)의 《창사집(昌舍集)》 권2 〈동탑부(銅塔賦)〉 등에 밝혀져 있다. 안대회의 〈불우한 사연을 간직한 책·임춘의 《서하집》〉(《천년 벗과의 대화》, 민음사, 2011)에 과정을 밝혀놓았다.

3　명대의 저명한 학자 양명(陽明) 왕수인과 관련된 흥미로운 사연으로 《강서통지(江西通志)》 162권에 나온다. 왕수인이 남안(南安)에 들렀다가 우연히 한 절에 들어갔다. 옛날 이 절의 상좌승이 입적할 때 그 문도에게 자기가 묵던 선실(禪室)에 자물쇠를 채우고 열지 말라고 하며 "나를 기다려라"라고 한 일이 있었다. 왕수인이 자물쇠가 단단히 채워진 선실을 보고 이유를 물었더니 그 사연을 말해주었다. 왕수인이 "정녕 나를 기다렸구나" 하고 문을 열었더니 책상 위에 책이 놓여있고 먼지가 수북이 쌓여 있었다. 먼지를 털어내고 읽어보니 "57년에 왕수인이 내 자물쇠를 열고 내 먼지를 털어내리라. 전생의 일을 묻는다면 문을 연 사람이 곧 문을 닫은 사람이다"라고 하였다.

66

이수봉의 화수전 상량문[1]

참의(參議)를 지낸 이수봉(李壽鳳)의 자는 의숙(儀叔)으로, 소싯적부터 글 잘 짓기로 세상에 명성이 자자하였다. 계해년(1743) 고향에서 시묘살이하다 그해 6월 5일 더위를 먹고 갑자기 죽었으나 심장에 온기가 여전해 집안사람들이 감히 곡소리를 내지 못하였다. 이튿날 아침이 되어 이수봉이 다시 살아나서 다음과 같이 말하였다.

"어떤 두 사람이 와서 '옥황상제의 명으로 불렀으니 화수전(花水殿) 상량문(上樑文)을 짓도록 하라!' 하더구나. 내가 '저에게는 늙은 어머니가 계시온데 제가 지금 죽으면 다시는 볼 수 없지 않습니까?' 라고 애걸했더니 그 가운데 한 사람이 여덟 구절의 글을 불러주면서 '이것을 벽에 써놓으면 죽지 않는다'라고 하였다. 그 글은 다음과 같았다.

넋이 백옥경(白玉京)에 올라가니	魂上玉京
이진 동안 식사를 못하였네.	二辰不食
문장이 완성된 뒤	文章既成

---

1 66칙의 상량문 창작과 관련해 이규경(李圭景)은 《오주연문장전산고(五洲衍文長箋散稿)》〈화수전상량문변증설(花水殿上樑文辨證說)〉에서 동기를 더 구체적으로 소개하였다. 성해응은 《연경재전집》 외집 권55 〈시화(詩話)·화수정상량문(花水亭上樑文)〉에서 비슷한 사연을 소개하고 있다. 이수봉(李壽鳳)은 이 글로 인해 1754년 사헌부로부터 탄핵을 받기도 하였다.

삼사에는 깨어나리라.	三巳乃覺
학 우는 소리 바람결에 들려와	鶴風其鳴
칠중에는 숨을 쉬리라.	七中人息
가리지도 건드리지도 기울이지도 말지니	勿翳侵傾
그러면 혼이 떠나가리라.	因而離魄

이윽고 양옆을 부축해 올라가 어떤 문에 이르니 붉은 개가 물려고 덤벼들었다. 두 사람이 손을 저으며 가까이 다가오지 못하게 하자 붉은 개가 저절로 떨어졌다. 문지기 수천 명이 일제히 '붉은 개가 떨어졌다'라고 소리치더구나. 아홉 겹 문을 지나 들어가니 누각이 웅장하고 화려했는데 모두 시뻘건 색이라 똑바로 쳐다볼 수 없었다. 단(壇) 아래로 가서 꿇어앉자 의관을 차려입은 사람이 단상으로 올라오라고 재촉하였다. 내가 상중이라 감히 그럴 수 없다고 사양하자 상제(上帝)의 명을 보여주며 사유를 진술하도록 하였다. 진술서의 내용은 '어찌 상중에 있는 몸으로 감히 화수전의 상량문을 지을 수 있겠습니까? 하늘은 신의 죄를 알 것입니다, 하늘은 신의 죄를 알 것입니다'라고 되어 있었다.

이윽고 네댓 명이 양옆을 부축해 단상에 올랐다. 단상은 희고 깨끗하여 붉은빛이 없었다. 드디어 글을 지어 붉은 간지(簡紙)에 써서 바쳤는데, 잠시 뒤에 글을 단상에 걸어두고 뜰아래 50명의 왕과 시종하는 벼슬아치 몇만 여 명에게 연회를 베풀었다. 상제의 거처는 오색의 구름장막이 가리고 있어 그 얼굴을 볼 수 없었다. 상량문은 다음과 같이 지었다.

둥글둥글 뾰족뾰족, 첫째 중에 첫째요, 트이고도 트였도다.

칠요(七曜)[2]의 으뜸이며, 오정(伍精)[3]의 응결체로다.

콸콸콸콸 넘실넘실, 크고도 크며 그윽하고도 그윽하도다.

팔허(八虛, 팔방의 허공)에 건물 세워 육합(六合, 천지 사방)에 걸쳐 있도다.

땅 없는 곳에 세웠으니 진실로 하늘의 집이로다.

상고해보니 꽃잎 다섯 개 가진 기이함에 한 줄기 물의 바름이라

그 특징으로 화수전이란 이름 지었네.

이에 하고(河鼓, 견우성) 별에 호령해 움직여서

3만 570개 청뢰석(靑雷石)을 일으키고

영실성(營室星)[4]을 채찍질해

8,640개의 자운거(紫雲車, 서왕모의 구름)를 불러올렸네.

50명 왕이 주선하고 800명 재상이 분주하였도다.

아로새긴 서까래가 우주에 가로지르니 붉은 이무기 수염이 휘날리고

채색 기와가 창공을 가리니 주작의 날개가 훨훨 날도다.

뺨에는 바람 불고 다리에는 이슬이 내려

번쩍이는 햇살 받아 사방으로 날고

방에는 달이 뜨고 구름 창문에는 구름이 피어

맑고 고요한 구천(九天)에 가득하다.

---

2 일(日)·월(月)과 수성(水星)·화성(火星)·목성(木星)·금성(金星)·토성(土星)을 말한다.

3 수(水)·화(火)·금(金)·목(木)·토(土) 오행의 정기를 말한다.

4 정성(定星)이라고도 한다. 이십팔수(二十八宿)의 하나로, 10월이 되면 초저녁에 이 별이 북쪽에 나타나는데, 이때는 농한기여서 집을 지을 수 있다고 하여 영실성(營室星)이라고 부른다.

높고도 큰 소리로 노래 부르며
마시고 또 마시며 즐기자꾸나.

들보 동쪽으로 떡을 던지네.
여덟 기둥에 꽃이 환하고 붉은 햇살 비추네.
동자 둘을 번갈아 보내니 백합이 조화롭고
한꺼번에 쳐내니 이어진 구슬처럼 통하네.

들보 서쪽으로 떡을 던지네.
흰 봉황이 막 옮겨가고 붉은 봉황이 깃드네.
구슬 주위를 밟으니 바다가 기울고
소오(小鳴)가 놀라 일어나니 푸른 구름이 낮게 깔리네.

들보 남쪽으로 떡을 던지네.
병아(輧牙)와 녹설(轆舌)이 뱉어내고 머금네.
작년에는 감곡(紺斛)의 가지가 천 개, 억 개였고
올해는 청방(靑房)의 꽃술이 두세 가닥이네.

들보 북쪽으로 떡을 던지네.
군망(群芒)이 세 번 엷어지고 오납(伍納)이 다하네.
작은 관을 쓴 동자는 어느 때 오려나
쓸쓸히 북문으로 들어가 창공을 뻗어가네.

들보 위로 떡을 던지네.

아홉 겹 흙을 옮기니 움푹 파인 터가 넓네.
은빛이 번쩍하니 호반(瑚盤)이 빛나고
콸콸 쏟아부으니 모두의 바람이 모아지네.

들보 아래로 떡을 던지네.
아홉 점 치자 찬 연기 아지랑이에 잇닿았네.
한밤중에 야경꾼이 딱딱 소리 내고
조심스럽게 발소리 이어지니 무엇 하는 사람인가.

삼가 축원하노니 상량한 뒤에는 모든 신령이
상서로움을 나타내고
만물이 그 덕택을 노래하기를.
하루 이틀이 몇만 년 이어져 만 년 천 년이 하루 같기를.

이라고 지었다.”
글이 신선이나 귀신의 말과 비슷하다. 이수봉 공이 글을 잘 짓기는 하지만 세속 문장가 가운데 거벽일 뿐이다. 설령 평생을 구상한다 하여도 재주와 실력에 한계가 있어서 이런 글은 결코 지을 수 없다. 그렇다면 이 글을 지은 사람은 도대체 누구일까? 그날 밤 관상감(觀象監)에서 영두성(營頭星, 낮에 떨어지는 별)이 땅에 떨어졌다고 아뢰었으니 더욱 이상한 일이다.

67

한세기의 기이한 인연

황주목사를 지낸 한세기(韓世箕)[1]는 정승 신익상(申翼相)[2]의 사위이다. 사위가 된 지 얼마 되지 않아 신익상이 영남 어느 고을의 수령이 되자 한세기는 신랑으로서 그 고을로 내려가다가 죽령을 지나게되었다. 어느 한 곳을 지나는데 그날따라 날씨가 춥고 눈이 내려 길에 지나는 이가 아무도 없었다. 눈을 맞으며 앉아 있는 사람을 만났는데, 그가 한세기를 보고 매우 놀라고 기뻐하며 "당신이 한(韓) 서방입니까?"라고 물었다. "그렇습니다"라고 대답하자 그가 "우리 집이 저기 멀지 않은 곳에 있으니 왕림하시기 바랍니다"라고 하였다. 한세기가 까닭을 묻자 그가 "신기한 일이 있으나 짧은 시간에 이야기할 수 없으니 우리 집에 와주길 부탁드립니다. 가보면 저절로 알게될 것입니다"라고 하였다.

한세기가 이상하게 여겨 마침내 그를 따라 그 집으로 갔다. 문에

---

1 한세기(韓世箕, ?~?)는 숙종 때의 문신으로 본관은 청주(淸州)이다. 해주판관(海州判官) 등의 관직을 역임하고, 1721년 황주목사(黃州牧使)에 임명되었다. 영양현감 시절인 1701년에는 영양향교에 육영루(育英樓)를 신축했고, 해주판관 시절인 1708년에는 환곡을 치밀하게 관리하지 못했다는 이유로 암행어사 유명웅(兪命凝)에게 논핵당하였다.

2 신익상(申翼相, 1634~1697)은 본관은 고령(高靈)이고 자는 숙필(淑弼), 호는 성재(醒齋)이며 시호는 정간(貞簡)이다. 1662년(현종 3)에 정시문과에 합격해 검열과 봉교 등을 거쳐 1672년 홍문록이 되었다. 경신환국(庚申換局, 1680) 때 도승지가 되고, 갑술환국(甲戌換局, 1694) 때 공조판서를 거쳐 이듬해 우의정이 되었다.

들어서자마자 벽에 쓰인 자신의 이름과 모습, 생년월일이 보였다. 그제야 그가 이야기를 꺼냈다.

"나에게는 딸이 하나 있는데, 시집갈 나이가 되어 누차 혼처를 구해 출가시키려고 하였습니다. 그런데 딸은 '내 남편은 따로 정해진 사람이 있으니 저는 그분을 기다릴 것입니다. 만약 다른 사람과 결혼을 강요한다면 저는 죽어버릴 것입니다'라고 하더군요. 이상하게 여겨 까닭을 물었더니, 딸은 매일 밤 꿈에 신인(神人)이 나타나 이렇게 알려주었다고 합니다. '네 남편은 한(韓) 모이니 나이는 몇 살쯤이고 얼굴은 어떻고 생년월일은 모시이다. 모년 모일에 이곳을 지나갈 것이니 꼭 네 아비에게 길가로 나가 기다리게 하라. 이것은 귀신이 알려주는 것이니 어겨서는 안 된다.' 그래서 꿈에서 알려준 말을 벽에 써놓고 오늘을 기다렸습니다. 아까 길에 나가 기다리면서 속으로는 사실 반신반의했으나 뜻하지 않게 정말 행차를 만났습니다. 꿈에서 일러준 말이 사실임이 밝혀졌으니 이제 의심할 것이 없습니다. 딸을 아내로 받아주길 바랍니다."

한세기가 방에 들어가 그 딸을 보니 용모와 행동거지가 우아하고 얌전했으며, 입고 있는 옷은 몹시 낡았으나 구겨진 흔적 없이 새것 같았다. 마침내 사흘 밤을 묵었다. 헤어질 때가 되어 여자가 훗날의 기약을 묻자, 한세기가 내년 봄에 과거를 보러 갈 일을 헤아려본 뒤 모월 모일에 너를 만나러 오겠다고 약속하였다. 여자가 정색하면서 "약속만 믿고 남을 기다리는 것은 소첩의 성격상 본디 견딜 수가 없습니다. 지금 낭군께서 약속을 가벼이 하시는데 혹시라도 기한을 넘긴다면 소첩의 생명은 보전하기 어려울 것입니다. 부디 깊이 생각하시고 대충 대답하지 마십시오"라고 하였다. 한세기는 과거를 보는

날은 정해져 있으니 반드시 어기지 않을 것이라고 답하였다. 여자는
그제야 눈물을 흘리고 이별하면서 마침내 시 한 수를 지어주었다.

갈림길에 말 세우고 떠나기를 잊노라니　　　臨岐立馬却忘行
소리 없이 흐르는 눈물, 성에는 비가 자욱하네.別淚無聲雨暗城
돌아보니 낙동강은 짙푸르게 흘러가도　　　回首洛東江水碧
이별하는 내 심정보다 더 깊기야 하겠는가.　淺深何似此離情

한세기가 마침내 떠났다.

이듬해 과거를 볼 때가 되어 장인에게 하직하고 서울로 올라가려
고 하자, 장인이 과거를 보러 가는 집안사람을 한세기와 동행하도록
하였다. 그런데 그 집안사람이 볼일이 있어 조령 쪽으로 향해야만
하였다. 한세기는 내심 걱정되고 괴로웠으나 그저 따라갈 수밖에 없
었다. 한 곳에 이르렀는데, 그날 저녁이 바로 여자와 약속한 날이었
기에 한세기는 음식을 앞에 두고도 먹지 못하고 안절부절못해 마치
큰 사고를 당한 사람 같았다. 동행한 사람은 그보다 연장자인지라,
속으로 괴이하게 여겨 왜 그런지 이유를 묻자 한세기가 그 까닭을
이야기하였다. 동행한 사람은 깜짝 놀라며 "그런 일이 있으면서 왜
내게 미리 알리지 않았느냐?" 하고는 급히 한세기를 밤을 새워 달려
가게 하였다.

여자의 집에 당도하니 약속한 날보다 이틀이 지나 있었다. 여자의
아버지가 한세기를 보고 울며 "딸아이가 약속한 날이 되자 안절부절
못하며 기다리다가 저녁이 되자 '밤이 되도록 오지 않으니 이제 가
망이 없습니다'라고 하더니 그때부터 결국 병이 났소. 지금 숨은 끊

어지지 않았으나 더 이상 살아날 가망이 없소"라고 하였다. 한세기
가 들어가 그 여자를 보았더니 여자는 한세기를 보고 얼굴에 화색
이 돌았으나 손을 쓸 수 없는 병세라서 결국 죽고 말았다. 한세기는
매우 애통해하며 돌아왔다. 그는 늘 "내가 저지른 이 일은 복과 덕을
크게 손상시켰으니 과거에 합격할 리 절대 없다"라고 하며, 마침내
죽을 때까지 대과(大科)에 응시하지 않았다.

　내가 전에 이 이야기를 한세기의 서손(庶孫)에게 들었는데, 여자가
살던 곳을 내가 잊어버렸으니 몹시 안타깝다.

68

김부식의 봉분을 세워준 홍중후

홍중후(洪重厚)·홍중효(洪重孝) 형제가 원주(原州) 땅에 아버지를 장사 지냈다. 그날 밤 홍중후가 꿈에서 한 귀인을 만났다. 의관을 매우 훌륭하게 차려입었는데 지금 복장과는 많이 달랐다. 그가 이렇게 이야기하였다.

"나는 고려 사람 김부식이오. 그대 아버지의 장지(葬地)가 내 묘역 안에 있소. 세월이 흐르고 세상이 바뀌었으니 내가 내 땅을 보존할 수 없는 것은 당연하오. 나는 그대에게 장지를 옮겨달라고 하지는 않겠소. 다만 내 봉분이 무너졌으니 그대가 보수해주기를 바라오."

홍중후가 그렇게 하겠다고 승낙하고 잠에서 깨어 묘지에 가보니 과연 옆에 큰 무덤이 있었는데 고려시대 묘지였다. 봉분과 경계가 무너져 평평해졌으며, 여기저기 틈이 생겨 안을 들여다보니 매우 넓었다. 마침내 석회로 틈을 메우고 보수해 봉분을 높이 세웠다. 그날 밤 또 꿈에 김부식이 나타나 사례하고 절구 한 수를 지어주었다.

스산한 계절 찬 이슬에 계수나무 꽃 피니	凄迷涼露桂花天
꽃잎은 들쭉날쭉 열매는 주렁주렁.	花葉參差子萬千
동쪽으로 흘러간 강물을 물어 무엇하랴?	東流逝水何須問
열두 봉우리 꼭대기에는 반달이 걸렸네.	十二峰頭月影弦

그 산 앞 안산(案山)에 열두 봉우리가 있어 시는 틀림없이 이것을 가리키는 것이리라. 홍중후는 후에 관직이 판서에 이르렀고, 그 아들 홍수보(洪秀輔)도 판서가 되었다. 홍수보의 아들 홍인호(洪仁浩)는 감사, 홍의호(洪義浩)는 지금 참판이다. 세상에서 마침내 그 땅을 명당이라고 일컫는다.

69

곽씨 부인의 남편 묘지명

진사 김철근(金鐵根)의 부인 곽씨(郭氏)[1]가 남편의 묘지명을 직접 지었는데, 다음과 같다.

"공의 성은 김이요, 휘는 철근(鐵根), 자는 석심(石心), 호는 절우당(節友堂)이다. 본관은 광산(光山)이다. 무오년(1678) 윤달 초닷새에 태어났다. 어려서부터 총명하고 지혜로워 여덟 살에 시를 짓자 서울의 선비들 가운데 칭찬하지 않는 이가 없었다. 기해년(1719) 생원시에 합격했고, 신축년(1721)에는 임금에게 상소를 올려 군신 간의 대의를 밝혔다. 첫 번째 아내는 승지(承旨) 한산(韓山) 이정익(李貞翊)의 딸이요, 두 번째 아내는 왕자사부(王子師傅) 서원(西原) 곽시징(郭始徵)의 딸이니 바로 미망인이다. 무오년(1738) 10월 초사흘에 죽어 전의현(全義縣) 북쪽의 고도박(高道朴) 임좌(壬坐)에 장사 지냈다. 2남 1녀를 두었으니 장남은 득성(得性)이고, 차남은 득운(得運)으로 숙부 박근(樸根)의 양자로 갔으며, 딸은 아직 시집가지 않았다. 모두 미망인이 낳았다.

아! 눈물을 흘리며 글을 지으려니 슬픔 탓에 잘 써지지 않는다. 오

---

1 곽씨(郭氏)의 본관은 서원(西原), 호는 청창(晴窓). 영조 때 인물이다. 왕자사부(王子師傅) 곽시징(郭始徵)의 딸로 진사(進士) 김철근(金鐵根)에게 시집갔다. 어려서부터 글짓기를 좋아해 많은 글을 지었다. 시아버지와 남편의 묘지명을 지었다. 문집으로《청창유고(晴窓遺稿)》가 있다고 하나 지금은 전하지 않는다.

호라! 소유하고서 그 소유한 것을 제대로 누리는 이가 있고, 소유하고도 그 소유한 것을 제대로 누리지 못하는 이가 있다. 소유한 것을 제대로 누리는 것이 원칙이고, 소유한 것을 제대로 누리지 못하는 것은 변칙이다. 어째서 말세에는 원칙은 늘 적고, 변칙은 늘 많을까?

공이 나라에는 삼강오륜(三綱五倫)의 얼을 바로 세우고, 집안에는 행동의 근본인 효(孝)를 바로잡았으니 이는 천성에 뿌리내린 바로서 공은 그에 걸맞은 자질을 소유하였다. 화목한 마음으로 집안사람들을 대하고, 의로운 규범으로 자제를 가르쳐 친하든 소원하든 모든 이에게 환심을 얻었으며, 마을이나 고을에서 흠잡아 비방하는 이가 한 명도 없었으니 공은 그에 걸맞은 덕망을 소유하였다. 걸맞은 자질과 덕망을 소유했다면 그에 맞는 수명과 그에 맞는 지위와 그에 맞는 복을 누려야 하건만, 나이는 겨우 쉰을 넘겼고 지위는 낮은 관직조차 얻지 못했으며, 복이 없어 많은 자손을 두지 못하였다. 이러하니 정녕 소유하고도 그 소유한 것을 제대로 누리지 못한 경우가 아니겠는가?

이치로 보자 하니 이치가 이렇듯 어긋나고, 하늘로 보자 하니 하늘이 이렇듯 어렵단 말인가? 이야말로 분명 정녕코 헤아릴 수 없는 일이라 거듭 공을 위해 애통해하는 것이다. 그래서 다음과 같이 명(銘)을 썼는데,

세상에 나가서는 공명을 세울 만하고
초야에 묻혀서는 명성을 세울 만하건만
끝내는 드러나지 못하였으니
저 하늘의 뜻을 어찌하리오.

라고 하였다."

　이러한 부녀자의 문필은 참으로 쉽게 얻을 수 없으며, 이렇게 묘
지명을 지은 경우도 매우 드물기에 수록한다. 곽씨의 유고는 집안에
보관하고 있다고 한다.

시인 오상렴

참판 이서우(李瑞雨)[1]는 시를 짓는 재주가 뛰어나고 민첩해 한 시대에 명성을 떨쳤다. 오상렴(吳尙濂)[2]은 이서우의 후배이다. 그는 약관의 나이에 이르러 이서우를 찾아가 재주를 겨루어보자고 청했는데 이서우가 흔쾌히 허락하였다. 시인들이 말하는 각종 시체(詩體)를 번갈아가며 주고받느라 손에서 붓이 쉴 새가 없었다.

이서우는 오상렴이 지은 시가 번번이 자기가 지은 시를 압도하자 마침내 짓기 힘든 험운(險韻, 시를 짓기 어려운 문자)으로 그를 굴복시키고자 하였다. 주령(酒令)[3] 하나를 먼저 꺼내 "키 큰 나무가 눕자 다리가 만들어졌네(喬木臥成橋)"라고 하니 오상렴이 바로 응수해 "산바람이 불자 산안개가 자욱하네(山風吹作嵐)"라고 하였다. 이서우가 또

---

1 이서우(李瑞雨, 1633~1709)는 본관은 우계(羽溪)이고 자는 윤보(潤甫), 호는 송곡(松谷)이다. 1660년 증광문과에 갑과로 급제했고 함경도와 황해도 관찰사, 예문관제학 등을 역임하였다. 17세기 중후반 이후 남인(南人) 문단에서 종장(宗匠)의 위치에 있었던 저명한 문인으로, 사원대장(詞苑大將)이라 불렸다.

2 오상렴(吳尙濂, 1680~1707)은 본관은 동복(同福)이고 자는 유청(幼淸), 호는 연초재(燕超齋)이다. 1699년 생원·진사에 연달아 합격했으나 대과에 실패한 뒤 칩거하다가 28세로 요절하였다. 천재 시인으로 유명했고, 저서에 《연초재유고(燕超齋遺稿)》가 있다. 1699년 처음 이서우를 찾아갔고, 이후 1704년 시벗인 김이만(金履萬)과 함께 시고(詩稿)를 들고 다시 찾았다. 70칙은 바로 이때 서로 주고받은 내용이다. 윤행임(尹行恁)의 시화 《방시한집(方是閒輯)》에는 비슷한 내용을 싣고 채팽윤(蔡彭胤)과 이서우의 대결로 기록하였다.

3 주연(酒宴)의 흥을 북돋우기 위해 마련한 음주(飮酒)의 규칙으로, 보통 재미있는 시구를 주고받았다.

"칠석날이라 밤이 칠흑 같구나(七夕夜似漆)"라고 하였는데, 다섯 글자가 모두 측성이었다. 오상렴이 또 바로 응수해 "삼경(밤 11시에서 새벽 1시 사이)이라 별은 삼성(參星, 서남쪽 별)이 비껴 있네(三更星橫參)"라고 하였다. 다섯 글자가 모두 평성이었다. 이서우는 끝내 그를 이길 수 없어 크게 감탄하며 패배를 인정했다고 한다. 세상에서는 오상렴을 귀신 같은 재주꾼이라고 하며 이서우와 서로 겨룬 일이 미담으로 전해온다.

이서우의 《송파집(松坡集)》 초본을 보았더니 오상렴에게 준 시가 실려 있었다.

문운을 주관하는 규벽[4] 별이
동방에도 있어 　　　　　　　　　　　天文奎壁亦吳東
앞에는 고운(孤雲, 최치원),
뒤에는 목은(牧隱, 이색)일세. 　　　　前有孤雲後牧同
무명으로 만당에 들어간
고운의 굳센 필치를 추앙하고 　　　　絲入晚唐推健筆
동방에 의발을 전해받은
목은의 웅건한 기풍을 떠받드네. 　　鉢傳滄海仰雄風
한 해 저물어가는 추운 날에 홀로 시 읊조리고 　天寒歲暮孤吟裏
긴 물줄기와 뻗은 산맥 아득히 펼쳐져 있네. 　水遠山長極目中
문득 소년이 노래하는 옛 곡조를 듣노라니 　忽聽少年歌古調

4 　주요 별자리 28수(宿)에 속하는 규수(奎宿)와 벽수(壁宿)로, 문운(文運)을 주관하는 별자리로 여겼다.

등불 하나 켜진 초가집에 생각이 끝이 없네.　　一燈茅屋意無窮

격려와 인정이 너무 지나쳤다고 하겠다.[5]

---

5 이 시에서 이서우는 오상렴을 최치원과 이색 정도로 매우 높이 평가하였다. 성호 이익은 김이만의 묘비명에서 "당시 택남 오상렴은 자가 유청으로 송곡 사백에게 크게 인정받아 신라의 최치원이나 고려의 이색에 비교되었다(時澤南吳尙濂字幼淸, 大爲松谷詞伯婧詡, 至比羅崔麗牧)"라고 하였다.

71

기녀와의 약속을 저버린 이광좌

운곡(雲谷) 이광좌(李光佐)[1] 공이 함경도관찰사가 되었을 때 안변(安邊)에 이르러 곱고 어여쁜 어린 기녀 하나를 마음에 두었으나 나이가 너무 어려 가까이할 수 없었다. 기둥에 선을 그으면서 "네 키가 이곳에 이르면 가까이할 수 있을 것이다"라고 하였다. 임기를 마치고 돌아갈 때 다시 안변에 이르렀는데, 기녀의 나이가 차고 키가 이미 그은 선을 넘어 드디어 수청을 들게 하였다. 이별할 때 지니고 있던 부채와 향낭, 선초(扇貂)를 주며 훗날을 기약하였다. 기녀는 그날부터 다른 사람을 거부하고 절개를 지켰다. 그러나 운곡은 기녀를 부를 기회가 생기지 않아 그렇게 몇 해가 흘렀다.

어느 날 문지기가 안변의 관기 아무개가 만나 뵙기를 청한다고 고하였다. 운곡은 평소에 알고 지내는 안변 사람이 없다고 생각했으나 일단 들어오게 하였다. 그 관기가 들어와 아뢰었다.

"소인은 기녀 아무개의 언니입니다. 동생이 대감의 수청을 든 뒤 이 부채를 보물로 여겨 간직하고, 애써 정절을 지키면서 대감이 불러주시기를 기다렸습니다. 지금껏 여러 해가 지나도록 좋은 소식을

---

1 이광좌(李光佐, 1674~1740)는 본관은 경주(慶州)이고 자는 상보(尙輔), 호는 운곡(雲谷)이다. 1694년 별시문과에 급제해 벼슬길에 오른 뒤 청요직을 두루 거치고 1725년 영의정에 올랐다. 소론의 영수로 영조 초반 정국을 이끈 정치가이다.

듣지 못해 근심과 그리움으로 병이 도져 아무 날에 죽었습니다. 죽을 무렵 소인에게 부채를 맡기며 대감께 가져다드리라고 부탁했기에 감히 와서 올립니다."

운곡이 받아서 보니 열 겹의 비단으로 싸여 있었으며, 부채에는 다음 절구 한 수가 쓰여 있었다.

기둥에 선 그은 옛 은혜 마음속 깊이 새겨	銘佩當年畵柱恩
안릉에서 이별할 적 넋이 사라질 듯 슬펐다오.	安陵送別黯消魂
상자 속에 담긴 둥근 부채 한번 보소서	試看篋裡留團扇
절반은 맑은 향기요, 절반은 눈물일 테니.	半是淸香半淚痕

운곡이 매우 놀라고 또 후회하며 장례 비용을 넉넉히 주어 후하게 장사 지내게 하였다. 운곡은 신의가 없는 사람이 아니었건만 유독 이 기녀에게는 인정을 저버렸다는 평판을 면치 못해서 사람들이 모두 애석하게 여겼다. 기녀의 이름이 전하지 않으니 안타깝다.

장단 허씨의 모정

장단(長湍) 고을의 허씨(許氏)는 누구의 아내인지 모르나 사대부가의 여인이다. 어린 자식을 잃고서 다음 시를 지었다.

여덟 해 동안 일곱 해를 병으로 보냈으니	八歲七年病
돌아가 누움이 네게는 편안하겠지.	歸臥汝應安
애처롭구나! 오늘 밤 이 눈 속에서	可憐今夜雪
어미 떠나 있어도 추운 줄을 모르니.	離母不知寒

마음이 간절하고 애달파 눈물이 나게 만든다.[1]

---

[1] 임천상(任天常)은 《시필(試筆)》에서 이 시를 이필운(李必運)의 부인 남씨(南氏)가 요절한 손녀를 애도하며 지은 작품으로 보았다. 그리고 다음과 같이 평가하였다. "시는 정에서 생겨나고 정은 또 시에서 일어난다. 시와 정이 그 지극한 정경에 함께 이르렀기에 한 글자 한 글자 눈물이 나게 한다. 참으로 죽은 이를 애도하는 작품 가운데에서도 빼어나다. 평상시에 친척조차도 부인이 시를 잘하는 줄 알지 못했으니 또한 가정에 모범이 될 만하다(詩生於情, 情生於詩, 與境俱到, 字字可涕, 眞是悼殤之佳作, 而平日雖姻戚, 亦不知其能詩, 亦可以垂範於閨閫)."

차운시의 유래

시 짓는 법에 차운(次韻)이 있는데 당나라의 원진(元稹)과 백거이, 피일휴(皮日休)와 육구몽(陸龜蒙)으로부터 시작되었다. 차운은 정말 시인들의 나쁜 버릇으로 본래 칭찬할 거리가 못 된다. 일본인의 기록에 자기 나라 사람 가운데 원진·백거이와 동시대에 이미 차운시를 지은 이가 있다면서 은연중에 같은 작법을 구사한 것을 매우 자랑스러워했으니 참으로 가소롭다. 그러나 북조(北朝)시대부터 이미 이러한 작법이 있었다.

북위(北魏)의 왕숙(王肅)[1]이 앞서 강남에 있을 때 사씨(謝氏) 여인에게 장가들었다가 나중에 북위로 가서 공주에게 장가들었다. 사씨가 비구니가 되어 그를 찾아와 다음 시를 남겼다.

본디 잠박(蠶箔) 위에 있던 누에	本爲簿上蠶
이제 베틀 위의 실이 되었지요.	今作機上絲
명주를 얻어 더 나은 데로 떠나니	得絡逐勝去
다정하던 그때가 너무 그립다오.	頗憶纏綿時

---

1 왕숙(王肅, 464~501)은 자는 공의(恭懿)이고 시호는 선간(宣簡)이다. 북위 낭야(琅邪) 사람으로, 남제(南齊)에서 비서랑(秘書郞)을 지내다가 부형이 죽임을 당하자 북위로 달아났다. 효문제에게 신임을 받아 대장군장사(大將軍長史)를 제수받아 제나라 장군 배숙(裵叔)을 격파하고 진남장군(鎭南將軍)이라 불렸다.

공주가 왕숙을 대신해 사씨의 시에 화답하였다.

바늘은 명주를 꿰매는 물건   針是貫綿物
바늘귀에는 늘 실이 있지요.   目中恒任絲
비단 얻어 새 실을 꿰고 가니   得帛縫新去
옛 실을 들일 데가 어디 있나요?   何能納故時

차운은 이때 벌써 시작되었다.

74

식부인의 고사

왕유(王維)가 식부인(息夫人)에 대해 읊은 시 한 수는 바로 영왕(寧王)
이 연회 자리에서 취한 떡장수 아내의 사연을 바탕으로 지었다.[1] '꽃
을 보아도 눈물만 가득하네(看花滿眼淚)'라는 한 구는 늘 대수롭지
않게 보고 그 출처를 따지지 않았다. 그런데 이 참봉(李參奉, 李匡呂)
어른이 일전에 "두목(杜牧)의 시 〈도화부인묘(桃花夫人廟)〉의

세요궁 안 덮개 없는	
우물가에 핀 복사꽃!	細腰宮裏露桃新
말없이 바라보며 몇 해를 보냈던가?[2]	脈脈無言度幾春
식국(息國)이 끝내 망한 이유 어디에 있을까?	至竟息亡緣底事

---

1 《역대시화(歷代詩話)》권52 〈식부인(息夫人)〉에 다음 기록이 보인다. "영왕(寧王)의 집 왼편에 떡
장수 아내가 있었다. 영왕이 한 번 보고 눈을 떼지 못하고서 남편에게 후하게 사례하고 그녀를 데
려왔다. 한 해가 지나 '그대는 아직도 떡장수를 생각하고 있소?'라고 묻자 그녀는 대답하지 않고
가만히 있었다. 영왕이 떡장수를 불러 만나게 하자 그 아내가 바라보다가 눈물이 뺨을 타고 흘러
내리며 북받치는 감정을 억누르지 못하였다. 그 자리에 손님들이 10여 명 있었는데 모두들 애처
로워하였다. 영왕이 시를 지으라 하여 왕유가 가장 먼저 완성했는데, 그 시에 '꽃을 보아도 눈물만
가득하고, 끝내 초왕과는 말을 나누지 않았네'라는 구절이 있었다."
2 세요궁(細腰宮)은 초(楚)나라의 이궁(離宮)을 말한다. 《후한서》에 초나라 영왕(靈王)이 허리가 가
는 궁녀를 좋아하자 여인들이 허리를 가늘게 하려고 밥을 먹지 않아 많은 처녀들이 굶어 죽었다고
하였다. 용모가 아름다워 '도화부인'이라 불리던 식부인은 춘추시대 작은 나라 식국(息國)의 국왕
부인이었다. 당시 초나라 왕이 식국을 멸망시키고 부인으로 삼았다. 초나라 왕에게 온 뒤 부인은
아이를 둘이나 낳았으나 옛 남편을 잊지 못해 초나라 왕과는 한 마디 말도 나누지 않았다고 한다.

가련하다! 금곡원 누대에서 떨어진 녹주여!³   可憐金谷墮樓人

를 말씀하시면서 '도화부인'이란 제목에 또 '덮개 없는 우물가에 핀 복사꽃(露桃)'을 쓴 것은 반드시 고사가 있을 터인데 알 수 없다'라고 하셨다. 왕유가 시에 적절한 고사를 사용했음을 비로소 알았으니, 고인이 시문에 한 자도 허투루 쓰지 않는 것이 이와 같다. 명나라 사람⁴의 시 〈정연(貞鸎)〉에서,

어째서 초나라 궁궐에서 교태롭게 서서
말이 없는가   何事楚宮嬌不語
덮개 없는 우물가에 핀 복사꽃 봄바람도
입을 닫고 있네.   露桃脈脈春風裏

라고 하였으니, 이 시도 이 일을 인용한 것이다.

---

3 서진(西晉)시대 거부인 석숭(石崇)의 처는 녹주(綠珠)를 말한다. 녹주가 매우 아름다웠기 때문에 석숭이 자기 집 후원에 금곡원(金谷園)이라는 별장을 지어 살게 하였다. 당시의 세도가인 손수(孫秀)라는 자가 녹주의 미색을 탐해 군사를 보내 석숭을 잡아오게 하자 녹주는 금곡원 누각 위에서 몸을 던져 자살하였다.

4 황유(黃瑜, ?~?)는 자는 정미(廷美)이다. 광동(廣東) 향산(香山) 사람으로, 경태(景泰) 연간(1456)에 고을의 천거로 태학에 들어가 조정에 '육사(六事)'를 올렸다. 장락현(長樂顯)을 다스리다가 (1469) 얼마 뒤 은퇴해 괴구정(槐構亭)을 세우고 쌍괴노인(雙槐老人)이라고 자칭하였다. 저서에 《쌍괴세초(雙槐歲鈔)》 10권, 《쌍괴문집(雙槐文集)》 10권 등이 있다.

가짜 시어

허균(許筠)은 〈성수시화(惺叟詩話)〉에서 우리나라 사람들이 시에 흰 '원숭이[白猿]'나 '비취새[翡翠]', '자고새[鷓鴣]' 등의 말을 쓰는 것은 옳지 않다고 하였는데,[1] 이 말이 옳다. 글을 지을 때 가장 꺼려야 할 점은 거짓말을 하는 것이다. 그런데도 우리나라 사람들은 그런 금기를 범해 무턱대고 쓰는 자가 많으니 정말 경계해야 한다.

일본 사람이 쓴 시문에는 진산(秦山), 초수(楚水), 낙양(洛陽), 장안(長安), 오월(吳越), 연촉(燕蜀) 등의 말로 자신의 나라 산수를 표현하고, 그 나라에는 앵무새나 까치가 없는데도 정경을 묘사할 때 '앵무새가 운다', '까치가 지저귄다'라고 하며, 금(琴)이나 슬(瑟) 같은 악기가 없는데도 사건을 서술하며 '금을 탄다', '슬을 연주한다'라고 하며, 관(冠)이 없으면서도 '책(幘)을 비뚜름하게 쓴다', '건(巾)을 기울여 쓴다'라고 하며, 띠가 없으면서도 '비단 띠', '옥패'라고 말한다.[2] 그것을 보고 비웃지 않는 이가 없다. 일본을 비웃으면서 또 자신들도 그 잘못을 범해 중국의 비웃음을 사서야 되겠는가?

---

1 허균(許筠)의 《성소부부고(惺所覆瓿稿)》 권25 〈성수시화(惺叟詩話)〉에 나오는 말이다.
2 신유한이 《해유록》에서 일본 문학을 논한 대목에 바탕을 두어 썼다.

'지의'라는 시어

세속에서 돗자리를 지의(地衣)라고 한다. 일찍이 그 이름이 고아하
다고 여겨 후에 확인해보니 옛날부터 쓴 말이었다. 왕건(王建)은 시
에서 다음과 같이 썼다.

가무 솜씨 남보다 뛰어난 줄 잘도 알건마는	自知歌舞勝諸人
은혜 입어 궁에 자주 들지 못해 한스럽구나!	恨未承恩出納頻
밤새도록 궁중에서 별원(別院)을 수리하더니	連夜宮中修別院
지의도 주렴도 단번에 새로 바뀌었네.	地衣簾額一時新[1]

이후주(李後主)[2]는 시에서 다음과 같이 썼다.

주렴 너머 해는 벌써 세 길 높이 솟았고	簾日已高三丈透
향로에는 차례로 향기로운 숯을 더해놓네.	薫爐次第添香獸
붉은 비단 지의는 걸음 따라 주름지고	紅錦地衣隨步皺

---

1 당나라의 왕건(王建, 767?~830?)은 궁중 풍물을 묘사한 궁사를 잘 지었다. 이수광(李睟光)은 《지
봉유설》권11, 문장부(文章部)에서 이 시를 인용하고 "이 시를 보니 지의(地衣)라는 표현이 오래
되었다"라고 논평하였다.

2 이후주(李後主)는 이욱(李煜, 937~978)으로 남당(南唐)의 황제이다. 송나라에 멸망한 나라의 황
제로 정치적으로는 무능했으나 시인으로는 뛰어난 재능을 발휘하였다. 특히 사(詞)를 잘 지었다.
인용한 작품은 〈완계사(浣溪沙)〉이다.

가인이 춤추던 자리에 금비녀 미끄러지네.   佳人舞徹金釵留

술이 물려 꽃을 잡고 꽃술 향내 맡노라니   酒惡時拈花蕊嗅

별전에서 생황 소리 어렴풋이 들려오네.   別殿微聞笙歌奏

77

해진과 정인홍의 소나무 시

명나라 사람 해진(解縉)[1]이 어렸을 때 세금을 독촉받자 고을 수령에게 호소하였다. 수령은 당(堂) 앞의 작은 소나무를 가리키며 시를 지어보도록 명하였다. 해진이 그 자리에서 시를 지었다.

작고 작은 푸른 솔이 난간 위로 솟지 못해	小小靑松未出欄
가지마다 잎사귀마다 찬 서리를 견뎌내네.	枝枝葉葉耐霜寒
지금은 고개 숙여 보기에 딱 어울려도	如今政好低頭看
하늘로 뻗은 훗날에는	
고개 들어도 보기 어려우리.	他日參天仰面難

수령이 기특하게 여겨 마침내 세금을 탕감해주었다. 정인홍(鄭仁弘)이 어렸을 때 산사(山寺)에서 독서하고 있었는데, 감사(監司)가 들렀다가 작은 소나무를 주제로 시를 지어보라고 명하였다. 정인홍이 그 자리에서 시를 지었다.

---

1 해진(解縉, 1369~1415)은 명나라 초기의 학자이자 대신이다. 자는 대신(大紳)이고 호는 춘우(春雨)이며 시호는 문의(文毅)이다. 강서성 길수현(吉水縣) 사람. 한림학사가 되어 국가의 기무(機務)에 참여하였고, 황명을 받들어 《영락대전(永樂大典)》 편찬에 착수해 완성했으나 이후 황제의 신임을 잃고 살해당하였다.

작고 작은 소나무 한 그루 탑 저편에 서 있으니　短短孤松在塔西
탑은 크고 소나무는 작아 키가 똑같지 않구나.　塔長松短不相齊
외로운 소나무가 작다고 지금일랑 말하지 마라.　莫言今日孤松短
소나무가 크게 자란 날이 되면
탑은 거꾸로 작을 테니까.　　　　　　　　松長他時塔反低[2]

　두 시는 매우 비슷하지만 해진의 시를 도습(蹈襲)한 것이 아니다.
우연히 같았을 뿐이다.

2　이 작품은 매우 유명해 《내암집(來庵集)》을 비롯해 《성호사설》과 《청죽잡지(聽竹雜識)》 등에 시에 얽힌 사연이 자세하게 실려 있다.

78

조숫물을 읊은 시

세속에 떠도는 시가 있다.

세 마리 토끼와 세 마리 용의 물이요(1~6일)	三兔三龍水
세 마리 뱀과 한 마리 말의 때로구나(7~10일).	三蛇一馬時
양이 세 마리에 원숭이가 또 두 마리이니(13~15일)	羊三猿亦二
달빛 없는 월말 월초에도 또한 이와 같아라.	月黑復如斯[1]

　세상에서는 고려의 정승 이규보(李奎報)가 조강(祖江, 지금의 김포 월
곶 부근)의 조숫물이 나고 드는 조후(潮候)를 종합해 지은 시라고 한
다. 그러나 당나라 승려 찬영(贊靈)이 절강의 조후를 기록한 시는 다
음과 같다.

| 오일 하나 미일 셋 신일 하나(10~14일) | 吾未未未申 |
| 신일 하나 묘일 셋 진일 하나(15~19일) | 申卯卯卯辰 |

1　이 시는 《만기요람(萬機要覽)》 〈재용편(財用編)〉 조규(潮規)에 수록되어 있는데 "토(兎)는 묘시
(卯時), 용(龍)은 진시(辰時), 사(蛇)는 사시(巳時), 마(馬)는 오시(午時), 양(羊)은 미시(未時), 원(猿)
은 신시(申時)이고, 삼(三)·일(一)·이(二)는 일수(日數)를 말한 것이다. 단지 15일간만을 말한 것
은 보름 이전을 들어 보름 이후를 미루어 알 수 있기 때문이다. 지금 조강(祖江)의 조후(潮候)가 이
시에 맞는다고 한다"라고 시를 이해하는 방식을 설명해놓았다. 이에 대해서 성해응·이학규·이규
경·이유원 등이 자세한 설명을 해놓아 참고가 된다.

진일 하나 사일 셋 오일 하나(20~24일)　　　　　　辰巳巳巳晉
삭망에 한 바퀴 도누나.　　　　　　　　　　　　　朔望一般輪[2]

　옛사람이 이미 이런 시를 지었다. 다만 우리나라 조후의 빠름과
늦음과는 너무 다르니 이상하다.

2　정동유는 찬영(贊靈)의 시를 《철경록(輟耕錄)》에서 확인하여 인용하였다. 그런데 《농정전서(農政
全書)》 권11 〈점후(占候)〉에는 "午未未申申, 寅寅卯卯辰, 辰巳巳午午, 半月一遭輪"으로 다르게 되
어 있다.

풍속의 지리 문화적 차이

79

백두산정계비

숙종 38년 임진년(1712) 강희제는 목극등(穆克登)에게 조선과 국경을 조사해 확정짓게 하였다. 접반사(接伴使) 박권(朴權)[1]은 함경도감찰사 이선부(李善溥)[2]와 함께 후주(厚州, 함경도 후주부)에서 그를 영접하였다. 목극등은 압록강 하류에서 거슬러 올라가 열흘 만에 후주에 도착하였다. 서로 만난 지 사흘째 되던 날 혜산(惠山)에 도착해 배에서 내려 산길로 90여 리를 가니, 길이 더욱 험해져 접반사와 감사는 따라갈 수 없었다. 목극등은 이에 자신의 부시위(副侍衛) 포소류(布蘇倫) 등에게 지름길로 가도록 하여 무산(茂山)에서 만나기로 약속하고, 자신은 직접 통관 필첩식(筆帖式)[3]과 집안 노복 20명을 거느리고 조선의 군관·차사관·통관 등 6명 및 길을 아는 2명과 함께 50일치 식량을 가지고 떠났다. 다시 200여 리를 간 뒤 강의 근원지를 찾아 백두산 정상에 이르렀다. 당시 산삼을 캐러 다니던 북도의 백성 전순애(全順愛)라는 자가 익숙하게 길잡이를 해서 길을 잃어버릴 염려는 없었다고 한다.

---

1 박권(朴權, 1658~1715)은 본관은 밀양(密陽)이고 자는 형성(衡聖), 호는 귀암(歸庵)이다. 1711년 사은부사(謝恩副使)로 청나라에 다녀왔고, 1712년 한성부우윤으로서 목극등의 접반사로 백두산에 올라 지형을 답사한 뒤 조·청 두 나라의 국경을 확정하고 정계비를 세우고 돌아왔다.
2 이선부(李善溥, 1646~1721)는 본관은 덕수(德水)이고 자는 계천(季泉), 호는 육송(六松)이다. 1696년 충청도와 경상도 관찰사를 역임하고, 1711년 함경도관찰사로 부임하였다.
3 만주어와 중국어의 상소문이나 비문을 번역하던 청나라의 관리 명칭.

담수(潭水)가에 이르러 돌에 글을 새겨 비석을 세웠는데, "오라총관(烏剌摠管) 목극등이 황제의 명을 받들어 국경을 답사하고 여기에 이르러 자세히 살펴보니 서쪽은 압록강이 되고, 동쪽은 토문강(土門江)이 되기에 분수령(分水嶺) 위에서 돌에 새겨 기록하노라"라 하고, 아래에 "강희 51년 5월 15일"이라고 썼다.

그들이 토문(土門)이라고 한 것은 바로 두만(豆滿)이다. 여진어로 만(萬)을 두만이라고 하는데, 여러 물이 합류하기 때문에 붙여진 명칭이다. 두만과 토문은 음이 같아서 우리나라 사람은 두만이라 부르고, 저들은 토문이라고 부른다.

목극등은 마침내 토문강 물길을 따라 내려와 300여 리를 가서 무산에 도착했고, 또 배를 타고 경흥(慶興) 해구에 이르렀다가 다시 경원(慶源)에 이르렀으며, 강을 건너 후춘(厚春)을 경유해 돌아갔다.

목극등은 화공(畵工)을 데리고 왔는데, 가는 곳곳의 산천을 그림으로 그리고 계역도(界域圖) 두 벌을 깨끗하게 묘사해, 한 벌은 황제에게 바치고 한 벌은 우리나라에 바쳤다. 또 접반사와 감사에게 다음 공문을 보냈다.

"압록강과 토문강 두 강은 모두 백두산에서 발원해 동서로 갈라져 흐릅니다. 본래 강의 북쪽을 중국의 지경으로 하고, 강의 남쪽을 조선의 경계로 정했으나 지금 토문강의 원류를 따라 자세히 살펴보니 원류로부터 수십 리 지점에 이르러서는 물길이 보이지 않고 바위 틈 사이로 복류(伏流)하다가 100리에 이르러서야 큰물이 나타납니다. 이 물이 없는 곳에서는 사람들이 국경을 알지 못하므로 국경을 넘어 왕래하는 것입니다. 어떻게 하면 경계를 확실히 표시할 수 있는 방안을 세워 사람들로 하여금 국경이 있음을 알리겠습니까?"

접반사와 감사가 이에 공문에 의거해 흙을 쌓거나 돌을 모아놓거나 책문을 세우는 일 등을 거듭 목극등에게 알렸다. 이것이 바로 정계비를 세울 때의 대강 상황이다.

그해 동지사(冬至使)가 중국에 갔더니 목극등이 궁문에서 나와 정사에게 "백두산 일은 이미 끝나서 다시 가보는 일은 없을 테니 염려치 마십시오. 지경에 표지를 세우는 것도 급히 서두르지 말고, 농한기에 천천히 하십시오"라는 말을 마치자마자 들어갔다. 우리나라 사신에게 이 말을 한 것은 황제의 의사를 따른 듯하다. 전에는 다시 가봐야 한다는 논의가 있었다가 이제 가지 않기로 정했기 때문에 "이미 끝났다"라고 말한 것으로 보인다.

세간에서는 당시 우리나라가 옛 영토를 많이 잃어버렸다고 말한다. 사정이 어떠했는지 모르겠지만 접반사와 감사가 목극등과 함께 동행하면서 살펴본 것은 혜산 동쪽 90여 리에 불과할 뿐이고, 그 나머지는 무산에 먼저 도착해 앉아서 그가 오기를 기다렸다. 산꼭대기에 정계비를 세우는 등의 일에 모두 참여하지 않았으니 동행해 살펴보았다는 취지가 어디에 있단 말인가?

그런 까닭에 사람들은 비석을 낮은 곳에 세워서 옛 경계가 안으로 축소되었다고 한다. 하지만 이는 그렇지 않다. 비석은 사적을 기록하고 이름을 새긴 것에 불과할 뿐이다. 강이 있는 곳이면 하나같이 강의 남쪽과 북쪽을 경계로 삼았으니, 비석을 세우는 높이나 거리는 사실상 국경에 영향을 주지 않는다. 다만 토문강 상류가 복류해 물이 없는 곳은 전부터 두 나라 국경이 개 이빨처럼 들쭉날쭉 맞물려 있던 곳인데, 지금 공문에 따라 흙을 쌓고 돌을 모아놓기만 하고 한마디도 반박하지 못하게 되었다. 이곳에서 잃은 땅이 몇백 리가 되는지 알 수 없다.

고려 예종 때 윤관(尹瓘)에게 땅을 개척하도록 하니, 두만강 북쪽으로 700리 되는 곳 소하강(蘇下江)의 변성(邊城)인 공험진(公嶮鎭)에 이르러서 마침내 선춘령(先春嶺) 위에 비를 세우고 '고려지경(高麗之境)'이라 새겨놓았다. 오래지 않아 성에서 철수하면서 여진에게 땅을 돌려주었다. 비석 사면에 써놓은 글씨는 여진인들이 모두 깎아 없애버렸다. 이 일을 지금 굳이 거론할 것까지야 없으나, 소하강은 백두산 동북쪽에 있어 목극등이 말한 토문강 상류가 복류하는 곳 바깥쪽이다. 이곳만은 경계로 삼을 강이 없기 때문에 서로 드나들기 쉽다. 두 나라가 국경을 정하는 것은 그 얼마나 중대한 일인가? 저들은 수륙(水陸) 천리 길에 굳은살 박이는 고생을 꺼리지 않은 반면, 우리나라 사람은 편안히 한곳에 앉아서 저들이 하는 말을 그대로 따르기만 하였다.

우리나라 양반들이 하는 짓거리가 예로부터 이렇다. 그렇게 하지 않으려고 하여도 근골이 허약해서 산에 오르기를 어렵게 여기는 자세를 어쩌겠는가? 이것은 하루아침에 생긴 문제점이 아니다. 목극등이 바쳤다는 계역도는 지금 궁궐 안에 있을까, 비변사에 있을까?

믿지 못할 중국 기록

중국 사람들은 '박(朴, piáo)'을 고려의 성(姓)이라 여기고 음을 '표(瓢, piáo, 박 표)'라고 하였다. '표'의 우리나라 명칭(박)이 우연히 '박(朴)'의 음과 같을 뿐 '박'에는 본래 '표'의 뜻이 없으므로 '박'의 음을 '표'라고 하면 더욱 잘못이다. 우리나라가 중국과는 글자의 음이 가장 비슷해서 거의 통할 수 있는데도 와전된 것이 이와 같다. 더구나 중국과 멀리 떨어져서 천 년 백 년 만에 한 번 왕래하는 오랑캐에 대해서도 그 풍속을 상세하게 기록한 서적을 볼 수 있는데, 그 내용에 오류가 없을 수 있을까? 역대로 우리나라 민속을 기록한 역사서에는 사리에 맞지 않는 기록이 종종 있다. 예컨대《후한서》〈동이전〉에 "아이를 낳으면 머리를 납작하게 만들기 위해 모두 돌로 누른다"라는 따위가 바로 그렇다. 그 나머지 기록인들 어찌 믿을 수 있겠는가?

합자와 파자

우리나라에서는 한자 두 글자를 합해 한 글자로 만들었는데[合字],
'수(水)' 자와 '전(田)' 자로 '답(畓)' 자를 만들었다. 한 글자를 나누어
두 글자로도 만들었는데[破字], '화어(鮠魚)'를 '대구어(大口魚)'라고
일컫은 것이 좋은 예이다. 분육(賁育)[1]은 맹분(孟賁)과 하육(夏育)인
데, 《광운》에서 '분(賁)'을 성이라고 하였으니, 이는 두 사람을 한 사
람으로 본 것이다. 노팽(老彭)은 상(商)나라의 훌륭한 대부(大夫)인데,
주석에서 노담(老聃)[2]과 팽조(彭祖)[3]라고 일컫었으니, 이는 한 사람을
두 사람으로 본 것이다. 정말 세상에는 짝이 없는 것이 없다.

---

1 중국 춘추전국시대 위나라의 역사(力士) 하육(夏育)과 제나라의 역사 맹분(孟賁)을 함께 부르는
   말이다. 용맹이 뛰어난 사람을 가리킨다.
2 성은 이(李), 자는 담(聃), 이름은 이(耳)로, 노자(老子)를 가리킨다. 그가 지은 책을 《노자》라고 하
   며, 《도덕경(道德經)》(2권)이라고도 부른다.
3 800년이나 살았다고 하는 중국 전설 속의 인물.

접부채의 유래

접부채[摺疊扇]는 일명 취두선(聚頭扇)[1]으로 이미 송나라 때부터 있었다. 소동파(蘇東坡)가 고려의 부채는 펼치면 한 자가 넘고 접으면 겨우 손가락 두 개를 붙인 크기라고 하였다. 그 제도가 우리나라에서 만들어진 것임을 밝혔지만 사대부들은 그 부채를 사용하지 않았다. 명나라 영락(永樂, 1403~1424) 연간에 조선에서 송선(松扇)을 바치자 장인들에게 본떠 만들도록 하였다. 처음에는 기녀들만 쓰는 물건이었으나 점차 양가(良家)에서도 많이 사용하였다. 명나라 말엽에도 사람들은 풍속이 경박해졌다고 한탄했지만, 지금은 온 세상에서 다른 형태의 부채를 찾아볼 수 없게 되었다. 다만 송선이 어떤 물건이었는지는 아직 알 수 없다.

서긍(徐兢)의 《고려도경(高麗圖經)》을 보니 "송선은 소나무의 부드러운 가지를 가늘게 깎아 실오라기를 만들고, 그것을 망치로 두드리고 눌러 실로 만든 다음 짜서 만들었다. 겉에는 꽃무늬가 있는데 등나무를 뚫어 만든 기교 못지않다"라고 하였다. 이것을 이른 것일까? 국초에는 이 제도가 있었을 것으로 짐작하지만 지금 그 이름마저도

---

1 이익은 《성호사설》에서 "취두선(聚頭扇)이라는 부채는 동남지방 외국의 물건이므로 옛날 중국에도 없었다. 원나라 이전에는 둥근 부채[團扇]만 있고 접는 부채는 없었는데, 원나라 초기에 외국 사신이 가진 접선(摺扇)을 처음 보았다. 모두 우습게 여겼으나 풍습이 되어 천하에 두루 퍼졌다. 둥근 부채는 출입할 때 소매 속에 넣고 다니기가 알맞지 않기 때문이다"라고 기록하였다.

전해지지 않은 지 오래되었다.

　일본도 접부채를 채택하여 군대에서까지 사용한다. 전쟁에 나갈 때 두 손에 부채를 들고 어지럽게 흔들어서 상대를 현혹하는데,《주해중편(籌海重編)》[2]에서 호접무(蝴蝶舞)라고 말한 것이 이것이다. 일본 사람은 "신공황후(神功皇后)가 박쥐의 날개를 보고 부채를 처음 만들었다"고 한다. 신공황후는 한나라 헌제(獻帝) 때 사람이다. 그렇다면 우리나라 제도 또한 일본에서 온 것인가, 아니면 우연히 같은 것인가?

2　명나라 등종(鄧鐘)이 임진왜란 당시 엮은 책. 해외 각국의 지도와 조공제도, 병법과 고사 등을 설명하였다.

83

윷놀이의 원리

예나 지금의 도박(賭博) 도구는 시대에 따라 달라졌다. 전한(前漢)의 효로(梟盧)[1]는 그 제도를 지금 알 수 없고, 그 뒤 쌍륙(雙陸)[2]·파라(波羅)[3]·악삭(握槊)[4]·장행국(長行局) 등의 놀이는 모두 이름만 있고 놀이는 전하지 않는다.

우리나라의 윷놀이도 언제 처음 시작되었는지 알 수 없지만, 윷놀이에 담겨 있는 오묘한 의미를 설명한 것은 제법 많다. 손가락만한 규격의 둥근 나무를 껍질째 반으로 나눈 것으로, 수 치 정도에 겉은 둥글고 안은 평평하다. 네 짝을 사용해 땅에 던져서 격(格, 끝수)을 취하니, 바로 투자(骰子)이다. 투자에는 다섯 가지 격이 있다. 제1격은 네 짝이 모두 아래를 보고 있는 '모'이고, 그 다음은 네 짝이 모두 위를 보고 있는 '윷'이다. 그 다음은 세 짝은 위를 보고 한 짝은 아래를 보고 있는 '도'이고, 그 다음은 두 짝은 아래를 보고 두 짝은 위를 보

---

1 오락기구의 하나로, 효(梟)는 올빼미, 노(盧)는 개 이외에 꿩, 송아지 등 다섯 개의 말을 사용해 승부를 가리는 것으로 윷놀이와 유사하다.

2 주사위를 굴려 말이 먼저 궁(宮)에 들어가는 것을 겨루는 놀이이다.

3 쌍륙의 별칭으로, 파라새희(波羅塞戱)를 말한다.

4 주사위를 던져 승부를 겨루는 놀이로, 쌍륙(雙六)놀이를 말한다. 쌍륙판에 흑백의 돌 각각 12개를 형식에 따라 벌여놓고, 두 개의 주사위를 죽통에 넣어 흔든 뒤 빼내, 나온 수만큼 돌을 전진시켜 적진에 먼저 들어가면 승리한다. 대개 상류층 남녀 간에 행해진 놀이이다. 백제시대부터 투호와 저포, 농주(弄珠)와 악삭(握槊) 등의 잡희가 있었다.

고 있는 '개'이며, 그 다음은 세 짝은 아래를 보고 한 짝은 위를 보고 있는 '걸'이다. 이 다섯 가지 격을 사용해 두 사람이 겨루어 말을 움직인다. 윷놀이 말판에는 29밭[宮]이 있는데, 주변의 20밭은 둥근 모양이고, 안의 9밭은 십자(十字) 모양으로 서로 교차해 바깥 원이 사방 구석에서 이어진다. 이것이 그 대략이다.

　윷판 만드는 법은 사계절 해의 운행이 길고 짧음의 형세에서 취한 듯하지만 본래 이름이 없었다. 어떤 사람은 "사희(柶戲)[5]라는 이름은 네 개의 나무를 가지고 놀이를 했기 때문에 붙여진 것이고, 상례(喪禮)에서 각사(角柶)[6]의 '사(柶)' 자와 글자는 같으나 뜻은 다르다"라고 하기도 한다. 일찍이 개성 사람 김문표(金文豹)[7]가 〈사도설(柶圖說)〉을 썼다.

　"밖이 둥근 것은 하늘을 상징하고, 안이 모난 것은 땅을 상징하니 곧 하늘이 땅의 겉을 싸고 있는 것이다. 중앙에 있는 별은 북극성이고, 주위에 벌여 있는 별은 28수(宿)이다. 해의 운행이 수(水)에서 목(木)으로 들어가고, 토(土)에 머물렀다가 다시 수로 나가는 것은 동지에 해가 짧은 것을 의미한다. 수에서 목으로 들어가 곧바로 금(金)

5　윷놀이를 사희(柶戲) 또는 척사(擲柶)라고도 한다. 사(柶)는 윷을 가리키며, 척(擲)은 던진다는 뜻이다.

6　《국조상례보편(國朝喪禮補編)》권1에서 "숟가락이다. 가운데가 구부러진 뿔을 써서 대행(죽은 임금)의 이 틈새에 끼워 넣는 것이다(匙也. 用角中屈之所以楔齒者)"라고 하였고, 또 "사(柶)는 뿔을 쓰며 주척(周尺, 중국 주나라 때 제정된 자)으로 길이가 6촌이며, 가운데가 굽어 멍에 모양과 같다. 중앙은 입에 들어가며 양끝은 위를 향한다(柶用角, 長六寸, 用周尺, 中屈之如軶形. 中央入口, 兩末向上)"라고 하였다.

7　김문표(金文豹, 1534~?)는 본관은 청풍(淸風)이고 자는 비경(斐卿)이다. 1576년 식년문과에 을과(乙科)로 급제해 군수를 지냈다. 상수학을 잘해 그것으로 윷놀이를 풀이했다고 하는데, 《성호사설》과 《오주연문장전산고》에서 그의 〈사도설(柶圖說)〉을 인용해 논평하였다.

으로 갔다가 또 수로 나가는 것은 춘분에 낮밤의 길이가 같은 것을
의미하고, 수에서 목을 거쳐 화(火)로 들어가 곧바로 수로 나오는 것
은 추분에 밤낮의 길이가 같은 것을 의미한다. 수에서 목, 화, 금을
지나 수로 나가는 것은 하지에 해가 긴 것을 의미한다.”

84

천하제일 명품

청나라 사람의 소설에 다음과 같은 글이 있다.

"감본(監本) 서적, 대궐 제조 술, 단주(端州) 벼루, 휘주(徽州) 먹, 낙양(洛陽) 화훼, 건주(建州) 차(茶), 촉(蜀)의 비단, 정주(定州)의 오지그릇, 절주(浙州)의 옻, 오(吳)의 종이, 진의 구리, 농서(隴西)의 말, 동견(東絹), 거란 안장, 하나라 칼, 고려 비색(秘色, 푸른 옥빛), 흥화군(興化軍) 자어(子魚), 복주(福州) 여안(荔眼), 온주(溫州) 감(柑), 임강(臨江) 황작(黃雀), 강음현(江陰縣) 복어, 금산(金山) 함시(鹹豉), 간적관(簡寂觀)의 고순(苦荀, 죽순), 동화문(東華門)·섬우(陝右)의 병사, 복건(福建) 수재(秀才), 장강 이남 사대부, 강서와 호외(湖外)의 장로(長老), 서울의 부인(婦人)은 모두 천하제일이라, 다른 지역에서 흉내를 내고자 하여도 끝내 따라가지 못한다."[1]

고려에도 천하제일의 물건이 있다고 하니 우습다. 그러나 이른바 비색은 우리나라에 없는 것이다. 그게 아니라면 예전에는 있었는데 지금은 없어진 것일까? 회회청(回回靑)[2]은 본래 연경에서 들어온 안

---

[1] 이상 인용한 글은 송나라 문인 태평노인(太平老人)의 《수중금(袖中錦)》〈천하제일(天下第一)〉조에 실려 있는 것으로, 원나라 말기 도종의(陶宗儀), ?~1369)가 편찬한《설부》권12 하(下)와 청나라 문인 조길사(趙吉士)가 편찬한 필기《기원기소기(寄園寄所寄)》권7, 물리(物理)에 재수록되었다. 정동유는 조길사의 저술에서 보았기 때문에 청나라 사람의 소설이라고 하였다.

[2] 도자기를 만들 때 푸른 물감으로 쓰이는 안료의 하나로, 회회국(回回國)인 아라비아에서 수입한 것이라 이렇게 불렸다.

료인데 어떻게 토산물로 꼽을 수 있겠는가? 다만, 우리나라의 자기를 만드는 흙은 염색이 잘 되어서 농담(濃淡)에 얼룩덜룩한 느낌이 없다. 그 때문에 중국 사람으로부터 칭송을 받은 것일까? 일본 사람의 기록에도 "차 사발은 조선 자기를 으뜸으로 하여야 한다"라고 하였다.

85

산누에의 종류

우리나라 황해도 산골 고을에는 산누에 고치[野蠶繭]가 있다. 지방 사람들이 실을 뽑아서 명주를 짜는데, 품질은 매우 질기고 염색을 하지 않아도 절로 검붉은 빛이 난다. 청나라 초의 기록에 나오는 산누에 명주[野蠶紬]라는 비단이 바로 이것이다. 그 설명은 다음과 같다.

"견주(繭紬)는 명나라 초에 아직 유행하지 않았다. 숭정 때 황제가 화려한 것을 싫어한다는 말을 들은 신하들이 이를 따라 견주로 옷을 많이 만들어 입어 비로소 성행하게 되었다. 염색을 더 하거나 자주 빨지 않는데 10년이 가도 빛깔이 바래지 않는다. 산동 여러 지방에서 생산되는데, 참나무 잎[槲葉]을 먹고 사는 것은 곡견(槲繭), 동백나무 잎[椿葉]은 춘견(椿繭), 산초나무 잎[椒葉]은 초견(椒繭)이라고 하는데 크기가 새알만하다. 지방 사람들은 누에치기를 생업으로 삼는다."

우리나라에는 춘견과 저견(樗繭)이 많고, 또 산초나무 잎을 먹거나 대추나무 잎을 먹는 것도 있다. 이외에 고치를 생산해내는 나무는 없다. '곡(槲)'은 《훈몽자회(訓蒙字會)》'에서 '소리참나무[小里眞木]'

---

1 1527년(중종 22) 최세진이 지은 한자 학습서. 《천자문(千字文)》, 《유합(類合)》은 추상적인 내용이 많아 아이들이 익히기에 어려워서 새로 지은 책이다. 한자 3,360자를 4자 유취(類聚)로 33항목으로 나누고 한글로 음과 뜻을 달았다.

라고 하였는데, 참나무 잎을 먹는 누에는 없다. 그렇다면 소리참나무는 '곡'이 아닌 것일까? 아니면 우리나라에만 곡견이 없는 것일까?

86

부당한 세금 징수제도

지방 고을에서는 백성들에게 갖은 방법으로 세금을 거두어들인다. 가난해서 세금을 마련하지 못하는 백성이 있으면 번번이 친척에게 징수하고, 종종 어디에 있는지도 모르는 사람을 친척이라 우겨서 징수하기까지 한다. 향촌에서 조금 풍족하게 사는 사람이, 공금을 횡령한 아전이나 간사한 백성과 애매모호한 친척관계일 경우 파산에 이르는 일이 곳곳에서 발생한다. 그래서 속담에 사돈의 팔촌이라는 말까지 생겨났으니 참으로 차마 해서는 안 될 정사이다.

송나라 원풍(元豊, 1078~1085) 연간 이후 지방 고을이 방장(坊場, 시장)의 물품을 전매해 이익을 취할 때부터 그런 폐단이 생겨났다. 종종 쌓아둔 물품을 내다 팔 때 사방 이웃에게 강제로 배당하는데 사방 이웃이 궁핍하면 먼 이웃[飛鄰], 가까운 이웃[望鄰]에게까지 나누어 배당해 멀고 가까움을 따지지 않고 반드시 이익을 취한 뒤에야 그만두었다.[1]

원우(元祐, 1086~1094) 연간에 전중시어사(殿中侍御史) 여도(呂陶)가 이 일로 상소를 올려 그 문제점을 따져 논한 적이 있다. 아주 먼 이웃이나 가까운 이웃이라는 이름도 터무니없기 그지없지만 그래

---

1 이 대목은 남송의 홍매(洪邁)가 저술한 《용재수필(容齋隨筆)》〈비린(飛鄰)·망린(望鄰)〉조를 인용하였다.

도 친척들에게 강제로 배당하지 않은 이유는 어디에 있을까? 이 일은 처음에는 상부상조하는 의로운 행동을 권하는 취지에서 출발했을 뿐 남에게 화를 전가하려고 한 것은 아니었다. 그러나 오랫동안 시행되면서 잘못이 관례로 굳어져 지금은 억지로 징수하는 일만을 일삼는다.

　우리나라 풍속은 본래 친척 간의 관계를 중시하기 때문에 먼저 친척을 연루시킨다. 중국은 땅이 넓어 백성들의 일가친척이 한 개의 군에 모여 살지 않아서 이웃에게만 책임을 지우고 친척에게는 묻지 않는다. 만일 주진촌(朱陳村)² 과 같은 동족 마을이라면 반드시 친척에게 먼저 걷고 이웃에게는 나중에 걷었을 것이다.

2　옛날 중국의 서주(徐州) 주진촌(朱陳村)에서 주씨와 진씨가 대대로 통혼하며 서로 의좋게 살았다는 전설에서 온 말이다.

87

우리나라 노비제도

우리나라의 공노비·사노비 법은 아버지의 신분과는 상관없이 어머니가 노비이면 자식도 노비가 된다. 그 주인에게 살리고 죽이는 권한이 있으며, 자손에게 상속된다. 또한 문서를 양도해 매매하거나 금전을 받고 속량(贖良)¹ 시켜주는 법이 있다. 그래서 한 사람이 노비문서에 오르면 딸자식의 딸자식, 외손의 외손은 100대가 되어도 모두 노비가 된다.

《고려사》에서 "노비법은 기자(箕子) 때부터 시작되었다"²라고 하였는데, 어찌 그럴 리가 있겠는가? 우리나라는 본래 문헌이 없어 신라와 백제 이전의 일들은 모두 중국 역사책에 근거해 알고 있는 정도에 불과하다. 기자팔조(箕子八條)의 설은 《한서》(〈지리지(地理志)〉)에 처음 보이는데 다음과 같다.

"기자가 조선으로 가서 그 백성들에게 예의와 농업, 누에치기와 베짜기를 가르쳤다. 낙랑과 조선 백성의 범금팔조(犯禁八條)에는 사람을 죽이면 목숨으로 갚고, 사람을 다치게 하면 곡식으로 갚고, 도둑질을 하면 남자는 재산을 몰수해 그 집의 노(奴)가 되고 여자는 비

---

1 돈이나 곡식을 내고 노비 신분에서 벗어나거나, 국가 또는 주인에게 공을 세워 노비 신분에서 벗어나 양인이 되는 제도.
2 《고려사》 권85 〈형법지(刑法志)〉 2의 노비제도를 서술하는 장의 서문에서 한 말이다.

(婢)가 된다. 스스로 속량하기를 원하는 사람은 한 사람당 50만을 내놓아야 한다."

이른바 '팔조(八條)'라는 것을 지금은 모두 알 수 없지만 사람을 죽이면 목숨으로 보상하고, 사람을 다치게 하면 곡식으로 보상하고, 남의 재물을 훔친 자는 노비로 삼으며, 스스로 속량하는 것을 허락한다는 것이 그 대강이다.

기자는 은나라에 있을 때부터 미친 척해 남의 종이 되었다고 하니, 사실상 기자가 노비법을 처음 만든 것은 아니다. 다만 그것을 가지고 우리나라에서 가르침을 베푼 것뿐인데 어디에 대대로 노비 신분으로 삼는다는 설이 있던가? 신라 사다함(斯多含)³이 가야국을 멸망시키자 신라의 왕이 그가 사로잡은 포로 300명을 상으로 주었다. 사다함이 그들을 모두 풀어주니 역사가들이 그의 어짊을 칭찬하였다. 그러므로 신라 때에도 포로를 노비로 삼는 법이 있었던 것이다. 그러나 노비법이 엄격해진 것은 고려 태조 때부터이다. 그때는 양반 집마다 노비가 없는 집이 없어서 그들을 생업의 밑천으로 삼았다. 그때도 여전히 노비는 어머니 신분을 따른다는 법은 없었다. 정종 5년(1039)에 이르러 비로소 천민은 어머니 신분을 따른다는 법이 만들어졌다.

고려 말 전국의 호적에 편입된 호구 가운데 공노비·사노비를 빼면 평민은 절반이 안 되었다. 그래서 성종 때 정광(正匡) 최승로(崔承

---

3 사다함(斯多含, ?~?)은 신라의 화랑으로 내물왕 7대손 급찬(級湌) 구리지(仇梨知)의 아들이다. 15세가 된 562년(진흥왕 23) 이사부(異斯夫)가 가야국을 정벌할 때 귀당비장(貴幢裨將)으로 출정해 전단량(旃壇梁)으로 쳐들어가 가야국을 멸망시키는 데 큰 공을 세웠다.

老)가 다음과 같은 상소를 올렸다.

"태조께서 개국하실 때 뭇 신하들은 종군해 포로를 얻거나 재물로 사서 노비로 삼았습니다. 태조께서 포로를 석방해 양민을 만들고자 시도하셨으나 공신들의 마음이 동요될까 염려해 편의대로 하도록 허락하셨습니다. 광종 때 비로소 노비안험법(奴婢按驗法)[4]을 실시해 시비를 가리자 공신들 가운데 원망하지 않는 사람이 없었고, 노비들은 뜻을 얻어 존귀한 이들을 업신여기게 되었습니다. 광종께서 앙화의 씨앗을 자초하신 것이니 덕망을 크게 잃었다고 할 수 있습니다."[5]

이것으로 볼 때 태조가 편의대로 하도록 허락한 것은 본심이 아니라 신하들의 세력이 강성해 제어하기 어려워서 그렇게 한 것이다. 광종의 노비안험법은 시비를 가리고자 한 제도에 불과한데도 원성이 들끓었다. 이야말로 이른바 도둑이 주인을 미워한다는 격이니 불법이 많았음을 얼추 알 수 있다. 그런데 최승로는 앙화의 씨앗을 키웠다, 덕망의 실추가 크다는 등의 말로 임금에게 허물을 돌렸다. 대체로 우리나라 양반들이 자신만 이롭게 하려는 마음을 가슴 가득 품고 있다는 점을 여기에서 볼 수 있다.

원나라 다루가치[達魯花赤]가 와서 다스릴 때 원나라 황제가 여러 번 그 법을 개정하려고 하였으나 실패하고 충렬왕 26년(1300)에 이르러서는 거의 영구히 폐지할 뻔하였다. 그때 충렬왕이 다음 취지의 표문을 올렸다.

---

4 고려 광종 7년(956)에 실시된 법제로서, 노비의 신분을 조사해 원래 양민이었던 노비들을 해방시켜주고자 한 법이다.

5 최승로(崔承老)가 성종에게 올린 시무책 28조 가운데 하나로,《고려사》〈형법지〉와〈최승로전(崔承老傳)〉에 실려 있다.

"옛날 우리 시조께서 뒤를 잇는 자손들에게 가르침을 내리셔서 '무릇 이 천한 부류는 그 종자가 다르니 이 무리들을 양인이 되도록 허락하지 말라. 만약 양인이 되는 것을 허락해주면 훗날 반드시 벼슬길에 나갈 것이고, 점차 요직을 구해 국가를 어지럽히는 계책을 도모할 것이다. 만약 이 가르침을 어긴다면 사직이 위태로울 것이다'라고 하셨습니다. 이로 말미암아 우리나라의 법은 호적에 8대 동안 노비가 없어야 벼슬에 나아갈 수 있습니다. 부모 가운데 한 사람이라도 노비이면 노비가 되는데, 설령 원래 주인이 풀어주어 양인이 되는 것을 허락하더라도 그가 낳은 자손은 다시 노비가 됩니다. 또 원래 주인의 후사가 끊겨도 그 주인 집안에 귀속됩니다. 그렇게 하는 이유는 양인이 되지 못하도록 막기 위한 것입니다. 만약 이 법을 고친다면 오래된 법을 잃어버려 근근이 이어온 선조의 유업(遺業)을 보존하지 못할 것입니다."

그러자 원나라 황제가 교지(敎旨)를 보내어 "국왕의 주청을 허락하여 옛 법대로 하도록 하라"라고 하였다.

우리 조선에 이르러 고려 때의 제도를 대부분 개혁했으나 노비에 관한 법만은 옛 제도를 그대로 따랐다. 그래서 《경국대전》을 만들 때 〈형전(刑典)〉 아래에 따로 '노비'라는 조목 하나를 별도로 갖추어 법규를 매우 번잡하고 세밀하게 만들었다. 마침내 풍속으로 굳어져서 다시는 이 제도를 고치자고 하는 사람이 없다.

88

원나라 노비제도

《철경록(輟耕錄)》[1]에 다음과 같은 내용이 보인다.

"지금 몽고 색목인(色目人)의 노비를 남자는 노라 하고, 여자는 비라고 하며 통틀어 구구(驅口)라고 한다. 개국 초기에 여러 나라를 평정해 날마다 포로들이 도착했는데, 남녀를 부부로 짝지어 그들이 낳은 자손을 영구히 노비로 삼았다. 또 홍계(紅契, 매매증서)로 사오는 법이 있는데, 원주인이 다른 사람에게 팔면 문서로 만들고 세금을 매긴다. 따라서 양민을 사서 구구로 삼는 것은 금지하였다. 또 딸려보내는 노비가 있는데, 여자가 시집갈 때 데리고 가는 노비이다. 남녀 노비는 자기들끼리만 혼인할 수 있고 당연히 양가집에 시집, 장가가는 것은 허락하지 않는다. 만약 양가집에서 여자 노비와 결혼하기를 원한다면 허락해준다. 남자 노비가 부를 쌓을 경우 주인이 그재물을 탐내서 그가 조그만 잘못을 저지르기만 해도 매질하고 가둔뒤 재물을 모두 빼앗아가기도 하는데, 이것을 초고(抄估)라고 한다. 또한 노비 스스로 재물을 바치고 영구히 노비 호적에서 벗어나기를원할 경우에는 주인의 서명을 받아 증거로 내야 하며, 이것을 방량(放良)이라고 한다.

---

1 중국 원나라 말기에 도종의(陶宗儀)가 편찬한 필기로 모두 30권이다. 원대의 법령과 제도, 풍속및 시문과 일사를 기록하였다. 정동유가 매우 중시한 저술로 여러 차례 인용하고 있다.

형법에 소나 말을 사사로이 도살한 자는 장(杖) 100에 처하고, 구구를 때려죽인 자는 사람을 살해한 죄인 사형보다 한 등급을 감해 장 100에 처한다고 하였으니, 이는 노비를 소나 말과 같이 본 것이다.《주례》(지관)에 따르면 도적질에 연루된 남자 노비는 죄수를 관리하는 법관에게 소속시키고, 여자 노비는 식량과 음식 조리를 담당하는 부서에 소속시킨다고 하였다.《설문해자(說文解字)》에 의하면 노비는 모두 선대가 죄인인 사람이라고 하였다. 그러나 지금의 노비는 아버지나 할아버지가 애초에 범죄를 저지르지 않았는데도 대대로 벗어날 수 없으니 애통한 일이다.”

이것은 원나라 사람 도종의(陶宗儀)가 쓴 글로 설명한 내용이 우리나라 노비제도와 꼭 들어맞는다. 원나라 황제가 동북쪽으로 군사를 총동원해 직접 큰 사막 너머를 정벌하였다. 당시 공훈이 있는 귀족 집안은 포로가 된 노인이나 아이들을 사적인 재물로 여겼고, 원나라 황제도 죽이고 살리는 권한을 귀족에게 맡기고 백성의 호적에 편입시키지 않았다. 이 역시 신하들의 세력이 강해 제어하기 어려웠기 때문이다. 그러나 이것은 몽고 색목인에 적용된 법에 불과한데다 구구에 관한 일일 뿐으로, 본래 중국 백성들에게 적용하던 법은 아니다.

89

노비제도 혁파

대체로 우리나라 사대부들은 다른 나라의 사대부들과는 달리 집집마다 각자의 전답과 소작인을 소유하고 있어 사실상 제후와 같은 부귀를 누렸다. 그런 까닭에 사대부들은 서민과는 계급과 권위가 엄격하게 구분되어 기강과 풍속을 좌우하는 실제적 권한을 가지고 있다. 지금 그들을 공인이나 상인과 같은 위치에 두어 높고 낮은 차이가 없게 한다면 상하의 구분이 없어져 혼란을 일으키는 길일 것이다. 그래서 정인지는 《고려사》를 저술하면서 "노비제도는 풍속 교화에 큰 보탬이 된다. 내외의 분별을 엄격히 하고 귀천의 등급을 정하는 방법으로 예의의 시행이 이것으로부터 시작된다"라고 하였다. 백사 이항복 공도 "본분에 익숙해지고 백성들이 편히 여겨 한 나라의 교화와 제도로 정착되었으므로 이제 변경하고자 한다면 반드시 먼저 나라의 풍속을 바꾸어 중국처럼 사대부의 자녀들도 직접 짐을 지고 불을 때게 하여야 할 것이다. 하루아침에 풍속을 바꾼다면 감정을 자극해 법을 어기게 하고, 백성은 곤궁해지며 간사한 이들이 생겨날 것이다"[1]라고 하였다.

　나라의 풍속에서 보면 두 분의 의견은 참으로 식견이 있다. 나 또한 오늘 당장 모든 것을 개혁해 폐지하자는 주장은 아니다. 그러나

1 　《백사집(白沙集)》〈별집〉 권3 '사노비를 혁파하는 논의(革罷私賤議)'에서 한 말이다.

하늘이 처음 생명에 부여한 의도를 따져본다면 이보다 더 이치에 맞지 않는 일은 없다고 본다.

금나라 노비제도의 유래

《금사(金史)》를 보니 대정(大定) 22년(1182)에 법제를 만들어 노비를 양인으로 풀어주는 것을 제한하고, 양인을 아내로 맞아들이는 것을 제한하되 그녀가 낳은 아들딸은 양인으로 삼았다. 이것으로 볼 때 금나라 노비제도도 어머니의 신분을 따랐다.

살펴보니 대정은 금나라 세종(世宗) 완안옹(完顔雍) 때의 연호로, 고려 정종(靖宗) 때까지 거슬러 올라가면 150년 가까이 된다. 그런데 《금사》에서는 금나라의 시조인 함보(函普)가 처음 고려에서 왔다고 하였고, 우리나라에 전해지는 말로는 평주(平州)의 승려 금준(今俊)이 여진으로 도망가서 금나라 선조가 되었다고 하며, 평주의 승려 금행(金幸)의 아들 극수(克壽)가 여진에 들어가 금나라 선조가 되었다고도 한다.[1] 그러므로 금나라 시조가 고려 사람인 것은 의심할 여지가 없다. 그렇다면 금나라 시조가 익숙한 고려의 법을 자기 나라에 적용한 것인가? 세종은 훌륭한 군주였기에 법을 만들어 노비제도를 개혁하였다. 이 노비제도는 동이(東夷)의 나쁜 풍속이다.

1　이 내용은 《해동역사》 68권 〈인물고〉 2 '금나라 시조 함보(函普)'에 보인다.

요나라와 금나라의 재생례

요나라와 금나라는 본래 우리나라 풍속과 비슷한 것이 많았다.《요사(遼史)》와《금사》에서 임금이 매번 재생례(再生禮)¹를 거행했다고하는데, 매우 망측하고 비루해서 실소를 자아낸다. 신라 때 제주의고후(高厚)·고청(高淸) 형제가 조회하러 오자 왕이 매우 가상하게 여겨 고후를 성주(星主)라고 일컬었다. 또 아우 고청을 더욱 총애해 자신의 바짓가랑이 밑으로 지나가게 하고 자기 아들이라고 하여 왕자라 일컬었다.² 이것이 바로 요와 금의 재생례가 생겨나게 된 유래이다.

---

1 요나라 귀족들의 풍속으로 본명년(本名年) 또는 복탄례(復誕禮)라고도 한다. 12년마다 자신의 출생을 기념하고 어머니 은혜에 감사하는 의식이다.
2 이 내용은《동사강목》제4상 '임술년 신라 문무왕 2년'에 보인다.

귀보리

《동국여지승람》에는 함경도 갑산(甲山) 등지의 토산물로 구맥(瞿麥)
이 올라 있다. 구맥은 패랭이꽃[石竹]의 다른 이름인데, 갑산에서 패
랭이꽃이 난 적이 있었던가? 이는 틀림없이 세상에서 말하는 귀보
리[耳麥]을 가리켜 구맥이라고 하였을 것이다.

귀보리는 옛날에 연맥(鷰麥)이라고 하던 곡물이다. 양쪽 까끄라기
[芒]가 나뉘어 나오는 것이 제비 꼬리와 흡사하다고 하여 연맥이라
는 이름이 붙여졌는데, 우리나라 사람들이 귀보리라고 일컫는 것은
까끄라기를 귀[耳]로 보았기 때문이다. 그래서 상말에 귀보리(龜甫
里)라고 하니, '귀'는 '이(耳)'의 뜻을 새겼고 '보리'는 '맥(麥)'의 뜻을
새겼다. 귀(龜)와 구(瞿)의 음이 비슷한데다 사물 이름 가운데 구맥
이 있는 것을 보고는 마침내 귀보리를 구맥이라 이름 붙였다. 어찌
그릇된 적용이 아니겠는가?

만약 세상에 본래부터 구맥이라는 이름이 없어 그것으로 새 이름
을 삼아 붙였다면, 설령 오류라고 해도 그다지 해가 되지 않는다. 우
리나라 사람들은 분명하지 않은 물건에 꼭 예전부터 써오던 다른 이
름을 택해 물건 이름과 지명으로 삼기를 잘한다. 그렇게 쓰는 것을
헤아릴 수 없이 많이 봐왔다. 문자를 그렇게 쓰는 법은 후대 사람들
을 매우 크게 잘못된 길로 이끈다.

백합과 신이

근래 《고사신서(攷事新書)》[1]가 간행되었고, 오류가 매우 많다는 사실을 알고 있었다. 그중에서 백합죽(百合粥) 항목 아래에 "신이(辛夷)다. 뿌리와 꽃이 흰 것이 좋다"라는 주석이 달려 있는데, 처음 보았을 때는 무슨 말인지 모르다가 곰곰이 생각한 뒤 그 의미를 알아냈다. 대개 총목(叢木, 관목) 가운데 움푹한 항아리 주둥이 모양의 작은 노란 꽃을 피우는 속칭 개나리[介捺伊]는 바로 왜연교(倭連翹)인데, 근래 들어 갑자기 신이화(辛夷花)라고 부른다. 우리나라 사람들이 초목의 이름을 착각한 것이 한두 가지가 아니지만 이 나무를 신이라고 부를 줄은 사실 전혀 생각지도 못하였다.

신이는 본래 자주색 꽃이 피는 관목으로, 세간에서는 가지꽃이나 붓꽃이라고 부른다. 당나라 시에 "신이화가 지니 살구꽃이 날리네(辛夷花盡杏花飛)"[2]라는 구절이 있는데, 중국의 신이는 이른 봄에 먼저 피기 때문에 당나라 시인이 이 구절을 지었다. 하지만 우리나라에서 신이는 정말 보기 드문 나무이다. 오늘날 이 시를 본 사람이 살구꽃보다 먼저 피는 꽃을 찾다가 유독 일찍 피는 왜연교를 보고는

---

1 《고사신서(攷事新書)》 15권 7책. 1771년(영조 47) 조선 후기의 문신이자 학자인 서명응(徐命膺)이 사대부 및 관리, 일반 선비들이 항상 기억해두어야 할 사항을 기록한 생활백과이다. 어숙권이 편찬한 《고사촬요(攷事撮要)》를 기초로 개정, 증보하였다.
2 당나라 시인 전기(錢起)의 〈늦봄에 고향 산으로 돌아가네(暮春歸故山)〉의 한 구절이다.

옳고 그름을 따지지도 않고 무턱대고 신이라고 불렀다. 잘못은 이 시에서부터 비롯되었다.

백합도 우리나라에서는 보기 드문 풀이라 인가에서 화단이나 뜰의 감상용으로 쓰이며, 산이나 들에서 자라지 않으므로 약재의 수요를 충당하기에는 부족하다. 산이나 들에 나는 것은 뿌리·줄기·잎·꽃이 백합과 비슷하지만 꽃이 짙은 붉은색으로, 이는 산단(山丹)이다. 세상에서 의원들이 약을 지을 때 이것으로 백합을 대신한다. 《동의보감》에 인용된 《본초강목》의 백합 주석에서 "흰 꽃이 좋다"라고 하였다. 백합이 본래 다른 색은 없고 흰색 한 종만 있는 줄을 전혀 모르고 산단과 백합을 같은 종류로 오인했기 때문에 흰 꽃이 좋다고 말한 것이다.

산단의 뿌리는 모양이 마늘과 비슷해 속칭 가마늘[假麻捺]이라고 한다. 마늘[麻捺]은 산(蒜, 마늘)의 속명이다. 속어는 매번 음을 생략하는 경우가 많다. 곧 가나리(假捺伊)라고 부르다가 마침내 왜연교의 이름인 개나리와 같은 이름이 되어버렸다.

지금 《고사신서》를 지은 사람은 백합에 주석을 달 때 '백합의 이름이 가나리라고 하면 저 개나리로 통칭할 수 있고, 통칭할 수 있다면 개나리라는 이름이 신이임을 알겠다'라고 판단했을 것이다. 그리하여 백합에 신이라고 주석을 단 것이다. 개나리를 신이라고 하는 것만도 뜻밖인데, 이제 개나리와 같은 이름의 사물까지도 신이라고 하니 더욱더 뜻밖이 아니겠는가?

물건 이름에 대해서 이렇게까지 무지몽매하니 차라리 언문으로 쓰는 것이 오류가 적지 않겠는가? 이 일만 보더라도 정말 포복절도할 일인데, 그 유래를 소급해 따져서 나도 모르게 이리저리 글을 여러 줄 썼으니 너무 호들갑을 떤 것이 우습다.

94

염소

염소[羖䍽]는 양의 일종인데, 털이 곱슬곱슬하지 않고 턱에는 수염이 있어 양과는 다르다. 짐승들에게는 수염이 없는데 염소에게만 있어 속명이 염소(髯小)이다. '소(小)'는 소[牛]라는 뜻인데, 소가 아닌 동물을 소라고 일컬은 것이다. 뿔이 있는 동물을 소라고 많이 부르는데, 예를 들면 쇠똥구리[蜣蜋]의 속칭이 '하늘소[天牛]'이다. 상말이 하나하나 이치에 들어맞는 것은 아니지만 그 의미는 대체로 여기에서 벗어나지 않는다. 그러므로 최세진은《훈몽자회》에서 고력(羖䍽)을 풀이해 '염쇼'라고 하였으니, 또한 '수염이 있는 소'라는 뜻이다.

지금 신경준(申景濬)이 편찬한 〈여지고(輿地考)〉[1]를 보니 염소를 실어놓고서 "염소는 물을 많이 마시면 죽는다. 그래서 염수(厭水, 물을 싫어한다)라 이름 붙였다"라고 설명하였다. '염수'라는 말은 '물을 많이 마시면 죽는다'라는 뜻과 애초에 말이 잘 들어맞지 않는다. 더군다나 그 성질이 물을 마시면 반드시 죽는 것도 아니다.

신경준은 박학하기로 명성이 나 정말 남보다 훌륭한 학자이기는

---

1 1770년 왕명으로《동국문헌비고(東國文獻備考)》를 편찬했는데, 그중 신경준(申景濬)은 지리 관련 내용을 정리해놓은 〈여지고(輿地考)〉를 담당하였다. 〈여지고〉는 13권에서 39권까지 27권으로 구성되어 있다.

하나 이치에 맞지 않는 주장을 내세워 왕왕 자신의 말이 옛말인 것처럼 지어내기를 잘하였다. 이것이 그의 단점이다. 전에 그가 지은 《저정서(邸井書)》[2]를 본 적이 있는데, 훈민정음의 글자 모양을 논하면서 순음(脣音) 비모(非母, ㅸ)를 'ㅂ'이라고 하였다. 이런 것들은 모두 전혀 근거 없는 말이다.

---

2 저자는 훈민정음의 자음을 두고 윤광수(尹光垂)와 논변한 〈자음왕복서(字音往復書)〉(《현동실유고》 하권)에서도 이 책을 읽고 비판적으로 설명하였다. 그동안 사라진 책으로 알려졌으나 최근에 저자 친필 필사본이 새로 발굴되었다. 훈민정음을 활용해 18세기 올바른 한자음을 체계적으로 분류하고자 한 한자 운도(韻圖) 저술이다. 이 책은 운해(韻海)와 개합사장(開合四章) 두 부분으로 구성되었고, 운해는 경세성음창화도(經世聲音唱和圖)와 훈민정음도해(訓民正音圖解) 두 부분으로 구성되었다. 자세한 내용은 이상규, 〈여암 신경준의 저정서(邸井書) 분석〉(《어문론총》 제62호, 2014, 153~187쪽) 참조.

퉁소와 대금에 쓰는 대나무

지금 퉁소와 대금을 만드는 사람들은 반드시 대나무 마디에 작은 골이 없는 것을 쓰면서 맹죽(盲竹)이라고 부른다. 눈이 없으면 성질이 사나운 점을 취한 말이다. 《한서》〈율력지〉에 "황제가 영륜(泠綸)에게 대하산(大夏山) 서쪽 곤륜산 해곡(解谷, 북쪽 골짜기)의 대나무 가운데 두껍고 균등한 구멍이 생긴 것을 두 마디 잘라 불게 하였다"라는 대목이 있는데, 맹강(孟康)이 주석을 달아 "해(解)는 '떼어내다'이고, 곡(谷)은 '대나무의 작은 골'이니, 대나무에서 떼어내 작은 골이 없는 마디를 쓴 것이다"라고 하였다. 이 방법은 옛날부터 써온 것이다.

삼

물이 차갑지만 아직 얼지 않았을 때 소나무 가지나 기장대 등을 많이 묶어서 연못이나 물이 고인 곳에 쌓아두어 물고기들이 얼음이 언 뒤에 멈추어 쉬는 장소를 만들어준다. 봄에 얼음이 녹기를 기다려 섶을 제거하고 그물을 치면 물고기를 아주 많이 잡을 수 있다.

이것은 지금 어부들이 물고기를 잡는 방법 가운데 하나인데, 옛날부터 전해져오는 것으로 이른바 '삼(椮)'이다. 《이아(爾雅)》에서 "삼을 일러 잠(涔)이라고 한다"라 하고, 그 주석에서 "지금 삼을 만드는 사람들은 물속에 섶을 가져다 쌓아두고 물고기가 추위를 느껴 그 속에 들어가 숨으면 둘러싸서 잡는다"라고 하였다. 《소이아(小爾雅)》[1]에서는 "물고기가 쉬는 곳을 '잠(潛)'이라고 하는데, 잠은 삼이다. 섶을 물속에 쌓아두면 물고기가 살게 되니 《시경》〈주송(周頌)·잠(潛)〉의 '잠에는 물고기가 많도다'라는 말이 이것이다"라고 하였다. 그 시를 설명한 정전(鄭箋)[2]에서는 "잠은 삼으로 미(米)가 부수인 글자이다"라고 하였다.

1　《이아(爾雅)》, 《소이아(小爾雅)》 모두 중국 고대의 한자를 수록해 설명한 자전(字典)이다.

2　정현(鄭玄)의 주석을 가리키나 이 내용은 실제로는 모전(毛傳)에 나오므로 저자가 착각한 듯하다.

상어 가죽과 자작나무 껍질

지금 사람들은 상어[沙魚] 가죽으로 칼집을 장식하고 자작나무 껍질을 활대에 붙이는데, 모두 옛날부터 쓰던 방식이다. 상어는 일명 교어(鮫魚)이다. 《산해경》에서 "교어 가죽으로 도검을 장식할 수 있으니, 입구를 나무와 뿔 재질로 꾸민다"라고 하였다. 장식한 도검이란 바로 한나라 때의 소위 상어 칼집[鮫鞘]을 말한다. 사마상여(司馬相如)가 지은 〈상림부(上林賦)〉¹에는 안사고(顔師古)가 주석을 달아 "화(華)는 지금 자작나무 껍질을 활에 붙인 것이다"라고 하였다. 그렇다면 두 가지 물건은 삼대부터 그렇게 사용해온 것이다.

상어 가죽은 질긴 성질이 있고, 자작나무 껍질은 습기를 막는 성질이 있다. 《산해경》에 의하면 지금 나무와 뿔을 가공할 때 반드시 상어 가죽으로 덧씌우는 방법은 상고 시절부터 시작되었다.

한편, 《순자(荀子)》〈議兵〉에서 "초나라 사람들은 상어 가죽과 무소뿔로 갑옷을 만든다"라고 하였다. 질기기로는 상어 가죽보다 나은 것이 없는데, 지금은 상어 가죽으로 갑옷을 만든다는 말을 듣지 못했으니 왜일까?

---

1 중국 전한의 문인 사마상여(司馬相如)가 지은 저명한 부(賦) 작품으로, 황제가 장안 서쪽의 황실 원림 상림원(上林苑)에서 사냥하는 장면을 자세하고 화려하게 묘사하였다.

두더지와 비리

우리나라에 흙쥐[土鼠]가 있어 속명이 두더지[頭至鼠]인데 '투지(透
地, 땅을 뚫다)'라는 말이 와전된 듯하다. 생긴 것은 큰 쥐 같으나 발이
짧고 꼬리가 가늘며 성질이 햇빛을 두려워해 빛을 보면 죽는다. 땅
에 굴을 파고 다니는데 그 속도가 매우 빠르다. 세간에 전하는 말에
는 그 발로 어린아이의 머리 장식을 만들면 아이가 천연두를 면할
수 있고, 또 소금으로 배를 채워 형태를 남긴 채 태운 뒤 그 소금으
로 치아를 문지르면 튼튼해진다고 한다. 이 정도의 쓸모밖에 없기는
하나 《본초강목》을 살펴보아도 두더지에 관한 설명은 없다. 《제동야
어(齊東野語)》[1]에 다음 내용이 보인다.

"《민수연담록(澠水燕談錄)》에서 '거란국에 비리(毘狸)라는 큰 쥐가
서식한다. 생긴 것이 큰 쥐와 비슷한데 다리가 짧고 몸집이 비대하
다. 그 나라 사람들이 아주 맛있는 음식으로 여겨 땅을 파서 잡다
가 국왕의 먹을거리로 바친다'라고 하였다. 장부휴(張浮休)의 《사요
록(使遼錄)》에서는 '영방(令邦)이라는 것이 있는데, 그 고기 한 점을
요리 솥에 두면 바로 흐물흐물해지므로 매우 좋아한다'라고 하였다.

---

[1] 송나라 말엽 주밀(周密, 1232~1308)의 필기 명저이다. 주밀의 자는 공근(公謹), 호는 초창(草窓)
이며 본래 제남(濟南) 사람이나 뒤에 오흥(吳興)으로 이주하였다. 많은 저술을 남겼는데, 이 필기
에는 남송의 중요한 사료와 문화·풍속·사회에 관한 다양한 내용을 담고 있다. 인용한 내용은 권
16 '북영방(北令邦)' 항목에 나온다.

《육씨구문(陸氏舊聞)》에서 '생긴 것이 큰 쥐와 같은데 매우 비대하다. 햇빛을 몹시 두려워해 빛을 조금만 쐬어도 바로 죽는다'라고 하였다. 《속묵객휘서(續墨客揮犀)》에 수록되어 있는 조약(刁約)이 거란에 사신으로 갈 때 지은 시에서 비리라는 동물을 언급하고 있다. 그것은 쥐만큼 크고 굴에서 살며 과일이나 곡식을 먹는다. 맛이 새끼 돼지와 비슷하면서 부드럽다. 근세에 이 동물이 있다는 말을 들어보지 못해 북방 사람들에게 물어보았으나 역시 대부분 몰랐다."

이와 같은 여러 가지 주장으로 볼 때 우리나라의 두더지가 '비리'라는 것은 의심할 여지가 없다. 우리나라 사람들은 들에서 나는 고기 가운데 사슴·노루·멧돼지 이외에는 음식으로 먹는 경우가 드물다. 그래서 그 맛이 이렇게 좋은지 몰랐던 것이다.

아길아합몽합과 향장목

고려 원종(元宗) 때[1] 몽고에서 사신이 왔는데, 가지고 온 조서에서
"짐이 그대의 나라에 아길아합몽합[阿吉兒合蒙合, 물고기 이름으로,
소와 비슷하다—원주]이 있다고 들었습니다. 사신에게 말을 치달려
가져오도록 하였으니 보내주면 좋겠습니다"라고 하였다. 누군가가
다리에 종기가 났을 때 이 물건 껍질로 신발을 만들어 신으면 즉시
낫는다고 하며 황제가 이 병을 앓고 있어서 구하려 한다고 하였다.
그것은 아마도 지금의 물소(강치) 가죽인 듯하다. 충렬왕 때(1283)에
는 원나라에서 사신을 보내어 탐라의 향장목(香樟木)[2]을 구했는데,
지금의 용목(龍木)인 듯하다.

---

1 《고려사절요》에는 원종 정묘 8년(1267) 9월의 일로 나온다.
2 일명 노각나무. 쌍떡잎식물로 수고는 7~20센티미터이며, 잎은 흑적갈색으로 우리나라에서만 서
  식하는 특산나무이다.

해당화와 해홍

세상에서 말하는 해당화(海棠花)가 촉(蜀) 땅의 해당(海棠)이 아니라
는 점은 알면서도 실제로 어떤 나무인지는 잘 모른다. 매괴(玫瑰)라
고 보는 이도 있으나 그것도 아니다. 《농정전서(農政全書)》¹를 살펴
보니 해홍(海紅)이 실려 있고 그 설명이 분명 이 꽃을 가리켰으며, 또
해당리(海棠梨)라고도 부른다고 하였다. 그제야 그것이 해홍이며, 해
당이라는 이름도 틀리지 않음을 알게 되었다. 유장경(劉長卿)²의 〈여
름에 최중승 댁에서 해홍을 보았는데 떨어진 꽃 한 송이가 홀로 피
어 있었다(夏中崔中丞宅見海紅搖落一花獨開)〉라는 긴 제목의 시가 있
고, 이백(李白)의 시에 달린 주석에서는 "신라에는 해홍이 많은데 당
나라 사람들이 좋아한다"라고 하였다.³ 우리나라의 동해안과 서해안
모래사장에서 자생해 크게 번식하므로 우리나라에 많다는 말은 합
당하다. 양신이 "해홍은 산다(山茶)이다"라고 한 말은 잘못이니, 산다
는 우리나라에서 말하는 동백(冬柏)이다.

1　명나라 서광계(徐光啓, 1562~1633)가 편찬한 농서(農書). 12개 항목으로 기존의 농서와 농업에
　관한 문헌을 체계적이고 종합적으로 정리하고, 새로운 농법(農法)을 받아들여 당시로서는 최신의
　농사법을 제시한 문헌이다. 조선에 수입되어 농업 기술에 큰 영향을 미쳤다.
2　유장경(劉長卿, 725?~791?)은 당나라 때의 시인으로 자는 문방(文房)이다. 문집에 《유수주시집
　(劉隨州詩集)》이 있다.
3　정동유가 출처를 밝히지 않았으나, 이상의 내용은 양신의 《승암시화(升庵詩話)》 권7의 〈해홍〉 항
　목에서 인용하였다.

노송과 원백

백(柏)에는 측백(側柏)과 원백(圓柏) 두 종류가 있다. 나는 일찍이 세상에서 말하는 노송(老松)을 원백으로 알았다. 그런데 동월의 《조선부》를 보니 "노송도 있으니 그 단단함이 백과 같구나. 사람들이 가져다 관솔불[松明]로 쓰지만 송진이 떨어지지 않네"라 하였고, 직접 주석을 달아서 "그 소나무는 재목의 결이 가장 견고하고 누런색이 백과 같다"라고 하였다. 이는 처음 접하는 말이다. 그렇다면 이것은 원백이 아니란 말인가? 아니면 동월이 백이 두 종류가 있다는 것을 본래 몰랐다는 말인가? 또 《조선부》에 장미, 도미(酴醾), 정향(丁香), 작미(雀眉), 산반(山礬)이 거론되었으나, 어떤 나무를 가리키는지 도무지 알 수 없다.

꽃과 과일 속성재배

명나라 때에는 정월 초하루에 햇오이를 올렸으니 "2월 중순에 이미 오이를 올렸네"라는 당나라 시의 한 구절은 입에 올릴 가치도 없다. 그 밖의 꽃과 과일은 모두 따뜻한 구들에 두어 빨리 피게 만드는데, 지금 연경에서도 그렇게 한다고 한다.[2] 당나라와 송나라 이래 이 방법이 있었으나 지금보다 더 정교하거나 빠르지는 못하였다. 듣자하니 모든 화훼를 빨리 피게 할 수 있으나 국화 한 종류만은 본래의 성질보다 일찍 피게 하는 기술이 없다고 한다.

우리나라는 국초에 경상도 언양(彦陽)의 북성(北城)에서 오이를 겨울에 심었다가 4월 그믐 전에 진상했는데, 시기가 너무 일러 심고 기르기가 매우 어려웠으므로 성종 때 그만두게 하였다. 삭녕(朔寧, 경기도 연천군 및 강원도 철원군 일부)의 당귀(當歸) 싹은 지금도 입춘일이면 진상하는데 그래도 폐단이 있다고 한다. 그 기술을 중국과 비교하면 어떠한가?

---

1 《당시품휘(唐詩品彙)》 권51에 시 〈화청궁(華淸宮)〉의 한 구절이다.
2 이상의 본문은 《오잡조(五雜組)》 권11에 나오는 기록을 축약한 것이다.

부록

《주영편》에 대해 말하다

《주영편》 뒤에 쓰다
— 정인보(鄭寅普)

이 책은 현동 정동유 선생의 저술이다. 이 저술은 항목을 분류해 내세우지도 않았고, 앞뒤로 차례를 매긴 것도 없어서 마치 수필과 같다. 그러나 소재로 다룬 내용은 지리와 천문, 역법과 풍속, 언어와 문자, 금석(金石)과 토양(土壤), 명물(名物)과 호칭에서부터 과거와 현재의 일화나 먼 나라의 외국어까지 다루고 있다. 어떤 것은 한두 개 항목이지만, 어떤 것은 그 항목이 여덟아홉 개에까지 이른다.

서술한 내용을 보면 어떤 것은 증거를 제시해 입증해 따지고, 어떤 것은 누락된 사실을 보충해 채워 넣기도 하며, 어떤 것은 숨겨진 사실을 밝혀내기도 하고, 어떤 것은 하나하나 열거해 진술하기도 한다. 명료하게 판정을 내린 것도 있고, 의문을 덧붙인 것도 있다. 전체를 아울러 이야기하자면 소재는 범연히 끌어들인 것이 없고, 주장은 실속 없이 구색만 갖춘 것이 없다.

책머리에 직접 쓴 서문에서 '을축년 동짓날에 쓰다'라고 밝혔다. 집안 기록을 찾아보니 선생께서는 영조(英祖) 치세 갑자(甲子, 1744) 생이시니, 을축년은 곧 순조(純祖) 5년(1805)에 해당한다. 당시 선생은 62세이셨고 그로부터 3년 뒤에 돌아가셨다. 선생께서 돌아가시자 초원(椒園) 이충익(李忠翊) 어른이 묘지명을 지어 선생의 덕망과 재능이 만물을 넉넉히 이롭게 할 만하다고 칭송하셨다. 조금 추어올린 말씀이기는 하여도 선생의 인물됨을 얼추 상상해볼 수 있다.

우리 집안이 한성(漢城)의 호현방(好賢坊)에 대대로 거주한 것은 선조 익헌공(翼憲公) 때부터이다. 그 장남이 참의군(參議君)이시고 그로부터 아들, 손자, 증손자를 거쳐 선생에게까지 전해졌다. 9대째 내려온 종갓집에서 여러 선조의 뒤를 계승하신 분이다.

선생께서는 음관으로 벼슬에 나가셨기에 높은 관직에 이르지는 못하셨으나 보고 들으신 것은 조정과 재야를 두루 포괄하였다. 집에는 하사받은 서적과 비밀스런 문서, 희귀한 책들이 많았다. 더욱이 나라의 법과 제도, 지방 주군(州郡)의 이해득실, 중앙과 지방의 실태와 외국과의 외교나 접대에 관한 기록들이 모두 사본으로 전해지는 터라 어려서부터 여러 방면에 통달할 수 있었다.

또 어려서 월암(月巖) 이광려(李匡呂) 공을 모셨고, 신재(信齋, 李令翊)·초원과 교제하셨다. 또 석천(石泉) 신작(申綽) 공과 교유한 덕분에 위로 하곡(霞谷)까지 접하고 배우셨다.[1] 세상 사람들은 하곡의 학문이 양명학(陽明學)에 바탕을 두었다고들 하는데, 하곡이 양명학에 바탕을 두었던 것은 틀림없는 사실이다. 그러나 하곡은 평소 천문과 역법에 정통했으며, 실질을 좇아 근원을 탐구한 분이다. 남을 추종하느라 조상을 망각하는 시속의 학문 풍조에 크게 반발해 내 마음에 뿌리를 두고서 외물에 응하는 것이 바꿀 수 없는 태도임을 깨우치셨다. 양명학에 그런 면모가 있음을 확인한 뒤에는 그 길을 따

1　하곡(霞谷) 정제두(鄭齊斗, 1649~1736)는 양명학(陽明學)을 연구하고 발전시켰으며, 이에 바탕을 두고 경세론을 전개한 조선 후기의 대표적인 양명학자이다. 석천(石泉) 신작(申綽, 1760~1828)은 정제두의 외손자였으므로 정동유가 그와 사귀면서 양명학을 접하고 배우게 되었다고 썼다.

르고자 하셨다. 그리하여 그동안 주관이 뚜렷하게 추구해온 학풍이 있었다.

따라서 하곡이 세상을 떠난 뒤 해코지를 당할지 모른다는 우려 탓에 심학(心學)은 점차 흐름이 잠잠해지기는 하였으나, 그 학풍에 영향을 받아 왕왕 국고(國故)를 연구하는 기풍이 일어나기도 하였다. 월암과 신재, 초원과 석천 같은 분들은 조예가 깊고 얕음이 있었으나 요컨대 모두들 여기에서 벗어나지 않았다. 선생에 이르러서는 연구가 더욱 전문성을 띠었다.

이 책을 엮으면서 훈민정음을 해명해놓은 항목이 모두 9개에 이른다. 서파(西陂) 유희의 《언문지》가 여기에서 나왔다. 그 밖의 내용도 모두 우리 백성들과 관련된 주제로서 올바르지 않은 것은 대체로 거론하지 않았다. 한강의 물줄기는 동작나루와 노량진에 이르러 강폭이 더욱 넓어지는데 물결이 쳐서 출입이 있더라도 오대산 우통(于筒)에서 나온 물이기에 차고 시원함은 변함없이 남아 있는 것과 같다.

어떤 이는 이렇게 말한다. "선생이 이 저술을 지을 때 매우 상세하게 고증해 때때로 그 시대 여러 학자들보다 뛰어난 점이 있다. 그러나 선생은 능력을 자랑하거나 성과를 과시하지 않았다. 기어코 10분(分)이 되도록 시원하게 밝히고서도 그 가운데 2분 내지 3분 정도만 꺼내놓았고, 그래도 여전히 마치 감당하지 못하는 태도를 보였다. 이는 겸손과 절제, 엄정과 신중의 태도에서 나왔거니와, 집안 대대로 이어진 가풍에서 얻은 태도라 참으로 그렇게 하지 않을 수 없었다."

그러나 이는 언사와 말투 사이에 절로 나타난 태도일 뿐이다. 그분의 깊은 속내는 남을 모방하는 것을 부끄럽게 여기고 당당하게 자립하는 데 있었다. 늘 화담 서경덕을 추앙했는데, 자신의 도학(道學)을 추구하고 자신의 견해를 내세운 점이 미칠 수 없는 점이라 여겼기 때문이다. 선생의 학문은 답답하게 박학(樸學, 한대의 경학으로 고증학풍의 학문)을 하는 차원에 머물지 않았다. 근본에서 나온 학문을 하였으나 또한 시대풍조가 번복되는 추세에 공감하기도 하였다.

선생이 세상을 떠나시자 여러 분들도 앞서거니 뒤서거니 노쇠해 별세하시고 마지막까지 남은 분은 겨우 서파뿐이었다. 이 책 역시 지금까지 세상에 크게 드러나지 못하였다. 지난날 학술이 융성해지려는 시기에 이 책을 끌어다 쓴 이가 있었으나, 얼마 지나지 않아 학술은 곧 캄캄하게 쇠퇴하고 말았다. 심하도다! 오랫동안 무너진 것이 다시 떨쳐 일어나기가 이다지도 어렵단 말인가!

선생의 문집은 사라져 없으나 선생께서 어떤 사람과 정음(正音)을 두고 논한 편지를 찾아 얻었다. 편지에는 치옥(稚玉)이라는 자(字)를 가진 사람의 편지가 덧붙어 있었다. 그 사람은 자신의 견해를 밝히며 선생과 서로 논변을 펼쳤는데, 문자 형태나 소리 이치에 관한 비밀스런 주제가 모두 포함되었다. 처음에는 치옥이 어떤 분인지 알지 못하였다.

훗날 관찰사 이의준(李義駿)[2]이 남긴 《종서암집(種書菴集)》에서 〈윤치옥과 의복에 대해 논의한 편지(與尹稚玉論衣服書)〉를 보게 되었는데, 그 주석에서 '이름은 광수(光垂)이다[3]'라고 한 것을 확인하였다.

---

2 이의준(李義駿, 1738~1798). 본관은 전주(全州), 자는 중명(仲命). 아버지는 대사헌 휘중(徽中)이며, 어머니는 서종옥(徐宗玉)의 딸이다. 박학한 학자로 이름이 높았다. 1798년 황해도관찰사 재직 중 병사하였다.

관찰사는 선생과 동시대 인물로서 교유를 맺고 있었다. 또 관찰사의 편지글을 훑어보았더니 "윤치옥이 올바른 해석에 두루 통달했음을 알게 되었다"라고 하였으니, 선생이 더불어 정음을 두고 논변한 사람이 윤치옥임이 명백하다. 윤치옥의 본관은 파평(坡平)이며, 판서 윤동섬(尹東暹)의 아들로 관직은 목사에 이르렀다.

이제 선생의 편지와 함께 이 책 끝에 덧붙여두었으니, 근대 정음에 관한 학문을 연구하고 논증하려는 세상 사람들이 정동유와 유희를 언급할 때에는 윤광수를 빼놓아서는 안 될 것이다.

---

3 윤광수(尹光垂, 1754~?)는 본관은 파평(坡平)이고 자는 치옥(稚玉)이다. 저명한 서화수집가로, 공조판서를 지낸 윤동섬(尹東暹)의 아들이다. 1780년 식년시에 급제하였다. 이 글에서 언급한 윤광수와 주고받았다는 편지는 정동유의 문집 《현동실유고》에 실려 있는 〈자음왕복서(字音往復書)〉를 가리킨다. 훈민정음을 논한 매우 중요한 문서이다.

《주영편》 부록

위당(爲堂) 정인보(鄭寅普, 1893~1950) 선생이 정동유의 학문과《주영편》이 지닌 의의를 상세하게 밝힌 글이다.《주영편》에 대해 처음 본격적으로 조명해 그 가치와 내용을 조리 있게 소개하였다. 정동유의 학문 세계를 가학의 유장한 연원과 양명학에 뿌리를 둔 학술, 국고(國故)에 대한 전문적 연구, 훈민정음과 민생에 집중된 주제, 방만하지 않게 집약해 쓴 서술 태도, 자기본원(自己本原)에서 배어나온 학문 등으로 특징을 잡았다.

이 책이 표면상 수필처럼 보이나 실제로는 "지리와 천문, 역법과 풍속, 언어와 문자, 금석과 토양, 명물과 호칭에서부터 과거와 현재의 일화나 먼 나라의 외국어까지 다루고 있다"라고 파악해 책이 다룬 주제의 속성을 명료하게 설명했고, "소재는 범연히 끌어들인 것이 없고, 주장은 실속 없이 구색만 갖춘 것이 없다"라고 평가해 그 가치를 요령 있게 포착해내었다. 글은 그리 긴 편이 아니나《주영편》을 이해할 때 꼭 참고해야 할 자료 가운데 하나이다.

한편, 정인보는 1931년 1월 26일자 〈동아일보〉에 실린 '조선고전해제(4)'에서《주영편》을 소개하고 있는데, 이 글과 취지는 같으나 다른 내용도 포함하고 있다. 그만큼 정인보는 이 책을 고전으로서 매우 중시했음을 엿볼 수 있다. 정인보가 1930년대 조선학의 부흥과 실학의 제창을 역설할 때《주영편》을 그 중심에 놓았음을 뚜렷하게 보여준다.

장악원정 정 공 묘갈명

— 이만수(李晩秀)

아아! 이곳은 장악원정(掌樂院正) 동래(東萊) 정 공(鄭公)의 묘소이다. 공은 내 작은어머니의 친정 동생이다. 내가 어려서 어머니를 여의고 부인에게 양육되어 공과는 외삼촌과 조카처럼 지냈다. 공의 선친 정언공(正言公, 鄭元淳)은 아름다운 국량과 빼어난 명망이 있었으나 수명도 지위도 누리지 못하셨고, 백씨(伯氏) 학생공(學生公, 鄭東愚) 또한 현명했으나 일찍 세상을 뜬 사실을 일찍부터 잘 알고 있다. 10대에 걸쳐 집안이 실오라기처럼 끊어지지 않고 근근이 이어지고 있어도 전형(典型)은 사라지지 않았음을 문헌은 말해주고 있다.

제사는 반드시 정성과 공경을 다해 지냈고, 자제는 돈독한 행실과 효제(孝悌)를 강조해 가르쳤다. 동서 간에 부엌을 따로 쓰지 않고 재물을 네 것 내 것 구분하지 않아서 서로 따뜻하고 화목하게 지내므로 남들의 이간질하는 말이 없었다. 노비들도 각각 제가 맡은 일에 충실해 감히 게으름피우거나 방종함이 없었다. 질서가 있고 절제하며 삼가고 법도를 지켜 오로지 부지런하고 검소하게 지냈다. 집안이 마치 조정처럼 엄숙하면서도 늘 화기애애하였다. 수십 년이 채 지나지 않아 후손이 불어나 번창하고 가문이 복을 받아 키 큰 나무 등걸에 다시 꽃이 핀 듯 융성했으니 공이 집안을 잘 다스린 덕택이다.

공의 휘(諱)는 동유(東愈)이며, 자는 유여(愉如)이다. 동래 정씨는 고려 때부터 대대로 명망이 높은 인물들을 많이 배출하였다. 우리 조선에 들어와 의정부참찬에 이른 익혜공(翼惠公) 정난종(鄭蘭宗)이 처음으로 크게 현달해 영의정 문익공(文翼公) 정광필(鄭光弼)을 낳으니 이분은 중종의 사당에 배향되었다. 문익공의 손자 정유길(鄭惟吉)과 증손 정창연(鄭昌衍)은 연이어 좌의정이 되었다. 또 2대 뒤에 영의정 익헌공 정태화(鄭太和)는 현종의 사당에 배향되었는데 공조참의 정재대(鄭載岱)를 낳았고, 참의는 돈녕부도정 정욱선(鄭昷先)을 낳으니, 이분들이 바로 공의 고조부와 증조부이다. 도정공(都正公)의 장남은 성균진사(成均進士) 정석명(鄭錫命)으로 후사가 없자 그 아우인 성균생원으로 호조판서에 증직(贈職)된 정석경(鄭錫慶)의 아들 정원순(鄭元淳)으로 후사를 삼으니 바로 정언공이다. 공은 정언공의 둘째 아들이다. 어머니는 전주 이씨로, 군수로 이조참판에 증직된 이시적(李蓍迪)의 따님이다.

공은 영조 갑자년 2월 24일에 태어났다. 눈은 맑은 강물 같고 목소리는 허공에서 울려나오는 듯하며, 단정하고 엄숙한 몸가짐에 상서롭고 평온한 기운이 얼굴에서 흘러넘쳤다. 안으로는 신명(神明)을 온축했으나 겉으로 문채(文采)를 드러내지 않았다. 착한 이를 좋아하면서 잘못하는 사람을 딱하게 여겼고, 악인을 미워하면서 남과 다투지 않았다. 몸가짐을 바르게 하되 분에 넘치는 소문이 나는 것을 부끄럽게 여겼고, 교만하고 인색한 태도로 남을 대하지 않았다. 누구나 공을 한 번 보면 맑고 삼가며 즐길 줄 아는 덕이 있는 군자임을 알아보았다.

공의 선대에는 문익공 이래로 6대에 걸쳐 네 분의 정승이 있었다. 높은 명망과 큰 공훈이 있어 국가의 기둥이자 원로였다. 돌이켜보면 모두 겸손하고 도타우며 포부와 지혜가 원대하였다. 그중에서 참의 공은 더욱 근본에 힘쓰고 질박함을 숭상해 후손들을 가르쳤다. 공은 대대로 현달한 가문에서 태어나 일찍부터 보기 드문 재주를 갖추고 있었으므로 우뚝한 명성이 한 세상을 울려 한 시대의 선비들이 모두 조정의 대신감으로 기대하였다. 그러나 공은 능력을 드러내지 않고 수양하였다. 종유(從遊)한 분들은 모두 유림의 덕망 있는 분들이었다.

안으로는 둘째 작은아버지 수정공(脩井公, 鄭景淳)을 스승으로 삼았고, 밖으로는 나의 작은아버지 강계공(江界公, 李學源)과 친형제처럼 지냈다. 어려서는 이광려 선생에게 학문을 배웠고, 성장한 뒤에는 장인 조지명(趙祉命)에게 큰 그릇으로 인정받았다. 두 분은 모두 깊이 있는 학문과 밝은 통찰력을 지닌 분이라, 공을 도를 같이하는 벗으로서 대우하였다. 그러나 공은 끝까지 그런 영예를 달가워하지 않았다.

정조 정유년(1777) 생원시에 합격했으나 이후 다시는 과거에 응시하지 않았다. 무술년(1778) 동몽교관에 제수되고, 기해년(1779) 의금부도사를 거쳐 사옹원봉사가 되었다가 얼마 뒤 사옹원주부에 올랐다. 공조좌랑을 거쳐 의흥현감이 되어 지방에 부임하였다. 1년이 지난 뒤 부모님 병환으로 사임해 체직되고, 돌아와 사복시주부에 제수되었다. 임인년(1782)에 공조정랑이 된 뒤 모친상을 당하였다.

갑진년(1784)에 상을 마치고 이해 가을 문효세자(文孝世子)가 왕세자로 책봉되어 궁료(宮僚)를 정선할 때 익위사위솔이 되었다. 을사년(1785) 익산군수에 제수되었다. 지방을 다스릴 때에는 큰 줄거리를 잘 알면서도 작은 일까지 열성으로 처리하였다. 환히 꿰뚫어보아

숨은 것까지 놓치지 않았고, 은혜를 베풀되 칭송을 구하지 않았다. 재임하는 5년 동안 이치에 닿지 않는 송사가 없었다.

이후 담양부사로 옮긴 뒤 담양부가 강 가까이에 있어 홍수가 우려되어 부임하자마자 오래된 제방을 수축하고 정비하였다. 그 지방 백성들이 지금까지도 그 은혜를 칭송한다. 어떤 자가 아전을 통해 공에게 뇌물을 전달하고자 하였더니 그 아전이 깜짝 놀라고 두려워하며 "부사께서 엄해 감히 할 수 없다"라고 말하며 거절하였다. 이듬해 병을 구실로 체직되었다.

신해년(1791)에는 추천을 받아 선혜청낭청이 되고, 임자년(1792)에는 홍주목사에 제수되었다. 홍주는 풍속이 나빠서 다스리기 어려운 고을로 소문이 나 있었다. 공이 한결같이 청렴하고 엄격하게 다스리니 간교한 무리들이 잠잠해졌고, 세가(世家)들도 헐뜯지 못하였다. 을묘년(1795) 봄 수정공이 근거 없는 무고를 당하자 공은 관직을 버리고 고향으로 돌아갔다.

몇 년 동안 물러나 있다가 다시 선혜청낭관이 되었다. 관청의 장부와 문서를 더 밝고 익숙하게 다루었다. 작은 사무까지 상세히 조사해 법규로 제정해서 오래도록 그에 따라 처리하도록 하였다. 나이든 아전들은 능숙한 업무 처리 능력을 말할 때 반드시 공을 먼저 꼽았다.

병인년(1806) 의빈부도사에, 무진년(1808) 장악원정에 제수되니 이는 선직(選職)이었다. 공은 고고한 척 관직을 사양하려고 하지 않았으나 병으로 인해 숙배(肅拜)하지 못하고 이해 정월 20일 65세의 나이로 세상을 떠났다. 진천현(鎭川縣) 장양리(長楊里) 동남향 언덕에 장사 지냈다.

부인은 풍양(豊壤) 조씨(趙氏)로, 부사를 지낸 조지명의 따님이다. 단아하면서도 온화하며 부녀자의 도리를 잘 갖추었다. 공보다 1년 뒤에 태어나서 16년 먼저 세상을 떠나 과천 사당리(社堂里)에 장사 지냈다가 이제 옮겨와 공의 묘에 부장하려고 한다. 4남 1녀를 두었으니, 장남 문용(文容)은 현감을 지내고 학생공의 양자로 들어갔다. 차남 시용(是容)은 신녕현감이고, 구용(久容)은 익위사세마이다. 우용(友容)은 생원으로 공의 종제(從弟)에게 양자로 들어갔다. 딸은 내 아들 이광우(李光愚)에게 시집갔다. 문용의 아들은 생원 기일(基一)과 기삼(基三)이고, 사위는 진사 조운상(趙雲象)과 홍장섭(洪璋燮), 진사 윤영식(尹榮植)이다. 시용의 아들은 기철(基轍)이고, 딸은 임형진(林廻鎭)과 결혼하였다. 그 나머지는 나이가 어리다.

공은 천성이 효성스럽고 우애가 도타웠다. 어려서 부친을 여읜 것을 한평생 지극한 통한으로 여겨 상복을 입은 이를 보면 곧 슬픈 기색이 얼굴에 나타났다. 학생공이 죽은 뒤 그 후사를 이은 조카마저 약관이 되기 전에 죽자 종중의 일을 애통하게 여겨 슬픔과 근심이 결국 병이 되어 평상시 얼굴에 기쁜 기색을 드러내지 않았다. 모친께서 연세가 많고 병치레가 잦아 곁을 떠나지 않고 부지런히 모셨다. 어린아이가 부모를 사랑하듯이 부축하고 안마하는 등 몸을 편안하게 해드리는 데 지극정성을 쏟았다. 이에 모친께서는 "네게 등을 긁게 하면 아프고 가려운 것이 손길 닿는 대로 사라지는구나"라고 말씀하셨다. 모친상을 당하자 몸이 상할 정도로 과하게 슬퍼해 눈물 방울이 떨어진 거적자리가 삭아버리기까지 하였다.

병인년(1806)은 정언공이 세상을 떠나고 회갑을 맞은 해라, 공은 산소 곁의 재실에 칩거하며 재의(齋衣, 재계할 때 입는 옷)를 입고 거친 음식을 먹으며 날마다 묘소에서 곡을 하였다. 공이 말년에 병을 앓게 된 것은 이 일에서 비롯되었다.

큰형수를 어머니처럼 섬겨 아침저녁으로 문안을 드리되 반드시 의관을 갖춰 입고 다른 사람을 앞세우고서야 방에 들어갔다. 일이 있으면 반드시 여쭈어본 뒤 처리했고, 좋은 물건이 있으면 반드시 먼저 드렸다.

인륜을 좋아하고 옛 친구를 돈독하게 대하니 집안에서는 공의 어짊에 감복했고, 마을에서는 공의 의로움을 사모하였다. 어렵고 곤궁한 이들을 다급히 보살펴서 손님들이 제 집인 양 모여들었다. 남을 깨우쳐줄 때는 어리고 천하다고 업신여기지 않았고, 측은지심이 금수와 곤충에까지 이르렀다. 이는 평소 가정에서 행한 태도가 이어진 것이었다.

어려서부터 매우 빼어나게 총명해 공이 질문하면 명망 높고 나이 많은 학자들이 놀라곤 하였다. 장성해서는 질병 때문에 전심전력으로 외우고 독서하지는 못했으나, 책 읽는 것을 각별히 좋아해 날마다 단정히 앉아 책 한 권을 손에 들고 읽었다. 오묘하게 이해하고 지혜롭게 파악해 겹겹이 쌓인 비밀스런 문제도 바로 깨우쳤다. 왕왕 옛사람들도 앎이 미치지 못한 것을 많이 밝혀내기도 하였다.

만년에는 경전에 더욱 큰 힘을 쏟았다. 학자들이 경전 주석에만 얽매이거나 허황되게 성명(性命)에 대해 이야기하는 것을 잘못으로 여겨, 정밀하게 생각하고 힘껏 탐구해 성인이 입언(立言)한 본래 의도를 깊이 터득하였다. 일찍이 "사람이 이 세상을 살아감에 세상에 도움이 될 만한 한두 가지 일을 하였거나 경전의 미묘한 뜻을 밝힐 한두 마디 말을 남겼다면 헛되이 살지 않았다고 할 만하다"라고 하였다.

경전 가운데 《주역(周易)》에 더욱 조예가 깊어 대연(大衍)과 괘륵(掛扐)의 수(數)에 대해 독특한 견해를 가지고 있었다. 뭇 선비들이나 후학들이 경서와 예법에 대해 의문이 생기면 모두 공을 찾아가 질정을 받았는데, 빈속으로 찾아갔어도 속을 꽉 채워 돌아갔다. 천문·지리·산수·의약과 구류백가(九流百家)의 책에 이르기까지 두루 섭렵해 그 근원을 탐구하지 않은 것이 없었다. 시나 문장은 자주 짓지는 않았어도 맑고 참되며 우아해 남을 흉내내거나 꾸미고 가다듬은 흔적이 전혀 없었다. 남긴 문집 몇 권과 《주영편》 2권이 집에 보관되어 있다. 공은 일찍이 시와 문장에 대해 자부한 적이 없었고, 공의 조예가 담긴 분야도 아니다.

평소 세상을 경영할 만한 재능이 있는데다 또 집안이 대대로 현달했으므로 국가제도와 문화 변천 및 백성과 나라에 이롭고 해가 되는 실정을 많이 알고 있었다. 누군가 그런 내용을 물으면 마치 날카로운 칼로 대나무를 가르듯 거침이 없었다. 진심 어린 충성심과 사랑을 품고서 항상 나라를 생각했는데, 조정에서 벌어지는 큰 잘잘못을 듣게 되면 깊이 근심하고 앞날을 멀리 걱정하면서도 자신의 출처는 염두에 두지 않았다.

몇 개 군(郡)을 맡아 능력을 조금 시험해보았으나 공의 지향과 사업을 펼치기에는 부족하였다. 청렴하게 삼가 법을 지켜 가는 곳마다 치적을 쌓았다. 그렇더라도 교화의 근본을 바로잡고 폐단의 근원을 막아서 오직 원대한 계획을 공고히 하는 것에 힘썼을 뿐이다. 공의 뜻은 단지 한(漢)나라의 좋은 관리처럼 지방 고을을 다스리는 수준에 머물지 않았다.

우리 정조대왕께서는 목마른 사람이 물을 찾듯 현명한 사람을 찾으셨거니와, 공이 음관 자리에 머물러 있는 처지를 각별히 애석하게 여겨 연석(筵席)에서도 자주 그 심경을 드러내셨다. 그러나 공이 이미 노쇠한 터라 끝내 밝은 임금께서 알아주신 덕에 부응하지는 못하였다.

사람의 일은 잘해도 하늘의 일은 잘하지 못하는 것을 군자들은 운명으로 치부한다. 아아! 세상 기운은 날로 내려가고 재주 높은 이는 날마다 사라져간다. 공의 한창때가 바로 어제 같건만 그 시절 여러 군자들은 벌써 까마득한 옛날인 양 멀어졌고, 공은 또 지하에 누워 일어날 수 없다. 사람들이 번갈아들며 태어나서 죽고, 번성하다 쇠퇴하며 상전벽해가 반복된다.

나도 머리가 허옇게 세고 궁벽하고 외로운 처지라, 이제 공의 묘비에 명문을 쓰게 되었구나. 은혜와 의리에 마음이 느꺼워져 처량하고 참담한 심정으로 땅을 굽어보고 하늘을 우러르며 글 한 편 짓는 동안 몇 차례나 붓을 멈추었다. 삼가 행장에 따라 차례대로 기술하되 간략하게 쓸지언정 넘치게 쓰지 않았다. 겸허하고 삼가던 공의 평소 법도를 저버리지 않기를 바랄 뿐이다. 이에 명(銘)을 짓는다.

믿음직한 군자여! 현동실(玄同室)이로다.
백이(伯夷)도 유하혜(柳下惠)도 아니나 명철한 덕망 지켰네.
행실은 효성에 나타나고, 뜻은 서책에 드러나
찌꺼기는 다 버리고 근원으로 돌아갔네.
우리나라 크게 세울 동량이 왜 아니랴마는
지방에서 원님으로 백성과 사직 위해 일하였네.

쌓은 덕망 인정한다 선왕(先王)께서 말씀했나니
뜰에는 홰나무 그늘 드리워 자손들 크게 번창하리라.
불후(不朽)의 일 셋 가운데에서 큰 덕을 먼저 세웠으니
지나는 이들마다 베푼 은덕에 예 올리네.

글쓴이는 극원(屐園) 이만수(李晩秀, 1752~1820)로 대제학과 판서를 지낸 저명한 문신이다. 정동유보다 8년 연하로 그의 작은어머니가 정동유의 친누나였다. 이 묘갈명은 정동유가 세상을 떠난 지 얼마 되지 않은 시기에 쓴 것으로 보인다. 스스로 외삼촌과 조카처럼 지낸 친분이 있다고 밝힌 것처럼 정동유의 집안과 생애, 지향과 학문을 누구보다 잘 아는 사람으로서 삶의 이모저모를 상세히 밝히고 있다. 인륜과 덕망 위주로 묘사했으나 빼어난 학문적 깊이와 경세가(經世家)의 자질을 갖추었음을 드러내고자 하였다. 그러나 낮은 관직에 머물고, 건강 때문에 가진 재능을 한껏 발휘하지 못한 점을 애석하게 여겼다. 정동유의 삶에 대한 기록으로는 이 글이 가장 충실하다.

한편, 정동유의 집안 조카 정윤용(鄭允容)이 동래 정씨 집안의 전기를 모아 편찬한 《동래정씨가록(東萊鄭氏家錄)》에도 같은 글이 실려 있다. 《동래정씨가록》에 실린 글은 문집의 묘갈명을 훗날 수정한 것으로, 내용이 차이가 나는 곳이 적지 않아 함께 살펴볼 필요가 있다. 그중에서 정동유의 《주영편》이 앞에는 저술로 언급하지 않았으나 《동래정씨가록》에는 문집과 함께 저술로 밝혀놓았다. 차이 나는 부분은 원문에서 교감해 참고할 수 있도록 하였다.

장악원정 정군 묘지명
— 이충익(李忠翊)

군의 휘는 동유(東愈)이고, 자는 유여(愉如)이며, 본관은 동래(東萊)이다. 고조부 정재대는 양파(陽坡) 익헌공 정태화의 아들로 공조참의를 지냈고, 돈녕부도정 정욱선을 낳았다. 도정공의 맏아들은 진사 정석명인데 어려서 죽어 자손이 없었다. 도정공이 둘째 아들 생원 정석경의 아들 정원순으로 후사를 삼게 하였으니, 그분이 바로 군의 선친이다. 선친은 일찍 급제하고 천거를 받아 한림원(翰林院)에 들어갔다. 정승감으로 기대를 모았으나 불행히도 단명해 세상을 떠났으며, 관직은 사간원정언에 그쳤다.

익헌공의 선대부터 훈벌(勳閥)이 있어서 문익공 이하 6대에 걸쳐 4명의 정승이 배출되었다. 그분들의 공적은 역사책에 실려 있다. 그 이후로도 대대로 정승·판서가 배출되었는데 군의 집안이 그 종가로서 명성과 덕망을 이어왔다.

군은 활달하고 총명하며 문장과 덕행이 일찍부터 두각을 나타냈다. 또래 가운데 특출하게 빼어나서 사람들이 각별히 소중하게 아끼고 기대하였다. 그러나 군은 겸손해 출세에는 뜻이 없고 경전과 역사서를 즐기면서 오로지 조석으로 모친을 모시는 일에 열심일 뿐이었다.

젊어서 부사(府使) 조지명 공의 사위가 되었다. 조 공은 박학하고 식견이 탁월하여 많은 가르침을 받았다. 다시 이광려 선생을 종유하면서 덕을 닦고 재주를 길렀다. 책을 읽을 때에는 반드시 옛사람이 속에 품은 생각의 뿌리를 찾았고, 이익과 의로움을 엄격하게 분간해 구차한 행동을 하지 않았다. 선(善)을 좋아하고 의로움을 사모해 무엇으로도 그 태도를 바꾸지 않았다. 다른 사람에게 조그마한 장점이 있다는 이야기를 들으면 기뻐하는 기색이 겉으로 드러났다.

나이 34세에 비로소 진사가 되어 동몽교관에 제수되고 다시 의금부도사가 되었다. 사옹원봉사로 있다가 다른 공적으로 주부(主簿)로 승진하고, 공조와 호조의 좌랑(佐郎)이 되었다. 의흥현(義興縣)을 맡아 다스리다가 부모의 병 때문에 사직하였다. 다시 돌아와 사복시주부에 제수되고 공조정랑이 된 뒤 모친상을 당하였다. 상을 마친 뒤 마침 문효세자가 책봉되어 관속을 엄선함에 익위사위솔이 되었다. 얼마 뒤 익산군수에 제수되고, 담양부사가 되었으나 질병으로 돌아왔다. 다시 홍주목사에 제수되어 몇 년을 재임한 뒤 물러나 돌아왔다. 만년에는 의빈부도사, 장악원정 등을 제수받았으나 모두 나아가지 않았다. 순조 8년 무진년(1808) 정월 20일 집에서 돌아가시니 향년 65세이다. 3월 아무 날에 진천현(鎭川縣)의 아무 언덕에 장사 지냈다.

여러 고애자(孤哀子)들이 나에게 묘지명을 부탁해왔다. 나는 군과 사귄 지 오래이나 시간이 흐를수록 군의 현명함에 미칠 수 없음을 알아차렸다. 붓을 잡아 군의 훌륭함과 아름다움을 쓰고자 하였으나 이루 다 서술할 수 없었다. 게다가 질병을 앓아 정신이 혼미한 탓에 열에 하나도 제대로 거론하지 못하였다. 일찍이 군이 《주역》의 대연수(大衍數)와 설책(揲策, 시초로 점치는 것)에 대해 설명하는 것을 들은 적이 있었다. 당시에는 그 정밀한 깊이에 탄복했으나 이제는 그 의미를 기억해내지 못한다.

군은 자애롭고 남을 사랑해 그 마음이 음성과 낯빛에 드러났지만 악을 미워하기는 원수처럼 하였다. 신념을 굳고 단단하게 지켜서 시속 풍상에 흔들리지 않았다. 심성은 온화해 남과 다투지 않았다. 신채(神彩)가 준수했으나 날카로움을 겉으로 드러내지 않았다. 명확히 파악하고 결단력이 있어 일에 임해서는 망설임이 없었다. 그래도 반드시 인정에 따라 처리하였다. 참으로 군 같은 이는 공정하고도 어질며, 됨됨이가 완전한 사람이라 하겠다.

지금 군을 아는 이들치고 군을 현명한 군자로 평하지 않는 사람은 없다. 그러나 군의 덕망과 재능이 만물을 넉넉히 이롭게 할 만한데도 세상에 드러나지 않고 묻혔다는 점까지는 잘 알지 못한다. 시대의 탁한 기운이 도도해 이런 사람을 늘 만나지는 못한다. 내가 오래도록 개탄해 마지않는 까닭은 이치나 숭상할 뿐 세상사에 뜻을 두지 않은 방외(方外)의 친구들과는 군이 참으로 다르다는 점에 있다.

숙인(淑人) 조씨(趙氏)는 군보다 먼저 별세해 과천현 아무 언덕에 장사 지냈는데, 이제 천장(遷葬)해 군과 합장하려고 한다. 4남 1녀를 두어 아들 문용은 아무 관직을 지내고 군의 백씨 후사로 들어가서 종통(宗統)을 이었다. 둘째 시용은 진사이다. 셋째 구용과 넷째 우용은 진사로서 종조부와 숙부의 후사가 되었다. 딸은 이광우에게 시집갔다.

옛날 공자께서는 복자천(宓子賤)을 현명하다고 칭찬하며 "노나라에 군자가 없다면 이 사람이 어디서 배웠겠는가?"라고 하셨다. 군은 타고난 자질이 아름다울 뿐만 아니라 훌륭한 선배나 어른을 볼 기회

를 얻고 또 그들을 본받고 스스로 연마해 큰 성취를 이루었다. 늙을
수록 덕망과 의로움은 더욱 높아져 후배들에게 모범이 되었다. 그렇
던 군이 이제 세상을 떠났으니 그런 모범을 다시는 볼 수 없게 되었
구나. 이에 명(銘)을 짓는다.

옛일을 잘 본받으면 자기 덕에 보탬이 되고
근원이 흐려지면 흘러 넘쳐 사악함이 생기네.
공정하고 어질어야 두루 넓게 베푸나니
군은 제 몸에 재능을 모아서 집안이나 다스렸네.
어째서 나라에는 쓰이지 않고 겨우 군현이나 다스렸나?
조정에서 활개치지 못하고 광야의 의표(儀表)가 되었네.
왜 뿔 하나인 기린으로 와서 천박한 사냥꾼에게 잡혔던가?
구도(球圖)⁴를 땅에 묻었더니 빛줄기가 위로 솟구치네.
무덤의 나무 잘 자라나서 줄기와 가지 울창하여라.
글을 새긴 묘지명을 무덤에 넣으며 오랜 벗은 슬퍼하네.

---

4 천구(天球, 玉의 이름)와 하도(河圖)로 천자(天子)의 보물이다《서경》〈고명(顧命)〉). 여기서는 정
   동유의 인품과 능력을 비유하는 말로 쓰였다.

초원(椒園) 이충익(李忠翊, 1744~1816)은 저자와 같은 나이, 같은 당파의 오랜 친구로서 정동유의 묘지명을 썼다. 이만수와는 달리 간명하고 건조하게 생애를 정리하였다. 망우(亡友)의 덕과 업적을 쓸 계제가 아님을 밝히고서 집안과 이력 중심으로 서술하였다. 그러나 실은 말하지 않은 부분에 글쓴이의 방점이 찍혀 있다.

초원은 정동유의 "덕망과 재능이 만물을 넉넉히 이롭게 할 만한데도 세상에 드러나지 않고 묻혔다는 점까지는 잘 알지 못한다"며 개탄하였다. 정동유가 사유한 깊이와 온축한 재능을 세상은 파악하지 못하였다. 그런 세상에 정동유는 비위를 맞추려 하지 않았다. 기본 자질이 훌륭할 뿐만 아니라 그 이전에 살았던 뛰어나고 모범된 선배를 계승해 그 자신이 후배들의 모범으로 우뚝 선 것이 바로 정동유였음을 치켜세웠다.

초원은 정동유가 이 시대 조선 땅에 나타날 만한 그릇이 아니었다는 감개한 마음을 표현하였다. 큰 학자의 그릇됨을 이해하는 데 중요한 의의를 갖는 글이다.

《주영편》 부록

《언문지》 서문

— 유희(柳僖)

정동유 선생께서는 격물(格物)에 조예가 깊으신 분으로 일찍이 나에게 이런 말씀을 하셨다.

"자네는 언문의 오묘함을 아는가? 무릇 어떤 글자의 음(音)을 다른 글자의 음을 통해 전한다면, 이 글자의 음이 변하면 저 글자도 따라서 변할 것일세. 옛날의 운(韻)을 지금의 운에 맞추면 당연히 흔히 어긋나게 되네. 만약 언문으로 발음을 적는다면 오래 전해지더라도 본디 음을 잃어버릴까 염려할 필요가 있겠나? 더욱이 한문 문장은 간략하면서도 심오한 것을 숭상하네만, 간략하면서도 심오한 문장으로 실상을 전달하려고 하면 잘못되는 오류를 막을 길이 없네. 그러나 언문으로 말을 주고받을 때는 만에 하나도 의문이 생기지 않네. 자네는 아녀자들이 배우는 문자라고 소홀히 여기지 말게나!"

그리고 또 이렇게 탄식하셨다.

"기우(奇偶)가 나뉜 것[5]은 《광운》 이전의 일[6]이고, 청탁(淸濁)이 혼

---

5 이 뒤에는 "ㅏ, ㅓ 및 ㅑ, ㅕ의 나뉨을 말한다(謂ㅏㅓ及ㅑㅕ)"라는 스스로 단주석이 붙어 있어 양성모음과 음성모음의 구분을 말하는 것임을 알 수 있다.

6 이 뒤에는 "서역에서 자모가 처음 건너온 때이다(謂西域字母初來時)"라는 스스로 단주석이 붙어 있어 인도에서 처음 자모가 중국에 수용되던 때를 가리킨다.

동된 것[7]은 《정음통석(正音通釋)》 뒤의 알[8]일세. 내가 어떻게 하면 《정음통석》 뒤의 사람들과 더불어 《광운》 이전의 문자를 놓고 토론해볼 수 있을까!"

그 뒤에 나는 선생과 더불어 강론하고 분석을 전개하였다. 몇 달이 지나 집으로 돌아가서 책 한 권을 짓고 《언문지(諺文志)》라고 이름을 붙였다. 먼저 초성(初聲)·중성(中聲)·종성(終聲)으로 시작한 뒤 이전에 나온 책들의 연혁을 열거하고, 나의 논단(論斷)을 덧붙였다. 마지막에는 전체 글자를 두루 나열해 1만 250음을 세우고, 세로와 가로로 표를 만들어 사람들이 한눈에 모든 것을 파악하도록 하였다.

후배들에게 보여주었더니 이해하는 사람이 적은지라, 마침내 상자 속에 15, 6년 동안 방치해두었다가 잃어버리고 말았다. 홀로 슬퍼하고 안타까워하는 사이에 또 5, 6년이 흘렀다. 최근 《사성통해(四聲通解)》를 빌려 보던 차에 다시 옛 기억을 더듬어서 때때로 새로운 견해로 바꾸어 다시 한 권을 지었다. 입성자도(立成字圖)에 이르러서는 너무 지리한 흠이 있어서 삭제해버렸다.

갑신년(甲申年, 1824) 유월 상순 남악(南岳)이 빗속에서 쓰다.

---

7 이 뒤에는 "쌍형의 초성을 폐지하는 것이다(謂廢雙形初聲)"라는 스스로 단 주석이 붙어 있다. 된소리로서 겹자음인 ㄲ·ㄸ·ㅃ·ㅆ·ㅉ을 쌍형(雙形)이라고 하는데, 이것을 전탁(全濁)이라고 한다.

8 이 뒤에는 "박성원이 활동하던 시대(謂朴性源時)"라는 스스로 단 주석이 붙어 있는데, 박성원이 《정음통석(正音通釋)》에서 겹자음을 폐지해 청음(淸音)과 탁음(濁音)이 혼동된 것을 비판한 것이다.

이 글을 쓴 유희(柳僖, 1773~1837)의 자는 계중(戒仲), 호는 서파(西陂) 또는 방편자(方便子)이고, 본관은 진주(晉州)이다. 평생 벼슬을 하지 않고 학문에 전념하였다. 글에도 나오듯이 정동유의 제자이며, 신작(申綽)·정약용(丁若鏞)·조종진(趙琮鎭) 등 당대의 석학과 교유하였다. 저작으로 《문통(文通)》 100권을 남겼는데, 《언문지》도 이 책의 19책에 편집되어 있다.

유희는 다방면에 걸쳐 많은 연구를 진행했으나 그중에서도 국어학을 깊이 연구해 관련된 저작이 일찍부터 학계에 알려졌다. 《물명고(物名考)》와 《언문지》 등은 깊이 있는 저술로 높은 평가를 받고 있다. 그런 유희를 국어학의 세계로 인도한 장본인이 바로 정동유임을 이 글은 잘 보여주고 있다. 글의 절반이 정동유가 한 말을 인용한 것으로 채워졌다.

《훈민정음》을 찾아서

─정우용(鄭友容)

며칠 전에 우연히 만나 대화를 나누었으니 만나지 않은 것보다 훨씬 낫지 않은가? 내내 날씨가 몹시 추워 풀릴 기미가 전혀 보이질 않네. 이런 때 대궐에서 근무하기가 어떨지 그저 무탈하기만을 바랄 뿐이네.

일전에 말한 《훈민정음》은 천지 사이에 드물게 보이는 문장이건 만 불행히도 창힐(蒼頡)이 만든 글자와 함께 삼대(三代) 시절에 나오지를 않았네. 그래서 수백 년 세월을 거치는 동안 또 병란까지 겪느라 지금 세상에서 얻어 볼 수 있는 것은 단지 반절(反切) 하나의 글밖에 없네. 그리하여 대충 언문을 이해하는 여염집의 남녀들이 입에서 입으로 전하면서 잘못된 것을 전해받아 다시 잘못 전해주는 형편일세. 어긋나고 잘못된 것임을 깨닫지 못할 뿐 아니라 자모(字母)가 어떻게 생긴 것인지조차 모른 채 그 정도만 해도 충분하다 여기고 있네. 아! 가련한 일일세.

나는 여러 해 동안 《훈민정음》을 찾아서 굶주리고 목마른 이보다 훨씬 더 심하게 헤맸으나 끝내 찾지를 못하였네. 내부(內府, 대궐 안)에서도 구해보았으나 그곳에도 없었고, 장서가 많은 명문가에서도 구해보았으나 그곳에도 없었으며, 영남과 호남의 오래된 서원이나 고찰(古刹)에서도 구해보았으나 그곳에도 없었네. 그렇기에 사람들

《주영편》 부록

이 소호(韶濩)의 소리[9]가 이미 세상에 끊어졌다고 여겼는가 보네.

그러나 내 마음에는 여전히 의문이 들었네. 이 저술은 총명하고 지혜로우며, 사람을 죽이지 않는 신령한 무력을 지닌 성스러운 지혜의 소유자에게서 나왔네. 성인은 하늘이 내린 분으로 그 성인이 만든 책을 전해지지 않도록 하늘이 내버려둘 까닭이 있겠는가? 그렇게 생각해 얻지 못해도 찾기를 그치지 않았네.

어제 아우를 통해서 우사(右史)가 이 책을 얻은 지 여러 해 되었다는 소식을 들었네. 주도면밀하게 찾지 못해 쓸데없이 허둥대며 굶주리고 목말라했던 나 자신을 비웃어야겠네. 소식을 들은 뒤 나는 놀라기도 하고 기쁘기도 하여 거의 자는 것도 잊고 음식 맛도 잊을 지경일세. 비로소 천지 사이에서 소호의 소리가 사라지지 않았다는 것을 믿게 되었네.

이제 그 책을 아직 얻지도 않았는데 이렇듯 미리 앞서 기뻐하니 실제로 보게 되면 얼마나 기쁠지 짐작도 하지 못하겠네. 아우가 기꺼이 흔쾌한 마음으로 열람을 주선해 내 귀를 번쩍 뜨이게 해주지 않으려나? 그런 뒤에야 다시 수저를 들어도 맛을 느끼고, 침상에 누워도 잠을 달게 잘 수 있겠네. 그렇게만 된다면 내려준 은덕이 또한 두터울 것일세.

바라건대 나 대신 우사에게 감사함을 표해 "옛것을 좋아해 재빠르게 구하는 분이십니다!"라는 말씀을 좀 전해주게. 그리고 또 "남과 더불어 선행을 잘하는 분이시니 성인의 책을 어찌 혼자서만 보

---

9   소(韶)는 순(舜) 임금의 음악이고, 호(濩)는 은(殷)나라 탕왕(湯王)의 음악이다. 세종이 제작한 훈민정음을 중국 고대 성인의 위대한 음악에 견주고 있다.

시겠습니까?"라는 말씀도 함께 전해주게. 나머지는 예를 갖추지 못하네.

이 글은 정동유의 친아들인 정우용(鄭友容)이 1805년을 전후한 시기에 쓴 편지글이다. 편지의 수신자는 정원용(鄭元容, 1783~1873)이다. 그는 1803년에서 1807년 사이에 가주서(假注書)로 재직했는데, 그의 직책으로 나오는 좌사(左史)가 곧 가주서이다.

글의 내용은 한글 제작 원리가 담겨 있는 《훈민정음》을 구하려고 백방으로 알아본 노력을 생생하게 보여준다. 세종이 지은 《훈민정음》 원본을 구해서 보고 싶어 왕실 도서관과 명문가, 영호남의 사찰 등지를 수소문했으나 결국 찾지 못하다가 정원용과 함께 근무하는 사람이 소장하고 있다는 이야기를 듣고 구해달라는 청탁의 편지를 쓰고 있다. 이 편지는 오늘날 천하의 희구본(稀覯本)이자 세계기록문화유산인 《훈민정음》이 당시에도 매우 구하기 힘들었음을 알려준다.

정우용의 관심이 사실은 부친 정동유에게서 나온 것임은 의문의 여지가 없다. 정우용이 《훈민정음》을 평해 "이 저술은 총명하고 지혜로우시며, 사람을 죽이지 않는 신령한 무력을 지닌 성스러운 지혜의 소유자에게서 나왔네"라고 한 말은 《주영편》 하권 제1칙에서 정동유가 세종대왕의 위대함을 찬탄한 취지와 문장이 흡사하다. 그 밖에 각지를 다니며 찾으려는 노력을 기울였다는 고백도 사실은 《주영편》 하권 제3칙에서 《사성통고(四聲通攷)》를 찾기 위해 그렇게 애썼다는 취지와 거의 똑같다. 이것을 통해 《훈민정음》을 얻기 위한 정우용의 간절함은 바로 정동유의 간절함의 연장선상에 있음을 잘 알 수 있다.

원문

余值長夏, 每若無方消遣, 思以筆錄代博奕. 及濡毫臨紙, 則朝廷事
不敢書, 人物不可臧否, 記俚俗鄙野之說, 亦不屑爲也. 强憶平日所
記, 不涉三事者, 素倥侗無以繼也. 始知筆札之於消遣, 盖劣法也. 是
故終夏所錄止此, 皆冗瑣無味之語, 且隨筆雜記, 太無詮次, 誠不足
把翫. 第投之塵篋, 後之裝屏糊壁, 非所吝也.

乙丑南至日書.

1

朱子曰:"天下山祖於崑崙, 惟派三幹以入中國. 其河北諸山, 則自代[1]
北寰武嵐憲諸州而來, 盡於平灤. 河南諸山, 則皆自蜀漢而來, 東盡
泰山. 江南諸山, 皆祖於岷, 盡於浙, 此所謂三幹也."愚謂江源出大
雪山, 合若水禁水瀘江蘭倉江等水, 東北流入中國, 合于岷江, 入于
海, 則岷之餘脈, 安得至浙. 此甚可疑. 朱子又曰:"大凡兩水夾行, 中
間必有山, 兩山夾行, 中間必有水."又曰:"傳云天下有三處大水, 曰
黃河, 曰長江, 曰鴨綠江."盖指右三幹大龍夾水而言也. 江南諸山,
卽江與海一夾也, 河南諸山, 河與江一夾也, 河北諸山, 河與外夷之
水爲一夾, 而欲以鴨綠江當之也. 然今所謂鴨綠江, 不過出自白頭山

---

1 《도서편》 권30에 의거해 '代'를 첨가하였다.

西行, 至義州入海, 以限朝鮮一界而已, 此與三幹何關? 而且其流甚淺, 安得與江河幷稱爲大水乎? 按宋仁宗二年, 契丹改名鴨子河爲混同江. 盖鴨子河卽朱子所云, 與黃河共夾河北一幹之水, 而本與江河幷稱大水者也. 改名混同之後, 鴨子舊名, 不見於地圖. 故聞鴨綠之名, 而認作鴨子河. 盖朱子未嘗身到江北, 凡言江北山水, 皆得於圖籍故也.

2

世傳南師古言: "白頭山脈不應到智異而止, 當是隱伏海中爲日本諸島."[2] 余謂此言決非出於南師古. 豈有南師古而不解事如此也. 山脈畢竟有止處, 今謂到智異而不當止者, 是何理也. 道詵《玉龍記》亦云: "我國始于白頭, 終于智異." 且日本本不在我國之南, 卽與我東北兩道隔海而居, 其北邊窮處, 又有蝦夷島. 故申高靈《海東諸國記》云: "日本之地始於黑龍江北, 至于我濟州之南, 與琉球相接, 其勢甚長." 又日本人言, 若自陸奧州直到朝鮮, 水路甚近. 平秀吉入寇時, 欲從陸奧出師, 而我境海中有[3]沮洳沒膝者三百里, 欲布竹籬渡兵馬, 而竟未遂計云.[出申維翰《海游錄》] 以此見之, 其所謂陸奧州, 卽與我六鎭相對之地. 然則智異之脈, 安得至日本乎?

---

2 남사고의 말에는 본래 '爲日本諸島'가 없다. 정동유가 남사고의 다른 말까지 축약해서 썼거나 다른 문헌을 인용했을 가능성이 있다.

3 有: 가람본에는 '如'로 되어 있다.

3

世言: "國初定都之日, 僧無學登三角山, 循脈而下, 至梁徹坪後龍, 則有道詵石碑, 刻'無學誤尋到此'六字, 故棄之. 復循他岡而下, 至木覓東麓, 則又有道詵所記'稱枉尋里'. 故狼狽而歸. 定基于仁王山下未, 乃鄭道傳占景福宮, 遂從鄭說云." 此乃村師杜撰無據之說, 而妄言之流行已久, 往往有信而傳述者. 如車天輅之素善妄言者, 固不足道, 象村申公亦有此說, 良可怪爾. 高麗時, 漢陽本非無名郡縣, 卽所稱南京. 盖肅宗元年, 衛尉丞同正金謂磾, 據道詵《密記》請云: "楊州有木覓壤, 可立都城." 日者文象從而和之. 四年秋, 王親幸相之, 命平章事崔思諏·知奏事尹瓘董其役. 六年, 崔思諏等還奏言: "盧原驛·海村·龍山等處審視, 山水不合建都. 惟三角山面嶽之南, 山形水勢符合古文. 請於主幹中心大脈, 壬坐丙向, 隨形建都." 制可. 其云面嶽卽白嶽, 其云古文卽道詵之《密記》, 其云壬坐丙向, 卽指勤政殿基也. 又肅宗七年, 中書門下奏: "新作南京, 請從山水形勢, 東至大峰, 南至沙里, 西至岐峰, 北至面嶽爲界." 制可. 九年, 宮闕成. 其云大峰卽木覓, 自勤政殿視之, 木覓政在辰巽之方. 東南山勢[4], 惟木覓爲高, 故稱大峰. 其云沙里者, 乃沙坪之一名. 勤政殿以冠岳山爲案, 則其間沙場之處, 皆沙坪也. 其云岐峰卽毋岳峴, 歷歷可指, 原無疑也. 及恭愍王六年, 卜遷都漢陽, 王探珓得靜字. 更命李齊賢卜之, 得動字, 命相宅于漢陽, 築宮室. 又辛禑八年, 議定遷都漢陽, 洪順上書曰: "南京鎭三角山, 火山也, 水姓之國, 不宜都." 凡此皆見於國史. 以此見之, 高麗之稱京漢陽三百年, 議欲遷都者亦屢矣. 豈到我國之初,

---

4 勢: 가람본에는 '形'으로 되어 있다.

使無學東走西趨, 茫昧不知向方之理乎? 風水之家, 最善說謊, 其言之不可信類此.

4

凡開國之際, 天必現非常之迹, 有若諄諄[5]然諭人, 使知天命之有在, 亦理之固然, 而無足疑者. 世傳: "我國定都之初, 城池之延袤廣狹, 群議未定, 一夜雪下, 僅周環都四山, 外不踰界. 於是循其界而定址, 太祖五年始築, 世宗四年改修, 始成完固." 此非天之所以諭人非常之迹者乎? 或疑其傳說之夸, 而古亦有此等神詭之事與此相類者.《水經註》云: "趙武侯築城於河西而不就, 改卜陰山河北[6]而禱焉, 晝見羣鵠, 遊於雲中, 裴回經日, 見大[7]光在其下. 武侯乃於其處築城, 今雲中城是也." 城名雲中者, 言其循雲中之影也. 盖天人之際, 不遠如此.

5

我東宮室之制, 大抵卑狹, 雖宮闕館廨城堞門樓, 都無宏濶之構. 每當國恤因山之時, 路由興仁門, 則大轝礙頂不可出. 故必掘門下地, 使作微窪, 事過後還塡, 擧措苟且, 常以爲恨. 見《高麗史》, 康宗九年, 金封冊[8]使來, 所賜象輅高十九尺, 廣化門高再纔十五尺. 乃掘閾下地, 又去頂三輪, 然後挽入. 古亦有是事矣. 盖道詵《密記》言[9]: "稀山爲高樓, 多山爲平屋. 多山爲陽, 稀山爲陰, 高樓爲陽, 平屋爲陰." 我

---

5 諄諄: 가람본에는 '淳淳'으로 되어 있다.
6 北: 모든 사본에는 '北'으로 되어 있으나,《수경》 주석에는 '曲'으로 되어 있다.
7 大: 아천본과 한창수본에는 '火'로 되어 있다.
8 封冊: 국립본에는 '冊封'으로 되어 있다.

國多山, 若作高屋必招損衰. 故太祖定爲甲令, 闕內不高其屋, 至於民家, 悉皆禁之, 遂成國俗, 至今遵行也. 然穹崇之屋莫如佛宇, 而寺刹則必在多山之中, 僧徒之遵守道詵, 反不如俗人何也.

6

高麗顯宗二年正月, 契丹陷京師, 焚燒太廟宮闕. 王奔到羅州, 二月始還. 十月, 命尙書張延祐修營宮闕. 三年十二月, 敎曰: "淸廟延災, 惻愴雖深, 興營未暇. 乃欲先造木主, 置于齋坊, 其令禮官擬議奏聞." 五年春, 宮闕成. 十八年, 修太廟, 復安神主. 盖是時, 時祭各於本陵行事也. 契丹之寇陷京師, 雖酷一時, 王之奔竄得還僅二月. 故營修宮闕, 不過二年有半而成, 其財力之裕可知也. 然則至亂後翌年, 始擬造木主, 至十七年, 始修太廟, 何其緩也? 若我朝, 倭寇在宣祖二十五年壬辰. 上西幸, 命世子奉廟社主, 由關東路分行. 明年, 上還都, 權奉廟主于貞陵洞戚臣沈連源家. 丁酉倭寇再動, 廟主又經西遷. 其時八年掃蕩之餘, 民力匱竭, 修繕興造, 非復常理. 故景福宮遂不能議講營建, 及至癸卯, 始命重建太廟, 盖力屈也. 非若高麗之先宮室而後太廟也.

7

太廟規制, 古用同堂異室之制, 廟則南向, 而主則東向, 每室有壁以隔之. 故時玉堂箚曰: "雖曰異室, 旣在同堂之內, 只隔一壁, 背尊而坐." 至宣廟二年, 正爲廟主南向之禮, 而一廟通爲一室. 祧主所安永

9 言: 가람본에는 '云'으로 되어 있다.

寧殿, 又與廟制不同. 中一殿, 穆翼度桓四祖室, 卽如太廟之制南向西上, 逯於東西兩頭, 同甍連楹, 各展四室, 與四祖室, 隔壁爲別. 西四室, 奉定宗·文宗·端宗·德宗, 南向西上. 東四室, 奉睿宗·仁宗·明宗·元宗, 南向亦西上. 旣不用同堂異室, 又非東西昭穆之制, 古今無當, 未知緣何起此制也. 或言取大明太廟之制, 明制與此本異. 大明廟制, 卽同堂異室, 而中室太祖, 東第一室成祖, 西第一室睿宗, 東第二室武宗, 西第二室世宗, 東第三室穆宗, 西第三室神宗, 東第四室光宗, 西第四室熹宗, 此卽明末九廟之序也. 盖太祖在中, 成祖以下, 各以昭穆東西爲首, 以序排次. 雖平行奉安, 實寓昭穆之義. 永寧殿則四祖室旣用同堂西上之制, 與明太祖一位獨安中室者不同, 又東西兩殿, 皆用西上, 又其所安位次, 不以昭穆, 此與明制判異也. 且明時祧殿, 藏德祖·懿祖·熙祖·仁祖·仁宗·宣宗·英宗·憲宗·孝宗主, 而不用太廟之制, 盖祧寢原不可言昭穆故也.

8

宗廟薦新有天鵝一種, 世謂:"太祖大王有昌歜之嗜, 故逯爲薦品." 此言盖非也. 今人於古人恒食之物, 如梟鴞之屬, 類多罕食, 見天鵝, 非今人常膳, 故有此說. 然古人則盖與鷄雉同視也. 今宗廟薦新品物, 正月, 早藿. 二月, 氷松魚·生鰒·雀舌·半乾雉·生蛤·絡蹄·水芹. 三月, 蕨荣·辛甘菜·靑橘·黄石首魚·生石首魚·訥魚·葦魚. 四月, 竹笋·眞魚·烏賊魚. 五月, 黃杏·櫻桃·瓜·大麥·小麥. 六月, 稷米·黍米·粟米·稻米·林檎·茄子·西瓜·眞瓜·冬瓜·李·銀口魚. 七月, 鰱魚·生梨·蓮實·榛子·栢子·胡桃·靑葡萄. 八月, 紅柿·新淸酒·大棗·生栗·松茸·鮒魚·蟹. 九月, 鴈·石榴·山葡萄·獼猴桃. 十月, 柑子·金橘·柚子·薯蕷·文魚·大口魚·銀魚·銀杏·乾柿. 十一月, 白魚·苽魚·靑魚·天鵝·唐柚子. 十二月, 乳柑·洞庭橘·生魚·生兔. 凡七十二品. 嘗考明制, 奉先殿薦新之物, 正月, 韭菜·生菜·薺菜·鷄子·鴨子. 二月, 芥菜·薹菜·蔞蒿·子鵝·新氷. 三月, 茶·筍·鯉魚·鵪鶉. 四月, 麂·豬·雉·鷄·靑梅·王瓜·杏子·櫻桃·白酒. 五月, 小麥·麪·砂糖·紅豆·嫩鷄·桃子·大麥·茄子·李子·來禽·蒜·薑·煮酒. 六月, 冬瓜·甜瓜·西瓜·蓮蓬. 七月, 葡萄·棗子·鮮菱·雪梨·芡實. 八月, 茭白·嫩薑·鱖魚·鮮藕·粳米·粟米·糵米·芋苗. 九月, 鯿魚·小紅豆·砂糖·栗子·橙子·石榴·柿子·生酒. 十月, 山藥·蜜·活兔·柑子·橘子·米糕·豆腐·蓼花·米糖·細糖·銀魚子·鱘魚·魚凍. 十一月, 蕎麥麪·紅豆·砂糖·甘蔗·獐子·天鵝·鹿·鴈. 十二月, 菠菜·鯽魚·白魚·風鯽魚. 凡八十四品. 而天鵝之在十 一月令, 則華東所同. 我朝所行, 本出於明制, 而非權宜所刱可知也.

9

祠者祭也. 《詩》云: "禴祠烝嘗." 《公羊傳》云: "春曰祠." 皆祭名也. 《史記》〈欒布傳〉曰: "祠而哭之." 〈萬石君傳〉曰: "齊立石相祠." 是皆於所祠而設其位者, 仍名之祠. 〈馬援傳〉曰: "修封樹, 起祠堂." 祠堂之名, 始見於此. 故〈文潞公家廟碑〉曰: "先王之制, 天子至官師, 皆有廟. 秦尊君卑臣, 無敢營宗廟者. 漢世多建祠堂於墓所[10]." 卽指如馬援家事, 而祠堂之非宗廟可知. 然則祠堂特言其所祠之地, 而不可以廟制爲義也. 明以來, 如《字彙》等書, 始於祠字下, 新加一訓曰廟也者, 盖誤也.

---

10 墓所: 가람본에는 '廟所'로 되어 있으나 오자이다.

10

高麗忠肅王七年, 塑文宣王像, 王出銀瓶三十, 以助其費, 宰樞皆出幣助之, 從蠻人王三錫請也. 是故, 開城平壤二府鄕校獨有塑像. 李芝峯云, 二府塑像, 元時自中國來者, 非是. 至我朝宣祖七年, 始依皇朝嘉靖之制, 撤塑像, 代以木主. 時大司憲朴啓賢請埋塑像, 松都儒生疏爭不得. 夫子像最大, 殿門不得容, 乃毀北壁出, 埋安墻後焉. 是故, 董越《朝鮮賦》至平壤則曰: "孔庭設像, 皆冕而裳." 開城則曰: "廟學亦嚴像設於聖賢." 自註曰: "郡學聖賢皆塑像, 與平壤同." 至漢京則曰: "西京所不能礙, 開城所不能偕, 則在乎祭不像設以瀆亂也." 董之來使, 在成宗十九年, 先於嘉靖爲四十年, 方中國廟像不廢之時, 已歎我國之禮不瀆亂, 可知. 當時士大夫之論, 大抵爲然. 嘉靖建白, 未必由張璁一人之見也. 魏氷叔云: "嘉靖易木主, 諸像悉閉庋閣, 凡百五十餘年. 今辛亥復令天下, 更木主立像, 開閣而丹漆剝, 落手足, 形不具人, 不忍正視." 辛亥卽我顯宗十三年也. 以此見之, 明時雖廢像立主, 未嘗毀埋如我朝, 但閉閣而已, 安得無復設之擧乎?

11

星州鄕校, 亦初奉塑像, 後改以木版, 事在[11]《輿地勝覽》. 而其說曰: "初鄕校奴往開城大成殿, 一見而還, 遂塑五聖十哲像, 甚肯. 故許從恒詩云: '殿廟崢嶸壓學樓, 正南肯像幾經秋, 憗憗爲問庭前杏, 孰是回參孰賜由.'" 其後, "牧使康仲珍, 改設位板[12]." 以此說見之, 一校

---

11 在: 가람본에는 '戴'로 되어 있다.

12 板: 가람본에는 '版'으로 되어 있다.

奴有巧匠, 則随意創造, 奉安土像, 一牧使有意見, 則容易撤毁, 代以木版, 初無關由於朝廷, 寧有如許事體乎? 所記之文太沒實, 無由知其顚末, 可恨. 又見海州誌, 鄉人以崔文憲冲, 祔祀于文廟, 牧使鄭誠謹, 以爲非祀典所載, 罷之. 高麗時, 祀典之不謹嚴如此. 以此見之, 星州之事, 亦或無怪耶.

12

楊升庵曰: "歲陽名始見於《爾雅》, 攝提格以下二十二名, 是也. 後世相傳, 以爲古甲子, 而獨《史記》〈歷書〉紀見之. 疑漢世術家創爲此名, 而後人竄入《爾雅》." 余謂升庵此論誤矣. 盖甲子之作, 本以紀日, 非爲紀歲.《逸周書》〈少開武〉篇: "辰以紀日, 宿以紀旬." 是也. 是以, 自〈虞書〉之辛壬癸甲, 以至《易》《詩》《禮》《春秋》, 凡言甲子皆以日, 不以歲也. 故絳縣老人稱七百甲子, 屈原言: "惟庚寅吾以降." 班固曰: "殷以生日名子, 如太甲·帝乙·武丁, 是也." 若使上古日與歲俱以甲子紀名若後世, 則絳人之稱七百甲子, 屈原之庚寅, 殷王之甲·乙·丁, 孰知其是歲是日乎? 故《春秋》無歲名, 而古人擧歲, 每稱歲在某某, 卽玄枵·星紀等十二宮名, 而《史記》〈貨植傳〉: "太陰在卯在午." 亦此例也. 然則歲終可以無名乎? 曰焉逢困敦等號, 卽乃紀歲之名. 故史遷〈歷書〉以此紀歲者, 非好奇, 本當如此也. 旣著於《史記》, 又載於《爾雅》, 則斯可爲信書. 而乃以後世之見硬定一義, 遂謂經史之文皆後人竄入, 而必求合於己說. 解古文如此, 卽有何難乎? 至若《史記》〈十二諸侯年表〉, 起自共和, 而以庚申紀歲者, 卽以漢後歲名追改之者也. 是與〈高祖本紀〉中正月, 卽太初以後追正, 而非當時本稱者, 同也. 故如後世之以唐堯元年爲甲辰, 孔子生歲爲庚戌, 皆以長曆追名者也.

13

古人之數十二辰也, 未嘗盡從子起數. 故其逆數者, 如〈月令〉孔疏, 從
丑而起, 歷子亥, 終於寅. 其順數者, 如術家徐子平《天機大要》等書,
皆有定寅時法, 不曰定子時, 而曰定寅時者, 從寅起首, 蓋古來流傳
之法也. 然則寅之爲正爲朔, 實有不可廢之理也. 予嘗有著辨之文,
恨不與中國士大夫相確, 以正千古之誤也. 辯曰: "一歲以日道所次
爲月建, 一日以日晷所臨爲時刻. 月建觀於天之躔度, 時刻取於地之
方位. 夫曰躔度方位者, 皆古之聖人紀日之次舍以名焉耳." 顧天地
何與焉? 是爲同出而異名. 故一日有十二辰, 以配歲之十有二月, 其
理之不容有分異者如此. 是以三代之時, 改正必倂改朔. 蓋正之改矣,
朔雖欲無改, 不可得也.《春秋》"春王正月", 何休註曰: "夏以斗建寅
之月爲正, 平朝爲朔, 殷以斗建丑之月爲正, 鷄鳴爲朔, 周以斗建子
之月爲正, 夜半爲朔."《史記》〈曆書〉"撫十二辰, 卒于丑",《正義》註
曰: "自平明寅, 止鷄鳴丑. 凡十二辰辰盡丑, 又至明朝寅, 使一日一
夜, 故曰幽明." 又〈曆書〉"夜半朔朝冬至",《索隱》註曰: "以建子爲正,
故以夜半爲朔朝. 若建寅爲正, 則以平朝爲朔."据《史記》及漢以來
諸儒之說, 各言正朔, 無不以爲同貫, 斷不可一改一否, 豈非其義無
二致故哉? 且自古造曆, 必以寅正爲常, 雖殷周之世, 未嘗盡廢夏時.
夫子言爲邦, 亦曰行夏之時者, 何也? 蓋天行一晝一夜之謂日. 晝起
於始明, 夜起於始昏. 正義所謂幽明者, 於此焉爲界. 寅之爲一日之
始, 允爲常理也. 故歲以寅首爲常者, 卽一日之推也. 然則不但朔之
不可不同於正, 正之義本出於朔. 三代之改正, 雖欲無改朔, 理有不

可得者. 而寅之爲朔, 則實造曆以來, 視以爲常者, 確矣. 是以《易》曰: "艮, 東北之卦也. 萬物之所成始以成終." 夫東北乃丑寅之會. 以丑寅爲終始者, 卽易之義也. 然則今之用寅正, 而猶曰夜半爲朔者, 此何理也? 漢之改曆, 始於太初, 定於元鳳.《漢書》〈曆誌〉曰:"詔議改正朔." 又曰:"天統始施於子半, 日色赤, 地統受之於丑初, 至丑半, 日白, 人統受之於寅初, 至寅半, 日青." 以此見之, 漢之用人統, 而其改正, 倂改朔, 明矣. 是以赦詔, 必稱某日昧爽以前. 昧爽卽寅爲言, 寅以後, 方與來日也. 及元始元年十一月, 王莽簒漢, 仍以十二月朔爲建國元年正月, 以鷄鳴爲時. 盖用丑正, 朔從而改, 亦知正朔之不可二也. 東漢改正, 必在光武之世, 而史闕, 無文所可見者. 獨章帝時, 用四分曆數, 用子時. 自此以後, 歷代之所致意者在改曆, 而於正朔, 則無容議焉, 以至于今日也. 然以夜半爲朔, 實無一代定制之文, 不知創行在何時, 亦恠矣哉. 五德相禪, 三統相承, 王政之大節, 三代損益之際, 如彼其兢兢, 而今乃以夏正用周朔者, 豈非汨陳之甚者乎? 嗚呼! 明曆授時, 豈用疑晦至此. 而未聞有校正之論者, 何也? 嘗究其由, 盖曆法亂之也. 何者? 曆家以子午之中, 定位南北. 一歲之日, 次午之中爲冬至, 極短, 子之中爲夏至, 極長. 一日之夜半及日中, 亦在子午之中. 土圭之影, 至午中極短, 則惟子午實爲日行一圈[13]之端倪也. 是故推步之法, 積日爲歲, 而日與歲幷宜造端于子半. 此政上所謂躔度方位, 其理不容有分異者. 故在古曆法, 必以夜半冬至爲曆元. 夫曆元卽推步起籌之端, 非分日於此也. 今起籌於冬至, 而冬至則旣知非正矣, 何獨夜半疑於爲朔乎? 以此言之, 日與歲之不可異法

13　圈:가람본에는 '週'로 되어 있다.

者益明, 而適爲正朔之證. 奈之何以此而反害彼義也哉?《唐書》〈曆志〉李淳風言: "古曆, 分日起於子半." 殊不知起籌與分日之爲異, 而乃同言之. 又不知起子分日, 昉於東漢之後, 而統言古曆. 正朔之義, 爲此等所奪久矣. 正朔則係[14]時王之制, 何拘於推曆之術乎? 是以三代之際, 正朔雖改, 其曆則固一也. 秦以亥爲歲首, 改朔雖無文, 推其義, 必以夜未半爲朔朝. 夫秦之失在改正焉爾[15]. 其朔則惟正之視, 雖夜未半無不可也. 然則司馬遷·何休·司馬貞·張守節諸儒之說, 皆的然有據, 不當爲李淳風輩所亂, 而今以平朝爲朔, 斷然可行無疑也. 至於今之有夜子時者, 舛理益甚, 尤無論焉.

14

曆者何爲者也? 聖人欲使天下之民不迷於四時之序. 故〈堯典〉曰: "欽若昊天, 敬授人時." 其重在於授時而已也. 晦朔弦望, 分至啓蟄, 卽授時之事, 而以甲子紀日, 以宿名紀旬者, 卽授時之度也. 至若建除等十二名, 雖涉術家之言, 出自漢初, 非後世雜方之比, 容可書甲子宿名之下, 若其拘忌趨避之說, 何與於授時? 而今見曆書, 滿卷都是此法, 摠謂之擇日之書可也. 頒曆告民, 何等重政, 而羅瑣不經, 若是甚耶[16]? 未知始自何時, 而見〈孔雀行〉, 有視曆復開書, 便利此月內之句. 旣視曆而又開書者, 別考擇日之書也. 此詩在建安年間, 則東漢之末, 猶無曆兼擇日之法可知也. 大抵擇日之方, 其神殺之名最多

---

14 係: 가람본에는 '從'으로 되어 있다.
15 爾: 가람본에는 '耳'로 되어 있다.
16 耶: 가람본에는 '也'로 되어 있다.

猥雜. 余嘗見所謂《肘後方》者, 其中有人死後, 作土木偶人, 以爲壓[17]
勝咀呪之法. 此豈士君子所可涉於言議者乎? 今曆日下所錄, 皆從此
等書中得來者也. 念三代告朔之禮, 如彼其謹嚴, 而乃以奇衺之言,
汚於其間耶? 常欲一掃之, 以洗千古之陋也.

15

〈素問〉曰: "五日謂之候, 三候謂之氣, 六氣謂之時, 四時謂之歲." 盖
自昔有七十二候之稱, 而不現於經傳, 考之漢書曆誌, 亦無之. 此實
無關於步曆推算之法, 故不載於志固也. 後來取〈月令〉中所記諸條,
以爲五日一候之名, 載之曆月建之下, 此自拓拔魏始也. 然〈月令〉中
"是月也, 下記候"云云, 本爲一頓說去之辭, 而今强作先後之候, 已非
〈月令〉本意, 且一月之內, 如有記候多者, 輒截去若干, 只取其六候.
至如十月, 則〈月令〉所記不過數項, 不得已取水始氷, 地始凍, 天氣上
升, 地氣下降, 閉塞而成多, 爲四候之名. 夫水氷地凍, 本系一時之事,
且天氣上升, 地氣下降, 與閉塞而成多, 此一段, 何可分而爲兩節看
乎? 苟且甚矣. 至於九宮七色之說, 出於《乾鑿度》云. 伏羲時, 龍馬出
河, 戴九履一, 左三右七, 二四爲肩, 六八爲膝, 五居其中, 謂之九宮.
其色則一六八爲白, 二黑, 三碧, 四綠, 五黃, 七赤, 九紫. 始自大統
曆, 每月列於下方, 謂之飛九宮. 此卽不過緯書之文, 亦何足貴乎?

16

談命之術, 以人始生日時七政所次, 占其休咎, 固非無依據. 但羅睺

---

17 壓: '厭'의 오자로 보인다.

計都月孛紫氣, 古曆謂之四餘. 羅睺, 卽白道之正交, 乃月道自南遡北, 以交于黃道之一點. 其正對之點卽計都, 月孛, 卽月行圈極高極遠之點, 皆人所虛設之名. 而紫氣則生于閏, 尤無當於推步, 故今法但取三餘, 不用紫氣. 若其實無關於天象, 則四餘同也, 其不能爲吉凶明矣. 而自古推命家幷七曜布局, 甚無謂也. 古人言: "《星曜書》乃耶律楚材得於高麗國師, 未知國師何人." 而今之以爲張果著者, 要是妄也.

17

俗以每月初五十四二十三日, 名爲三破日, 凡出行興造, 必避之. 余嘗見明人小說, 言此三日卽《洛書》入中宮之日. 盖自初一日起一, 至初五, 入中宮, 終於九. 又自十日起一, 至十四, 入中宮, 終於十八. 又自十九日起一, 至二十三, 入中宮, 終於二十七, 餘日不計. 中宮五數, 是君位, 民庶所不敢用, 非忌避也. 然則破日之云, 本自無據也.

18

俗以二十日爲念. 楊用修謂: "廿字韻書皆音入, 惟市井商賈音念, 而學士大夫亦從其誤." 顧寧人言: "宋人題名有元祐辛未陽月念五日, 題以廿爲念, 始見于此." 二公之言, 皆疑之, 而未詳其始也. 嘗見《鴻書》, 引《兼明書》曰: "吳王之女, 名二十, 江南之人呼二十爲念, 而北人不避也." 所謂吳王不知指何代, 而《兼明書》卽唐國子博士丘光庭所撰, 則唐以前已有此事矣. 且骰牌乃唐宗所製, 而牌名有黑念三黑念二等名, 則以廿三點廿二點, 名以念三念二者, 乃唐時所有尤明矣.

19

二十四氣中, 小滿芒種二節, 自古不知其名義. 見《周禮》〈地官稻人〉,
"澤草所生, 種之芒種." 註曰: "芒種, 稻麥." 然則芒種之義可解, 而小
滿之義終不可知.

20

除日飮酒, 謂之屠蘇. 釋其義者曰: "屠絶鬼氣, 蘇醒人魂." 此因文傳
會之說也. 古人詩文多言屠蘇. 蕭子雲〈雪賦〉: "韜罦罳之飛棟, 沒屠
蘇之高影." 杜工部詩: "願憑金騕褭, 走置錦屠蘇."《廣雅》屠蘇平屋
也,《通俗文》屋平曰屠蘇,《魏略》李勝爲河南太守, 郡廳事前屠蘇壞.
楊升庵歷引此諸文, 以爲屋名之證, 仍以孫思邈屠蘇酒, 方爲取庵名
以名酒, 可謂有據矣, 然猶未也. 盧照隣詩曰: "翡翠屠蘇鸚鵡盃." 此
豈以翡翠爲屋乎? 翡翠卽玉類, 古所謂翡翠屑金者, 鸚鵡卽鸚鵡螺
也. 然則屠蘇亦盃之類也. 又冠之有屋者曰屠蘇,《晉志》"元康中, 商
人皆着大帽, 諺曰: '屠蘇障目覆兩耳, 會見喝兒[18]作天子.'"〈古樂府
〉"挿腰銅匕首, 鄣目錦屠蘇." 夫平屋曰屠蘇, 酒器曰屠蘇, 冠之有屋,
亦曰屠蘇, 則盖其時方言而不知爲何訓也. 然則屠蘇卽狀平屋之義,
而非屋之名, 升庵攷未及此也. 冠旣以有屋而得屠蘇之稱, 則酒器之
名, 亦必由有屋狀, 無乃若所謂綽邊者耶? 然則除日飮酒之名, 未必
起於所居之庵與所着之冠, 而多是出於所盛之器也.

---

18 喝兒:《진서(晉書)》〈오행지(五行志)〉에는 '瞎兒'로 되어 있다. 내용상 '瞎兒'로 번역하였다.

21

明時正月十六日, 婦人相率宵行曰走橋, 不過橋者, 云不得長壽. 我東則十五夜, 貴賤同出, 必覓橋步過, 以多爲貴, 或遍踏城裏諸橋, 名曰踏橋, 盖出於走橋也. 然我東則是男子之樂, 無婦女宵行之戲.

22

正月十四日, 閭閻以藁草爲人形, 納若干錢於其中, 頭腹臂股, 無所定處. 又或以小兒襦袴等衣被其體, 名曰處容, 以爲除厄之法. 及黃昏, 街上兒童十百爲群逐家, 問處容有無. 有者投之門外, 羣童各執其頭脚, 左右扯奪, 遂片片裂碎, 乃各檢其所執之體, 有錢者得之, 名曰打處容. 事無倫義, 而亦行之已久. 不知其始, 疑亦元時遺習也. 按《元史》, 歲十二月下旬, 於鎮國寺墻下, 束秆草爲人形, 剪雜色綵段爲之腸胃, 選達官世家之貴重者, 交射之, 至糜爛, 以羊酒祭焉. 祭畢, 帝后及太子嬪妃幷射者, 各解所服衣, 俾蒙古巫覡祝讚. 讚畢, 遂以與之, 名曰脫災. 此其法與處容彷彿也.

23

我國節日, 惟流頭爲東俗, 其餘皆中國稱節之日也. 見今小民以二月初一日爲節日, 備酒食爲戲, 又或有祭先者, 而不知其節名. 見《高麗史》〈刑法志〉, 有禁刑諸日, 而歲首子午日及二月初一日爲愼日, 亦在其中, 則其重可知, 而亦無曉其義者. 新羅史言: 炤智王免琴匣之禍, 國人以爲烏鼠龍馬猪之功, 以正月十六日爲烏忌之日, 以上子上辰上午上亥日, 忌愼百事, 不敢動作, 以爲愼日. 愼日者, 俚言怛忉,言悲愁而禁忌也. 然則愼日之義有解, 而高麗之不用上辰上亥, 而獨用子午者, 何也? 抑別有愼日之義, 而非循羅制而然耶? 然則歲首子午及二月初一日之爲節, 《麗史》雖有其文, 而其義則俱不可知矣. 余謂: 唐人以正月晦日爲節, 德宗時李泌請改用二月一日, 號中和節, 乃著令與上巳九日爲三令節. 高麗之以二月初一日爲節, 必用唐中和節之義也. 又今小民之俗, 以十月上午日稱馬日, 而視爲大令節. 此則於羅麗無稱意者. 後來別有所起之由如新羅之爲, 而馬日旣移在十月, 故遂廢歲首之子午耶? 然想或然爾, 亦未有玅也.

24

東俗以四月八日爲佛生辰, 通國燃燈爲樂. 或言: "佛之生日在周昭王二十四年四月, 則周四月卽今二月, 不宜用今四月." 嘗謂此言有理, 而但無可據. 後觀《遼》《金》兩史, 皆以二月八日爲佛生辰, 京府諸州, 皆百戲爲樂, 始知古俗本用二月也. 高麗太祖遺制以二月望燃燈, 亦似用此義也.

25

東俗端午必挫菖蒲, 投水頮面, 婦人小兒以蒲根作簪揷髻, 每歲謹行不廢. 見明人所記, 明時京師端午, 貴賤人等必買蒲鞋穿之, 歲以爲常. 《齊東新語》曰: "五月朔至五日, 飮菖蒲雄黃酒, 以辟不祥." 又《本草》引《臞仙神隱書》云: "石菖蒲能明目[19], 端午日以服酒尤妙." 蓋以菖蒲爲端午節物, 卽道家所尙也.

---

19 目: 연세본에는 '日'로 되어 있으나 오자이다.

26

我國以未日爲臘. 李芝峰云: "東方屬木, 故用未日." 此言誤矣. 按高
麗文宗三十五年知太史局事梁冠公奏: "臘日, 自己未年以來, 依大
宋曆法, 用戌日. 臣按陰陽書云: '近大寒前後, 先得辰爲臘.' 我國用
此日久矣, 不宜擅變其法." 以此見之, 高麗之臘, 素用辰日, 後循宋
曆, 改用戌日. 何嘗以東方之故而用未臘乎? 勝國則用辰, 本朝則用
未, 似從五德相生之理也. 然我朝用未日, 不知始在何時. 創行之初,
必有其義, 而未見事蹟在何書耳. 今淸曆獨無臘, 是秦漢以來, 所未
有之事也.

27

明時曆日之頒, 太祖定於九月之朔, 後改于十一月之朔, 分賜百官,
頒行天下, 繼又改十月朔. 淸制仍以十月朔頒曆. 我東以冬至頒曆,
盖取明初制也.

28

臘前三白之說, 出自唐人, 而世以三雪當三白, 愚則謂不然. 盖臘前
三雪, 則何歲不然? 農之重雪, 本取膏潤土脈, 辟除蝗蟲. 故今時農
人, 亦以冬雪之旋融旋積爲來歲豐驗. 盖三白者謂冬雪, 不宜積塞凝
寒, 而必貴其瀜液入土也.

29

《說文》曰: "霰, 稷雪也." 《毛詩疏》言: "稷雪形如米粒, 能穿瓦透窓."
稷雪字甚奇. 我東人稱霰爲糤雪, 此語更奇.

30

李芝峰記張太嶽之文曰："雷字，古字作回，爲龍蛇蟠屈之狀。《易》："雷在地中"，"雷出地奮"。曰在曰出，明其有物也。殆亦蛟龍之類，秉純陽之至精者，隨陽氣之出入，以爲起蟄。"余謂嘗見小說言："南方有獸，名雷。狀如豬，冬蟄地中，二月始出。雷聲卽此物所作。人或捕食，味佳。雷州以多此物，故得名。"又言："雷州人喫此者，多震死云。"誠恈矣。然此豈眞雷字？特其聲甚大，又其起蟄與雷候相同，故人以名之耳。太嶽所謂蛟龍之類者卽指此乎？王充《論衡》曰："畫工圖雷狀，晶晶如連鼓。又圖一人若力士，謂之雷公，左手引連鼓，右手椎之。世人莫不爲然，原之虛妄之象。"余則謂太嶽所云，眞未免虛妄哉！

31

偶閱《芝峰類說》首卷，其誤處已不勝多。以李公文章，多年所述，豈容紕繆至此？必後人之以草稿入刊，未善修正耳。今摘數事，正其繆誤，非敢指摘古人以爲能，欲以教兒輩焉耳。其云："《史記》註邵子言："一元有十二會，一會有一萬八百年。子會生天，丑會生地，寅會生人。至戌會則閉物而消天，亥會則消天而消地云云。""愚按《皇極經世》自有書，捨本書而別引《史記》註者，何也？《史記》無宋人注，安得邵子書在《史記》注也？邵子《經世》消長圖寅註曰開物，戌註曰閉物。朱子與諸儒之解曰："到寅會，天地交感，方始生物，至戌會之中，兩間人物俱無。如是一萬八百年，當亥之中，而地之重濁凝結者悉皆瀜散，與輕淸之天混合爲一，故曰渾沌。又五千四百年而亥會終，昏暗極，是天地之一終也。"夫昏暗極時，卽朱子所云一場鶻突者也。安有閉物而次消天，消天而次消地之說乎？雖以臆料，必無天之先地而消之理也. 所引不知何據, 而大抵誤矣. 又云:"《續博物志》曰:'四表之內, 總有三十八萬七千里. 然則天之中央上下各半之處, 則一十九萬三千五百里. 地在于中, 是地去天之數也.'"愚按古之言天地相去者, 諸說不同. 有曰:"天去地, 二億一萬六千七百八十一里." 有曰:"天周, 九九八十一萬里." 有曰:"二十八宿之外, 各有一萬五千里."(三說出《緯書》) 有曰:"日當去其下地, 八萬里."(《晉書》〈天文志〉) 有曰:"自地至天, 一億一萬六千三百五十里."(張衡說) 有曰:"天去地, 九萬里."(徐整《歷書》) 有曰:"天行, 三百[20]六十五度. 凡積十三萬里."(王充《論衡》) 有曰:"天去地, 九萬一千餘里."(楊烱《渾天賦》) 近日西洋曆家言:"地球一周爲九萬里, 太陽離地爲一千六百萬餘里, 其餘月與恒星五緯諸天去地, 各有差等." 盖此諸說, 俱非懸空肆誕之語, 各有推測之術, 而術不無疎密, 故其言之不同如此矣. 今欲言天之度數, 而單引《續博物志》以證者, 語近失倫.

又云:"《列子》言:'孔子見小兒辨日遠近.' 宋周日用曰:'日[21]當中而熱者, 炎氣直下也. 譬猶火氣直上, 在兩傍者, 其炎凉可悉, 足明初出近而當中遠也.'"愚按《列子》之說出於侮聖, 其當理與否, 本不足辨, 而原其意, 盖謂此事難知, 足以窘聖人之智云爾, 甚可笑也. 然而欲以實理明之, 則地球在天之中, 地球之心, 卽天之心也. 人在地球之上, 則其頂上所戴天, 較平視四方天, 差近. 此理甚著, 今曰:"初出近而當中遠." 何也? 其炎凉大小之理, 曆家自有辨.

又云:"〈月令〉'王瓜生',《韻會》'王瓜根可生食, 故得瓜名.' 然王瓜實

---

20 三百: 모든 사본에는 없는 글자이나, 《논형》과 교감해 첨가하였다.
21 《박물지(博物志)》에 근거해 '日' 자를 첨가하였다.

小, 而以王稱, 何也? 或言: '王瓜, 卽今俗所謂籍田瓜也. 其種本小, 而先諸瓜而生, 薦進于王, 故名之.'" 愚按〈月令〉'王瓜生', 鄭註曰: "王瓜, 萆挈也. 今〈月令〉云: '王萯生'《夏小正》云: '王萯秀'未聞孰是. 鄭氏旣曰萆挈, 又曰王萯, 則可明其非瓜矣. 今曰實小而以王稱者, 抑據何文耶? 且古之稱瓜, 皆卽今之甘瓜, 而今之常瓜, 乃黃瓜也. 今之籍田瓜, 本非古所謂瓜, 而至於薦進宗廟, 乃我朝之事, 則欲以此當王瓜之名, 大無理致.

又云: "《格致叢書》云:《夏小正》曰十月黑鳥浴. 黑鳥, 烏也, 浴謂飛乍上乍下也." 愚按《夏小正》曰: "黑鳥浴, 何也? 烏浴也者, 飛乍高乍下也." 然則本文直稱黑鳥, 未嘗稱黑鳥而以烏稱也. 其稱黑鳥者, 烏有大嘴烏慈烏二種, 故稱黑. 黑者, 大嘴也.

又云: "〈月令〉'仲冬, 荔挺出.' 鄭玄註'荔挺, 馬薤也.' 今謂十一月爲荔月以此.《周易》莧陸夬夬, 註以爲'今馬齒莧, 感陰氣之多者.'是也. 楊用修曰: '蔡邕・高誘皆言荔以挺出, 鄭玄以荔挺爲名者, 誤矣.'" 愚按顏氏家訓曰: "〈月令〉云荔挺出, 鄭玄註云: '荔挺, 馬薤也.' 蔡邕云荔似挺, 高誘云: '荔草挺出也.' 然則荔挺爲草名, 誤矣." 此本顏氏說, 而楊用修襲之也. 然《易通卦驗》曰: "荔挺不出, 國多火災." 顏氏亦引之. 而又見《逸周書》時訓篇曰: "荔挺不生, 卿士專權." 以兩說見之, 荔挺似指一名. 且蔡邕則以荔與挺爲兩物, 高誘則荔爲草名, 挺爲生候, 二說又未嘗同也. 顏氏又曰: "人不識馬薤, 乃以爲馬莧." 按馬莧卽東俗所謂小莧, 與馬薤判是別物. 顏氏譏其誤解者, 是也. 今以《易》註馬莧證荔挺者, 抑未見此耶?

又云: "一日十二時, 一時分八刻. 子午各加二刻, 一晝夜共一百刻. 韓詩云: '百二十刻須臾間.'豈唐時漏刻與今異耶?" 愚按漏水之制,

始自黃帝, 而《周禮》有挈壺氏, 卽其官也. 其法捻以百刻, 分于晝夜,
冬至晝漏四十刻, 夜漏六十刻, 夏至晝漏六十刻, 夜漏四十刻. 春秋
二分, 晝夜各五十刻. 漢興猶多疎濶, 劉向記武帝時所用法云: "冬夏
二至, 晝夜差二十刻, 大率二至之後, 九日而增損一刻焉." 至哀帝時
改用, 晝夜一百二十刻, 尋亦寢廢, 至王莽竊位, 遵行之. 光武初亦
以百刻, 九日加減法編於甲令, 魏晉相傳而不改. 宋何承天造漏法,
春秋二分昏朝, 晝夜漏各五十五刻. 齊及梁初仍循不改, 至天監六
年, 武帝以晝夜爲九十六刻, 一辰有全刻八焉. 至大同十年, 又改用
一百八刻. 隋開皇中立表, 隨日影驗漏, 十二辰刻互有多少, 時正前
後刻亦不同. 唐五代皆用百刻之制, 至宋熙寧, 沈括上《熙寧晷漏》四
冊, 亦以百刻爲限. 今時憲法, 則又用九十六刻. 盖一日有百刻, 分之
以十二時, 則一時有八刻, 其餘四刻, 又均於九十六刻之內, 未嘗子
午二時各加二刻也. 唐無百二十刻之法, 則韓詩不過用漢人語耳.

又云: "《論衡》曰: '周昭王二十六年甲寅四月八日, 井泉濫, 宮殿震,
夜恒星不見, 太史蘇由占爲西方聖人生.'《列子》亦曰: '西方有聖人.'
則周之時已知有佛矣." 愚按浮屠家書有所謂《佛道論衡》者, 其言恣
誕肆僞無忌憚, 不經之書也. 緇流文中, 凡引用此書, 或但稱《論衡》,
盖爲自家典籍故也. 今見此而認作王充《論衡》, 豈不謬乎? 且此所記
之文, 又有誤者.《佛道論衡》則曰: "周昭王二十四年甲寅四月八日,
井水濫, 山川震, 太史蘇由奏曰: '有大聖人, 生於西方.' 昭王則勑鐫
石記之, 埋於南郊天祠前, 此卽佛初生之時. 周穆王五十三年壬申二
月十五日, 暴風忽起, 地動天陰, 太史扈多奏曰: '西方聖人滅矣.' 此
卽佛人涅槃之時.《春秋》魯莊公七年夏四月, 恒星不現, 夜明如日,
乃文殊菩薩於雪山化五百仙人, 放大光明之時." 盖《春秋》有恒星不

現之文, 故欲引此, 傅會於文殊放光之事. 此在釋迦已死之後, 非其生時也. 釋迦生時, 則無恒星不見之文, 而今混錄之, 誤矣.《列子》之書, 卽後人粹會成篇, 非若《道德》·《南華》之爲當時成本, 故最多猥雜. 此卽其一條, 何可以此爲信書, 而爲周時知有佛也?

32

《芝峰類說》云:"新羅太宗時, 吐含山地燃, 三年而滅, 北巖崩碎爲米, 食之如陳米."愚謂土本有一種可食者, 未必皆地燃所作. 太宗朝歲饑, 咸鏡道和州(今永興府)有土如黃臘, 作餅粥, 人免饑. 萬曆甲午年, 西路歲荒, 平壤雜藥山下有軟土, 作餅食之. 其色微綠微黃, 其味不甘不苦. 驛卒饑不能步者, 食數片則能走. 是年鳳山又產土如麵, 以土七八分和米屑二三分, 作餅食之, 饑民賴活, 後皆失其處. 雖以近日言之, 英宗乙亥壬午年, 歲皆大無, 嶺南出土麵, 白如米屑, 土人蒸爲餅饊以充飢. 及秋穀登, 厥土遂盡, 殆似造物產此救荒然, 此事余嘗聞於嶺人, 亦異矣哉! 然《釋氏源流》云:"唐釋地藏姓金氏, 新羅國王次子也. 涉海居九華山, 道高多異蹟, 四衆宗仰. 本國聞之, 渡海相尋, 其徒且多, 無以資歲. 藏乃發石得土, 其色清白, 不磣(楚錦切, 食有沙)如麵, 而共衆食."以此見之, 九華山亦出此土, 而新羅人獨知之. 然則此土殆到處所有, 而爲新羅人救荒之食可知也.《南史》齊明帝永泰元年, 新野太守劉忌, 食盡, 煮土爲粥. 夫凡土豈可充飢? 此亦必土之可食者也.

33

《水經》言:"南方有浮嶽山, 山躚一處, 則百餘步動, 若在水也, 因名浮嶽." 是猶吾東靈巖之動石. 靈巖月出山有三石, 特立層巖之上. 高可丈餘, 周可十圍, 雖用千百人, 似不能動搖, 而一人搖之, 則欲墜而不墜, 故亦稱靈石, 郡之得名以此.

34

寧海龍頭山頂有井, 水旱無增減. 舊傳山頂有一葦, 長至天, 乃鑿井其地, 水甚淸澈, 邪人照之, 則變爲泥色. 立寺井傍, 名葦長寺. 此出《地誌》, 今未知井與寺猶在否, 而誠如誌說, 亦異矣哉! 有能臨照而知其淸澈者, 古今[22]有幾人否乎? 嘗見《三才圖會》, 言"三茅山泉水淸澈, 聞人聲, 則泉底浮沫, 纍纍出水如貫珠, 武功山發源處噴沫如芙蕖, 聞人語, 則愈益溢出." 此亦異事, 而猶爲聲氣所感, 庸有其理. 此井則無所感而直辨人心曲之邪正, 雖照膽之鏡·指佞之草, 何以加此? 可謂天下無對者也.

35

《輿地勝覽》言: "玄風有祠, 稱靜聖大王之神, 祈禱輒應, 故祭之者輻湊, 其紙布輸于活人署." 夫愚民之惑於淫祀, 浪費紙布者, 在法當禁, 設令不禁, 烏可以看作正稅, 以爲公用也? 國初治明之世, 恐無是理, 設有此事, 必出於一二官員誅求之謬. 例如今豊德之取用德物山崔瑩祠祈禱之物, 以補官用者也, 決知非令甲所載. 此必編書之時, 未及周思而誤錄者也.

---

22 今: 가람본에는 '人'으로 되어 있다.

36

嘗謂朝鮮之俗, 有至拙者三, 至難者二. 拙者天下萬國之所無也, 難
者亦天下萬國之所不能有也. 我國無針, 必貿燕市, 若燕貿不通, 雖
有布帛, 無縫衣之道, 拙一也. 六畜首稱牛羊, 而我國則養牛, 不知
養羊, 拙二也. 黃帝以來, 陸行用車, 水行用舟者, 何地不然, 而我國
有舟無車, 拙三也. 豈非萬國之所無乎? 士夫婦女之無再醮之俗, 于
今四百餘年, 擧國同然, 難一也. 士夫之族系明白, 其內外十世祖爲
五百一十二, 而溯考皆知, 難二也. 豈非萬國之所不能有者乎?

37

麗祖家法, 娶其同姓, 實爲禽犢之行, 雖夷狄之邦, 未曾有此. 故忠烈
王時, 元世祖有責詔曰: "爾國諸王氏娶同姓, 此何理也?" 忠宣王時,
又面責曰: "同姓不得通婚, 天下之通理, 況爾國識會文字, 行夫子之
道, 不應妻同姓"云云, 則誠天下之大耻也. 及我朝, 禮敎休明, 獻陵
碑文, 卽卞春亭季良所撰, 中云: "貞順公主下嫁淸平府院君李伯剛,
非一李也." 以其姓同也, 故必明其非一李者, 蓋懲於麗祖之恥也.

38

不娶同姓始於周, 蓋聖人制禮之善之善者也. 然所謂同姓者, 如姬姓
之同祖稷, 子姓之同祖契耳. 若有非稷後, 而亦以姬爲姓, 非契後, 而
亦以子爲姓者, 雖魯·宋之君, 亦不嫌於嫁娶, 明矣. 故我東士夫家,
於姓同而籍貫各異之族, 不嫌其婚姻矣. 近古一儒者立論, 異姓男女,
雖外四寸, 無不可婚娶之義, 朱子內外孫相婚, 是也. 而我國之於異
姓之親, 不相通姻, 陋俗也, 亟宜從中華. 如姓字相同者, 雖延安之李

·南陽之洪, 明是中國人後裔, 而與本系東國之諸李諸洪, 斷不可相昏. 力主兩說, 以誘一世, 而于今百餘年. 異姓至親相婚之論, 終不能行, 姓同不婚之說, 自其時半世從之, 今成定俗, 此雖非禮之本義, 而亦無大段害事. 若其異姓近寸之不相通婚, 自是我國美俗. 其敦厚忠朴之義, 於此可見, 則必欲毀此美風, 自謂從華俗者, 實未知其可也. 安東之金與權, 明是同祖之族, 而以其變金爲權, 故近來兩族不避婚姻, 豈不尤可笑乎?

39

宋英宗之喪, 范蜀公上疏略曰:"乾德初改葬宣祖安陵之制, 其深五十七尺, 高三十九尺, 其下宮及兆域遠近之制, 皆稱於是. 盖太祖念深思遠, 以爲厚葬無益於孝, 作爲中制, 以示後世法也. 陛下奉太祖之中制, 願一以安陵爲法."孝宗之喪, 趙如愚上疏略曰:"陵寢制度, 皆在簡策, 皇堂下深五十七尺, 高三十九尺, 陵臺三層正方, 每面長九十尺. 旣高且廣, 守衛至嚴, 後代所宜觀法. 始緣南渡, 暫卜稽山, 盖非永制, 實居淺土, 本期克復神京, 奏遷靈駕. 雖其志甚美, 荏苒歲時, 今已六十餘載矣. 盖自昭慈之西, 已用五穴, 其深不盈九尺, 僅能掩棺, 聞者寒心. 望陛下惟懷永圖, 如大行深固之藏, 悉遵舊制."盖范公之疏, 則以五十七尺之深, 三十九尺之高, 謂以儉約之制, 而請其無踰過, 趙如愚則謂之旣高且廣, 其意若曰更無可以踰此者. 其規模之大小, 足知其隨代而降矣. 若其不盈九尺, 僅能掩棺, 則與庶人之葬, 何異哉? 雖云欲改葬, 何其太淺如此也? 大抵秦·漢以來, 葬人之法, 未嘗以風水之說, 參於其間. 故不憚其斬斷地脈, 而惟奢麗是務. 是以其所謂中制者, 猶如彼其深廣. 而南渡以後, 則風水之說漸勝故然爾, 未必由改葬之計, 而姑淺其藏也.

40

我東則高麗以來, 葬法專以風水從事, 而高麗之葬, 猶用明器, 故作壙甚寬. 且不用石灰, 以石築墻, 以廣石盖壙. 今或有頹圮處, 見其中, 多古器及古錢, 錢皆宋鑄. 若其火葬者, 不過燒骨一瓶, 而其壙之廣, 亦皆如此. 故高麗顯宗庚戌之亂, 移安太祖梓宮于三角山香林寺, 七年丙辰, 還葬顯陵, 九年契丹蕭遜寧來侵, 又移安于香林寺, 十年復葬顯陵, 其出入梓宮, 如庫藏中物. 雖云用風水之說, 制亦疏矣. 若我朝以來, 則旣無火葬, 且必用石灰而不用明器. 雖欲用之, 容棺之外, 法不容有餘地, 是乃風水之理也. 故雖以國家山陵言之, 以隧道下玄宮之後, 明器安于退壙, 遂以石灰堅築其上, 間不容隙. 此與古之帝王葬禮雖不同, 若論體魄寧安之道, 則壙中之堅密, 必勝於虛潤也.

41

成宗壬辰, 南原君梁公誠之上便宜疏, 疏中言: "庶人則以親之屍付之烈焰而不恤也." 然則其時尙有循麗俗行火葬者耶? 後無此俗, 則豈梁公禁止之功耶? 天下每稱火葬爲夷俗, 而歸咎於元, 然而元世祖嚴禁火葬, 著在甲令. 若明則終明之世, 實不廢火葬, 凡宮人物故者, 盡送所謂靜樂堂火葬塔井中, 誠不忍之政也. 及嘉靖末, 有一貴嬪, 損貲易民地, 有不願井者, 納之地中. 孰謂明之禮教之俗, 反下於胡元乎? 是故論世者, 不可不考實而後言之也.

42

高句麗小獸林王五年, 始創肖門寺, 以寘秦王符堅所送浮屠順道, 又
創伊佛蘭寺, 以寘阿道, 此高句麗佛法之始. 新羅訥祇王時, 有墨胡
子, 自高句麗來, 止毛禮家. 去後, 有阿道者, 至禮家, 儀表似墨胡子,
往往有信奉者, 此新羅佛法之始也.

43

仁祖十六年戊寅, 對馬島倭來言: "南蠻人吉伊施端來在肥前肥後之
界, 祝天惑民, 衆至三十餘萬, 其勢甚盛. 今年正月, 自江戶軍摠八十
餘萬, 進兵大捷, 勦滅無遺"云. 二十二年甲申, 馬島倭書契言: "南蠻
有耶蘇宗文, 出沒於中原朝鮮之間. 宗文卽吉伊施端之餘黨, 如或漂
到, 務要窮捕"云云. 其明年乙酉, 島倭書又言: "宗文造唐船, 欲自朝
鮮海路入日本, 請令各鎭瞭捕"云云. 至二十七年己丑, 留館倭等, 又
以密書來示譯官曰: "所謂耶蘇宗文, 卽倭之叛賊也. 混跡於漢人, 出
沒沿海, 倭深以爲憂"云云. 此卽西洋人之始到日本, 聚徒甚多, 而爲
日本人[23]勦滅者也. 西洋之通中國, 在萬曆中年, 則距此僅五十餘年.
其時外國不知西洋爲何國, 耶蘇爲何名, 而已見其人聚黨作亂於他國
如此, 豈不可畏者乎? 始來之時, 必非多人, 而祝天惑民之衆, 至於
三十餘萬, 則是皆誘日本人而爲其衆也. 何其惑人之神速如此, 豈非
尤可畏者乎? 曾聞西洋人每言: "周行海外, 無不見重於諸國, 獨於日
本見敗云." 以馬島倭前後書契見之, 其言似信. 然此無他也, 日本人
頗明於利害之數. 故不爲其所惑, 而其初見惑者, 不過愚甿之小氓也.

23　人: 국립본에는 이 글자 다음에 '所' 자가 첨가되어 있다.

44

正宗丁巳, 有漂船到東萊, 船大僅如我國載二三千石者. 船中人約五十餘, 其人皆偉巨絶類, 較我國不啻長數尺, 而面貌亦殊異. 鼻脊隆直, 上貫于頂, 臉無顴骨, 自鼻平低向耳, 若杏核稜刻之狀. 全船以薄銅包板, 船內則純銅, 船外則自舷丈餘銅包, 蘸水以下乃板也. 船上竪[24]桅大小八九, 船前後以板隔爲樓室甚多, 左右明窓皆琉璃造成. 船尾架置大銃, 如我國大砲者三. 又有汲水小船, 汲已, 必載之大船. 人之所着衣服, 有襦有袴, 而皆緊窄, 僅容臂股, 不能屈膝. 有櫃子, 坐必踞. 言語不可通, 書示以文, 亦不省. 彼人亦書文字, 字狀如山如雲, 譯官所不解. 遂無以通意, 不知爲何國人也. 東萊府使・釜山僉使及裨將・譯官之輩, 皆爲問情, 登其船, 則船中列置大櫃甚多, 而有高有低. 彼人先迎府使, 指高櫃請坐, 次僉使, 次裨將, 皆以高低爲次, 盖見從衞動止, 而能知貴賤. 待之若尊卑有序, 盖必其國亦有官民之分, 故能推知其貴賤也. 我人以手諭意, 請見其物, 則出示稻米與大豆, 與我國同, 有無孔銀錢, 似其國中所行者. 又出示一冊, 乃其國文字, 卽右所見, 不可知, 而冊樣則不殊我制. 又有鳥銃一柄, 長僅七八寸, 制極精緻, 不用火繩之法, 而銃背淸鐵前嵌安小石如豆. 大碓鐵亦在銃背, 而以機下之, 則磕石生火焉. 我人欲搜看船中所藏, 其人發怒齊喝, 我國人披靡不敢近. 其翌日風起, 其人[25]張手吹口, 其意若言得順風可行也. 急收錠, 乃放船尾三大銃, 船爲銃力築退, 其發如飛, 須臾不可見. 倭館人以千里鏡登高望之曰:"其船已近對馬島"云

---

24 竪: 가람본과 일사본에는 '堅'으로 되어 있다.

25 人: 국립본에는 이 글자 다음에 '皆' 자가 첨가되어 있다.

云, 而我國人亦無由知之. 館倭又言:"是阿蘭陀人, 其船都是寶物"
云. 盖阿蘭, 一稱荷蘭. 昔在孝宗癸巳, 有漂船一隻, 敗於珍島, 而幾
半渰死, 餘者三十六人. 狀貌怪詭, 言語不通, 不識文字, 不知爲何國
人, 而處之海邊矣. 至顯宗丙午, 對馬島酋移書禮曹曰:"阿蘭國在極
南海中, 常時來商於日本. 今有八人到長碕, 自言:'漂到全羅道十四
年, 掠得小舸, 遁逃至此'"云云. 盖三十六人之處珍島爲十四年, 防
守解弛, 八人見遁, 而因對馬島所報, 始知其逃, 且知其爲阿蘭人也.
又見仁祖庚子陳慰使鄭斗源, 自京回啓, 言:"遇西洋國人陸若漢, 得
紅夷炮法, 見其鳥銃, 不用火繩, 而石火自發, 尤爲奇異." 今阿蘭人
之鳥銃, 亦用此制, 則必與西洋相通, 得其火器之法也. 見王士禛《香
祖筆記》言:"阿蘭在臺灣之南, 與琉球·暹羅·呂宋諸國相近. 明天啓
間, 鄭芝龍與倭酋屯臺灣時, 阿蘭國人遭颶風, 至此借居之. 荷蘭國
人素善火器, 順治·康熙時, 皆作亂." 以此見之, 漂船之到珍島, 政在
方寇中國之時也. 近聞荷蘭人至今與日本相通不絶, 而倭人最所畏
憚云.

45

琉球國於我國最近. 或言:"登漢拏山, 晴明之日, 可望琉球山色." 未
必若是其近, 而大抵在我國正南海中, 無他所隔之地也. 然而從古無
來往之事, 至麗末辛昌元年己巳, 使慶尚道元帥朴葳擊對馬島, 琉球
中山王察度聞之, 遣臣玉之, 奉表稱臣, 歸我被倭擄掠人口, 獻方物
琉黃·蘇木·胡椒·甲衣等物, 盖聞擊對馬而畏之也. 來泊全羅道, 其
時都堂, 以前代所不來, 難其接待, 昌曰:"遠人不可薄待." 使之入京,
慰送. 典客令金允厚·副令金仁用報聘, 有書及禮物, 書曰:"高麗權

署國事王昌, 端肅復書琉球國中山王殿下. 我國與貴國, 隔海萬里, 未嘗往來, 竊聞芳譽, 景慕久矣. 今者專使辱書, 副以嘉貺, 仍將本國被擄人口送還, 感喜之情, 難以言盡. 但以館待來使不克如禮, 良用慊然. 今差典客令金允厚等, 聊致菲儀, 幸照亮. 來書云: '被擄人口, 來年皆許回鄉.' 益增感喜. 乞於允厚等回刷送, 令其父母·妻子宗聚, 幸甚." 及恭讓王二年, 金允厚等還, 琉球王又遣玉之, 歸我被擄人, 仍獻方物. 自是連歲遣使, 其世子武寧亦獻方物. 其後我太宗九年己丑, 其孫思紹遣使, 其書略曰:"先祖王察度及先父王武寧, 相繼薨逝, 以致各寨不和, 連年征戰, 一向疏曠. 今荷大明皇帝寵, 封王爵." 十八年戊戌, 遣使稱琉球國中山王二男賀通連寓鎭. 其書略曰: "予兄今年淹逝, 予始通聘." 世宗十二年庚戌, 遣使來朝, 稱琉球國長史梁回, 十三年辛亥, 稱中山王尙巴志而遣使. 文宗三年癸酉, 稱琉球國中山王尙金福見而見使. 世祖元年乙亥, 稱琉球國王尙泰久而遣使, 四年戊寅, 稱琉球國王見而遣使, 五年己卯, 復稱尙泰久而遣使, 六年庚辰, 又琉球使名博多信重來, 七年辛巳及十二年丙戌, 倂稱琉球國王尙德而遣使, 十四年戊子, 遣使來朝, 稱琉球國摠守將李金玉. 睿宗元年己丑, 遣使來朝, 稱琉球國中平田大島平州守等悶意. 成宗二年辛卯, 國王使自端書堂來朝, 自端頗言其國王世系·姓名·稱號等事. 八年丁酉, 其使又來. 時南原君梁誠之上疏言:"琉球國人, 於世祖朝濫承上恩, 今又來朝, 希望橫賜. 彼使眞僞亦未可知, 恐爲倭人之所遣, 以嘗國家之處置." 梁公之言, 若有遠略, 而亦衰世之說. 申高靈《海東記》則但言:"自察度遣使以來, 相繼不絶, 進方物甚謹, 或直遣國人, 或因日本人商販在其國者爲使. 其書或箋或咨或致書, 格例不一." 蓋喜其誠款之不替, 而未嘗疑及於日本人冒僞也. 未知梁公時接待如何, 而此後遂無來往. 世言: "有人爲濟州牧使, 殺琉球太子漂到者, 奪其奇寶. 故琉球讎視我國, 更不通信"云, 然疑之說公然流傳. 近日赴燕使臣有遇琉球使者, 相與欸洽, 語次問: "貴邦以我國爲讎云, 然否?" 其人大驚曰: "無是事, 無是事"云矣. 盖琉球小島, 自南宋時始稱王, 至洪武五年, 初通中國, 遣使入貢, 卽中山王察度也. 辛昌時來朝在其後十七年. 意者人文至此始備, 能通中國及鄰邦, 察度必其邦中興之主也. 考王士禎所稱《琉球世纘圖》, 則尙德下有尙圓·尙宣威·尙眞·尙淸·尙元·尙永·尙寧·尙豊·尙賢·尙質·尙貞. 尙貞卽與康熙同時, 則其後當復歷二三主也. 其稱中山王者, 元延祐間, 國分爲三曰中山·山南·山北, 至明宣德時, 始合爲一, 幷屬中山, 稱大琉球國云.

46

英宗丁未, 譯學李齊聃在濟州, 見州民高商英, 是曾漂海生還者. 詳問漂海顚末, 作一記, 其略曰: "肅宗丁卯, 本州吏民二十四人, 乘船到楸子島近洋, 爲大風所漂. 凡行十二日, 風始少息, 而船中無甘水, 惟唼生米以療飢. 如是在洋中六日, 又遇東北風, 行十七日, 至一島, 見衆船來截四面, 劍戟森列, 盖其島巡邏船也. 乃以手示酌水渴飮之狀, 其人解意, 送一船, 給以一瓶水. 我船中三人在船邊者, 受而盡飮之, 卽皆暈倒, 不省人事. 其人又汲水送之, 故餘人則煎作熱水, 徐徐飮之, 精神始淸爽. 於是出紙筆, 書問: '何地方?' 其人書答: '此地號安南國, 爾等在何邦? 緣何到此?' 遂答以朝鮮人漂到, 因乞救濟之意. 又値大風, 纔得下岸, 所乘船已片片破矣. 隨其人入其邑, 卽所謂會安郡明德府. 見一官員, 着黑色衫, 頂驄帽子, 據椅而坐, 以書問答, 如在船時. 又書示曰:'我國太子曾爲朝鮮人所殺, 我國亦當盡殺爾等, 以報讎.' 渠等見書, 放聲號哭, 忽一婦人, 衣錦揚珮, 自內以出, 舉止端雅, 異香襲人. 亦以書示云:'爾等勿哭. 我國本無殺害人命之事, 欲留則留, 欲去則去.' 使軍卒送置一島. 於是日往閭家乞米, 其應給無厭色, 到處如此, 蓋其國俗然也. 船頭先飮冷水之三人, 相繼致斃, 餘存二十一人, 遍行無禁. 故其俗尙言語, 略解方向. 其地沃壤多水田, 其民三男五女, 節候常暖, 四時長春, 恒着單衫廣袖, 長身不着袴子, 但以尺錦僅掩前後. 其髮披, 其足跣, 男賤女貴. 一歲五蠶三稻, 衣食有饒, 自無飢凍之患. 其景勝處, 必有丹樓彩閣, 制度華麗. 珍禽奇獸, 家家養之, 奇貨異寶, 處處有之. 其木則丹木·烏木·白檀, 其果龍荔·杜椒·薑芋·蔗茸·檳榔·棕櫚·芭蕉之類, 不可殫記. 其牛長在水中, 主人如有耕作·駄載之事, 則往于水邊, 以其聲呼之, 則舉首而見之, 如其主, 則卽起隨往, 如非其主, 則臥而不起. 其角每歲一易, 埋於沙洲之邊, 人或盡數採去, 則後移埋於他處. 所謂黑角, 蓋出於此地也. 其猢猻大如猫, 毛色如灰, 能解人意, 而便於使令, 但不能作人語. 以鐵鎖係項, 人家畜之. 象則牙長丈餘, 身巨如屋, 人欲刷之, 則必梯而上. 毛色蒼白而甚短, 頭無鬣, 尾無鬖. 其鼻長十餘丈, 用之如手, 善食芭蕉, 又能作天鵝聲. 操練時, 列爲隊伍, 有人持兵而上號令, 時教以作聲, 低其鼻則聲低, 舉其鼻則聲高, 其響振天. 惟官無給料, 但畜者, 於收穫時, 驅之田頭, 與之五六束稻, 則掛置象耳而去之他所, 不給則以其鼻亂擲稻束, 遍於田野而後已. 人莫敢呵禁, 官不禁之, 其國法可謂疏濶矣. 其孔雀則比鶴甚大, 一身翎毛五色燦爛. 其雄者, 頂上有數枝翎如鷺. 尾長數尺許, 末端有文如錢, 朱翠之色遠勝錦綉. 羽段多出于此地, 蓋其[26]羽毛織成者也. 以木屑作無心燭, 以檳榔葉爲衣. 其長一尺, 燃之, 能達多天一夜, 光明無比. 芭蕉絶大, 葉長十餘丈, 體大如柱, 處處最多. 象善吃, 如馬之吃藁草. 棕櫚絲在葉間, 織成雨衣. 其實大如椀, 有肉在外, 中有仁, 殼甚堅, 有醬一升, 其甘無比, 又有核仁在其中. 多生水邊, 實熟後爲風所折, 漂流而去. 我國得以爲瓢子杯, 而謂蘆實者, 此物也. 檳榔實如大腹子而小, 土人有神氣困倦, 食其實, 往往佩之而行焉. 一日, 自其國招五人. 凡六日, 始到其都, 見一鎭山之下, 閭閻櫛比. 宮闕崔巍, 國王坐于殿上, 左右侍立者劒佩, 極其嚴肅. 招致殿庭, 以書問答後, 各賜以酒食及米一石·錢三百而退. 渠輩乘國王親自操鍊之時, 泣呈一書, 乞其生還, 王見而哀之. 時中國商人朱漢源·船戶陳乾等來, 言于渠等曰: '俺這一船裏, 若俱載你們, 好好回去, 你們當以何物贈我乎?' 渠等聞說皆喜, 答以每一人以三十石大米, 報汝載去之恩. 遂成文券. 其國備具此由, 以報其王, 則自其國以錢六百兩償之, 以其國書, 報我國送漂到人付商船回去之意. 回來時, 必受朝鮮文書以來, 則更當優償爾等. 於是朱·陳兩人, 以戊辰八月初七日擧帆, 向北[27]五閱月, 到寧波府, 又至普陀山, 十二月十三日, 遇西南風, 向我濟州而發船, 行三日而到大靜縣. 其移文曰: '安南國明德侯吳, 爲奉令調載回籍事據. 丁卯年十月間, 有漂風小船一隻, 到安南本國, 計二十四人. 詢, 稱朝鮮緣出海貿易, 不意風波大作, 破船失貨物等語. 查係貴國商民, 俯憐同體, 荷蒙本國王體好生之德·施格外之恩, 安揷會安地方, 以給錢米. 不意業已病歿三人, 現存貳拾一人, 候南風

---

26 其: 국립본에는 이 글자 다음에 '以'자가 첨가되어 있다.
27 北: 가람본에는 '月'로 되어 있다.

調載送歸, 但各船歸帆俱屬廣東·福建等處. 即有往日本洋船, 派送回國, 奈海洋遼濶, 前後不齊, 難期必至, 恐漂人等終不遂回籍之願也. 畫計不全, 籌度再三, 玆有大淸寧波府商船, 於本年三月間, 載貨來至安南, 生理原在招添客貨貿易之船. 今爲漂人等貳拾壹人, 懇求回貫甚切, 幸船主陳有履·財副朱漢源等, 憐憫衆孤流落他鄉, 慨發義擧. 特將本船客商等, 辭送別船, 拋其生理, 允將本船載至朝鮮, 送回本籍, 以使漂人等遂願等語前來. 合行咨啓爲此. 欽奉安南國王令, 准寧波府商船任聽, 船主等料理送歸本籍. 令船主陳有履等, 捐資整理船隻, 并請識路夥長舵工, 及招駕船人等, 一應料理外, 本國協助糧蔬食物, 以資難人等日食備用. 船主等率領, 于本月貳拾貳日, 揚帆開駕, 但恐關津條例森嚴, 准此備文移送朝鮮, 貴國希查實驗明. 敢望回文卽交, 船主收集, 俟帶本國, 以慰懸念也. 祈將本船整理, 俾其速早, 以回大淸, 不勝幸幸. 須至文者, 正和九年七月二十二日.' 正和似是安南王自建年號也."

47

當宁元年辛酉八月, 濟州唐浦, 有大船來到海岸. 卸下五人, 回棹放大砲, 其往如箭. 見其五人, 則其中四人頭髮盡削, 一人額前削, 後半則編垂, 以黑緞條束其端, 倂以紅斑布裹. 頭上着黑藤笠, 狀如煮肉之笠鐵. 身着襦, 又或着半臂, 其質或氈或三升. 下着袴而襞積其腰, 以色絲貫而結之. 衣色則靑·紅·黃·白不同, 衣制甚窄, 僅容臂股. 項皆掛念珠, 足無襪履, 直踏泥土, 無異獸蹄. 耳輪或有穿孔痕, 髮削復生者, 卷旋如羊毛. 其中二人全身純黑如漆. 乃書示文字, 其人不解. 給筆使書, 則右手執筆寫成, 非篆非畫, 狀如亂絲, 而自左平

行向右, 如西洋法. 所帶物中, 有無孔銀錢五十葉, 而有大小二等. 前
後面, 細刻如亂絲, 似是渠邦文字也. 譯官朝晝叩詰, 引類比解, 則僅
辨數與方名及形見之物, 而有或可以通其意者. 渠之言內, 本是南方
之民, 同舟三十人, 賣買次載雜貨而行, 渠輩乘小艇汲水下陸, 大船
風猛不得留, 棄置渠輩而去云. 欲探其南人與否, 與之檳榔, 則曰渠
地所種, 示以象牙·犀角, 則以兩手指其頭與口, 作牙角之勢, 而云俱
是渠地所産. 又示飯·羹·魚·菜·餅·麴·酒·醬·金·銀·銅·錫·紬·
緞·布·帛, 則無不言渠地所有. 兩黑人, 初非漆也, 自是胎生, 渠地
多有之云, 而其爲某國人, 則無由知之. 從前異國人漂到者, 入送燕
京, 以致其本國, 例也. 今亦差定賫咨官, 領五人入送矣. 自北京諉[28]
以不知何國人, 無以致之, 還爲出送, 故不得已送致濟州始到處. 近
聞二人死, 三人猶存云. 嘉慶卽位以來, 輔政諸臣, 頓變乾隆時治法,
專以省費簡事爲務, 故柔遠之政, 大損於前日. 若使在乾隆之時, 必
無還送朝鮮之理也. 以右安南國王之哀矜濟州人, 出錢六百兩, 貰得
中原商賈之船, 辛勤載送, 又作移文于我國, 必要受其回移, 足知安
南風俗之仁厚也. 今以淸與我國之事言之, 有媿安南多矣. 以諺文飜
錄其言如左: 五人姓名, 분안시고年二十二, 열[29]리난두年二十五, 안
드러수年二十四, 마리안누年三十二, 쟤[30]이단우年三十三, 下二人
是黑人. 其言天曰실우, 地曰쩨라, 人曰현[31]쩨, 父曰쌔, 母曰매, 君
曰러이, 男曰오물네, 女曰몰열, 子曰비긴이누, 娠曰벌니우, 乳曰

---

28 諉: 가람본에는 '誘'로 되어 있다.
29 열: 아천본에는 '멸'로 되어 있다.
30 쟤: 아천본에는 '쩨'로 되어 있다.
31 현: 한창수본과 아천본에는 '현'으로 되어 있다.

마마, 東曰솔, 西曰수마솔, 南曰괴로, 北曰수, 日沒處曰수[32]미솔,
寒曰버레유, 熱曰걸인쩨, 風曰민[33]쭈, 水曰아고, 火曰보고, 一曰운
안, 二曰녀수[34], 三曰드레시, 四曰과들우, 五曰싱쿠, 六曰서이시, 七
曰세쩨, 八曰오츄, 九曰노베, 十曰네세, 二十曰민인쩨, 三十曰둘언
짜, 四十曰궐인짜, 五十曰싱고인[35]짜, 六十曰시세짜, 七十曰신쩨짜,
八十曰오쳔짜, 九十曰노변짜, 百曰운신짜, 一朔曰우날누, 二朔曰누
싀리, 十朔曰네, 有曰쩽[36], 無曰숫쩽[37], 我曰영야, 彼曰문식, 見曰아
별두, 多曰짠두현쩨, 小曰비긴외누, 往曰매버라, 來曰영쟈, 立曰쎠[38]
나, 寢曰눌믜[39], 執曰쇠라, 食曰어러수구세두, 食之曰구뮈, 匙曰괄
닐[40], 箸[41]曰바치, 飽曰인시버리거, 飢曰쩽쑤뮈, 鹹水曰셜가두[42], 淡
水曰이고눌식, 我笠曰두룽[43], 渠冠曰셤쩨, 渠地名曰막가오, 胡帽
曰거리쏘스[44], 下人曰술다두, 山曰몬쩨, 城曰볼딸네셔[45], 船曰쇼미,
楫曰일이우, 載船曰갈가, 宮室曰발나시우, 銀錢曰눗벼아, 稱曰빗샤

---

32 수: 가람본에는 '슈'로 되어 있다.
33 민: 가람본에는 '믜'로 되어 있다.
34 수: 가람본에는 '슈'로 되어 있다.
35 인: 한창수본과 아천본에는 '언'으로 되어 있다.
36 쩽: 한창수본과 아천본에는 '쎵'으로 되어 있다.
37 숫쩽: 한창수본과 아천본에는 '놋쎵'으로 되어 있다.
38 쎠: 한창수본과 아천본에는 '쩨'로 되어 있다.
39 믜: 한창수본과 아천본에는 '며'로 되어 있다.
40 괄닐: 한창수본과 아천본에는 '팔일'로 되어 있다.
41 箸: 한창수본과 아천본에는 '箸'로 되어 있다.
42 두: 아천본에는 '무'로 되어 있다.
43 룽: 한창수본과 아천본에는 '퉁'으로 되어 있다.
44 스: 한창수본과 아천본에는 '싀'로 되어 있다.
45 셔: 한창수본과 아천본에는 '셔'로 되어 있다.

둘, 賣買曰곰부라, 襪曰밀[46]이아시, 鏡曰예시볘후, 筆曰불누마, 紙
曰범볘, 扇曰어반아, 矢曰불네쳐, 火鐵曰부실, 火石曰볘들어, 印曰
말가, 門曰앨다, 旗曰만데라, 車曰불눈[47], 馬曰거반류, 鳥曰쌤드루,
象牙曰말우쌘, 犀曰괴누리바거, 檳榔曰어레가, 死曰여물에, 埋曰
뭘두, 刀曰쌔거, 中曰빌눌이, 金曰외로, 錫曰괴부레, 不見曰비챠두,
陽物曰볘사[48], 陰物曰보긔. 其人之今存者, 若生至多年, 必能與我國
人通語, 語旣通, 則庶可知此語爲某國語, 聊[49]記之以備日後異攷.

48

康熙時, 寧古塔東北數千里, 有氷海, 五年一氷, 有國曰黑眞, 未嘗通
陸, 一人忽涉氷, 至西岸. 初不辨是何物, 細察之則人也. 遍身蒙獸
皮, 但出頭面, 髮鬖如竿[50]. 邊人生致皇京, 康熙招見饋之飯, 則不知
喫, 惟啖生魚肉. 陳列百物於前, 觀其所欲, 而卒無所顧. 引示女人,
卽欣然搜抱, 於是康熙命擇配聰慧女子, 且令伶俐侍衛五人, 幷女領
還本國, 給五穀種·耕具, 使敎之農. 後五年, 與其女子復渡氷海而來
謝恩, 持大珠如拳者數枚·貂皮長丈餘以貢. 女言: "國在大海中, 無
君長, 人長者三丈, 小不下丈餘, 惟獵禽獸, 食生魚鼈. 珠滿海中, 光
怪不測"云云. 此是康熙甲午·乙未間事, 其時使臣有見之者. 余謂此

---

46 밀: 아천본에는 '말'로 되어 있다.

47 눈: 한창수본과 아천본에는 '문'으로 되어 있다.

48 사: 한창수본·아천본·일사본에는 '샤'로 되어 있다.

49 聊: 가람본에는 '料'로 되어 있으나 오자이다.

50 竿: 박지원의 《열하일기》, 이해응의 《계산기정(薊山紀程)》, 박사호의 《연계기정(燕薊紀程)》, 이
규경의 《오주연문장전산고(五洲衍文長箋散稿)》에는 '羊'으로 되어 있는데, 땋은 머리칼이 양털
처럼 구불거리는 모양을 묘사하는 데 초점을 맞춘 듯하다.

非人類. 又無君長, 則奚能有國名黑眞乎? 從古如貫胸·長臂·長脚等國, 決非本國人所自稱, 中國人見其體狀殊異, 仍爲之名耳, 如黑眞, 未知其立名何義也. 大抵中國在天地之東北邊. 故自燕京北去不過四五千里, 有此非人非獸之國. 若西南兩邊, 則除是更度幾萬里, 始或有不類之形爾. 日本北邊有蝦夷島, 亦似人非人之國. 揣其分野, 當與黑眞不相遠也.

49

仁祖丁卯正月十三日, 淸兵陷義州. 前此五六日, 有一老僧年可八十, 朝到平安監營門外, 叩門曰: "聽我言則可無事, 否則禍將不測." 門者以爲狂, 黜之. 此必異人, 有弭禍之策, 將以告之, 而不可得, 惜哉. 此事載《平壤志》, 想非妄傳也.

50

仁祖丁丑春, 我國使臣在北京, 兵部尙書楊嗣昌奏曰: "竊聞朝鮮降奴, 而音聞寂然, 未知竟作何狀. 今貢使將次起程, 正好乘便偵詢. 請倍加賞賚, 勑使伴送於境內." 帝曰: "屬國世稱忠義, 力屈降奴, 情殊可憫." 據奏加賞, 使兵一千伴送出境. 五月到長山島, 聞已講好, 遂掇護送而去, 此事令人大慚. 皇朝之於我國, 雖知其降奴, 而每爲諒恕之論, 苟無積孚於前日者, 何以得此? 皆祖宗朝忠謹之效也.

51

淸以丙子之平我國, 爲開國大事業, 故見其所撰《開國方略》抄來者, 於丙子事, 極意鋪張, 亹亹屢牘. 又見康熙文集, 有諭太學士馬齊等曰: "太宗皇帝定朝鮮之後, 我兵無處不到, 以已破之國, 我朝爲之重加營建, 俾安堵如故. 是以其國人, 於太宗皇帝駐軍之地, 樹立石碑, 備書更生之德, 累世感戴, 以至於今. 且彼有可取者, 明之末年, 彼始終未嘗叛之, 猶爲重禮義之邦也." 盖淸以我國之不背明朝爲義, 故自丙子以來, 專以撫柔結恩爲務, 其意將欲使我國, 移其事明之志於事淸也. 是以貢獻之幣, 前後減數, 不啻過半. 見康熙時請尊號表有云: "念朝鮮享貢維殷, 屢免金幣, 厚其來使, 柔遠之意, 無分內外." 以此爲頌德之事, 則其爲特施之惠可知也. 由是淸使之來也, 雖有可怒而不怒, 可責而不責. 其行程遲速, 飮食起居, 惟我人言是從, 或恐其貽弊, 以及於皇帝之耳. 盖緣前後皇帝之誡飭操切甚嚴故也.

52

仁祖十九年辛巳, 咸陽民表年, 夜見新溪書院有瑞光. 卽其地掘之, 得瓦甕, 上刻一千年三字, 發觀有黃金十四片, 上刻宜春大吉四字. 道臣上聞, 自朝廷遣司宰正李侃, 獻瑞淸皇. 其咨文略曰: "新溪書院係新羅古寺遺址. 想前有神人, 刻留吉兆, 以爲休徵, 非天地所秘鬼神所護, 豈有至今始出之理? 竊據前史, 玉杯銀甕, 瑞應休命. 伏惟皇上光膺天命, 肇創大業, 威烈震于環海, 仁恩洽于遐荒. 神人交質, 嘉祥懋集, 今千年古金, 忽發于大朝所庇之藩境, 是爲盛世嘉瑞, 昭昭無疑. 謹將原金進獻, 以表尊事之誠"云云. 崇德答詔曰: "新羅藏金爲朝鮮所得, 王卽獻之, 足見誠敬. 其所刻字樣, 允屬休徵. 朕當與王, 共荷嘉祥, 王其自受, 卽與朕受無異著. 將原金付李侃齎回." 此事載於《開國方略》, 而攷之我國謄錄, 果有之. 此卽丙子後五年也, 方其時, 一國懷懼, 疲於事大, 如金繒皮幣之供, 竭力準備, 以副其誅求之責, 固勢之所不免也. 若其此等格外之獻, 亦豈爲不可已而不已者乎? 余竊謂其時事情, 實非爲獻媚取悅於淸皇. 盖淸則新服我國, 以威喝爲主. 從以有鄭命壽之屬, 潜通奸民, 我國微細之事, 無不入於密探之中, 威脅恐動, 無所不至. 若先聞我國之得瑞金, 而以不卽獻呈爲咎, 則必當爲疑阻之一端, 故當時廟堂之謨, 必念及於斯而有此擧也.

53

從前淸使之來, 所停館宇之外, 不許遊行, 而若道傍觀者, 則未有防禁. 但女人不使露身而已矣. 自數十年間, 迎來勅使之時, 自渡江以後, 嚴禁觀者, 義州至京千里之間, 凡皂隷執役驅使之外, 不得見我國人面目. 又所停之館及路傍狹斜之口, 皆以布帳高遮, 不令延望. 其所拘束, 與牢囚相似, 甚非待大賓之道. 而勅使輩則但計贈銀多少而已, 此等之節, 都不在意, 誠可異矣. 見《隋書》, 文帝賜高句麗責詔有云: "時命使者, 撫慰王藩, 本欲問彼人情, 敎彼政術. 王乃坐之空館, 嚴加防守, 使其閉目塞耳, 永無聞見. 有何陰惡, 弗欲人知, 禁制官司, 畏其訪察?" 此卽高句麗平原王時也. 以此見之, 高句麗之待隋使, 與今一般. 若使淸帝如隋文帝之明察, 豈不有詔責之擧乎? 盖此擧措, 原非利害所系, 而徒令遠人易生疑怪, 此實有司者過於防禁之失也.

54

近來淸使至我東者, 其誅求貪黷, 全無廉恥. 嘉慶癸亥, 中宮殿冊封勅使, 侯成德明志等出來, 其貪尤甚. 至於沿路供饋之饌, 皆折銀收價, 盖前後勅使之所未有也. 細聞其情, 實有所由. 盖淸人之出使外國者, 歸橐之富, 朝鮮爲首, 而近來淸之官爵, 皆以賂得; 且逐年增價, 出使者不如此, 無以償其所納之費. 故不得不如此云, 尤可駭聽也. 在昔萬曆壬寅, 天使顧天埈之來也, 減饌折銀, 國人刱見而怪其貪, 自是始用白金爲禮, 遂成幣例. 至於天啓乙丑, 太監王敏政之來, 宮中所用, 銀十萬七千餘兩, 人蔘二千一百斤, 豹皮二百四張, 大鹿皮二百餘張, 白紙一萬六百餘卷, 其餘虎皮扇子油芚雪花紙油芚等屬, 可以類推. 崇禎甲戌, 太監盧維寧之來, 所用銀四萬九千八百兩, 各宴折銀不下五六萬兩. 頭目發賣六萬一千八百餘兩. 夫國之將亡, 廉恥先喪, 故明末貪風, 至於如此. 今見勅使所行, 亦足以知其國之盛衰也. 然明末火者, 又何足道也? 高麗時, 宋呂端以侍郞出來, 其淸操至今流傳. 及文宗三十一年, 宋國信使左諫議大夫安燾, 起居舍人陳睦[51]等, 到禮成江. 時與宋絶久, 燾等初至, 王及國人欣慶, 除例贈衣帶鞍馬外, 所贈金銀寶貝禾穀雜物無算. 將還舟不勝載, 請以所得物件貿銀, 王命有司, 從其請. 燾睦性貪嗇, 日減供億之饌, 折價貿銀甚多. 時人云: "自呂侍郞端使還之後, 不見中華使久矣. 今聞其來, 瞻仰峻節, 不圖所爲如是." 按文宗三十一年, 卽宋神宗元豊元年也. 其時士大夫風氣, 未必如明末宦今之滿人, 而燾等官以諫議大夫起居舍人, 出使外國, 辱命如此. 嗚呼! 何代無賢?

55

淸皇之不封太子, 藏名於乾淸宮, 卽自雍正始. 盖康熙四十七年戊子,

---

51 睦: 가람본에는 '陸'으로 되어 있다. 이하 동일.

以皇太子過失甚多, 祭告廢黜, 詔諭天下. 其明年己丑, 又以太子復位, 詔諭頒赦, 及壬辰, 竟遂廢黜. 其詔畧曰:"胤礽向以狂惑成疾, 難荷丕基, 已於康熙四十七年, 特行廢黜. 嗣乃重念父子之恩, 冀其悔心易行, 胤礽亦當衆矢誓, 痛改前愆, 因釋其禁羈, 復行冊立. 誰意年來狂疾益增, 罔有悛心, 因行廢黜, 加以禁錮"云云. 而其年使臣入燕京, 問太子見廢之由於通官, 則或言欲射皇帝, 或言欲置毒於食發覺云. 又聞於太子乳母之子, 則言被搆於皇長子云, 而其時皇長子, 聞亦在囚焉. 近見乾隆傳位嘉慶詔言:"仁皇帝以嫡立理密親王爲太子, 後竟爲羣小誘惑, 未克祗承."以諸說見之, 其釁端必由爭位而生也. 明主如康熙, 而不免有諸子與羣小妬爭搆誣之變, 可不懼哉? 雍正之新定此式, 盖懲於自家之所親經者也. 故英宗十四年己未, 乾隆諭以:"永璉乃朕之嫡子, 遵照朕皇考成式, 親書密紙, 藏於乾淸宮. 偶患寒疾, 遂致不起, 一切典禮, 着照皇太子儀註施行."盖方其藏名也, 惟恐他人之覰知, 而皇心則已定爲太子, 故不幸中天, 則以太子禮施行宜矣. 大抵此法可以一二世無弊之事, 若後之皇帝, 不盡如雍正乾隆之賢明, 則其忌猜搆陷之弊, 當有甚於豫定名號, 未見其爲善策也. 元世祖冊太子時, 有言曰:"太祖遺訓:'嫡子中有克嗣服繼統者, 預選定之.'是用立太宗. 自是厥後, 爲不顯立冢嫡, 遂啓爭端."此亦元世祖懲於所親經之言也. 論此兩事, 終是雍正之計, 不及元世祖遠矣.

56

淸印信之半書篆字, 半書滿字, 始自乾隆戊辰, 卽我英宗二十四年也. 其時禮部咨文曰:"內外衙門印信, 改鑄淸漢文, 朝鮮國王金印, 應俟襲封時, 另鑄換給."及丙申正宗登極後, 齎送新鑄淸漢文金印一顆,原頒舊印, 付還其使焉. 聞北京太學位板, 今皆滿漢字雙書云. 而康熙年間人日記却不然, 亦必自乾隆戊辰始也, 可謂聖人之一厄也.

57

清皇所祭, 有所謂堂子者, 其尊崇敬嚴之禮, 先於太廟, 而牢諱漢人, 至今不知是何神. 見今燕京人所記, 言堂子在長安左門外玉河橋東, 順治元年九月建. 街門北向, 內門西向, 正中爲祭神殿南向, 前爲拜天圓殿. 殿南正中設大內致祭, 立杆石座次, 稍後兩翼, 分設各六行, 行各六重. 第一重爲皇子致祭, 立杆石座次, 親王郡王貝勒貝子公, 以次序列北向, 東南爲上神殿南向. 凡每歲元朝及月朔, 國有大事, 則爲祈爲報, 皆恭詣堂子行禮, 大出入必告, 凱旋則列纛而告, 典至重也. 元朝有掛錢之禮, 貝勒以下不掛. 月朔日, 親王以下貝子以上, 各遣一人供獻. 春秋二季, 立杆致祭, 侯大內致祭以後, 各以次輪一日致祭, 將軍等不得豫焉. 其儀制, 皇上禮服, 乘禮輿, 鹵簿前導. 祭時行三跪九拜禮, 漢大臣不隨往. 以此見之, 門北向而殿南向者, 專欲使外人, 無由窺覘其裏面也. 滿漢人之雜處同郡者, 今且二百年矣. 苟使此事在可諱不可諱之間, 則始雖有欲諱之志, 豈無色辭言語一半分透露之隙? 而此則久益堅諱, 惟恐或洩者, 必有萬萬不可使中國人可聞故也. 是故有行祭者, 不過皇帝至貝勒而已. 雖滿人大臣只許隨駕, 不容參祭, 除是淸亡不能諱, 然後始可知其事耳. 康熙年間, 譯官誤聞是鄧將軍廟, 問通官鄧將軍是何神, 通官曰: "鄧將軍之云[52]是訛傳. 以老剌赤父之所着帽, 藏諸此廟, 皇帝元朝, 先往受香, 其帽亦

---

52 云: 가람본에는 '言'으로 되어 있다.

豈希貴哉? 不過是山獺皮而盡蠹云." 仍笑之. 此亦通官輩途聽之說, 而實不知裏面者也. 近傳清初入關時, 劉綎現靈, 清皇幾乎斃命, 說誓祈祝, 幸而得免. 故所奉卽劉綎頭鍪, 而敬先於太廟者, 卽其誓辭云, 是或然耶?

58

元亡後, 順帝夜逃北奔, 駐應昌府, 一年而殂, 國人諡曰惠宗. 其太子嗣立, 改元宣光, 十一年諡曰昭宗. 中國之所知者止此, 故見康熙年間人所記, 引鄭麟趾《高麗史》, 始知宣光外, 又有天元, 以爲新聞者, 固也. 蓋元明革世之際, 高麗所以事上國者, 太無誠信. 皇明開國在戊申, 而己酉高皇帝遣使, 賜恭愍王璽書. 王卽遣使賀登極, 遂奉洪武年號, 其翌年納元時所頒印于明朝. 及癸丑, 北元遣使入境, 則王欲殺之, 群臣執不可. 王遂夜見其使, 蓋畏爲明朝所知也. 甲寅恭愍薨卒, 禑遣使于明及北元, 幷請承襲. 時有護送使金義殺明使奔北元之事. 故高皇不許高麗使入境, 北元獨封禑爲王, 禑始奉宣光年號. 至戊午, 北元遣使, 告其主豆叱仇帖木兒卽位, 改元天元, 而時因高皇帝詔責嚴苛, 是年雖復暫行洪武年號. 然與北元使价來往, 無異於前, 至戊辰, 停洪武年號, 令國人復行胡服. 此時北元事蹟, 明人無由聞知, 而高麗則終始相通, 故天元之號, 高麗之所獨知者, 此也. 然戊辰卽我太祖威化島回軍之年. 《麗使》《崔瑩傳》云: "亡元餘孽, 遁逃沙漠, 徒擁虛號, 瑩約與爲援夾攻遼東, 其處事粗畧類此." 然則所謂北元, 雖有虛號, 蓋不足爲創業開國之邦也. 常怪夫中朝人雜記, 多引《高麗史》, 而或稱鄭麟趾, 未知《高麗史》緣何入中國也.

59

高麗定宗[53]十年, 遣使如周, 進《別序孝經》一卷,《越王孝經新義》八卷,《皇靈孝經》一卷,《雌雄圖》三卷. 楊升庵言:"高麗所進《別序孝經》, 言孔子所生及弟子從事事,《孝經雌雄圖》, 說日之環暈星之彗孛." 余謂此非高麗之書也. 見《隋書》〈經籍志〉, 逸書目中, 有《孝經雌雄圖》三卷, 則此所獻諸書, 必皆中國逸籍, 幸有於我東, 故獻之耳. 高麗人安能作緯書也?

60

我東人文字之流入中國者不少, 而及見《四庫全書》目錄, 則東人書籍之入編者, 惟《徐花潭集》一部耳. 以是論之, 雖今之世, 中國人眼目, 儘非東人之比也. 盖先生以自己道學, 出自己議論, 非以依樣之學, 爲隔靴之說者也. 若論自得之妙, 無如先生, 而侵斥多及於先生, 心常不平. 今見中國人於衆書中, 特取此寂寥一卷書, 令人灑然.

61

元時歲責高麗貢美女, 則必多其人, 而以余所記, 但知奇氏入爲第二皇后, 生太子愛猷識理達臘, 事在《元史》. 明初猶沿元制, 故見明人所記, 太祖有碩妃, 太宗有賢妃權氏·順妃任氏·昭儀李氏·婕妤呂氏·美人崔氏, 皆朝鮮人. 權尤穠粹, 能詩善吹簫, 詩云:"忽聞天外玉簫聲, 花底徐行獨自聽. 三十六宮秋一色, 不知何處月偏明." 永樂八

---

53 定宗: 모든 사본에 '定宗'으로 되어 있으나,《고려사》에 따르면 광종(光宗)이 맞으므로 번역에서는 수정해 번역하였다.

年, 侍上征虜, 還至臨城而薨, 諡曰恭獻, 事見《太平清話》. 又見麗末所記, 咸安人周英贊之女, 入貢有寵, 此在高皇帝時也. 至永樂庚寅, 雖云詔止貢女, 而其後韓襄節碻妹兩人, 入貢有寵, 又至成宗時, 工曹典書權克和之女入貢, 穠艷, 善吹玉笛, 寵冠後宮. 明人宮詞中, 亦有詠其事者. 凡此皆有寵故顯, 若其貢入無名者, 當不知其數也.

62

我國使价之通中國, 自古從水路, 故正副使各乘一船, 各具表咨一本, 以備不虞. 而航海路程, 必經白海·赤海·黑海數千里, 故麗末上使洪師範溺死, 鄭圃隱以書狀官僅全得達, 其危險如此. 入我朝至永樂己丑, 光祿卿權永均赴京回還時, 永樂皇帝宣諭: "恁再來時, 休打海上過, 只旱路上來. 你那裡來的使臣, 教他也旱路上來." 自此從陸路通使. 永均卽賢妃權氏之兄也. 帝之特命改程路, 蓋緣永均有叚學之親, 故或能有周旋之力也. 然則自永樂己丑至天啓辛巳, 使臣之免爲魚鱉, 實權氏之功也.

63

宦者之入貢, 亦自元始. 明初猶沿其制, 而元時火者, 明初有仍令給事嬖幸者多. 以余所知, 元時有朴不花·黃石良·李大淵·李大順·姜金剛·金麗淵·那壽也·先不花(兩人本皆李氏), 明時則延達麻實里·陳漢龍·朱允福·金仁甫·韓帖木兒·尹鳳之·崔安·喜山·大卿·金麗·普化·鄭同. 此余所記者只此爾, 未知傳記中又更有幾人也. 見明末人所記, 引《憲宗實錄》言: "成化四年十二月, 遣太監鄭同·崔安, 冊封朝鮮世子(睿宗諱)爲王. 旣行, 巡按遼東監察御史侯英奏: '同與安俱朝鮮人. 墳墓宗族, 皆在其地, 於其國王, 未免行拜跪之禮, 進囑托之辭, 殊輕中國之體. 乞追寢成命, 遣翰林院給事中及行人, 往使爲便.'上是其言. 於是賫賞則遣內臣, 冊封則遣廷臣有學行者.'按《櫟翁稗說》言: "中官李大順, 我喬桐人也, 有寵於元世祖. 忠烈王之入覲也, 請詔王以其兄校尉爲別將. 世祖曰: '官人有法制, 國有君, 朕何預焉?'因賜羊酒, 令從其所自白于王. 王曰: '汝兄校尉耳, 越散員而爲別將, 非舊例也.'大順不敢復言." 又按《高麗史》, "辛昌時, 帝遣前元院使喜山·大卿[54]·金麗·普化等, 來求馬及閹人, 喜山等, 皆我國人也. 禮畢下庭, 稽首四拜, 昌立受之." 以兩說見之, 侯英所云拜跪囑托, 固有其事. 而若崔安·鄭同, 則實非同時之人. 辛禑六年, 遣使周誼入明, 高皇帝縛誼, 幽于天界寺, 使中官本國人崔安訊之. 然則崔安, 安得至成化與鄭同同爲太監乎? 《實錄》所云, 必未考其世而渾錄之也.

64

又見他記言: "亘璠鄭同生朝鮮. 其國王(世宗諱), 貢入中國, 得侍宣宗. 後復使朝鮮, 至金剛山, 見千佛繞毘盧之式, 歸結圓殿, 供昆盧, 表裏千佛, 面背相向, 皆極工巧. 同自爲碑文書之." 又《樂學軌範》言: "庚子年, 華使鄭同帶伶官而來, 其所持太平簫之音, 與本國之樂聲稍諧." 庚子卽成化十六年也. 以此見之, 鄭同之來使, 不止一二矣. 又見《國朝寶鑑》, "成宗朝德宗追尊時, 初不爲奏請中朝, 及請承襲使還奏: '太監鄭同以爲追尊事, 亦當奏請.'於是上遣使." 其時我國之

---

54 大卿: 한창수본과 일사본에는 '水卿'으로 되어 있다.

於中朝, 凡紹介質正之事, 多賴鄭同. 同之於我國, 其先事周章, 料亦盡心也.

65

高麗金寬毅卽毅宗時人, 去開國已近三百年, 乃著《編年通錄》, 其言世系, 專以詭誕之辭, 恣意搆誑. 益齋逐節辨破, 其言之正大明白, 無容更議. 而若其懿祖名作帝建, 世祖名龍建, 太祖諱亦建字, 世傳道詵豫定太祖諱字, 以爲三世一名, 必王三韓. 益齋辨此曰: "新羅之時, 其君稱麻立干, 其臣稱阿干·大阿干, 至於鄕里之民, 例以干連其名而呼之, 蓋相尊之辭也. 阿干或作阿粲·閼粲, 以干粲餐聲相近也. 懿祖世祖諱下字, 亦與干·粲·餐之聲爲相近, 乃所以相尊之辭連名而呼之者之轉也, 非其名也. 太祖適以此字爲名, 好事者遂附會而爲之說. 太祖動法先王[55], 寧有不得已而怗於非禮之名乎?" 愚謂益齋於此說, 獨恐未然. 大抵夷俗無諱法, 故父子同名者, 往往有之. 雖以我東言之, 新羅沈那之子名素那, 高麗龔直之子名直達, 甄萱之女婿卽池萱, 其無諱法可知. 在古蠻貊稱上金爲陽邁金, 故其君自名陽邁, 及陽邁死, 其子咄立, 慕先君之德, 復改名陽邁. 故《水經註》言: "昭穆二世, 父子同名." 此等之俗, 豈可盡以先王之禮律[56]之也? 如所稱道詵之豫定諱字及必王三韓等語, 固知其誣妄, 而若其三世一名, 則其時國俗或然爾. 益齋之論, 似近於委曲護短之說也.

---

55 王: 가람본에는 '生'으로 되어 있으나 오자이다.
56 律: 가람본에는 '㳕'로 되어 있다.

道詵卽高僧之有道, 而且能前知, 多神異之跡者也. 然其所傳神異之事, 多是高麗中葉以後傅會之說. 如麗僧宏演所撰《道詵傳》言: "道詵入唐, 學於一行, 一行覽三韓山水圖曰: '若人有病, 針炙則愈. 山川亦然, 或建寺立佛立塔, 如人針炙, 名爲裨補.'" 隱山碑則言: "一行以針炙之法, 授道詵曰: '或豎浮圖, 或設塔建寺, 至於三千八百餘所, 則汝國山川病咎潛伏.'" 閔漬《編年綱目》言: "太祖年十七, 道詵復至請見, 告以出師置陣之法·望秩山川之理." 凡此諸說, 全然是誕妄之辭. 盖一行卽唐初臣張公謹之孫, 開元十五年作大衍曆, 未成而死. 道詵之生, 在新羅興德王二年, 卽唐文宗太和元年, 則其間適百有年矣. 若謂兩人可以相遇者, 眞莊子所謂今日適越而昔至者也. 言者之急於說謊而不復照檢其先後, 大抵皆類此. 然則一行之覽山水圖云云, 原屬皮不存之毛也. 然此輩之無端妄說者, 豈無其意哉? 盖將憑託道詵一行之說, 以信其所欲爲者之計也. 何以知之? 麗太祖有遺詔十條, 而其第二條曰: "諸寺院, 皆道詵推占山水順違而開創. 道詵云: '吾所占定外, 妄加創造, 則損薄地德, 祚業不永.' 又曰: '新羅之末, 競造浮屠, 衰損地德, 以底于亡.'" 以此見之, 道詵何嘗貴立佛立塔者乎? 嘗考地誌, 我國初, 寺刹爲一千六百餘所, 而八九是麗太祖以後所建, 此豈道詵之所許者乎? 然則見今八域之內, 寺刹及立佛立塔, 在在相望, 皆以此等假託之說, 誑惑人心而爲之者也. 至於閔漬之《編年綱目》, 全從金寬毅《通錄》之文. 所云太祖年十七, 道詵復至者, 疑亦《通錄》之說. 今以崔惟淸玉龍寺碑考之則曰: "師之未卜玉龍也, 往松岳郡, 見世祖築居第, 師敎之改營曰: '更後二年, 必生貴子.' 於是讚一卷書, 實封之, 進世祖曰: '此書上未生君子. 然須年至壯室而後授之.'是歲卽唐乾符二年乙未也. 四年丁酉, 太祖果誕降, 逮壯得其書, 知天命有屬.' 又曰: "師之於太祖, 其事甚偉. 先識之於降生之前, 而施其效於身沒之後, 其神符眞契, 有不可思議." 又其銘曰: "舊邦俶擾, 新命猶閟, 先終知終, 未至知至. 譔書預獻, 國祚攸始. 作周興漢, 如掌斯指. 人雖隔世, 事若合符." 此則言太祖生後, 實無更來之事矣. 若太祖年十七, 卽唐昭宗景福二年癸丑, 時道詵年爲六十七, 卽碑所謂師在玉龍晏坐忘言之時. 而間因羅王遣使奉迎, 以玄言妙道開發君心, 未幾不樂京輦, 懇請還歸. 其後五年戊午而師沒. 則一邊以玄妙之言, 開發羅王之心, 一邊潛訪麗祖, 指示出師之策, 卽奸細之徒欺君賣國之事, 曾謂有道如道詵而爲此者乎? 盖道詵之以實封一書, 進于未生君子者, 先知有統合三韓之世, 故敎其開國創業之方, 以輔安民傲治之道, 而其中率多陰陽推占之說爾, 何嘗私於高麗而背於新羅乎? 若使癸丑復來, 見麗祖而暗告以興兵之法, 則此眞陽事羅王陰結麗祖, 決知其無是理也. 然則終高麗之世, 所以崇信道詵, 加號加爵, 多出於浮慕之誠, 而未必眞知道詵心[57]蹟者也. 何者? 當時所信服, 太半是如右諸人讛張荒唐之說, 如作平壤大花宮也, 妖僧妙淸作玉龍步法曰: "道詵秘傳." 而仁宗信之, 辛昌將伐遼陽時, 有僧稱道詵識曰: "設文殊會, 則敵兵自屈." 崔瑩信之, 凡此亦皆爲道詵之言乎? 明是假托傲出之辭, 而厭然行于朝廷之上, 麗時邪妄之徒, 托道詵而行其心者, 當不知其數也. 然則道詵事行, 當以崔惟淸玉龍寺碑爲准, 何者? 益齋曰: "崔文淑[58]玉龍寺碑, 不爲表襮, 自成一家." 盖麗時於道詵事, 鬼怪之辭盈于一世, 而崔公碑文據實直書, 不涉虛

---

57 心: 국립본과 일사본에는 '之'로 되어 있다. 일사본에는 '之' 자를 '心' 자로 고치려던 흔적이 보인다.

僞. 故益齋攻金閔誕妄之書, 不遺餘力, 而獨於崔公文, 歎其無表襮者, 此也. 益齋之言, 豈非信書乎?

67

高麗太師姜公之名,《麗史》及諸書, 皆以爲邯贊. 今見開城府有一塔, 上刻'菩薩戒弟子平章事姜邯瓚, 奉爲邦家永泰·遐邇常安, 敬造此塔, 永充供養, 時天禧五年五月日也'三十八字. 以此見之, 姜公之名本瓚字, 非贊也. 然則前後史牒, 何故去玉傍, 而皆以贊字行耶? 可怪也.

68

高麗金洪術, 貌似太祖. 太祖與甄萱戰敗, 幾不免, 洪術乃代太祖死之, 使太祖得全. 我朝李殷知蔚山郡, 與郡吏李藝, 同被倭搶擄, 到日本. 藝事殷, 一如在郡, 時久而靡懈, 倭人感其有禮, 俱放還. 余謂金洪術之忠烈, 無異於漢高之紀信, 李藝之信義, 不讓於趙襄子之高赫也.

69

高麗仁宗時, 妙淸等作亂於西京, 金富軾討破之. 遂治其黨與, 勇悍抗拒者, 黥西京逆賊四字, 流海島, 其次黥西京二字, 分配鄕部曲. 盖金富軾痛疾之甚而誅不可勝誅, 欲施減死之律, 則與他罪無加重矣, 故行此無於法之刑, 黥之以逆賊, 終身無可補之日, 雖欲自新得乎?

---

58 淑: 가람본·한창수본·일사본에는 '肅'으로 되어 있으나, 국립본과 여러 사료에 근거해 바로잡았다.

殊違古人脅從罔治之義. 且使刑法以時而輕重, 則律制安所爲信, 民志安所爲受? 杜元凱曰: "法行則人從法, 法敗則法從人." 金公可謂以法從人者也.

70

妙淸之亂, 在仁宗乙卯. 宋遣迪功郎吳敦禮來曰: "近聞西京作亂, 倘或難擒, 欲發十萬兵相助." 此乃宋人夸言也. 高麗或用宋年號, 或用遼·金年號, 而用遼·金時爲多. 故宣宗時, 宰相有監校入宋奏表, 誤書遼年號. 宋却其表, 宰相至被責罷. 宋與高麗, 其交際亦如此. 若仁宗則丙午才稱臣于金, 戊申宋遣使請通問于二帝, 而高麗不能從. 庚戌高麗請修貢於宋, 宋又不許, 則到乙卯, 設使自高麗告急請援, 中原之待外國, 未必視以爲急務, 況自中國聞聲而先施者乎? 況此卽宋高宗紹興五年, 其時高宗航海避金亂歸臨安, 僅數年. 方避寇亂之不暇, 安有餘力, 能發十萬兵蹈海救人之急乎? 非但無其理, 雖欲行之, 決不可能. 然則遣使之意, 必爲覘高麗之親疏於金, 而出使無名, 故托稱援亂. 不然則不過譁示親好句, 致其貢獻之貨也.

71

高麗忠烈王時, 哈丹陷北界諸城, 以奏元皇, 元皇曰: "爾國唐太宗親征, 尙未克, 又於我朝初未歸附, 我朝征之, 亦未易捷. 今此小寇, 何畏之甚耶." 對曰: "古今盛衰不同爾." 元皇諭以夜戰. 以此思之, 兵貴掩人不意, 且欲敵莫測吾多寡. 故田單之攻火牛, 孫臏之射龐涓, 項羽之潰圍垓下, 李愬之襲攻蔡州, 皆必待夜而行. 此實兵家密傳之秘計, 而元皇之窮兵天下, 到處取捷, 必用此道也. 時忠宣在元皇之側,以其外孫也, 故密諭之.

72

後世嘉量之法, 無釜·庾·秉·鍾之名, 而但積斗成石. 我東以十五斗
爲石, 私家則以二十斗爲石, 中國無此制矣. 故嘗謂我國一石, 大於
中國之石. 今見《麗史》〈高宗世家〉, 言: "馬十一萬八千匹, 日支五升,
自十月至明年二月, 當用上朝碩十三萬五千, 而本朝碩, 則二十七
萬." 以此見之, 我東一碩, 適爲上國碩之半矣. 元法, 明以十斗爲一
碩, 則麗時一碩, 卽五斗耶? 抑元與麗均是十斗, 而元之斗倍大於麗
之斗耶? 未可知.

73

今人稱生年周甲之歲爲還甲, 而讀之以仄[59]聲, 雖從俗言之而意嘗未
安. 後見《高麗史》〈忠烈王紀[60]〉, 有換甲推恩之文, 始知讀仄聲本爲
換甲, 而非還甲也. 六十年爲一甲已盡, 自今年始計新甲, 故言換甲,
文更近雅.

74

愚民輩祝壽之辭, 多稱高舜年而不知其義, 見高麗時堯舜稱高舜, 盖
定宗名堯, 故諱堯而稱高也. 此必獻壽君上之時, 祝以堯舜, 而遂傳
至今, 以爲祝壽之通稱焉.

---

59 仄: 가람본에는 '反'으로 되어 있다.
60 紀: 가람본에는 '記'로 되어 있다.

75

鄉曲小民之俗, 有男年未壯時, 先媒年長女子, 迎置其家, 以助農桑
之勞, 待其男稍壯[61], 始與成夫婦, 謂之預婦. 故往往有婦年[62]長於夫
十數歲者, 此乃無識下流之事也. 高麗高宗時, 元脫朶兒爲子求婦於
高麗, 而必於相門, 欲聘金鍊女, 其家已納預婿[63], 其婿懼而出. 其時
國俗, 納年幼者, 養于家, 待年, 謂之預婿. 今小民之有預婦, 尙笑其
陋俗, 況宰相乎? 預婦尙可笑, 況預婿乎? 麗時此等之事, 未免夷風,
而至我朝一洗之, 不亦休乎?

76

上御衣服, 稱以衣襨, 襨字不載字書, 不知其何義. 嘗見《高麗史》,
遼君之賜王衣服及王之賜人衣服, 多稱衣對. 且或擧衣數, 不稱襲套
等字, 而輒稱衣幾對, 盖數衣而稱對, 其時語也. 或因對傍加衣, 遂爲
御服之名耶? 衣襨之稱, 已自麗時有之.

77

本朝嘉禮時, 有執棒前列者, 名貴由赤, 赤讀作致, 此元制也. 貴由赤
者, 元語快行也. 每歲一試其脚力, 以便[64]捷者膺上賞. 越三時約走
一百八十里爲準, 盖帳下捷足也. 必因麗朝元公主婚禮時, 有此儀,
遂踏襲至今不廢也. 內侍有薛里之稱, 薛讀作攝切, 不知其何義, 此

---

61 壯: 가람본·국립본·연세본에는 '長'으로 되어 있으나, 한창수본과 일사본에 따라 '壯'으로 썼다.
62 年: 가람본에는 '年'이 '長' 뒤에 있다.
63 婿: 한창수본에는 '婦'로 되어 있다.
64 便: 가람본에는 '使'로 되어 있으나 오자이다.

亦必元語也. 元時內府執役者, 有怯薛之號, 薛里必怯薛之類. 而薛之爲撮切, 抑蒙古字音然耶? 或因倂稱[65]怯字耶?

78

太廟前街傍, 自古有方石三重, 每石長可六尺, 廣厚遞減約, 各四五寸. 其前又置一石差小, 摠名日影臺, 人多不知爲何物. 近歲忽有訛言, 以爲國初所置, 以定歷年之數, 有若讖緯者. 然以訛傳訛, 遂成妖言之根, 中外騷屑, 牢不可破. 我國素善爲無稽之言, 妄言妄聽, 固非一二. 然而其無理妄誕, 未有甚於此者也. 盖在世宗朝, 作仰釜日晷二俱, 內畵時神, 欲使愚者俯視知時. 一置惠政橋畔, 一置太廟南街. 其三石疊累者, 即安晷之臺, 其傍小石, 即人之升立俯視之階, 皆按跡可知也. 其後屢經兵火, 惠政橋畔之石, 不知何時見迭, 獨廟前街石, 至今幸存, 而尙以日影臺稱之. 此事載《輿地勝覽》, 本非深僻之事, 而訛言無根, 煽惑至斯, 他尙何說? 余每向人道此, 無不況然開惑. 近見《松都誌續編》, 即徐判書有防爲松留時所輯也. 有曰:"南大門外路傍, 有四層石, 世傳麗時歷年一百則置一石, 歷四百餘年, 故累[66]至四層"云. 吁! 此何言也?《麗史》之所不言,《勝覽》邑誌等書之所不載, 古今人松京記事之所未槪見, 其曰世傳者, 果傳之在何世? 古果有此說, 則《松都誌》前後編輯者, 何皆不聞, 而到今徐君始聞之乎? 邦祚延促, 自有史策, 人誰不知, 而必以石記之者, 不省其何謂也. 事近不祥, 古人豈萬萬爲此者乎? 此不過向來妖言流行之時, 有

---

65 稱: 연세본에는 '讀'으로 되어 있다.
66 累: 가람본에는 '厪'로 되어 있으나 오자이다.

人又作影響之說, 以傅會今事者, 而徐君編書之日, 乍聞街巷之談, 以爲神奇, 不復考其事理當否, 而并收之. 信乎編書之難也, 可不愼歟? 今則譌言雖熄, 此等訛舛之書, 亦誤後人不少. 安知無後來見《松誌》者, 眞以爲勝國故事, 而反以爲據, 遂實曰影臺訛言之事者乎? 誠可懼也. 是故辨之不得不詳.

79

國俗每年正月十五日前後數日, 兒童群聚, 分隊左右, 以瓦石相投爲戰, 往往至於腦破肢折, 而都不之[67]恤. 然今之爲兒童之戲者, 猶是舊俗之衰耳. 古則非但兒童, 一鄕之壯丁者皆出, 戰勢愈猛, 傷人愈易. 是乃所謂石戰, 而古實以端午日爲之, 故《高麗史》辛禑六年五月, 欲觀石戰戲, 李存性諫之, 禑取彈丸射之者此也. 此事斷宜嚴禁, 然亦嘗有國家得力於此者. 燕山庚午禦倭時, 安東金海等邑, 募其善投[68]石者爲先鋒, 賊兵不敢前, 遂以此取勝.

80

高麗太祖東征至淸道, 有賊聚據山城, 城名吠城. 攻之不克, 太祖憂之, 僧寶壤曰: "犬之爲物, 司夜而不司晝, 守前而忘其後, 宜以晝擊其北." 太祖從之, 賊果敗. 此卽《水經》中子胥攻麥城之術也. 子胥將攻麥城, 先造驢磨二城以破之, 故時有東驢西磨, 麥城自破之諺. 以此言之, 名義相制, 生克自行, 此乃數耶理耶? 誠未可知, 而亦未嘗[69]

---

67 之: 가람본과 연세본에는 '知'로 되어 있다.
68 投: 가람본에는 '者'로 되어 있으나 오자이다.

無應, 此卽後來邪道有禁方禳法之源也.

81

碓是人家日用之具, 而近世風俗, 忽有拘忌之說. 凡碓頭所向, 人皆
厭惡, 或新營安碓, 則向頭之家必欲沮戲, 至於外方, 則使丘墓當碓
頭者, 尤所切禁, 此何理也? 見《高麗史》, 神宗元年, 重房奏闕西之
地, 武官位也, 請禁人家安碓. 此是武人專擅無所不至之辭, 而其所
以忌碓者, 果何義[70]也?

82

今做官之人, 無論內外, 切忌洗印. 俗稱洗印則罷官, 雖朱泥塡滯, 印
文漫漶, 亦不許挑剔, 甚可笑也. 明時皇帝諸璽, 以每年三月廿九日,
九月廿九日, 爲用寶之期. 先期請出洗滌, 尙寶卿以金盆盛水濯之,
明日乃用. 以此言之, 凡俗忌之無理皆如此.

83

宣廟時天使熊化來, 或慮有火災, 及其行過, 公私廨宇多災, 時以爲
有徵. 正宗壬寅, 近畿野邑, 忽有客熊, 在在成群, 大爲民患. 自軍門
多發砲手課獵, 所捕以百計. 時以爲火災之兆, 人頗憂之, 竟不驗, 亦
無他祥焉. 按明時京師西直門熊入, 何孟春曰: "當愼火." 未幾城內
多火災. 或問: "此占何出?" 何曰: "宋紹興間, 永嘉災前數日, 有熊至

---

69 嘗: 가람본에는 '常'으로 되어 있다.
70 義: 가람본에는 '議'로 되어 있으나 오자이다.

城下. 高世則曰郡中宜愼火, 果延燒官民舍十七八, 偶憶此事云, 然不意其驗也." 蓋熊字從能火, 故自宋人已有此說, 皆屢中, 而至若以人姓爲占, 更近無理, 其徵與眞熊無異, 尤可怪矣. 若壬寅熊患, 最類非常, 獨不驗者何也? 意者獵捕殆盡, 乃爲勝災之道耶?

84

萬曆庚申, 平壤箕子井東, 掘地得古鏡, 背有款識. 字皆凸, 二十字連環書, 無首尾. 其文曰: "東王公西周會年益壽民宜子孫[71]吾陽陰眞自有道." 月沙李公, 讀以吾陽陰竟自有道東王公西國曾年益壽民宜子孫. 其說曰: "吾字上似有點標, 當以吾起頭. 眞字當作竟, 鏡字之古也. 周字土蝕, 當作囯, 國字之古也. 會字當作曾, 增字之古也. 皆《漢書》所載通用古字. 且其書乃隷字, 非箕子時書也. 東王卽指東明王也." 李公之解似得之也.

85

《芝峯類說》言: "李某爲統制使時, 掘井至十丈許而無水, 下有盤石, 用斧穿破, 則中有瓦五六張. 又黃州築城時, 取山石, 石中得一小佛. 或疑開闢前物." 余謂始作瓦者桀也. 佛法之來東國者, 符[72]堅所送也. 今日開闢前有瓦有佛像, 則開闢前世界, 亦有如桀如符堅者矣, 豈不令人絶倒? 蓋高地爲低, 低地爲高, 不過數百千年陵夷遷變之事, 乃

---

71 子孫: 모든 사본에 '子孫'으로 되어 있으나, 이정귀의 〈기성고경설(箕城古鏡說)〉에는 '孫子'로 되어 있다.

72 符: 가람본·연세본·국립본에는 '苻'로 되어 있다.

疑爲開闢前後, 可謂遙遙古蹟也.

86

分野之說, 實似無理, 而春秋以來, 以此言休咎, 未嘗無徵. 至於我
東, 人有以列宿排定於我國, 爲八域分野, 往往災祥, 亦各以其方有
驗云. 又日本人言, 以星紀分野之法, 分排於國內諸州, 各有星土定
位, 而著於國史. 自古及今, 其地之休咎, 能彷彿有應. 余始聞滋惑,
更思之, 原無足疑也. 中國之於天, 不過彈丸之一方. 今朝鮮與日本,
比中國爲小云爾, 若自天視之, 卽五十步百步之間也. 旣謂以全天星
度, 可排於中國, 則朝鮮日本, 亦何異於是哉? 然則一道之內, 亦可
排分野, 一邑之內, 亦可排分野也.

87

潮汐之說, 有謂出於日者, 有謂出於月者, 有謂出於地運者, 有譬人
之呼吸者. 要之, 以早晚盈縮爲驗. 未嘗有有海無潮之說, 盖環中國
東南兩海, 不見有無潮之處故也. 然則我國咸鏡江原慶尙三道東海
之無潮者, 中國之所無, 而古人之所不論也. 余嘗入湖西海島, 距陸
約不過六七十里, 而其潮汐之限, 比陸地濱海甚低. 以此見之, 海之
爲潮, 近陸而益高, 深處則多靜少動, 可知也. 然則中國所謂東海, 乃
我國之西海, 卽不過浦港之大者也, 宜其有潮, 而我國東海, 則海之
最深處, 無潮固其性也. 然海深無潮之理, 亦不可强解[73]也.

---

73 解: 가람본에는 海로 되어 있으나 오자이다.

88

明制, 正陽門不敢出喪, 餘皆不禁. 大明門, 雖空棺亦不許過, 各門空
棺不許曳入. 我國則漢城八門, 惟西小水口兩門許出喪, 其餘有禁不
敢出. 盖諸門皆爲乘輿出入之路, 而獨西小水口兩門非御路故也. 若
空棺出入, 則雖崇禮興仁, 皆所不禁也.

89

柳判書辰同, 中廟朝名臣, 號竹堂, 以書名於世. 其家傳藏判書所寫
崇禮門三字屢百紙, 以爲南門揭額時寫習者[74]云, 而亦未有證矣. 肅
廟朝大將柳赫然, 卽其後孫, 因修改[75]門樓, 脫下扁額, 則扁背書'嘉
靖某年竹堂書', 始知其爲柳公筆也. 世稱爲讓寧大君書者, 盖誤矣.
構樓當在國初, 而到嘉靖始書扁額, 亦未曉其何由也.

90

以葬地吉凶爲其子孫休咎, 古無是說, 獨《後漢書》〈袁安傳〉有之. 自
晉以下, 則見於史策者不可勝數, 遂成天下不易之俗. 而外國則自新
羅以來, 我東專尚此術, 其餘四夷, 至今無此俗. 然則吉凶休咎之理,
獨行於中國與我東, 而在四夷理有不行也乎? 其爲說, 若有驗, 若無
驗, 若可信, 若不可信, 誠未可曉[76]也. 是故其說以晉郭璞爲祖, 而嗣
此行其術者, 率多僧道隱遁之士. 至五代時, 楊益字筠松, 爲其術鼻

---

74 者: 가람본에는 '字'로 되어 있으나 오자이다.
75 改: 연세본과 국립본에는 '理'로 되어 있다.
76 曉: 국립본에는 '曉' 뒤에 '者'가 더 있으나 연자(衍字)이다.

祖, 而亦非聞人也. 及至朱夫子有山陵議, 專言風水, 故後之士大夫, 遂不恥攻治此業焉.

91

針盤所以定子午之器, 而今指子壬午丙之間, 則驟看若於理不順. 而自古用針, 惟此一理, 以器相傳, 爲世恒法, 而所指在午丙之間, 故稱爲縫針. 後之名師, 雖一循傳授之法, 承用縫針, 而若其意義, 則有未了然, 故至有針鐵忌火, 不能指午之論, 而猶未嘗以縫針正針, 有所議到於同異焉. 後之所謂羅經者出, 以二十四方周環三重, 而三重之子午, 不得不各差一宮, 則曰一爲正針, 一爲縫針, 一爲中針. 於是乎東西南北之位, 可容以人智爲移易遷推. 羅經中杜撰無据之說, 固不可殫數, 而事之無倫脊, 未有甚於此者也. 蓋嘗論之, 天地四方, 分之爲十二次, 配之以十二辰者, 卽自然之理, 而所以定其位次, 則必藉乎土圭之影. 影之爲分界, 不可有左右凌犯, 爭以毫髮者也. 卽自邃古以來, 至于西漢, 無異說. 後乃以十干四維加之, 爲二十四宮, 未知昉於何代, 而似在西漢之末, 故《後漢書》始見有甲·丙·丁·庚等方名. 原其初, 必出於讖緯之餘, 而其以十二而分爲二十四者, 不過欲狹其區限, 便於推步之用也. 以一子宮而分爲子壬二宮, 猶建子之月而分爲大雪冬至二節氣也. 大雪終於十五日, 冬至起於十六日, 十五十六兩日之交, 卽十一月之半, 是猶子壬之間之爲子宮之中也. 節氣雖有二十四, 而一歲之爲十二月卽自如. 今之方位, 雖有二十四,[77] 而四方之爲十二宮則自如. 蓋以十二方而言之, 則針端正

---

77 국립본에는 '而一歲之爲十二月卽自如. 今之方位, 雖有二十四'가 빠져 있다.

指子午二宮, 故名之以正針, 以二十四方而言之, 則針端卽指午丙之
縫線, 故名之以縫針. 凡針盤之有十二方者, 無縫針之名, 有二十四
方者, 無正針之名. 縫針所指, 卽亦正針之所指, 豈有兩子午之理乎?
彼爲羅經者, 習見針盤有二十四方, 不省其初十二宮中分之義, 而妄
謂正針縫針. 旣有二名, 則必殊其位, 乃以二十四疊二十四, 而求異
於其中,[78] 則必差一宮. 於是敢斷以爲此正針而彼縫針, 豈非迷惑之
甚乎? 究其本, 則專由錯認針盤故也. 若《靑囊經》則曰:"先天經盤
十二支, 後天更用干與維." 又曰:"二十四山雙雙起." 其所謂雙雙起
者, 言一宮之內分爲二宮, 故曰"雙雙起." 如申子辰在法爲水局, 則
坤乙壬, 亦當爲水局, 盖同出於子宮, 故其爲局亦同. 術家之有雙山
五行者此也. 然則雖以其書言之, 亦自明白如此, 而猶曰:"相地之法,
某處當用正針, 某處當用縫針, 某處當用中針." 世豈有方位而隨用
隨遷之理乎? 嘗問一師曰:"然則子午無一定之方乎?" 對曰:"惟人所
命, 而理亦傅焉." 言之無倫如彼, 而其言之行乎世, 且不知幾百年所.
嗚呼! 世間萬法, 無眞正識解久矣. 風水何足道哉?

92

〈素問〉以人五臟分屬五行, 心爲火, 肺爲金, 脾爲土, 肝爲木, 腎爲
水. 此卽[79]古今醫家不易之論也. 故診病也, 察五行生克而爲候[80], 論
藥性也, 亦視[81]五行補瀉而爲用. 若謂此理可捨, 則從古醫道可一掃

---

78 국립본에는 '則必殊其位, 乃以二十四疊二十四, 而求異於其中'이 빠져 있다.
79 卽: 가람본에는 '則'으로 되어 있다.
80 候: 한창수본에는 '侯'로 되어 있다.
81 視: 한창수본에는 '示'로 되어 있다.

而廢也. 然楊子《太玄》〈玄數〉, 盛言五行生克之理而及論五臟, 則曰: "木臟脾, 金臟肝, 火臟肺, 水臟腎, 土臟心." 使以此說相爲生克, 則 〈素問〉之當補者瀉之, 〈素問〉之當左者右之, 其誤治而傷人必矣. 子 雲本非妄言者, 且當時醫門恒用之說, 亦必無不知之理, 而其言如此 者何也? 然則〈素問〉與《太玄》, 必有一誤, 抑將何所取捨乎? 《漢書》 〈藝文志〉不載〈素問〉, 豈〈素問〉之出後於子雲歟? 泰西人每言: "中 國醫術, 專用五行, 故不能療疾." 然則兩說都可廢歟? 誠不可曉也.

93

見稗史, 言: "夜漏五五相遞爲二十五, 至宋去五更後二點, 又幷初更 去二點, 首尾止二十一點." 愚按唐李郢詩二十五聲秋點長. 以此見 之, 唐時有二十五點明矣. 然宋太祖建隆庚申受禪後, 聞陳希夷只怕 五更頭之言, 不知庚更同音, 乃命宮中轉六更以避其讖. 故終宋之世, 內漏五更絶後, 梆鼓交作, 謂之蝦蟆更, 外方謂之攢點. 楊誠齋詩所 謂天上歸來有六更是也. 以此言之, 宋人五更外, 尙添一更. 今云五 更去二點者, 果自宋時否? 且以誠齋天上歸來之語見之, 六更亦只在 宮中耳, 宮外則恐無變改之事也.

94

余幼時, 每聞閭閻之人, 多說: "文武科取人及晨昏擊鍾之數, 皆應 三十三天二十八宿." 余哂其無來歷之言. 今見《文獻備考》曰: "人定 應二十八宿之數, 罷漏應三十三天之數." 抑果有明證之文, 而儼載 於典重之書乎? 可異焉. 按高麗時, 有文科而無武科, 取人無定數, 每見三十有餘, 四十不足. 自中葉以後, 多取三十三人, 而亦不無

一二人增減之時. 及恭讓王時, 始設武科, 至我祖太祖二年, 始定取
二十八人, 則麗時文科三十三人, 初非定式之數, 我朝之仍之者, 卽
從其近例也. 武科之定二十八人, 不過比文科減五額耳, 原無應某數
之意也. 況三十三天之說, 本出於佛家書, 而或見於古人詩文之間,
其外如稗說演義等書多及之. 故閭巷之人能知其數, 傅會爲說, 而撰
《備考》時, 率爾採入, 不亦謬乎? 鐘漏告時, 何等謹嚴之事, 而乃取
無於經之數乎? 大抵其取數, 陰陽之義, 必有所在, 而今不可知. 然
謂出於二十八宿三十三天, 則決知無是理也. 何以知之? 曰無義也.

95

明氏籍貫, 以西蜀書, 甚爲稀貴. 而其家流傳之語, 謂我國之初, 不知
製袞冕, 取渠家所藏者, 取式製成云, 人皆笑之. 而盖明高皇帝平漢
蜀後, 陳理·明昇兩家男婦二十七人, 出送我國曰: "使不做軍, 不做
民, 閒住過活." 時昇年十八, 理年二十二. 麗朝以昇爲摠郎尹熙宗女
壻, 恭愍王賜米四十石布一千匹. 明玉珍袞冕及畫像在其家, 至壬辰
之亂焚盡. 以此言之, 國初袞冕之觀樣明家之說, 亦或[82]無怪耶.

96

列邑必各有誌[83], 始皆古人之實錄也. 近來守令, 或因朝令, 修潤增
補, 所增不過人物孝子烈女數目爾. 邑中人士, 無不爲其父祖生心顯

82 或: 한창수본에는 빠져 있다.
83 誌: 가람본에는 '志'로 되어 있다.

揚, 因緣添錄, 冒濫居多, 而若少[84]加取舍, 則便成仇讐, 此實文獻之
大弊也. 見宋人所記, 范石湖撰《吳郡志》, 書成未行而石湖沒. 有求
附見某事而不得者, 譁曰:"此非石湖筆也." 太守不能決. 後李壽朋
爲守, 始取而刻之. 噫! 挾私造訕之術, 可謂千古一轍. 見《因樹屋書
影》, 載東漢張遐事. 遐字子遠, 餘干[85]人, 嘗侍其師徐穉過陳蕃, 時
郭泰‧吳炳在坐. 穉曰:"此張遐也, 知易義." 蕃問遐, 遐對曰:"易無
定體, 强名曰太極. 太者, 至大之謂, 極者, 至要之稱, 盖言其理至大
至要. 在渾沌之中, 一動而生陰陽, 陰陽者, 氣也, 所謂理生氣而氣
寓夫理者, 是也." 蕃顧炳曰:"若何?"炳良久曰:"得之矣."考范蔚宗
〈徐穉傳〉, 竟未及附載張遐姓字, 惟《饒州府志》有之云云, 余謂必後
人僞撰而載錄於邑誌者也. 觀其理致與文氣, 明是宋以後語, 而特言
一動而生陰陽, 少異於濂溪, 欲以自掩耳. 安知非張家後裔之爲此者
乎? 又嘗見所謂王開祖《儒志編》, 疑亦此類也. 以此見之, 地誌之人
物記蹟, 恐不可盡信也.

97

宋人所記言:"韓忠彥錄其父琦平生事, 如李繁錄其父泌‧崔胤錄[86]
其父愼由事, 悉鑿空妄言, 以爲《魏公家傳》. 陳瑩中發憤而著書, 謂:
'魏公明德在人耳目如此, 豈假門生子姓之間, 區區自列乎?'持[87]史

---

84 少: 가람본에는 '小'로 되어 있다.
85 干: 국립본‧한창수본‧일사본‧연세본에는 '干'으로, 가람본에는 '千'으로 되어 있다. 중국에서도
    '干'으로 많이 썼으나《강서통지(江西通志)》에 따르면 '汗'으로 보는 것이 타당해 번역에서는 '汗'
    으로 바로잡았다.
86 錄: 연세본과 국립본에는 '記'로 되어 있다.
87 持: 가람본에는 '指'로 되어 있으나 오류이다.

筆, 其愼焉!"夫以韓魏公之德業事行, 猶難以家狀爲信, 況他人乎? 韓忠彦本欲以家傳顯美其父, 而人一有鑿空妄言之譏, 則其中豈無實蹟, 而將倂歸於妄, 豈不反傷於魏公之德乎? 今人之持家狀求碑誌者, 未有不八九溢美之辭, 亦宜知所鑑哉!

98

見今時淸人所撰《宸垣識略》曰:"徐電發少刻《菊莊樂府》, 朝鮮貢使仇元吉見之, 以金餠購去貽詩曰:'中朝携得菊莊詞, 讀罷煙霞照海湄. 北宋[88]風流何處所, 一聲鐵笛起相思.'"余謂我國使行中, 雖象譯之族, 亦無仇姓人, 況使臣乎? 我國貿遷之貨, 只用銀, 安得有金餠乎? 明是無根之說. 大抵中原人藉重外國之浮譽, 以增其聲價者, 多出於自唱自和. 從古此等所記, 不容盡信, 亦可推此而知也. 我國舊有仇氏, 卽姓之最僻者, 且無科宦之人矣. 正宗朝命改姓爲具, 今則國中遂無仇姓.

99

儒生之有文稱而所作鄙野者, 譏之以熊川巨擘. 此是古來流傳之語, 而未知其解. 嘗按高麗顯宗以後, 干戈纔息, 崔文憲冲收召後進, 訓誘文學. 冲沒後, 世謂之文憲公徒. 其時儒臣立徒者, 又有十一人, 有忠憲公徒·南山徒·西園徒·文忠公徒·良愼公徒·貞敬公徒·忠平公徒·貞憲公徒·徐侍郎徒·龜山徒·弘文公徒, 一稱熊川徒. 世稱十二

---

88 宋: 모든 본에 '字'로 되어 있으나 《강남통지(江南通志)》, 《황조문헌통고(皇朝文獻通考)》 등에 의거해 바로잡았다.

徒, 而冲徒爲盛. 必其時十二徒中熊川徒最野, 故有此譏嘲之說, 而
遂爲後世流行之語也.

100
高城三日浦傍有小碑, 稱埋香碑. 余嘗倩人摸來, 則碑前面及左右皆
有文, 而文多刓缺如左.

開數[89]
前 平海郡地 海岸寺洞口 埋一百□[90]. 三陟縣地 孟方[91]村汀 埋
一百五十條.
面 蔚珍縣地 豆□ 埋二百條. 襄州地 德山望 埋一百條.
七 江陵地 正東村汀 埋三百一十. 洞山縣[92] 文泗汀 埋二百條.
行 杆城縣地 公□□[93] 埋一百一十. 歙谷縣地 短末乙[94]埋一百一十
條. 押戎縣 鶴浦□ 埋一百二十條.
州刺使柳 字小刻淺, 依俙可辨[95]

---

89 開數: 국립본과 연세본에는 '埋香開數'로 되어 있다.
90 원문에 결락된 부분을 □로 표시하였다. 이하 동일. 내용이 어려워서 이본들 사이에 글자의 출입
이 많은 편이다. 특히 국립본은 오류가 매우 많아 일일이 교감하지 않는다.
91 方: 일사본에는 빠져 있다.
92 縣: 일사본에는 이 글자 다음에 '地' 자가 첨가되어 있다.
93 □□: 국립본과 연세본에는 '須津'으로 되어 있다.
94 乙: 국립본과 연세본에는 '池'로 되어 있다.
95 字小刻淺, 依俙可辨: 국립본과 연세본에는 빠져 있다.

後 高麗國 江陵道存撫使 □□皓, 知江陵府使[96] □[97]洪秀, 判官
面 金光寶, 襄州副使 朴琠, □州副使 鄭椽, 通州副使 金用卿,
七 歙谷縣令 □□臣, 杆城縣令 □[98]裕, 三陟縣尉 趙臣柱, 蔚珍
行 縣令 □□, 監務 朴□, 等□諸樂善尊卑, 同發信願, 謹□
　　以香木一千五百條, 埋各浦, 開數于後, 以待
　　龍華會主彌勒下生之, 同生會下供養三寶者.
　　峕□ 元至大二年己酉八月日 造.

左 皇帝稔, 國王宮主, 福壽遐長.
　　三 彌勒前長燈寶□ 銀壹斤, 收管高城頭目,
行 峕己酉八月日.

右 彌勒□□, 通州副使 金用卿 施納.
三 襄州□副□ 琠施納. 壤原代下坪員 畓二結陳. 東北, 陳畓大冬音.
　　南道, 西白丁千達起畓.
行 北反伊員畓二結陳. 東北州軍陳畓. 南軍西彌勒寺沓. 同員田二結
　　陳. 東南吐, 西陳地, 北鍾伊川.

按元武宗至大, 卽高麗忠宣王時也.《輿地勝覽》言: "江陵存撫使金
天皓等, 與山僧志如, 埋香木于沿海, 誌其地與條數, 竪碑丹書之傍."

96　使: 국립본과 연세본에는 '事'로 되어 있다.
97　□: 국립본과 연세본에는 '朴'으로 되어 있다.
98　□: 일사본에는 '道'로 되어 있다.

未知所埋何木, 其云以待者, 謂待何時乎? 以左邊所刻之文見之, 要
之, 爲奉佛祈福之事, 而曾未聞以埋香祈福者, 今不可知矣. 左邊王
字下有宮主字, 盖麗朝娶其同姓, 仍稱宮主, 故與王連書, 而下有求
福之辭. 以此推之, 皇帝下雙書缺一字者, 必稱元皇后之號, 而未有
考矣. 洞山縣之屬襄陽, 鶴浦縣之屬安邊, 俱在顯宗之時, 則忠宣王
時, 猶稱其舊名, 可疑. 況考《輿地勝覽》, 鶴浦是縣名, 壓戎稱壓戎
戍, 本非邑名, 而今云押戎縣鶴浦者, 尤可恠矣. 此碑乃當時所刻, 邑
誌乃後人所撰, 以是言之, 恐碑文是而《勝覽》誤矣.

1

訓民正音, 卽天下之大文獻, 豈直爲朝鮮一區言語傳寫之資而已哉?
音韻之學, 盛於沈約·周顒, 翻切之說, 起於西僧了義, 繼此而著述
者, 又不知幾家. 而其千言萬語, 非不諄復丁寧, 畢竟則曰: "東音徒
紅翻", "江音古雙翻." 以字諭字, 以音諭音, 終使人隔一膜子者, 盖由
不能不假借爲說故也. 今正音則東音而直言동, 江音而直言강. 若使
倉頡造書之時, 有正音而并傳, 則其時字音, 千萬世無差誤之理, 彼
沈約·周顒·了義之徒, 無事乎復容一辭, 未知宇內更有此等文獻乎?
嗚呼! 惟我世宗大王,《易》所謂聰明睿知神武不殺之聖也.

2

訓民正音, 俗稱諺文, 多爲婦人及下賤所用, 以致轉輾訛誤. 雖世稱
博雅之士, 鮮有知正音字母之義者. 故或見《佛經諺解》·《老乞大》·
《朴通事》等書, 有ㅅㅆㅈㅊㅉ五音之左長右長, 及以ᅌᅙ兩音爲終聲
者, 以爲正音舊本本自如此, 竊謂不然也. 此乃申高靈所述《四聲通
攷》之字, 實非正音之舊字也. 凡有意於此學者, 必先明《四聲通攷》之
非世宗朝舊本, 然後可免其差誤也.

3

《四聲通攷》, 近世無傳焉, 嘗求之京外, 終未得. 抑秘府藏書中或有
之耶? 然則後人之於字音, 所以攷信者, 惟崔世珍一人. 崔卽中廟時
人也, 崔就《四聲通攷》, 解其字義, 爲《四聲通解》, 而其爲自序, 言:
"世宗大王命高靈府院君申叔舟爲一書, 賜名《四聲通攷》." 夫世宗時
申公, 安得有高靈之號乎? 此已不覺其紕繆矣. 盖世宗製訓民正音
後, 以正音之字母, 類彙諸字, 序以四聲, 名之曰《四聲通攷》, 此不
過韻書也. 此固世宗所製, 而其文卽正音之文也. 若崔世珍所見《四
聲通攷》, 卽申高靈所述, 而非正音之文也. 知其然者, 嘗見申公〈通
攷序〉, 有曰:"《洪武正韻》, 仍其舊而分入字母於諸韻, 各字之首, 用
訓民正音, 以代反切. 且以世宗所定《四聲通攷》, 別附之頭面, 復著
凡例, 爲之指南." 又曰:"七音爲三十六字母, 而舌上四母(知徹澄孃)·
脣輕次淸一母(敷), 世之不用已久, 且前輩已有變之者, 此不可强存
而泥古也." 以此見之, 申公此書不在世宗在宥之時可知, 而謂付世
宗所定《四聲通攷》於其書之頭面, 則《四聲通攷》, 本非巨袠, 亦可知
矣[1]. 其所云復[2]著凡例者, 謂其書與世宗所定原本有不同, 故必別著
凡例. 而下所云舌上四母, 脣輕一母, 不可强存而泥古者, 卽其不同
之目, 而爲凡例中事也. 然則申公之書, 雖仍名《四聲通攷》, 而實多
自家之增補. 崔世珍所以修潤而爲《通解》者, 卽申公所增之本, 非世
宗所定原本明矣.

---

1 矣:가람본에는 '也'로 되어 있다.
2 復:아천본에는 '後'로 되어 있다.

4

崔世珍旣就《四聲通攷》作《通解》, 又自作〈通解序〉. 故申公〈通攷序〉, 今不載其書, 而但以《通攷》〈凡例〉載之書末. 今見《通攷》〈凡例〉, 則有曰: "舌上聲以舌腰點腭, 故其聲難而自歸於正齒. 故《韻會》以知徹澄歸照穿牀." 又曰: "凡齒音齒頭則擧舌點齒, 故其聲淺. 整齒則卷舌點腭, 故其聲深. 訓民正音, 無齒頭整齒之別, 今以齒頭爲ㅈㅊㅉ, 以整齒爲ㅈㅊㅉ, 以別之." 以此見之, 則ㅈㅊㅉ之有左長右長者, 卽申公之所創也. 請試論申公致誤之由. 盖以訓民正音, 攝三十六字母, 則ㄷ卽端知兩母, ㅌ卽透徹兩母, ㄸ卽定澄兩母. 自古所以端外又有知母, 透外又有徹母, 定外又有澄母者, 何也? 盖舌音端母之於齒音精母, 다與자, 더與저, 도與조, 두與주, 드與즈, 本無相渾之嫌, 而若其爲雙聲, 則댜뎌됴듀디與쟈져죠쥬지, 易與相渾, 而透定兩母之於淸從兩母亦然. 故古人於舌音端透定之外, 別爲知徹澄, 於齒音精淸從之外, 別爲照穿牀等, 中聲字母, 專管其雙聲, 以別其嫌疑也. 然而中國之人, 讀댜탸따甚難, 終與쟈챠쨔不殊. 故《韻會》及《洪武正韻》, 皆以知徹澄合於照穿牀. 盖其聲於口而無分別之能, 故敢斷以謂兩字母本來同音也. 此卽〈凡例〉所謂舌上聲難而自歸於正齒者也. 然則此是《韻會》及《洪武正韻》之誤, 而本不足法也. 我國人則實能以舌腰點腭而出舌上音댜, 擧舌點齒而出齒頭音쟈, 顯知分別, 無所疑眩. 而只緣《韻會》及《洪武正韻》, 以知徹澄合照穿牀, 故將不得不從其合, 而及求之吾之齒舌, 則明有辨矣. 是故申公於書旣從其合, 而於口又不能不別生分別, 乃於齒音有ㅈㅊㅉㅈㅊㅉ之分, 而其實所謂整齒者, 依舊是舌上音也, 何者? 旣曰卷舌點腭, 則與上所謂舌上聲以舌腰點腭者, 同矣[3], 安得名之爲正齒乎? 此已

不覺其矛盾也. 夫旣辨明《韻會》以下訛誤之所由然, 則ㅈㅊㅉ左長右
長之失, 非復可論也. 且申公只言知徹澄與照穿牀之合與不合, 則心
審邪禪四母, 原不在此限, 而今倂與心審邪禪而有ㅅㅿㅆㅿ之別, 此
何理也? 不過同爲齒音, 故渾言之, 無乃誤而又誤耶?

5

蕭爻尤藥等韻, 華音以二聲合讀成音, 如蕭爲샨, 爻爲햔之類也. 此
實華人訛誤之聲, 厥初字音, 必無是理也. 雖然後之爲字書者, 不可
遽謂其訛誤而廢之, 則申公之二聲合讀, 固無怪. 而讀蕭爲샬, 讀爻
爲햘, 讀藥韻皆以ㅸ爲終聲者, 卽샨햔얀[4]之變體也. 盖訓民正音, 固
有ㅁㅸ二音, 而用諸兩字連讀時, 慢聲轉折之音, 未嘗以此爲字之終
聲也. 是故佛經諺解卽世祖以後之書, 固宜用申公《通攷》之音, 《老
乞大》·《朴通事》, 則崔世珍之一循[5]申公而作者, 故亦皆用《通考》之
音. 然則今之所可考而知訓民正音本體者, 惟《龍飛御天歌》一書而
已也.

6

右所論者, 但就申公ㅈㅊㅉㅅㅆ左長右長之失而言之, 故只擧知徹
澄與照穿牀相嫌之義矣. 若統論字母之說, 則雖其無他音相渾之嫌
者, 自其同母之內, 又必有略分區別之義. 故凡舌音之有知徹澄孃,

---

3 矣: 아천본에는 '也'로 되어 있다.

4 샨햔얀: 한창수본과 아천본에는 '햔얀샨'으로 되어 있다.

5 循: 아천본에는 '逎'으로 되어 있으나 오자이다.

脣音之有幫滂並明, 齒音之有照穿牀審禪, 皆一例也, 何者? 人聲之所發, 即有牙舌脣齒喉五體, 故分屬五行之金木水火土, 五音之宮商角徵羽. 若不由牙舌脣齒喉而出者, 非音也. 或曰:"然則咬牙嘖舌吹脣叩齒咳嗽等, 從牙舌脣齒喉出者, 皆可謂音乎?"曰不可. 凡不自主張, 而但能激而作聲, 而即所謂聲也, 非音也. 所以然者, 聲雖能激出, 不能自主爲平上去入之變故也. 然則以牙舌脣齒喉作聲, 而能自主爲平上去入者, 其數何由至三十六之多乎? 人之具牙舌脣齒喉, 古今同, 華夷同. 雖爲山川風氣所囿, 不能無敏鈍巧拙長短遲速之不同, 而要豈其懸遠乎? 越之鷄鳴, 必不異於胡之鷄鳴, 胡之犬吠, 必不異於越之犬吠. 天之生物, 何獨於人而區別, 不通乃爾耶? 然則吾與了義雖不同者存, 而必不至懸絶不通, 明矣. 然而[6]今吾以舌讀端透定泥四母則能, 而別求他舌音, 終無有是處. 以脣讀非敷奉微四母則能, 而別求他脣音, 終無有是處. 以齒讀精淸從心邪五母則能, 而別求他齒音, 終無有是處. 凡舌音八, 而不能者四, 脣音八, 而不能者四, 齒音十, 而不能者五. 字音本三十六, 而吾之不能者, 至於十三矣. 吾與了義, 旣是同人, 則寧有是理? 決知其不然也. 今以《廣韻》中三十六字母, 細究其所以然, 則分排位次者, 井井有條, 曉人明白. 而特因後人之探索太深, 穿鑿太過, 必以其口叩出三十六聲, 以當字母之數, 而終不可得, 則始乃加之減之離之合之, 至於《洪武正韻》而止矣. 若使訓民正音早出於世而行于中國, 則《廣韻》字母之義, 當下了然, 豈有無事中求事, 近千年嘵嘵多說, 而尙無有歸正之日乎? 盖知徹澄孃幫滂並明照穿牀心禪十三字母, 皆以中聲分母也. 所以然者, 牙音之

---

6 而: 서울대본에는 빠져 있다.

讀見母時, 其作가作갸, 只是一樣牙勢. 溪羣疑三母亦然, 故牙音則只各有一母, 若其舌脣齒三音, 則與牙音少異. 其讀端母而作다作댜, 讀精母而作자作쟈, 讀非母而作바作뱌之時, 其舌脣齒之勢, 小變然後, 始成雙聲. 此所以다屬舌頭音, 댜屬舌上音, 바屬脣輕音, 뱌屬脣重音, 자屬齒頭音, 쟈屬正齒音. 其透定泥敷奉微淸從心邪等母, 亦與此同理, 以口作勢, 孰復不然乎? 是故牙音獨無中聲別母, 而舌脣齒三音, 必各有中聲一母者此也. 然中國無訓民正音, 故不能不另作一母, 以斷其嫌疑耳. 若使中國有訓民正音者, 讀다讀댜時, 雖云舌勢少變, 明知其俱屬ㄷ而同一母矣, 豈有一母分作兩母之理乎? 大抵當初爲三十六字母者, 只坐不見訓民正音之故, 後來以舌音合於齒音者, 亦只坐不見訓民正音故也. 以此言之, 所云三十六字母, 其實不過二十三, 而世間文字惟訓民正音明之. 嗚呼! 非聖人之作而能至是乎?

7

見《默守堂集》有記, 中國人說西洋字音, 有二十四字母, 配合成字而成音, 字合成句而成義云, 似若我東正音之類也. 而字母止於二十四, 則未知何一音加多於我東, 而其不以中聲作母則明矣. 凡中聲作母者, 愈詳而愈亂, 西人於此等事, 甚生分曉, 宜其簡捷而令人易解也.

8

我東於入聲質物月曷黠屑等韻, 皆以ㄹ爲終聲, ㄹ安得爲入聲乎? 非但ㄹ之不能爲入聲, 字本無以ㄹ爲終聲者, 盖ㄹ之爲聲, 原不宜以爲終聲故也. 何者? 無論牙舌脣齒喉, 其聲必自內而出. 如欲永言,

則雖盡人氣息而呼, 其言猶在者, 卽爲平上去聲. 若入聲則吸氣入喉, 聲窮便止, 故曰入聲也. 今讀東而吸聲則成독, 讀侵而吸聲則成칩, 讀眞而吸聲則當成딛, 安得成딜? 夫딛者, 可以永言, 可以盡息而呼, 卽出聲中最順者, 安所得入聲之名乎? ㄹ之非入聲, 斷然無可疑者也. 故曰: "眞文元寒删先六韻所變入聲, 質音當爲딛, 物音當爲묻, 月音當爲윌, 曷音當爲핟, 黠音當爲핟, 屑音當爲셜明矣." 或曰: "然則世間但有ㄷ終聲, 遂無ㄹ終聲, 可乎?" 曰: "然. 從前世間, 但有ㄹ終聲, 無ㄷ終聲, 而人何曾爲訝? 又何曾以爲欠闕之事乎? 其有ㄹ而無ㄷ, 與有ㄷ而無ㄹ, 同一有無. 而昔不爲悶, 今則以爲大欠闕, 怊悵如有所失, 何也? 不過熟習之見, 驟聞此言, 以爲大驚小駭, 而其實一有一無, 與前等也." 夫終聲者, 明白丁寧, 然後可成字音, ㄱㄷㅂㅇㄴㅁ六聲, 豈不爲明白丁寧者乎? 若ㄹㅅ二聲, 非所謂明白丁寧之音, 故本用於連聲轉折之時, 自成影音, 不能自爲一字之終聲, 理當然也. 請試先言ㄷ與ㅅ不同之辨. 訓民正音之於ㄷㅅ二音, 所使處本自不同. 席之諺爲돋, 末之訓爲귿者, 法當從ㄷ, 此由本字終聲原如此爾, 乃所謂明白丁寧之音也. 如耳裏稱귓속或귀[7]쏙, 九石稱아홉셤或아흡셤者, 耳之訓귀, 裏之訓속, 九之訓아홉, 石之訓셤, 而連讀時, 兩字之間, 自成一ㅅ音, 而귀不成귓則속必成쏙, 홉不成흡則셤必成셤. 此卽似終聲, 非終聲之影音, 不能爲明白丁寧者也. 故ㄷㅅ二音雖若髣髴相似, 而其明白與不明白, 顯[8]然不侔. 舌音齒音之辨, 故當如此, 是故觀於《龍飛御天歌》等書, 則其所使之不同可知也.

---

7 귀: 한창수본과 아천본에는 '귓'으로 되어 있다.
8 顯: 국립본에는 斷으로 되어 있다.

ㄹ之爲聲則比ㅅ又有甚焉. 凡終聲者, 如截玉如擲金, 弦急之中, 起
止分明, 而其爲出牙出舌出唇者, 卽地明白, 是乃成音之理也. 今ㄹ
則以舌頭點齒與腭之際, 以氣撼之, 如雷殷之聲, 如水決之聲, 終日
出聲, 無起無止, 所以屬之半舌半齒. 此可爲言語轉折之助而已, 其
不能明白丁寧爲一字之終聲, 實有甚於ㅅ音者也. 故曰: "ㄹ不可以
爲終聲, 字亦本無以ㄹ爲終聲者也." 大抵終聲六, 而北音之所最難
者, 爲ㅁㄷ兩音, 至於ㄹ則未嘗爲難. 故如兒字讀爲을, 耳二等字讀爲
을, 此固爲俗音之譌, 而其不難於ㄹ則亦可推知也. 此外華音更無有
ㄹ終聲者, 非不能, 乃字本無ㄹ終聲故也. 是故明神宗皇帝讀《論語》
色勃如也時, 作背如也, 張江陵屬聲曰勃如也. 若使[9]勃音是발, 則素
讀兒耳等音時ㄹ終聲, 旣不難矣, 安有不能讀勃之理乎? 其音必爲
받[10], 故連讀色勃如也時, 其聲政難伶俐也. 以此推之, 質物等韻之
從ㄷ, 而字本無從ㄹ可知也. 非但北音然爾, 我東人所難亦在此, 而
ㄷ終聲與他字連讀爲尤澁, 故ㄷ音之轉以爲ㄹ. 蓋由訛誤而其來則
亦久矣. 然而《四聲通考》〈凡例〉中, 論入聲之音也, 直擧ㄱㄷㅂ三音
爲終聲, 而無他[11]辨釋之辭, 及崔世珍爲《通解》時, 忽言入聲ㄹㄱㅂ
三音云云. 蓋在申公之世, 未嘗以ㄹ爲入聲, 則ㄹ之爲入聲, 卽自崔
世珍始也.

---

9 使: 국립본에는 '作'으로 되어 있다.
10 받: 한창수본과 아천본에는 '발'로 되어 있으나 오자이다.
11 無他: 가람본에는 '他無'로 되어 있다.

9

訓民正音曰終聲復用初聲. 夫以初聲爲終聲也, 其分屬之理, 盖有自
然之妙, 而非容人智者也. 今讀가갸一成각야, 讀다댜一成닫야, 讀
바뱌一成밥야, 讀나냐一成난야, 讀마먀一成맘야, 讀라랴一成랄야.
以下字初聲爲上字終聲, 則下字初聲自成喉音, 而其連呼之聲, 便成
同音. 故ㄱ爲각終聲, ㄴ爲난終聲, ㄷ爲닫[12]終聲, ㅂ爲밥終聲, ㅁ爲
맘終聲, ㄹ爲랄終聲也. 然而以此法, 讀아야不成앙야, 而以ㆁ爲앙
終聲, 何也? 是乃終聲之變例, 而亦自然之妙也. 其理有二端. 凡他
音之以下字初聲爲上字終聲時, 下字初聲自成喉音, 而今아야則本
爲喉音, 更無可以變成喉音之理, 一也. 凡牙舌脣齒喉初聲, 皆止於
牙舌脣齒喉之內, 獨喩母一聲, 起於牙, 振於腭, 鳴於鼻, 而極揚極
高, 是乃諸初聲之所無. 又牙舌脣齒喉終聲, 亦皆止於牙舌脣齒之內,
而獨昻字終聲, 極揚極高而以鼻鳴, 此亦諸終聲之所無也. 所以喩母
與昻字終聲, 若無相關, 而理實符合, 二也.

10

《慵齋叢話》有我太祖與崔瑩聯句, 太祖詩曰: "三尺劍頭安社稷." 崔
瑩曰: "一條鞭末定乾坤."《列聖御製》重刊本, 引《慵齋叢話》, 載此兩
句. 謹按《輿地勝覽》, 言: "正統癸亥, 鄭麟趾奉安太祖粹[13]容于永興
濬源殿, 見幀背有書曰: '靑龍白虎左右邊, 山虎石上如蹲踞. 公侯富
貴榮華世, 出世統領大將軍. 雷振聲名天下遍, 四海無妨車書通. 三

---

12 닫: 한창수본과 아천본에는 '닽'으로 되어 있으나 오자이다.
13 粹: 서울대본에는 '晬'(晬의 오자로 보임)로 되어 있다. 수용(晬容)은 국왕의 어진(御眞)을 뜻한다.

尺劒頭安社稷, 一條鞭末定乾坤.'"今覽此詩[14], 初不押韻, 有似堪輿
家圖墓記識之文, 而不言是御製. 又其書于幀背之意, 則至今不可解
矣.《慵齋叢話》之以末一聯, 爲御製聯句之詩, 何據也? 以其隱寫幀
背事見之, 似非御製. 果爲御製, 則全詩四聯皆是也, 何故獨拈末句
乎? 竊恐慵齋所記, 本自不明, 當以《勝覽》爲信也.

11

我國俚釋之於字音, 本無關涉, 猶有與華音相通者, 固異矣. 而併與
華言之訛誤者, 而又有相合者, 尤可異也. 歐陽公《歸田錄》曰:"今世
俗言語之訛, 而擧世君子小人皆同其謬者, 惟打字. 打本謫耿反, 其
義本爲考擊. 遍檢字書, 了無丁雅反, 而今之造舟車者曰打船打車,
綱魚曰打魚, 汲水曰打水, 役夫餉飯曰打飯, 兵士給衣糧曰打衣糧,
從者執傘曰打傘, 以糊黏紙曰打黏, 丈尺量地曰打量, 擧手試眼之昏
明曰打試[15]. 雖名儒碩學, 語皆如此, 觸事皆謂之打, 不知因何轉爲
丁雅也."今以歐公所錄見之, 打之義本非考擊, 而特從手從丁, 與考
擊者, 字體偶同耳. 我東言語, 亦多用打. 如打席打帶, 凡梱織之類曰
打, 如打酒打醬, 凡注瀉之類曰打, 如打傘打網, 凡弛張之類曰打, 如
打雞打犬, 凡養畜之類曰打. 推此, 如布陣曰打陣, 開店曰打行旅, 結
買曰打價, 居貨曰打貨, 切鱠[16]曰打鱠, 刈草曰打草, 芟樹枝曰打條,
禽獸摯畜曰打雛, 削圓成多面曰打稜, 拂曰拂打, 碎曰碎打, 掛曰掛

---

14 詩: 아천본에는 '書'로, 일사본에는 '時'로 되어 있다.
15 試: 아천본에 '弑'으로 되어 있다.
16 鱠: 국립본에는 '膾'로 되어 있다.

打, 舐曰舐打, 爬曰爬打, 捨曰捨打, 如此類不可勝記, 而併以俚釋考
擊之義, 致多言之. 始知我東行語, 其初多出於翻釋文義, 而如打之
從考擊之訓, 則乃效尤而更誤者也.

12

漢陽城內大川, 卽定都時所浚, 使溝澮萃集而通泄於一口. 名之曰開
川, 言其開導成川也. 今以開川通爲川渠之訓, 如讀渠曰開川渠, 讀
溝曰開川溝. 又高麗太祖五年, 始築平壤在城, 六年而畢. 《周官六
翼》(高麗金敬叔撰)言: "在者, 方言畎也." 故諺稱嶺爲在. 我國城制, 每
因山脊而環, 故築平壤城而名之曰在城, 言城於在也. 今以在字爲城
字之訓, 古今言語之轉注失旨, 皆此類也.

13

唐李綽《尙書故實》曰: "有黃金生者, 中進士. 人問: '與某同房否?'
對曰: '別洞.' 黃本溪洞豪族, 故以此對. 人雖嗤之, 亦賞其眞實[17]也."
蓋稱居以洞者, 蠻俗也. 然蠻之所居, 皆在於溪峪山洞[18]之間, 故稱
洞. 雖爲中華人所嗤, 猶可謂據實之名. 至於我國, 京師大道之狹斜
巷里, 皆名洞者, 何也? 非但其名不雅, 自是失題之語. 若使中國人
聞之, 豈不大笑矣乎? 至今以洞稱者, 必三韓時夷俗之遺也.

---

17 實: 아천본에는 '寶'로 되어 있으나 오자이다.
18 洞: 국립본에는 '峒'으로 되어 있다.

14

《論語集註》中有稱劉聘君, 其小註云:"名勉之, 字致中, 號草堂, 文公婦翁." 盖《論語註》中, 殷必稱商, 愼獨稱謹獨, 魏徵稱魏證者, 皆宋時國諱也. 今稱聘君, 亦徵君之變文也. 且自古徵聘之人, 稱徵士, 或稱聘士. 故如《水經註》言:"徐孺子墓傍有聘君亭",《隋書》晉《殷叔獻集》稱聘士集是也. 小註之漫稱婦翁, 本非釋聘字之義, 而盧蘇齋誤認聘君爲婦翁之稱, 用諸文字中, 後生則遂信蘇齋, 今以妻家稱聘宅, 妻母稱聘母. 一往爲妻邊之通稱焉誤矣. 又我國舊語, 以衆人之同事結聚者稱契, 盖契合之義也. 故中外坊名, 稱以某坊契是也. 乃見義之〈蘭亭序〉, 有修禊事之語, 不究修禊之爲何事, 認作東俗結契之例, 遂改契爲禊, 而契會則稱禊會, 契帖則稱禊帖, 先輩名碩, 往往不免. 甚至於登用大小文字而不以爲嫌, 兩事若使中國人見之, 豈不大笑乎? 宜飭後生輩, 勿令知而復犯可也.

15

我國疏章中尋常所用之辭, 而多有不合本旨者. 如涙之無從, 出於〈檀弓〉, 而今用之若不覺自出者然, 濫觴出於《家語》, 而今用之若過濫者然, 反汗出於〈劉向傳〉, 而今用之若合當底事, 而敢請反汗云云. 雖通儒碩學綴文, 只是此個訓義. 此必最初一文人錯解, 而襲謬已久, 遂成引用之例句也.

16

今人言必稱國是, 而問國是是何義, 果出於何書, 則多瞠然不知, 良可哂也. 後漢桓譚疏有云:"楚莊王問孫叔敖曰:'寡人未得所以爲國是也.' 叔敖曰: '國之有是, 衆所惡也, 恐王不能定也.' 王曰: '不定獨在君? 亦在臣乎?' 對曰: '君驕士曰士非我, 無從富貴, 士驕君曰君非士, 無從安存. 人君或至失國而不悟, 士或至飢寒而不悟. 君臣不合, 則國是無從定矣.' 莊王曰: '善. 願相國與諸大夫, 共定國是也.'" 譚之所引, 必有其書, 而今不可知, 今人所知, 只當以譚疏爲出處也. 夫國是者, 非專以論議言, 若與今人所用義少差.

17

《侯鯖錄》曰: "近見士子多使柴桑翁爲陶淵明, 不知劉遺民曾作柴桑令也. 白樂天〈宿西林寺〉詩云: '木落天晴山翠開, 愛山騎馬入山來. 心知不及柴桑令, 一宿西林便却回.' 自註: '柴桑令劉遺民也.'" 已自唐宋卜明如此, 而今人猶復使柴桑於淵明何也? 世以王昭君爲王嬙誤矣. 《漢書》〈元帝紀〉稱王檣[19]. 應劭註曰: "姓王, 名檣[20]." 本皆從木也. 爲《字彙》者, 檣字引王檣事, 固是矣, 而又曰: "王檣, 漢婦官名." 反以嬙字訓義混之, 更未免誤矣. 漢之婦官, 無王檣之號. 《三國演義》有關雲長明燭達朝事, 而陽節潘氏《史論》贊其爲大節. 及見楊升庵謂初無是事, 始攷《三國誌》本傳及溫公《通鑑》·《朱子綱目》, 幷無此語. 其餘傳記, 亦無槩見. 方知其爲《演義》之杜撰, 而潘氏又不深攷, 遂誤後學, 可笑. 以此見之, 《演義》之出於宋末可知也. 右三事, 今人最先犯用, 故錄之.

---

19 檣: 대부분의 사본에는 '嬙'으로 되어 있으나, 문맥상 국립본에 의거해 바로잡았다.
20 檣: 대부분의 사본에는 '嬙'으로 되어 있으나, 문맥상 국립본에 의거해 바로잡았다.

18

近來印書板本, 全欠讎校, 魚魯豕亥之錯, 無書不然. 而其或襲謬已久者, 舊槧旣盡, 無以規正, 往往使後人無以知本來爲何字, 甚可悶也. 如《齊論》有〈問玉〉·〈知道〉二篇之說, 今載於《大全》首卷, 而〈問玉〉之玉皆作王, 無論唐板鄕板, 以玉字書者絶少. 颿風幾盡作從風從貝, 人皆讀以貝聲. 范雎音沮, 載在《史記》註, 而近本七八作睢, 人皆讀以睢盱之睢. 揚雄[21]之揚, 是從手傍, 而近本多作楊柳之楊. 干寶·干吉皆是寒韻干字, 而盡作於于之于, 人亦讀以于. 祖逖字士稚而多作雅, 絶未見作稚字. 凡此專由舊槧漸少, 無以正其新刻故也. 是以凡槧本久遠者, 雖散逸殘卷, 不可輕易毀之也.

19

世祖朝, 梁南原君奏言:"高麗肅宗, 始藏經籍, 其所印圖書之文二. 其一曰'高麗國十四葉辛巳歲御藏書, 大宋建中靖國元年, 大遼乾統九年', 其一曰'高麗國御藏書', 至今三百六十三年, 印文如昨. 今內藏萬卷書, 多其時所藏. 乞令今藏書後面圖書稱'朝鮮國第六代癸未歲御藏書 大明天順七年', 以眞字書之, 前面圖書稱'朝鮮國御藏書', 以篆字書之." 按高麗肅宗以來, 屢有兵亂, 至於武臣之變, 殆過於兵燹, 而能存近萬卷書, 遺傳至後代者, 不亦難乎? 若我世祖以後, 雖有壬辰丙子之難, 豈無一二卷書, 偶爾留存於世? 而今未見其時圖書之着在紙面者. 雖云經難, 何其靡有孑遺至此乎? 且亂前書籍, 已矣不須道, 亂後開刊之書, 亦復不少, 而論以百年內外, 見存者少, 此何

---

21 雄: 가람본에는 '柳'로 되어 있으나 오자이다.

故焉? 畜書之家少, 而毁書之人多故. 一邊印板, 一邊毁裝, 盡爲糊壁塗屛之歸, 可勝痛哉? 此習不悛, 將至於世無故籍而後已. 斷宜自朝家設禁, 使民無敢以冊紙爲閒雜之用可也.

20

新羅金生之於書, 非獨冠於我東, 殆可謂天下絶藝也. 其記曰: "金生父母微, 不知其世系. 生於景雲二年, 自幼能書, 平生不攻他藝, 八十猶操筆不休, 隷書行草俱入神品. 崇寧中, 高麗學士洪灌隨進奉使入宋, 館於汴京. 時翰林待詔楊球李革, 奉帝勅至館. 灌以金生行草一卷示之, 二人大駭曰: '不圖今日得見王右軍手書.' 灌曰: '非是. 此乃新羅人金生所書.' 二人笑曰: '天下除右軍, 焉有妙筆如此哉?' 灌屢言之, 終不信." 慶州昌林寺舊有碑, 卽金生書也. 趙孟頫〈昌林寺碑跋〉云: "右唐新羅僧金生所書. 其國昌林寺碑, 字畫深有典型, 雖唐人名刻, 無以遠過之也. 古語云: '何地不生才?' 信然." 碑今不存, 國中遂無眞蹟, 如白月碑, 亦爲高麗人摸揭飜刻, 似多失眞. 至於寺刹中往往有黑質金字經, 以爲金生書者, 類多冒稱, 不可信也. 金生修頭陀行, 嘗住忠州一寺, 世遂名其寺曰金生寺, 名其地曰金生面. 又嘗學書于安東葛那山, 人遂改名文筆山. 其見慕於後人如此. 或言: "金生名玖." 未知出何書也.

21

世宗朝參判申檣, 以善大字名. 世宗嘗得雪菴書草蘇州詩帖, 脫兵衛森三字, 命檣補之. 此帖刻本, 至今行世, 而不省三字之爲異手, 豈後得眞本而入刻耶? 抑申公補字卽與本書無辨歟? 申公卽高靈府院君叔舟之父也.

22

文學之人[22]於筆錄記事, 最宜難愼. 使是閑漫之話, 則雖不中理, 固不足爲世道害, 或有年少識未周時, 於大關義理處, 輕易著說以誤後人者, 往往有之, 不亦悶乎? 故王弇州晚年自言: "余作《藝苑巵言》時, 年未四十, 方與于鱗輩, 是古非今, 此長彼短, 未爲定論, 至於戲學《世說》, 比擬形似. 旣不切當, 又傷僑薄, 行世已久, 不能復秘. 姑隨事改正, 勿令多誤後人而已." 盖深悔之語也. 嘗見《詩》〈邶風·燕燕〉章, 鄭康成箋曰: "戴嬀大歸, 莊姜遠送之于野, 作詩見己志." 《禮記》〈防[23]記〉引"先君之思, 以畜寡人", 鄭註以爲夫人定姜之詩. 及見《鄭志》, 答炅模云: "爲《記》註時, 就盧君先師亦然, 後乃得《毛公傳記》《古書義》又且然. 《記》註已行, 不復改之." 康成之於箋註, 可謂千古一人, 曾謂六經歸於一統. 今見《詩》《禮》二處, 糸差如此, 幸不是義理所係耳. 康成尙如此, 況他人乎? 所以朱子諸註, 不能無初年晚年之辨, 如《詩》〈十月之交〉註言日月右旋, 《書》〈莽三百〉註言日月左旋之類, 是也.

23

近來之人, 無難著野史, 此誠切悶之事也. 開國已久, 故略抄前輩文字, 便成數十卷書, 隱然自許爲大著述. 所謂前輩文字, 已難全信, 況

---

22 人: 한장수본과 아천본에는 '於'로 되어 있다.
23 防: 모든 이본에 '防'으로 되어 있으나 통용본 《예기(禮記)》에는 '坊'으로 되어 있다.

復綴[24]拾浮游無根之談[25], 而兼逞其偏黨之心者乎? 凡著史之難, 識見爲上, 其文章工拙, 猶屬第二也. 每見此等書中錄白沙北謫時, 贈金昇平畫馬一紙, 昇平未曉其意[26], 後來邂逅, 知仁祖幼時所作, 遂定反正之策, 始認白沙之微意云云. 嗚呼! 不仁哉, 言乎! 白沙果何如人也? 炳然丹忠, 與日月爭光, 未有如白沙. 而方北人之爲廢母之論也, 駈一世於罟鑊[27]陷穽之間, 則公之立異於收議者, 實以斧[28]鉞自期, 竄謫嶺海, 猶非始望所及. 然而孟子所謂王庶幾改之之意, 未嘗不切切於中, 故登鐵嶺而作歌, 以寓思君之情, 其忠懇惻怛之根於天性, 盖如此矣. 此所以爲白沙也, 亦所以爲白沙之節也. 若使臨竄而遺畫, 暗示其微旨, 則收議立異[29], 不過爲有所後圖也. 鐵嶺悲歌, 不過爲佯[30]顯忠懇也. 豈有忠赤如白沙, 而其行之黯淡[31]不仁如彼乎? 未知此言出於何人, 而其亦淺識者之說也. 盖欲托重於白沙, 而果使白沙而爲此, 則白沙亦何足重也? 言者之志, 今不必索言, 後之秉史筆者, 宜所愼焉.

24

《三國志》〈諸葛武侯傳〉曰: "諸葛喬, 亮兄瑾之第二子也. 亮未有子,

---

24 綴: 국립본에는 '掇'로 되어 있다.
25 談: 국립본에는 '說'로 되어 있다.
26 意: 한창수본과 아천본에는 '義'로 되어 있다.
27 鑊: 국립본에는 '獲'으로 되어 있다.
28 斧: 국립본과 한창수본에는 '欸'로, 아천본에는 '鐵'로 되어 있다.
29 異: 가람본에는 '思'로 되어 있으나 오자이다.
30 佯: 국립본에는 '陽'으로 되어 있다.
31 淡: 가람본에는 '曇'으로 되어 있다.

求喬爲嗣, 建興元年卒. 子攀官至翊武將軍, 諸葛恪見誅於吳, 亮自有胄裔, 故攀還, 復爲瑾後."《晉書》〈羊祜傳〉曰:"羊祜無子, 帝以祜兄子暨爲嗣, 暨以父歿不得爲人後. 帝又令暨弟伊爲祜後, 又不奉詔. 帝怒幷收免之."《南史》〈江敩傳〉曰:"江湛, 字深微, 諡忠簡. 公五子恁恕愍愻法壽, 恁子敩. 宋明帝勅敩出繼其叔愻, 爲從祖淳後. 於是僕射王儉啓: '禮無後小宗之文, 近代緣情, 皆由父祖之命, 未有旣孤之後出繼宗族也. 雖復臣子一揆, 而義非天屬. 江忠簡胤嗣所寄, 惟敩一人, 傍無期屬, 敩宜還本. 若不欲江愻絶後, 可以敩小兒繼愻爲孫.' 尙書參議謂: '間世立後, 禮無其文. 苟[32]顗無子立孫, 墜禮之始, 何琦又立此論, 義無所據.' 於是敩還本家, 詔使自量立後者." 余讀三史, 偶錄此三條. 今人罕識此義, 悲夫!

25

《禮疑類輯》有言五代祖遞遷之義而曰:"人家祖先之壽考如是者甚鮮, 而其內外俱存爲尤難. 或考或妣, 若先歿, 則其神主當遞奉於最長房. 伊時其生存祖先亦同[33], 移養差近之子孫, 於情理似無所礙." 吁, 此何言也? 說有某甲, 卽以四五世嫡傳之宗子, 幸而壽考, 身覩五世孫之長成, 又不幸而見其子以下四世之歿, 則方其子之死也, 甲當以亡子題其主, 及其孫與曾孫與玄孫之死, 亦當以亡孫亡曾孫亡玄孫題其主. 然則甲之一縷未泯之前, 子以至玄孫, 皆未入廟之主, 而題其主者猶是甲也. 甲在垂死之日, 杳然承繼者, 惟五代孫一人,

---

32 苟: 가람본에는 '考'로, 한창수본·아천본·일사본에는 '茍'로 되어 있으나 오자이다.
33 同: 가람본에는 '洞'으로 되어 있으나 오자이다.

則其慈撫如傷, 倚以爲命, 不啻若親生之長子, 五代孫之於甲, 喜懼
之情愛日之誠, 亦無間於其父, 而不可以有斯須遠遊之暇. 此皆理之
當然, 又其情之必然者也. 若如說者, 則五代孫者, 將自以其名, 改題
四世之主而奉其祀, 旣主祀而自立³⁴爲家長, 則曰: "四世以往遠祖也,
非吾所當養." 遂移處於計序稍近之房, 而自謂於情理無礙. 當此之
時, 將謂甲之心安乎否乎? 惟彼五代祖雖生存, 猶不免祧而遷之, 況
其六代至九代之廟? 幷行埋安, 卽次第之節也. 嗚呼! 甲之延年享壽,
卽其何咎, 而坐見其禰主之埋而不能禁, 又不能保安其生斯老斯之
居, 而乃以臨死之身, 寄托於支裔之家乎? 不幸支孫又死, 而遂無更
遷之房, 則且將安所歸乎? 且其言必欲辨內外之俱存與否, 以爲處此
之案, 夫偕老之祖不可祧, 而必也鰥而後可祧者, 抑又何理也? 豈其
所謂情理無礙者, 乃以一人與二人之多少, 爲礙不礙之差乎? 尤豈非
萬萬無義者乎? 噫, 世雖有此人, 秉彝之天, 必³⁵無此事, 則原不足爲
世道深憂也³⁶.

26

世言父母之喪稱內外憂, 而或有互稱者, 未知何謂. 嘗見吉冶隱年譜,
言: "洪武甲子丁外憂." 攷其行狀, 卽父喪. 又曰: "建文己卯丁內憂."
攷其行狀, 卽母喪. 及見李積撰寒暄堂行狀, 曰: "丁未丁內憂." 註曰:
"父憂." 夫此事本必有一定之稱, 而或稱內, 或稱外者, 抑何據耶? 見

---

34 立: 아천본에는 '生'로 되어 있다.
35 必: 아천본에는 '心'으로 되어 있으나 오자이다.
36 深憂也: 국립본에는 빠져 있다.

《南史》〈姚察傳〉, 亦稱母喪爲內憂. 或曰: "內憂卽外艱, 外憂卽內艱." 此亦未然. 放翁《入蜀記》言: "劉師[37]丁內艱." 卽劉母卓氏喪, 放翁亦稱母喪爲內艱, 併宜從古人.

27

余自幼於諸經, 皆有一疑, 至今未釋然者.《易》則四象爲一經宗旨, 而〈繫辭〉·〈說卦〉兩傳中老陽老陰少陽少陰八字, 不少槩見, 聖人之旨, 誠未可曉也. 於《易》所未釋然者此也.《書》則今文中〈梓材〉一篇, 文勢斷爛, 明非完篇. 古文旣出於孔壁, 則宜與今文不同, 而見無一字增減, 此何理也? 於《書》所未釋然者此也.《詩》則詩之爲教, 旣在於勸懲, 則勸懲者, 油然而發之之謂也. 今也未讀之前, 先命弟子曰: "讀此詩時, 必須感發善心, 讀此詩時, 必[38]須懲創逸志." 弟子於是乎感發處不敢不感發, 懲創處不敢不懲創, 此死法也. 聖人所謂可以興者, 似不如此, 於《詩》所未釋然者此也.

28

《春秋》春王正月,《胡氏傳》曰: "夏時冠周月." 夫建子之月, 在夏時爲冬, 在周月爲正. 若使《春秋》有冬正月之文, 則謂之以夏時冠周月可矣, 而今明明言春王正月, 則以何者爲夏時乎? 夏何嘗以建子之月爲春乎? 抑以四時之序, 先數春次夏次秋次冬者, 謂之夏時乎? 此則三

---

37 師: 한창수본·아천본·일사본·국립본에는 '帥'로 되어 있으나 오자이다.《입촉기(入蜀記)》에도 '師'로 되어 있다.

38 必: 한창수본과 아천본에는 이 글자 앞에 '則'이 더 있다.

統皆然, 惡得獨謂之夏時也? 橫竪思之, 終未得其說. 此卽《春秋》開卷第一義也, 胡公於此, 豈容謬誤至此乎? 心常泄泄, 終未釋然, 眞所謂不恨我不見古人, 恨古人不見我也.

29

《禮記》〈檀弓·杜蕢[39]〉章, 長樂陳氏註曰: "平公賢孟子而終於不可見, 尊亥唐而終於不共治." 夫晉平公與孟子不同時, 童孩所知, 豈有陳氏而不知之理乎? 然則責晉平公以不見孟子者何也? 當由把筆欲書之際, 覓晉平公故事而不可得, 誤以魯平公依稀混之也. 噫! 看書若是無情, 論經安得中窾乎? 大抵經書註脚, 往往如科儒做公車之文, 臨時强覓, 不盡是胸中素講之義如此者多矣. 然而後人於一句一字敢有同異者, 衆怒羣咻, 謂之背馳先儒, 以此四字爲阱於天下, 人雖不語, 其肯心服乎?

30

〈考工記〉: '匠人爲溝洫', 孔氏疏曰: "古者人耕", "至後漢用牛畊種." 夫耕之用牛, 果始於後漢乎? 孔氏之博, 而其謬如此, 甚可恠也. 按《漢書》〈食[40]貨志〉, 曰: "趙過爲代田之法, 一屋五頃, 用耦犂, 二牛三人." 又曰: "民或苦少牛, 亡以趍澤, 平都令光敎過以人輓犂. 過乃敎民, 相與庸挽犂." 盖《漢書》之文於耦耕二牛三人, 無創始之辭, 及至民苦少牛而後, 過始受人新法, 敎民挽犂. 以此見之, 過之時本無人

---

39 蕢: 한창수본·아천본·일사본에는 '簣'로 되어 있으나 오자이다.

40 食: 모든 이본에는 '殖'으로 되어 있다.

耕, 而自古用牛耕可知也. 非徒此也. 《山海經》曰: "稷之孫叔均, 始作牛耕." 又曰: "始作犂." 此非可據乎? 若謂《山海經》不足爲信書, 則姑捨是, 犂之爲耕具, 則非獨見於《山海經》. 耕不以牛, 則犂字之從牛, 抑取何義? 《易》曰: "服牛乘馬, 引重致遠, 以利天下." 夫引重屬牛, 致遠屬馬. 旣知牛之引重, 可以利天下, 則獨[41]謂車[42]之箱可服, 而耒之重不可引乎? 聖人之智, 不宜如是之迂也. 然則所謂服牛引重者, 安知非服耒之云乎? 仲尼弟子冉耕字伯牛, 司馬耕字子牛, 古人亦以兩人名與字, 證牛耕之久遠. 盖牛耕之法, 實與稼穡同起, 不知昉於古之何聖人世也.

31

我東人凡祀享饌品, 最重餠餻. 近來言禮家謂此出於麗時供佛之俗, 此言似也, 而亦未必然矣. 嘗考大明《光祿寺志》, 奉先殿每日供養, 初一日捲煎, 初二日髓餠, 初三日沙鑪燒餠, 初四日蔞花, 初五日羊肉肥麵角兒, 初六日糖沙餡饅頭, 初七日巴茶, 初八日蜜酥餠, 初九日肉酥油, 初十日糖蒸餠, 十一日瀏麵燒餠, 十二日椒塩餠, 十三日羊肉小饅殷, 十四日細糖, 十五日玉荄白, 十六日千層蒸餠, 十七日酥皮角兒, 十八日糖棗餻, 十九日酪, 二十日麻膩麵, 二十一日蜂糖糕, 二十二日芝麻燒餠, 二十三日捲餠, 二十四日燎羊蒸餕, 二十五日雪糕, 二十六日夾糖餠, 二十七日兩熟魚, 二十八日象眼餻, 二十九日酥油燒餠, 三十日糖酥餠. 凡三十日, 所供餠糕, 爲十七種,

---

41 獨: 가람본에는 '屬'으로 되어 있으나 오자이다.

42 車: 국립본에는 '牛'로 되어 있다.

而其餘蓼花·饅頭·捲煎之屬, 又皆餅類, 魚肉僅數種而已. 此豈出於
僧風乎? 後世饌品, 大抵如此.

32

我俗蒸餻之上, 鋪棗栗之片, 如漆器螺鈿之狀, 名之爲餻明. 李監役
瀷《僿說》言: "古人以棗栗鈿作文字, 故名餻銘." 此言誤矣. 近世奢靡
之風, 或於食物體上, 爲雕繪之餙[43], 而識者猶以爲不祥. 古人安有此
事, 而定爲之名乎? 盖餻[44]形如板, 自有面背, 着鈿卽其面也. 故稱餻
面, 而俗諺多訛讀之, 近銘也.

33

我東衣服之制, 皆前交兩衽, 後有垂裾. 而團領直領, 則衽之後幅, 當
脅傍處, 外屈重疊, 作尖耳向背. 此卽偰長壽得來高皇帝所賜之制,
而不知其何義. 衽邊與後裾, 旣不相屬, 故必內着周防之衣, 以揜袴
帬之宣露, 是名所謂無尊卑. 而無尊卑中, 又有坼其負繩, 半身以下
不合縫, 以便跨馬, 俗名徹衣, 仕宦者着之, 盖取軍服之制也. 每謂此
制卽我東所有而古無是矣. 今見唐人所記, 方干兔唇, 性好凌侮人,
有李主簿者, 目有翳. 干出酒令, 譏之曰: "措大喫酒點塩, 軍將喫酒
點醬. 只見門外着籬, 未見眼中安障." 李答曰: "措大喫酒點塩, 下人
喫酒點醋[45]. 只見半臂着襴, 未見口唇開袴." 以開袴着襴謔缺唇, 則

---

43 餙: 아천본에는 '飾'으로 되어 있다.

44 餻: 아천본에는 '餠'으로 되어 있다.

45 醋: 중국 여러 문헌에는 '鮓'로 되어 있다.

襴必坼半身以下不合縫者也.

34

洪武丙寅, 偰長壽得高皇帝所賜帽袍而來, 始定百官章服, 一用華制. 故《經國大典》載國初所定之式, 而言司憲府·司諫院官及觀察使·節度使笠飾用玉頂子, 監察用水晶頂子, 而不言其頂子之爲何狀. 今監察則久廢不用, 獨大司憲及臺諫頂玉獬豸, 觀察使·節度使頂玉鷺. 元來大司憲胸背之繡法用獬豸, 則頂玉之取象, 固有據也, 至於觀察使之頂鷺形, 抑取何義? 按元魏時官制, 以候望官改爲白鷺, 取其延望之意. 其時亭堠多刻鷺像, 今我國監司亦取此義耶? 觀察之取象延望, 旣不襯着, 且我東冠服儀節之中, 未必於此獨倣元魏一制, 抑別有義歟? 未可知也.

35

朝服玉佩元無紗佾. 嘉靖中世宗升殿, 有侍臣玉佩飄颻, 與帝珮相句聯, 帝命中官爲之解. 因詔中外官, 俱製佩佾, 以防句結. 獨太常寺官, 以駿奔郊廟, 取鏗鏘聲, 不佾如故. 我東之有佾, 盖法中朝, 而祭官之幷不去佾, 乃未盡其制也.

36

今之服喪所着方笠, 世稱爲折風弁遺制, 疑或然也. 崔錦南溥, 以喪人漂到中國, 中國人以方笠爲問, 崔對云: "國俗遭喪者, 自處以罪人, 故不欲見天日而然也." 《僿說》論: "錦南此答, 爲假飾不情. 宜對曰: '此古東人折風遺制, 禮不忘本, 故遭喪者, 尚存此制, 與衰絰同例.'則事得其實, 言有[46]典則."李說是也. 盖方笠自羅濟[47]以來, 爲國時制, 夫人而着, 初非凶服, 亦非賤服. 故辛禑元年, 令各司吏胥[48]着白方笠, 非謂方笠始着於此時. 恭愍王二十年, 令代言以上, 皆戴黑草方笠, 則似因吏胥之徒濫着黑方笠, 故及辛禑時, 特令白其色, 以別其等威耳. 是以《經國大典》, 載外邑鄉吏公服幞頭[49], 常服黑竹方笠, 則可知非賤服, 而但在我朝擧國之內着之者, 獨鄉吏一品爾. 此制至宣廟壬辰亂後始廢, 及光海甲寅, 因忠淸監司狀啓, 令各道鄉吏, 依法典還着, 而前此平安咸鏡兩道鄉吏, 本不着此矣. 其時慶尙監司, 因鄉吏輩訴寃, 狀請勿着, 蒙允, 他道亦次第狀請, 併蒙允, 遂至司憲府司諫院署經後, 知音施行. 此本非賤待鄉吏之事, 而爲其獨着, 故恥之也. 此事詳載於京畿監司先生案卷首. 近見丁克仁《不憂軒集》, 丁是湖南人, 太宗時生, 成宗時卒, 官至三品, 有遺文. 其後裔近始刊集, 集中有子孫誡, 其文有曰:"本朝之制, 職任之勞且辱, 莫鄉吏若也. 家世本靈光鄉族, 微吾始祖諱某生員免鄉之功, 則吾其爲方笠俯伏之勞且辱矣."盖丁之高祖, 本以鄉吏爲生員除役. 故爲其子孫者, 以免方笠爲幸. 以此見之, 自國初之時, 已視爲勞辱者之服也.

37

董越《朝鮮賦》曰:"人露總環以分貴賤."自註曰:"其國總髮之網巾, 皆結以馬尾, 以環定品級."盖董越之來使我東, 在弘治戊申, 卽成宗

---

46 有: 가람본에는 '其'로 되어 있으나 오자이다.
47 濟: 가람본에는 '州'로 되어 있으나 오자이다.
48 吏胥: 가람본에는 '胥吏'로, 일사본에는 '署吏'로 되어 있다.
49 頭: 가람본에는 '服'으로 되어 있으나 오자이다.

十九年, 我東則其時已有馬尾網巾. 而明末人小說有言, 網巾之馬尾結成, 始自萬曆年間. 然則華人本取法於我東耶? 周亮工《書影》言: "唐人〈開元八相圖〉, 有岸唐巾下露網紋者, 以證古有網巾." 然則網巾之起從洪武之說, 本自誤歟?

38

近日象譯之奢侈, 無所節度, 其中豪富之人, 赴燕時不着狐白貂鼠等裘, 以紬緞數十百重疊絡爲裘, 其價倍於毛裘, 輕暖亦復倍勝, 此以數十百人之衣爲一衣, 甚爲不祥. 見眉公所記: "唐制立冬, 進千重襪, 其法用羅帛千餘層, 錦夾絡之." 始知今之象譯輩, 見此文效之也. 唐時皇帝所供, 窮極侈麗, 而若此襪乃其尤也. 天子雖富, 不宜暴殄無節, 此固可誡, 不可效也.

39

我國婦人, 舊無盖頭之具, 世宗朝奇眩[50]庵虔, 創新制以進, 卽俗名羅兀也. 後遂有四人轎·六人轎. 至若緞屋金頂四面珠簾, 卽公翁主所乘, 而閭閻婚時, 新婦借乘. 婚雖有攝盛之禮, 而侈僭甚矣.

40

我東婦人及賤流, 無署押字[51]. 故凡假貸賣買爲交券[52]之事, 婦人則

---

50 眩: 가람본에는 '考'로 되어 있으나 오자이다.
51 字: 국립본에는 '者'로 되어 있다.
52 券: 국립본에는 '卷'으로 되어 있다.

書姓, 下畫左掌, 賤流則姓名, 下畫左手大指中節, 以爲契. 此法非但東俗然爾, 盖自古昔而如此.《周禮》〈司市〉云: "以質劑結信." 鄭康成云: "長曰質, 短曰劑, 若今下手書." 賈公彦云: "漢時下手書, 若今畫指券[53]."

41

肅宗己亥, 青泉申維翰以製述官赴日本, 有會津侯源正容, 遣使致其祖正之所撰《二程治教錄》二卷·《三子傳心錄》三卷·《玉講附錄》三卷, 乞序於維翰. 且示其神道碑文, 曰: "公姓源氏, 諱正之, 東照大神君之孫, 台德大君之第五子, 而大猷大君之弟也. 慶長十六年, 生於江都, 幼聰敏令淑, 善書學誦, 自少所歷, 至者[54]不遺. 平生無惰容, 進止有常度, 雖祁寒隆暑, 不敢營凉燠, 飮膳儉菲, 不失其節. 每食竟, 乃講明經傳, 評論史子, 或靜坐一室, 或縱觀散步于園榭. 其待人無貴賤, 一以誠欵. 瞻之也嚴, 就之也溫恕. 道人之善, 不稱人之惡, 洞照情僞, 而不見好惡之色. 愛人之厚, 未嘗棄一人也. 其爲學也, 初讀四書, 未得其要, 則留意於老釋, 後得《小學》書, 好讀之, 從事於誠敬, 而知[55]大學之道, 斥異學之說. 工夫日[56]進醇如也, 遂專攻濂洛關閩之書. 嘗觀好學論, 因得〈定性書〉之要. 以謂: '非靜坐習敬, 爭得入此道?' 又謂: '於道無所見, 雖學, 無益耳.' 又其言曰: '主一無適,

53 券: 국립본에는 '卷'으로 되어 있다.
54 者: 신유한의《해유록(海遊錄)》(《청천집》 속집 권8)에는 '老'로 되어 있으나, 문맥상 '老'가 맞다고 판단해 번역에서는 수정해 번역하였다.
55 知: 국립본에는 '得'으로 되어 있다.
56 日: 국립본에는 '自'로 되어 있다.

則存得未發之氣像. 動亦定, 靜亦定, 聖人無情而性之者, 其庶幾乎.'
又云: '程門靜坐之法, 楊氏羅氏李氏能授受之, 因纂《三子傳心錄》.
又嘗閱朱子《玉山講義》, 觀其精微, 親抄摘《語類》·《大全》所載議論
答問可與相發者, 撰次爲《附錄》三卷, 以明太極·陰陽·四德·五常·
理氣·死生之說. 盖《講義[57]》者, 古所未逮焉, 而性命之說之詳, 無復
以加焉矣.' 居恒揭示其指曰: '仁之生意, 親切之味, 卽未發之愛, 一
意一理, 而萬物之所以爲一體也.' 又曰: '智藏而無跡, 識此以後, 可
以語道體, 可以論鬼神.' 又曰: '仁智交際, 萬化機軸. 此合天人之道
也.' 嗚呼! 可謂說約矣. 知此要約者, 朱門蔡季通·仲黙·眞希元之
後, 未有若人也. 其事君也, 大義常存於心, 念念不忘, 以安世爲志,
而不一毫欺之. 恐己忠之不盡, 而不欲人之悅己. 其所書思對命, 悉
[燒之][58], 人無得而知之. 周公之于身, 亦儀爲之, 欲得夷齊無怨之
仁, 厭聞湯武革命之義. 常言: '文王至德處, 孔子以來, 韓愈程朱發
之, 泰伯至德處, 孔子以來, 惟朱子明之, 夫然後天下之爲君臣者定
也.' 又常稱明道愧視民如傷四字, 愛范希文先憂後樂之語. 使侍史讀
史, 鑑興亡之跡, 考諸地[59]宜, 質諸時義, 編《二程治教錄》, 以寓乎其
意焉. 其治會津也, 分遣人吏, 巡行封疆, 修城郭溝池之固, 知山林川
澤之阻, 作《會境志》, 興廢祀, 毁淫祠, 作《神祠記》. 廢佛宇, 遠僧尼,
置葬地, 禁火葬, 建設社倉, 一準文公之遺法. 又行常平, 寬租稅, 創

---

57 義: 한창수본·아천본·일사본·가람본에는 '議'로 되어 있으나, 국립본에는 '義'로 되어 있다. 문맥
　상《옥산강의(玉山講義)》를 지칭하므로 국립본에 의거해 바로잡았다.
58 燒之: 모든 이본에 없는 글자이나 전후 문맥이 어색해 신유한의 《해유록》 원문을 반영해 두 글자
　를 첨가한다.
59 地: 아천본에는 '他'로 되어 있으나 오자이다.

漕運之制. 聽訟本倫理, 察事情, 遣監司巡行, 下情上達. 九十以上, 歲給口糧, 孝子節婦褒之, 不忠不悌罰之. 窮民無告者賑之, 行旅羸疾者濟之, 管內未嘗見有一人餓莩者也." 所錄止[60]此, 而不竟篇. 只書其首曰故虎賁中郎將會津侯神道碑文略[61]. 維翰爲作三書之序以遣之. 其使者以碑文[62]置維翰橐中, 曰: "侯命也. 庶幾令鷄林君子, 俱知程朱之學, 已在日本云矣." 以其碑文見之, 可知爲君子人也. 先此日本定無此人, 其爲理學開荒之祖明矣, 令人欽歎. 其所撰三書必有可觀, 而無由見, 可恨.

42

日本有古學先生, 其行狀[63]略曰: "先君子諱維禎, 字源佐, 姓伊藤氏. 寬永四年丁卯, 生于掘河宅. 幼而深沈不競, 有異常兒. 甫十一歲, 就師覃心于伊洛之學, 專讀《性理大全》·《朱子語類》等書, 間求之于佛老之教. 嘗修白骨觀法, 久之而覺山川城郭悉現空想. 旣而悟其非是而醇如也. 先是, 有疑於宋儒性理之說, 乖孔孟之學, 參伍[64]出入, 沈吟有年, 至是恍然自得, 略就條貫, 乃謂: '大學之書, 非孔氏之遺書, 及明鏡止水, 冲漠無朕, 體用理氣等說, 皆佛老之緒餘而非聖人

---

60 止:《해유록》에는 '只'로 되어 있다.
61 文略:《해유록》에는 "只書其首曰故虎賁中郎將會津侯神道碑, 文略而且無撰述者姓名"으로 되어 있는데, 문맥으로 볼 때 '文略'은 생략하는 것이 맞아 번역에서는 수정해 번역하였다.
62 碑文:《해유록》에서 "三編刊行已久而本無序, 余爲作序而遣之, 使者因以其篇置余橐中而去"라고 하였으므로, 심부름꾼이 신유한에게 주고 간 것은 비문이 아니라 위에 언급한 3종의 저서였다. 정동유가 문맥을 착각한 것으로 보인다. 원 내용을 반영해 번역하였다.
63 狀: 가람본에는 '裝'으로 되어 있다.
64 伍: 국립본에는 '互'로 되어 있다.

之旨.' 始開門戶, 接延生徒, 來者輻湊, 戶屢常滿. 信者以爲間世偉
人, 疑者以爲陸王餘說. 先生處乎其間, 是非毀譽, 恬而不問, 專以
繼往開來自任. 延寶癸丑七月, 母孺人終于僑居, 先生服朞喪. 越明
年九月, 了室府君亦卒, 服喪通前凡四年云. 其學專以《論語》爲主而
《孟子》次之, 以爲《論語》言敎而道在其中, 《孟子》言道而敎在其中,
著《語孟字[65]義》. 又著《大學定本》, 專據古今之敍, 稍加刊定, 云: '格
物本非闕也.' 蓋以八者[66]各得其序爲格物. 訓格爲正, 以本文所謂誠
意者, 特擧一項爲證. 其述《中庸發揮》, 以喜怒哀樂等四十七字, 本
古《樂經》之脫簡而非《中庸》之本文. 其論鬼神以下, 亦非本書, 故斷
自此章已下, 定爲下篇. 以其辨正甚多, 名曰《發揮》. 其於《詩》也, 以
爲詩之作皆直敍人情, 凡悲歡憂樂物情世態, 皆於是乎寫焉. 故讀
之者, 皆斷章取義, 隨讀者之見識如何而千變萬化, 不可拘一. 其於
《書》也[67], 從朱子·吳文正之說, 專取今文, 而其大要在知夫子黜無爲
自化之說, 而專斷自唐虞以下爲始之意. 其於《易》也, 專據《程傳》爲
主. 司馬遷·揚雄等諸儒, 始以十翼爲孔子之作, 歐陽永叔·陸象山·
趙南塘等皆疑之, 先生亦從其說, 以爲象象之作, 蓋先於孔子也. 其
於《春秋》也, 以爲直書其事, 美惡自見, 甚斥《公羊》·《穀梁》穿鑿之
說, 專據左氏爲說. 其於《禮記》也, 以爲出于漢儒附會之手, 然間多
確言, 嘗欲彙以錄之而未果也. 其於天道性命之說, 皆專就氣爲說而
未嘗說理也. 大要以爲天之有元氣也, 猶人之有元陽也. 自是已上,

---

65 字: 한창수본과 아천본에는 '子'로 되어 있다.
66 者: 국립본에는 '字'로 되어 있다.
67 也: 가람본에는 '於'로 되어 있다.

聖人無其說, 故《易》唯言乾元·坤元, 而未嘗說其所以然之理也. 又謂仁義禮智, 天下之達道也, 惻隱羞惡辭讓是非, 人之本心也. 人苟知擴而充之, 則得能成仁義禮智之德, 此孟子立教之本旨, 而曰達曰充, 皆學者受用之方也. 惻隱羞惡等四字, 仁義之端本也, 非仁義之端緒也. 自漢以來, 至於宋周子, 猶仍其說, 至程朱子出, 始以仁義爲性, 而四端爲情. 於是體用內外持敬主靜之說興, 而擴充存養之方疎. 嘗言天下莫尊於道, 而敎次之, 性則成道受敎之地也. 晚年述《童子問》三卷, 以明其意, 專述修齊治平之要, 最備學者受用之功. 又嘗言聖人因人以立敎, 不立敎以驅人. 又言害於人倫, 遠於日用, 無益乎天下國家之治焉者, 皆謂之邪說, 皆謂之暴行. 其於古人, 最服范文正公明道先生及許魯齋三人, 其爲文, 專宗唐宋八大家, 其爲詩, 專祖杜詩. 又嘗稱桓寬《鹽鐵論》, 以爲其論王道合於孟子. 又謂陸宣公《奏議》·眞西山《衍義》, 皆有益於治道. 性資寬厚和緩, 人不見其疾言遽色, 不設城府, 不修邊幅, 未嘗爲古怪迂僻矯激之行, 以取駭異. 人無少長, 接之以[68]誠, 無厭怠之色, 及其大義所關. 雖誘之以萬鍾, 而不可奪也. 家本寒薄, 伏臘難支, 先生居之泰然, 儉素自牧, 不求贏[69]餘. 非不求仕也, 而不爲求仕之計, 非不避禍也, 而不爲避禍之謀, 利害得失, 一不介懷. 嘗題壁云: '天空[70]海闊小茅堂, 四序悠悠春色長. 笑殺淵明無卓識, 北窓何必慕羲皇.' 其囂囂自得之境, 蓋如此云. 嘗號仁齋, 所居堂前有海棠一株, 因又號棠隱. 所著《論孟古

68 以: 가람본에는 '而'로 되어 있다.
69 贏: 아천본에는 '贏'으로, 한창수본에는 '贏'인지 '贏'인지 불분명하게 지워져 있다.
70 空: 국립본에는 '高'로 되어 있다.

義[71]》十七卷·《中庸發揮》·《大學定本》·《周易乾坤古義》各一卷·《語孟字[72]義》二卷·《童子問》三卷·文集三卷[73]·詩集一卷. 子男五人, 長胤·長英·長衡·長準·長堅. 寶永二年乙酉, 終于家, 享年七十有九. 越望日己酉, 葬于先塋之側, 墳高四尺, 以擬馬鬣云. 私謚曰古學先生. 孝子長胤謹狀." 余謂孟子曰豪傑之士, 不待文王而興, 如此人之謂也. 雖謂之千古一人可也, 誰謂倭國無儒術乎?

43

源正之·伊藤維禎, 雖皆賢者, 兩人之學[74], 實有不相爲謀之嫌. 其門生後學, 各尊其師, 分黨必矣. 黨論旣興, 則未有不修隙相殘干戈日尋. 苟使然也, 其精神注措, 惟在於排擠異己, 而民國利害自歸於弁髦. 然則兵力不期弱而自弱, 財用不期貧而自貧, 凡此皆必至之理也. 我國每以南寇爲憂, 而今而後吾知倭人無能爲也.

44

康熙撰《明史》時, 有論[75]諸臣曰: "明亡由朋黨, 不由宦寺." 嗚呼! 明主之言也. 禍國之事非一, 而未有如朋黨者. 如漢之外戚唐之藩鎭, 皆致亡之由, 而苟其時有能斥外戚逐藩鎭, 不患無共治天下之人. 至於朋黨則不然, 擧天下士大夫, 無一人不入其圈套之中. 而其護黨亡

---

71 義: 국립본에는 '卷'으로 되어 있다.
72 字: 한창수본과 아천본에는 '子'로 되어 있다.
73 卷: 국립본에는 '世'로 되어 있다.
74 學: 국립본에는 '事'로 되어 있다.
75 論: 규장각본에는 '籥'로 되어 있다.

國之習, 實無此勝於彼, 雖退甲而進乙, 乙亦一甲也. 用黨人, 固亡之道, 不用士大夫, 亦亡之道也. 將誰與共治天下乎? 盖謀利之說, 莫高於義理, 故終日言者義理. 讒人之計, 莫深於忠逆, 故終日辯者忠逆. 甲之所以聲罪乙者, 卽乙之所以致討甲者也, 安有朋黨而有君子小人之分也? 考其人平居行誼, 則仁善忠厚, 優爲人師表者多, 而及當構誣擠陷人也, 仁善之人不勝其巧慝, 忠厚之人到底爲殘忍. 以之家破國亡, 都不之[76]恤, 眼前所見, 惟黨一字. 黨是何物, 而惑人心術至此之極耶? 誠莫曉其理也. 余嘗思之, 天之生久矣, 造化中正大公明之理漸薄, 人之所稟得者, 半是偏陂邪僻之氣. 故今之生人, 五性之外別具朋黨一性, 五倫之外別有朋黨一倫. 以是性而行是倫也, 故天地神明不暇知, 刀劍鼎鑊不足畏. 勇往直前, 死而靡悔者此也. 如欲祛此, 除是天誘一世之衷, 使之換腸易胃則庶幾, 而不然, 雖周公孔子復生, 敎無所施也. 世稱東林皆君子, 浙黨皆小人, 不亦可笑之甚乎?

45

《魏叔子集》曰: "歐陽文忠作〈朋黨論〉, 辨君子小人之分, 所以告其君, 蘇文忠作〈續朋黨論[77]〉, 敎君子去小人之術, 所以告其臣. 傳曰: '惟無瑕者, 可以戮人.' 君子自護黨, 而欲除小人之黨, 欲其君不以黨人目之得乎? 世愈變, 君子趍愈下, 學術不明, 毒壞天下之人心, 而其禍歸于君父也. 余評次二篇, 已爲太息流涕, 作〈續續朋黨論〉." 論曰: "君子曰朋, 小人曰黨. 小人以勢利相比, 有黨而無朋, 君子以道義相輔,

---

76 之: 아천본에는 '知'로 되어 있다.
77 論: 《위숙자문집(魏叔子文集)》에는 이 글자가 빠져 있다.

有朋而無黨. 故孔子曰: '君子周而不比, 群而不黨.'《書》曰: '無黨無偏.'《詩》曰: '靖共爾位, 好是正直.' 嗚呼! 是可以爲君子矣. 朝廷有黨, 則國將亡, 漢唐宋是已. 吾以爲三季之君子, 漢唐除宦官不勝, 宋以新法取怨小人, 其謀迂疎, 或失之過與不及. 然莫不有皭然不滓之行, 生不愧于君, 死可以見祖宗于地下, 雖殺身亡國, 其志爲可悲也. 近世則不然, 所號爲君子者, 其始類能廉潔勁直, 嶄嶄然取大名于天下, 言人所不敢言, 爲人所不敢爲. 及其名日盛而權日歸, 則異己者去之, 惟恐不亟. 欲去異己, 必先植同己, 門生故吏薦引稱譽之方, 不遺餘力, 使布列于朝廷. 于是同己者衆, 而其去異己也愈力矣. 從吾黨者, 雖其人有可斥可殺之罪, 則必率衆而援之曰: '是正類也, 其罪可原也.' 不從吾黨者, 其人雖有可用之才可賞之功, 則必排抑之曰: '是邪類也, 不可令其得志.' 又或其父兄擧主, 偶出于吾之所忌, 必且窮究其源流, 絶之于吾黨而後已. 而一介之士下僚之吏, 其才氣足以犯難扞衆, 而其身兩無所屬者, 必折節羅致之, 時其緩急, 而謀其榮辱, 誘以功名之途, 敎之自固之術. 及其得志, 則甘爲死黨而不辭, 羽翼蟠固之勢成, 以[78]天子之威, 有不能令行禁止于其下. 又其甚者, 陽爲名高, 而卽以名高收厚利, 近謀身家, 遠慮子孫. 蓋嘗較其爭名趍利專權怙黨之私心, 與彼所謂小人而急欲去之者, 求其毫髮之異不可得, 猶詡詡然號于小人曰: '吾君子之黨也.' 則日取小人而掊擊之, 彼小人者, 獨肯甘心乎? 是以上不足取信于君, 下不足服天下之公論, 而正直仁恕之士, 則不屑身與于其間. 此其人雖扞小人之禍, 激世主之怒, 以至于死. 嗚呼! 吾不知其何以爲[79]死也. 是故由歐陽子之論, 可使人

---

78 以: 모든 이본에 '而'로 되어 있으나, 〈속속붕당론(續續朋黨論)〉에 의거해 바로잡았다.

君不以君子之黨爲疑, 而君子或借其說, 以助標榜之私. 由蘇子之論, 可使君子善于去小人之黨, 而不能使君子服小人之心, 以取信于其君. 唐文宗曰: '去河北賊易, 去朝廷朋黨難.' 吾以爲去小人之黨易, 使君子自去其黨難. 夫君子者, 必使其身無近于黨人之所爲則幾矣."

余讀叔子此論, 如針刺骨, 如癢得搔. 以吾東朋比之習, 勘校此文, 則不啻若印出一板, 豈天之所使而神明諭之耶. 何其爲道若是似也? 所可痛者, 倫彝由是而將滅, 國家由是而將亡. 嗚呼, 叔子爲太息流涕而止乎? 余則欲痛哭也.

46

古人曰: "無以貨財殺子孫, 無以學術殺天下後世." 此誠格論也. 積貨之家, 子孫多悖亡者, 固易見之理也. 若學術則豈非所以[80]輔世長民之道, 而其流至於殺天下後世者, 何也? 盖學術一差, 終歸於徇名. 夫旣以名爲家計, 則雖殺人而得名, 猶可爲也. 故貪名與貪利同科, 而及其爲害, 貪名之害, 反甚於貪利者, 此也. 至如我朝中葉以來, 則世道之被[81]此禍偏酷. 凡一世所宗仰之名賢, 雖其秉心平恕, 做事公正, 及其末流弊生之後, 則回互詖辟, 當無所不至, 況其名賢之爲學術也, 先以護黨爲道義, 以戕伐爲事業, 以是處心, 以是敎人, 則其轉輾流毒之弊, 當復如何哉? 每見其聲罪人也, 必標擧義理之名, 構成森嚴之案, 嗚呼! 孰知義理二字, 爲後世殺人之刀斧也哉? 思之痛心.

---

79 以爲: 가람본에는 '爲以'로 되어 있다.
80 以: 가람본에는 '爲'로 되어 있다.
81 被: 가람본에는 '彼'로 되어 있다.

47

宋慶曆諸賢, 如范富相業裁抑無漸, 歐蔡言議激揚太銳, 至於石介,
則鬼怪之稱, 誠非過語. 如此安得不敗乎? 大臣當以鎮安爲主, 諫官
當以平恕爲主, 去其太甚而已. 過此者, 非但敗事, 漸近於樹黨, 如我
朝己卯諸公, 非不是[82]泰山北斗, 但嫉惡太甚, 竟底[83]於敗, 亦恨見未
到此耳. 讀《宋史》有感而書.

48

人之入異端者, 其始皆由於惑也. 西域之俗, 以幻爲教. 故佛之有詭
異神奇之迹, 非惟道高致, 此卽其俗也. 是以張騫得來其幻術, 而不
言有佛, 則佛教亦在幻術之中耳. 中國人始見幻術, 安得不動魄驚怪
而惑之也? 惑此不已, 遂信其道. 近日西洋之俗, 以數爲教. 故日月
星辰之行, 方圓平直輕重之理, 瞭如指掌, 亦其俗也. 以之造曆而如
合符節, 以之製器而俱出常情之外. 中國人始見此數, 亦安得不動魄
驚奇而惑之也? 惑此不已, 遂信其道. 摠以言之, 則都由於人之無見
識之過也. 《詩》云:"民之秉彝, 好是懿德." 孟子曰:"踐形." 以秉彝
踐形之義, 溯求其本, 則道之孰正孰邪, 何待多言而辨乎? 故曰過在
於無見識. 若其如何而爲正, 如何而爲邪, 則不須與辨, 西溪朴公言:
"逐臭之類, 不足與爲究[84]論." 是也.

---

82 是: 아천본에는 '寔'로 되어 있다.
83 底: 아천본에는 '抵'로 되어 있다.
84 究: 가람본에는 '考'로 되어 있다.

49

儀狄作酒, 大禹所惡, 而周孔之禮最重獻酬, 蚩尤造兵, 黃帝戮之, 而湯武之興[85]干戈是籍. 桀造瓦, 而天下之屋非瓦不覆, 紂造臙脂, 而天下之女非臙脂不飾. 趙武靈之騎馬, 乃胡服之陋, 而天下仍之, 秦始皇之築城, 卽亂亡之由, 而後世賴之. 事有始害於理, 而終便於習, 初起於奇袞, 而後歸於利用者, 皆此類也. 是故便否利害, 本無定理, 惟其風俗之安, 而聖人循之, 其所以循之者, 蓋不得已也. 夫風俗之變, 如水之趨下, 不可以須臾駐, 是乃天理則然, 而亦造物之所悲[86]也. 今創爲神奇, 以助其變者, 不知道者也. 故君子必遵古道, 以挽其世變之機, 而得以緩數十百年, 則可謂有功於造物者也.

50

我國造紙工嘗入中國, 見人造紙, 驚曰: "異哉! 粉唐·毛面等紙, 亦皆以楮造耶?" 中國工曰: "我且問爾. 朝鮮紙定以何物造成?" 我國工曰: "紙以楮造, 安有他料?" 中國工[87]笑曰: "無誣我. 焉能以楮造而如爾國紙也?" 二工俱疑爭不信而罷. 余聞之曰: 此言雖小, 可以喩大. 本一《大學》, 而朱子以格物爲窮理, 王陽明以致知爲致良知, 爲朱學者, 惟見窮理之爲《大學》, 而不信致良知之亦爲《大學》, 爲王學者, 惟見致良知之爲《大學》, 而不信窮理之亦爲《大學》, 不能相悉, 則雖百世相訟, 安有息爭之日乎?《易》曰: "仁者見之以爲仁, 知者見之以

---

85 興: 가람본에는 '與'로 되어 있다.
86 悲: 가람본에는 '攼'로 되어 있다.
87 工: 가람본에는 '人'으로 되어 있다.

爲知."自性言之, 仁知亦非其至也. 故夫子曰:"道不同, 不相爲謀."

51

莊陵傍近之地, 舊有六臣祠, 名彰節. 正宗辛亥, 輦路遇鷺梁六臣書
院及墓. 親綴文致祭, 仍復曠感當時事, 命史官遍考國乘野史, 擇忠
節最著之人, 以金時習·南孝溫·嚴興道, 併享彰節祠. 又命於本陵
紅箭門外, 築忠臣壇, 每年寒食配食三十二人, 卽安平大君瑢·錦城
大君瑜·和義君瓔·漢南君𤥽·永豊君瑔·李穰·權自愼·鄭孝全·鄭
悰·宋玹壽·權完·皇甫仁·金宗瑞·鄭苯·閔伸·趙克寬·金文起·成
勝·成峙·朴仲林·成三問·朴彭年·李塏·河緯地·柳誠源·兪應孚·
河珀·許詡·許造·朴季愚·李甫欽·嚴興道. 書各人官啣謚號扵一板,
祭儀有祝文. 其壇傍別設一壇, 以祭事蹟未詳者二百三十六人, 中
分三科. 朝士事未詳者十二人, 趙遂良·安完慶·李耕畹·元榘·李賢
老·尹處恭·李命敏·黃義軒·高德稱·宋石仝·尹鈴孫·沈愼. 坐收
司者一百七十四人, 宜春君友直·德陽正友諒·金承珪·金承璧·金
木臺·金石臺·金祖同·金壽同·皇甫錫·皇甫欽·皇甫加麼·皇甫京
斤·李保仁·李義山·李永胤·李承老·李諧·李諟·李謨·李沙門·李
住令·李友敬·李繼祖·李紹祖·李將軍·閔甫昌·閔甫諧·閔甫釋·閔
甫興·閔石伊·趙藩·趙季同·趙賚同·李勿金·李秀同·李漢山·李乾
金·李乾玉·李乾鐵·尹涇·尹渭·尹濯·尹湜·尹介同·尹孝同·鄭孝
康·鄭元碩·鄭白池·黃石仝·權仇之·金玄錫·成三聘·成三顧·成三
省·成孟詹·成孟平·成孟終·成憲·成澤·趙崇文·趙哲山·朴崇·文
季男·則同·朴引年·朴耆年·朴大年·朴永年·朴憲·朴珣·朴奮·占
同·丐同·波泉·大欣山·奉汝諧·奉紐·李裕基·銀山·李公澮·河紀

地·河紹地·河琥·柳貴連·柳松連·兪思守·許延齡·許九齡·宋昌·
宋寧·宋安·宋太山·覃未·池淨·趙石岡·朴以寧·朴夏·河石·梁玉·
李差·安莫同·崔老·金晶·金岉[88]同·金末生·金珊瑚·金尙忠·金得
千·金卜千·李石貞·趙完珪·趙順生·佛連·趙由禮·成文治·李禮
崇·金玉謙·崔泳孫·許逐·洪九成·洪玉峯·洪適·李聞·陳有藩·崔
自陟·申孟之·申仲之·申謹之·申敬之·李禎祥·李義永·李末生·李
智英·李思怡·崔得之·崔致地·崔閏石·崔季同·崔莫同·崔石同·崔
哲同·崔哲山·趙淸老·趙榮緒·黃善寶·權署·權著·崔斯友·李昊
盛·孫茂孫·金堪·金漢之·金善之·鄭冠·張貴男·張冲·崔沔·崔始
昌·沈上佐·金仇知·朴遂良·李守禎·任進誠·李祥孫·朴良誠·庾龜
山·庾鰲山·沈希括·朴遂明·金竹·金信禮·劉世·姜莫同, 是爲一科.
宦官·盲人·軍奴四十四人, 黃貴存·黃敬孫·黃長孫·李植培·貴珍·
仲銀·安順孫·金由性·安處强·安孝友·仲才·好仁·金衍·韓嵋·嚴
自治·尹奇·金忠·李貴·印平·柳臺·朴閏·吉田善·曺熙·徐盛代·
金得誠·金得祥·崔粲·池和·羅巹豆·李午·李乃斤乃·李鐵金·李小
童·乥中·金有德·金大丁·睦孝·智有才·凡三石·丁石·仇之·凡伊·
黃緻·辛克長, 是爲一科. 女人六人, 者介·阿加之·佛德·龍眼·內隱
德·德非, 是爲一科. 而造三版, 書以癸酉·丙子·丁丑死事人. 祭時
以紙牓列書姓名, 祭儀無祝. 此實創行無於禮之禮, 而取舍有据, 儀
節中度, 皆出於睿斷. 三百年幽鬱之氣, 至此而盡[89]伸, 無餘憾矣.

---

88 岉: 국사편찬위원회의 기록에는 '峹'으로 되어 있다.
89 盡: 아천본에는 '書'로 되어 있다.

52

子規樓卽端廟所嘗臨御之所. 萬曆乙巳, 爲大水所頹, 到今其基址無徵. 尹判書師國爲江原監司, 庚戌巡到寧越, 與府使李東郁謀尋舊基, 新建一樓. 考其文蹟, 樓當在客舍南墻之外, 而牆外民家稠密, 無以辨其處, 不得已就其稍廣之地, 政議經始之方. 其日晴空忽翳, 雷雨驟至, 罷事而歸. 翌日平明, 大風猝起, 牆外人家失火, 其勢若將一邑延燒, 畢竟燒止於蝸屋五戶, 而風勢益猛, 灰燼一倂飄颺[90]. 試開拓[91]其墟, 則紋礎宛然, 又有花磚露出, 逶迤屬於觀風軒之南. 此[92]爲當日築御路者益明矣. 旣得其基, 將不日營構, 而是乃十月, 冰雪嵯峨, 木石無輪運之路. 民方爲憂, 雨忽下, 三日大霎, 四山氷雪, 一時消融. 深山伐材乘流, 頃刻而下, 不過數十日而完役. 其風其火其雨, 明非偶然之事. 而其翌年辛亥, 有忠臣壇配食之擧. 將以三月初三日, 行寒食兼告由祭于本陵, 上親製文, 遣禮曹判書, 以二月二十七日受香. 香祝纔發, 其日夜陵上, 一道瑞氣起自丁字閣, 邐迤亘繞抵壇所. 紅光燭地, 陵官疑失火, 顚倒奉審, 邑底民人亦皆驚惶奔走. 及後配食設香之夜[93], 又復放瑞氣如前, 祝版細字, 無燭可讀. 惟玆兩事, 余聞於親見者, 無異目擊. 吁其異哉! 以此見之, 神人感應之速不啻若桴鼓, 而設壇建樓之爲慰悅於冥冥之中, 可知也. 思之不覺悚愓.

---

90 颺: 규장각본에는 '揚'으로 되어 있다.
91 拓: 규장각본에는 '鑿'으로 되어 있다.
92 此: 아천본에는 '北'으로 되어 있다.
93 夜: 가람본에는 '後'로 되어 있다.

53

英陵局外有八大藪, 世稱陵寢奉安後, 八大君共樹植以成巨藪, 故名八大, 傳以爲盛事, 然此實無根之言也. 英陵始在獻陵局內, 睿宗元年, 移奉於驪州, 則其時大君未有生存者. 且八大藪一名貝多藪, 貝多者, 佛出家時, 有經[94]詣貝多樹之語, 藪名貝多, 必有所取義於此也. 東人之善爲傳會之說, 皆類此.

54

松京善竹橋, 卽圃隱先生成仁之地. 世言石上有血痕, 以爲異蹟. 愚則謂[95]石文偶似血, 且此言非古也, 必後人妄言耳, 何者? 國初以來, 先輩之於松京多記述之文, 一水一石, 涉於古事者, 無不闡揚. 凡革代際事, 往往悉書無諱, 苟使竹[96]橋有血痕, 何無一人說到者乎? 年前鄭判書好仁, 卽圃翁之後, 爲松都留守, 見血痕爲行路所踐, 嫌其不敬, 別成一橋於其側, 遂廢舊橋. 豎碑其傍, 記文略曰: "橋上有血痕, 古老相[97]傳爲異事. 文獻雖無徵, 而萇弘埋碧, 理或有之." 可知其子孫亦未嘗徵信於文獻. 其爲後人妄言無疑也. 嘗見洪世泰《柳下集》有此語, 抑豈始於此乎? 或曰: "本自妄爾, 血安得入石." 是則不然. 天下之理, 非拘俗之見所可悉. 第論其事之有無焉耳, 不可斷爲無理而不信也.

---

94 經:《불설자서삼매경(佛說自誓三昧經)》과 《수경주(水經注)》 등에는 '徑'으로 되어 있다.
95 謂: 가람본에는 '爲'로 되어 있다.
96 竹: 규장각본에는 '石'으로 되어 있다.
97 相: 가람본에는 '古'로 되어 있다.

55

洪州屬島, 有芿(늦)盆島. 芿盆者, 悲之謂也. 故一名嗚呼島, 俗稱田橫所據之地. 盖因島中有古人宮闕之基, 故後人擬疑[98]於田橫, 而或有仍[99]稱田橫島者, 甚可笑也. 此島距陸僅水路百餘里, 西抵中國之界, 便隔溟渤, 田橫占據, 未必至此之遠也. 且雖有居民以漁採爲生, 原非大島, 豈足爲英雄棲息之所也? 高麗忠烈王十八年, 自元[100]竄哈丹下阿里禿大王于此島. 故島之[101]有宮室[102]之迹, 盖由此也.

56

厚陵局內定宗舊宮遺趾, 有老木三株, 俗稱鷄足果. 世傳定宗所植, 本得來中國, 而四百年來, 根無附蘖種, 其實亦不生. 國中唯此三株而已, 人不知是何木, 亦不知何用. 余嘗求致其實, 味稍甘香而不甚佳, 其狀極異, 殆不類草木之實. 考之《本草》, 始知其爲枳椇. 其說曰: "如珊瑚." 曰: "如鷄之足距." 曰: "每開岐盡處, 結一二小子, 狀如蔓荊子, 內有扁核, 赤色如酸棗仁." 凡此所記, 歷歷相符, 可見古人記物之詳, 殆勝於描畫. 此爲枳椇無疑矣. 然則〈曲禮〉以爲婦人之贄, 醫家爲解酒之聖藥. 其用不少[103], 而四百年來, 無一稱道者, 亦未有知之者, 殊可怪矣. 念當日先王種植之時, 必爲其需用於人, 求致遠方, 而其間能或爲一用否, 未可知也. 見其核甚堅, 實皮厚, 宜其種不能生也.

---

98 疑: 규장각본에는 '議'로 되어 있다.
99 仍: 규장각본에는 '因'으로 되어 있다.
100 元: 가람본에는 '遠'으로 되어 있다.
101 島之: 규장각본에는 '島中之'로 되어 있다.
102 室: 규장각본에는 '闕'로 되어 있다.
103 少: 아천본에는 '小'로 되어 있다.

57

唐陸宣公主試, 試〈明水賦〉·〈御溝柳詩〉, 得韓愈·歐陽詹·賈稜·陳羽·齊季[104]若等, 皆天下偉傑之士, 故時號龍虎榜, 龍虎之名始於此. 我東則以文武榜爲龍虎榜, 已失唐人之旨矣. 若淸則試士開榜, 必擇[105]龍虎日, 卽寅辰日也. 尤豈不可笑乎?

58

我國多字書[106]所無之字. 地名杆城稱迀(音令)城, 又其邑里稱沙湺(音승)漸湺. 靈光稱篊(音유)城, 鴨綠北有欓(音未詳)木城, 淳昌有砳(音젹)城, 沔川稱楅(音未詳)郡, 金剛山一名怾(音기)怛, 又其中有楡岾(音졈)寺. 女之男兄弟稱姟(音남), 故樂安有姟妹島. 量酒升稱鐥(音션). 故黃州有鐥島. 束薪稱迲(자릭有字無音), 故陰竹有迲村處. 人姓有军氏(音슌)鴌氏(音궉)卯氏(音듕), 人名有辰韓帥廉師鑼)音未詳), 并見於國史及地志[107], 又《經國大典》有䑸(音居)舫船, 又有量定人奀之文而未詳音義. 物名杚實稱樤(音딍)子, 貂皮稱獤(音돈)皮. 魚名有魟(音망)魚, 蠢魚稱魟(音뎡)魚. 獸胃稱胖(音양). 其餘俗名雜字, 上御衣服稱衣襨, 倉庫稱稤(音수), 水田稱畓(音답), 衣緣稱縇(音션), 物久虫蝕稱食蛸(音소), 木梘稱栍(音명), 刻鏤有高深者曰乑(音셥[108])刻, 軍中鼓吹有啫(音者哱囉), 倥傯失物稱閪(音셔)失, 事之托故得免稱頉(音탈),

---

104 季: 모든 사본에 '孝'로 되어 있으나, 번역문에서는 《사문유취》 등에 따라 '孝'로 수정해 번역하였다.

105 擇: 가람본에는 '探'으로 되어 있다.

106 字書: 규장각본에는 '書字'로 되어 있다.

107 志: 규장각본에는 '誌'로 되어 있다.

108 셥: 한창수본과 아천본에는 '섭'으로 되어 있다.

穀不盈斛稱迯, 海西人稱地之窪陷者曰迪(音디), 又有有音無義之字芿(音늣)旀(音며)㐃(音마). 此外如下吏之選字作遶, 歲字作岁, 暮幕等字作合介, 湖南人之風字作迠, 皆鄕曲人率意省筆者, 此則不足以俗字言也. 余之偶記者只此, 料當更有幾多字也. 凡右所記中迲字, 雖見於《丹鉛錄》, 㛰芿二字, 雖載於字書, 俱非我國所用音義, 自是別字也.

59

《太平廣記》以新羅姓金哥爲覆姓, 盖稱姓而以哥字爲餘訓, 中國所無也, 疑其爲覆姓無怪. 又見明人記我國人姓名, 有田萬吉里者, 聞我國人說人姓名以里爲餘音, 而認作四字姓名者, 亦無怪矣. 仁廟丙子後, 淸人探得我朝斥和諸公姓名, 使我國人送, 而其中有金斜陽者. 時五代祖翼憲公爲平安監司, 明知其指淸陰公, 而一以無此姓名者答之. 屢次往復, 終無以隱諱, 淸陰竟未免囚繫之厄. 盖仙源淸陰兄弟有名一世, 故愚氓之爲淸國所誘陰通國事者, 實指淸陰之事, 而誤擧仙源之名, 故訛以爲斜陽. 三事并令人絶倒.

60

我六代祖濟谷公, 宣祖癸卯登第, 至仁祖丙子, 位居二品, 所歷皆淸顯. 是年丁水竹公憂, 及服闋, 卽除戶曺參判. 時長銓卽白軒李公, 亞銓卽白江李公, 公素與二公親, 求爲寧海府使. 二公始頗以違銓格難之, 公詳其所蘊之抱, 力懇得除. 未幾, 棄歸水原莊舍. 時公年六十四, 遂終身不就官. 至甲午, 陽坡公已大拜久矣. 上特命公晉秩, 除知敦寧, 因上敦迫, 雖暫還京第, 非素志也. 其後過數月下世, 公之進退之義, 有非他人所知. 故白江撰墓誌曰: "丁丑以後, 卽無意世事."
又曰: "自寧海歸, 迹不到春明十五年." 又曰: "其於蹈海之志, 亦有
非外觀所能識者." 白軒撰墓碑曰: "其求爲嶺倅也, 余實忝銓長, 其
於操履趣舍之節, 粗窺一斑." 蓋二公深知公之志事, 故其辭婉, 其旨
深也. 凡人之行, 無迹爲貴. 若吾先祖之志, 眞可謂無迹可尋. 士大夫
行事, 不當如是耶? 是故世無有知之者, 然則世人之於名節, 務爲矯
激之行, 惟恐其不彰者, 誠無足怪也.

61

丁丑講和後, 淸人禁絶我國不得與皇朝相通, 而朝廷不忘必東之義,
將悉陳我國爲中朝本情及亂後事勢, 纂書辭, 具舟楫, 以達中朝, 而
難得其人. 林慶業爲平安兵使, 募得香山僧信歇, 遂委任遣之. 信歇
卽華人稱獨步者也. 時翼憲公爲平安監司, 方朝廷之爲此也, 內則惟
崔完城[109]主其事, 外則惟翼憲公掌其事, 他無有知之者. 及治送之時,
公多造符驗, 爲約而囑之曰: "若爲淸人所譏獲者, 必應之曰: '發某
邑, 指某邑, 遇風某地, 幾日至某地, 所載者, 某色某品也.'" 又作狀,
達于瀋館曰: "我人載某邑米上京, 不幸遇風, 失其所向. 若漂到於上
國地方者, 請搜而還之." 世子仍言于淸將. 一船果見獲, 船人辨對鑿
鑿, 一與公所達無差, 故遂免. 我書旣入中朝, 崇禎皇帝大加褒賞, 登
萊軍門亦差遣報謝, 船來泊於宣川. 蓋朝廷之必欲以力屈講和之情
一達於皇朝者, 誠不可已之擧, 而若其掌事之臣, 則誠冒危涉險, 實
死生於一邊者也. 故因登萊船來泊之事, 顯露於淸人, 林慶業逃亡而

---

109 城: 아천본에는 '誠'으로 되어 있다.

免, 義州前府尹黃一皓被淸人臨殺. 翼憲公與宣川府使李烓, 倂見被
執, 而公自當其罪, 以明其非朝廷所知, 辭采侃然, 音聲如撞鍾, 聞者
莫不灑然. 淸將亦義其言, 釋之, 李烓則歸我國誅之. 當時做措之艱
難·禍福之危險, 可知. 故獨步去後, 崔完城每以微辭隱語相往復, 久
而不還, 則寄一律, 探其消息. 托稱懷仙詞, 其詩曰:"雲海微茫落照
間, 眼穿何處覓蓬山. 張騫槎路仍多阻, 徐市樓船久未還. 易被秋風欺
白髮, 難從仙竈借紅顏. 年來無限傷心事, 窮巷蒼苔獨掩關."翼憲公
以悶其不還之義答之, 詩曰:"勞勞鞍馬道途間, 悔不當年早入山. 容
髮已驚秋後變, 夢魂常向日邊還. 時移舊事空彈指, 世亂浮名獨汗顏.
百感暗從中夜起, 與誰同力靖西關."其時事之愼密, 盖如此矣. 故翼
憲公日記至此言:"當事一二臣之焦心用慮, 非他人所得盡知也"云.

62

顯廟壬寅, 余五代祖翼憲公, 以進賀正使赴燕, 仲子議政公, 以前兵
曹佐郎, 借軍官號陪行. 回還時, 到永平府, 卽十月十八日也. 路逢
魏際瑞者, 知其爲大明遺民, 畫地相語, 盡情吐露, 終與相對涕泣.
臨別, 魏贈其私稿一卷, 此書尙在吾家. 中有'代兵科都給事中曾應
遴, 討李自成檄文', 語甚激切. 翼憲公路中日記云:"某兒(議政公諱)
適逢江西儒士魏際瑞, 以筆問答, 坐到夜深, 其文詞之博雅, 識見之
明的, 超勝於他人."翼憲公所記, 只此數句. 其詳必在議政公所記,
而間經火災, 舊紙無存, 但家中流傳之語, 至今歷歷矣. 見其時書狀
李東溟日記, 所載稍詳, 有曰:"有魏際瑞[110]者, 來見上使, 上使給筆

---

110 瑞: 가람본에는 '理'로 되어 있다.

墨, 卽以葛布銀盂爲幣, 來謝. 苦辭不獲, 受其布而却其盂. 因以書問答, 自言: '居在江西, 江西距南京三千里, 以鄕貢進士來北京, 有族人爲此府屬官, 故來留'云. 而筆翰如流, 容儀靜雅. 問永曆存亡, 則言: '緬甸捉送被殺, 而宮眷拘係北京.' 因涕泣如雨. 又問天下衣冠盡變否, 則曰: '中國無人, 今已淪胥, 而渠之先父及諸兄弟六七人, 隱於翠微山獨不變, 渠則爲門戶計, 有此行'云. 又問淸國形勢如何, 則云: '此輩在北, 不堪窮苦, 出萬死, 搶攎爲業, 今則侈衣靡食, 志氣已得, 戀戀富貴, 不肯捨生. 且不習水土, 死亡殆盡, 而入南生息, 不如前輩[111], 摠皆庸殘小夫, 弓馬之藝, 漸不如前, 將無以自振. 故渠輩亦無長久之心, 輂財寶移工匠, 以實滿州·瀋陽·上陽堡·寧古塔諸處, 漢人之少有罪犯者, 皆徙於此. 而向者有江湘者, 起於南, 相與洶洶, 幾乎北走, 倘使中國能有奮義而起者, 庶可傳檄而定, 只恨無人.' 因獻其私稿一卷, 有文賦詩數百篇, 而代人所製討李自成檄, 亦在其中矣. 往來道路, 逢着士人, 皆以衣冠爲刻骨之痛, 而此人尤感慨, 有倍於他." 近日《三魏全集》出來, 始知魏伯子祥改名際瑞也. 叔子爲伯子墓誌, 有曰: "以事出關, 抵永平, 聞鼓吹聲. 人言朝鮮使者來矣. 伯趨客館望之, 立叢人中, 使者冠網巾幞頭縫掖束帶, 如故官. 忽下馬, 於叢人中把伯衣入館曰: '我兵曹左郎鄭嵩也.(書若單諱, 其時通名如是[112]耶, 抑魏文刪之耶, 未可知.) 君非此間人, 殆中國奇士.' 因蹲踞, 以炭畫地, 相問答. 使者至流涕引入室, 見其父, 更以墨筆, 書紙酬對至天明. 使者取伯文集一冊去曰: '我當版行敝[113]國, 使知中國有才子也.'

---

111 輩: 국립본에는 '將'으로 되어 있다.
112 是: 국립본에는 '此'로 되어 있다.

贈産物扇墨之屬, 相灑淚而別. 語詳〈朝鮮使者問答記〉."及考《伯子文集》, 無所謂〈問答記〉. 想其時問答之辭, 皆時之所諱, 宜其不載於集也. 又見伯子之子世傑作〈高麗刀記〉, 略曰："壬寅歲家大人, 于永平驛, 遇高麗使官, 還書示傑曰:'使者相與終夜語, 別贈小刀一枚. 京師人所未易得, 寄爾, 其藏之.'予愛玩結雜佩佩之. 而予十年前聞, 外國來者, 形狀毛髮, 帶佩衣服, 飾器用, 多奇異, 獨高麗使者至, 則裹網巾, 着紗帽, 朱袍方袖束帶, 坐馬上入朝, 都人歎爲漢官威儀. 予生晚, 固嘗從伶人, 得識此數也. 予旣産窮僻鄕, 耳目無所知, 足跡不出里閈, 意氣拂鬱, 如劍在匣. 讀書之下, 兀坐斗室中, 每忽忽無聊賴, 把是刀, 摩挲久之. 乙巳家大人歸山中, 更以所贈筆與紙墨賜傑, 爲語弓矢盤盂冠服之異, 使者頎然白晳美鬚髥, 恨予不獲侍家大人游, 得見其人, 備聞相與終夜語者, 每示此刀, 歎息鄭重. 余念當時奇遇之跡, 不過造次一面, 而開胸投分, 便成知己, 彼我之千里不相忘, 宜矣."觀世傑之記, 尤見其眷眷終身之思, 令人感歎. 所可傷者, 墓誌及刀記皆言使者之冠網巾束帶, 歎爲漢官威儀, 中原士大夫之銘骨腐心之痛, 全在於此. 今我思之, 猶覺氣湧如山, 況身觀其禍者乎? 以伯子之語見之, 伯子出關之行, 殆將有爲者也. 同時士大夫似此者必多, 而畢竟有志無成, 悲夫! 議政公號洛南.[114]

63

肅廟丙寅, 洛南公以大臣爲上使, 崔明谷爲副使, 李判書墩爲書狀赴

113　歈: 아천본에는 '斃'로 되어 있다.
114　국립본에는 이 구절이 생략되어 있다.

燕, 適有國王罰金之擧. 諸使臣呈文禮部, 請寢成命. 此事固非外國使臣所敢爲者. 被禮部侍郞徐乾學上疏論彈, 彈之固是也, 而其[115]所遣辭, 罔有紀極, 至云鬼蜮面貌, 魑魅伎倆. 夫所謂魑魅伎倆, 無形之辭, 苟將辱也, 雖加於此, 容可許也. 至於鬼蜮面貌, 乾學以皇明士族子弟, 赤赤薙髮, 不留一根, 頭戴紅帽子, 身着馬蹄袖, 乃敢譏衣冠之貌爲鬼蜮乎? 嘗謂乾學是沾沾好名, 以此見之, 殆不識有廉恥者也. 若魏家兄弟, 則視乾學, 其可同年而語乎?

64

艮齋崔奉朝賀, 少日多病, 學運氣法, 得享遐壽. 老而筋力猶旺, 卒時亦多異蹟. 嘗有《降氣要訣》七章, 甚似非高遠難行之事也. 第一章曰: "除却千思萬慮, 只依一心雙目." 自註曰: "心則存在額上, 引下上升之氣, 目則下視鼻端, 潛察下降之氣, 除却千思萬慮, 爲降氣之上法, 得此然後, 可以試此法." 第二章曰: "是氣也, 自額而下, 至于鼻梁, 則鼻孔卽通. 自喉而下, 至于胸膈, 則膈間無滯. 仍而降入腹部, 則如高山放石, 分明作瀧瀧之聲. 下而遍于兩脚, 則如水流地中, 依俙有滾滾之狀. 至兩足掌心而止焉, 以寒去溫生爲驗." 自註曰: "氣上則足部必寒, 今氣下, 故足掌得溫." 第三章曰: "降氣雖在心目, 又有二品要訣. 或於呼吸之際, 壓下吸氣, 使之久留下腹, 或於小便之時, 不分順滯, 必待屢[116]度放下." 自註曰: "呼氣則自下腹而出, 上於口鼻, 吸氣則自口鼻而下于腹部. 故因其勢而利導, 使呼吸久留於心腹之

---

115 其: 가람본에는 '見'으로 되어 있다.
116 屢: 가람본에는 '累'로 되어 있다.

間, 則氣亦隨而下降, 小便亦是下降之物, 雖不無順滯之時, 而久抱溺器, 必待屢番放下, 則氣亦隨而下降矣."第四章曰: "滯氣在於胸膈之右, 則引擧右臂, 置之頭部之上, 在於胸膈之左, 則引擧左臂, 置之頭部之上, 左右皆然, 則幷擧左右臂. 滯氣在於左腹, 則側臥上左, 使氣下於右腹, 在於右腹, 則側臥上右, 使氣下於左腹."第五章曰: "寢時必側臥切忌, 仰面而臥, 覺時不必然."第六章曰: "四肢百體, 或有痒痛, 或不便利, 則嚴思注目於當處, 破散滯氣, 則氣散而痛勢亦散."第七章曰: "凡此不可倉卒求效, 久久積功, 念念不怠, 自當有得, 今不盡言."

65

高[117]麗詩人林椿, 字耆之, 西河人, 以詩鳴一代, 時推爲巨擘, 而再擧不第. 當武人之亂, 闔門遭禍, 脫身僅免, 窮厄而死. 詩文亦無所傳, 其見於《東文選》等書者, 僅若干篇. 是故世之數文人奇窮, 至今稱林公. 及我孝宗丙申, 淸道雲門寺僧印淡, 憩息于寺傍若邪溪上, 夢遇一道士, 指松石之間曰: "發此, 可得希世之寶."印淡乃如其言發之, 果有銅塔, 高四尺, 傍刻淡印二字, 中貯一銅盎, 高半之, 又以銅盖合盎口, 封緘甚密, 開之有《西河集》一部. 其塔與盎留爲佛藏, 至今尙存, 其書則爲進士李夏耉所取, 藏弄于家. 及肅宗壬辰, 李之友靑泉申維翰, 遇西河之十四世孫再茂於京師, 詳道其事, 再茂急走人淸道, 訪李夏耉, 果得書以來, 則盖高麗尙書李眉叟仁老, 以西河故人, 序其集而傳之者, 字甚蒼古, 而其卷往往爲蠹嚙其襞. 再茂遂鋟梓, 而

117　高: 가람본에는 빠져 있다.

其訛者缺者, 則悉存而不補, 字亦依舊本翻刊, 以示重於神授之義也. 再茂自爲序, 申維翰跋其後, 倂詳記其始末, 當時名公亦多爲之序者. 計西河之沒, 爲五百年, 而其文始出, 出後五十餘年而始重刊, 從此以往, 傳之永久, 不知有幾歲在後. 鳴呼, 異矣哉! 發之者印淡, 而塔有淡印之名, 亦似非偶然者, 尤豈不異哉? 印淡之所夢遇者, 果爲西河之靈耶? 抑有他神守護, 而爲之指導耶? 然則必待五百年何也? 豈有隱現有時, 神亦不能自有其主張耶? 抑必待印淡, 而若陽明所謂開門人是閉門人者耶? 且西河之文, 雖宜其可傳, 從古文人之過於西河者何限, 而有不能以一句一字傳之後世者, 亦何可勝數哉? 然而未聞其必待數百千年而出者, 豈其有深藏於崇巖厚土之下如《西河集》者多, 而倂歸湮沒不之傳耶? 俱未可知也. 要之文章之傳與不傳, 若有天意存焉, 是爲異也.

66

李參議[118]壽鳳字儀叔, 自少以文詞鳴世. 癸亥守制在鄕廬, 其六月初五日中暑暴死, 而心窩猶煖[119], 家人不敢哭. 至翌日朝, 始甦自言: "有二人來言: '上帝命召, 製花水殿上樑文.' 李公哀乞曰: '吾有老母, 余今將死而不可復見乎.' 其中一人口呼八句曰: '書此壁上則不死矣.' 其文曰: '魂上玉京, 二辰不食. 文章旣成, 三巳乃覺. 鶴風其鳴, 七中人息. 勿翳侵傾, 因而離魄[120].' 遂扶掖而上, 至一門, 則有赤

---

118 議: 아천본에는 '判'으로 되어 있다.
119 煖: 국립본과 아천본에는 '暖'으로 되어 있다.
120 魄: 가람본에는 '魂'으로 되어 있다.

狗欲噬. 二人皆以手揮之, 使不得逼己, 而赤狗自墜. 闍者數千人齊
聲呼曰: '赤狗墜矣.' 轉入九重門, 則樓觀壯麗, 皆深赤色, 不可直視.
至壇下跪坐, 有衣冠者在壇上, 促令上壇, 公辭以居憂不敢當, 乃見
以帝命受供, 供辭曰: '豈以草土之喘, 敢唱[121]花水之吟? 天知天知,
臣罪臣罪.' 乃有四五人扶而上壇, 壇上白潔無赤光. 遂作文, 寫赤簡
以納, 已而掛文於壇上, 庭下饗五十王從官幾萬餘人. 上帝居處則有
五色雲羃, 不得見其面. 其文曰: '團團尖尖, 甲之甲暢之暢, 宗七曜
而凝五精. 活活滾滾, 壬之壬幽之幽, 架八虛而乘六合. 無地而起, 寒
天之居. 日稽五出之奇, 一生之正, 是爲花水之名. 於是叱河鼓而轉,
起三萬五百七十青雷石, 鞭營室而噓, 上八千六百四十紫雲車. 周旋
五十王, 奔走八百相. 雕椽橫廓, 翻翻赤虯之鬚, 采瓦蔽空, 習習朱鳥
之翼. 風腮露脚, 承灼爍而四飛, 月房雲欖, 參沈瀜而九漲. 穹穹之
唱, 飮飮而歡. 抛樑東, 八柱花明射日紅, 轉報雙童調百合, 一時打還
絡珠通. 抛樑西, 白鳳初移赤鳳棲, 蹋蹋珠圍傾海盡, 小吳驚起碧雲
低. 抛樑南, 輊牙轆舌相吐含, 去年紺斛枝千億, 今歲青房葍[122]兩三.
抛樑北, 羣芒三薄五[123]納極, 小冠童子何時來, 寂入寒門邃亘廓. 抛
樑上, 九升坍轉窅空蕩, 銀光閃盡瑚盤光, 入溜憑憑歸衆仰. 抛樑下,
九點寒烟連野馬, 夜半鷄人喔哦聲, 登登洞洞何爲者. 伏願上樑之後,
百靈奏祥, 萬品歌德, 一日二[124]日幾萬年, 萬年千年如一日.'" 其文類
似仙鬼之語. 李公雖善詞翰, 不過俗文中巨擘耳, 假使終年構思, 才

121　唱: 국립본에는 '當'으로 되어 있다.
122　葍: 국립본에는 '糞'으로 되어 있다.
123　五: 저본에는 '三'으로 되어 있으나, 국립본에 의거해 바로잡았다.
124　二: 저본에는 '一'로 되어 있으나, 국립본에 의거해 바로잡았다.

力有限, 決不能做得此文. 然則作此者, 竟是誰也? 其夜觀象監奏營頭星墜地, 尤可異矣.

67

韓黃州世箕, 卽申政丞翼相之婿也. 成婚未久, 申公爲嶺南邑守[125], 黃州以新郎下往其邑, 路由竹嶺. 過一處, 是日寒雪下, 路無行者. 忽見一人冒雪坐路傍, 見黃州大驚喜, 問曰: "是韓書房乎?" 答曰: "然." 其人曰: "吾家在彼不遠, 竊請枉臨." 黃州問其由, 其人曰: "竊有神異之事, 而造次不可語, 第請往吾家, 當自知之." 黃州異之, 遂隨往其家, 則入門便見壁上書自家姓名容貌生年月日. 其人乃言曰: "吾有一女, 年已及筓, 屢欲結婚出嫁, 女曰: '吾夫自有人, 吾當待此. 若以他婚相强, 則吾當死之.' 怪問其故, 女云: '每夜, 夢有神人來告, 汝夫卽韓某也, 年幾許, 顔貌如許, 生月日在某時. 某年某日, 當過此, 必使汝父, 往候路邊也. 此乃鬼神之所告, 不可違也.' 遂記其夢中所授, 書諸壁以待今日, 俄者雖往候路次, 意實然疑, 不謂果逢行次也. 夢告旣驗, 今無可疑, 請以女薦箕箒之任." 黃州入見其女, 則容貌動止, 幽閒貞靜, 所着衣裳已半故, 而無摺痕如新. 遂留宿三夜, 臨別, 女問後期, 黃州計明春當有科行, 約以某月某日當來見汝. 女正容曰: "守約待人, 妾性素不能堪. 今夫君輕易置約, 如或過期, 妾之性命難保, 幸深思無漫應焉." 黃州答以赴科有期, 必無緯繣. 女乃揮淚而別, 遂贈一詩曰: "臨岐立馬却忘行, 別淚無聲雨暗城. 回首洛東江水碧, 淺深何似此離情?" 黃州遂行. 及明年科時, 將辭申公上

---

125 守: 국립본에는 '倅'로 되어 있다.

京, 申公家人有作科行者, 申公使黃州作伴而行. 其人有事, 將取路鳥嶺, 黃州內懷憂悶而只得隨行. 行至某處, 其夕[126]卽與女相期之日, 對飯不食, 氣色[127]惶惶, 如遇大故者. 同行之人, 於黃州亦長老也, 心怪而迫問之, 黃州始言其故, 同行者大驚曰:"有此事, 何不先期告我?"急令黃州, 冒夜赴之. 及到女家, 已踰期日兩宵矣. 女之父見黃州, 泣言曰:"女到所期之日, 企待懸懸, 及夕曰:'至夜不來, 今無望矣.'自其時遂病. 今雖不絶, 無復生理."黃州入見其女, 則女見黃州, 喜動於色而病已無及, 遂卽殞絶. 黃州大慟而歸. 每曰[128]:'吾之此事, 大損福德, 必無決科之理.'遂終身不赴大科云. 余嘗聞此於黃州之庶孫, 而女之所居地名, 余忘之, 甚可恨也.

68

洪重厚重孝兄弟, 行其父葬於原州地. 其夜重厚夢見一貴人, 衣冠甚偉, 而多殊今制. 自言:"吾乃高麗金富軾也, 君之父葬卽吾塋域之內. 時移世[129]變, 吾不能保有吾地固也. 吾不求君之移避, 但吾[130]墳形已圮, 願君之[131]修封焉."重厚諾之, 寤而往見, 則傍有大塚, 果是高麗之藏, 而形域頹夷,[132]往往有隙, 窺[133]其中甚廣. 乃以石灰塡其隙, 修[134]

---

126 夕: 아천본에는 '日'로 되어 있다.
127 色: 아천본에는 '息'으로 되어 있다.
128 曰: 가람본에는 '言'으로 되어 있다.
129 世: 가람본에는 '事'로 되어 있다.
130 吾: 한창수본과 아천본에는 '有'로 되어 있다.
131 之: 규장각본에는 '幸'으로 되어 있다.
132 夷: 규장각본에는 '妃'로 되어 있다.
133 窺: 규장각본에는 이 글자 다음에 '見'자가 첨가되어 있다.
134 修: 규장각본에는 빠져 있다.

築成高墳. 其夜又夢金公來謝, 仍贈一絶句曰: "凄迷凉露桂花天,
花葉參差子萬千. 東流逝水何須問, 十二峰頭月影弦." 其山前案有
十二峰, 詩應指此云. 重厚[135]後官判書, 其子秀輔又[136]判書, 秀輔之
子仁浩監司, 義浩今參判, 世逾以名墓稱.

69

金進士鐵根妻郭氏誌其夫曰: "公姓金, 諱鐵根, 字石心, 號節友堂,
系出光山. 生於戊午閏月初五日, 幼而聰慧, 八歲能成詩, 洛下士莫
不艶稱. 己亥中生員, 辛丑抗疏, 明君臣之大義. 初娶承旨韓山李貞
翊女, 後娶王子師傅西原郭始徵之女, 卽未亡人也. 卒於戊午[137]十月
初四日, 葬于全義縣北高道朴[138]壬坐之原. 生二男一女, 長得性, 次
得運, 出后叔父樸根, 一女未筓, 皆未亡人出也. 噫, 泣而敍辭, 哀不
能文. 嗚呼, 有有而有其有, 有有而不克有其有, 有而有其有, 常也,
有而不克有其有, 變也. 季世何常之常少而變之常多也? 公於國植
綱常之節, 於家正百行之源[139], 根於天性, 則公之有其質也. 待宗族
以[140]敦睦, 教弟子[141]以義方, 親疏咸得其歡心, 鄕黨[142]罔或有疵謫,

---

135 重厚: 가람본에는 '重孝'로 되어 있다. 단, 홍수보(洪秀輔)는 홍중후(洪重厚)의 아들로서 홍중효
    (洪重孝)의 양자가 되었다.

136 又: 이천본에는 이 글자 다음에 '官' 자가 첨가되어 있다.

137 戊午: 국립본에는 '戊申'으로 되어 있다.

138 朴: 모든 사본에 '朴'으로 되어 있다. 이재(李縡)가 김항수(金恒壽)의 묘표를 쓰면서 "全義縣北高
    道之村"이라고 한 바 있다(《도암선생집(陶菴先生集)》 권38 〈주부김공묘표(主簿金公墓表)〉).
    참고로 이재는 김철근의 묘표도 지었다(《도암선생집》 권39 〈생원김공묘표(生員金公墓表)〉).

139 源: 규장각본에는 '原'으로 되어 있다.

140 以: 규장각본에는 '而'로 되어 있다.

141 弟子: 규장각본에는 '子弟'로 되어 있다.

則公之有其德也. 有其質有其德, 則宜乎有是壽有是位有是福, 而年僅逾五十, 位不得一命, 福亦嗇多男, 此果非有而不克有其有者耶? 諉諸理, 理胡若是舛, 諉諸天, 天胡若是難? 必是固不可測者, 而重爲公痛惜者也. 因以銘曰: '出可以樹功名, 處可以樹風聲, 而卒不彰, 奈何彼蒼.'" 似此閨中之筆, 固不易得, 且其事甚希有, 故錄之. 郭氏有遺稿, 藏于家云.

70

李參判瑞雨, 以詩才贍敏, 名重一世. 吳尙濂卽李之後進也. 年進弱冠, 往見李, 請較[143]藝, 李欣然許之. 凡詩家所謂各體, 迭唱互酬, 手無停筆, 而李見吳詩每多壓頭已作, 遂欲以難險服之. 乃唱一酒令曰: "喬木臥成橋." 吳應聲曰: "山風吹作嵐." 李又曰: "七夕夜似漆." 五字皆仄聲. 吳又應聲曰: "三更星橫參." 五字皆平聲. 李卒無以勝之, 大加歎服云. 世目吳以神才, 傳爲佳話. 及見《松坡集》草本, 有贈吳尙濂詩曰: "天文奎璧[144]亦吾東, 前有孤雲後牧同. 絲入晚唐推健筆, 鉢傳滄海仰雄風. 天寒歲暮孤吟裏, 水遠山長極目中. 忽聽少年歌古調, 一燈茅屋意無窮." 其所獎許, 亦太過矣.

71

雲谷李公, 爲北伯時, 至安邊, 見一兒妓嬌艶, 中意而齒尙少, 未可以

---

142 黨: 규장각본에는 '鄔'으로 되어 있다.
143 較: 아천본에는 '校'로 되어 있다.
144 璧: 아천본에는 '璧'으로 되어 있다.

狎戲. 書柱間曰: "汝長及此, 則庶可矣." 及還歸也, 復至安邊, 則妓
齒加長, 身已過畫, 遂令侍寢. 臨別, 贈所持扇子幷其香墜, 仍約以後
期. 厥妓自其日拒人守節, 而公則未暇招致, 且有年矣. 一日閽人, 告
有安邊官妓某請謁. 公自念素無識安邊人, 試令入現. 則其人言: "小
人卽妓名某之兄也. 妹自侍大監以來, 寶藏此扇, 苦心守貞, 以待來汝
之命. 今[145]至多年, 未承好音, 憂思成病, 某日已死. 而臨死之時[146],
托扇於小人, 使之卽納大監, 故敢此來獻." 公取見, 則以錦帕十襲裹
之, 扇面書一絶句曰: "銘佩當年畫柱恩, 安陵送別黯消魂. 試看篋裡
留團扇, 半是淸香半淚痕." 公大驚且悔, 優給其葬需, 使之厚葬. 公非
無信之人, 於此妓獨不免負情之名, 人皆惜之. 妓之名不傳, 可恨.

72

長湍許氏, 不知爲誰氏婦, 而士夫家婦人也. 喪其幼子, 作詩曰: "八
歲七年病, 歸臥汝應安. 可憐今夜雪, 離母不知寒." 情思懇惻, 令人
欲涕.

73

詩之有次韻, 始自唐之元白皮陸. 此實詩家之惡道, 原不足多, 而日
本人所記, 稱其國人有與元白同時, 已先次韻, 頗矜其暗合, 誠可笑
也. 然自北朝時, 已有此法. 後魏王肅, 先在江南, 聚謝氏, 後北歸尙
公主. 謝氏爲尼來奔, 以詩贈之曰: "本爲簿[147]上蠶, 今作機上絲. 得

---

145 今: 한창수본과 아천본에는 '矣'로 되어 있다.
146 臨死之時: 한창수본에는 '臨死之日'로, 아천본에는 '將死之日'로 되어 있다.

絡逐勝去, 頗憶纏綿時." 公主代蕭答謝詩曰: "針是貫綿物, 目中恒任絲. 得帛縫新去, 何能納故時." 此已濫觴矣.

74

王維詠息夫人一絶, 卽寧王席上因餠師妻作, 其'看花滿眼淚'一句, 常泛看, 不究出處. 李參奉丈嘗言: "杜牧之〈桃花夫人廟〉詩云: '細腰宮裏露桃新, 脈脈無言度幾春. 至竟息亡緣底事, 可憐金谷墮樓人.' 稱曰桃花夫人, 又用露桃, 必有故事, 而未可知也." 始知王詩卽使事襯切, 而古人詩文一字無[148]虛設如此矣. 明人〈貞鷰〉詩云: "何事楚宮嬌不語, 露桃脈脈春風裏." 亦用此.

75

許筠《惺叟詩話》言, 東人詩用白猿·翡翠·鷓鴣等事爲非, 此言是也. 作文最忌僞妄, 而東人甚多冒犯, 誠宜戒也. 日本人詩文有稱其邦山水以秦山楚水洛陽長安吳越燕蜀, 其國不産鶯鵲, 而寫景曰鶯啼鵲噪, 樂無琴瑟, 而叙事曰彈琴鼓瑟, 無冠而曰岸幘欹巾, 無帶而曰錦帶玉佩, 見此, 無不笑之. 旣笑日本, 又復自犯, 以取中國之笑, 可乎?

76

俗稱鋪茵爲地衣. 嘗謂其名近雅, 後來見之, 乃是古語也. 王建詩: "自知歌舞勝諸人, 恨未承恩出納[149]頻. 連夜宮中修別院, 地衣簾額一

---

147 簿: 규장각본에는 '箔'으로 되어 있다.
148 無: 아천본에는 '一字' 앞에 위치해 있다.

時新."李後主詩:"簾日已高三丈透, 薰爐次第添香獸. 紅錦地衣隨步皺, 佳人舞徹金釵溜.[150] 酒惡時拈花蕊嗅, 別殿微聞笙歌奏."

77

明解縉幼時, 因催徵, 訴縣宰, 宰指堂前小松令賦, 應聲曰:"小小青松未出欄, 枝枝葉葉耐霜寒. 如今政好低頭看, 他日參天仰面難."宰奇之, 遂蠲其稅. 鄭仁弘兒時, 讀書山寺, 監司至, 命仁弘詠小松, 應聲曰:"短短孤松在塔西, 塔長松短不相齊. 莫言今日孤松短, 松長他時塔反低."兩詩絶相類, 非蹈襲, 盖偶同耳.

78

俗有"三兎三龍水, 三蛇一馬時. 羊三猿亦二, 月黑復如斯"之詩. 世言高麗李相國奎報以祖江潮候括爲詩也. 然唐僧賛靈記浙江潮信詩曰:"午未未未申, 申卯卯卯辰. 辰巳巳巳午, 朔望一般輪."古人已先有此, 但與我國潮候早晚太不類, 可怪.

79

肅廟三十八年壬辰, 康熙使穆克登審定邊境, 故以朴權爲伴接使, 同咸鏡監司李善溥, 往迎於厚州. 克登從鴨綠江下流溯行[151]十日而至厚州. 相會四日, 而至惠山, 捨舟登山, 行九十餘里, 路益險, 伴使與

---

149 納: 규장각본에는 '內'로 되어 있다.
150 溜: 가람본에는 '留'로 되어 있다.
151 行: 한청수본과 아천본에는 '下'로 되어 있다.

監司無以隨行. 克登乃使共其副侍衛布蘇倫等, 由徑路作行, 期會于
茂山. 克登則自率通官筆帖式并家丁二十人, 與朝鮮軍官·差使官·
通官等六人, 及知[152]路者二人, 齎五十日糧. 又行二百餘里, 窮江
源, 至白頭山頂. 時有北道民全順愛者, 慣於採蔘, 爲之導, 得免迷失
路之患云. 至潭水邊, 刻石立碑, 曰: "烏剌摠管穆克登, 奉旨查邊至
此審視, 西爲鴨綠, 東爲土門, 故於分水嶺上, 勒石爲記." 下書康熙
五十一年五月十五日. 其所謂土門卽豆滿. 女眞語謂萬爲豆滿, 以衆
水合流故名之. 而豆滿土門音同, 我人稱豆滿, 彼人稱土門也. 克登
遂從土門水道以下, 約行三百里到茂山, 又造舟至慶興海口, 還至慶
源, 越江由厚春乃去. 克登來時帶畫師, 隨處畫所經山川, 繕寫界域
圖二本, 一進于皇帝, 一進于本朝. 又移文伴使[153]及監司, 曰: "鴨綠·
土門兩江, 俱從白頭山發源, 東西分[154]流. 原定江北爲大國之境, 江
南爲朝鮮之境, 今從土門源審視, 流至數十里, 不見水痕, 從石縫暗
流, 至百里方現巨水. 此無水之處, 人不知邊界, 所以往來越境. 如何
設立緊守, 使人知有邊界?" 伴使監司仍將依移文, 或築土, 或聚石,
或樹柵事, 申復于克登. 此卽定界時大綱也. 其年, 冬至使赴燕, 克登
自宮門出, 言于正使, 曰: "白頭山事, 今已了當, 不復往見, 毋慮. 地
界立標, 亦須勿亟, 惟於農隙徐徐爲之." 言訖卽入. 所以向我使言之
者, 似亦由皇帝之意, 而想其前有再往之議, 今定不往, 故曰了當也.
世言此時我國多失舊界. 未知事情如何, 而大抵伴使監司之與克登

---

152 知: 가람본에는 '指'로 되어 있다.
153 使: 아천본에는 '接'으로 되어 있다.
154 分: 국립본에는 '奔'으로 되어 있다.

同行審視者, 不過惠山以東九十餘里而已, 其餘則先到茂山, 坐待其來. 如山頂立碑等事, 俱不相干, 何有於同行看審之意乎? 是故, 世以立碑於低處, 爲舊境之內縮, 而是則不然. 碑不過紀事勒名而已. 有江之處, 則一以江南北爲界, 立碑之高低遠近, 實無害於事也. 獨是土門上源伏流無水之處, 從前兩界, 犬牙相錯之地, 今一依移文, 築土聚石, 不能發一辭相難, 此地所失, 不知爲幾百里也. 高麗睿宗時, 使尹瓘拓地, 至豆滿江北七百里蘇下江邊城公嶮鎭, 遂立碑於先春嶺上, 刻曰高麗之境. 不久撤城, 還女眞. 碑四面所書者, 皆爲胡人剝去. 此事今不[155]須言, 而蘇下江卽在[156]白頭山東北, 則政爲[157]穆克登所謂土門上源伏流之外也. 大抵此處, 獨無江河之限, 故易相出入者也. 兩國定界, 何等重事, 而彼則水陸千里之程, 不憚胼胝, 我人則安坐一處, 惟其命是從. 吾東兩班之事, 從來如此, 雖欲不然, 其如[158]筋骨綿弱, 理難登陟[159], 何哉? 此非一朝一夕之咎也. 克登所進界域圖, 未知今在禁中耶, 備局耶?

80

中國人以朴爲高麗姓, 而謂音瓢. 夫瓢之諺名, 偶與朴同音, 在朴本無瓢義, 謂朴音瓢則尤非矣. 我國與中華, 字音最近, 幾乎相通, 而其轉誤如此. 況其遠夷之與中國千百年一通者, 而顧書其風俗或詳, 能

---

155 不: 아천본에는 이 글자 다음에 '可' 자가 첨가되어 있다.
156 在: 규장각본에는 '下'로 되어 있다.
157 爲: 규장각본에는 '謂'로 되어 있다.
158 如: 가람본에는 '於'로 되어 있다.
159 陟: 한창수본과 아천본에는 '涉'으로 되어 있다.

無謬乎? 歷代史中, 書我東[160]民俗, 往往有不近理者. 如《後漢書》〈東夷傳〉, 兒生, 欲令頭扁, 皆押之以石之類是爾. 其餘所記, 獨可信乎?

81

我東有兩字合爲一字者, 以水田爲畓. 有一字分爲兩字者, 呑魚稱以大口魚, 正類. 賁育是孟賁夏育, 而《廣韻》以賁爲姓, 是二人爲一人也. 老彭是商之賢大夫, 而註稱老聃彭祖, 是一人爲二人也. 世間儘無無對也.

82

摺疊扇一名聚頭扇, 自宋時已有之. 東坡以爲高麗扇展之廣尺餘, 合之止兩指許, 盖謂其製自我東出也, 然士大夫不用也. 永樂中, 因朝鮮進松扇, 命工如式制[161]之. 始唯爲妓女家物, 寢見良家多用之. 明末人猶歎風俗趍薄, 今則殆擧世無他制[162]矣. 但未知松扇是何物. 見徐兢《高麗圖經》, 言"松扇取松之柔條, 細削成縷, 椎壓成綫而織成. 上有花文, 不減穿藤之巧." 抑謂此耶? 想國初尙有此制, 而今則倂與其名而不傳久矣. 日本扇制亦用摺疊, 乃軍中所用, 臨戰兩手持扇, 亂搖眩人, 卽《籌海重編》所謂蝴蝶舞此也. 日本人言, "神功皇后見蝙蝠羽, 始作扇." 神功后, 卽漢獻帝時也, 然則我國之制亦自日本出耶? 抑偶同耶?

---

160 東: 아천본에는 '國'으로 되어 있다.
161 制: 규장각본에는 '製'로 되어 있다.
162 制: 규장각본에는 '製'로 되어 있다.

83

古今賭博之具, 隨代而異. 先漢梟盧之制, 今不可知. 其後如雙陸·波羅·握槊·長行局等戲, 皆有名無傳. 我東柶戲亦不知刱自何時, 而竗意所寓, 不無可言者. 其法以指大圓木, 留皮牉柝, 長僅數寸, 外穹內平. 用此四條, 擲地取格, 卽其骰也. 骰有五格. 第一格四覆, 其次四仰, 其次三仰一覆, 其次二覆二仰, 其次三覆一仰[163]. 以此五格, 兩人對局行馬. 其局有二十九宮, 外周二十宮爲圓勢, 內九宮十字相交, 屬於外周之四隅, 此其大槩也. 盖其刱意, 取於四時日行長短之勢, 而本無其名. 或以爲柶戲者, 爲其以四木爲戲故名, 而與喪禮角[164]柶之柶, 文同而義則殊也. 松都人金文豹, 嘗有著說. 其略曰: "外圓象天, 內方象地, 卽天包地外也. 星之居中者, 樞星也. 旁列者, 二十八宿也. 日行, 從水入木, 次于土而還從水出者, 冬至之日短也. 從水入木, 徑行至金, 而又從水出者, 春分之日中也. 從水歷木, 入火直行出于水者, 秋分之宵中也. 從水歷木, 歷火歷金, 而又出于水者, 夏至之日永也."

84

清人小說言: "監書, 內酒, 端硯, 徽墨, 洛陽花, 建州茶, 蜀錦, 定甆, 浙漆, 吳紙, 晉銅, 西馬, 東絹[165], 契丹鞍, 夏國劍, 高麗秘色, 興化軍子魚, 福州荔眼, 溫州柑, 臨江黃雀, 江陰縣河豚, 金山鹹豉, 簡寂觀

---

163 三覆一仰: 아천본에는 '一仰三覆'으로 되어 있다.
164 禮角: 국립본에는 '禮之角'으로 되어 있다.
165 絹: 가람본에는 '綃'로 되어 있다.

苦筍[166], 東華門陝右兵, 福建秀才, 大江以南士大夫, 江西湖外長老, 京師婦人, 皆爲天下第一, 他處雖效, 終不及."夫高麗亦有爲天下第一之物, 可笑. 然所謂秘色, 我國所無. 抑昔有而今無耶? 回回青本自燕市來, 安得數爲土物乎? 但我國甓土, 善受染色, 濃淡無黝黯之氣, 此所以見稱於華人耶. 日本人所記, 亦言茶盌[167]當以朝鮮窯爲上.

85

我國黃海道山邑, 有野蠶繭. 土人繰織成紬, 質甚堅紉[168], 不染, 顔色自成黯赤. 清初人所記野蠶紬, 卽此也. 其說曰:"繭紬, 明初[169]尙未行, 至崇禎時, 臣僚聞上惡其華麗, 遂多服繭紬, 始盛行. 色不加染浣濯, 十年不敗. 山東多處有之, 槲生者, 槲繭, 椿名椿繭, 椒名椒繭, 大如鳥卵. 土人恃此爲業."我國則唯椿樗繭爲多, 又有食椒葉者, 食棗葉者, 此外無産繭之木. 若槲則《訓蒙字會》以小里眞木(쇼리춤나모)爲訓, 而繭[170]無食眞木葉者. 然則所謂小里眞木, 非槲耶? 抑我國獨無槲繭一種耶?

86

州郡之於民徵求多端, 而遇民貧不辦者, 輒徵於其親屬, 而往往勒稱

---

166 筍: 규장각본에는 '笋'으로, 아천본에는 '筍'으로 되어 있다.
167 盌: 가람본에는 '怨'으로 되어 있다.
168 紉: 규장각본에는 '靭'으로 되어 있다.
169 初: 규장각본에는 '末'로 되어 있다.
170 繭: 규장각본에는 '蠶'으로 되어 있다.

其親, 至有不識戚派之何在者, 鄕曲稍富之民, 偶與逋吏奸民依稀有
姻戚之名, 而遂至於破産者, 比比有之. 故諺有査頓八寸之語[171], 誠
不忍之政也. 然宋元豊以後, 州郡榷[172]賣坊塲取息之際, 弊從而生,
往往鬻其抵産, 抑配四鄰, 四鄰貧乏, 則散及於飛鄰望鄰之家, 不問
遠近, 必得償乃止. 元祐[173]時殿中侍御史呂陶, 以此奏疏論之. 夫飛
鄰望隣之名, 無理之極, 而猶不及其族戚[174]者, 何也? 此事其初則出
於勸其相恤相助之義, 非欲移禍於人, 而行之旣久, 謬復成例, 今則
專事勒徵也. 盖我東民俗本厚於叙戚, 故延累先及於戚. 中國則地廣,
民之族黨姻戚, 未必聚在一郡, 所以專責於鄰而不問其族也. 若使在
朱陳之村, 必當先於姻戚而後及其隣也.

87

我東公私奴婢之法, 不問其父之良賤, 惟母役是從, 而爲其主者, 執
其生殺之權, 傳之子孫, 又有交券買賣納鍰[175]贖良之法. 故一人[176]賤
籍, 則其女子之女子, 外孫之外孫, 以至百代皆爲其奴婢.《高麗史》
言: "奴婢之法, 始自箕子" 豈其然也? 東方本無文獻, 羅濟以上, 皆
不過據中國史而知之. 箕子八條之說, 始見於《漢書》, 其文曰: "箕子
去之朝鮮, 教其民以禮義田蠶織作, 樂浪朝鮮民犯禁八條, 相殺以當
時償殺, 相傷以穀償, 相盜者, 男沒入爲其家奴, 女子爲婢, 欲自贖者

---

171 語: 가람본에는 '說'로 되어 있다.
172 榷: 원문에는 '榷'로 되어 있으나, 국립본에 의거해 바로잡았다.
173 祐: 아천본에는 '佑'로 되어 있다.
174 戚: 한창수본과 아천본에는 '親'으로 되어 있다.
175 鍰: 규장각본에는 '鐶'으로 되어 있다.
176 人: 규장각본에는 '入'으로 되어 있다.

人五十萬." 其所謂八條, 今不可知, 而殺人償命, 傷人償穀, 盜人財爲奴婢, 而許其自贖, 此卽其大綱也. 箕子已自在殷時, 佯狂爲奴, 奴婢之法, 則實非箕子所刱, 特以此設敎東國云耳, 何嘗有世世爲賤役之說乎? 新羅斯多含伐伽倻國滅之, 羅王策功, 賞所虜三百口, 多含受已皆放, 史稱多含之賢. 然則新羅時亦有以俘虜爲奴婢, 而皆其嚴於奴婢之法, 則實自高麗太祖時始也. 其時兩班之家, 無不有奴婢, 以爲產業之資, 而猶未嘗從其母役. 至靖宗五年, 始立賤者隨母之法. 及其季世, 一國編籍之戶, 除公私奴婢, 平民未爲半耳. 故成宗時, 正匡崔承老上疏言: "聖祖創業之初, 群臣或從軍得俘[177], 或貨買奴之. 聖祖嘗欲放俘爲良, 而慮動功臣之意, 許從便宜. 至光宗時, 始令按驗奴婢, 辨其是非, 於是功臣等莫不嗟怨, 而賤隷得志, 陵轢尊貴. 光宗自作禍胎, 失德大矣." 以此見之, 太祖之許從便宜者, 非其本志, 而特因臣强難制而然也. 至於光宗之按驗, 不過欲辨其是非, 而嗟怨朋興, 是所謂盜憎主人, 其不法之多可知也. 然而承老以禍胎失德等語, 歸咎於君上, 大抵東國兩班全懷利己之心, 於此可見也[178]. 元達魯花赤來治也, 元皇屢欲變此法而不得, 至忠烈王二十六年, 則幾乎永革, 王上表畧曰: "昔我始祖垂誡于後嗣子孫云: '凡此賤類, 其種有別, 勿使斯類從良. 若許從良, 後必通仕, 漸求要職, 謀亂國家. 若違此誡, 社稷危矣.' 由是, 小邦之法, 於其八世戶籍不干賤類, 然後乃得筮仕. 凡爲賤類, 若父母一賤則賤, 縱其本主放許爲良, 於其所生子孫却還爲賤. 又其本主絶其繼嗣, 亦屬同宗, 所以然者不欲使從

---

177 俘: 가람본에는 '孚'로 되어 있다.
178 也: 규장각본에는 '矣'로 되어 있다.

良也. 若更此法, 因失舊章, 不得僅存遺緒云云." 元帝傳旨云, "國王所奏, 許令依舊." 及至我朝, 勝國規模太半變改, 而獨於奴婢之法, 一循其制. 故爲《經國大典》也, 於〈刑典〉下另具奴婢一目. 爲法極其繁密, 遂成定俗, 更無議變更此制者.

88

《輟耕錄》曰: "今蒙古色目人之臧獲, 男曰奴, 女曰婢, 總曰驅口. 盖國初平定諸國, 日以俘到, 男女配爲夫婦, 而所生子孫, 永爲奴婢. 又有曰紅契買到者, 則其元主轉賣於人, 立券投稅者, 是也. 故買良爲驅者有禁. 又有陪送者, 則摽撥隨女出嫁者, 是也. 奴婢男女, 止可互相婚嫁, 例不許聘娶良家, 若良家願娶其女[179]者聽然. 奴或致富, 主利其財, 則俟少有過犯, 杖而錮之, 席卷而去, 名曰抄估. 亦有自願納其財, 以永脫免奴籍, 則主署執憑付之, 名曰放良. 刑律私宰牛馬, 杖一百, 毆死驅口, 比常人減死一等, 杖一百, 此所以視奴婢與牛馬無異. 按《周禮》, 其奴男子入于皂[180]隸, 女子入于春藁, 《說文》, 奴婢皆古罪人. 夫今之奴婢, 其父祖初無罪惡而世世不可逃, 亦可痛也." 此乃元人陶九成所記也, 其說與我東奴婢之制, 歷歷相符. 盖元皇窮兵東北, 親征漠外, 當時勳貴之家, 俘虜髦倪視爲私貨, 元皇亦任其殺活, 不編民籍, 此亦臣强難制而然也. 然此不過蒙古色目人事, 且但是驅口耳, 初非行於中國之民也.

---

179 女: 아천본에는 '意'로 되어 있다.
180 皂:《주례(周禮)》〈지관(地官)〉에는 '罪'로 되어 있다.

89

大抵我東士大夫, 異於他邦, 家各有田民, 無不享素封之貴. 故與庶民等威截嚴, 實執紀綱風俗之權. 今若使之比肩工商, 無所尊卑, 則上下無章, 致亂之道也. 故鄭麟趾作《高麗史》曰: "奴婢之法, 大有補於風教, 所以嚴內外·等貴賤, 禮義之行, 靡不由此." 白沙李公亦曰: "性習民安, 成一國之聲教, 今欲變更, 必須先變國俗, 使士夫子女, 皆親負戴炊爨, 如中朝之爲. 欲一朝易俗, 則情咈而法逆, 民窮而姦生." 盖以國俗言之, 兩公之論, 誠有意見. 余亦非謂一併革廢於今日, 若究天賦生物之初, 則事之無理, 更無有過此者云爾.

90

見《金史》, 大定[181]二十二年, 制立限放良人奴, 限內娶良人爲妻, 所生男女卽爲良丁.[182] 以此見之, 金之奴婢, 亦從其母役矣. 按太定則世宗雍之號也. 溯計高麗靖宗之世, 爲百五十年, 而《金史》言金之始祖函普, 初從高麗來, 我東所傳, 則平州僧今俊, 遁入女眞爲金之先, 或言平州僧金幸之子克壽, 入女眞爲金之先, 金之先之爲高麗人無疑. 抑金祖習於高麗之法, 而用之其邦耶? 世宗賢主也, 是故立制頓革其法. 大抵是東夷之惡俗也.

---

181 大定: 모든 사본에 '太定'으로 되어 있으나, 사실에 근거해 '大定'으로 바로잡았다.
182 制立……良丁:《금사본기(金史本紀)》제8〈세종 하(世宗下)〉에는 "六月庚子朔, 制立限放良之奴, 限內娶良人爲妻, 所生男女卽爲良. 丁巳, 右丞相致仕石琚薨"이라고 되어 있다. 이것으로 볼 때 '良丁'은 '丁巳'의 '丁'을 잘못 구두 뗀 것이므로 삭제해야 옳다.

91

遼金自來與我東之俗相類者多.《遼》·《金史》中, 其君每行再生禮,
甚褻且陋, 令人可笑. 而新羅時, 濟州高厚高淸兄弟來朝, 王甚嘉之,
稱高厚曰星主, 尤愛其弟淸, 令淸出袴下, 以爲己子, 而稱之曰王子.
此卽遼金再生禮之所由起也.

92

《輿地勝覽》, 咸鏡道甲山等邑土產有瞿麥. 瞿麥是石竹之一名. 甲山
何嘗產石竹哉? 此必指俗稱耳麥, 而爲瞿麥也. 耳麥卽古所謂鷰麥.
爲其兩芒分出, 恰似鷰尾, 故名鷰麥, 而我國人之稱耳麥者, 以芒爲
耳也. 故諺稱龜甫里, 龜者, 耳之訓也, 甫里者, 麥之訓也. 龜與瞿音
相近, 而見物名有瞿麥, 則遂以龜甫里當瞿麥之名, 豈不舛哉? 若世
本無物名瞿麥, 而以此創始爲名, 則雖錯, 無甚害事. 每見我東人善
於疑似之間, 必擇古有之名, 以爲物名地號者, 不可勝數. 文字間, 此
法最誤後人.

93

近來有刊行《攷事新書》, 固知訛舛甚多. 而中有百合粥一段下註'辛
夷. 根花白者, 佳'七字, 始看, 不省爲何說, 細思之, 有可以知其意
矣. 蓋叢木中, 開罄口小黃花, 俗名介捺伊者, 卽倭連翹也, 近來忽然
呼作辛夷花. 凡我國人之錯認草木之名, 固不止一二, 而至於此木之
呼辛夷, 實意思之所不到也. 辛夷自是灌木之開紫花, 俗稱茄之花,
或稱木筆花, 是也. 唐詩有'辛夷花盡杏花飛'之句, 蓋中國辛夷早春
先花, 故唐人有此句. 而我國辛夷, 實罕有之木, 今之見此詩者, 覓杏

花前所開之花, 惟倭連翹忒早, 遂不問是非, 直號以辛夷者, 盖由此詩也. 百合亦我東罕有之草, 不過爲人家階庭之翫, 而不産於山野, 故不能爲醫藥之需. 山野所有者, 根莖葉花彷彿類百合, 而花則深赤色, 是乃山丹也. 世醫製藥, 每以此代百合.《東醫寶鑑》《本草》百合註曰:"白花者, 良." 殊不知百合本有白花一種, 更無他色, 誤以山丹百合視爲一類, 故特稱白花者良也. 山丹根狀類蒜, 故俗名假麻捼. 麻捼卽蒜之俗名. 俚語每多省音, 乃稱假捼伊, 遂與倭連翹之名介捼伊, 便成同名. 今爲《攷事新書》者, 將注百合, 而其意謂百合之名爲假捼伊, 則與彼介捼伊可以通稱, 旣可以通稱, 則介捼伊之名, 吾知其爲辛夷也. 於是乎以辛夷注百合. 夫介捼伊之爲辛夷, 已是意外, 而今於與介捼伊同名之物, 并名辛夷, 尤豈非萬萬意外乎? 旣於物名, 蒙眜如此, 則寧以諺文書之, 豈不寡過矣乎? 覽此, 良可絶倒, 將溯言其來歷, 不覺牽連屢行, 還笑我太多事也.

94

羖䍽卽羊之一種, 而特毛不卷, 頷有髯, 與羊異爾. 百獸無髯, 而此獨有之, 故俗名髯小. 小者, 牛之訓也, 非牛而[183]稱牛者. 凡有角之物多稱牛, 如蜣蜋之俗稱天牛, 是也. 俚俗之辭, 未必一一當理, 而其意則盖不出此. 故崔世珍《訓蒙字會》釋羖䍽之名曰염쇼, 亦髯牛之訓也. 今見申景濬所編《輿地考》, 有載羖䍽而曰:"羖䍽多飮水則死, 故名厭水." 夫厭水二字之於多飮則死之義, 語旣齟齬, 況其性未必飮水必死者乎? 申固以淹博名誠多過人者, 獨善爲傅會之說, 往往自我作

---

183 而:규장각본에는 '者'로 되어 있다.

古, 是其短也. 嘗見其所撰《邸井書》, 論訓民正音字形, 而以脣音非
母爲ㅂ, 此等處皆全無依据之辭也.

95

今之爲簫笛者, 必取竹之節上無溝者, 名曰盲竹, 言其無眼則性勁也.
《前漢》〈律歷志〉曰: "黃帝使泠[184]綸自大夏之西崑崙之陰, 取竹之解
谷生其竅厚均者, 斷兩節間而吹之." 孟康註曰: "解, 脫也. 谷, 竹溝
也, 取竹之脫無溝節者." 此法自昔然也.

96

水寒未冰之時, 多束松枝黍莖之屬, 積置淵渟[185]處, 以爲魚之冰後止
息之所, 待春冰泮, 除薪擧罟, 則得魚甚多. 盖今漁人取魚之一法, 而
古實有之, 所謂椮也.《爾雅》曰: "椮謂之涔." 注曰: "今之作椮者, 取
積柴木於水中, 魚得寒入其裏藏隱, 因以薄圍捕取之."《小爾雅》曰:
"魚之取[186]息, 謂之潛, 潛, 椮也. 積柴水中, 魚舍也,《詩》之'潛有多
魚', 是也." 按〈周頌·潛〉章, 鄭箋曰: "潛, 椮[187]也, 字從米."

97

今人以沙魚皮飾刀鞘, 樺皮貼弓身, 皆古法也. 沙魚一名鮫魚,《山海

---

184 泠: 아천본에는 '伶'으로 되어 있다.
185 渟: 규장각본에는 '停'으로 되어 있다.
186 取: 모든 사본에 '取'로 되어 있으나,《소이아(小爾雅)》에는 '所'로 되어 있다.
187 椮: 아천본에는 '椮'으로 되어 있다.

經》曰: "鮫魚皮可餙刀[188]劒, 口錯治材角." 其云餙劒, 卽漢時所謂鮫
鞘也. 司馬相如〈上林賦〉師古注曰: "華, 卽今樺皮貼弓者." 然則二
物之用, 盖自三代已然. 鮫, 取其堅, 樺, 取其拒濕也. 以《山海經》見
之, 今治木角, 必以鮫皮括之者, 其法亦自上古矣. 然《荀子》言: "楚
人鮫革犀兕以爲甲." 夫堅莫如鮫皮, 而未聞今人以此爲甲者, 何也?

98

我國有土鼠, 俗名頭至鼠, 疑透地之訛也. 狀如大鼠, 足短尾細, 性
畏日光, 見光則死. 穴地而行, 穿鑽甚疾. 俗言以其足爲小兒頭餙, 則
兒能免痘, 又以鹽塡其腹中, 燒存性, 揩齒則齒固. 所用止此, 考之
《本草》, 亦無有矣. 見《齊東野語》, 曰: "《澠水燕談》載, 契丹國產大
鼠, 曰毗狸, 形類大鼠, 而足短極肥. 其國以爲殊味, 穴地取之以供國
王之膳. 張浮休《使遼錄》亦謂: '有令邦者, 以其肉山[189]臡置之食物之
鼎, 則立糜爛, 是以愛重.'《陸氏舊聞》云: '狀類大鼠, 極肥腯. 甚畏
日, 爲隙光所射, 輒死.'《續[190]墨客揮犀》載刁約使契丹詩所云毗狸,
如鼠而大, 穴居食果穀, 若㹠而脆. 近世乃不聞有此, 叩之北客, 亦多
不知." 以此諸說見之, 我國土鼠之爲毗狸, 無疑矣. 我國人於野肉鹿
獐豕外, 鮮以爲膳, 故未嘗知其味美如此也.

---

188 刀: 아천본에는 '弓'으로 되어 있다.
189 山: 규장각본에는 '一'로 되어 있다.
190 續: 한창수본과 아천본에는 '績'으로 되어 있다.

99

高麗元宗時, 蒙古使來詔曰: "朕聞卿國阿吉兒合蒙合(注: 魚名, 似牛), 遣使馳驛往取, 可爲供奉." 或稱患脚腫, 以其皮作靴, 則立愈, 帝有是疾, 故求之. 疑今所稱水牛皮. 忠烈王時, 元遣使求耽羅香樟木, 疑今所稱龍木也.

100

俗所謂海棠花, 雖[191]知非蜀之海棠, 但未知爲何木. 或疑是玫瑰, 亦非也. 見《農政全書》有海紅者, 記說明指此花, 而又云一名海棠梨, 始知其爲海紅, 而海棠之稱, 亦自不謬矣. 劉長卿有〈夏中崔中丞宅見海紅搖落一花獨開〉詩, 李白詩註言: "新羅國多海紅, 唐人尙之." 蓋我國東西濱海沙地, 自生彌滿, 政[192]宜言我國所多也. 楊升庵曰: "海紅, 卽山茶." 誤矣. 山茶卽我國所謂冬柏也.

101

柏有側柏·圓柏二種. 余嘗以俗所謂老松爲圓柏, 及見董越《朝鮮賦》曰: "亦有老松, 其堅如柏. 人取爲明, 脂亦不滴." 自注曰: "其松材理最堅, 黃色如柏." 蓋創見之辭也. 然則此非圓柏耶? 抑董公元不知柏之有二種耶? 賦又言薔薇·酴醾·丁香·雀眉·山礬, 倂不知指何木也.

---

191 雖: 한창수본과 아천본에는 '難'으로 되어 있다.
192 政: 규장각본에는 '故'로 되어 있다.

102

明時元日, 有新瓜進獻, 唐詩所謂二月中旬已進瓜, 不足道也. 其他花果皆置炕中溫火, 逼之使開, 聞今燕京亦然. 盖自唐宋以來已有此法, 而未若今之愈巧而愈早也. 聞百卉無不可逼開之花, 而獨菊一種無奪性先時之術云. 我東則國初彦陽北城, 瓜冬月種之, 四月晦前進獻, 以爲極早, 種養甚難, 故成宗朝罷之. 朔寧之當歸芽, 立春日今猶進獻, 而猶稱有弊. 其巧拙比中國何如也?

1. 晝永編後

此鄭玄同先生東愈所著也. 其爲書不立門目, 無先後之第, 類隨筆. 然取材, 則地形·天象·曆算·風俗·言文·金石·土壤·名物·稱謂, 以至古近遺事·殊邦譯語, 或一條二條, 或條多至八九. 立說, 則或證辨之, 或補足之, 或發而明之, 或歷擧而陳之, 有斷焉, 有附疑焉. 總之, 材無汎引, 說無虛具. 編首有自序云, '乙丑南至日書', 而尋家錄, 先生生英祖甲子, 則是歲當純祖五年, 先生已六十二, 後三年乃卒. 其卒也, 李椒園爲誌, 稱其德與才, 可以澤利萬物, 雖少褒, 先生之爲人可想見矣. 始吾家世居漢城之好賢坊, 先翼憲, 長子曰參議君, 自是傳子孫曾爲先生. 考九世之宗, 席累公之後. 雖以先生蔭仕未貴, 而見聞包括朝野, 家多賜書·秘牒·稀籍, 典章制度, 州郡利害, 中外之故, 交鄰接遠, 咸有貳膽, 自少得博綜. 又幼事李月巖, 交信齋·椒園, 因及申石泉以遙承於霞谷. 世謂霞谷學主姚江, 霞谷之主姚江固也. 然霞谷素精天算, 循實求柢, 激於俗學之徇人忘祖, 而覺本吾心以應外爲不可易者, 見姚江之然也, 而祈嚮焉. 惟其所由幹者有在, 故沒後心學之緖, 雖以畏禍而浸隱, 而風流所及, 往往以國故自興. 如月巖·信齋·椒園·石泉所得有淺深, 然要皆不畔於是, 至先生治之益專. 爲此編, 其發明正音者凡九條, 柳西陂《諺文志》所自出也. 其餘亦皆關係吾民, 非是者槩勿擧焉. 漢江之流, 至銅雀·露梁益廣, 而其波瀾出入, 于簡之故, 例固在也. 或謂先生爲此編, 考證甚審, 時有出於當時諸家之右者, 而不矜能・不夸得, 必明到十分, 而後姑出其二三分, 猶若有不敢者, 由其謙儉嚴愼, 得諸家世之風, 亮亦不爲不然. 然此自辭氣之間, 乃其胸懷, 則迥立落落, 耻從依傍. 常推右徐花潭, 爲自己道學, 出自己議論, 爲不可及. 盖先生之學, 非循循爲樸而已, 得之自其本原, 而亦時代之反動感焉. 先生沒, 諸公先後凋謝, 殿後者僅西陂. 此編亦至今未顯, 往者學術之將盛也, 若或引之也, 乃不旋踵, 而闇然而衰. 甚矣! 久壞者之難與爲振也, 有如是哉! 先生文集佚, 搜得先生所爲與人論正音書, 字其人曰稚玉, 而其人之書附焉, 亦自有說以與先生相難, 悉字形・音理之奧. 顧不知稚玉爲誰氏. 後閱李觀察義駿《種書菴集》, 有〈與尹稚玉論衣服書〉, 注其名曰光垂, 而觀察與先生同時, 交游相通. 又尋觀察書中語, '知尹公之於雅故盖博', 則明先生所與論正音者, 卽尹公是也. 尹公貫坡平, 判書東暹子, 官至牧使. 兹幷先生書附之此編之末, 世有考論近代正音之學者, 述鄭柳時無遺尹也.(《蒼園文錄》卷五)

2. 掌樂院正鄭公墓碣銘

嗚呼! 此掌樂院正東萊鄭公之墓. 公晩秀之季母鄭夫人之弟也. 晩秀幼失恃, 鞠于夫人, 於公若舅甥焉. 夙聞公先大夫正言公瓌器峻望, 不克年位, 伯氏學生公, 又賢而早卒. 十世之宗, 不絶如綫[1], 然典型

---

1 원문은 이만수의 문집 《극원유고(屐園遺稿)》를 사용하되 정동유의 집안 조카 정윤용(鄭允容)이 동래 정씨 집안의 전기를 모아 편찬한 《동래정씨가록(東萊鄭氏家錄)》(이하 《가록》으로 줄여 씀)에 실린 글로 교감해 제시한다. 《가록》에 실린 글은 문집에 실린 글을 수정한 원고로서 내용의 출입이 적지 않아 함께 볼 필요가 있다. '綫'이 '縷'로 되어 있다.

不沬, 文獻有徵. 祭祀必致誠敬, 教子弟惇行孝悌, 妯娌不異爨而私藏, 雍睦[2]無間言. 婢僕各執其職, 罔敢惰橫, 制節謹度, 惟勤惟儉. 庭闈肅如朝廷[3], 而和氣常盎如也. 未數十年, 後承蕃衍, 門祚復振, 蔚然若喬木之復榮, 以公之攝其家也. 公諱東愈, 字愉如. 東萊之鄭, 自勝國世有聞人, 入我朝至議政府參贊翼惠公諱蘭宗始大顯, 生領議政文翼公諱光弼, 配食中宗室. 文翼之孫諱惟吉, 曾孫諱昌衍, 繼爲左議政. 又二世而領議政翼憲公諱太和, 配食顯宗室, 生工曹參議諱載岱, 生敦寧府都正諱勗先, 卽公之高曾也. 都正公長子成均進士諱錫命無嗣, 取其弟成均生員贈戶曹判書諱錫慶之子諱元淳爲後, 卽正言公也. 公卽正言公次男也. 妣全州李氏, 郡守贈吏曹參判諱著廸女. 公以英宗甲子二月二十四日生. 眼若澄江, 聲若出虛, 器宇端嚴, 而祥和溢於面, 神明內蘊, 而文采不[4]著於外. 好善而矜[5]不能, 嫉惡而與物無競, 飭躬恥過情之聞, 對人絶驕吝之色, 一見可知其淸愼樂豈之尙德君子也. 公之祖先自文翼公以下六世四相, 名德勳庸, 爲國柱石蓍龜. 顧皆謙恭篤厚, 謀慮宏遠, 參議公尤懋本尙質, 以貽後昆. 公生於韋平之門, 夙抱希寶, 標望傾世, 一時士友翕然以巖廊期. 公乃闇然自修, 從遊皆儒林長德, 內而以仲父脩井公爲師, 外而與吾季父江界公若親昆弟. 少學於李先生匡呂, 長爲外舅趙公所器重, 二公皆邃學朗鑑, 待公如執友, 公遂不樂榮觀. 正宗丁酉, 中生員試, 後不赴禮圍. 戊戌拜童蒙教官, 己亥換義禁府都事, 遷司饔院奉事, 未幾

---

2 睦: '穆'으로 되어 있다.
3 朝廷: '治朝'로 되어 있다.
4 不: 빠져 있다.
5 矜: 이 글자 다음에 '人'자가 첨가되어 있다.

陞授本院主簿. 移工曹佐郎[6], 出爲義興縣監, 踰年以親病辭遞, 旋除
司僕寺主簿. 壬寅遷工曹正郎, 丁太夫人憂, 甲辰外除. 是秋文孝世
子冊儲, 妙簡宮僚, 爲翊衛司衛率. 乙巳除益山郡守, 爲治識大體而
勤小物, 明不鉤隱, 惠不干譽, 居五載, 門無非理之訟. 遷潭陽府使,
府患近水, 至則大修舊防, 民到今誦其惠. 有人以關節囑府吏致公,
吏驚懼却之曰, '官嚴不敢也', 翌年引疾遞. 辛亥辟爲宣惠廳郎廳. 壬
子除洪州牧使, 州號互鄕難治, 一以淸嚴涖之, 姦猾屛息, 豪右無得
譏謗. 乙卯春脩井公橫遭誣詆, 公棄官歸. 居數年再爲惠局郎, 益明
習簿書, 勾校錙銖, 著爲恒憲, 久猶按行, 老吏語剬理[7]之才, 必先稱
公. 丙寅除儀賓府都事, 戊辰拜掌樂院正, 選職也. 公不欲以讓爲高,
病未果肅命.[8] 是年正月二十日卒, 壽六十五, 葬于鎭川縣長楊里面
乙之原. 配豐壤趙氏府使祉命女, 端莊柔睦, 閫範克備. 生後公一年,
卒先公十六年, 葬于果川社堂里, 將遷祔公墓.[9] 擧四男一女, 男長文
容前縣監, 爲學生公后. 次是容新寧縣監[10]. 久容翊衛司洗馬,[11] 友容
生員[12], 爲公從弟後. 女適李光愚. 晩秀之子, 文容男基一生員[13], 基
三, 女適趙雲象進士, 洪璋燮, 尹榮植進士. 是容男基轍[14], 女適林廻
鎭[15]. 餘幼. 公孝友根天, 以早背嚴顔, 爲沒身至痛, 見人欒冠, 輒戚

---

6 佐郎: 이 글자 다음에 '庚子由戶曹佐郎'이 첨가되어 있다.

7 剬理: '理財'로 되어 있다.

8 選職也. 公不欲以讓爲高, 病未果肅命: '皆不就'로 되어 있다.

9 葬于果川社堂里, 將遷祔公墓: '葬祔公墓右'로 되어 있다.

10 新寧縣監: '大丘判官'으로 되어 있다.

11 翊衛司洗馬: '縣令'으로 되어 있다.

12 生員: '殿參奉'으로 되어 있다.

13 生員: 이 글자 다음에 '基常遷爲後於正言公本親, 早沒'이 첨가되어 있다.

14 基轍: 이 글자 다음에 '基信出繼公從祖房'이 첨가되어 있다.

見於色. 學生公旣卒, 嗣侄又未冠而殀, 痛念宗事, 悲懼成疾, 平居少歡容. 太夫人高年多疾, 左右服勤, 有孺子愛, 扶將抑搔, 務極便體. 太夫人嘗曰, '使爾摩背, 痛癢輒隨手失[16]去.' 及喪哀毁踰制, 淚漬處苫薦爲之腐. 歲丙寅以正言公下世周甲, 屛居楸舍, 齋衣菲食, 日哭於墓, 末年寢疾, 崇於是[17]. 事邱嫂如太夫人, 朝夕承安, 必正冠帶, 使人前導而入, 有事必禀而行, 有物必以獻. 愛好人倫, 篤於故舊, 宗郞服其仁, 鄕里慕其義. 急難恤窮, 客歸如家, 誨諭[18]不侮卑幼, 惻隱至及蟲禽, 亦內行之推也. 自幼聰頴絶異, 問難已驚宿儒.[19] 及長病不得刻意誦讀, 特喜看書,[20] 日端坐手一卷. 妙悟慧識, 輒透數重玄奧, 往往多古人見未到處. 晚益致力經傳, 病學者纏繞箋註, 虛談性命,[21] 精思力探, 深得聖人立言本意. 嘗曰, '人生天地間, 有一二事裨補於世, 有一兩句發揮經傳微旨, 可謂不虛生.' 尤深於《大易》,[22] 嘗談大衍·掛扐之數, 有獨得之見[23]. 群儒後學起疑經禮, 咸正于公, 虛往實歸.[24] 若乾文·地志·筭數·醫藥·九流百家之書, 靡不涉其流而尋其源, 詩文不數數爲也, 淸眞爾雅, 絶無摸襲陶冶之態.[25] 遺集若干

---

15 廻鑛: 이 글자 다음에 '洪健周, 久容女適李全器'가 첨가되어 있다.

16 失: '並'으로 되어 있다.

17 末年寢疾, 崇於是: 빠져 있다.

18 諭: '誘'로 되어 있다.

19 問難已驚宿儒: '問字質義, 宿儒或未遽對'로 되어 있다.

20 及長病不得刻意誦讀, 特喜看書: '病不得刻意誦讀, 特'이 빠져 있다.

21 晚益致力經傳, 病學者纏繞箋註, 虛談性命: '平生用工, 專在經典, 尤以四書爲根基'로 되어 있다.

22 尤深於《大易》: '晚益潛深《大易》, 最多融解'로 되어 있다.

23 見: '妙'로 되어 있다.

24 群儒後學起疑經禮, 咸正于公, 虛往實歸: 빠져 있다.

25 淸眞爾雅, 絶無摸襲陶冶之態: '高妙雅潔, 出自性情, 而不越古作者尺度'로 되어 있다.

卷·《晝永編》二卷[26], 藏于家, 公未嘗自多, 亦非公之至者也. 素有經
濟才, 家又奕葉簪笏, 多識典章因革民國利病. 人有叩者, 沛然若利
刃之破竹. 忠愛懇綣, 戀係宗國, 聞[27]朝廷大得失, 深憂長慮, 不以身
出處而有間焉. 薄試數郡, 不足展布公志業, 而廉謹守法, 所至有成
績, 亦必端化本杜弊源, 惟鞏固經遠之圖是務, 公之志不啻爲西京循
良之治也. 我正廟急賢如渴, 特惜公沈屈羈塗, 屢形筵諭, 公已衰病,
竟莫副明主之知照. 能於人, 不[28]能於天, 君子以爲命. 噫! 世運日
降, 高才日替. 今去公盛年, 怳若隔晨, 而當日之諸君子, 旣皆邈焉邃
古, 公又九原而不可作. 人代之存沒盛衰, 滄桑互變, 晩秀皓首窮獨,
忍銘公墓前之石. 感念恩義, 俯仰悽悒, 盖一篇而累停筆,[29] 謹按狀敍
次, 寧簡無溢, 庶不負公謙虛謹約之雅規云. 銘曰: 允矣君子, 玄同之
室. 不夷不惠, 葆我明哲. 行在蓼莪, 志觀韋編. 下掃糠粃, 而時淵泉.
胡不棟樑, 於我巨廈. 武城絃歌, 以民以社. 寧考曰否, 許爾種德. 庭
有槐陰, 孫枝攸殖. 不朽者三, 先立其大. 過者必式, 古之遺愛.(《屐園
遺稿》卷十一)

3. 掌樂院正鄭君墓誌銘

君諱東愈, 字愉如, 東萊人, 高祖諱載岱, 陽坡翼憲公子也. 官工曹參
議, 生敦寧府都正勗先, 都正公長子進士錫命早卒無子, 都正公命以
次子生員錫慶之子元淳爲嗣, 卽君之考也. 早擢第, 薦入翰苑, 有公

---

26 《晝永編》二卷: 문집본에는 누락되어 있으나 《가록》에 따라 본문을 수정하였다.

27 聞: '得'으로 되어 있다.

28 不: 문집본에는 글자가 마모되어 있으나 《가록》에 따라 보충하였다.

29 盖一篇而累停筆: 빠져 있다.

輔望, 不幸短命卒, 官司諫院正言. 翼憲公之先世有勳閥, 自文翼公以下六世四相, 功業載國乘, 其後連世爲公卿, 而君之家爲其宗, 亦以名德相承. 君朗詣聰悟, 文行夙著. 秀出輩行, 人愛望甚重, 君退然無當世念, 以經史自娛, 朝夕事太夫人, 唯謹. 少委禽於府使趙公祉命之門, 趙公博學有高識, 多所啓益. 復從李先生匡呂游, 資養德器. 讀書必徹古人心思之原, 嚴於利義之辨, 不爲苟已, 樂善慕義, 無以易之, 聞人有微長, 喜形於色. 年三十四, 始擧進士, 拜童蒙敎官, 改義禁府都事. 司饔院奉事, 以他勞陞主簿. 移工曹·戶曹佐郎. 出監義興縣, 以親病解歸. 復拜司僕寺主簿, 遷工曹正郎, 丁母憂, 服闋. 時文孝世子建妙選官屬, 爲翊衛司衛率. 尋除益山郡守, 遷潭陽府使, 病歸. 復拜洪州牧使, 數歲罷歸. 晩拜儀賓府都事·掌樂院正皆不就. 今上八年戊辰正月二十日, 卒于家, 享年六十五, 三月干支, 葬鎭川縣某原. 諸孤屬忠翊爲銘, 忠翊交君久, 久而益見君賢不可及. 臨當執筆, 敍君善美, 不可勝述, 而病悁不能擧其十一. 嘗聽君談大衍·揲策, 當時服其精妙, 今不復記其義矣. 君慈惠愛人, 著乎聲氣, 而疾惡如私怨, 持守堅確, 不撓於流俗, 衷愷悌而無競, 神彩峻拔而鋒穎不露. 明而能斷, 臨事沛然, 而必由乎情, 信若君可謂公且仁焉, 而於爲人有成者也. 今之識君者, 未有不曰賢君子也. 然君之德之才, 可以澤利萬物, 而沈淪未著者, 未必盡知之也. 世運滔滔, 而斯人不常値, 忠翊所以流連歎悼而不能已者, 誠有異於方外之交, 宗理而遺情者乎? 趙淑人先君卒, 葬果川縣某原, 將遷而祔於君. 生四男一女, 男文容, 某官, 後君伯氏, 爲世適. 是容進士. 久容·友容進士, 後其從祖叔父. 女適李光愚. 昔孔子稱宓子賤之賢曰, '魯無君子者, 斯焉取斯.' 君不但生質之美, 猶能及見先輩長者, 以自淬染成就. 老而德義

彌高, 猶爲後來者模範, 君今逝矣, 不可復見也已. 銘曰: 維誦服古,
維已德神. 有漉其源, 濫爲暴私. 維公與仁, 維博其施. 君斂于躬, 家
事之治. 曷不邦用, 郡縣之爲. 不翔于庭, 曠野之儀. 胡來一角, 鉏商
獲之. 壤蕘球圖, 光氣上馳. 潤厥楸橍, 欝欝榦枝. 鐫辭納幽, 故人之
悲.《椒園遺藁》제2책)

4. 諺文志序

鄭丈東愈工格物, 嘗語不佞. "子知諺文妙乎? 夫以字音傳字音, 此
變彼隨變, 古叶今韻, 屢舛宜也. 若註以諺文, 傳之久遠, 寧失眞爲
慮? 況文章必尙簡奧, 以簡奧通情, 莫禁誤看. 諺文往復, 萬無一疑.
子無以婦女學忽之." 又歎曰: "奇耦之分,[謂ㅏㅓ及ㅑㅕ] 在《廣韻》
前[謂西域字母初來時], 淸濁之混[謂廢雙形初聲], 在《通釋》後[謂
朴性源時], 吾安能與後《通釋》之人, 論及先《廣韻》之字哉!" 乃不佞
與講辨, 旣數月, 歸著一書, 名《諺文志》. 先於初中終聲, 列前書沿
革, 繼以論斷, 末列全字, 立成萬有二百五十, 縱橫爲行, 使人一閱
盡得之. 以示後進, 理會者寡, 遂投巾衍十五六年, 因失之. 獨自悵
恨, 又五六年, 及今借得《四聲通解》, 更繹舊記, 間易新見, 復以成
一本, 至其立成字圖, 苦太遲遲, 刊落之. 時甲申仲夏上旬, 南岳[30]雨
中書.《諺文志》)

---

30 南岳: 김구경(金九經)이 1934년에 서문을 붙여 간행한 《교간유씨언문지(校刊柳氏諺文志)》(薑
原叢書本) 이후 간본에는 주로 '西陂'로 되어 있다.

5. 與族弟左史善之書

數昨遽唔, 賢乎已耶? 一寒肅武, 有張無弛, 卽問直候, 此時何似? 竊惟多福. 日者所言〈訓民正音〉, 卽天地間命世之文, 而不幸不出於三代之上, 以幷見於蒼頡之書. 然閱屢百年, 又經兵燹, 今之所求乎世者, 只是反切一書而已. 故閭巷夫婦之粗解諺書者, 不過乎以口傳口襲訛傳訛, 不惟不覺其舛誤, 乃不識字母之爲何樣物事, 而自以爲如是足矣. 吁! 亦可憐也爾. 余以爲累歲求之, 不啻若饑渴, 而卒莫之見也. 求諸內府而無有, 求諸喬木貯書之家而無有, 求諸嶺湖之舊院古刹而亦無有. 於是乎人以爲韶濩之音, 已絶於世矣. 然於我心未嘗無疑焉, 以其所作爲出於聰明睿知神武不殺之聖智. 聖人者, 天縱之也, 天豈使聖人之書不傳也? 故未得焉, 而求之也不已. 昨因執事, 聞右史之得是書有年, 於是自哂其所求者未到, 而所饑渴者乃虛煩耳. 余自聞是來, 若驚若喜, 殆乎廢寢而忘味, 始信天地之間, 未嘗亡韶濩. 今此未獲先喜, 已如是, 及見, 則其喜儘不可思議也. 執事便肯欣然圖之, 以明我耳官否? 然後復我匙箸之味, 而甘我床褥之寢, 受賜也亦厚矣. 幸爲我謝右史曰: "右史可謂好古敏而求之者也." 又曰: "樂與人爲善者也." 聖人之書, 豈可獨見乎哉! 不備.(《密巖遺稿》卷五)

찾아보기

주영편
종횡무진 지식인 정동유, 심심풀이로 조선 최고의 백과사전을 만들다

정동유 지음
안대회 서한석 외 옮김

1판 1쇄 발행일 2016년 2월 1일

발행인 | 김학원
경영인 | 이상용
편집주간 | 위원석 황서현
편집장 | 강창훈
기획 | 문성환 박상경 임은선 최윤영 조은화 전두현 최인영 이혜인 정다이 이보람
디자인 | 김태형 유주현 임동렬 구현석 최우영 박인규
마케팅 | 이한주 김창규 이선희 이정인 이정원
저자·독자서비스 | 조다영 채한을(humanist@humanistbooks.com)
스캔·출력 | 이희수 com.
조판 | 홍영사
용지 | 화인페이퍼
인쇄 | 청아문화사
제본 | 정민문화사

발행처 | (주) 휴머니스트 출판그룹
출판등록 | 제313-2007-000007호(2007년 1월 5일)
주소 | (03991) 서울시 마포구 동교로23길 76(연남동)
전화 | 02-335-4422 팩스 | 02-334-3427
홈페이지 | www.humanistbooks.com

ⓒ 안대회, 2016
ISBN 978-89-5862-314-4 03900

만든 사람들
편집주간 | 황서현
기획 | 정다이(jdy2001@humanistbooks.com) 박상경 전두현
편집 | 박민애
디자인 | 임동렬